조지 이스트먼

조지 이스트먼

코닥과 사진산업의 창립자

칼 액커먼 / 김성민 옮김

눈빛

칼 액커먼(Carll W. Ackerman, 1890-1970) 미국의 저술가이자 저널리스트로서 제1차 세계대전에 UP통신의 통신원으로 종군하였다. 컬럼비아 대학에 퓰리처상 등을 주관하는 저널리즘학과를 처음으로 개설하고 초대 학장을 역임하였다. 저서로 『독일, 그 다음 공화국은?(Germany, The Next Republic?)』과 『시온 장로의 프로토콜(The Protocols of the Elder of Zion)』 등이 있다.

김성민 경희대학교 신문방송학과를 졸업(1989)하고, 미 프랫 인스티튜트와 ICP(International Center of Photography)에서 다큐멘터리 사진과 포토저널리즘을 전공했다. 경희대학교 신문방송학과 대학원을 졸업하고, 경주대학교 사진영상학과 교수(1999-2010)를 역임했다. 저서로 『사진의 진화』 『디지털 시대의 사진』 등이 있고, 사진가로서 작품활동을 하면서 개인전을 여러 차례 연 바 있다.

조지 이스트먼
— 코닥과 사진산업의 창립자
칼 액커먼 / 김성민 옮김

초판 1쇄 발행일 — 2011년 4월 22일
발행인 — 이규상
편집인 — 안미숙
발행처 — 눈빛출판사
        서울시 마포구 상암동 1653번지 DMC 이안상암 2단지 506호
        전화 336-2167 팩스 324-8273
등록번호 — 제1-839호
등록일 — 1988년 11월 16일
편집 — 정계화·성윤미·김아람
인쇄 — 예림인쇄
제책 — 일광문화사
값 20,000원

Copyright ⓒ 1930 by Houghton Mifflin Company
ISBN 978-89-7409-708-0
www.noonbit.co.kr

머리말

　에드윈 셀리그먼(Edwin Seligman, 1861-1939, 컬럼비아 대학 재정·경제학 교수, 미국경제학회 초대 회장 역임 – 역주) 교수는 1925년, 이스트먼에게 자서전을 출판해 볼 것을 권유하였다. 뛰어난 경제학자인 그는 로체스터를 방문한 후 컬럼비아 대학으로 돌아와 다음과 같은 편지를 썼다. "실례가 될지도 모르겠습니다만 다른 어떤 것보다 제 관심을 끈 것은 들려주신 재미있는 회고담이었습니다. 자서전을 출판해 보시라는 저의 권고를 진지하게 한번 고려해 보시기 바랍니다."[1]

　몇 년 동안 이와 비슷한 제안이 많이 들어왔었다. 이스트먼은 세계적인 필름 사진술 방식을 고안하고 국제적인 기업을 일구었다. 그리고 컬럼비아 대학 총장 니콜라스 머레이 버틀러(Nicholas Murray Butler, 1862-1947) 박사는 이스트먼을 "현대 사회의 교육 분야에 엄청나게 큰 영향을 끼친 사람"[2]이라고까지 표현하였지만, 이스트먼은 개인적으로 그러한 공적을 기리는 자리는 계속 피해 왔다. 그 이유는 개인적인 평판보다는 자신이 설립하고 출자한 회사나 단체에 집중적으로 관심을 쏟으려는 그의 신중한 소신에 따른 것이었다.

　1928년까지 이스트먼은 회사 경영을 후계자에게 넘기고 자신의 재산 대부분을 교육기관과 직원들에게 분배하였다. 이스트먼은 '사업에는 어느 정도 손을 뗐지만' 고정 달력(fixed calendar, 만년에 이스트먼은 1달을 28일로 하고 1년을 13개

---
1. 1925년 3월 3일.
2. 1928년 10월 24일.

조지 이스트먼

월로 하자는 운동을 적극 후원하였다. 제14장 참조-역주)을 위한 국제적인 행사에 정기적으로 참석하고, 런던에 치과진료소를 설립하였으며, 영국 옥스퍼드 대학의 미국학 연구를 지원했다. 동시에 컬러 사진과 영화에 대한 과학적이고 폭넓은 그의 관심은 점차 일반 대중 모두가 이용할 수 있는 필름 사진술에 관한 것으로 확대되었다.

필자는 이스트먼에게 그의 사적인 기록물에서 사실들을 발췌하여 정리할 수 있도록 해 달라고 부탁하였다. 이스트먼이 주고받은 서한을 읽는 것은 "정확하게 말해서 역사라는 것은 없고 오직 전기만이 있을 뿐이다"라고 한 에머슨의 견해가 사실이라는 것을 다시 한 번 입증시켜 주었다.

조지 이스트먼과 관련된 문서는 61년 이상 보관되어 왔고, 1878년부터 현재(1929년)에 이르기까지 그는 다양한 사람들과 10만 통 이상의 편지를 계속 주고받았다. 이러한 편지들은 대량생산을 통하여 원가를 줄여 온 현대 산업정책과 관련된 일반적인 정보와 사진화학 연구, 사회복지 정책, 예방치의학, 여가활동, 그리고 로체스터 대학과 매사추세츠 공과대학(MIT)이라는 규모가 큰 두 개의 고등교육 기관을 증축하는 과정에 대하여 중요하고 새로운 사실들을 자세히 밝혀 주고 있다.

이 책을 구성하는 데 있어서는 다음과 같은 베이컨의 법칙을 정확하게 지키고 따르려고 하였다. "역사의 진정한 임무는 조언과 더불어 사건 자체를 재현하는 것이며, 따라서 관찰을 통해 지식을 얻고 결론을 내리는 일은 모든 이들의 자유로운 판단에 맡기는 것이다."

1929년 10월
로체스터, 뉴욕
칼 액커먼

차례

머리말 5
서문 9

1. 조지 이스트먼의 가계와 청년 시대 17
2. 필름에 관한 서사적 이야기 49
3. 코닥 85
4. 국제적인 사업 확장 121
5. 켈빈 경의 관찰 155
6. 영화산업이 에디슨에게 찬사를 보내다 195
7. 밀려드는 공격 225
8. 제1차 세계대전 269
9. 매사추세츠 공과대학 303
10. 경영에 대한 책임 327
11. 오래전부터 계획해 온 일의 새로운 틀을 짜다 351
12. 로체스터 대학 379
13. 동양과 서양이 만나는 곳 417
14. '공공기관만이 국가를 만들 수 있다' 425

조지 이스트먼 연보 451
편집자 해설 453
찾아보기 460

서문

성공한 대기업가의 삶을 살펴보면 심리학자와 경제학자가 똑같이 관심을 갖게 되는 것이 있다. 그와 같은 유형의 사람들이 갖고 있는 비밀은 무엇일까? 그리고 그가 어떤 측면에서든지 그런 유형에 속하는 사람이라면 그 사람이 갖고 있는 특성은 무엇일까?

첫 번째 질문을 살펴보면서 우리는 두 가지 중요한 문제에 직면하게 된다. 동기라는 문제와 방법이라는 문제이다.

동기에 관한 한 우리는 경제학자가 늘어놓는 시대에 뒤떨어진 진부한 설명에 더 이상 만족해 하지 않는다. 최근에 논의된 것을 살펴보면 이익을 낳고자 하는 충동이 더 커진 것은, 경제활동을 지속하고자 하는 또 다른 여러 가지 동기 때문이다. 그렇지만 최근에 나온 전기들을 통해 결론을 내린다면 전형적인 대기업가를 만드는 경제적인 동기는 세 가지로 요약할 수 있을 것이다.

분명한 것은 현대의 경쟁사회에서 경제전쟁에 처음으로 뛰어든 사람의 입장에서 가장 중요하면서도 가장 먼저 생기는 욕망은 성공하고자 하는 것이다. 그의 성공 가능성은 그가 얼마나 큰 이익을 올렸는가를 통해서 가장 분명하게 나타난다. 현대 사회에서는 돈을 벌려는 욕구가 가장 먼저 경제활동을 자극한다는 생각은 이제 진부한 것으로 여겨질 정도이다.

그렇지만 돈을 버는 데 적당히 성공을 거둔 후에는 모든 이들이 그러한 것은 아니지만 적어도 몇몇 사람은 부를 추구하는 일이 시시하게 느껴지기 시작한다.

조지 이스트먼

그러나 미국과 같은 사회에서 일을 시작한 사람들은 거의 대부분 경쟁을 계속하게 되고, 이렇게 경쟁을 계속하게 만드는 동기가 실제로는 무엇인지에 대한 의문이 생긴다. 이제 목표가 부에서 권력으로 바뀐다는 것을 쉽게 짐작할 수 있고, 그렇게 말하는 경우도 많다. 부유해진 사람은 이미 규모가 커진 자신의 사업을 계속해서 발전시킬 것이다. 왜냐하면 그는 이제 자신의 권력을 확장하고자 하는 욕망에 의해 움직이게 되기 때문이다. 그는 권력을 나타내는 모든 것과 함께 자신의 경쟁자를 제압할 수 있는 권력, 그 사회에서 자신의 동료들을 제압할 수 있는 권력을 확장하고자 하는 욕망에 사로잡히게 된다.

이것이 사실일 경우가 많지만 더 중요한 그리고 더 쉽게 이해할 수 있는 동기가 발견되든 발견되지 않든 의문이 발생한다. 결국 삶을 지속시켜 나가는 진짜 비밀은 자기표현에 있다. 그리고 주목할 만한 대기업가와 같은 위대한 제국의 건설자를 다룰 때에는 그들의 행동에 대한 동기로 더 깊이 숨겨져 있는 것을 찾을 필요가 없을 것이다. 위대한 기업가, 위대한 무역상, 위대한 은행가는 날마다 새로운 상황에 직면하고 새로운 장애물을 극복해야 하고 새로운 해결 방법을 찾아야 한다. 활동영역이 더 넓다는 사실만 제외하면 뛰어난 사람이 하는 일은 평범한 사람이 하는 일과 많은 점에서 일치한다. 그가 원하는 것은 그의 눈앞에 있는 목표를 달성하고 자신의 문제를 해결하는 것이며, 그가 일상적으로 사업을 운영하는 과정에서 나타나게 되는 구체적인 목적을 달성하는 것이다. 예술가나 두뇌 근로자가 창작을 통해 가장 강한 전율을 느끼는 것처럼 사업가도 근본적으로 같은 이유에서 행동을 하게 된다. 돈도 아니고 권력도 아닌 창조, 성공, 업적이 대기업가가 생각한 것을 실행에 옮기게 하는 진짜 비밀이다.

그렇지만 현대 자본가를 구분 짓는 그러한 동기는 자본가를 설명하는 일부분에 불과하다. 마찬가지로 흥미 있는 것은 그가 고용하고 있는 방식에 관한 것이다.

이 경우에도 또 다시 몇 가지 문제가 머리에 떠오른다. 첫 번째 문제는 성공한 사업가의 독창성이나 독립성의 문제이다. 그것은 성공한 기업가는 이를테면 다른 사람을 대신해서 목적을 달성할 때가 많다고 말하는 경우가 있다. 다시 말해서 성공한 사람은 다른 사람의 아이디어를 통해 성공을 얻는다는 것이다. 자신의 생

서문

각을 독립적으로 발전시키지 못하는 사람이 고안해 낸 것을 손에 넣어 그 사람 대신 성공을 얻는다는 것이다. 실제로 이러한 경우가 있을 수 있다. 그렇지만 솔직하고 정직한 자서전의 장점은 우리가 이러한 의견이 잘못된 것이라는 사실을 전체적으로 인식할 수 있게 해준다는 것이다. 사업가든 학자든 예술가든 간에 위대한 사람은 자신의 독창적인 아이디어를 통해 자신이 뛰어나다는 것을 보여준다. 일반인들이 깨닫지 못하는 것을 구상화하는 능력을 통해 자신의 위대함을 보여주는 것이다. 창조력은 언제나 위대함을 구별 짓는 기준이 된다. 그리고 이것은 인간이 어떤 일을 하려고 시도하는 모든 분야에 적용된다. 전형적인 대기업가가 이룬 성공은 독창적인 것이지, 다른 것에서 파생되지는 않는다.

그렇지만 좀더 관심을 끄는 두 번째 문제는 위대한 사람이 자신의 목표를 정하게 되는 방식의 문제이다. 그들은 사소한 문제에 매달려 걱정하면서 시간을 보내는가? 아니면 아침에 눈을 뜰 때 갑자기 영감이 떠올라 캄캄하던 부분이 밝고 분명하게 드러나면서 어려운 문제가 해결되는가? 프랑스인들이 직감이라고 부르는 것, 갑작스럽게 어떤 결단을 내림으로써 생각을 분명하게 정리하는 직관력이라는 것을 갖고 있기 때문에, 어떤 분야에서든지 위대한 사람이 위대해지는 것은 아닐까? 예술가와 마찬가지로 진정으로 위대한 사업가는 창조력을 타고나야 한다. 새로운 것을 생각해 내고, 문제를 해결하는 능력이 있어야 한다.

그렇지만 이것이 목표에 빨리 도달할 수 있게 해주거나 놀라운 성과만을 얻을 수 있게 해준다는 것을 뜻하는 것은 아니다. 타고난 재능보다는 작은 문제에도 지나칠 정도로 관심을 기울이는 것이 더 중요할 때가 많다는 것, 정확하게 말해서 이러한 관심이 재능을 이끌어낸다는 것은 오늘날의 법률가나 학자보다는 사업가에게 훨씬 더 많이 해당되는 말일 것이다. 직업이 무엇이든 간에 세밀한 부분에 인내력을 갖고 지속적으로 관심을 기울이는 것을 소홀히 할 수 있는 사람은 없다. 많은 인물의 생애를 통해 알 수 있듯이, 세밀한 부분에 대한 지속적인 관심이 성공과 실패를 좌우하게 된다.

이스트먼의 전기 중에서 가장 재미있으면서도 더 폭넓게 관심을 끌게 될 부분은 미국인의 성공과 사업가의 생애 속에 들어 있는 이처럼 근본적인 문제를 살펴보는 일일 것이다. 앞에서 검토한 사항들이 사실이라는 것은 이 책의 거의 모든 페이지에서 충분히 입증된다.

우리가 아는 한 이스트먼은 미국에서는 처음으로 과학적인 연구와 대대적인 광고를 바탕으로 제품을 세계시장에 내놓기 위해 저비용으로 대량생산을 한다는 현대적인 경제원칙을 세우고 이를 실행에 옮긴 제조업자이다.

특히 화학연구라는 측면에서, 미국 기업에서 과학 연구논문을 작성하게 된 시기를 생각해 보면 이스트먼은 최초로 화학자를 고용하여 실험과 연구 작업만 하게 한 몇 안 되는 기업가 중의 한 사람이라는 것을 알 수 있을 것이다.

이 전기에는 위대한 기업가의 생애가 보여주는 또 다른 측면이 있는데 일반 독자들은 행간을 읽어서 그 의미를 파악해야 한다. 결국 생애사 중에서 가장 흥미로운 부분은 한 사람이 가지고 있는 특성을 드러내는 것이고, 그 사람의 비밀을 밝혀 내는 일일 것이다.

적어도 미국에서라면 부자들이 살아가는 과정을 대략 세 단계로 나눌 수 있다. 나는 그 세 단계를 부를 축적하는 단계, 소유하는 단계, 분배하는 단계라고 부르고 싶다.

앞에서 살펴보았듯이 시합장에 들어선 사람들은 처음에는 모두 부를 축적하는 것에 관심을 쏟게 된다. 부를 축적하려는 목적이 권력이나 성공을 향한 것으로 바뀌어도 여전히 부를 축적하는 데 관심을 갖는다. 많은 사람들이 이 단계를 뛰어 넘지 못한다.

그렇지만 대개는 부를 축적하는 것 자체만으로는 처음에 느끼던 매력을 잃게 될 때가 온다. 부는 이제 그것 자체가 목적이 되지 않고 다른 어떤 것에 다다르는 수단으로 여겨지게 된다. 그는 이제 편리함, 안락함, 부가 가져다주는 호사스러움에 관심을 가지게 된다. 그가 적당히 환경에 적응하게 되면 단순히 물질적인 것에 만족하는 단계에서 좀더 비물질적인 목적을 갖는 단계로 점차 발전하게 될 것이다. 그는 자신의 대저택과 명예, 요트를 즐길 수도 있다. 그리고 그는 미술품을 수집하거나 특정한 취미생활에 몰두할 때도 많을 것이다. 이러한 현상은 모두 만족감이나 부라는 항목에 포함시킬 수 있을 것이다. 그는 이제 부를 축적하는 것에만

서문

관심을 쏟는 단계에서 벗어나 부를 즐기는 단계에 도달한 것이다. 부를 축적하는 단계에서 벗어나 소유하는 단계로 들어가게 된다.

그렇지만 많은 경우에 세 번째 단계로 들어가게 된다. 그리고 몇몇 예외적인 경우에는 거의 처음부터 마지막 단계 다시 말해서 부를 분배하는 단계로 진입하기도 한다. 잘 다듬어진 사람일수록 자신의 사회적 책임을 더 빨리 자각하게 된다. 그리고 처음에는 자신이 성공한 것은 자기가 열심히 일한 덕분이라고 생각할 수도 있지만 언젠가는 더 폭넓은 측면에서 적어도 어느 정도는 다른 사람들과 함께 일을 함으로써 자신의 목표를 달성할 수 있었다는 것을 점차 깨닫게 된다. 사회적 책임감에 대한 깨달음은 보통 동업자들에 대한 책임감, 종업원들에 대한 책임감, 지역사회에 대한 책임감이라는 세 가지 형태를 취하게 된다.

이러한 사회적 책임감의 가장 일반적인 형태는 바로 옆에 있는 동업자들에 대한 책임감이다. 처음에는 자신이 개념을 잡았다고 할지라도 그 계획을 실행에 옮기려면 반드시 동업자들의 지지가 있어야 한다. 그러한 이유에서 성공한 대기업가들은 자신의 동업자들과 부를 똑같이 나누는 데 진정한 기쁨이 있다는 것을 발견할 때가 많다. 그는 동업자들에게 자신이 보유할 수도 있는 재산의 일부를 분배한다.

우수한 기업은 결국 근로자들이 얼마나 성실한가에 의해 좌우된다는 것을 깨닫는 것은 그 이상의 단계이다. 오늘날의 미국 기업들이 갖게 된 가장 큰 변화는 경제학자들이 오랫동안 가르쳐 왔던 학설, 고임금 경제이론을 진보적인 고용인이 수용한다는 것일지 모른다. 고임금은 두 가지 의미에서 경제적이다. 첫째, 고가의 상품은 결국에는 가격이 더 내려가게 된다. 왜냐하면 높은 가격이 상품 자체의 우수성을 반영하는 것이라면 고가의 상품은 더 큰 잉여금을 낳게 되기 때문이다. 그리고 둘째, 수익은 물건 판매 실적에 따라 좌우되기 때문에 시장이 커질수록 그만큼 기회는 더 많아진다. 그 지역사회의 임금이 전반적으로 오르게 되면 상품 구매력도 지속적으로 증가하게 된다.

이러한 과정을 거쳐 미국 산업계는 점점 더 민주화되었다. 산업의 민주화는 그 중요성으로 치자면 대량생산이나 통합이 갖고 있는 특징에 뒤지지 않는다. 근로자들로 하여금 회사 번영에 참여할 수 있게 하는 것은 분배 단계에서도 두 번째 단계에 해당된다.

마지막으로, 원이 계속해서 넓어지는 것처럼 위대한 경영자는 자신의 동업자나 종업원만 챙기는 것이 아니라 일반 대중들까지 생각하게 된다. 그는 제품 가격을 내림으로써 소비자로서의 대중에게 이익을 나눠 주려고 노력할 것이다. 이것은 물론 사유재산과 개인의 이익을 지키는 중요한 방법이다. 왜냐하면 성공이란 것은 긴 안목으로 보면 서비스를 통해 얻어질 수 있기 때문이다. 가격을 내리면 시장이 확대되고 수익이 올라가면서 한편으로는 소비자에게 계속해서 더 큰 만족감을 주게 된다.

그렇지만 위대한 사람은 머지않아 자신의 서비스를 받는 소비자를 모두 만족시키고 지역사회 전체에 영향을 미치게 된다. 그는 그 지역사회에서 아주 두드러진 역할을 하게 될 수도 있다. 그의 분배 철학이 이러한 마지막 단계에 다다르면 그는 자신이 살고 있는 사회를 더 나은 사회로 만들면서 삶을 지속하는 진짜 비밀 속에서 가장 큰 만족감을 성취할 것이다. 이처럼 마지막 사다리의 가장 높은 곳에 오르게 되면 그는 병원이나 사회 보호시설에 많은 유산을 남길 것이다. 그가 더 큰 통찰력을 갖게 되고 좀더 높은 곳까지 오르게 되면 교육과 연구에도 후원을 아끼지 않을 것이다. 그가 더욱 더 높은 곳까지 오르고 시야를 최대한으로 넓히게 되면 예술과 전 인류적이면서도 보편적인 목표를 조성하는 데에도 아낌없이 기부를 할 것이다.

한 사람의 전기에서, 부를 축적하는 단계에서 벗어나 소유하는 단계를 지나고 분배하는 단계에 이르는 과정을 설명하려면 듣기 좋은 말을 지나칠 정도로 많이 해야 한다. 그렇지만 이 책을 정독하고 행간의 뜻을 파악할 수 있는 사람이라면 이처럼 앞으로 나아가는 과정을 조지 이스트먼의 위대한 생애 속에서 분명히 찾아볼 수 있을 것이다.

이스트먼의 생애에서 특이할 만한 점은 대담하고 광범위하게 추진하고 있는 자선사업뿐 아니라 거대한 사업을 일궈내기까지 이 모든 단계가 치밀하게 전개되어 왔다는 것이다. 그뿐만 아니라 그는 아주 뛰어난 미적 감각을 지속적으로 발휘해 왔다. 그의 취미뿐만 아니라 그의 사업과 업적에서도 미학적인 측면이 분명하

서문

게 드러난다. 훌륭한 저택과 매주 즐기는 음악회, 컬러 사진, 이 모든 것은 그가 극도로 노력하고 있다는 것을 무의식중에 드러내기도 하지만 그가 근본적으로 갖추고 있는 미적인 취향을 보여주고 있다. 극소수의 인간에게 주어지는 예술과 산업, 아름다움과 유용성, 예술적인 것과 실용적인 것을 양립시킬 수 있는 재능이 그에게 주어진 것이다.

나는 훌륭한 한 사람의 생애가 갖고 있는 이처럼 다양한 측면에 관심을 가질 수 있는 기회를 갖게 된 것을 명예롭게 여기고 큰 영광으로 생각한다.

1929년 12월
뉴욕 컬럼비아 대학
에드윈 셀리그먼

제1장

조지 이스트먼의 가계와 청년 시대

조지 이스트먼이 자신의 가계(家系)에 대해서 처음 쓴 편지는 그가 과거에 대하여 평생 동안 바뀌지 않는 일관된 태도를 지니고 있다는 사실을 보여준다.

로체스터, 뉴욕
1885년 1월 10일

C. L. 이스트먼 귀하
지난달 24일자 편지에 대한 답신입니다.
나의 할아버지는 뉴욕 오네이다 군 마샬에서 살았던 하비 이스트먼으로, 에이브라함 데이톤과 조지프라는 두 형제가 더 있었고, 이들은 모두 헤제키아 이스트먼의 아들들이었습니다.
오네이다 군에 있는 일가에 관한 정보는 족보에 관심이 많은 A. R. 이스트먼 워터빌을 통해 더 많이 얻을 수 있을 것입니다.

조지 이스트먼

이스트먼은 32년 후에 족보가 나오고 나서야 자신이 17세기 초에 매사추세츠와 코네티컷에 정착한 두 개척자 집안의 직계자손이라는 사실을 처음으로 알게 되었다. 미국에 처음 정착한 이스트먼의 부계와 모계 조상은 로저 이스트먼(Roger Eastman)과 토머스 킬본(Thomas Kilborne)이었다. 이스트먼과 킬본은 각각 1638년과 1635년에 영국에서 미국으로 건너왔다. 따라서 이스트먼과 킬본이라는 성은 서반구의 역사를 기록한 연대기에 거의 300년 동안 계속 등장한다.

조지 이스트먼

런던 웨스트민스터 홀, 롤스 법원 문서보관소의 기록문서를 보면 토머스 킬본과 그의 아내인 프랜시스, 아들[1]과 네 딸의 이름이 다음과 같은 기록 아래에 나온다.

"1635년 4월 15일. 이제부터 이들은 로버트 리 선장이 이끄는 인크리스 호에 승선하여 뉴잉글랜드로 이주할 것이다. 이들은 교회의 규율과 질서를 따르면서 국왕의 지상권을 승인하고 충성을 맹세한다는 선서를 하였다. 이들은 자신들이 최근에 살았던 곳의 재판관에게서 받은 증명서를 통해 이 사실을 증명하였다."

그들이 도착한 곳은 코네티컷 주의 웨더스필드였다. 이곳은 오늘날 하트퍼드라고 부르는 도시에서 아래쪽으로 6마일 정도 떨어져 있는 곳이다. 코네티컷 강 골짜기에는 네덜란드인들이 교역 장소를 설치해 놓았었다. 이 교역 장소는 영국 정부의 골칫덩어리였고, 뉴암스테르담이 비옥한 목초지를 모두 차지하는 것을 막기 위해 영국 국민들이 그곳으로 이주하는 것을 장려하였다. 킬본 가족을 선두로 그 이후에는 더 많은 사람들이 그곳으로 이주하게 되었다.[2]

토머스 킬본이 아메리카 신대륙을 향해 출항한 지 정확히 3년이 지난 후에 윌트셔 출신의 젊은 목수인 로저 이스트먼은 사우샘프턴에서 배를 타고 매사추세츠 만을 향해 출발하였다. 1640년 솔즈베리에 합병된 첫 번째 토지를 받을 수 있었고, 사라 스미스와 결혼했으며, 그곳에 처음으로 집을 지었다.

18세기가 되자 이 두 집안의 자손들은 황야 속의 인디언들이 다니는 길을 따라 뉴햄프셔[3], 버몬트, 메인 그리고 뉴저지라는 새로운 변방으로 가게 되었다. 독립전쟁이 계속되는 동안에 침례교 목사인 헤제키아 이스트먼은 가족을 뉴욕, 오네이다 군 마샬로 이주시켰다. 헤제키아 이스트먼은 버몬트 주 댄비에 처음으로 세워진 교회의 목사였다. 그의 아들 하비는 마샬에서 앤 런델과 결혼하여 아버지에게 물려받은 농장에서 건강한 아이 10명을 낳아 길렀다. 1815년 9월 9일에 막내아들이

---

1. 이 아들 존이 이름의 철자를 Kilbourn으로 바꾸었다.
2. "이 골짜기의 개척자 농장들은 일반적으로 동부 지방에 있는 개척자 농장보다 더 넓었고(300에이커에 이르렀다), 처음부터 축산업에 상당한 관심을 기울였다." [말콤 케어(Malcolm Keir) 교수의 『미국의 산업(Industries of America)』에서]
3. 에베네저 이스트먼(Ebenezer Eastman)은 1727년, 뉴햄프셔 콩코드로 가장 먼저 이주한 사람이었다.

조지 이스트먼의 생가, 위터빌, 뉴욕

조지 이스트먼

태어났고, 그 아이가 조지 이스트먼의 부친인 조지 워싱턴 이스트먼이었다.

1806년 토머스 킬본(Thomas Kilborne) 1세의 직계자손인 토머스 킬본(Thomas Kilbourn)은 코네티컷을 떠나 마샬에서 가까운 삼림지대 안에 있는 개간지로 갔다. 그 개간지에 처음 정착한 사람들은 그곳을 '파리 힐'이라고 불렀다. 그의 아내인 메리 사이에서 태어난 일곱 아이들 중에 막내딸이 후에 조지 이스트먼의 어머니가 되는 마리아 킬본이었다. 토머스 킬본 가족의 출생과 결혼 등이 기록되어 있는 가정용 성경을 보면, 마리아 킬본은 1821년 8월 22일에 태어났다고 기록되어 있다.

19세기 초반 오네이다 군은 그 근처에 있는 오스웨고와 카유가, 세네카, 온타리오, 먼로처럼 '북미 인디언 여섯 부족 중에 설리반의 응징 가운데서도 살아남은 잔존자들의 행복한 사냥터'로 알려졌다.[4] 이스트먼과 킬본 가족은 200년 이상을 뉴잉글랜드와 뉴욕 주의 인디언 대학살에서 살아남았다. 가족사는 극도의 고난으로 얼룩져 있지만 이러한 고난은 개척자가 새로운 대륙에 정착하고 새로운 나라를 세우기 위해 치러야 하는 대가였다. 개척자들은 나무를 베어 내고 택지를 정리해 자신들이 정착지를 만들어야 했다. 이때에 역경을 이겨내는 불굴의 정신은 한 세대에서 다음 세대로 이어지는 중요한 정신적 유산이 되었다.

이리 운하(Erie Canal, 1825년에 완공된 오대호에서 허드슨 강을 거쳐 뉴욕 시까지 이어지는 운하―역주)와 철도를 통해 미국 북부에 이웃하고 있는 군에 살고 있는 거주자들은 더 쉽게 오가며 정보를 나눌 수 있게 되었다. 그리고 무역과 산업이 발전하면서 먼로 군의 군청소재지인 로체스터는 1840년에는 이미 번화한 도시가 되어 있었다.

2년 후에 조지 워싱턴 이스트먼은 번성하고 있는 도시 로체스터에 '이스트먼 상업학교'를 설립하였다. 이는 그곳에 처음으로 세워진 직업학교로, 주로 상거래에 관한 실무를 가르쳤다. 그 학교에서 실습용으로 사용한 '지폐' 두 장과 초기의 방명록, 펜습자 교본[5]을 통해 교육 과정의 대강을 알 수 있다. 이러한 교육 과정은

---

4. 1827년, 처음으로 발행된 로체스터 마을의 안내서에서.
5. 이 교본은 레비 펄튼과 조지 워싱턴 이스트먼이 쓴 『습자(*Chirographic Charts*)』로 1848년 5월 뉴욕, 바네스 출판사와 신시내티, 더비 출판사에서 발행하였다. 내용 중에는 다음과 같은 구절이 있다.

조지 이스트먼의 가계와 청년 시대

남북전쟁 전 미국의 실업학교에서는 공통적인 것이었다. 이스트먼 상업학교 과정을 마치면 규모가 큰 회사에서 회계장부를 다룰 수 있는 자격이 주어졌다.

  2년이 지나 학교가 확실하게 자리를 잡게 되자 조지 워싱턴 이스트먼은 오네이다 군으로 되돌아가서 마리아 킬본과 결혼하였다. 1844년 9월 25일, 초기에 이민와 정착한 두 가정이 결합하면서 그들은 외동아들에게 그 어떠한 장애물이나 한계도 극복해 낼 수 있는 유산을 물려주었다. 처음에는 딸 둘을 낳아 엘렌 마리아와 엠마 케이트라는 이름을 지어 주었다. 그 가족이 워터빌에 살 때인 1854년 7월 12일에 아들인 조지가 태어났다.

  당시 워터빌은 인구가 수백 명밖에 되지 않는 소도시였다. 주로 맥주 원료인 홉을 재배하는 농업 지역에 위치하고 있었다. 비바람에 상한 덩굴나무 줄기가 인디언의 오두막처럼 겹겹이 쌓이고 겨울에 눈으로 덮이면, 그것은 조상들이 겪은 고난을 조용히 암시하고 있는 것처럼 보였다. 몇 세대 지나지 않은 짧은 기간 동안에 큰 변화가 일어났다.

  조지가 태어난 단층 목조가옥은 그 마을에서는 하나뿐인 형태의 집으로, 작은 콜로니얼식 현관과 처마 아래쪽에 압착된 것처럼 보이는 고미다락 창문 때문에 쉽게 알아볼 수 있었다. 그 집은 오래된 길 쪽을 향하고 있었는데 그 길은 유티카로 가는 중요한 간선도로였다. 이스트먼 부인은 남편이 로체스터로 출근할 때 그 길로 남편을 데려다주었다. 생가 다음 블록에는 조지의 평생 친구인 프랭크 배보트가 태어난[6] 집이 있다. 몇 마일밖에 떨어져 있지 않은 클린튼에서는 엘리후 루트(Elihu Root, 1845–1937, 미국 법조인·정치가, 1912년 노벨평화상 수상 – 역주)가 공립학교에 다니고 있었다.

              "얘야, 침착하여라,
             규칙에 따라 일을 하여라,
             그러면 일을 바르게 할 수 있을 것이다"

『습자』 교본 저자가 쓴 이러한 통속적인 시구에는 어느 시보다 훨씬 더 많은 진리가 들어 있는 것이 분명하다. 그리고 우리는 이 책 속에 있는 짧은 격언을 통해 알파벳을 익히는데, 이러한 격언에는 대부분 '격언이 갖고 있는 철학'이 들어 있는 것처럼 위의 시구에도 많은 철학이 들어 있다. 그리고 그 시구는 폭넓게 적용된다.

6. 1854년 8월 14일.

조지 이스트먼

1854년 10월, 이스트먼 상업학교는 로체스터에 있는 레이놀즈 아케이드 4층으로 이전한다. 레이놀즈 아케이드는 그 당시에 그 도시에서 가장 중요한 건물이었다.[7] 그때에도 이스트먼 가족은 워터빌에 계속 거주하고 있었다. 그렇지만 그 학교는 1860년이 되기 전에 이미 5대호 주변의 여러 도시에 두루 알려지게 되자, 조지 워싱턴 이스트먼은 아내와 아이들을 데리고 제네시 밸리에 있는 선도적인 상업 도시 로체스터로 이주할 수 있었다.

"나는 여섯 살 때 부모님을 따라 워터빌을 떠났다." 이스트먼은 다음과 같이 회상한다.[8] "워터빌에서 겪은 일 중에 가장 생생하게 기억에 남는 두 가지 사건이 있다. 한번은 아버지가 어딘가를 다녀오시면서 선물로 장난감 갈퀴를 사다 주셨다. 그 갈퀴의 살은 분명히 쇠로 만들어져 있었다. 그 갈퀴를 사용할 때마다 살이 하나씩 떨어져 나갔기 때문이다. 갈퀴 살이 하나씩 떨어져 나갈 때마다 나는 무척 슬퍼했던 것을 기억한다. 그 갈퀴를 더 이상 쓸 수 없게 되었을 때에는 거의 비탄에 잠길 지경이었다.

또 다른 사건이 하나 있다. 나는 아버지의 묘목밭에서 일하는 사람들과 노는 것을 좋아했는데, 그들은 점심을 먹고 내게 재미있는 이야기를 들려주곤 했다. 그들 중 한 명이 인디언이 적을 추적하는 방법을 알고 있었다. 그는 북미 인디언이 쓰는 손도끼(그는 그것을 '토마호크'라고 불렀다)를 자신의 이마에 대었다가 적이 서 있었던 땅에 놓았다가 하면서 적이 숨어 있는 장소를 찾아낸다는 것이었다. 그는 그것을 증명해 보일 테니 다른 사람이 자기 눈을 가리면 뛰어가서 숨으라고 했다.

나는 마구 쌓아둔 판재더미 속에 숨었고, 내가 보이지 않도록 다른 사람이 판자로 가려 주었다. 내가 숨고 나자 그 남자는 소리를 지르며 나를 찾기 시작했다.

---

7. 안내장에는 다음과 같은 학과 내용과 비용을 고지하고 있다. "도매업이나 소매업, 은행업, 제조업, 해운업, 소형 증기선, 개인적인 조합회사 업무나 합자회사 업무를 포함한 무역이나 통상과 관련된 여러 분야에서 실질적으로 사용되는 상업 펜습자와 복식 부기. 개인 교습을 원하는 학생은 언제든지 입학할 수 있고, 전 과정을 마치려면 보통 4주에서 8주가 걸린다. 고전적인 필체와 현대식 필체의 장식용 필법을 익히고 졸업증서까지 받을 수 있는 교원 과정은 30달러. 대학 과정의 졸업증서를 받는 과정은 25달러. 부기만 배우는 과정은 10달러. 24회 수업을 받는 펜습자 과정은 5달러. … 졸업생들이 적절한 일자리를 얻는 데 도움이 될 것이다."

8. 1927년 9월 20일 『워터빌 타임스』지의 편집자인 T.H.타운센드(Townsend)에게 보내는 편지.

아버지, 조지 워싱턴 이스트먼

조지 이스트먼

잠시 후 그는 판재더미 앞으로 와서 "여기에 숨어 있다"라고 말하며 나를 찾아냈다. 이 일로 나는 매우 흥분하였고, 그 일이 있은 후 나는 '위대한 인디언 추적자'를 존경하게 되었다."

그렇지만 어린 조지는 동화 속에 나오는 것 같은 세상에 더 이상 오래 머물지 못하였다. 이스트먼 가족이 로체스터로 이사한 지 2년 만에 아버지가 세상을 떠났기 때문이다.[9] 어머니는 몇 년간 고생해야 했다. 따라서 그에게는 오늘날 우리가 생각하기도 어려운 가난이라는 걱정거리가 생기게 되었다. 아이들을 먹여 살리기 위해 이스트먼 부인은 하숙을 칠 수밖에 없었다.

조지는 1868년까지 공립학교를 계속 다녔다. 겨울 몇 달 동안 조지와 그의 친구는 틈틈이 톱으로 선반 하나를 만들었다. "이 선반은 검은색 호두나무를 잘라 가는 줄로 세공한 것으로, 책장으로 사용되었다."[10] 조지가 선반을 팔아 받은 5달러는 그가 '생전 처음 번 돈'이었고, 조지는 그 돈을 가지고 처음으로 은행 구좌를 개설한다. 게다가 그 돈은 그에게 용기를 북돋아 주었다. 스스로 일을 해서 돈을 벌 나이가 되었다는 소년다운 자긍심을 가지게 되었기 때문이다.

어느 날 아케이드 빌딩에 사무실을 갖고 있던 유명한 보험중개인인 코넬리어스 웨이델이 조지에게 일자리를 주었다. 그것은 일생에 단 한 번 오는 기회 중의 하나였고, 조지는 대부분의 미국 소년들이 경험하는 것과 같은 전율을 느꼈다. 처음에는 일주일에 3달러를 받기로 하고, 1868년 3월 8일부터 일을 시작하였다.

이때 조지는 처음으로 '금전출납부'를 만들고, 매달 수입과 지출을 항목별로 기입하고 연말정산 내역을 요약하여 적었다. 첫해에는 지출이 얼마 없었다. 주로 옷과 판자를 구입하는 데 돈을 썼지만, 잡비 항목을 보면 '아이스크림 65(센트)'라는 품목도 볼 수 있다. 1868년 7월 12일, 그의 14번째 생일날이었다.

첫 번째 '연말정산표'를 보면 연말에 그의 '재산'이 39달러에 이르는 것을 알 수 있다. 목재로 선반을 만들어서 번 5달러에 34달러가 보태진 것이다.

---

9. 1862년 4월 27일.
10. 1923년 5월 로체스터 저축은행, 『절약을 실천하는 사람(Thrift Advocate)』에서.

조지 이스트먼의 가계와 청년 시대

연말정산표   1868
1868년 한 해 수입금   131달러
'지출'
        옷   39.00
        식비 22.22
        잡화 16.35
        신발   8.05
        속옷   3.03
        모자   3.35
                                 92.00
수중에 남은 금액   39.00
                              자산
                              1868년 3월 2일   5.00
                              1869년 1월 1일 39.00
                              증가액   34.00

    사진이라는 항목은 1869년 1월 27일에 처음으로 나온다. 그때부터 '그림'이나 액자를 만들기 위한 재료와 사진을 구입하였다는 항목이 자주 나타난다. 처음으로 기록된 것은 'S. S. 선생님께 드릴 사진'이라고 되어 있다. 2월 1일(1869년)에는 '사진 8장'을 구입하였다. 4월 1일, 그는 어머니를 '강연회'에 모시고 간다. 6월에는 어머니에게 비축할 석유와 석탄을 구입하라고 12.50달러를 준다. 그의 '봉급'이 1주일에 4달러로 올랐기 때문이다.

    1869년 그의 15번째 생일에는 워터빌에 있는 삼촌인 호레이스 이스트먼이 그에게 10달러를 보내와 7월 15일에는 처음으로 '짧은 여행'을 떠난다. 8월 그는 잭나이프를 새로 구입하고[11] 『하퍼스 위클리』지를 1년 동안 정기구독하기 위해[12] 1주일

---

11. 1924년 10월 24일, 이스트먼은 보쉬(J. J. Bausch)에게 다음과 같은 편지를 썼다. "나는 소년 시절에 당신의 공장(보쉬 앤 롬)에서 안경테를 만들고 버린 잡동사니에서 얇고 납작한 원형의 고무 조각을 찾기 위해 노스 워터 가로 갔던 것을 기억하고 있다. 나중에 그것을 잭나이프로 잘라 반지를 만들었다."
12. 1869년 정치적인 관심은 그랜트 대통령이 찰스 섬녀(Charles Sumner)와 그의 내각과 불화를 겪고 있는 것에 집중되어 있었다. 그들은 첫째 산토도밍고의 합병을 확보하려고 하는 대통령의 시도와, 둘째 대통령이 이권 운동자들에게 굴복하는 문제를 두고 논쟁을 벌이고 있었다. 1869년 대륙횡단 철도가 처음으로 완성되었다. "길다랗게 놓인 철도는 동부와 서부를 연결하여 하나로 만들고 도시와 농장, 여러 단체의 출현을 예고하였다."[존 스펜서 바세트(John Spencer Bassett) 교수]

조지 이스트먼

치 임금을 모두 쓴다. 사진을 좀더 사고 어머니에게 '용설란'을 선물한다. 9월에 그의 임금은 1주일에 1달러가 더 올랐고, 그해 말에 또다시 '연말정산표'를 정리한다.

1869년 한 해 수입금	233달러	
'지출'		
옷 74.50		
식비 32.50		
신발 24.85		
잡화 24.80		
속옷 10.40		
모자 3.75		
체육관 12.00		
휴가비 8.20		
	191.00	
잔액	42.00	
1868년 이월금	39.00	
1870년 1월1일 수중에 있는 금액	81.00	
	자산	
	1870년 1월 1일	81.00
	1869년 1월 1일	39.00
	증가액	42.00

1870년 그의 봉급은 두 번 더 인상되었고, 뷔엘 앤 브루스터의 뒤를 이은 뷔엘 앤 하이든이라는 또 다른 보험회사로 직장을 옮긴다. 봉급이 인상되자 조지는 한 달에 기본적으로 35달러는 받게 되었다. 이때 조지는 프랑스어를 공부하기 시작하였고, '입체경 사진'에 관심을 가지게 되었으며, 더 많은 강연회와 '전시회'에 참석하였다. 어머니의 주치의에게 20달러를 지불하였고, 여름에 석탄 가격이 쌀 때 40달러를 주고 석탄을 사두고 여행을 두 번 더 가고 승용차 '케이트'를 구입하였다. 1870년 금전출납부의 '연말정산표'를 보면 증가액이 125.78달러로, 그의 '수중에는' 287.78달러가 남아 있었다.

1871년 3월, 할부로 플루트를 구입하였다. 2년 동안 플루트 수업을 받고 〈애니 로리〉(Annie Laurie, 스코틀랜드의 존 스콧이 작곡한 사랑하는 여인을 그리워하는

조지 이스트먼의 가계와 청년 시대

민요조의 곡—역주)를 연습하였지만 좀처럼 연주 솜씨가 늘지 않아 다른 사람이 그 곡을 연주하는 것을 듣고도 그 곡명을 알아맞히지 못할 정도였다. 따라서 후에 헨리 스트롱은 그 이야기를 자주 꺼내 그를 놀리곤 하였다.

4월, 조지가 인정이 많은 사람이라는 것을 보여주는 일이 있었다. 다친 소년의 치료비로 나온 '보험료'에 1달러를 더 보태 주었다. 5월, 봉급이 올랐고, 조지는 처음으로 생명보험을 든다. 17번째 생일날 어머니가 조지에게 5달러를 주어 조지는 처음으로 연장 세트와 작업대를 장만한다. 9월, 조지는 사촌인 메리 이스트먼과 큰아버지댁을 방문하러 오하이오 주 킹스빌로 휴가를 떠난다. 조지는 여행에서 돌아와서 9월 28일, 메리 이스트먼에게 선명하고 고른 정확한 타원형 글씨체로 다음과 같은 편지를 쓴다. 조지는 사업 초기에 실업가로서 서한을 보낼 때에도 계속 그러한 글씨체로 글을 쓴다.

"3주일 전에 그곳에 간 것처럼 느껴지지가 않아. 월요일 아침에 사무실 문을 열었을 때는 마치 여느 때처럼 지난주 토요일 밤에 사무실 문을 열고 나왔던 것처럼 느껴졌어. … 날씨는 흐리고 쌀쌀하여 사무실에 불을 피우지 않으면 춥지만 불을 피워도 그리 쾌적하지는 않구나. 집에서는 벽난로를 지피면 딱 좋아. … 화요일에는 서부 뉴욕 박람회가 열리는데 그 박람회는 이곳에서 남쪽으로 1마일 정도 떨어진 곳에서 열린단다. 오늘은 중요한 날이다. 도시가 외지인들로 북적거려 매우 활기차 보인다. …"

메리는 다음 달에 편지 한 통을 더 받는다. 그리고 이것은 조지가 청소년기에 쓴 마지막 편지였다.

"시카고 대화재(1871년 10월 8일 발생한 대화재로, 상업지구를 포함해 10만 제곱킬로미터의 시가지가 초토화됐다—역주)로 인해 일이 많아져 한두 주일 동안은 무척 바쁠 것 같다. 우리가 대리인 역할을 해주는 회사 중에 몇몇 회사가 지급불능 상태가 되어서 75만 달러에 이르는 재산을 다루는 새로운 보험증서를 만들어야 한단다. 오늘 점심과 저녁을 먹는 데 30분씩 썼고, 밤 10시나 11시까지 야근을 해야 해. 주말까지는 계속 이런 식으로 살아야 할 것 같아. … 지금은 회사의 '윗분'들이 대책을 세우느라 폭풍이 잠시 잔잔해져 그 틈을 이용해 이 편지를 쓰고 있어."

조지 이스트먼

　11월, 조지는 처음으로 사교춤 교습을 받는다. 그리고 크리스마스 선물로 어머니께 드릴 그림을 끼울 수 있는 액자를 만들고, 사촌 메리의 것도 잊지 않았다.

　조지는 수중에 516.95달러를 가지고 1872년을 시작하였다. 2월에는 처음으로 투자를 하였다. 은행에서 500달러를 찾아서 저당채권을 구입하였다. 그의 봉급이 한 달에 45달러로 올랐기 때문에 어머니 앞으로 생명보험을 하나 더 들었다. 사진을 더 많이 구입하고, 심기일전해서 밤에도 일을 하기 시작하였다. 7월, 처음으로 나이아가라 폭포로 여행을 하였고, 지도책도 구입하였다. 그리고 8월에는 3주간의 휴가를 얻어 보스턴과 포틀랜드, 배스 그리고 메인의 스쿼럴 섬을 여행하며 배를 타고 바다낚시를 하였다. 여행에서 돌아와 그는 처음으로 부동산에 투자하는 모험을 한다. 로체스터 동쪽의 '브리튼 부지'를 구입했지만 토지개발이 실패로 돌아가서 결국에는 그 땅을 잃게 된다. 금전출납부 연말정산표를 보면 1872년에 처음으로 재산이 1,000달러가 넘어선다.

　조지는 1873년과 1874년, 작업대에서 더 많은 시간을 보냈다. 연장 세트를 더 갖추고, 시카고 여행을 하며 강연회와 연주회에 자주 참석한다. 'P 양'에게 꽃을 보내고 처음으로 면도칼을 구입한다. 어머니를 모시고 외식을 하고 사탕과 무화과 열매를 구입하는 데 돈을 조금 더 쓴다. 12달러를 주고 바지를 하나 구입하고, 식비와 주일학교 헌금으로 지출한 액수가 더 많아졌다.

　다음 해에는 처음으로 전문서적을 구입하고, 21번째 생일에는 와트킨스 글렌으로 여행을 떠난다. 그곳에서 '소년용 시가'를 구입하고, 사격연습장에 가서 총 쏘는 법을 익힌다. 처음으로 체커판을 만들고, 성 루크 감독 교회에서 신자석 임대료를 지불한다.

　이처럼 몇 년을 보내면서 소년은 어른이 되어 갔다. 1874년 4월, 보험회사를 떠나 로체스터 저축은행에 회계장부를 담당하는 신입사원으로 들어갔다. 1876년 여름에는 연봉 1,400불을 받았고, 금전출납부를 보면 어머니에게서 가정의 경제권을 모두 인계받았다는 사실을 알 수 있다. '봄맞이 대청소'를 실시하였으며, 양탄자와 세간을 새로 구입하였다. 사진과 액자도 좀더 구입하였다. 일시적으로는 한 달 동안 사탕을 사는 데 쓴 액수가 의료비보다 많았던 때도 있었다. 그는 가정경제를

어머니, 마리아 킬본 이스트먼

어떻게 꾸려 나가야 할지를 좀더 배워야 했다. 은행 일을 하면서 밤에는 작업대에서 연구를 하거나 책을 읽고 공부를 하니 행동반경이 너무 좁아졌으나 승마 교습을 받고 기분을 전환하곤 했다.

그동안에 저축액은 점점 늘어났다. 1877년 1월 1일, 현금과 투자한 돈을 합치면 그의 수중에 있는 자금은 3,600달러가 되었다. 그의 어머니는 생활이 안정되어 가자 행복해 하였으며, 갑자기 가난해질 위험도 없었다. 그렇지만 그는 여기에 만족해 하지 않았다. 그가 경험하였던 두 가지 직업인 보험 업무나 은행 업무는 '개척자' 시대에도 있었던 일이고, 나날이 발달하는 기계시대에 할 일은 아니라는 생각이 들었다. 그렇지만 아무도, 심지어 그의 어머니조차도 그가 무슨 생각을 하고 있는지 몰랐다.

1877년 여름은 휴가 없이 지나갔다. 그것만으로도 별난 일이었다. 승마와 크로케 게임(croquet game, 직사각형의 잔디밭에서 망치 형태의 도구로 공을 쳐서 6개의 기둥문을 통과시키는 구기종목 운동 – 역주)이 계속되었다. 따라서 왕진비와 약값이 계속 나갔다. 그렇지만 또 다시 작업을 준비하고, 새로운 '과학입문서'를 구입하여 작업실에 비치하였다.

그의 호기심 많은 시선과 탐구정신은 미래의 가능성을 찾기 위해 분투하고 있었다. 은행 일을 하면서도 매일 같은 생각을 하였다. 그의 어머니는 집에서 그가 독서에 더욱 몰두한다는 사실을 알아차렸지만 그는 언제나 어머니와 외출할 준비가 되어 있었다. 어머니가 원하면 언제나 기꺼이 함께 외출을 하였다. 그가 무슨 생각을 하고 있는지는 말하지 않았어도 어머니에게는 효도를 다했다. 그의 생각은 계속 행성과 행성 사이를 오갈지라도 어머니는 그에게 언제나 한곳에 머물러 있는 별과 같은 존재였다.

추수감사절에 드디어 그가 숨겨 왔던 비밀이 드러났다. 그가 사진에 관심을 가지고 있다는 사실이 거추장스러운 사진장비들로 인해 밝혀졌다. 94.36달러를 주고 '장비 몇 개와 렌즈'를 구입하고, 지역의 사진가인 조지 먼로에게 '사진술'[13]이라

---

13. '포토그래피(Photography)'라는 단어는 '빛그림(light writing)'을 의미하는 두 개의 그리스 단어가 합쳐져서 만들어진 단어이다.

이스트먼 상업학교에서 실습용으로 사용한 지폐

고 하는 스튜디오 작업과 관련된 전문적인 기술을 배우기로 하였다.

　사진과 관련된 실험이 적어도 75년 동안 계속 진행되어 왔다고는 하지만 1802년의 사진과 1877년의 사진 사이에는 큰 차이가 있었다. 이는 프랭클린이 발명한 피뢰침과 모스가 발명한 전신기에서 볼 수 있는 차이와 같다. 그리고 '습판' 사진술(콜로디온 합성유제를 유리판에 칠한 뒤 은탕에 담가 감광성을 띠게 했는데 촬영 직전에 젖은 상태로 있다가 촬영을 마치는 즉시 암실로 달려가 콜로디온 층이 마르기 전에 현상을 해야 했으므로 습판이라 불렀다 – 역주)과 필름 방식의 사진술은 큰 차이가 있었다. 이는 초기 사진술의 하이라이트 부분과 섀도 부분만큼 많은 차이가 나는 것이었다.

　1802년 영국인 웨지우드는 16세기에 발견된 장비와 원리를 이용하여 실루엣을 만들었다. 첫 번째 발견물은 '카메라 옵스쿠라'[14]로 상자 한 면에 구멍을 뚫어 렌즈를 끼워놓은 것이다. 카메라 옵스쿠라는 1553년경에 이탈리아 물리학자인 지오반니 바티스타 델라 포르타가 발명한 것이라고 현재 알려져 있다. 또 하나는 슐츠가 발견한 것이라고 알려져 있는데, 그는 질산은과 그 밖의 다른 은화합물이 감광성이 있다는 사실을 밝혀냈다.

　웨지우드의 실험은 일부만 성공하였지만 또 다른 영국인 데이비가 그 뒤에도 실험을 계속하여 더 나은 사진을 얻었다. 그렇지만 그도 실험이 끝났을 때에는 다음과 같이 한탄하였다. "이 공정을 완벽하고 유용하게 만들려면 사진에서 어두워지지 않은 부분이 빛에 노출되어 착색되는 것을 막는 방법만 있으면 된다." 그때까지만 해도 사진을 만든 빛이 나중에 사진을 다시 지워 버리는 현상을 막을 방법이 없었다.[15]

---

14. '카메라 옵스쿠라'는 '어두운 방(암실)'을 뜻하는 라틴어이다.
15. "사진술이 처음으로 등장한 날짜를 추정하기는 어렵다. 아마 피부가 여름 햇빛에 그을린다는 사실을 처음으로 알아낸 사람이 발견하였을지도 모른다. 태양광선은 우리가 알고 있는 거의 모든 화학약품에 어느 정도는 변화를 가져온다." [『과학적인 수단으로서의 사진술(Photography as a Scientific Instrument)』에서 찰스 깁슨] 『자연과 연필(Pencil and Nature)』(1844)에서 폭스 탈보트는 다음과 같이 적고 있다. "내가 그런 문제에 관하여 이야기하기(1838) 전에 나는 빛의 작용에 관한 연구를 다룬 보고서를 보았었다. 이 보고서는 웨지우드와 험프리 데이비 경이 쓴 것으로 이 문제를 다룬 그들의 짧은 논문은 1802년에 발표되었다. … 그 논문은 기발하고 재미있으며, 그들이 그 연구를 통해 진척시킨 부분은 얼마 되지 않아도 자신들이 사진술의

조지 이스트먼의 가계와 청년 시대

1839년 마침내 '정착' 문제가 해결되었다. 존 허셀 경은 다게르에게 정착액으로 20년 전에 자신이 직접 발견한 티오황산나트륨을 추천하였다. 그 이후 지금까지 사진계에서는 그 물질을 '하이포'라 부르고 있다. 마침내 사진은 촬영된 그 상태로 남아 있을 수 있게 되었다.

다게르는 스케치를 하기 위해 '카메라 옵스쿠라'를 사용한 화가였다. 사진으로 스케치를 하는 이유는 손을 덜 쓰기 위해서였다. 손으로 직접 스케치를 하는 것보다는 사진으로 이미지를 포착하는 것이 훨씬 더 수월했다. 또 다른 프랑스인 조제프 니세포르 니엡스는 주석판 위에 무늬를 자동으로 복사하는 방법을 찾는 데 관심을 갖고 있었다. 1839년 다게르와 니엡스는 함께 실험을 하여 같은 해 8월 19일, 파리에서 열린 과학아카데미에서 다게레오타입에 대하여 자세히 설명하였다(사진사에서는 이때를 사진의 발명이 공식적으로 공표된 해로 기록하고 있다 – 역주).

다게르와 니엡스는 구리판을 이용하였는데 그 표면에는 은으로 코팅을 하고 요오드로 검게 그을려 감광 처리를 하였다. 이 판을 카메라 안에 넣어 노출을 준 후에 따뜻한 수은을 담은 접시 위에 올려놓으면 그 증기가 구리판에서 빛이 작용한 부분에 달라붙었다. 그 다음에 티오황산나트륨으로 감광성이 있는 요오드화은을 녹이면 밝은 부분은 수은으로 인해 희게 나타나고 어두운 부분은 검은색 금속 표면 그대로 남게 되었다.

다게레오타입이 가장 먼저 대서양을 건너왔다. 뉴욕의 필립 혼이 1839년에 쓴 유명한 일기를 보면 사진사에서 가장 주목할 만한 예언을 볼 수 있다. 빛뿐만 아니라 소리도 기록할 수 있는 사진에 관한 것이다.

"나는 오늘 아침에 프란시스 고란드 씨의 초대를 받아 갔다가 최근에 프랑스에서 다게르가 발견한 놀라운 방식으로 제작한 사진들을 보았다. 그 방식은 다게르의 이름을 따서 다게레오타입이라고 부르고 있었다. 고란드는 그 발명가의 친구이자 제자로 그 방식을 알리기 위해 미국으로 건너왔다.

그가 보여준 사진들은 매우 아름답고, 파리의 경관이나 정물들을 보기 좋게 모

발명가라는 주장을 분명하게 확인시켰다."

아놓은 장면으로 구성되어 있다. 사진술은 현대에 등장한 놀라운 사건 중의 하나이다. 그리고 다른 기적 같은 사건들과 마찬가지로 사진이 만들어지는 과정을 직접 보지 않았을 때에는 그 사실을 믿지 못하는 것도 용서받을 수 있다. 아무리 사소한 것이라 할지라도 모든 피사체가 완벽하게 전사된다. 사람의 머리카락이나 길가에 뒹구는 자갈, 실크 커튼의 질감, 벽에 드리워진 작은 나뭇잎의 그림자가 모두 실제 모습과 똑같이 새겨진다. 그리고 직접 볼 때에는 눈에 띄지 않던 것들이 렌즈를 통하면 좀더 분명하게 묘사된다.

이러한 방식으로 빛이 능동적인 에너지로 바뀔 것이라는 사실과 소리를 통해서도 그러한 효과를 얻을 수 있게 될 것이라는 사실은 더 놀라운 것으로 생각된다. 요즈음과 같이 많은 것이 발명되고 발견되는 시대에 언젠가 사진과 같거나 조금 다른 방식으로 제작된 금속판 위에 '나무'나 '말' '배'와 같은 단어를 중얼거리는 인간의 목소리를 담게 될지도 모른다. 부끄럽게도 과거에는 상상조차 못했던 일이다."

사진이 발명된 초기에 미국에서 사진을 찍던 이들 중에는 뉴욕 대학의 존 드래퍼 교수와 전신기를 발명한 새뮤얼 모스 교수가 있었다. 눈 뜨고 있는 사람의 사진을 최초로 찍은 사람이 누구인지에 관한 논란이 몇 년 동안 계속되었다. 지금은 드래퍼 교수라고 알려져 있다. 드래퍼 교수는 다음과 같이 말한다.[16]

"과학계에서는 먼저 발표하는 것이 먼저 발명하거나 발견하였다는 것을 입증해 준다고 생각한다. 나는 1840년 3월 『런던과 에딘버러 철학 잡지』에 다음과 같은 사실을 발표하였다. '나는 다게레오타입으로 인물사진을 얻는 데 성공하였다.' 그리고 얼마 안 있어 같은 잡지에 그러한 인물사진을 얻는 전 공정에 대하여 설명하는 자세한 논문을 실었다. 물론 이 사실을 발표할 때 나는 공개적으로 그 인물사진에 대한 권리를 주장하였고, 모스 교수의 이름은 거론조차 되지 않았다. 모스 교수는 그 논문을 원고 상태로도 보고 인쇄된 후에도 읽어 보았지만 아무런 이의도 제

---

16. 『월간 스크라이브너(Scribner's Monthly)』, 1873년 10월 20일. "아마도 천체사진을 찍는 데 처음으로 성공한 사람은 드래퍼로 1840년의 일이었을 것이다. 그는 달 표면의 중요한 구조를 보여주는 네거티브를 얻을 수 있었다. 10년 뒤인 1850년 본드와 위플은 하버드 대학에서 훨씬 더 나은 달 사진을 촬영하였다."(뉴 인터내셔널 백과사전)

조지 이스트먼의 가계와 청년 시대

기하지 않았다. 내가 생각하기에 모스 교수는 다게레오타입으로 인물사진을 제작한 적이 없는 것 같다.

눈을 뜨고 있는 사람의 사진을 찍기 위해 스튜디오에서 작업한 과정에 대해서 말하면, 나는 비용이라는 문제에 부닥치기 오래 전에 피사체가 눈을 뜨고 있는 완벽한 인물사진을 여러 장 만들었다고 단언할 수 있다. 덧붙여 말하면 모스 교수는 전신기 발명에 여념이 없었다. 그는 나의 실험실에 그의 실험장비를 가져다 놓았다. 그는 화학이나 광학에 대해서는 잘 몰랐고, 미술적인 측면에서만 인물사진에 관심을 가졌다. 잘 알려져 있듯이 모스 교수는 초기에 직업적으로 그림 그리는 데에만 몰두했었다."

다게레오타입으로 얻은 사진은 '매우 아름다웠다.'[17] 그렇지만 이러한 초기의 사진술은 노출 시간이 매우 길어 처음에는 햇빛이 내리쬐는 곳에서 피사체가 움직이지 않고 10분씩이나 앉아 있어야 감광판에 이미지가 새겨졌다. 많은 실험을 거쳐 감광성이 더 큰 물질을 발견하여 노출 시간이 줄어들었다 할지라도 실질적인 해결 방법은 빛이 작은 역할만 하고 빛의 작용 대신에 화학작용을 통해 이미지를 제작할 수 있는 방법을 찾는 것이었다.

마침내 1841년, 영국의 폭스 탈보트가 이러한 방식을 발견하였다. 그는 종이에 요오드화은 처리를 한 다음 카메라 속에 넣고 노출을 주면 이미지가 아주 흐릿하게 나온다는 사실을 알아냈다. 그러나 노출을 준 후에 그 종이에 질산은과 갈릭산이 든 용액을 묻히면 이 용액이 빛이 작용한 부분에 있는 은을 침전시켜 흐릿한 이미지를 또렷하게 만들었다. 용액은 금속은을 아주 쉽게 침전시키는 작용을 하였다. 이처럼 흐릿하거나 눈에 보이지 않는 이미지를 진하고 분명한 사진으로 만드는 과정을 지금은 '현상'이라고 부른다.

폭스 탈보트는 현상을 통해 네거티브를 만들고 그 네거티브를 이용하여 인화를 하였다. 물론 그 종이가 지금 우리들이 사용하고 있는 필름처럼 투명하지는 않았지만 탈보트는 종이에 기름이나 밀랍 처리를 하여 좀더 투명하게 만들었다.

---

17. C. E. K. 미스(Mees) 박사가 저술한 『사진의 기본원리(The Fundamentals of Photography)』에서.

조지 이스트먼

영국의 권위자인 깁슨은 다음과 같이 밝히고 있다. "중요한 그 다음 단계는 콜로디온의 도입이었다. 1846년 숀바인이 질산섬유소를 이용하는 방식을 이미 발견하였고, 그 방식을 사진에 적용할 것을 처음으로 제안한 사람은 파리의 르 그레이였던 것으로 생각되지만, 그 방식을 사진 네거티브 제작에 실제로 적용한 사람은 영국의 건축가인 스코트 아처였다(1848)."[18] 이것은 '습식 콜로디온' 방식으로, 이 방식은 조지 이스트먼이 사진 공부를 시작할 때인 1877년에 유행하였다. 이 방식에 관한 것은 그 시대의 잡지에 실린 '놀라운 사진'이라는 기사에 다음과 같이 자세하게 설명되어 있다.

"사진을 인화할 때 사용하는 네거티브는 피사체가 햇빛이 비치는 곳에 앉아 있는 모습을 보여준다. 네거티브라고 부르는 것은 밝은 부분과 어두운 부분이 실제의 모습과 반대로 나타나 있다. 다시 말해서 머리카락이나 눈, 옷이 검은색이라면 네거티브 상에는 밝게 나타나고 밝은 부분은 검게 나타난다. 사진으로 인화하여 원래 색과 같아 보일 때에는 포지티브라고 부른다.

네거티브는 투명한 크리스탈 유리판 위에 만든다. 유리판을 고운 금속 연마사나 알코올로 깨끗하게 닦은 다음에 에테르와 알코올, 면화약, 그리고 여러 가지 브롬화물과 요오드화물을 혼합하여 유제 상태가 된 것으로 코팅을 한다. 그리고 불순물이 없는 물과 질산은 용액에 담근다. 잠시 동안 그대로 두면 콜로디온 필름은 감광성이 커지고 필름에 은용액이 스며들게 된다. 따라서 필름은 빛이 닿을 때마다 검은색으로 변하게 된다. 이 사실을 증명하려면 종이 조각에 질산은을 조금 바

---

18. "1848년 니엡스의 조카인 니엡스 드 세인트 빅터는 감광성이 있는 화합물을 잡아두기 위하여 유리판 위에 알부민 필름을 이용하였다. 그는 유리판에 계란 흰자와 요오드화칼륨을 바르고 건조되면 그 유리판을 질산은 용액으로 처리하였다. 그리고 이 판을 젖은 상태나 마른 상태로 카메라에 넣고 노출을 준 다음에 갈릭산으로 현상하였다. 이 방법에서 니엡스 드 세인트 빅터는 감광염을 잡아두기 위하여 처음으로 유리판 위에 필름을 이용한 사람이라는 사실에 주목해야 한다. 이 실험이 있기 전에도(1840) 존 허셸 경이 유리판을 이용했던 적이 있다. 그렇지만 존 허셸 경은 지지체의 역할을 하는 필름을 이용하지 않고 유리판 위에 은염 용액을 바르기만 하였다. 1840년 조제프 페츠발(Joseph Petzval) 교수는 자신의 포트레이트 렌즈를 소개하였다. 그는 비엔나 대학의 수학 교수였다. … 1845년 탈보트는 사진집인 『스코트랜드의 햇빛 사진(Sun Pictures of Scotland)』을 출판하였다. 1841년 탈보트는 '칼로타입(Calotype)'에 대한 특허권을 얻었다. 칼로타입은 나중에 '탈보타입(Talbotype)'이라고 불리게 된다. 재미있는 사실은 빅토리아 여왕과 여왕의 부군이 윈저 궁에 암실을 갖추어 놓고 탈보타입 사진을 연습했다는 것이다."(깁슨)

세 살 무렵의 조지 이스트먼

르고 그 위에 나뭇잎을 놓아두면 된다. 잠시 동안 햇빛에 노출시키면 종이 위에 나뭇잎 형태가 새겨진다. 빛이 통과한 잎맥과 숨구멍이 있는 부분은 모두 검은색으로 나타나고 나뭇잎을 구성하는 물질로 가려진 부분은 흰색으로 나타난다. 똑같은 방법으로 네거티브를 만들어 자신의 이미지를 감광 필름 속에 고정시켜 본다. 포즈를 취하고 앉아 있으면 피사체 주위에 비치는 햇빛이 이미지를 만든다.

그 다음에는 네거티브를 작은 암실로 가져간다. 조심스럽게 걷고 먼지를 일으키지 않는다면 암실에 따라 들어가서 사진가가 작업하는 것을 지켜볼 수 있다. 먼지가 있으면 좋은 사진을 얻기가 힘들다. 문에 '출입금지'라고 써 붙여 놓고 작업하는 암실이 은밀해 보이는 것은 다 그러한 이유 때문이다. 이제 사진가는 네거티브 위에 어떤 용액을 붓는다. 처음에는 네거티브가 서리가 낀 창문처럼 뿌옇게 보인다. 잠시 후에는 흰색 표면에서 이미지가 조금씩 나타나다가 조금 있으면 뚜렷해지는 것을 볼 수 있다. 피사체와 똑같은 모습이지만 네거티브 상태로 나타난다. 그 다음에는 잘 수세하고 건조시킨 다음에 광택을 내고 인화한다.

젊은 여성 몇 사람이 작업을 하고 있는 방을 들여다보면, 여성들은 흰색 종이 몇 장을 계란 흰자로 만든 알부민이라고 하는 물질 위에 띄워 놓는다. 이 종이가 건조될 때까지 나무 막대기 위에 걸어 놓았다가 압축하고 두 번째 암실로 가져간다. 그곳에서 네거티브에 했던 것과 같은 처리를 한다. 종이를 은용액에 적시고 완전히 건조시킨 다음에 암모니아가 들어 있는 밀폐된 통 속에 넣는다. 그 속에서 잠시 암모니아 가스로 그을리면 인화할 준비가 다 된 것이다. 사진가는 인화지와 네거티브를 마주보게 놓고 나무 프레임 속에 끼운 다음 빛에 노출한다. 강한 빛을 받으면 곧 사진가가 피사체를 보았던 그대로 이미지가 표면 위로 분명하게 드러난다. 그러나 인화지를 빛에 노출시키면 인화지가 금세 검게 변할 것이다. 이렇게 되지 않도록 하려면 사진을 잘 수세한 다음 정착해야 한다. 사진을 정착할 때에는 티오황산나트륨과 물로 이루어진 또 다른 용액을 이용해야 한다.

정착한 다음에 다시 수세한다. 그렇지만 아직도 톤과 색이 명확하지 않다. 토닝이라고 하는 또 다른 과정을 거쳐야 톤과 색이 명확해진다. 토닝을 하려면 사진을 금과 또 다른 성분의 염화물 용액에 담근다. 그 다음에는 마지막으로 중요한 수

조지 이스트먼의 가계와 청년 시대

세 과정을 거친다. 수세 용기에 사진을 넣으면 물이 여러 방향에서 계속 흘러나와 사진이 빙글빙글 돌면서 수세가 된다. 이 용기 속에서 몇 시간 수세한 다음에 사진을 꺼내어 건조시키고 반듯하게 잘라서 다듬고 카드지 위에 붙인다. 다시 건조시키고 압축시키고 광택을 낸 다음에 사진을 부탁한 사람에게 전달한다. 사진을 수세 용기 속에 넣기 전까지는 적어도 25명의 손을 거쳐야 한다. 한 사람이 작업을 한다면 25번은 손이 가야 한다.

사진을 완성하는 과정은 참으로 놀라운 것이고, 하나의 예술이 되기에도 충분하다. 그렇지만 이것이 전부가 아니다. 사진술은 나날이 점점 더 중요해지고 있다. 아직도 사진술이 초기 단계에 있고 사용법과 적용법이 발견되기 시작하고 있는 중이긴 하지만 말이다.

사진가들은 질산은과 고약한 냄새가 나는 화학약품으로 얼룩진 린네르 천과 손가락을 자랑스러워하며 얼굴에는 먼지를 뒤집어쓰고 이마에는 땀을 흘리면서 천막과 다른 장비들을 등에 지고 시골을 돌아다니는 것을 부끄러워하지 않는다. 시골 아이들이 그들을 오르간을 치는 사람이라고 생각하고 음악을 들려 달라고 매달리는 것도 감수해야 한다."

1877년에는 사진을 제작하는 과정뿐만 아니라 사진을 찍는 과정도 세심한 주의가 필요한 작업이었다. 감광성 물질로 코팅한 유리판을 젖은 상태로 카메라 안에 넣고 유리판이 젖은 상태에서 노출을 주어야 했다. 현상도 유제가 마르기 전에 끝내야만 했다. 야외 촬영을 하기 위해서는 사진가가 코팅 장비와 현상 장비를 등에 짊어지거나 마차에 싣고 촬영 현장으로 가지고 가야 했다.

"게다가 당시에는 카메라만 있다고 되는 것이 아니었다. 촬영과 현상에 필요한 장비를 고루 갖추어야 했고, 카메라는 그러한 장비의 하나에 불과하였다." 이스트먼은 다음과 같이 계속 회상한다.[19] "사진장비를 구입하고 나서 나는 힘이 세고 용감한 사람만이 사진가가 될 수 있다는 것을 알았다. 꼭 필요한 것만 갖추었는데도 장비목록을 보면 비누상자 크기의 카메라, 방갈로를 받칠 수 있을 정도로 무겁

---

19. 이 글은 1920년 10월 『시스템』지에 실린 것으로, 이스트먼이 처음으로 허락한 인터뷰 내용에서 발췌한 것이다.

조지 이스트먼

고 튼튼한 삼각대, 커다란 감광판 용기, 암실용 천막, 질산염 용액, 물을 담을 수세용 용기 등이 있었다. 지금처럼 바로 사용할 수 있도록 감광판이 용기 속에 들어 있는 것도 아니었다. 지금은 '습식 감광판'이라고 알려져 있는 감광판은 촬영하기 직전에 유리판에 콜로디온으로 코팅을 한 다음에 질산은으로 감광 처리를 해야 했다. 따라서 질산은을 항상 가지고 다녀야 했는데 그것은 여행시 가장 주의를 기울여야 할 약품이었다. 일반인들에게 잘 알려져 있지 않은 질산은은 부식 작용을 하기 때문에 유리 용기를 사용해야 했고, 내용물이 흘러나오지 않게 뚜껑을 단단히 막아야 했다. 처음으로 질산은 용액을 가지고 멀리 촬영을 나갔을 때 그 용액을 단단히 포장하여 가방 속에 넣었지만 뚜껑이 헐거워져 질산은이 새어나와 옷에 얼룩이 진 적도 있었다.

이때는 그랜트의 통치 기간이었고, 산토도밍고에 있는 사마나 만을 해군기지로 사들이는 문제가 주요 이슈가 되고 있었다. 산토도밍고는 내 마음에 들었고, 여행 경비를 꼼꼼하게 계산해 보니 그곳으로 여행을 떠나는 것이 가능할 것 같았다. 입사 전에 유명한 파웰 서베이라는 사진가의 조수로 일했던 은행 동료와 그 문제를 상의하였는데, 그는 카메라를 가지고 여행을 하면서 사진 촬영을 하는 것은 굉장히 멋진 일이라고 하였다.

그러나 나는 산토도밍고에 가지 않았다. 그렇지만 결국 여행 자체가 그렇게 중요한 것은 아니었다. 왜냐하면 여행을 준비하면서 나는 사진에 완전히 빠져들었기 때문이다. 장비를 설치할 때마다 마치 내가 약장사나 되는 것처럼 사람들이 모여들었고, 어려움도 있었지만 사진에 열중할 수 있어서 좋았다.

몹시 무더웠던 어느 날 장비를 설치해 놓고 맥키낙에 있는 암석으로 된 천연 다리를 촬영할 때의 일이다. 감광판을 준비하려고 천막 안으로 들어갔다 나왔는데 여행자 몇 명이 매혹적인 포즈로 다리 앞에 서 있었다.

나는 그들에게 주의를 기울이지 않고 사진을 몇 장 찍었다. 촬영이 끝났을 때 그들 중 한 사람이 내게 다가와 사진값이 얼마냐고 물었다. 나는 취미로 사진을 찍는 아마추어 사진가이고 사진은 팔지 않는다고 말하자 그는 버럭 화를 내면서 다음과 같이 말하였다.

조지 이스트먼의 가계와 청년 시대

'그렇다면 우리가 30분 동안이나 뜨거운 햇살 속에 포즈를 잡고 서 있었는데 왜 그 사실을 미리 알려 주지 않았소. 당신이 아마추어 사진가라고 말해 줬어야 하는 것 아니오!'

아마추어 사진가가 되는 것은 몹시 힘든 일이었다. 그렇지만 내겐 깊이 빠질 만한 별다른 취미가 없었으므로 시간이 날 때마다 사진을 찍으러 나갔다. 그리고 사진에 관한 글을 모두 찾아 읽었으며, 전문사진가와 같은 수준으로 올라서려고 노력하였다. 애초에 사진과 관련된 사업을 시작할 생각은 없었다. 주로 야외에서 촬영을 하였기 때문에(당시 내게는 스튜디오가 없었다) 촬영 장비의 부피가 늘 걱정거리였다. 말이 실어 나를 수 있는 짐보다 적게 가지고 다닐 수 있어야 한다고 생각하였다."

이때 이스트먼은 『영국사진학회지』의 '연감'에 실린 논문 한 편을 보게 된다. 그 논문에는 감광성이 있는 젤라틴 유제를 만드는 방법이 수록돼 있었다. 이 유제로 유리판에 코팅을 하면 유제가 건조된 상태에서도 촬영을 할 수 있다고 했다.

"그 논문으로 인해 비로소 정확한 방향을 찾기 시작하였다. 여가 시간을 이용해 유제를 만들기 시작하였다.[20] 코팅을 한 유리판이 건조된 후에도 야외에서 촬영을 할 수 있을 정도로 오랫동안 감광성을 유지한다면 굳이 천막과 은용액을 가지고 다닐 필요가 없었다. 처음으로 만들어 본 유제는 대단한 것이 아니었지만 마침내 젤라틴과 브롬화 코팅 유제를 얻을 수 있게 되었다. 그 유제는 사진에 꼭 필요한 특성을 모두 갖추고 있었다. … 처음에는 단순히 사진 작업을 편하게 하기 위해 사

---

20. 좋은 사진을 얻을 수 있는 유제를 만드는 일은 지루한 작업이었다. 그 사실은 이스트먼이 아마추어 사진가에게 보낸 다음과 같은 설명서를 통해서도 알 수 있다. "조명 상태에 전혀 문제가 없는 한 아래와 같은 방법을 이용하면 감도가 높은 유제를 얻을 수 있을 것이다. 물론 그것이 반드시 베니트(Bennett)인가를 확인해야 하고 약품 비율을 맞추어야 한다. Gel 40그램, Bro Am 231/2 그램, 물 3/4온스, Silver 40그램, 물 1/4온스. 용액의 온도를 화씨 150도로 올리고 은을 첨가하는 사이사이에 흔들어 주면서 천천히 결합한다. 그 다음에 용액을 넣은 용기를 물통에 담고 5일 동안 용액 온도를 화씨 100도로 유지한다. 그 다음에 95% 알코올 2온스로 침전시키거나 원하는 방법으로 수세한다. 테스트를 통해 발견할 수 있는 질산염을 모두 추출한다면 그리고 수세하는 물이 완성된 유제 1.5온스 이상을 희석시키지 않는다면 좋은 결과를 얻을 수 있다. 알코올 3/4드램과 sol, chr, alum 8그램의 10 m를 첨가한 뒤 여과하고 코팅한다. 물통 속에 넣어 이틀 동안 두면 습판의 감도를 얻을 수 있다. 7일 동안 두면 감도가 5배 정도 높아진다."

조지 이스트먼

진 제작 공정을 좀더 간편하게 만들고 싶었다. 그렇지만 얼마 안 있어 그러한 제품을 만들어서 팔면 돈벌이가 될 것이라는 생각이 들었다."

이스트먼은 주로 밤에 작업을 하였고, 밤샘 작업을 할 때도 많았다. 그리고 일요일에는 주로 잠을 잤다. 그는 '파이 껍질처럼 야위었다.' 그렇지만 그에게는 목표가 있었다. 그는 영국에서 리버풀 건판회사나 래튼 앤 웨인라이트 사, 에드워드가 하고 있는 것처럼 건판을 만들어 팔려고 하였다. 이스트먼은 은행을 그만두고 본격적으로 사진사업에 뛰어들 결심을 하였고, 이를 곧바로 실행에 옮겼다. 젊은 혈기로 삼촌인 호레이스 이스트먼에게 자신의 포부를 밝히는 편지를 썼다. 곧바로 답장이 왔다.

워터빌 1878년 1월 13일

조지에게

이 달 10일에 네가 보낸 편지는 잘 받아 보았다. 우선 내가 너의 요구에 응할 수 없는 것이 유감스럽구나. 네가 하비(호레이스의 외동아들)를 위해 일을 하고 있다는 것을 생각하면 너를 위해서라면 무슨 일이든지 해야겠지만 말이다.

내 나이쯤 되면 사업 활동이 현재와 좀더 직결되어 있어야지, 불확실한 미래와 깊게 얽혀 있으면 안 된다. 나는 이제 70이 넘어 덤으로 살고 있는 셈이다. 이 나이에 이르러서는 불확실하거나, 의심스럽거나, 미래가 불확실한 사업은 펼칠 수가 없단다. 따라서 내가 너의 요구를 거절하는 것은 너의 정직성과 성실함을 믿지 못해서가 아니라 순전히 내 개인적인 문제 때문이며, 그것은 누구에게나 적용될 수 있다는 것을 이해해 주길 바란다.

부탁을 들어 주지 못해 삼촌에게 올 이유가 없어졌어도 너를 보게 되면 매우 기쁠 것이다. 한번 놀러 오기 바란다.

어머니에 관한 소식은 없더구나. 날씨가 따뜻해지면 어머니께서 한번 다녀가셨으면 한다. 어머니께 안부를 전해다오.

삼촌 호레이스

물론 삼촌의 거절은 결정적인 것이었지만 아주 극복할 수 없는 난관은 아니었다. 이스트먼은 자신이 저축한 액수에 맞춰 작은 규모로 사업을 시작할 수 있었다. 그는 일을 계속 진행하였다. 그는 사진재료를 더 많이 구입해 유제를 직접 만들었

조지 이스트먼이 첫 번째 젤라틴 네거티브로 제작한 사진, 1879-80년 겨울

으며, 유리판에 코팅을 하고 직접 사진을 찍고 네거티브를 현상하고 인화하였다. 7월에는 슈페리어 호수로 휴가 여행을 떠나 자신이 제작한 감광판을 시험해 보기도 했다.

1879년 1월이 되자 이스트먼은 독일어와 프랑스어를 공부하여 독서 범위를 확대해야 할 정도로 실험에 열중하였다. 영국과 미국의 사진잡지에 실린 '예술의 현황'이라는 기사도 열심히 찾아 읽었다. 사진에 대해 가르쳐 줄 사진가를 고용하고 대구 간유와 다공성 회반죽을 만들었을 뿐만 아니라 문법책과 '참고서'도 샀다. 당시 그가 쓴 노트를 보면 이 모든 사항이 자세히 나온다.

1879년 6월에 그는 '성공적인' 젤라틴 건판을 만들 수 있게 되었을 뿐만 아니라 코팅 장치도 만들었다. 그는 '그 기계를 본다면 어느 누구도 손으로 직접 유리판에 코팅을 하지는 않을 것이다'라는 확신을 갖고 은행에서 예금한 돈 400달러를 인출하여 처음으로 당시 세계 사진의 중심지였던 영국으로 간다. 빅토리아 여왕 시대인 1879년 7월 22일, 그는 첫 번째 특허권을 받고 서둘러 귀국했다.

1879년 9월 9일, 이스트먼은 자신의 특허권 변호사인 조지 셀든을 통해 '사진술이나 사진술과 관련된 장치에 사용하기 위한 개선된 젤라틴 건판 제작 방법[21]'에 대하여 미국 정부가 발행하는 특허증을 신청하였다. 그 신청서는 워싱턴에 있는 특허청에 제출되었다. 그가 런던에서 고용한 특허권 대리권자인 하젤틴 레이크 사(社)를 통해 프랑스와 독일, 벨기에에서도 공식적으로 특허권을 등록하기 위한 준비 작업에 바로 들어갔다.

특허 신청서에는 다음과 같이 적혀 있다. "이전에는 젤라틴 건판을 준비하는 과정에서 젤라틴 유제를 유리판 위에 평평하게 바르기가 매우 어려웠다. 유리막대를 이용하여 젤라틴 유제를 바르는 것이 일반적이었다. 유제를 바를 때에는 작업을 편하게 하려고 유리판을 여러 방향으로 약간씩 기울이면서 바르는데 이렇게 하면 유제가 유리판 가장자리 쪽으로 흐르게 된다. 이 방법으로는 유리판 전체에 유제를 편평하게 코팅하거나 유리판 가장자리까지 유제를 바르기가 어려웠다. 또한

---

21. 미국 특허청, 특허증 번호 226,503. 신청일:1879년 9월 9일. 발행일: 1880년 4월 13일.

조지 이스트먼의 가계와 청년 시대

이 방법으로 유리판에 코팅을 하면 시간이 많이 걸리고 지루하며 따라서 비용도 많이 들었다. 그러나 본인이 고안한 개선된 방법을 이용하면 유리판에 젤라틴 유제를 완전히 균일하게 코팅할 수 있으며, 유리판 가장자리까지 펼쳐 바를 수 있다. 그리고 예전의 조악한 감광판을 만들 때보다 훨씬 더 빨리 작업을 마칠 수 있다."

가을에 그는 한창 교섭 중이었는데 이는 자신의 사무 변호사와 미래의 고객들에게 보여줄 서류를 복사한 활판 인쇄물을 통해 알 수 있다. 서신 하나가 특히 더 중요한데, 이 서신에 그가 나중에 따르게 될 사업 방침이 나타나 있기 때문이다.[22]

로체스터
1879년 10월 13일

마우슨과 스완 씨께

저는 더 이상 제가 발명한 물건을 영국에서 사용할 수 있는 특허사용권을 내주지 않기로 결정하였습니다. 영국에 머물러 있던 7월에는 서두르는 것보다는 기다리는 것이 더 나을 것이라고 생각하여 이 일을 적극적으로 추진하지 않았습니다. 따라서 저는 그 문제와 관련하여 단지 두 사람만 만났습니다. 한 사람은 젤라틴 감광판 제작자이고, 또 다른 한 사람은 바로 지불할 수 있는 현찰은 갖고 있지 않지만 제게 매우 훌륭한 제안 하나를 했습니다. 먼저 특허권 사용료를 지불하고 그 위에 적정 금액을 계약금으로 주겠다는 것이었습니다. 저는 무엇보다도 규모가 큰 기계를 장만하기 위해 그 제안을 받아들였습니다. 그렇지만 그 방법이 마음에 썩 드는 것은 아닙니다. 제 발명품을 사용할 수 있는 특허권 사용료보다 금액이 더 적더라도 모두 한꺼번에 계산하는 편이 더 좋을 듯합니다.

지금 저는 제 마음대로 결정할 수 있는 입장이 못 되지만 5백 파운드를 현금으로 지불할 준비가 되어 있으시다면 저의 사무 변호사격인 사우샘프턴 빌딩에 있는 하젤틴 레이크 사와 상의하시길 바랍니다. 그 회사는 다른 사람과 먼저 계약이 되지 않았다면 이 계약을 처리할 수 있는 권한을 가지고 있습니다.

아직 저는 아마추어 사진가로서만 사진과 관련을 갖고 있지만 **대규모 젤라틴 감광판 제작 사업을 준비하고 있습니다. 그리고 제 발명품 덕분에 저는 필요하다면 잡다**

---

22. 이처럼 사업 초기에 작성한 문서는 모두 속기가 아닌 보통의 필기체로 쓰여졌다. 그것은 특수잉크를 사용하여 활판인쇄로 복사할 수 있었다.

조지 이스트먼

한 가격 경쟁이 일어나지 않을 정도로 가격을 내릴 수 있게 될 것이라고 생각합니다. 스완 씨가 미국으로 건너올 생각을 하고 있다면 이 문제에 관한 당신의 의견을 듣고 싶습니다. 그리고 우리는 서로에게 도움을 줄 수 있을 것입니다. 또한 스완 씨가 말하는 방식의 장점에 대해서도 듣고 싶습니다. 부디 저를 믿어 주십시오.

조지 이스트먼

이스트먼은 12월까지는 영국에서 특허사용권을 팔았다. 그렇지만 지불 시한이 너무 늦어지면서 그 수입에만 의존하였다면 이스트먼은 재정난에 빠지게 되었을 것이다. 그런 와중에도 이스트먼은 기계를 개량하고 유제를 실험하는 작업을 계속하였다. 토머스 에디슨이 전구를 발명하기 위해 수천 개의 필라멘트로 실험을 하였던 것처럼 이스트먼은 많은 유제를 끓이고 실험하였으며, 코네티컷 주 브리지포트의 아마추어 사진가인 조지 존슨과 상세하고 기술적인 문서를 주고받았다.

1880년 4월에 이스트먼은 '도심에 있는 큰 건물의 3층 전체'를 임대하였고, '거의 자리를 잡았다'고 런던에 있는 새뮤얼 프라이에게 편지를 쓴다. 7월 11일, 이스트먼은 새뮤얼에게 열정적인 편지를 또 한 통 보낸다. "영국 특허권을 얻기 위해 한 번 더 신청서를 제출하라고 지금 막 지시했습니다. 이것은 중요한 일로, 나중에 다시 이 일에 대하여 편지를 쓰겠습니다."

그의 두 번째 발명품은 첫 번째 발명품과는 완전히 다른 새로운 장치였다. 이스트먼은 다음과 같이 적고 있다. "이 장치는 제작하는 데 비용이 많이 들지 않고 구조가 간단하며 청소하기도 쉽다. 이제까지 발명된 장치 중에서 작업 속도가 가장 빠르며, 모든 크기의 감광판에 사용할 수 있다. 간략하게 말해서 사용하는 유제의 양이 많든 적든 간에 모든 경우에 쓸 수 있는 매우 실용적인 기구이다."

1880년 8월 18일, 이스트먼은 처음으로 자신이 살고 있는 도시를 벗어나 거래를 해보려고 하였다. 뉴욕 시에서 가장 큰 사진재료상인 앤서니에게 다음과 같은 설명할 필요도 없는 편지를 썼다.

"먼로 씨에게서 들은 말씀인데 제가 만든 젤라틴 감광판을 시장에 내놓기 전에 먼저 선생님께서 편지를 받기 원하신다고 하시더군요. 먼로 씨는 선생님을 전에 알렉산드리아에서 만나 뵌 적이 있다고 하시더군요.

조지 이스트먼의 가계와 청년 시대

저는 지금 젤라틴 감광판을 시장에 내놓을 준비를 하고 있는 관계로 이 편지를 쓰게 되었습니다. 제가 만든 유제는 상태가 매우 양호하며 감광판을 제작하고 처리하는 과정에 대해서는 더운 날씨를 통해 철저하게 실험을 하였습니다. 저는 또한 검사를 마친 약품을 비축하고 있습니다. 따라서 지금 거의 구색을 갖춰 가고 있는 제 실험실이 완성되자마자 제작에 착수할 준비가 되어 있습니다.

선생님께서 제 감광판을 취급하겠다는 계약을 맺고자 하신다면 저는 기꺼이 인화지와 네거티브를 보내드릴 것이며, 제 감광판은 다루기가 매우 쉽다는 것을 보여드릴 것입니다.

처음에는 작업량이 적을 수도 있지만 최근에 완성된 기구와 기계 장치를 이용할 수 있게 되면 수요에 맞춰 작업량을 늘릴 수 있을 것입니다. 또한 말씀드린 장치를 이용하면 제작비도 많이 줄일 수 있습니다."

1880년 추수감사절이 되기 며칠 전, 다시 말해서 이스트먼이 사진에 관심을 갖게 된 지 정확하게 3년 만에 이스트먼은 혼자서 사업을 시작하였다. 이스트먼의 실험실에는 모든 시설이 갖춰져 있었다. 라벨과 현상법도 인쇄하였고, 감광판을 안전하게 옮길 수 있는 상자도 만들었다.

앤서니는 12월에 총 1,053.08달러 가량의 물량을 주문하였다. 이스트먼은 뉴욕 대리점에 편지를 썼다. "제품 제작과 관련된 상세한 사항이 완전하게 체계화되자마자 저는 사진잡지마다 광고를 낼 계획입니다. 그리고 감광판의 제작법을 실제로 보여주면서 설명하기 위해 유능한 기사들을 길거리에 배치할 것입니다."

이스트먼이라는 이름도 널리 알려졌다. 영국의 사진잡지들은 이스트먼의 발명품을 인정하였다. 로메인 탈보트는 '독일 전체에서의 특허사용권을 얻기 위해' 베를린에서 편지를 보내왔다. 시카고와 워싱턴에 있는 이름있는 전문사진가들이 이스트먼의 건판을 사용해 본 후에 시중에 나와 있는 건판 중에서 가장 우수한 제품이라며 다시 주문을 해왔다. 스미소니언 연구소와 미국 정부 사무국에서도 큰 관심을 갖고 조사를 하고 있었다.

제2장

필름에 관한 서사적 이야기

그 당시는 미국이 새로운 시대를 여는 시기였다.

1876년은 미국이 독립한 지 100년째 되는 해였고, 세계사에서 가장 중요한 산업혁명과 사회적 대변혁을 목격하게 되는 새로운 시대가 시작하는 해였다. 1776년부터 필라델피아 100주년 독립기념제에 이르는 100년간의 정치 이론과 실제 경험은 미국뿐만 아니라 전 세계를 지배하였다. 문명세계라면 1876년부터 현재에 이르기까지 인간의 기본적인 제도는 모두 새로운 경제력이 작용할 때마다 변화를 겪었다. 새로운 경제력은 전화에서 시작하여 비행기로 이어지는 위대한 발명품들에서 나오는 것이었다.[1] 가족생활과 사유재산, 국가, 교회, 대학[2]은 53년이라는 짧은 기

---

1. 1876년부터 1903년에 이르는 27년이라는 짧은 기간 동안에 12가지 물건이 발명되었다.
    1) 1876년, 전화, 알렉산더 그레이엄 벨.
    2) 1877년, 축음기, 토머스 에디슨.
    3) 1879년, 백열전구, 에디슨.
    4) 1879년, 가솔린 자동차. 1895년이 되어서야 자동차가 상용화되었다.
    5) 1884-87년, 시내 전차, 반 데폴르와 스프래그.
    6) 1884년, 사진 필름과 롤 홀더, 이스트먼과 윌리엄 워커, 이어 1889년에 투명 필름 발명.
    7) 1885년, 자동식자기(라이노타이프), 메르겐탈러.
    8) 1885년, 전기로, 코울스.
    9) 1888년, 기록계산기, 버로우.
    10) 1889년, 영화 카메라, 에디슨.
    11) 1896년, 고주파 무선전신, 마르코니.
    12) 1903년, 비행기, 오빌과 윌버 라이트 형제.
2. 이것은 인간이 구성하는 기본적인 조직으로, 니콜라스 머레이 버틀러 박사가 분류한 것이다.

간(1876-1929) 안에 본질적으로 그리고 완전히 달라졌다. 이러한 평화적인 대변동을 일으킨 사상은 처음에는 단지 몇 사람에 의해서 시작되었지만 그들의 생각이 다른 이들의 마음속에 주입되면서 예측할 수 없을 정도로 다양화되었다. 에머슨은 다음과 같이 말하였다. "모든 혁명은 처음에는 한 사람의 생각에서 시작되지만 또 다른 사람이 똑같은 생각을 하게 되면 그것은 새 시대를 여는 실마리가 된다."

율리시스 그랜트 대통령의 통치 기간(1869-1877, 그랜트는 대통령이 되자 빈부격차와 인종차별 등의 극심한 사회 문제에 시달리게 되었고, 설상가상으로 정부 각료들과 그의 비서들의 공공연한 뇌물 비리와 대규모 금융 스캔들이 발생하였다. 이로 인해 남북전쟁 영웅인 그의 이미지는 완전히 추락하였으나 1872년의 선거에서 재선되어 많은 국민들이 의아해 할 정도였다-역주) 중에는 이처럼 놀라운 발명품과 현대 과학의 발전을 예상하지 못하였다. 1876년 12월 5일, 의회를 향한 그랜트 대통령의 마지막 연두교서에서 다루고 있는 중요한 문제 중에서 몇 가지를 참조하면, 그랜트 대통령의 재임 기간에 그러한 사실들을 예견하지 못했다는 것이 좀 더 분명하게 드러날 것이다. 또한 산업계의 선구자들이 새로운 건설 사업에 노력을 기울이기 시작하였을 시기의 국가적인 상황을 올바로 이해하는 데 도움을 줄 것이다.

대통령의 연두교서에는 다음과 같이 쓰여 있다. "내가 미국을 통치하기 시작하였을 때는 오랜 기간 동안 지연되어 난관에 빠진 재건 사업이 실질적으로 시작되는 시기였다. 미국은 거대한 부채를 갖고 재건 사업을 하고 있었고, … 생산을 위축시킬 정도로 과세액이 많았다. 그 이후 미국의 무역수지는 1869년에 1억 3천만 달러 적자였던 것이 1876년에는 1억 2천만 달러 흑자로 돌아섰다. 1879년에 정화 지불(specie payment, 은행 또는 재무부의 미국 지폐를 금속[보통은 금] 주화로 교환해 주는 것-역주)을 재개할 것이라는 의회의 공약이 쉽게 이루어질 것이라는 확고한 믿음이 있었다.

올해 필라델피아에서 개최된 만국박람회는 큰 성공을 거두었고, 이는 앞으로도 지속적으로 미국에 유리하게 작용할 것이다. 만국박람회는 1세기 동안에 예술과 과학, 기계조작 기술이 크게 발전되었음을 보여주었다. 우리가 어떤 분야에서

필름에 관한 서사적 이야기

도 결코 다른 유서 깊은 나라들에 비해 뒤지지 않으며, 몇몇 분야에서는 거의 적수를 찾아볼 수 없을 정도가 되었음을 보여주었다. 만국박람회 한 번으로 세계의 여러 곳에서 기술과 노동력을 갖춘 사람들과 제품을 데려오고 가져오는 데 도움을 주었을 뿐만 아니라 미국 각지에 흩어져 있는 사람들을 불러모으는 데도 도움을 주었다. 이는 정보를 알리고 조국에 대한 자부심을 불러일으키는 측면에서도 큰 도움을 주었다."

새로운 세계를 위한 기반을 다졌던 발명의 시대가 시작될 당시 미국의 상황은 그러하였다. 가장 먼저 등장한 것은 알렉산더 그레이엄 벨(Alexander Graham Bell, 그동안 이탈리아 이외의 나라에서는 전화의 발명가로 알려져 왔으나 안토니오 무치의 특허권을 빼앗은 것으로 판명되어 2002년 6월 11일, 미국 의회의 결의안에 따라 안토니오 무치가 전화기의 최초 발명가로서 공식으로 인정되었다-역주) 교수가 필라델피아 만국박람회에서 전시하였던 전화였다. "처음으로 전화에 관심을 갖고 호의적인 태도를 보였던 중요한 인물은 톰슨 경(William Thomson, 1st Baron Kelvin, 1824-1907, 아일랜드의 수리물리학자이며 공학자이다. 글래스고 대학에서 일하면서 전기와 열역학에 대한 많은 수학적인 분석을 했으며, 물리학을 오늘날의 형태로 정립한 중요한 공헌자이다. 그의 다른 이름 켈빈은 작위를 받으면서 지은 것이며, 그의 이름을 따서 지은 절대 온도의 단위 켈빈으로 더 잘 알려져 있다. 만년에 코닥 사의 고문으로 활동했다-역주)이었다. 다른 이는 직함이 없는 어느 젊은 과학자였다."[3] 영국에서 벨은 과학의 진보를 위한 영국진보과학협회가 주최한 대회에서 그 장비를 선보여 우승자가 되었다. 그러나 1880년이 되었을 때에도, 허버트 스펜서는 다음과 같이 쓰고 있다. "런던에서는 전화가 전혀 사용되지 않고 있고, 영국의 다른 도시에는 알려져 있지도 않았다."

미국에서도 영국과 마찬가지로 전화가 보급되는 데 많은 시간이 걸렸다. 클리블랜드와 해리슨 대통령의 재임 기간에 "백악관에는 쓰이지 않고 있는 전화기가 한 대 있었는데, 그 전화기는 주로 하인들이 사용하였다."[4] 산업계 전반이 소규모

---

3. 『전화의 역사(History of Telephone)』에서, 허버트 카슨(Herbert N. Casson).
4. 위의 책.

조지 이스트먼

였고, 수도와 가스가 유일한 공공사업이었다. 철강산업은 아직 초기 산업이었고, 1876년 미국에서는 철강이 533,191톤밖에 생산되지 않았다.[5]

1878년쯤에는 이미 뉴잉글랜드는 중서부에 사람들을 거주하게 하고 있었다. 그곳에 거주하는 고집 센 개척자들은 차례로 미시시피 건너편에 있는 광대한 곡창지대를 채우고 있었다. 오스트리아-헝가리, 보헤미아, 이탈리아, 폴란드에서는 곧 생산 공장을 가득 채워 줄 수많은 근로자들로 이루어진 전초 부대를 속속 보내오고 있었다.

"5백 개에 가까운 철도 선로가 재건기금을 제공한다는 계획에 따라 부설되었다. 녹슨 선로를 견고한 새 레일로 바꾸는 일에는 거대한 연합체제가 꼭 필요하였다. 그러나 제철 공장은 수요를 충족시킬 수 있을 만큼 재빨리 생산을 재개할 수 없었다."[6]

앤드류와 토머스 카네기는 철강 사업을 하고 있었지만 아직 카네기 형제 회사로 만들지 않은 상태였다.[7] 앤드류 멜런(Andrew William Mellon, 1855-1937, 미국의 은행가·실업가, 재무장관 1921-1932-역주)은 피츠버그에 있는 아버지의 은행에서 일을 배우고 있는 중이었다.

1876년 조지프 퓰리처는 『루이스 포스트-디스패치』지를 창간하였고, 멜빌 스톤은 『시카고 데일리 뉴스』 제1판을 발행하였다. 시러스 커티스(Cyrus H.K. Curtis, 펜실베이니아 주에서 발행되던 『필라델피아 인콰이어러』지의 발행인-역주)는 자신의 출생지인 메인에서 필라델피아로 이주하였다. 2년 후 듀크 선 회사는 '농부들에게서 사들인 담배잎을 가공하여 팔고 있었다.' 그리고 다음 해에 울워스는 파이브 앤 텐 센트(Five and Ten Cent, 가격파괴 체인점의 효시-역주) 사업을 시작하였

---

5. 50년 뒤에는 총생산량이 48,293,736톤에 달했다.
6. 『헨리 클레이 프릭(Henry Clay Frick)』에서, 조지 하비(George Harvey).
7. 이 회사는 1881년에 주식회사가 되었다. 1881년은 시어도어 루스벨트가 처음으로 공직에 입후보한 해이다. 우드로 윌슨은 남부에서 학생들을 가르치고 있었고, 그때까지는 브린 마우르 대학의 교수직을 요청받지 못한 상태였다. 켈빈 쿨리지는 9살의 남학생으로 버몬트에서 지내고 있었고, 7살이었던 허버트 후버는 아이오와에서 성장하고 있었다. 이러한 사실들은 일시적인 관심거리가 아닌 보다 중요한 사실로, 그들이 각자 기업을 경영하는 동안 그들이 세운 공식적인 방침은 사업에 광범위하게 영향을 미치기 때문이다.

필름에 관한 서사적 이야기

다.[8] 당시 미국은 인구가 5천만 명이 채 안 되었고, 남부 지방은 여전히 혼란스러운 상황이었으며, 뉴욕은 '쾌적하고 평온한 지방 도시였다. 그곳에서는 누구나 영어를 쓰고 이름만 들어도 누군지 다 알았다.'[9]

에디슨은 미국과 캐나다의 여러 지역에서 신문판매원과 전신기사로 일을 하다가 1876년에 뉴저지의 먼로 파크로 이주하였다. 그는 이곳에서 3년이 안 되어 축음기를 만들었고, 이듬해인 1879년 10월 21일에는 백열광을 40시간 이상 낼 수 있는 전구를 만들어 국가 발전에 대한 회의론을 완전히 불식시켰다.

이처럼 역사적인 시기에 이스트먼 부인 집에서 하숙을 하던 사람은 헨리 스트롱 대령과 그의 부인이었다.[10] 헨리 스트롱은 스트롱-우드베리 회사의 부유한 동업자로 채찍 제조업자들을 이끌고 있었다. 스트롱은 1880년까지는 이스트먼이 하는 일을 관심을 가지고 지켜만 보았다. 이스트먼이 면밀하게 계산된 확신을 갖고 있다는 점에 강한 인상을 받은 그는 회사의 재무문제를 이스트먼과 의논하기 시작하였다. 상당한 수익을 얻을 수 있을 것이라는 사실이 분명하였다. 12월 초, 스트롱은 동업자가 되기로 결정하였다. 그리고 미국 중서부로 출장을 떠났다. 1880년 12월 14일에는 처음으로 사업에 대해 의논하는 상세한 편지를 썼다. 두 사람은 이 편지를 시작으로 그 뒤에도 오랫동안 서신을 주고받게 된다.

조지에게

이 달 7일에 자네가 보낸 반가운 편지는 미니애폴리스에서 잘 받았고, 일이 잘 진행되고 있다는 소식을 듣고 매우 기뻤네.

자네는 아직도 유리건판 가격을 밑바닥까지 끌어내리지 못했다고 생각하는 것 같은데, 원자재를 계속 비축하는 한편 지속적으로 시장조사를 해야 하네. 그리고 다시 주문할 때가 되면 원자재 가격을 가장 싸게 제시하는 업자에게 물건을 주문하게. 아마

---

8. 1885년이 되어서야 경영자 제임스 듀크는 "사업을 크게 벌리고 조직화하는 것을 추진하였다." (포브스, 『미국을 만드는 사람들(Men Who Are Making America)』에서).

9. 런던 『데일리 익스프레스』지의 편집장인 랄프 블루멘펠드(Ralph D. Blumenfeld)의 진술.

10. 헨리 스트롱은 1838년 8월 30일 로체스터에서 태어났다. 1861년에는 해군에 입대하여 봉급지불 담당원이 되었고, 남북전쟁이 시작되었을 때부터 끝날 때까지 4년간 복무하였다.

조지 이스트먼

도 필요한 재료를 구입할 때마다 같은 경험을 반복해야 할 것일세. 도매업자는 계속해서 지켜보아야 할 필요가 있으며, 원자재 가격을 틀림없이 밑바닥까지 끌어내렸다고 확신할 때에도 분별없고 어리석은 바보가 나타나 간신히 바닥까지 내려놓은 가격을 뒤엎을 때가 있을 걸세.

나는 늦어도 일요일이나 다음 월요일 혹은 화요일에는 집에 도착할 것 같네. 앤서니가 자네 제품의 독점권을 얻으려고 하는 것 같은데, 물론 앤서니 쪽에서 자네가 생산하는 제품을 모두 수용하겠다는 계약을 맺는다면 거기에는 반대할 이유가 없을 것 같네. 그렇지만 그쪽 편에서 빠져나갈 수 있는 구멍이 없도록 신중하고 정확하게 계약서를 작성해야 하네. 좋은 사업 상대를 만나 자네가 빠르게 성장할 수 있기를 바라네.

이만 편지를 끝맺어야 하겠네. 모두에게 우리 부부의 안부를 전해 주게.

헨리

크리스마스 이틀 전에 스트롱 부부는 로체스터로 돌아왔다. 그리고 스트롱 대령은 조지 이스트먼의 회사에 처음으로 1천 달러를 투자하였다.[11]

한편, 에디슨은 세상에서 가장 거대한 공공사업을 위한 기초를 쌓고 있었다. 1881년, 그는 뉴욕 시 5번가 65번지에 사무실을 열었고, 뉴저지의 해리슨에 영리를 목적으로 하는 백열전구 공장을 처음으로 설립하였다. 1882년 9월 4일에는 뉴욕 시에서 빛과 에너지, 열을 전달하기 위한 전기 공급을 위해 영리를 목적으로 하는 중앙사업소를 처음으로 가동하기 시작하였다. 같은 해 이스트먼은 에디슨의 첫 고객 중 한 사람이 되었고,[12] 이스트먼은 2년 후에 전구에 대한 증명서를 보냈다.

---

11. "나는 아침식사 시간과 오후 3시 사이의 가능한 시간에는 회사 일을 돌보면서 1881년 9월까지 은행 일을 계속했다네."(1890년 10월 9일, 이스트먼이 윌리엄 워커에게.)

12. '1882년 10월 14일'이라는 날짜가 적혀 있는 5번가 65번지, 에디슨 전구회사의 14번째 회보 21페이지를 보면 뉴욕 로체스터의 이스트먼 건판회사라는 이름이 '전구 16개'라는 기재 사항과 함께 나온다. 그 회보에는 다음과 같이 나와 있다. "미국의 여러 지역에서 설립 중에 있거나 운영되고 있는 123곳의 에디슨 독립 공장에서 전구 211,998개를 생산했다." 1883년 2월 2일이라는 날짜가 적혀 있는 16번째 회보 16페이지를 보면 이스트먼 건판회사는 시험 사용 후에 거래를 튼 공장의 하나로 나온다. 'E' 발전기와 15 'A' 전구, 그리고 '1-Z' 발전기와 60 'A' 전구를 사용하였다.(뉴저지, 오렌지, 에디슨 역사연구부)

헨리 스트롱 대령

조지 이스트먼

1884년 12월 2일

12월 1일자 서신에 대한 답장을 보냅니다.

귀사에서 설치한 시설은 지난 2년 동안 만족스럽게 가동되고 있으며, 작업을 하기에 적당한 일정한 밝기를 유지하고 있습니다.

화학약품을 취급하는 과정은 모두 인공광을 이용하여 작업을 하며, 하루에 12시간 이상을 귀사가 설치한 기계설비를 가동하고 있습니다. 저희는 보통 25개 정도의 전구를 사용하며, 전기자를 설치한 이후 지금까지 전기자를 두 번 조절하였습니다.

재무담당자, 조지 이스트먼

이 편지를 통해 미국의 산업 역사에 있어서 가장 광범위하게 영향을 미친 사업 관계 하나가 소박하게 맺어지기 시작하여, 그 이후 7년 동안 에디슨은 이스트먼의 주요 거래처가 되었다. 그 당시 이 두 사람은 독립적으로 사업을 하면서 세계에서 가장 큰 사업을 위한 기반을 쌓아 가고 있었다.

당시에는 대규모로 대량생산하는 경우는 대부분 석유나 강철, 코크스, 석탄, 그 밖의 다른 광물과 같은 천연자원에 국한되었다. 그러한 생산물은 천연자원이 어마어마하게 풍부한 지역에서 다 쓸 수 없을 만큼 많은 양을 퍼내어 최종 생산물로 바뀌어지고 있었다. 한편 과학적인 제품이나 기계 제품을 기계 장치를 이용하여 대량생산하는 곳은 뉴잉글랜드에 있는 시계나 재봉틀, 총을 만드는 공장들뿐이었다. 록펠러와 카네기, 프릭은 광물이나 광물 제품을 생산하고 보급하는 사람들이었다. 그러한 광산품은 거대한 양으로 존재하는 천연자원으로 제작되는 것이었으며, 입을 크게 벌리고 그들의 사업을 기다리고 있는 업계를 위한 것이었다.[13]

그렇지만 벨과 에디슨, 이스트먼의 전화, 전기, 사진은 새로운 사업을 창출해야 하는 것이었다. 따라서 그들은 제품을 대량생산하기 전에 수요를 창출해야 했

---

13. 한편 석유와 운송 분야에서 상당한 발전이 있었다. "스탠다드 오일 컴퍼니(Standard Oil Company)가 미국 정유사업의 90퍼센트 이상을 관리하고 있다는 사실은 1880년대에는 이미 널리 알려져 있었다. 어떤 식으로 90퍼센트 이상을 장악하였고, 어떤 식으로 실행되었으며, 관리 방식이 법률이 허용하는 범위 내에 있었는지 아닌지는 분명하게 밝혀지지 않았다. '트러스트'였다고 할지라도 '트러스트'라는 단어가 시장독점을 목적으로 하는 기업합동을 뜻하는 용어가 된 것은 1882년에 이르러서였다."(『우리들의 시대(Our Times)』, 마크 설리번)

필름에 관한 서사적 이야기

다. 그렇지만 인간의 창의력을 기계적인 정확성으로 구현해 내는 일은 어려운 작업이었다. 감광유제를 종이에 바르든 유리판이나 필름에 바르든 간에 수요자의 필요에 맞는 유제를 제작한다는 것은 1879년에도 그랬지만 오늘날에도 다른 과학적인 제품 제작과 비교할 수 없을 정도로 섬세한 작업이었다.

이스트먼 이전에도 사진이 있었던 것처럼 전기는 벨과 에디슨이 나오기 전에도 이미 존재하였지만 이들은 전화통신, 전기조명, 필름 사진술이라는 새로운 과학을 창조하였다. 이들은 또한 새로운 산업을 창출하였다. 이러한 산업은 차례로 새로운 일과 새로운 정책, 새로운 직업, 새로운 간행물, 좀더 폭넓은 지식 보급, 새로운 정보 전달과 해석 경로를 출현시켰고, 문명화가 진행되는 주기도 새롭게 바꾸었다.[14]

벨과 에디슨, 이스트먼의 사업에 대한 관점은 각기 달랐다. 벨은 발명가인 동시에 미래에 대하여 아주 정확한 통찰력을 갖고 있었다. 벨은 1877년 다음과 같이 예견하였다. "전화선이 땅 속이나 머리 위로 지나가다가 가지처럼 갈라져 주택과 시골 저택, 상점, 공장 등을 연결하고, 전국에 걸쳐 도시와 마을 그리고 여러 장소를 연결할 것이라는 사실은 충분히 짐작할 수 있는 일이다." 그렇지만 벨은 사업 수완이 부족하여 사업 초기에 회사를 설립하고 재정을 관리하는 일은 가디너 허바드와 그의 장인 토머스 샌더, 데오도르 베일에게 전적으로 맡겨야 했다.

에디슨은 천재였지만 당시 자신의 발명품을 돈벌이에 이용할 수 있을 것이라는 사실에는 거의 관심을 가지지 않았다. 발명품 하나는 몇 년씩 선반 위에 방치한

---

14. "벨이나 에디슨, 이스트먼에 대한 처우 방법이나 그들이 정당하게 얻었고, 그 진위가 충분히 입증된 특허권에 대하여 부도덕하게 비난을 하는 사람들이 있었다는 사실을 통해 1880년대의 상도덕이나 상업윤리관이 오늘날의 상도덕이나 상업윤리관에 미치지 못한다는 결론을 피할 수 없다. 새로운 것은 어떤 것이든지 경쟁이라는 고난을 견뎌내야 한다. 그렇지만 현대 사회는 1880년대 초반보다 페어 플레이 정신이 더 커졌다. 상도덕이 이처럼 향상된 데에는 여러 가지 이유가 있다. 50년 동안 엄청난 양의 정화수가 경쟁이라는 둑을 넘어갔다. 우리는 불명예와 개혁을 거치고 추문을 폭로하는 사람과 독점금지법 단속관을 갖게 되었으며, 심사하고 법률을 제정하는 과정을 충분히 경험하였다. 게다가 훌륭하고 모범적인 솔직한 사업 운영이 유리하다는 것을 경험하였다. 그 속에서 공정한 방법을 통해 성공을 얻었고, 이상적인 공공 서비스를 지속적으로 제공하였다."(『텔레폰 아이디어(The Telephone Idea)』에서 아서 파운드(Arthur Pound))

조지 이스트먼

채 제품화하여 시장에 내놓으면 팔릴 것이라는 사실에 대해서는 신경도 쓰지 않았다. 그렇지만 에디슨에게 부족하였던 사업적인 통찰력을 다른 이들이 보완해 주었다. 에디슨은 전기업계에서 제일 가는 사업적 재능을 보여준 코핀에게 찬사를 보내면서 그 자신 스스로가 분명히 밝혔다. "그는 미국의 부와 번영이 놀랍도록 증대되는 데 커다란 공헌을 한 사람들 중 하나였다."

하지만 이스트먼은 사진술의 사업적 가능성에 흥미를 가졌다. 우리는 1장에서 대량생산으로 비용을 낮춘다는 내용을 다룬 이스트먼의 편지를 보았었다. 그가 미국에서 제품을 생산하기 전에 영국으로 갔던 사실은 그가 국내시장뿐만 아니라 유럽 시장도 찾고 있었다는 증거이다. 마지막으로 그가 대대적인 광고에 대하여 언급한 것을 보면 1879년과 1880년 사이의 겨울까지는 네 개의 기본적인 사업 원칙을 세우고 그 원칙에 따라 자신의 회사를 설립하려고 하였다는 것을 알 수 있다.

1. 기계를 이용한 대량생산.
2. 가격을 낮추어 제품이 더 유용하게 쓰이도록 한다.
3. 국내뿐만 아니라 해외에도 보급한다.
4. 시연을 통한 판매뿐만 아니라 대대적인 광고.

이러한 방침은 이 젊은 발명가가 실현하기도 전에 검증을 받았다. 1881년 1월 1일, 이스트먼과 스트롱의 회사는 스테이트 가에 있는 임대한 공장 건물의 위층에서 젤라틴 건판을 제작하면서 공식적으로 일을 시작하였다.

사업은 빠르게 성장하였다. 스트롱 대령은 가을까지 총 5천 달러를 투자하였고, 반면에 젊은 동업자는 시간과 노력을 들여 그만큼 일을 하였다. 처음에는 한 사람에서 시작되었던 사세도 점차 커졌다. 감광판 매출이 한 달에 약 4천 달러에 이르렀고, 재고품은 겨울 동안 확보해 두겠다고 하는 도매업자들에게 모두 보냈다.

그런데 유리 감광판 회사가 순식간에 유리 창고로 전락하는 일이 일어났다. 사진가들이 이스트먼 감광판에 감광성이 없어졌다고 불평하기 시작한 것이다. 이스트먼은 서둘러 뉴욕으로 가서 앤서니를 만나 샘플을 뽑아 검사를 하였다. 그리고 그때까지 몰랐던 새로운 사실을 알게 되었다. 이스트먼은 시간이 지날수록 사

필름에 관한 서사적 이야기

진유제의 감광성이 떨어진다는 사실을 확인하였다. 앤서니도 이 문제를 해결할 방법이 없었기 때문에 방금 들어온 신제품만 팔고 예전에 도착한 감광판은 계속 창고에 쌓아두고 있었다. 미국에서 가장 큰 도매업자의 수중에 수천 달러 가량의 쓸모없는 재고가 남게 되었다.

해결 방법은 한 가지밖에 없었고, 이스트먼은 실행에 옮겼다. 이스트먼은 재고품을 모두 회수하고, 사진가들과 앤서니가 갖고 있는 쓸모없는 감광판을 모두 환불해 주겠다고 약속하였다.

그렇지만 잘 알다시피 불행한 일은 한 번으로 끝나지 않는다. 아무리 해도 그 젊은 발명가는 좋은 유제를 만들 수 없었다. 그의 조제법은 물론이고 다른 어떤 방법도 소용이 없었다. 우리가 찾은 이 비극적인 이야기는 약품으로 얼룩지고 계속 만져서 더러워진, 그리고 이제는 오래되어 갈색으로 변해 버린 낡은 노트에 기록되어 있었다. 유제를 454번이나 새로 만들었다. 노트에는 이렇게 씌어 있다. "실험 중에 붉은색 포그와 막이 약간 나타난다. 고감도이고 적당한 농도." 약품을 섞고 가열하고 검사를 하면서 18번을 더 시도한 끝에 마침내 '붉은색 포그가 나타나지 않는' 유제를 만들었다. 그때는 '병은 깨지고 모든 것을 잃은' 상태였다.

이스트먼이 유제를 새로 만드는 동안에 공장은 계속 문을 닫은 상태였다. 며칠이 지나가고 몇 주가 지나갔다. 469번의 실험이 실패로 끝났다. 이스트먼은 잠을 잘 수도 없었고 쉴 수도 없었다. 가끔 누워서 추리소설이나 카우보이 소설을 밤새도록 읽으며 기분전환을 하는 것이 유일한 휴식이었다.

1882년 3월 11일, 로체스터 출신의 두 사람은 영국을 향해 출항하는 저매닉 호에 올랐다. 헨리 스트롱과 조지 이스트먼은 처음으로 함께 외국 출장을 떠났다가 4월 4일에 돌아왔다. 로체스터에서 실험을 다시 시작하였고, 16번이나 더 시도한 끝에 다시 '깨끗하고 좋은' 감광판을 얻을 수 있었다.

4월 16일 밤, 두 사람은 처음으로 수주 만에 충분히 잠을 잤다. 오랜 연구와 실패를 거듭한 실험, 영국으로의 출장을 통해 납품업자에게서 받은 젤라틴에 문제가 있었으며, 이스트먼의 유제 조제법이나 설비에 문제가 있는 것은 아니라는 사실을 밝혀냈다. 하지만 노트의 마지막 장에는 다음과 같은 불길한 메모가 씌어져 있다.

조지 이스트먼

'1882년 4월 28일

어음 600달러. 열흘'

　이스트먼은 그의 생애에서 처음으로 빚을 지게 되었다. 그렇지만 두 가지의 귀중한 사업상의 교훈을 얻었다. 이때부터 그는 약품이나 재료를 구입할 때에는 항상 샘플을 뽑아 먼저 검사를 하고 난 후에 물건을 구입하였고, 두 번째로 그는 항상 '대안을 준비'해 놓고 일을 하게 되었다. 이 사건을 통해 그는 어떤 일을 시작할 때에는 항상 해결 방법을 하나 더 '준비'해 놓고 시작하겠다고 다짐했다.
　이러한 마지막 원칙을 그의 네 가지 사업 방침에 덧붙였다. 그도 그렇고 스트롱 대령도 이 사업에 대한 확신을 잃지 않고 있었다. 이스트먼은 비용을 낮추어 대량생산하고 대대적인 광고를 하고 제품을 외국으로도 공급하면서 '대안을 준비'해 둔다면 안정된 사업이 될 것이라는 사실을 굳게 믿었다.
　이스트먼 건판회사는 어려움 없이 다시 사업을 재개할 수 있었다. 결함이 있다고 판명된 제품을 모두 환불해 준다는 방침은 드문 일은 아닐지라도 대담한 결정이었다. 앤서니도 그렇고 다른 거래처에서도 이스트먼이 곤궁에 처해 있다는 사실을 잘 몰랐다. 거래처에서는 이스트먼이 물건을 새로 공급해 주기를 간절히 바랐기 때문에 얼마 있지 않아 어음 6백 달러를 결제할 수 있었고, 이스트먼 사는 첫 회계연도에 14,899.88달러의 순수익을 냈다. 다음 해에도 비슷한 이익을 냈지만 다른 회사에서도 건판 제작 사업에 손을 대기 시작하여 곧 물건이 과잉 공급되는 현상이 나타났다. 건판 가격이 떨어졌다. 자신을 잃은 경쟁사도 있었고, 재정적으로 큰 손실을 입어 사업을 포기하는 회사도 있었다. 그렇지만 이스트먼은 사업으로 얻은 수익금을 공장과 기계 증설, 약품 구입, 연구 개발에 재투자하였다. 그는 이제부터가 시작이었다.
　앞일을 계획하는 것이 이제는 습관이 되어 버렸지만 이스트먼은 미래를 설계하다가 사진술에 있어서 근본적인 문제는 다음의 한 문장으로 함축될 수 있다는 것을 깨달았다. '유리건판을 대신할 수 있는 것이 뭐 없을까?'
　이것은 이스트먼이 스스로 생각해 낸 것은 아니었다. 사진잡지에서는 1870년

필름에 관한 서사적 이야기

부터 유리건판 대체물에 대한 가능성을 심사숙고하고 있었다. 다른 이들도 유제를 바를 새로운 지지체를 찾고 있었다. 유리는 깨지기 쉽고, 경제적이지 못하며 무거워 만족스럽지 못하다는 사실을 알고 있었기 때문이다. 유리건판이 사진술의 대중성을 제한하지만 그때까지도 그 문제를 해결하기 위해 실제로 어떤 시도를 한 사람은 아무도 없었다. 마치 누군가가 관심을 가지고 실제로 이용할 수 있는 제품을 제작한다면 돈을 주고 구입해서 쓸 수 있게 되기를 기다리고 있는 듯했다.

콜로디온은 항상 이스트먼의 마음을 끌었다. 여기에는 면화와 질산으로 만든 물질이 있었는데 스위스의 어느 발명가는 이 합성물에 '니트로셀룰로오스'라는 이름을 붙였지만 보통은 면화약이라고 부른다. 그러한 화학적 결합체가 콜로디온도 만들고 폭발물도 만든다는 사실이 이스트먼처럼 '습관'과 '건판'으로 실험을 많이 한 사람에게는 자연히 흥미를 끌게 되었다. 이때 이스트먼이 실험을 하면서 콜로디온을 이용한 것이 성공으로 가는 실마리가 되었다. 이러한 실험을 시작하였다는 것이 자신의 변호사 중의 한 사람에게 보낸 편지에 기록되어 있다.

"저는 지지체에 니트로셀룰로오스 용액을 코팅한 다음에 유제를 코팅하고, 그 후에 그것을 벗겨내는 과정을 거쳐 투명 필름(transparent film, 니트로셀룰로오스의 투명한 플라스틱 바탕에 감광 처리를 한 필름 – 역주)을 만드는 방법을 처음으로 생각해 냈습니다. 1884년 2-3월이 지나가기 전의 일입니다. 1884년 1월부터 6월까지 많은 실험을 하였고, 그 과정에서 일시적인 지지체로 종이와 유리도 사용해 보았습니다. 보통의 가용성 면화약을 농축 유황 에테르와 같은 양의 에틸 알코올에 용해시켜서 사용하였고, 용매 1온스에 면화약 10그레인을 용해시켰습니다. 때로는 그 용액의 점성을 더 높이기 위해 용액에 소량의 피마자유를 더했습니다. 처음에는 활석으로 문질러 준비해 둔 유리에 이 용액을 코팅하였고, 그 다음에 유리판 위에 니트로셀룰로오스 용액을 부었습니다. 용액이 골고루 잘 번지도록 붓고 건조시킵니다.

한 번만 코팅을 해서는 유제의 지지체 역할을 해줄 수 있을 정도로 밀도가 높은 피막을 얻을 수 없었으므로, 처음에 한 코팅 위에 벤젠에 고무를 녹인 용액을 부었습니다. 건조시킨 후에 니트로셀룰로오스 용액을 한 번 더 붓고 다시 건조시켰습니다. 피막에 충분한 점성을 주기 위해 노력하면서 이러한 코팅 과정을 8번에서 10번 정도 반복하였습니다.

또한 일시적으로 사용하는 지지체로 종이를 이용하여 종이 위에 바로 셀룰로오스를 코팅하는 실험을 하였고, 나중에는 그 위에 유제를 코팅하였습니다. 종이에서 셀룰로오스를 벗겨내는 일은 어렵지 않았고, 셀룰로오스는 유제와는 점착성이 강하였고, 종이와는 쉽게 분리되었습니다. 피막은 밀도가 낮아서 유제를 받쳐줄 수 있을 만큼 확실한 지지체가 되지 못하였습니다. 여러 가지 출판물을 상세히 조사하면서 더 두꺼운 코팅을 얻기 위하여 밀도가 높은 셀룰로오스 용액을 만드는 방법을 찾으려고 노력하였지만 용매 1온스에 면화약 10이나 12그레인 이상을 함유하는 용액을 얻는 방법을 찾을 수가 없었습니다. 실험을 통해 필름을 만들어 그 필름으로 사진을 찍을 수 있었습니다. 촬영하고 현상하는 동안에는 필름을 종이 위에 그대로 두었다가 나중에 필름을 벗겨내는 방식으로 사진을 찍었습니다."

이스트만은 사진사에서 최초인 필름 혹은 실제로 사용할 수 있는 '피막'을 만드는 과정을 위와 같이 사무적으로 설명하였다.

이처럼 새로운 제품을 현상하는 과정은 화학적인 문제뿐만 아니라 무수히 많은 기술적인 문제를 초래하였다. 필름을 현상하는 방식에 대한 특허권 신청이 1884년 3월 4일에 제출되었다. 필름을 카메라에 장전하려면 새로운 기계 장치를 만들어야 했다. 이스트만과 윌리엄 워커[15] 둘 다 이 문제를 놓고 연구를 한 지 얼마 지나지 않아 롤 형태로 말아놓은 필름을 넣을 수 있는 가벼운 마호가니 프레임을 만들어냈다. 이 프레임은 시중에 나와 있는 기본형 카메라라면 어떤 카메라라도 뒤쪽에 설치할 수 있게 만들어졌다.

롤 형태로 감겨 있는 새로운 필름을 스풀에 고정시키고 바깥쪽에서 핀을 이용하여 회전시켰다. 이러한 장치는 유리건판 홀더를 대신하거나 유리건판 홀더와 바꿔 끼울 수 있게 되어 있었다. 그리고 여러 가지 장점이 있었는데, 여러 번 촬영할 때에도 필름을 충분히 가지고 다닐 수 있었고, 가벼우며 유리건판이 깨질 염려도

---

15. 워커는 카메라 제조업자로 실패한 자신의 회사를 포기하고 이스트만을 위해 일하였다. 워커는 1884년부터 이스트만 사에서 근무하기 시작하였다.

필름에 관한 서사적 이야기

없고, 야외 촬영을 할 때에도 무거운 감광판 꾸러미를 가지고 다닐 필요가 없어졌다. 이러한 롤 홀더와 함께 판매되는 길다란 종이 필름으로 보통 24번 촬영할 수 있었다.

이처럼 새로운 촬영 방식으로 사용될 '스트리핑 필름'은 종이 지지체, 콜로디온 층, 감광성이 있는 젤라틴 유제, 종이와 콜로디온 사이에 있는 가용성 젤라틴 층으로 이루어졌다. 따라서 촬영하고 현상한 후에는 따뜻한 물로 가용성 젤라틴 층을 부드럽게 하여 네거티브를 종이에서 떼어낸 다음에 네거티브를 인화할 수 있었다. 이스트먼에게 306,594라는 번호를 붙여 준 특허증을 보면 이러한 스트리핑 필름에 대한 광범위한 소유권을 요구하는 것을 볼 수 있다. 이렇게 하여 길게 이어진 롤 필름이 발명되었다. 여기에서 중요한 것은 이 특허증에서는 감광성이 있는 인화지를 두루마리 형태로 만들어 코팅하고 건조시키는 방법과 장치에 대해서도 다루고 있다는 것이다.

이스트먼은 사진에 필름 방식을 적용하면 상업적으로 크게 성공할 수 있을 것이라는 사실을 예견하고, 1884년 9월에는 이미 새로운 회사를 설립하기 위한 계획을 세워놓고 있었다. 이러한 자신의 생각을 요약하여 쓴 편지를 클리블랜드에 있는 매형인 조지 앤드루스에게 가장 먼저 보낸다.[16]

1884년 9월 16일

앤드루스 매형께

10월 1일경에는 자본금 20만 달러를 준비할 수 있을 것 같습니다. 그 중에 10만 달러는 미국의 특허를 얻기 위해 스트롱 이스트먼과 워커에 지급되고, 10만 달러는 운영자금으로 남겨둘 것입니다. 이 운영비 10만 달러는 우리를 후원하는 사람들에게 투자될 것입니다.

매형이 3천 달러를 넘기지 않기를 원하고, 2년 이상 계속 투자하는 것을 원하지 않을 시에는 (액면가로) 돌려드리겠습니다.

주위에 투자할 만한 사람이 있으면 제게 알려 주십시오. 2,500달러 이하의 투자는 고

---

16. 앤드루스는 이스트먼의 누이인 엘렌 마리아와 결혼하였다.

조지 이스트먼

려하고 있지 않습니다. 경영은 우리가 모두 알아서 하고 때가 되면 자신들의 배당금만 받아갈 사람들을 원합니다.

아직까지는 주식을 파는 것을 시도해 보지 못하였습니다. 제가 토요일경에 말씀드렸던 그 변호사와의 충돌을 해결해 줄 위원회의 결정을 받아들였기 때문입니다. 그렇지만 준비가 되는 대로 큰 어려움 없이 주식을 팔 수 있을 것이라고 생각됩니다.

부분적으로 성공해도 좋은 일이지만 이 사업이 완전한 성공을 거둔다면 조용히 지켜보던 사람들을 깜짝 놀라게 만들 것입니다. 우리는 아직 어느 정도가 될지는 모르지만 배당금으로 힘을 모을 수 있을 것이라고 생각합니다.

누이 엘렌과 조카에게도 안부를 전해 주십시오.

조지

1884년 10월 3일, 이스트먼은 『보스턴 커머셜』지의 발행인인 커티스 길드 2세에게 처음으로 보도자료를 보낸다.

로체스터의 이스트먼 건판 앤 필름 회사는 1884년 10월 1일에 주식회사로 출범하였고, 20만 달러의 자본금으로 이스트먼 건판회사의 주식과 공장 시설을 매입하였다. 그리고 잘 알려져 있는 이스트먼 건판을 계속 제작하면서 1월 1일경에는 새로운 종이건판을 내놓을 것이다. 이 종이건판은 언젠가는 현재의 유리건판을 대신하게 될 것이다. 새로운 방식을 이용하면 국내에서 사진가들이 건판을 구입하는 데 드는 비용을 1년에 25만 달러 정도 절약할 수 있을 것이다.

이스트먼 건판 앤 필름 회사는 또한 롤 홀더를 완성하고 그 제품에 대한 특허권을 얻었다. 롤 홀더를 이용하면 야외촬영 장비의 무게가 절반 정도로 줄어들 것이다. 길게 이어져 있는 필름으로 촬영을 한 다음 필름을 잘라서 현상한다. 그렇게 해서 만들어진 네거티브는 유리건판으로 만든 네거티브와 별 차이가 없다.

새로운 회사의 임원진은 다음과 같다.

헨리 스트롱, 사장
J. H. 켄트, 부사장
조지 이스트먼, 재무담당자
윌리엄 H. 워커, 사무관

새로 설립된 회사는 이스트먼 건판회사의 사업권과 부동산, 기계, 시설물, 재

필름에 관한 서사적 이야기

고품, 특허권을 16만 2천 달러에 사들였다.[17]

그러나 사람들이 새로운 필름 방식을 쉽게 받아들인 것은 아니다. 이스트먼은 중요한 사진잡지인 『앤서니 불리틴』지의 발행인 중의 한 사람인 어빙 애덤스에게 다음과 같은 편지를 보낸다. "나는 버펄로를 떠나기 전에 트레일 테일러 씨[18]를 다시 만날 수 없었습니다. 그렇지만 나는 그가 [버펄로의 전문사진가] 총회에서 우리가 만든 롤 홀더가 워너크(Warnerke)를 모방한 제품이라고 말한 사실을 알고 있습니다. 그런데 소위 워너크 홀더라는 것에 대한 특허권은 1854년 5월 22일 영국에서 멜후시와 스펜서가 받았으며, 우리가 그 장비를 발명품으로 인정하고 워너크에게 그에 대한 사용권을 지불할 정도로 그가 장비를 개선한 적이 없다고 알고 있습니다. 우리는 최근에 그가 만든 홀더[롤러]를 입수했으며, 우리 측의 쿠퍼 씨가 며칠 후에 그 장비를 당신에게 보여줄 수 있도록 조치해 놓겠습니다. 워너크 홀더와 우리가 만든 홀더가 비슷하다고 말하는 것은 부싯돌식 발화장치를 가진 구식 나팔총과 스미스 앤 웨슨 자동식 6연발총이 비슷하다고 하는 것과 같습니다. 당신의 잡지에서는 워너크 홀더와 우리가 만든 홀더가 같은 것이라고 하는 실수를 범해선 안 될 것입니다. 따라서 테일러 씨에게 두 장비를 보여주고 우리가 만든 홀더가 어떤 장비인지를 설명할 수 있을 때까지는 테일러 씨에게 더 이상 떠벌리고 다니지 말라고 요청할 생각입니다."[19]

이스트먼이 보스턴에 있는 어느 사진가에게 보낸 또 한 통의 편지는 이스트먼

---

17. 스트롱과 이스트먼, 워커는 주식 1,620주를 받아 다음과 같이 나누었다. 스트롱 750주, 이스트먼 650주, 워커 200주, H.W.고든 14주, L.L.스톤 5주, 엘리자 톰킨스 1주. 정식으로 인가를 받은 총 2,000주에서 1,620주를 뺀 나머지 380주는 액면가로 다음과 같이 매각되었다. 그 주식을 구입한 사람들은 위에서 언급한 이들과 함께 최초의 주주가 되었다. 에드윈 세이지 100주, 존 켄트 100주, 헨리 아칠스 2세 35주, 애덤스 20주, 롤린 스튜어드 20주, 알바 스트롱 5주, 브라케트 클라크 90주, 조지 클라크 10주.

18. 그는 여러 해 동안 영향력 있는 『영국사진학회지(British Journal of Photography)』의 편집자였다.

19. "워너크 슬라이드가 대중성을 얻지 못한 이유를 밝히기는 어려울 듯하다. 우리가 그 장비를 사용하면서 알게 된 것은 그 장비는 필름이나 인화지를 롤러에 고정시켜서 감기가 어렵다는 것이다. 암실의 희미한 조명 아래에서 그 작업을 해야 하기 때문이다. 그 장비는 사용되지 않았고, 사람들 사이에서 거의 잊혀졌다."(『영국사진학회지』, 1887)

이 확신을 가지고 진지하게 문제를 해결하려고 하였다는 사실을 잘 보여준다.

"당신은 아무 일도 하지 않으면서 새로 나온 것이라면 그 무엇이든 비난을 퍼붓는 사람들 중 한 사람입니다. 자신이 할 수 있는 방법을 총동원하여 다른 사람들을 낙담시키고, 다른 사람들의 능력과 수완에 의해 만들어진 새로운 방법을 받아들이지 않을 수 없게 되었을 때에는 마지못해서 받아들이는 부류의 사람입니다.

결국 당신은 건판을 받아들이지 않을 수가 없을 것입니다. 우리가 만들어내는 필름을 사용하지 않을 수 없게 되고, 다른 사진가들처럼 현재의 야외촬영 방식에서 벗어나게 될 것입니다."

완고한 고집쟁이들의 저항과 『디트로이트 프리 프레스』지에 실린 롤 홀더를 조롱하는 기사에도 불구하고, 이스트먼은 자신의 필름 방식을 편지와 광고 그리고 시연을 통해 사진계로 밀어 넣었다. 사업은 전투가 되었다. 그는 어떤 비난에도 맞서고 어떤 공격에도 대응하였다.

그는 다음과 같은 예언을 하면서 디트로이트의 넋두리에 반격을 가했다. "카메라는 펜처럼 신문기자에게 꼭 필요한 것이 되어가고 있다."(1885년 6월 25일) 그는 런던에서 열린 국제발명품전시회[20]에 출품하기 위해 만든 전시물을 워커가 관리하게 하였다. 그 전시물은 대성공을 거두어 이스트먼은 영국에 있는 세 단체, 만국박람회와 런던사진협회, 왕립 콘월 과학기술협회로부터 최고상을 받았다. 모스크바와 제네바에서 여러 상을 수상하고, 파리에서 열린 만국박람회에서 금메달을 받았으며, 플로렌스와 멜버른에서도 이와 비슷한 메달을 받았다. 영국 황태자[21]와 황태자비는 그 발명가가 증정한 카메라와 롤 홀더, 필름을 사용하여 직접 사진을 찍기 시작하였다.

1885년 8월 11일, 런던 『더 타임스』지와 2주일 후 『영국사진학회지』지는 새로운 방식이 편리하다는 점을 인정하였다. 그리고 '독창적인 기계 장치를 직접 시험

---

20. 이스트먼이 전시 담당자들에게 처음으로 보낸 편지를 보면 다음과 같은 내용이 있다. "전시 공간을 마련해 달라는 신청서를 동봉하였습니다. 그리고 우리가 실제로 쓸 수 있는 필름 사진체계를 처음으로 완성하였다는 우리의 주장을 호의적으로 고려해 줄 것을 정중하게 요청합니다."

21. 그는 나중에 에드워드 7세가 된다. 그와 알렉산드라 왕비는 왕실에서는 처음으로 사진을 접한 아마추어 사진가였다.

필름에 관한 서사적 이야기

해 보라'고 권했다.

영향력 있는 이 학회지에는 다음과 같은 단평이 실려 있다. "롤 홀더는 야외 촬영용 장비이지만 특히 여기저기를 여행하면서 사진을 찍을 때 주로 사용하게 될 것이다. 그처럼 혁신적인 제품에 대한 편견이 없어지기만 하면 말이다."

『사진 뉴스』지의 편집자는 다음과 같은 결론을 내린다. "이처럼 새로운 방식과 장비를 이용하면 만족할 만한 사진을 얻을 수 있으며, 필름에서 인화한 사진도 유리건판을 통해서 얻은 네거티브를 인화한 사진과 차이가 전혀 없었다."

미국에서 출판되는 사진잡지인 『필라델피아 사진가』와 『앤서니 불리틴』도 항복을 하였다. 그렇지만 1885년 10월 1일, 이스트먼 건판 앤 필름 회사의 재무 담당자가 주주들에게 제출할 보고서를 처음으로 만들었을 때, 그 해의 이익금은 1,807.64달러에 불과하였다. 배당금을 줄 수 있는 액수와는 거리가 멀었다.

회사 내에서 속을 태우고 있는 사람은 워커뿐이었다. 로체스터의 다른 중역들과 주주들은 결코 동요하지 않았다. 이스트먼은 확신을 갖고 자신의 실험에 열중하다가 하루는 실험을 잠시 중단하고 유럽 지사장인 워커에게 편지를 썼다.

"이처럼 보수적으로 일을 진행하는 것을 당신이 좋아하지 않는다는 것은 알고 있지만 나중에는 당신이 현명하게 그러한 방법을 받아들이기를 바랍니다. 우리 사업이 일시적이고 새로운 장난감을 제작할 때처럼 급속히 발전시킨 다음에 손을 떼야 하는 사업이었다면 문제가 달랐을 것입니다. 그렇지만 이 사업은 단단한 기반 위에서 진행한다면 영구적으로 이끌고 나갈 수 있을 것입니다. 단단한 기반이란 것은 바로 좋은 제품입니다. 좋은 제품(완전히 새로운 제품)을 만들기 위해서는 경험이 필요하고 시간을 갖고 일을 해야 합니다. 다른 누구보다도 내가 하는 일이 시간이 더 많이 걸리겠지만 나는 최선을 다하고 있습니다. 우리가 성공을 이룬 다음에 그 '성공'은 오래 지속될 것입니다."

이스트먼은 로체스터에 있는 자신의 사무실에서 사진사업과 관련된 자세한 사항을 모두 지시하였다. 이스트먼은 라틴아메리카 시장을 염두에 두고 포르투갈 오포르토에서 개최되는 만국박람회에 자신의 제품을 전시할 부스를 신청하면서 런던의 버논 웰시에게 다음과 같은 편지를 썼다. "우리는 지금으로서는 상상도 할

조지 이스트먼

수 없을 정도로 사진술을 대중화할 수 있을 것입니다."

이스트먼은 제한된 방법으로 광고를 하고 있었지만 차츰 미국과 영국에서 출판되는 중요한 사진잡지에 전면광고를 싣기 시작하였다. 이스트먼 자신이 직접 손으로 쓴 첫 번째 필름 광고문을 출판업자에게 보냈다.

이스트먼 건판 앤 필름 회사
미국 뉴욕 로체스터
사무실과 스튜디오 주소 - 스테이트 가 343, 345, 347
공장 주소 - 보트 가 2, 4, 6, 8

공고

이스트먼 건판 앤 필름 회사는
1885년 1월 1일 이후 빠른 시일 내에
감광 필름을
새로 출시할 것입니다.
이 제품은 야외촬영을 할 때나 스튜디오 촬영을 할 때
유리건판 대신 사용할 수 있는
경제적이고 편리한 제품으로
입증될 것입니다.

이 필름 출시와 함께
한 장짜리 필름을 사용할 때와 롤 필름을 사용할 때
같은 식으로 노출을 줄 수 있는
새롭고 능률적인 장비도 선보일 것입니다.

이 모든 것을 통해
완전하고 실용적인
필름 사진 방식을
얻게 됩니다.

전 세계를 샅샅이 뒤져 종이와 그 밖의 다른 원료를 찾았다. 프러시아 스타인바흐 회사의 공장에서 최고급 사진 종이를 들여오고 있었지만, 이스트먼은 좀더 가까운 곳에서 종이를 공급받을 수 있기를 바랐다. 이 종이가 사진과 관련된 제품을

필름에 관한 서사적 이야기

만드는 데 가장 적합한 종이라는 것을 확인하자 이스트먼은 미국에 있는 공장에 견본을 보내어 똑같은 종이를 만들 수 있는지를 물어보았다.

그는 1885년 4월 11일, 매사추세츠의 허버트 제지회사에 보낸 편지에서 다음과 같이 밝혔다. "우리는 종이를 많이 사용해야 할 듯합니다. 그리고 귀사에서 이러한 종이를 만들 수 있다면 거래를 원합니다."

이스트먼 사는 설립된 지 얼마 안 되었지만 은(銀)을 많이 소비하였다. 이스트먼은 앤서니에게 편지를 써 지금은 1주일에 40파운드 정도를 소비하고 있다고 말했다. 이스트먼은 은과 약품을 대부분 앤서니로부터 구입하였다.

1885년 3월 26일, 처음으로 시판용 필름이 만들어졌다. 로체스터로 돌아와 있던 워커는 역사적인 그날을 세 문장으로 묘사하였다. "우리는 어제 코팅을 하기 시작하였다. 그 일이 진행되는 것을 보는 것은 즐거운 일이었다. 나는 그것보다 더 멋진 광경을 본 적이 없고, 이상하리만큼 끝까지 별탈없이 진행되었다."

여기에서는 '별탈없이'라는 말이 중요하다. 거의 4달 정도나 일이 지연되었었다. 제품 제작 과정에 있어서는 상식적인 이야기이지만 실험실에서 진행하던 방식을 대량생산에 처음 적용할 때에는 항상 예기치 않았던 문제가 발생하기 때문이다. 그렇지만 이스트먼이 만든 기계 장치들이 처음으로 일사분란하게 움직이기 시작하였을 때에는 회사 중역들은 모두 감격했다.

필름이 다른 회사의 유리건판 판매고를 잠식해 들어가기 시작하자 이스트먼의 경쟁자 중 한 명이 로체스터로 와서 자신의 회사는 이스트먼이 사진에 관심을 가지기 훨씬 전에 설립된 회사이고 '언제나 가장 긴 꼬리를 가진 개가 마지막까지 꼬리를 흔든다'는 사실을 젊은이도 결국에는 깨닫게 될 것이라고 협박하고 돌아갔다. 이스트먼은 필름 사업을 확장시킬 때 워커에게 그 협박에 빗대어 "개의 꼬리는 이제 예전보다 많이 짧아졌다"고 편지를 보냈다.

이스트먼은 판매원 중 한 사람에게 다음과 같이 물었다. "보스턴에서는 전투가 어떻게 진행되고 있습니까?"

사업이 성장하고 실험이 계속되면서 더욱 큰 확신을 갖게 되자 또 다른 경영진에게는 다음과 같은 편지를 쓴다. "폭발적인 성장에 대비하여 정신을 바짝 차리십

조지 이스트먼

시오."

그는 몇 시간이고 계속해서 작업을 할 수 있었고, 사업과 관련된 세부적인 사항들에 관해서는 어떤 문제라도 전심전력을 기울여 빠르게 결론을 내렸다. 굳은 결의를 갖고 있었고, 필요한 것은 어떤 식으로든 다른 이들에게서 얻어냈으므로 그의 비전은 무한하다는 사실이 동료들에게는 더욱 더 확실하게 느껴졌다. 이스트먼은 공장에 있는 해먹에서 잘 때가 많았고, 공장에서 직접 요리를 해서 먹는 날이 잦았다. 그래서 보다 못한 어머니가 이스트먼을 집으로 데려가 충분한 음식을 먹이고 하룻밤 푹 자게 해주곤 했다. 그때 어머니가 없었더라면 그는 사업에서 전혀 눈을 떼지 않았을지도 모른다.

그는 직접 기계설계사가 되어 공장에서 기계 부품 하나하나를 디자인하였다. 학교에서 정식으로 화학과 관련된 교육을 받지는 않았지만 화학약품과 화학반응에 대해서 많이 알고 있었다. 이는 수년 동안 유제와 종이로 실험을 하면서 얻은 지식이 바탕이 되었다. 그는 사진잡지라면 빼놓지 않고 모두 읽었다. 이스트먼은 그러한 잡지들을 영국과 독일, 벨기에에서 정기적으로 받아보았다. 그는 혼자서 공식을 해석하면서 연구를 하였고, 그 누구보다도 자신이 앞서가고 있다는 사실을 깨달았다.

이스트먼은 '스트리핑' 필름을 개발한 최초의 인물이었지만 이는 그가 원했던 바도, 사진계가 필요로 하고 있다고 믿고 있던 바도 아니었다. 게다가 그는 자신이 사용한 방식이 옳았다는 사실에 확신을 가질 수 있을 때까지 계속 실험을 하였다. 그러나 사업을 이끌어 나가면서 실험을 하기에는 하루 해가 너무 짧았다.

문제는 주로 화학과 관련된 것이었기 때문에 이스트먼은 새뮤얼 앨런 래티모어 박사에게 도움을 요청하였다. 그는 철학박사이자 법학박사로 로체스터 대학 화학과 학과장이었고, 미국에서 유명한 화학자였다. 래티모어 박사는 1872년에 이미 로체스터 위원회의 수석 화학자로 임명되었다. 로체스터 위원회는 그 도시의 용수 공급을 위해 선발된 이들로 구성되었다. 1880년 뉴욕 주 보건국이 설립되었을 때 래티모어는 6명의 화학자 중 한 명으로 임명되어 불량식품에 관한 전반적인 문제를 조사 확인하여 보고하였다. 1879년 러터퍼드 헤이스는 래티모어를 임명하여 미

필름에 관한 서사적 이야기

국 정부의 몇몇 화폐 주조소에서 만든 금화와 은화를 1년에 한 번씩 분석하게 하였다. 그는 미국진보과학협회 회원이었고, 미국화학협회가 설립된 이후에는 계속 그 협회의 회원으로 활동하고 있었다.

1885년 로체스터 저축은행의 은행장인 모티머 레이놀즈는 래티모어 박사의 작업에 관심을 갖고 로체스터 대학에 화학연구소를 세우고 설비를 갖추는 데 필요한 기금을 기부하였다. 그 연구소는 당시로서는 미국에서 가장 현대적인 화학연구소였다.

이스트먼은 잠시 동안 래티모어 박사와 알고 지냈고, 그가 처음으로 제작한 롤 홀더와 필름 스풀을 검사해 달라고 부탁하였다.

이스트먼은 그 당시의 상황에 대하여 다음과 같이 적고 있다. "우리가 그 홀더를 래티모어 박사에게 보낸 것은 홀더를 처음 대하는 사람의 손에서는 그 장비가 어떤 식으로 다루어지는지를 알아내고자 하는 실험 차원일 뿐이었다. 래티모어 박사는 이곳에 살고 있고, 자신이 촬영한 필름을 우리가 현상해 왔기 때문에 그 장비의 어떤 점을 개선해야 좋을지를 잘 알고 있었다."

이러한 만남을 통해 이스트먼은 래티모어 박사의 조수인 헨리 라이헨바흐라는 '재능이 풍부하고 재치가 많은 연구원'을 알게 된다. 그리고 래티모어 교수의 추천으로 1886년 8월 라이헨바흐를 채용한다.

이스트먼은 1886년 11월 7일 런던에 있는 워커에게 "출근해서 실험만 할 젊은 화학자를 고용하였다"고 편지를 써 보냈다. 이 무렵 그는 보스턴 출신의 조지프 대처 클라크를 '유럽 시장을 위한 과학전문가'로 고용하였다. 다음 해 4월 30일, 이스트먼은 워커에게 실험이 진전되는 상황을 알려 주고 또다시 라이헨바흐에 대하여 언급하였다. "그는 사진술에 대해서는 아무것도 모릅니다. 나는 그에게 무엇을 원하는지를 말하였고, 하루 만에 원하는 것을 얻을 수도 있지만 길게는 일주일, 한 달, 1년 혹은 그보다 더 오랜 시간이 걸릴 수도 있다고 했습니다. 그러나 결국에는 아주 확실한 것이라고 말해 주었습니다."

미국의 제조업계에서 교육받은 화학자를 고용하여 (연구개발비를 들이면서 연구 기간을 정해 놓지도 않은 상태에서) 산업 분야의 화학연구에만 전념하게 하였다는 사실을 알려 주는 자료로는 이 편지가 가장 초기의 것이다.

 이스트먼은 그때까지도 유리를 대신할 수 있는 더 나은 물질을 찾고 있었다. 왜냐하면 스트리핑 필름은 단지 시작일 뿐이라고 생각했기 때문이었다. 이스트먼은 자신의 생각을 끈기 있게 설명하여 라이헨바흐가 실험을 개시할 수 있게 하였고, 그는 실험 이외의 다른 업무를 처리했다. 특허청에서는 최초의 신청서에 모든 권리를 주었다. 이스트먼은 다코타 주 헌터에 사는 데이비드 휴스턴이라는 농부가 필름의 노출 길이가 필요한 위치에 도달했음을 알려 주는 시각적인 표시기와 필름에 구멍을 뚫는 장치에 대한 특허권을 소유하고 있다는 사실을 알게 되었다.

 이 장치는 바로 진보된 장치라는 평가를 받았다. 이스트먼은 700달러를 주고 그 장치를 제작하여 판매할 수 있는 권리를 샀다. 그때 이스트먼은 사진술은 매우 빠르게 진보하는 경향이 있고, 혁신적으로 진보할 수도 있다는 사실을 자각하고, 자신의 사업을 발전시키는 데 필요하다고 생각되는 사진과 관련된 특허권을 통제할 수 있는 권리를 사들인다는 방침을 세웠다. 이스트먼은 나중에 세인트 폴에서 휴스턴을 만나 5천 달러를 지불하고 특허권 모두를 사들였다. 이스트먼은 로체스터로 돌아와 워커에게 이제 그들은 '바위처럼 단단해졌다'고 편지를 썼다.

 그에 못지않은 중요한 문제가 하나 더 있었다. 전국 각지로부터 문의하는 편지가 쇄도하였기 때문에 이 새로운 방식을 사진가들에게 교육시켜야 했다. 이스트먼은 문제를 해결할 수 있는 방법을 적어 일일이 답장을 보냈다.

 이스트먼은 그랜드 래피드의 허버트에게 다음과 같은 편지를 썼다. "이 달 13일자 당신의 편지에 대한 답장으로 소다현상액의 제조법을 동봉합니다. 초성 몰식자산과 마찬가지로 귀하의 목을 상하게 하는 것은 암모니아일 듯합니다. 동봉한 제조법을 이용해 볼 것을 권합니다."

 "가장 좋은 결과를 얻을 수 있는 다리미 온도를 정확하게 말씀드릴 수는 없습니다만 댁의 아내에게 부탁하여 셔츠를 다림질할 때 사용하는 온도로 맞추어 달라고 하면 좋은 결과를 얻을 수 있을 것입니다. 유제를 넉넉하게 사용하십시오. 현상액 속에 있거나 정착을 한 후에 네거티브 표면에 기포가 생깁니까? 우선은 더 차가운 물을 사용해야 합니다. 항상 새로 조제한 정착액을 사용하십시오. 궁금한 점이

필름에 관한 서사적 이야기

있으면 다시 한 번 편지를 주십시오." 이스트먼은 뉴 멕시코 산타페의 슐츠에게 보내는 편지의 끝을 이렇게 맺었다.

프랑스와 오스트리아에서도 편지를 받았다. 스테빙 교수가 파리에서 보낸 편지에 대하여 이스트먼은 다음과 같은 답장을 보냈다.

"우리 회사에서는 프랑스에 대리점을 내고 그곳에서도 제품을 팔 수 있기를 바랍니다. 그렇지만 우리가 어떤 조치를 취하기 전에 확인해야 할 특허 규정이 몇 가지가 있다고 알고 있습니다. 우리는 롤 홀더와 필름에 대한 우리의 특허권을 매우 중요하게 생각하고 있으며, 특허권에 손상을 입히는 일은 하지 않으려고 합니다."[22]

이스트먼은 회사의 판매부서도 관리하고 있었다. 두 사람을 출장 보내고 제품을 팔기 위한 편지도 많이 썼다. 사진과 관련된 제품을 모두 구비한 것에 대해서는 일리노이 주 폴로의 윌리엄 밀러에게 보낸 편지에서 처음으로 언급하였다.

"저희는 귀하께서 계획한 세계여행에 맞추어 완비된 사진장비를 기꺼이 마련하겠습니다. 저희는 모든 종류의 카메라를 취급하고 있고, 카메라에 저희가 제작한 롤 홀더를 설치하고 있습니다. 저희가 만든 롤 홀더는 장거리 여행에 특히 더 적합합니다. 가볍고 휴대하기 편할 뿐만 아니라 네거티브는 세관을 바로 통과할 수 있습니다. 유리건판을 갖고 여행하는 분들은 종종 통관에 곤란을 겪습니다."

사업 초기에는 로체스터에 작은 목공 공장을 갖고 있던 브라우넬이 롤 홀더를 제작하였지만, 사업이 너무 급속하게 확대되었으므로 이스트먼은 1885년 11월 보스턴에 있는 블레어 투어로그래프와 건판회사에 편지를 썼다. "이곳에서 우리 일을 맡아서 하기로 한 사람이 기계를 새로 구입해 올해 겨울에 사용할 물량을 모두 생산할 수 있을 것이라고 예상하였습니다. 하지만 그가 그만큼 빨리 생산하지 못하여 지금까지 일이 많이 지연되었습니다. 그러나 우리는 금속세공과를 갖게 되어 롤 홀더를 대량생산할 수 있게 되었습니다."

사업은 '급속히 발전하였다.' 화학이나 제품 제작과 관련된 문제가 모두 해

---
22. 1885년 10월 5일.

결되었다. 스트리핑 필름을 개선하였고, 새로운 제품을 만들어 '아메리칸 필름(American Film)'이라는 상품명으로 광고하였다.

라이헨바흐도 점차 진척을 보이고 있었다. 필름을 이용하는 롤 홀더 방식이 성공하면서 새로운 필름을 제작하고 일정한 길이에 맞추어 팔아야 했다. 필름은 스풀이나 카트리지에 감을 수 있게 되어 있었고, 필름을 사용하는 사람은 스풀이나 카트리지를 직접 다루지 않아도 되었다. 필요한 것은 유리건판을 대신하는 대용품 이상의 것이었다. 제품화되는 것은 모두 롤 홀더로 사용할 수 있어야 했고, 팔 수 있어야 했다. 그렇지 않으면 그 제품은 이스트먼이 고안한 필름을 이용한 롤 홀더 방식에 조금도 도움이 되지 않았다. 사진계는 차츰 이스트먼이 고안한 방식에 공감하고 있었다.

이스트먼은 라이헨바흐에게 각기 다른 화학약품 회사의 바니스와 용액을 사용해 보게 하였다. 그렇지만 필름에는 이러한 약품을 사용할 수 없다는 사실을 알게 되었다. 이러한 제품을 이용하면 필름이 너무 얇아지고 주름이 생길 뿐만 아니라 반점이나 구멍, 결함이 생기기도 하고, 필름 색이 이상해지거나 감광성 사진유제를 코팅하기에는 필름 표면이 너무 미끈거렸다.

1888년 12월까지 실험을 계속하다가 라이헨바흐는 메탄올로 니트로셀룰로오스 용액을 만들었다. 이 용액을 유리판 위로 흐르게 하자 매끄럽고 투명한 필름이 만들어졌다. 여기까지는 만족스러웠다. 그렇지만 그 필름은 강도가 너무 약하여 쉽게 찢어졌다. 건조되면 유리판에서 들고일어나는 경향이 있었고, 결과적으로 필름 표면을 평평하지 않고 울퉁불퉁하게 만들었다. 그럼에도 불구하고 이는 분명한 진전이라는 평가를 받았고, 라이헨바흐가 확실한 그 무엇인가에 접근하고 있는 것처럼 보이기 시작하였다.

어느 날 이 젊은 화학자는 니트로셀룰로오스 용액에 장뇌를 첨가해 보기로 하였다. 그는 장뇌를 첨가하면 그 물질이 더 강하면서도 부드러워질 것이라고 생각하였다. 이 정도면 충분하겠다고 생각되는 양을 더하자 장뇌 때문에 필름 일부분에 결정이 생기고 불투명한 반점이 생기게 된다는 것을 알게 되었다. 그는 마침내 60퍼센트의 장뇌 용액을 이용하는 공식을 생각해 내고, 열을 이용하여 필름을 건조

필름에 관한 서사적 이야기

시켜야 한다는 사실도 밝혀냈다. 하지만 정확하고 일정한 온도를 유지하지 못하면 매끄럽고 투명한 필름을 만들지 못하거나 유제가 코팅이 되지 않았다.

이스트먼은 이 모든 과정을 지켜보면서 자신의 재능을 다른 곳에 쓰고 있었다. 라이헨바흐가 연구를 계속하고 있는 동안에 이스트먼은 나중에 사용하게 될 기계나 기구를 제작하기 위하여 준비작업을 하고 있었다.

드디어 라이헨바흐가 '열쇠'를 찾아냈다. 아밀아세테이트와 퓨젤 오일 용액을 첨가함으로써 장뇌 용액은 필름을 건조시키는 동안에도 용액 상태를 유지하였고, 투명하고 유연한 필름이 처음으로 만들어졌다.

1889년 3월 3일, 특허 변호사가 신청서 초안을 완성하였고, 이스트먼은 다음과 같은 편지를 동봉하여 그 초안을 워싱턴의 처치에게 되돌려 보낸다.

"어제 서명하고 작성한 두 신청서의 소유권 항목을 보고 퓨젤 오일에 대한 소유권 1, 2번은 빼야 한다는 사실을 알게 되었습니다. 화학적인 부분에 대해서는 제가 소유권을 주장할 수 없기 때문입니다. 기계와 관련된 부분만 제게 소유권이 있고 화학적인 부분은 라이헨바흐에게 소유권이 있습니다. 이러한 문제에 대해서는 당신도 잘 알고 있을 것이고, 당신이 못 보았다면 실수한 것입니다.

지금 명시된 소유권으로는 라이헨바흐나 저나 둘 다 소유권을 주장할 수 없습니다. 그 소유권에는 화학적인 부분도 있고, 기계적인 부분도 있기 때문입니다. 화학적인 부분과 기계적인 부분은 서로 독립된 발명품입니다. 먼젓번에는 경황이 없어서 소유권이 뒤얽혀 있다는 사실을 알아차리지 못하였습니다.

이 신청서에 라이헨바흐의 이름을 넣어 주기를 바라며, 이렇게 하면 그도 기뻐할 것이라고 생각합니다. 따라서 허가를 받든지 못 받든지 간에 제가 당신에게 보낸 신청서를 정리하여 그에게 정확한 화학식을 작성해 달라고 하는 것이 좋을 듯합니다. 그리고 한쪽 신청서의 3r·4와 5에 대한 소유권을 다른 쪽 신청서의 소유권과 하나로 합치면 어떨까요? 이렇게 되면 네 개의 신청서가 필요하게 될 것입니다.

1. 화학식 / H. M. 라이헨바흐
2. 기계적인 방법 / G. 이스트먼
3. 기계 장치 / G. 이스트먼

4. 물건 제작(소유권을 신청하는 것이 가능하다면) / G. 이스트먼

기계 장치 케이스의 도면은 프레드가 로체스터로 돌아오면 작성할 수 있습니다. 테이블의 세부 설계도는 약간 수정하고 있는 중입니다. 잘못 작성된 먼젓번 신청서는 되돌려 주시고, 새로운 필름에 대한 공문도 제게 보내주시기 바랍니다."

이스트먼은 같은 날 워커에게 편지를 썼다. "새로운 필름이 롤 홀더 특허권을 가져다줄 것이라는 중요성을 생각하면 우리가 갖고 있지 않은 영국의 특허권에 대한 사용권을 확보해 두는 것이 좋겠습니다. ⋯ 우리는 가능한 모든 롤 홀더 특허권을 통제함으로써 우리 자신을 강화시켜야만 합니다."

즉시 새로운 공장이 설비를 갖추었고, 필름 견본을 급히 영국으로 보냈다. 이스트먼은 워커에게 편지를 썼다. "필름 견본을 보면 제출된 제품의 형태에 대하여 알게 될 것입니다. 제품 길이는 원하는 대로 조정할 수 있습니다. 물건 제작과 관련된 작은 문제 몇 가지를 제외하고는 모든 문제가 해결되었고, 5월 1일까지는 코트가의 공장으로 갈 수 있을 것이라고 생각합니다."

사진산업 분야에서는 처음으로 이스트만과 라이헨바흐의 실험은 투명 니트로셀룰로오스 필름을 상업적인 규모로 제작할 수 있게 하였다. 1889년 12월 10일, 미국 특허청에서는 라이헨바흐에게 특허번호 417,202를 교부하였다. 1892년 3월 22일과 7월 19일에는 이스트먼과 라이헨바흐에게 특허권 2개가 더 교부되었다.

이 특허권을 보면 이스트먼 건판 앤 필름 회사에서 이러한 필름을 만들면서 실제로 사용한 기계와 제작 공정이 나와 있다. 이스트먼 건판 앤 필름 회사에 모든 특허권이 양도되었다. 특허권은 다음과 같이 규정하고 있다. 필름 지지체는 그들이 특허를 얻은 니트로셀룰로오스 용액으로 만든다. 니트로셀룰로오스 용액을 침전시킨 다음에 길이가 200피트이고 폭이 2분의 1피트인 유리판 위에 바른다. 이때는 표면이 매끄럽고 두께가 얇고 균일한 지지체를 만들 수 있도록 시간을 맞추어 놓은 기계 장치를 이용한다. 이 용액이 건조되면 젤라틴 유제를 코팅하여 건조시킨다. 그 다음에 길다란 필름을 유리판에서 벗겨내고 롤 홀더에 맞게 원하는 길이와 폭으로 자른다.

1889년 7월, 이스트먼은 자신의 변호사 중 한 사람인 프레드 처치와 함께 영국

필름에 관한 서사적 이야기

으로 가서 영국에서의 필름 특허권과 성공 가능성에 대하여 살펴보았다. 9월 23일이 돼서야 이스트먼은 대부분의 시간을 워싱턴 주 타코마에서 보내고 있는 스트롱에게 편지를 쓸 수 있었다. 스트롱은 로체스터 사람 몇 명과 함께 타코마에서 트레이더 은행을 설립하였다.

"우리는 이곳에서 큰 사업을 하고 있습니다. 오늘까지(18일 동안 일하여) 22,500달러를 벌었으며, 지금도 주문이 쇄도하고 있습니다. 한 달 동안에 3만 달러를 벌어들일 수 있을 듯합니다. 따라서 신에게 감사드리면서 한 해를 끝맺을 수 있을 듯합니다."

화학연구에 대한 이스트먼의 확신이 옳았다는 것이 증명되었다. 라이헨바흐가 최초로 유연하고 투명한 필름을 만드는 공식을 알아냈다.

이스트먼은 워커에게 다음과 같이 털어놓았다.[23] "얼마 있지 않아 귀사에서도 경험이 풍부한 화학자가 필요하게 될 것입니다. 가장 좋은 방법은 괜찮은 공대의 화학 교수에게 성적이 우수한 학생 두세 명을 추천해 달라고 하십시오. 그 다음에는 직접 학생들을 면접하여 채용할 수 있습니다. 어느 정도 책임감이 있는 사람이라면 고용해도 될 적격자입니다."

어느 날 아침 사무실에서 우편물을 보던 이스트먼은 에디슨이 다음과 같이 문의해 온 편지를 보았다.

에디슨 포노그래프 워크

뉴저지 오렌지 1889년 5월 30일

이스트먼 건판회사 귀중

표시 가격이 25달러인 코닥 카메라를 얼마나 할인해 줄 수 있는지 알려 주십시오. 또한 표시 가격이 10달러인 필름을 갈아 넣을 수 있는 카메라의 할인 가격도 알려 주십시오.

에디슨 포노그래프 워크

T. A. 에디슨

---

[23]. 1890년 10월 28일.

이것은 할인율에 대한 언급이 없다면 정해진 방식으로 주문을 하겠다는 또 다른 주문서였다.

1889년 여름에 에디슨이 처음으로 구입한 코닥 카메라를 이용하여 처음으로 영화 카메라를 제작하였다는 사실은 다이어와 마틴, 메도우크로프트가 저술한『에디슨: 그의 삶과 발명품』이라는 책의 540페이지와 541페이지에 나와 있다.

"마침내 사진을 얻을 수 있는 적당한 재료를 구하게 되면서(일반 코닥 카메라에 사용되던 니트로셀룰로오스 필름을 말한다) 1초에 20에서 40 장면을 찍을 수 있는 장치를 만들어야 하는 문제가 남았다. 노출을 주는 동안에는 필름이 정지되어 있다가 셔터를 닫으면 필름이 감기면서 노출이 되지 않은 새 필름이 끼워지는 장치였다. 이러한 문제와 관련하여 흥미를 끄는 것은 에디슨에 앞서 이 문제를 연구하던 사람들 모두가 빠른 속도라는 문제를 중요한 사항으로 생각하였다는 것이다.

니트로셀룰로오스 필름을 사용할 수 있게 된 후에 해결해야 할 과제는 하나의 렌즈를 사용하여 감광성 있는 필름을 이동시키면서 촬영하는 것이었다. 다시 말해서 필름을 일시적으로 정지시킨 다음에 표면에 노출을 주고 빛을 차단시킨 다음에 다음 장면을 새로운 위치로 가져오는 것이다.

에디슨이 아니라면 누가 1초에 20에서 40번을 앞에서 말한 식으로 반복해서 움직이는 그러한 장치가 만들어질 수 있다고 생각하였을까? 코닥 카메라나 다른 형태의 필름 카메라를 사용하는 이들은, 다른 사람들보다 그 문제가 어려운 문제라는 것을 더 잘 알 것이다. 왜냐하면 작업을 하면서 한 장면을 촬영한 후에는 필름을 힘들게 앞으로 감은 뒤에 다음 장면을 촬영할 수 있기 때문이다. 이런 식으로 촬영을 하면 1분에 몇 장면밖에 얻을 수 없다.

이 문제를 해결하기 위해 에디슨은 코닥 필름을 이용하여 1초에 20에서 40 장면을 찍을 수 있는 카메라를 개발해야 했다. 그리고 그 카메라는 촬영한 필름을 영사하여 확대해 보아도 각 장면이 정확하게 맞아떨어지는 정밀한 초점 조절 장치를 갖추고 있어야 했다. 마침내 이 문제가 해결되어 1889년 여름에 현대적인 영화 카메라가 처음으로 만들어졌다."

조지 이스트먼, 1890

조지 이스트먼

9월 2일, 이스트먼은 에디슨 연구소로부터 편지를 한 통 더 받는다.

코닥 필름 한 통 값으로 우편환 2.50달러를 동봉하니 받아 주시기 바랍니다. 그리고 귀사에 대해 감사의 말씀을 드립니다. 저는 오늘 그 제품을 써 보고 보고서를 제출하기로 되어 있습니다. 그 제품은 훌륭해 보입니다. 저는 이처럼 일직선으로 길다란 필름을 입수해 본 적이 없습니다.

딕슨

추신: 감광도가 가장 높은 필름 몇 롤을 코팅해 주실 수 있습니까? 회신을 바랍니다.

딕슨은 에디슨의 수석 조수로 오렌지에 있는 연구소의 그 유명한 5호실에서 일하고 있었다. 그 필름이 도착했을 때 에디슨은 다음과 같이 외쳤다. "바로 이거야. 이제 필사적으로 일하자!"

9월 7일, 딕슨은 다음과 같은 답신을 받는다. "지금 가지고 있는 것보다 감광도가 더 높은 필름은 아직 만들지 못하였습니다. 그렇지만 새 제품이 생각보다 훨씬 빨리 나올 때가 있습니다. 그러한 필름을 만들게 된다면 당신께 바로 연락을 드리겠습니다."

테리 램제이는 자신이 쓴 영화사(映畵史)에서 에디슨이 최초의 활동사진 카메라에 코닥 필름을 사용하였다는 것을 서술하면서 다음과 같이 덧붙인다.

"에디슨이 고안한 '요지경 기계(peep-show machine, 접안렌즈를 통해 박스 속의 여러 가지 재미있는 그림이나 사진을 전기 모터로 돌려 가며 구경할 수 있게 만든 장치-역주)'는 키네토스코프(Kinetoscope)라고 명명되었다. 활동사진을 찍는 카메라는 키네토그래프(Kinetograph)였다. … 에디슨이 고안한 키네토스코프에 주목하라. 길게 이어져 있는 활동사진의 운명은 모두 키네토스코프를 통과하는 것이었다. 키네토스코프는 해결 방법을 모색해 온 과거와 현재의 위업 사이를 잇는 필연적인 연결고리이다. 모든 영화 장비와 영화와 관련된 모든 사업, 영화와 관련된 모든 인물, 영화계의 스타, 스크린 영화관의 대사업가는 모두 에디슨이 키네토스코프라고 부른 검은색의 작은 상자에서 비롯되었다. 이것은 영화사에 관한 진실 중의 하나이다."

필름에 관한 서사적 이야기

이것이 영화의 기원이다. 에디슨은 처음으로 영화 카메라를 만들었고, 이스트먼은 처음으로 영화용 릴 필름을 만들었다. 주목할 만한 합치·일치·부합이다. 이 두 사람 모두 상대방의 실험 작업에 대하여 알지 못하였지만, 몇 달 지나지 않아 두 사람의 작업 성과가 합쳐져 최초의 영화가 만들어지게 되었다. 그러나 이때 만들어진 것은 혼자서만 볼 수 있는 '요지경 기계'였고, 5년이 더 지난 뒤에야 비로소 만족할 만한 영사기가 개발되어 뉴욕 시의 흥분한 관객들 앞에서 스크린을 통해서 실제로 영화가 상연되었다. 그 동안에 뉴저지의 오렌지와 로체스터에서는 많은 실험 작업이 진행되었고, 성과도 많았다.

1891년 7월 23일, 이스트먼은 라이헨바흐에게 다음과 같은 편지를 보낸다. "편지에 동봉한 것은 에디슨에게 보냈던 작은 필름 조각으로 포노그래프 장치에 사용된 것입니다.[24] 에디슨은 필름의 양쪽 가장자리에 구멍을 뚫어 톱니바퀴에 물려 필름을 이동시켰습니다. 필름은 1초에 40번을 이동해야 했고, 정해진 시간의 1/10 동안에 이동하고 필름이 멈추어 있는 9/10 동안에는 동영상이 촬영됩니다. 우리가 그에게 보냈던 필름에서 문제가 되는 것은 동봉한 필름을 보면 알겠지만 물림기어로 인해 필름이 약간 찢어진다는 것과 이미지가 흐릿하게 나온다는 것입니다.

나는 에디슨의 대리인에게 지난 8월에 제작된 이중 코팅 필름의 샘플을 주었고, 41인치 영사 슬라이드로 테이블 하나에서 나오는 필름을 한꺼번에 구입하겠다면 필름을 만들어 줄 수 있다고 말하였습니다. 그의 생각은 우리에게 그것을 8인치 폭으로 자르게 한 다음에 자신이 직접 필름을 더 가늘고 길게 잘라 폭이 더 좁은 필름을 만든다는 것입니다.

에디슨은 지금 우리의 표준품목과 같은 상태로 폭이 좁은 필름을 만들어 달라고 합니다. 이 요구에 따르려면 될 수 있는 한 코팅을 두껍게 하십시오. 에디슨의 대리인이 며칠 안에 이중 코팅 필름에 대하여 내게 알려 주게 될 것입니다."

1891년 11월 3일, 토머스 에디슨의 연구소에서 필름 주문서를 보내왔다. 길이

---

24. '활동사진(motion picture)'이라는 단어가 사용되기 전에는 일반적으로 포노그래프 장치(phonograph arrangement)라고 불렀다. 포노그래프라는 단어가 움직이는 장치를 의미하였기 때문이다.

는 50피트, 폭은 1.5인치, 두께는 0.005인치인 필름을 한 벌은 감광도가 가장 높게 코팅하고, 다른 한 벌은 감광도가 가장 낮게 코팅해 달라는 주문이었다.[25]

1891년 12월 8일, 이스트먼은 라이헨바흐에게 메모를 또 한 장 보낸다. "우리에게 꼭 필요한 것은 이중 코팅 필름을 제작하는 방법을 완성하는 것입니다. 실험을 계속한다면 정전기를 없앨 수 있을 것이라고 생각합니다."

필름 속의 정전기라니, 이것 또한 이례적인 현상이었다. 전기에 관한 한 천재였던 에디슨은 카메라를 이용하여 영사기를 만들었고, 이제 사진가인 이스트먼은 에디슨을 위해 해결해야 할 정전기와 관련된 문제를 안게 되었다.

이것은 풀기 어려운 수수께끼였다. 어떤 해결책을 찾아야 했다. 왜냐하면 날씨가 추워지면 니트로셀룰로오스 필름에 정전기가 흐르기 때문이었다. 이 현상은 심각할 정도로 에디슨의 작업을 방해하였고, 필름에 반점이 생기는 원인이었다.

로체스터에서는 실험을 계속하여 1892년 4월에는 '아주 간단한 해결책'을 발견하였다. 4월 18일, 이스트먼은 워커에게 이 사실을 전하였다.

"어느 날 한쪽 면에는 양전기가 흐르고 다른 쪽 면에는 음전기가 흐르는 두 표면이 방전의 원인이 된다는 이론에 대하여 곰곰이 생각하다가 한쪽 면이 금속성을 띠면 정전기가 발생하지 않을 수 있다는 생각이 떠올랐습니다. 자연히 한쪽 면이 금속성을 띠게 만들면 되었지만 유제가 금속성을 띠게 한다는 사실에 망설여졌습니다. 그러나 유제는 현상액처럼 방전될 때 불꽃이 잘 생기지 않는다는 사실도 알아냈습니다. 나는 마침내 다음과 같은 결론을 내렸습니다. '유제 속에 있는 금속성 입자는 모두 주위의 젤라틴에 의해 절연될 것이다.'

이러한 문제에 대하여 생각하면서 다음과 같은 사실에 확신을 갖게 되었습니다. '실험 중인 젤라틴 밑칠에 조금이라도 정전기가 흐르게 되면 불용성 물질을 사용해서는 안 될 것이다.' 그때 나는 자연히 가용성 나트륨을 생각하게 되었고, 질산염이 유제에 영향을 미치지 않는다는 사실을 확인하고는 질산염으로 실험을 하기로 결정하였습니다. 처음에 라이헨바흐에게 질산 암모늄으로 실험을 해보라고 지

---

25. '감광계'는 감광판이나 필름의 감도를 측정하는 장비였다. 농도를 표시하는 일련의 수치 뒤쪽에서 감광판이나 필름에 노출을 주고 현상을 한 후에 나오는 가장 높은 수치가 감광도이다.

필름에 관한 서사적 이야기

시하였지만 라이헨바흐는 질산 칼륨으로 실험을 하였고, 그 실험을 통해 질산 칼륨이 완벽한 물질이라는 것을 발견하게 되었습니다. 1월 1일 바로 전날에 이러한 일이 있었습니다."

하지만 모든 위대한 발명품이 그렇듯이 뜻밖의 소송사건 하나가 이스트먼의 성공 근처를 어슬렁거리고 있었다. 그러나 그 싸움은 나중에 벌어지게 된다. 한편 다음과 같은 사실은 분명하다.

1. 이스트먼이 최초로 필름을 발명하였다. 그것은 길다란 종이에 코팅을 한 것으로, 노출을 준 다음에 현상을 하여 투명한 사진 네거티브를 만들어 벗겨내는 피막이었다.
2. 이스트먼이 처음으로 필름 베이스로 이용할 수 있는 니트로셀룰로오스로 실험을 하였다.
3. 라이헨바흐가 처음으로 투명하고 유연한 니트로셀룰로오스 필름을 만들었다. 그는 장뇌와 퓨젤 오일, 아밀아세테이트의 중요성을 발견하면서 필름을 만들게 된다.
4. 이스트먼이 필름을 제작하는 방법과 기계 장치를 발명하였다.
5. 이스트먼 사가 처음으로 두 종류의 필름을 모두 제작하고 판매하였다.
6. 이스트먼 사는 가장 큰 필름 소비자인 코닥 카메라를 개발함으로써 필름 시장을 만들었다.
7. 이스트먼 사는 최초의 영화 카메라인 에디슨의 키네토스코프에 사용된 필름을 처음으로 만들었다.
8. 이스트먼이 처음으로 필름에서 정전기를 제거하였다. 필름에 흐르는 정전기는 날씨가 추울 때 필름 위에 반점을 남기는 원인이었다.
9. 이스트먼이 처음으로 계속 이어지는 긴 필름 즉 영화용 릴 필름을 제작하여 판매하고 시장을 형성하였다.

이러한 일들은 모두 1884년과 1891년 사이에 일어났다.

위의 사실들은 필름의 기원에 대한 것으로, 영화와 코닥을 낳은 '마술의 양탄자'이다. 그 당시부터 현재까지 이어지는 그 '이야기'는 세상에서 실제로 일어나는 사실과 공상의 세계를 그림과 소리, 색으로 기록하는 무수한 영화 필름처럼 끝없이 계속되고 있다. 필름은 대중연예계에서 가장 큰 부분을 차지하는 기초가 된다. 의사나 치과 의사가 환자를 진찰할 때도 그것은 필수품이다. 과학 연구를 하거나 군사전략을 짤 때에도 사진이 열쇠가 될 때가 많다. 교육과 많은 인문과학 분야에서도 새로운 시대를 여는 매체가 된다. 필름은 이제 다른 어떤 발명품 못지않게 세상을 가깝게 만드는 큰 역할을 하고 있다.

제3장

코닥

 이스트먼이 자신이 만든 필름을 출시할 즈음 사진을 촬영하려면 두 가지 제품이 필요했다. 그것은 렌즈와 셔터 장치를 갖춘 카메라와 감광유제가 코팅된 필름이었다. 발명가인 이스트먼은 감광판과 필름을 만들면서 시간을 대부분 보냈지만 크라이슬러가 바이올린을 연주하듯이 일하였다. 유명한 음악가인 크라이슬러는 다음과 같이 말하였다. "내게 있어서 기술은 손을 쓰는 것이 아니라 정신적인 것이다." 필름 실험을 진행 중이었지만 이스트먼은 가벼운 휴대용 필름 카메라에 대해서도 생각하고 있었다.
 1885년 미국에서 카메라를 만드는 중요한 회사 중에는 앤서니 회사와 스코빌 제조사가 있었다. 두 회사 모두 뉴욕에 있었다. 이스트먼 사와 앤서니 회사 사이의 사업 관계는 그렇게 만족스럽지 못했다. 따라서 로체스터의 중역들은 1885년 2월 27일 다음과 같은 결의안을 채택하였다. "되도록 빠른 시일 내에 지금 진행 중인 계약을 모두 체결한다." 앤서니 회사는 오래 되고 보수적이며 전제적인 회사로, 그 회사의 상처받은 자존심으로 인해 사원들은 필름이 자신들의 사업을 망하게 할 것이라고 생각하게 되었고, 그에 따른 수순을 밟고 있었다.
 이스트먼은 그때 보스턴에 있던 판매원 한 사람에게 다음과 같은 편지를 썼다. "스코빌 회사는 우리 제품을 보여주면 제품을 크게 선전하고 싶어 할 것입니다. 그리고 내가 생각하기에 스코빌 회사는 곧 무슨 일인가를 시작할 것입니다."
 롤 홀더를 갖춘 완전한 카메라에 대해서는 스코빌 회사에 보내는 편지에서 처음으로 언급하게 된다.[1] "완전한 사진장비에 관해서 우리가 조사하고 있는 많은 자료를 동봉하니 받아 주십시오. 필요한 것은 롤 홀더가 설치되어 있는 완전한 카메라입니다. 업계에서 처음으로 그러한 카메라를 제작하는 회사가 된다면 매우 유리한 입장을 차지하게 될 것입니다."

이스트먼은 나중에 이렇게 회상하였다. "방법은 항상 두 가지이다." 완전한 카메라를 이스트먼이 직접 만들어야 했을까 아니면 다른 제작자가 만들어야 했을까? 그러나 문제는 누가 먼저 제작하느냐 하는 것이 아니라 사업전략이었다. 왜냐하면 이스트먼은 9월초에 이미 '카메라 모형'을 만들어 놓았기 때문이다. 그렇지만 이스트먼은 바로 카메라 제작에 들어가지 않고 인화지 사업을 강화하기로 결정하였다. 따라서 그러한 카메라가 처음으로 시장에 등장했을 때는 이스트먼 사는 카메라뿐만 아니라 사진을 만드는 데 필요한 모든 제품을 사진가들에게 제공할 수 있었다. 이스트먼의 목표는 완전한 카메라뿐만 아니라 사진과 관련된 모든 것을 갖춘 '체제'였다.

7월, 이스트먼은 자신이 발명하고 특허를 얻은 공정과 기계 장치를 이용하여 감광물질을 코팅한 인화지를 대량생산하기 시작하였다. 감광성이 있는 젤라틴을 두루마리 종이에 코팅한 것은 이스트먼이 처음 시도한 것이었다. 그 전에 알려져 있던 방법은 손으로 직접 코팅을 하는 방법뿐이었다.[2] 그렇지만 이러한 새로운 공정과 기계 장치를 이용하자 좀더 경제적이고 빠르게 제품을 생산할 수 있게 되었다. 노동력은 95퍼센트 이상이 절약되었고, 코팅 재료는 25퍼센트에서 50퍼센트까지 절약되었다. 또한 새로운 방법과 기계 장치를 이용하여 제작한 제품은 손으로 직접 코팅을 한 인화지보다 품질이 뛰어났다. 이러한 방법과 장치를 발명함으로써 코팅 인화지의 길이를 마음대로 정할 수 있게 되었다. 인화지의 길이를 마음대로 조절할 수 있게 된 것은 처음 있는 일이었다. 원료가 되는 종이의 길이만 제한이 없다면 인화지 길이는 얼마든지 길게 만들 수 있었다.

---

1. 1885년 10월 31일.
2. 전구와 유리산업이 발전한 속도는 이것보다 더 늦었다. 유리를 불어서 제품을 만드는 기계가 나온 것은 1903년이 되어서였다. 그때까지는 전구를 모두 입으로 직접 불어서 만들었다.

코닥

앤서니 회사의 명성에 흠집을 내는 사건이 또 하나 있었다. 인화지 사업이 커지면서 이스트먼은 카메라에 좀더 관심을 기울일 수 있게 되었다. 그때 인화지 제작을 관리하는 공장감독과 이스트먼 사의 외판원 한 사람이 갑자기 회사를 그만두었다. 공장감독은 아무 말도 없이 회사를 그만두었고, 외판원은 회사를 그만두는 날 통보를 해왔다. 이 두 사람이 사라진 것을 이스트먼이 알게 된 것은 새해가 막 밝아 오는 시점이었다.[3]

몇 주 동안은 그들의 소재가 드러나지 않다가 앤서니 회사가 그들을 고용했고, 공장감독이 앤서니 공장에서 이스트먼이 고안한 기계 장치와 똑같은 것을 만들고 있는 중이라는 사실이 밝혀졌다. 3월 9일, 이스트먼은 특허권을 침해한 것에 대하여 소송을 제기하였고, 이 회사와의 긴 법정 싸움이 시작되었다. 준비 단계의 가처분신청은 기각당했다.

이스트먼은 처치에게 다음과 같은 편지를 썼다. "판사는 가처분신청을 거절하였습니다. 그렇지만 그는 앤서니 회사가 기계를 사용하지 않는다는 약정에 서명을 하여 최종 심리가 있기 전까지는 그들이 우리가 개발한 기계를 만들지 못하게 하였습니다. 앤서니 회사는 우리의 특허권을 확인하자 기계 제작을 중지하겠다는 입장을 밝혔습니다. … 사실 그들은 더 뛰어난 전략으로 우리를 앞지르고 있습니다. … 우리는 뉴욕에 새로운 변호사를 고용해야 합니다. 당신은 누구를 추천하시겠습니까? 우리는 투사를 원합니다."

처치는 필립을 추천하였고, 이스트먼은 그를 곧바로 고용하였다. 이스트먼은 워커에게 다음과 같은 편지를 보냈다. "우리는 그 무뢰한들에게 본때를 보여줘야 하겠습니다. 지금은 비용이 조금 들겠지만 우리가 앤서니를 이기면 앞으로는 장애물이 없는 시장을 가질 수 있게 되고, 우리가 쓴 비용의 100배 이상이 되는 수익을 올릴 수 있을 것입니다."

앤서니가 그 기계를 제작하는 것을 포기하고, 뜨거운 감자와 같은 두 명의 고용인을 해고하는 것으로 소송은 최종 심리 전에 마무리되었다.

---

3. 그들은 1887년 12월 31일자로 회사를 그만두었다.

조지 이스트먼

　4월 23일, 앤서니는 이스트먼이 토머스 로체가 획득한 특허권을 침해하였다는 근거 없는 트집을 잡아 이스트먼을 상대로 소송을 제기하여 보복하려고 하였다. 그렇지만 이 소송은 빠르게 진행되지 않았고, 몇 년 후에 앤서니가 소송비용을 지불하면서 소송을 취하하였다.

　이 사건에 잇따라 워커로부터 최후통첩이 왔다. 워커는 먼저 봉급 인상을 요구하였다. 두 번째로 그는 자신의 아이디어나 발명품을 회사의 수익을 위해 내놓겠다는 계약에서 해방되기를 원하였다. 셋째, 그가 회사와 맺은 계약을 취소하기 위하여 기다리는 통보 시간을 석 달 이내로 줄여달라고 하였다. 마지막으로 그는 '그가 외국에서 모든 책무를 다하느라고 입게 된 손해에 대하여 보상금을 지불할 것'을 요구하였다.

　이사회에서는 이스트먼에게 권한을 주어 '워커의 의견과 이사회의 의견을 조정하려고' 하였다. 이스트먼은 전투를 하는 심정이었다. 그렇지만 그는 외교관이 되어 3년 동안 워커와 새로운 계약에 대하여 협의하였고, 워커에게 '옥스퍼드 가에서 장사가 될 만한 곳'을 임대할 수 있는 권한을 주었다(이스트먼 사의 첫 번째 소매점이 된다). 국내에서도 너무 많은 문제가 있었기 때문에 외국에서의 분란을 방치해 둘 수 없었다.

　이 문제가 조정되자마자 이스트먼 사에 큰 화재가 발생하여 1888년 2월 10일 스테이트 가에 있는 공장 내부가 전소되어 공장은 두 달 동안 문을 닫게 되었다. 이스트먼은 공장의 재건을 지시 감독하면서 이스트먼 사가 모든 사진 시스템을 취급할 때가 되었다는 결론을 내렸다.

　그때 계속 타코마에 머물고 있던 스트롱에게서 장문의 편지가 왔다. 그는 자신의 은행에 관해 새로운 진척 상황을 이야기한 후 다음과 같은 말로 끝을 맺었다.

　"조지, 자네는 굉장한 사람이야. 난 자네가 위안이나 동정을 받기를 원하지 않는다는 것을 잘 알고 있지만 나는 자네가 큰 책임감으로 정신적인 중압감을 끊임없이 잘 극복해 나가고 있는 것에(그리고 결국 자네는 '목표에 도달할 것이네') 고마워하고 있네.

　내가 언제나 진정으로 자네와 함께한다는 사실이 위안이 될 걸세. 나의 침묵

코닥

을 무관심이라고 생각하지 말게. 가끔은 우리가 서로에 대하여 잘 알지 못하고 있다고 생각할 때도 있고, 우리 둘 다 감정을 적극적으로 표현하는 사람들은 아닌 것은 분명하네. 그리고 내 아내가 종종 말하는 것처럼 스트롱 가(家) 사람들은 성질이 아주 괴팍하다고 하는데, 나도 그녀의 말이 옳다고 생각하네."

1888년 5월, 이스트먼은 이미 자신의 카메라 모형을 개조하고 있는 중이었다. 이 카메라는 작은 '상자' 형태로 바디는 $3 \times 3\frac{1}{4} \times 7\frac{1}{2}$인치 크기였다. 무게는 740그램으로 휴대하기 쉽고, 가벼워서 손으로 들고 촬영할 수도 있었다. 지금까지 나왔던 카메라는 모두 삼각대나 테이블로 카메라를 받치고 촬영을 해야 했다.

사진은 원형(직경은 2.5인치)으로 나왔고, 카메라에는 사진 100장을 찍을 수 있는 필름이 들어 있었다. 필름이 장전되어 있고, 어깨끈과 가죽 케이스를 포함한 카메라 가격은 25달러였다. 사진을 찍은 후에 카메라를 통째로 로체스터로 보내면, 그곳에서 촬영한 필름을 꺼내어 현상해 주고, 10달러를 지불하면 새 필름을 끼워 주었다.

6월, 이스트먼은 자신의 첫 번째 카메라를 시장에 내놓았다. 그는 또 다시 공세적인 태도를 취하였다.

이스트먼은 이 제품에 이름을 붙이기로 결심하였다. 철자가 잘못 쓰이거나 발음이 잘못 되지 않고, 그 누구도 모방할 수 없고 침해할 수 없는 이름을 붙이려고 하였다. 그는 상표로 등록할 수 있는 강한 단어를 원했다. 누구나 기억할 수 있고, 그가 제작한 제품만을 연상시키는 단어를 찾고 있었다.

먼저 알파벳 'K'가 그의 마음을 끌었다. K는 어머니 성의 첫 글자였다. K는 '단단하고 견고'하였다. K는 다른 글자와는 달랐고, 쉽게 발음되었다. 하나보다는 'K' 두 개를 쓰는 것이 그의 마음에 들었으며, 제품을 연상시키게 하고 글자를 넣고 빼는 과정을 거쳐 '코닥(Kodak)'이라는 상표를 조합해 냈다. 그리고 새로운 제품에 그 이름을 붙였다. 그 상표를 1888년 9월 4일 미국에서 등록하였다. 그리고 첫 번째 출시된 카메라에 '코닥 1호'라는 이름을 붙였다.

그 다음에 필요한 것은 새로운 사진 촬영법을 설명하는 소책자였다. 이스트먼은 앉은자리에서 5시간 만에 첫 번째 카메라에 대한 메뉴얼을 만들었다.

조지 이스트먼

'코닥'[4]

어떤 특정 분야에서의 진보는 항상 정적의 시간이 지난 후 갑작스럽게, 혹은 하루 만에 기존의 시스템을 혁신적으로 바꾸는 에너지 분출에 의해 이루어진다.

20년 동안 사진 촬영 기술은 정체되어 있었다. 마침내 위대한 발견으로 인하여 더 나은 곳으로 갈 수 있는 새로운 통로가 열렸고, 지난 10년 동안 사진술은 빠르게 발전해 왔다.

10년 전 사진가들은 감광판을 직접 만들고 현상해야 했고, 촬영한 그 자리에서 작업을 끝내야 했다. 이렇게 하려면 검은색 암실 텐트와 현상용기, 약품 그리고 스튜디오 장비를 모두 촬영지로 짊어지고 가야 했다. 그리고 오랜 연구와 훈련 기간을 거쳐 약품에 대한 지식을 익혀야 했다. 그 후 젤라틴 건판이 도입되면서부터 모든 시설을 갖춘 공장에서 젤라틴 건판을 대량생산할 수 있게 되어 사진가들을 크고 무거운 짐에서 해방시켰다. 그리고 수천 명의 아마추어 사진가들에게 사진술로 향하는 문을 열어 주었다. 아마추어 사진가들은 에테르 냄새와 은 얼룩, 숨막히는 검은 텐트뿐만 아니라 예측할 수 없는 '습식' 방법 때문에 예전에는 사진 찍는 것을 포기해야만 했다.

4년 전만 해도 아마추어 사진가들은 무거운 유리건판을 이용해야만 네거티브를 만들 수 있었다. 그리고 여행하는 동안에 찍을 수 있는 사진의 수는 그가 가지고 갈 수 있는 짐의 양에 달려 있었다. 그때 이스트먼과 워커가 롤 홀더를 발명하고 이스트먼

---

4. 영국에서 '코닥'이라는 상표를 등록하기 전에 영국 특허청의 검사관은 이스트먼에게 그 단어의 어원을 설명한 편지를 보내달라고 하였다. 이스트먼은 다음과 같은 답장을 보냈다.
"'코닥' 이 단어는 외국 이름이나 외국 단어가 아닙니다. 그 단어는 분명한 목적에 맞게 내가 만든 단어입니다. 그 단어는 상표명으로서 다음과 같은 장점을 갖고 있습니다.
'첫째, 짧다.
둘째, 잘못 발음되지 않는다.
셋째, 예술과 관련된 다른 어떤 단어와도 비슷하지 않고 '코닥'을 제외하고는 예술과 관련된 다른 어떤 것도 연상시키지 않는다."
1906년 12월 15일 이스트먼은 시카고 대학의 존 만리(John M. Manley)에게 다음과 같은 내용의 편지를 보냈다. "코닥이라는 단어는 기존의 어떤 단어에서 이끌어낸 것이 아니라 철자 하나하나를 조합해서 완전히 새로 만들어낸 단어입니다. 상표명으로 적합한 단어를 찾기 위해 고심하다가 만든 단어입니다. 상표명의 주된 조건은 짧아야 한다는 것입니다. 잘못 표기하여 그 정체성을 오도하게 될 가능성이 없어야 하고, 다른 단어와 뚜렷이 구별이 되는 개성이 있어야 하며 힘이 있어야 합니다. 그리고 외국의 다양한 등록상표법이 요구하는 조건들을 충족시켜야 합니다. 영국의 등록상표법은 법률을 엄격하게 적용하여 해석 범위가 좁기 때문에 조건을 맞추기가 가장 까다롭습니다."

코닥

이 미국에서 필름을 발명함으로써 좁은 공간 안에 무수히 많은 필름을 넣어서 가지고 다닐 수 있게 되었다. 그리고 키만 돌리면 필름을 한 장씩 감으면서 사진을 촬영할 수 있게 되었다. 이처럼 개선된 발명품은 수천 명이 이미 인정하였던 사진술에 새로운 기쁨을 더해 주었다.

어제의 사진가는 유리건판을 사용하든 필름을 사용하든 간에 암실을 갖춰야 했고, 렌즈 조리개와 빛의 관계인 초점 맞추기에 대하여 모두 알아야 했다. 그리고 며칠 혹은 몇 주 동안 현상과 정착, 보력, 인화 토닝, 마운팅하는 방법을 익혀서 자신이 직접 작업을 해야 좋은 사진을 얻을 수 있었다.

오늘날의 사진술은 세 단계로 줄어들었다.
1-스트링을 당긴다.   2-키를 돌린다.
3-버튼을 누른다.

이것이 사진의 기본 요소이고 가장 개선된 촬영 시스템이다. 예전에는 사진 공부를 하는 데 시간을 들이고 암실을 갖춘 사람들만이 사진을 찍을 수 있었지만 이제는 누구나 사진을 찍을 수 있게 되었다.

코닥 카메라를 사용하면
누구나 코닥 시스템을
이용할 수 있다.

이로 인하여 사진을 찍는 기계적인 작업과 촬영을 준비하고 사진을 완성하는 화학적인 작업이 분리되었다. 기계적인 작업은 누구나 할 수 있었지만 화학약품을 다루는 작업은 전문가만이 할 수 있는 영역이었다.

따라서 이제는 일반인들도 10분 안에 좋은 사진을 찍을 수 있는 방법을 배울 수 있게 되었다. 실험 삼아 사진 한 장을 찍을 때뿐만 아니라 여러 번 연속해서 촬영을 할 때에도 처음부터 좋은 사진을 얻을 수 있는 확률이 평균 85퍼센트 이상은 될 정도로 확실해졌다. 이러한 사실은 이미 코닥 카메라를 애용하고 있는 수백 명의 코닥 카메라 구매자들의 경험을 통해 확실하게 입증되었다.

'코닥 카메라에 마술이 있는 것은 아니다. 사진술이 기계적인 작업을 화학적인 작업으로부터 완전히 분리시킬 수 있는 지점까지 온 것뿐이다. 또한 초심자들이 하게 되어 있는 기계적인 작업도 많이 간단해졌다. 이전에는 길거리에서 사진을 찍을 수 있는 카메라로는 소위 '탐정' 카메라(detecive camera, 19세기 말에 대량생산된 핸드 카

조지 이스트먼

메라를 지칭하는 말. 부피가 축소된 이런 카메라들은 사진을 찍히는 사람이 눈치채지 못하게 사진을 찍을 수가 있어서 탐정 카메라라 불렀다-역주)밖에 없었다. 그리고 이러한 카메라를 사용한다 하더라도 사진을 '찍는' 공정만 10단계 이상을 거쳐야 했다. 이러한 연속되는 작업 중 한 단계만 빠뜨려도 사진이 완전히 잘못 나오기 일쑤였다.

코닥 카메라를 사용하면 이제까지 핸드 카메라로 사진 한 장을 찍기 위해 거쳐야 했던 10단계 이상의 작업 공정을 세 단계로 줄여 준다. 이에 비례하여 무게는 가벼워지고 부피도 작아졌다. 그리고 한 번 촬영하러 나가서 바로 찍을 수 있는 사진 매수는 6장에서 100장으로 늘어났다. 카메라가 이처럼 개선되었다고 해서 사진 화질이 나빠진 것은 아니다. 이 카메라는 혁신적인 것이다.

이스트먼은 특허권을 신청하면서 외국의 보호무역제도에 관하여 워커에게 다음과 같은 충고를 하였다.[5]

"코닥에 대한 미국 특허권을 얻기 위해 신청서를 제출하였습니다. 그렇지만 특허권이 나오려면 몇 달 걸릴 것이니 우리는 미국 특허권이 발행되기 전에 다른 몇몇 나라에 특허권을 신청해 두어야 하겠습니다."

10월에 이스트먼은 이미 좀더 큰 카메라인 '코닥 2호'를 시장에 내놓았다. 코닥 2호에는 직경 2.5인치인 사진 60장을 찍을 수 있는 필름이 들어 있었다. 그리고 사업은 계속 번창하였다.

이 시기까지는 아메리칸 필름('스트리핑 필름')이 독점적으로 사용되었다. 그동안 라이헨바흐는 더 나은 니트로셀룰로오스 필름을 만들고 있는 중이었다. 이 필름은 이스트먼이 필립에게 보낸 다음의 편지 내용처럼[6] 크게 개선된 필름이었다. "새로운 필름은 … 유리건판을 완전히 대신하게 될 것이 확실합니다."

이 달, 이스트먼은 전국 규모의 광고주가 되어 '11월과 12월의 연휴 기간 동안의 매출 신장을 위해 모든 잡지와 전면광고 계약을 맺었다.' 그리고 또 한 번 워커에게 다음과 같이 충고하였다. "우리는 발행부수가 아주 많은 잡지와 주간지를 제

---

5. 1888년 6월 28일.
6. 1889년 5월 26일.

코닥

외하면 대금을 지불하지 않고도 코닥 광고를 실을 수 있다는 것을 알게 되었습니다. 하퍼스, 센추리, 스크라이너, 아우팅 그리고 사이언티픽 아메리칸, 하퍼스 위클리, 프랭크 레슬리, 퍽, 저지, 라이프, 타임, 트루스 지 등등."

이스트먼은 『광고예술』지에서 보내온 질문에 다음과 같이 대답하였다. "내게 여러 광고문구를 보내왔는데 그 중에서 하나를 골랐습니다. 그 문구들은 결국 모두 버튼을 눌러야 하고 나머지 작업은 우리가 하겠다는 것을 말하고 있으므로 다음과 같이 확정짓도록 하지요.

'코닥 카메라. 버튼만 누르십시오.
나머지는 저희가 하겠습니다'

이렇게 대중적인 광고문구를 찾아낸 것에 대하여 나보다 더 놀란 사람은 없을 것입니다. 나는 이 문구를 매우 만족스럽게 생각합니다."

한편 사업이 커지는 속도에 맞춰 그 밖의 여러 문제들도 많아졌다. 예상보다 문제가 더 복잡해지고 있었다. 그는 워커에게 다음과 같이 털어놓는다. "최악의 일은 이번 주에 코트 가에서 대금을 지불하는 일입니다."

분진과 매연, 협소한 공장, '필름 유제에 생기는 주름'과 같은 것들이 필름을 제작하는 데 있어서 큰 문제가 되었다. 이스트먼은 새로운 필름 공장을 세울 만한 적당한 장소를 물색하기 시작하였고, 로체스터 근교의 그리스에 있는 블러바드 농장 부지 몇 개를 골랐다. 그 중에서 그는 부지를 결정하였다. 건설업자는 용수를 얻기 위한 시추를 곧바로 시작하였다. 필름을 제작하기 위해서는 용수가 충분하게 공급되는 것이 중요한 조건이었고, 그것은 오늘날에도 마찬가지이다.

이때까지 이스트먼은 사업과 관련된 편지를 모두 손으로 직접 써왔지만 이제부터는 개인 사무실과 속기사가 필요한 시기라고 판단하였다.

1890년 봄, 앨리스 휘트니 양(후에 허치슨 씨와 결혼하여 미세스 허치슨이라 불린 이스트먼의 평생 여비서-역주)한 이 친척들과 휴가를 보내기 위하여 로체스터로 왔다. 그녀의 친구가 휘트니에게 이스트먼이 속기사를 구하고 있는 중이라고 말해 주었다. 덧붙여 이스트먼은 같이 일하기에 '까다로운 사람'이라고 말하였다.

조지 이스트먼

휘트니 양은 스테이트 가에 있는 눈에 잘 띄지 않는 공장으로 가서 이스트먼과 면접을 하였다. 그리고 그 자리에서 곧바로 채용되었다. 1890년 6월 2일, 그녀는 이스트먼의 비서가 되어 평생 동안 그 일을 하게 된다.

1890년 8월, 이스트먼 사의 중역인 브래킷 클라크는 회사를 대표하여 블러바드 농장을 매입했다. 드디어 코닥 파크(Kodak Park)가 만들어지기 시작한 것이다.

한편 사업이 확장되면서 이스트먼 사는 고객들의 필름이 로체스터로 들어오는 속도에 맞춰 빠르게 현상을 해내기가 벅차게 되었다. 필름 현상이 지연되는 것에 대한 불만이 특히 뉴욕에서 발행되는 정기간행물에 독자투고나 사설 형식으로 실렸다. 그리고 이스트먼은 그러한 일부 비난에 항변함으로써 그러한 흐름을 불식시키려고 하였다.

"귀사의 8월 15일자 신문에 '고통스러운 즐거움'이라는 제목으로 실린 투고는 우리 회사를 매우 불공평하게 판단한 것이다. 우리 회사가 코닥 필름을 현상해 달라는 주문을 이행하는 데 4주가 걸린다는 내용을 담고 있기 때문이다.[7] 현재 우리 장부에 나와 있는 것을 보면 8월 7일 이전에 현상 주문을 받은 것은 5건밖에 없다 (이 필름들은 주문을 받은 지 12일 되었다). 우리는 주문을 받으면 보통 광고에서 밝힌 시일–10일– 안에 현상을 해주고 있다. 그런데 노출과다된 네거티브를 현상해 달라는 주문을 받을 때가 있다. 이러한 네거티브일 경우에는 가장 좋은 사진을 얻으려면 두세 번 보력하고 인화해야 한다. 우리는 이러한 네거티브를 받을 경우에 작품을 위해 기꺼이 두세 번씩 보력하고 인화한다. 그러나 이렇게 하면 현상 시간이 더 많이 걸리게 된다. 귀사에 투고를 한 사람이 현상을 맡긴 네거티브는 이러한 이유로 시간이 더 걸린 것이다.

그 투고자는 자신의 코닥 카메라에는 투명 필름을 사용할 수 없다고 불평하였다. 그는 우리가 스트리핑 필름으로 결함을 메웠다는 것을 인정하는 대신에 그 필름도 불만의 대상으로 만들었다. 스트리핑 필름은 자신의 목적을 달성하기에 적당한 필름으로, 우리는 언제든지 그 필름을 제공하고 있는 데도 말이다. 그는 우리가

---

7. 1890년 8월 19일, 『뉴욕 이브닝 포스트』지의 편집자에게 보낸 편지.

코닥

생산량을 늘이는 데 노력을 기울이지 않고 있다고 생각하는 것이 분명하다. 그가 우리에게 직접 물어보았다면 지금 영국과 미국에서 서둘러서 공장을 새로 세우고 있다는 소식을 들을 수 있었을 것이다. 우리가 고안한 필름 사진 시스템은 짧은 기간 안에 큰 어려움을 겪으면서 만들어진 것이다. 완벽할 정도의 시스템으로 상업적인 성공을 가져다준 방식은 필름 사진 시스템뿐이다. 원통형으로 감을 수 있는 투명 필름을 제작한 것은 1년밖에 안 되었다. 그리고 그 필름에 만족한 사람이라면 우리가 처음으로 공장을 세웠을 때 다음과 같이 말했을 것이다. '앞으로 몇 년 동안은 그 공장에서 만든 것으로 필름에 대한 수요를 충족시켜 줄 수 있을 것이다.' 그 공장은 지금도 불철주야 돌아가고 있다.

분별력이 있는 사람이라면 우리 회사의 신용을 떨어뜨리려고 하는 대신에 일시적인 불편을 참았을 것이다. 그리고 사진술과 관련된 모든 것을 배우지 않고도 카메라를 사용할 수 있도록 우리가 사진술을 단순화하기 위해 많은 노력을 기울였다는 사실을 인정해야 할 것이다."

그 후에도 코닥 카메라와 필름에 대한 수요는 빠르게 증가하여 이스트먼은 9월에 워커에게 보내는 편지를 다음과 같이 끝맺는다. "사업이 이런 속도로 계속 진행된다면 우리가 습격을 당하지 않을까 걱정입니다."

1891년 12월에는 코닥 카메라 ABC시리즈를 내놓았다. ABC시리즈는 빛이 있는 곳에서도 필름을 갈아 끼울 수 있는 카메라로, 아마추어 사진가들은 이 카메라를 이용하면서 아무데서나 필름을 바꿔 낄 수 있게 되었다. 이때부터 필름을 갈아 끼우기 위해 카메라를 로체스터로 보내지 않아도 되었다. 필름은 어느 곳에서나 구입하여 사용할 수 있게 되었고, 주문도 예상치를 넘어설 정도로 쇄도하였다.

『시카고 트리뷴』지는 다음과 같이 보도했다. "열기가 무섭게 퍼지고 있다. 시카고에는 일시적으로 유행하다가 잠깐 반짝하고는 금방 사라져 버리는 것들이 많았다. 그렇지만 아마추어 사진술은 그 인기가 지속되고 있다."

코닥 사나 코닥 이야기가 어느 곳에서나 등장하기 시작하였다. 코닥은 그 당시 큰 화젯거리였고, 많은 잡지에 특집기사로 실렸다. 사회지도자나 과학자, 사업가 들도 코닥에 열광했다.

조지 이스트먼

『시카고 트리뷴』지에는 다음과 같은 기사가 또 나와 있다. "현재 릭 천문대에서 일하고 있는 번햄 교수는 시카고에서 가장 유명한 아마추어 사진가이다. 그가 찍은 사진은 출품할 때마다 상을 탔다. 새에게 달려드는 고양이 사진은 파리 전시회에서 상을 받았다. 구름 위에서 내려다보며 찍은 그의 사진들은 미국 전역의 사진가들에게 잘 알려져 있다.

번햄 교수와 마찬가지로 사람들에게 잘 알려져 있는 아마추어 사진가로는 그레이 바틀렛 부인이 있다. 프로 사진가이건 아마추어 사진가이건 간에 한결같이 그녀의 완벽한 작품을 칭찬한다. 그녀는 피사체를 배치하는 문제에 있어서 참신한 아이디어를 수없이 많이 가지고 있다. 지난 3달 동안 그녀의 사진은 『와이드 어웨이크』와 『세인트 니콜라스』『아우팅 앤 스크라이너』지에 실렸다. 바틀렛 부인은 … 시카고 의과대학에서 아마추어 사진을 이용하여 화학 강의를 하였다.

세어 박사 부인은 인체 내부를 촬영한다. 그녀는 외과 수술을 하는 남편을 돕기 위하여 종양이나 암 그리고 그와 같은 특성을 지닌 피사체를 촬영한다. 그녀는 간질 증세가 있는 환자의 발작 전후의 모습을 촬영하였다. 그녀의 사진은 의학적으로 큰 가치가 있고 의학 잡지에도 널리 실린다.

모논 루트(Monon Route, 인디애나 주의 철도 노선 – 역주)의 승객 담당자인 제임스 바커는 자신이 이동하는 노선을 따라가며 훌륭한 사진을 찍어 철도 팜플렛에 싣고 사진을 광고물로 이용한다. … 조각가인 레오나드 볼크는 위스콘신 주로 연례 행사로 여행을 떠난다. 사냥총으로 사슴을 잡지 못하면 카메라로 사슴을 잡는다. … 스틸스 장군의 아들인 해리 스틸스는 미국 남부 지방을 여행할 때마다 카메라를 가지고 갔다. 그는 지금 흑인 아이들이 등장하는 독특한 남부 풍경을 탁월한 사진과 함께 특집기사로 자랑스럽게 보여주고 있다. … 아베리 부인은 자신의 어린 딸을 주제로 아름다운 연작 사진을 만들었다. 그녀의 딸 마거리트는 데이지 꽃잎을 하나씩 뜯으면서 '그는 나를 사랑한다. 그는 나를 사랑하지 않는다'라는 말을 반복해서 하고 있다. … 조지 헤일은 사진을 이용하여 스펙트럼을 분석 연구하고 있다. … 버튼 홈즈가 찍은 피사체는 독특하면서도 정선된 것으로, 여행자들이 잘 찾지 않는 장소에서 촬영할 것이 많다.

코닥

　몽고메리 워드는 뛰어난 멕시코 경치를 촬영하였다. 인물사진은 스티븐슨 부인이 잘 찍는다. 그녀의 캘리포니아 풍경사진도 칭찬할 만한 훌륭한 사진이다. 여크스 부인, 조지 풀맨… 모두 코닥 카메라의 '버튼을 눌러' 좋은 사진을 얻는다."
　영국에서도 같은 상황이 벌어졌다. 추천사가 광고에 이용되기 전에 소설가이자 시인인 러디어드 키플링은 다음과 같이 썼다. "나는 작은 코닥 카메라의 우수성에 놀랐다." 길버트와 설리번은 자신들의 희가극「유토피아」에 코닥 카메라를 등장시켰다. 런던에서 뉴욕 신문사로 보내는 전송기사에는 다음과 같이 쓰여 있다. "코닥커(Kodaker)의 역할을 하는 발레리나 소녀가 지금 런던에서 오페라 팬들을 즐겁게 해주고 있다. 선원 역할이든 군인이나 도적, 요정 역할이든 간에 그녀는 관객들의 인기를 끌면서 오랫동안 중요한 자리를 지켜왔다. 로빈 후드에 나오는 쾌활한 남자들이나 40인의 도둑으로서 혹은 사랑스러운 요정들로서, 대중들은 물론 하나가 되어서 그녀를 사랑한다. 코닥커로서 그녀는 못 견디게 매력적이어야 한다. 그녀가 이 역할을 하는 것은 길버트와 설리번의 새로운 오페라인「유토피아」에서이다. 얌전한 두 소녀는 다음과 같이 활기찬 구절로 이루어진 노래 속에서 자신들을 이렇게 묘사한다.

　　　　그래서 모든 군중들은 주머니 속 메모장에
　　　　　　우리의 미모를 기록한다.
　　　　　　우리의 정숙한 모습을
　　　　　　　분석하기 위해
　　　　　　코닥은 최선을 다한다.
　　　수줍어하는 소녀가 어떠한지를 분명하게 보여주는
　　　　　　증거를 갖고 싶다면
　　　　당신은 버튼을 누르기만 하면 된다.
　　　　　그 나머지는 우리가 다할 것이다.

　얌전한 이 두 소녀와 소녀합창단원 모두가 코닥 카메라를 들고 있다. 그 노래와 합창이 아름다운 것은 말할 나위도 없다. 길버트와 설리번의 명성은 독창과 합창이 아름답다는 것을 증명하기에 충분하다."

조지 이스트먼

코닥은 어릿광대의 돈벌이감이었다. 수년 동안 매일매일 새로운 코닥 이야기가 계속 나왔다. 그리고 마침내 이처럼 다양하고 재미있는 이야기는 '즐거운 1890년대'의 인기 있는 실내오락이 되었다.

뉴욕 『선』지에는 다음과 같은 일화가 게재돼 있다. "에디슨의 업적은 전기에만 있는 것이 아니다. 에디슨은 재미있는 이야기를 멋드러지게 들려줄 줄 안다. 그는 일전에 자신이 어느 일요일 아침 펜실베이니아의 한 내륙 마을에서 겪었던 일을 들려주었다. 에디슨은 구조물의 철제 부품을 보기 위해 외출을 했다. 비가 오고 있었고, 그는 차가운 비에 완전히 젖어 버렸다. 호텔에 들어서자마자 그는 맨 먼저 뜨거운 스카치를 주문했다.

'당신에게 뜨거운 스카치를 갖다줄 수 없습니다.' 프런트 직원이 말했다.

'뜨거운 스카치를 갖다줄 수 없다고요? 왜 안 됩니까?'

'오늘은 일요일이기 때문입니다. 일요일에는 술을 팔지 않습니다.'

'그렇지만 나는 지금 완전히 젖어 있어요. 그리고 추워요. 스카치를 한 잔 하고 싶습니다.' 에디슨이 간청했다.

'글쎄 우리가 할 수 있는 일은 코닥을 갖다줄 수 있는 것뿐입니다'라고 직원이 대답하였다.

'코닥이 뭐요?' 에디슨이 물었다.

'손님은 객실로 올라가서 버튼만 누르십시오. 나머지는 저희가 하겠습니다.'

결국 에디슨은 스카치 한 잔을 마실 수 있었다."

스테드맨이 쓴 시 '코닥틸(Kodaktyl)'에서 코닥 카메라는 '감정 없는 건조한' 것으로 묘사된다.

코닥은 최근에 물고기를 찍었다(caught).
그리고 사실대로 말하면
코닥은 당신이 원하는 것은 무엇이든지 찍을 수 있다(catch).
그렇지만 감기에 걸리지는 않는다(won't catch cold).

코닥은 당신이 보는 것은 무엇이든지 찍을 수 있다(take).

코닥

그렇다. 눈 깜짝할 순간에
귀여운 소녀, 땅, 하늘, 바다.
그렇지만 술을 마실 수는 없다(won't take a drink)

코닥의 광고문구는 정치가나 기자들에게도 인기가 있었다. 『선』지는 '힐의 코닥 총회'에 대하여 언급하였다. 그리고 뉴욕 시의 상공회의소 만찬회에서 챈시 더퓨는 자신의 유명한 식후 연설을 다음과 같은 문장으로 끝맺었다. "우리는 무역상으로서 그리고 은행가와 사업가로서 학회에 밝힙니다. 광고문구로 우리 협회에서 가장 보편적이면서도 창조적인 문구는 코닥 사의 '버튼만 누르세요. 나머지는 저희가 하겠습니다' 입니다."

이스트먼은 즉시 감사의 뜻을 표했다. 이스트먼은 다음과 같은 편지를 썼다. "이스트먼 사는 당신과 상의도 하지 않고 더퓨 부인께 드릴 코닥 카메라를 당신에게 보냈습니다. 최근에 코닥에 보냈던 대단한 찬사에 대한 작은 답례품으로 그 카메라를 받아 주시기 바랍니다. 더퓨 부인이 여행을 하면서 재미있는 것을 발견할 때마다 그 작은 기계의 버튼을 눌러 주기만 하면 그 나머지는 저희가 하겠다는 것이 결코 헛된 약속이 아니라는 사실을 확신시켜 줄 것입니다."

더퓨 사장[8]의 응답은 참으로 독특하였다. "제 아내에게 코닥 카메라를 보냈다는 것을 알려 주는 22일자 서신을 잘 받았습니다. 아내는 코닥 카메라를 받고 매우 기뻐하였습니다. 그렇지만 그녀가 기뻐한 것은 '뛰어난 사진가'가 그 카메라를 사용할 수 있게 되면서 기뻐한 것과 같지는 않습니다. 저는 아내가 사진 촬영을 할 때마다 아내를 위해 온종일, 좀 과장하면 수백만 번 포즈를 취해야 하는 선생님 발명품의 피해자가 되었습니다. 우리가 서로 공평하게 되려면 제가 상공회의소 연설에서 했던 것처럼 이 사실을 전 국민에게 널리 알려야 한다는 것을 알게 되었습니다."

그 당시 최고의 통신원이었던 월터 웰맨은 워싱턴에서 '코닥으로 포착한'이라는 제목이 붙은 특전을 통신사에 보냈다. 그 기사는 워싱턴 정가의 모습을 묘사한

---

8. 1890년 12월 24일. 더퓨는 1885년부터 1899년까지 뉴욕 센트럴-허드슨 리버 철도회사의 사장을 지냈고, 1899년부터 1911년까지는 미국 상원의원을 지냈다.

조지 이스트먼

것으로, 워싱턴은 이전에는 이처럼 정치적인 속내를 결코 내보이지 않았었다.

"지난주에 코닥 카메라를 구입하였다. 새로운 장난감을 손에 넣은 소년처럼 이른 아침부터 그 카메라를 가지고 돌아다녔다. 코네티컷 가를 내려가다가 마침 아침 산책을 나온 줄리앙 폰스포트 경과 귀여운 그의 두 딸을 지나치게 되었다. 폰스포트 소녀들은 다리가 아주 튼튼한 소녀들이었고, 크고 두꺼우면서 뒤축이 넓은 신발을 신고 있었다. 줄리앙 경은 이 도시에서 줄곧 외국 정부를 대표하고 있던 가장 멋진 외교관 중의 한 사람이었다.

라파예트 광장에서는 블레인 씨를 얼핏 보았다. 블레인 씨는 머리를 숙이고 깊은 생각에 잠겨 있었고, 중산모자를 깊숙이 눌러쓰고 있었다. 이것은 블레인 씨의 사소하면서도 별난 버릇 중의 하나이고, 그가 어떤 종류의 모자를 쓰고 있느냐는 것 또한 중요하지가 않다. 중산모자를 쓰고 있는 것이 그렇게 이목을 끄는 일은 아니지만 블레인 씨와 같이 모자를 너무 눌러 쓰면 눈이 잘 보이지 않는다. 사려깊고 정적인 사람은 모자챙으로 자신의 눈을 가리는 데 반해 동물적 감각과 육체적으로 활력이 있는 사람은 빛과 대기를 사랑하는 까닭에 모자를 머리 뒤로 젖혀 쓰는 경향이 있다는 사실을 알아차렸다.

의회 의사당에서 부지런한 작은 코닥 카메라는 카메라가 포착할 만한 장면을 많이 발견하였다. 그렇지만 이 장면들은 대부분 나중에 신문에 싣게 될 원고로 간직해 두겠다. 코닥 카메라는 사람을 가리지 않고 의사당에서 매일 만나게 되는 유명한 정치가들에 대한 재미있는 첩보를 포착해 준다."

코닥의 대성공은 회사가 완전한 성공을 거둔다면 냉소적인 관찰자들을 놀라게 할 것이다라는 1884년의 예언 그 이상이었다. 그렇지만 워커는 여전히 비관주의자였다. 이스트먼은 다음과 같은 편지를 썼다. "내 생각에 당신은 영국에서의 사업 전망을 너무 어둡게 보고 있습니다. 우리가 적극적으로 추진한다면 앞으로 2년 안에 해외에서 큰일을 할 수 있는 기회가 틀림없이 올 것입니다. … 실적을 올릴 수만 있다면 내가 생각하기에 우리는 올가을이나 겨울에 프랑스와 오스트리아, 베를린에 지점을 설립해야 할 것입니다. 회사가 괘도에 오를 때까지 매년 성장해야 하고, 우리가 회사를 지속적으로 잘 관리할 수 있다면 회사를 분산시키더라도 매출이

코닥

늘어날 것이 확실합니다. 일시적인 후퇴를 극복할 수 없는 패배로 받아들여서는 안 됩니다."[9]

이스트먼이 처음 사진 수업을 받은 지 12년 만에 코닥 시스템이 성공을 거둬 모든 이들이 '즐거운 1890년대'의 가장 유력한 오락을 즐기고 있었을 때 이 발명가는 라이헨바흐와 다른 종업원 두 명이 경쟁사를 만들어 회사 기밀인 제조법을 빼내려고 했다는 사실을 적발하였다.

이 사건은 이전의 배신 행위와 마찬가지로 새해 벽두부터 이스트먼의 관심을 끌게 되었다. 이스트먼은 즉시 세 사람에게 증거를 들이대었다. 그들은 그들의 범죄 사실을 시인했고, 곧바로 해고되었다. 상세한 조사를 통해 이스트먼은 라이헨바흐가 나가면서 유제 1,417갤런을 못 쓰게 만들었고, 필름 39,400피트에 결함이 생기게 했다는 것을 알아냈다. 재정적으로 47,900달러의 손해를 입었다.

그렇지만 이러한 일을 겪으면서도 사내에 교육받은 화학자가 있어야 한다는 이스트먼의 확신은 흔들리지 않았다. 이 사건 전후에도 이스트먼은 화학과 관련된 도움을 받으려고 했다. 1891년 11월 3일, 이스트먼은 매사추세츠 공과대학의 토머스 드론 교수[10]에게 졸업반 학생 중에서 젊은 화학도를 추천해 달라고 부탁하였다. "지금부터 졸업할 때까지 사진화학에 매달릴 학생을 추천해 주십시오. 부지런하지 않고 철두철미하지 않으며 완전히 신뢰할 수 없는 사람은 원하지 않습니다. 불성실한 젊은이는 저희 회사에 필요가 없습니다. 저는 귀교에서 선생께서 배출한 인물에 큰 기대를 갖고 있습니다."

드론 박사는 학생을 추천하였고, 이스트먼은 25일 편지를 한 장 더 보낸다. "지금 저희 회사에 비어 있는 자리는 보조 화학자 자리입니다. 그리고 하는 일은 주로 사진 감광유제를 제작하는 것과 관련된 일입니다."

---

9. 1892년 1월 19일.
10. 드론 박사는 하버드와 예일, 프라이부르크, 하이델베르크에서 화학과 야금학을 연구하였고, 1885년부터 1887년까지는 분석화학 교수직을 수행하였다. 1887년에서 1895년까지는 리처드 페르킨 분석화학 교수였다. 1889년에는 매사추세츠 주 보건국이 임명한 매사추세츠 주의 자연수를 관리하는 화학자였다.

조지 이스트먼

　라이헨바흐[11]를 해고한 다음에 이스트먼은 바로 존스 홉킨스의 이라 렘센 교수, 컬럼비아 대학의 찰스 챈들러 박사, 코넬 대학의 화학연구소에 편지를 보냈다. '최근에 졸업한 학생 중에서 성실하고 신뢰할 수 있는' 젊은 화학자를 추천해 줄 것을 부탁하는 편지였다. 그리고 동시에 레오나르드 파제 박사를 영입해 뉴욕에 있는 회사에서 연구 활동을 지속하게 하였다. 그때 또 다른 사건 하나가 발생하였다.

　1893년 8월 8일, 그로버 클리블랜드 대통령은 의회에 임시 회기를 요청하였다. 그리고 특별교서로 '심상치 않은 경제 상황'으로 인해 '어쩔 수 없이' 모종의 조치를 취하게 되었다고 설명하였다. 그리고 심상치 않은 경제 상황은 '우리 국민 모두의 복지와 번영'과 관계가 있다고 했다.

　"풍부한 농작물, 힘든 노동과 수고에 보답해 주는 제품과 제조업에 대한 무한한 가능성, 안전한 투자 유치 그리고 사업 경영에 대한 만족할 만한 확실성 속에서 갑작스럽게 재정적인 측면에 대한 불신과 공포가 모든 분야에서 생겨나게 되었습니다. 엄청난 재산을 가진 회사들이 지불을 정지시켰습니다. 풍부한 자본을 즉각적으로 이용하여 놀란 공탁자의 요구를 만족시킬 수 없게 되었기 때문입니다. … 고정될 것이라고 생각되었던 화폐 가치는 잇따라 불확실해졌고, 모든 사업 분야에서 도산하거나 손해를 입는 일이 발생하였습니다."

　이러한 '심상치 않은' 경제 상황은 런던과 로체스터 동시에 두 곳에서 이스트먼 사에 타격을 입혔다.

　만국박람회 이후에 캐나다와 그 밖의 다른 영국 자치령에서 이스트먼이 고안한 새로운 방식에 관심을 가지게 되었다. 1886년에 이미 파리의 『프티 주르널』지와 『주르널 일러스트리』지는 프랑스의 대표적인 사진가인 나다르(Nadar)[12]의 작품

---

11. 라이헨바흐와 그의 동업자들은 몇 년 후에 회사를 두 곳에 세우고 사진사업을 시작하였다. 그렇지만 두 회사는 모두 파산하였다. 1909년 4월 9일, 이스트먼은 다음과 같은 편지를 썼다. "라이헨바흐에게. 몇 주 만에 집에 돌아와 보니 당신이 보낸 3월 19일자 편지가 있었습니다. 지금은 지난 일로 인해 나쁜 감정을 가지고 있지는 않습니다. 그렇지만 당신을 이 회사에 고용할 수는 없을 듯합니다. 당신을 다시 고용한다면 영향을 받게 되기 때문입니다. 행운을 빕니다. 조지 이스트먼"

12. "사람들은 세계대전이 일어나기 훨씬 전에 항공사진의 가치를 깨달았다. 처음으로 항공사진을 찍으려고 시도한 것은 1858년으로, 나다르는 기구를 타고 올라가 파리의 항공사진을 촬영하는 데 성공했다."(『과학 도구로서의 사진(Photography as a Scientific Instrument)』)

코닥

을 특집으로 싣고 있었다. 나다르는 나폴레옹 3세의 궁정사진가였다. 같은 해 이스트먼 사는 제네바 사진협회로부터 상을 받았다. 잇따라 러시아, 독일, 오스트리아, 벨기에 그리고 라틴계 국가에서 상을 받았고, 유연한 필름과 코닥 카메라가 시중에 나오자 이스트먼 제품은 유럽뿐만 아니라 아시아에서도 도매업자들을 통해 판매되었다.

이는 자연발생적이거나 우연적인 일이 아니었다. 워커가 외국으로 간 후에 이스트먼은 바로 개괄적인 정책의 윤곽을 잡고 해외무역을 개발하면 "우리 계란을 분배하면서 동시에 바구니를 가득 채워 줄 것"이라고 말했다.

1886년부터 1889년까지 국내외에서 시설을 확충하는 것보다 더 빠르게 사업이 성장하였다. 따라서 자본 구조의 변화로 새로운 공장 건물과 유통 대리점에 출자를 해야 했다.

1884년 이스트먼 건판 앤 필름 회사가 설립된 이래로 자본금에 변화가 있었던 것은 한 번뿐인데 자본금이 20만 달러에서 30만 달러로 늘어났다. 증가액은 주로 스트롱과 이스트먼, 워커가 처음에 보유하였던 모든 외국 특허권과 권리를 인계받은 것이었다. 1889년 6월, 회사는 116,735.77달러의 잉여금을 남겼고, 부채는 없었다. 이스트먼의 생각으로는 새 필름이 나오면 순수입이 2배 이상으로 늘어날 것 같았다. 이는 1년에 대략 10만 달러로, 자본금의 약 33.3퍼센트에 달하는 금액이었다.

스트롱과 이스트먼은 영국에 회사를 설립하는 데 관하여 워커와 많은 편지를 교환하였다. 이스트먼은 다음과 같은 편지를 썼다. "당신이 미처 생각하지 못했던 일이 한 가지 있는데 새로운 필름은 식민지 무역을 장악할 것입니다. 간편한 수송 과정 때문에 그렇고, 제품의 품질을 지속적으로 유지할 수 있다는 사실도 영향을 미칠 것입니다."[13]

새로운 필름 시장은 세계 도처에 존재하고 지금까지 낸 견적은 브로마이드 인화지를 판매할 때 냈던 것보다 더 배타적인 통제 방식을 기초로 한 것입니다. 우리

---

13. 1889년 5월 5일.

가 새 필름을 완전하게 통제할 수 있다면 새 필름을 전화와도 바꾸지 않을 것입니다. 그 필름을 판매하게 되면 다른 어떤 제품보다도 수백만 달러를 더 벌어들일 수 있습니다. 특허권을 받은 지 얼마 되지 않고, 그 분야의 새 필름을 개발해 출시하는 데 8년이나 10년까지 걸리지는 않을 것이기 때문입니다."

1889년 11월 28일, 이스트먼 사진재료 유한회사는 런던에서 15만 파운드의 자본금을 받아들여 런던과 파리, 베를린, 밀라노, 페트로그라드(현 상트페테르부르크), 멜버른, 시드니, 상하이, 캔턴, 콘스탄티노플(현 이스탄불), 일본 등 모든 나라와 도시에 있는 로체스터 회사의 영업권과 사업소 등을 인계받았다.

다음 달 이스트먼 사는 로체스터에서 1백만 달러의 수권 자본(authorized capital, 회사 발행 주식의 총수 또는 자본 총액 – 역주)을 가진 법인이 되었다. 그 자본금은 액면가로 1만 주로 이루어져 있었다. 그 주식은 주주들이 보유하고 있는 각 주권에 대하여 3과 3분의 1주를 기초로 분배되었다. 그 주주들은 그들이 갖게 되는 새로운 소유재산의 10퍼센트를 회사에 기부하는 데 동의하였다. 이러한 주식은 로체스터에서 공개적으로 매각되어 유동자산이 늘어났다. 반면에 모회사는 외국 자회사의 주식 대부분을 보유하면서 외국에서 운용자금을 확보하고 사업을 확장하기 위하여 우선주와 보통주의 일부만을 팔았다.

회사의 재정 상태는 이제 튼튼해졌다. 코닥 파크에 건물 세 동을 세우기 위한 계약을 바로 맺었다. 대러 드 랜시의 지시에 따라 이스트먼이 고용한 첫 번째 파크 관리인과 MIT 졸업생, 그리고 코닥 파크에 설치되어 있는 똑같은 기계들을 영국의 해로우에 건설 중인 새 공장으로 보냈다.

드디어 미국뿐만 아니라 영국에서도 필름과 인화지를 대량생산할 수 있게 되었다. 이스트먼은 매우 빠른 속도로 확대되는 사업에 발 맞춰 모든 업무를 정력적으로 처리하였다. 스트롱은 이스트먼과 함께 유럽 여행을 한 후에 타코마로 되돌아가서 젊은 동업자에게 편지를 보내왔다. "당신을 따라가려면 상당히 너그럽고 관대한 사람이 필요하다."

이스트먼은 로체스터의 월터 허벨 변호사를 고용하여 라이헨바흐와 그의 공모자들에 대한 법적인 소송을 진행하라고 지시하였다. 필립은 뉴욕에서 셀룰로이

코닥

드 회사가 이스트먼에 대하여 제기한 소송사건을 처리하느라고 바빴다. 셀룰로이드 회사에서는 스티븐스 특허권 3건을 침해했다며 소송을 제기 중이었다. 스티븐스 특허권이 유연성 필름 공정이라고 근거없이 주장하는 특허권이었다.

　이스트먼은 또한 블레어 카메라 회사를 상대로 소송을 제기하고 있었다. 블레어 카메라 회사에서 '카마렛(Kamaret)'을 제작하면서 코닥 사의 권리를 침해하였기 때문이었다. 이때까지는 영국의 중역들 몇이 겪었던 '무서운 공포'를 이스트먼은 아직 겪지 않았다. 이스트먼은 코닥 사의 특허권에 대한 신념과 자신의 권리에 대한 확신을 굽히지 않았다. 이스트먼은 법정에서 필립이 펼친 변론을 '예술'이라고 칭찬하였다. 이스트먼은 라이헨바흐와 블레어 소송에서 승소했지만 셀롤로이드 소송건에서는 타협안을 내놓았다. 모회사로부터 인가를 받은 셀룰로이드 자폰 회사로부터 '도프'라고 하는 니트로셀룰로오스 혼합물이나 필름 베이스에 사용하는 재료를 구입하는 데 동의하였다. 그렇지만 이 일로 인해 회사는 거의 파산 위기에 처하였는데, 이는 셀룰로이드 자폰 회사에서 구입한 '도프'가 이전에 찰스 쿠퍼 회사에서 구입해 온 도프와 달랐기 때문이다. 새로운 재료로 만든 필름은 코닥을 사용하는 사람의 손에 들어가서 제 기능을 다하지 못했고, 회사는 수천 달러 가량의 필름을 회수해야만 했다.

　이스트먼은 존 워너마커에게 편지를 썼다.[14] "우리가 필름을 실험하는 데 주의를 기울이지 않았다고 비난하는 것은 부당합니다. 지금 회수하고 있는 문제의 필름은 정밀한 품질검사를 하였을 때에는 아무 이상이 없어서 특별히 제작한 설명서와 함께 거래처와 고객에게 보냈습니다. 몇 달 동안은 이 필름에 문제가 생기지 않았고, 그 필름으로 촬영한 사진도 모든 면에서 만족할만 하였습니다. 하지만 날씨가 따뜻해지기 시작하면서 필름에 문제가 발생하기 시작했습니다. 상세하게 조사를 한 후에 거래처에 결함이 있는 필름의 제조번호를 알리고 모두 반품해 달라는 조치를 하였습니다. 반품해 달라고 부탁한 필름은 얼마 되지 않았습니다. 그러나 나중에 다른 유제도 영향을 받았다는 사실을 알게 되었고, 거래처에 그들이 매입해

---

14. 1892년 10월 1일.

둔 필름 전량을 반품해 달라고 통보하였습니다. 일부 전혀 문제가 없는 필름도 있었지만 전량을 반품해 달라고 하였습니다. 동시에 하자 있는 필름으로 현상한 네거티브도 보내 주면 이것도 모두 바꿔 주겠다고 통보하였습니다.

필름에 결함이 생긴 것은 전례가 없던 일로, 저희도 전혀 예측할 수 없었습니다. 회사 명성이 실추되었고, 코닥 카메라와 롤 홀더를 판매하는 데 너무 큰 위기를 겪게 되어 아직 요청하신 필름을 보내지 못했습니다."

이러한 일이 일어나자 이스트먼은 실험을 하기 위하여 연구소로 다시 되돌아갔다. 1892년 3월 31일, 이스트먼은 스트롱에게 다음과 같은 편지를 쓸 수 있었다. "저는 버려지는 필름 조각을 모두 사용할 수 있는 새로운 발명품을 만들었습니다. 지금은 필름 한 통을 만드는 데 필름의 3분의 1 정도가 잘려 나갑니다. 따라서 은과 셀룰로이드를 제외한다 해도 엄청난 손실입니다. 좋은 가격으로 필름 전체를 활용할 수 있는 방법이 제게 문득 떠올랐습니다. 전속력으로 일을 추진한다면 한 달에 5천 달러에서 7천 달러를 절약할 수 있을 것입니다."

1892년 5월 23일, 이스트먼 사는 주식 배당을 통해 자본금이 5백만 달러로 증가하였다. 그리고 회사 이름을 이스트먼 코닥 사로 바꾸었다. 이 일을 통해 『뉴욕 트리뷴』지 6월호 특별판에서는 이스트먼의 이름이 '관세율로 뽑은 미국의 백만장자' 명단에 오르게 되었다. 『뉴욕 트리뷴』지의 통보를 받고 나서 이스트먼은 편집장에게 다음과 같은 편지를 썼다. "미국의 백만장자 선정에 관한 당신의 편지는 잘 받았습니다. 그러나 제 이름을 명단에 끼워 넣는 것은 적절하지 않으므로 재판부터는 제 이름을 빼주시기 바랍니다. 제가 사업을 통해 돈을 벌어들인 것은 관세를 통한 보호무역제도보다는 특허권 덕분이었습니다."

이스트먼은 이때까지는 보호관세율에 무관심했다.

완전한 사진 시스템으로 파리박람회에서 큰 성공을 거둔 후에 이스트먼은 1891년에 이미 시카고에서 개최하는 미국 세계박람회를 세계 각지의 아마추어 사진가들을 위한 중심지로 만들 계획을 세웠다. 이스트먼은 그동안 각기 다른 사업 부문을 맡아 줄 사람들을 찾아왔지만 이제는 광고와 관련된 일을 관리해 줄 사람이 필요하였다. 로체스터에 있는 친구가 뉴욕 일리언 출신의 루이스 존스를 추천하였

하늘에서 본 광주

다. 존스는 새뮤얼 블라이드(Samuel G. Blythe, 『리빙스턴 리퍼블리칸』지 편집자와 『버펄로 인콰이어』지 편집장을 지낸 미국의 언론인-역주)가 언론인으로서의 인생을 시작할 당시에 로체스터에서 기자로서 일을 했었다. 이스트먼은 존스에게 편지를 썼다. "친구로부터 당신이 승진할 기회가 보장된 어느 정도 비중 있는 일자리를 얻고 싶어 한다는 이야기를 들었습니다. 우리 회사의 광고부에서는 지금 정력적인 젊은이를 찾고 있습니다. 그 자리는 어떤 사람이든지 자신의 능력을 발휘할 수 있는 기회를 최대한 제공해 주는 자리로, 승진할 기회가 충분히 보장되어 있습니다. 초봉은 1천 달러나 1천2백 달러가 될 것입니다. 어느 정도 문장력이 있고, 나중에는 광고부를 완전히 맡을 수 있는 능력자를 원합니다. 의사가 있으시면 가지고 있는 자격증을 편지로 알려 주고, 이곳에 와서 면접에 응해 주십시오."

워커가 교만에 빠져 있던 바로 그 5월에 존스가 고용되었다. 이때 워커는 사표를 제출하면서 수년 동안 지속되어 온 위기를 재촉하였다.

스트롱은 해외로 가서 상세하게 조사해 달라는 부탁을 받았다. 스트롱은 워커가 해로우에 있는 공장과 프랑스 니스에 있는 지점을 운영하면서 큰 손해를 보았다는 것을 알아냈다. 그리고 나다르가 파리의 코닥 사를 상대로 소송을 제기하여 승소하였다는 사실도 알아냈다. 소송비용은 4만 프랑에 달했다. 런던 회사는 너무나도 다양하고 많은 계약을 맺고 있어서 과감한 조치가 필요할 정도였다.

이스트먼은 워커의 후임자로 조지 딕맨을 선발하여 그를 런던으로 급파했다. 이스트먼은 1893년 3월 18일 '친애하는 딕맨에게'라고 시작하는 서신을 통해 기본 방침 몇 가지를 전달하였다.

"이사회에 제출해 주기 바라는 편지 한 통을 동봉했습니다. 그 일을 어떤 식으로 처리하든 간에 당신을 난처하게 만들지는 않을 것입니다. 그들은 내가 지시한 일에 당신이 책임을 져야 한다고 생각할 리가 없기 때문입니다. 당신에게 제품을 공급해 주게 될 방침이 채택되어야 하고, 두 이사의 마음에서 혼란을 몰아내는 방법은 그들의 행동이 어떤 결과에 도달하게 될 것인지를 이해시키는 것뿐입니다.

워커가 그 문제와 관련된 회의에 그들을 끌어들인 것은 큰 실수였다고 생각합니다. 그들은 이미 그 문제에 손을 댔기 때문에 그 문제를 처리해야 할 것입니다.

코닥

나는 일인경영체제를 믿는 사람으로, 이사회가 필요한 경우는 사업을 잘 꾸려 나가고 있는 사람에게 자문을 해주는 기관으로 도움을 줄 때뿐이라고 생각합니다. 나는 당신에게 내가 사용한 것과 같은 방법을 택하라고 강력하게 권합니다. 다시 말해서 전반적인 정책에 관한 문제일 경우에만 이사회에 도움을 요청하고 세부사항은 혼자서 결정하라는 말입니다. 이러한 문제들에 관한 한 혼자서 업무를 처리할 수 없는 경우에도 4-5명이 그 문제에 손을 대는 것보다는 혼자 처리하는 것이 더 나을 것입니다. 나로서는 당신에게 확신을 갖고 있고 잘못 판단한 것이든 아니든 간에 당신이 무엇인가를 보여줄 때까지 당신을 지지할 것입니다."

유럽에서 이러한 일이 전개되는 동안 이스트먼은 코닥 파크에 새로운 실험실을 포함하여 새로운 건물을 짓는 일을 추진하고 있었다. 새로운 카메라 공장이 문을 열었고, 수천 명의 새로운 고객이 세계박람회에 참석하였다. "우리는 사업을 시작한 후 줄곧 완전히 새로운 제품만을 소개해 왔다. 그리고 소개하는 제품마다 성공을 거두었기 때문에 서둘러서 우리 자신을 질책할 필요는 없다고 생각한다." 이스트먼은 딕맨에게 이러한 편지를 썼다.

그렇지만 스트롱은 런던에서 감당하기 힘든 어려움을 겪고 있었고, 이스트먼에게 다음과 같은 전보를 쳤다. "회사는 배당금을 계속 유지할 수 없을 것 같네." 이스트먼은 답장을 썼다. "정 그렇다면 할 수 없습니다. 제 생각은 일반주에 대한 배당금이 지급되지 않는다면 우선주에 대한 배당금도 지급하지 말아야 한다는 것입니다. 백지 상태에서 내년의 활동을 준비하기 위해서는 이러한 사항을 모두 올해의 손익계정에 포함시켜야 합니다. 회사를 위해서는 재정적으로 아주 힘들어도 한 해만 그렇게 보내는 것이 몇 년을 힘들게 보내는 것보다 훨씬 더 나을 것입니다."

스트롱은 이 방침에 따라 회사를 딕맨에게 맡기고 로체스터로 돌아왔다. 그렇지만 스트롱은 이스트먼에게 다음과 같은 제안을 하였다. 워커에게 로체스터로 돌아오라는 전보를 치자는 것이었다. 이 일로 인해 이스트먼은 쌓였던 감정이 폭발하였다.

"저는 그 제안에 따를 수 없습니다. 제가 왜 그렇게 해야 합니까? 저는 그를 보고 싶지도 다시는 만나고 싶지도 않습니다. 제가 그를 알게 된 이후 줄곧 그는 저의 두통거리였습니다. 그리고 지금이 바로 무능하고 실수만 연발하는 그를 제거해야 할 때라고 판단되며, 절대로 그를 다시 불러들이는 일은 없을 것입니다. 정말로 그렇게 할 것입니다. 그가 뻔뻔스럽게 이곳으로 온다 해도 저는 그를 맞아들이지 않을 것이며, 그와 저는 더 이상 아무 상관도 없습니다.

타협을 해야 한다면 그를 빼놓고 일을 진행하기 바랍니다. 어떤 식으로든 그가 저를 귀찮게 한다면 분명 저는 제 일을 포기해 버릴 것이기 때문입니다. 제게는 그의 허튼소리 말고도 걱정해야 할 일이 너무나 많습니다.

그가 우리에게 어떤 해를 끼치는 것이 무서워서 그를 구슬리는 것이라면 저는 할 수 없습니다. 그것은 제 비위에 맞지 않는 일입니다. 게다가 저는 두렵지도 않습니다. 그는 혼자 힘으로는 아무것도 발명하지 않았고, 앞으로도 그럴 것입니다. 그는 끈기가 부족합니다. 큰 피해를 입히지만 않는다면 그가 지칠 때까지 해로운 공장 근처에서 안달복달하며 소란을 피우도록 내버려두는 것이 가장 좋은 방법입니다. 회사 이익을 올리기를 바란다면 그가 회사 돈을 쓰지 못하게 만드는 편이 더 좋습니다.

저는 그와는 어떤 말도 하고 싶지 않고 생각을 나누고 싶지도 않습니다. 그가 회사에 근무하고 있는 동안에는 제 계획을 말해 준 적이 있지만 이제 그는 저와 아무 관계도 없는 사람입니다.

저는 회사의 부채 때문에 지쳐 있습니다. 따라서 새 건물을 완성하기 위해 필요한 자금을 제외하고는 대출을 더 이상 받지 않을 생각입니다. 회사에서 필요로 하는 자금을 제가 모두 빌려 줄 수 있는 동안에는 그렇게 할 생각입니다. 그렇지만 그 이상의 액수에 대하여 제가 책임을 져야 한다면 저는 그렇게 할 수 없습니다. 저는 은행에 둘러싸여 이리저리 도망 다니지도 않을 것입니다. 저는 그러한 일에 익숙하지 않고 그러한 일을 할 필요도 없으며, 제 봉급으로는 그러한 종류의 재정적인 문제를 감당하지 못합니다. 그리고 저는 그러한 일을 하지 않을 것입니다."[15]

---

15. 1893년 2월 22일.

코닥

그때 1893년의 경제공황이 닥쳐 왔다(최우량 종목으로 꼽히던 필라델피아 앤 리딩 철도회사의 파산에 이어 내셔널 코디지 사의 도산으로 투자자들이 투매에 나섰다. 파동은 금융권과 기업, 경제 전반으로 번져 500여 은행과 1만 5,000개 기업이 문을 닫았다. 단기금리가 연 125퍼센트까지 치솟은 적도 있다. 이 경제공황 이후 유에스 스틸 등 거대기업이 출현하고 사회주의 이념이 급속히 확산되었다 – 역주).

7월 26일, 이스트먼이 존스와 함께 시카고박람회에서 거래선을 타진하고 있을 때 딕맨으로부터 충격적인 전보를 한 통 받았다. 런던 은행에서 돈을 빌렸었는데 은행에서 지금 당장 대출금을 갚으라고 요구한다는 것이었다.

이스트먼은 다음과 같은 답장을 썼다. "그 금액에 맞추어 송금하게 되면 우리는 큰 곤란을 겪게 될 것입니다. 우리는 이제 막 새 건물과 기계 설비 대금을 완불하였고, 아직 여유자금을 모으지 못하였습니다. 게다가 기부금을 모으는 것은 차후의 방법입니다. … 당신은 신문을 통해 미국의 재정 상태에 대하여 알고 있을 것입니다. 그 이후에 상황은 점점 더 나빠졌습니다. 우리 회사도 이 도시에 있는 은행에서 1달러라도 빌릴 수 있을지 의심스럽습니다. 한 번도 거절당한 적이 없는 회사들과 부채상환 능력에 아주 작은 문제도 없는 회사들도 은행에서 매일 거절을 당하고 있습니다. 은행마다 예금자가 갑자기 돈을 찾으려고 할까봐 두려워하면서 1달러도 내놓지 않고 있습니다.

7월 1일부터 지금까지 당신이 대출금을 1만 파운드에서 3천5백 파운드로 줄이고, 이 중에서 2천 파운드를 갚았으므로 당분간은 은행으로부터 시달리지 않을 것으로 생각됩니다. 미납된 출자금을 회수하는 것을 현명하지 못한 처사라고 생각하는 것은 이해할 수 없습니다.[16] 상황이 계속 더 나빠지고 있고 지금 미납된 출자금을 회수하지 못한다면 앞으로는 더 어려워질 것입니다."

31일 이스트먼은 딕맨에게 다시 한 번 편지를 썼다.

"자기보존은 자연의 제1법칙이고, 회사는 주주들을 위하여 보호되어야 합니다. 회사에서는 현재 필요한 금액보다 더 많은 액수가 필요하지는 않을 것입니다.

---

16. 이스트먼 사의 주식자본은 1891년 5월 26일 일반주 5천 주를 10파운드로 발행하여 15만 파운드에서 20만 파운드로 증가하였으나 출자금을 모두 받지 못하였다.

일을 좀더 적극적으로 추진해 주기를 바란다는 말밖에는 달리 할 말이 없습니다. 모든 일은 순식간에 바닥을 드러내기 쉽기 때문에 감히 어떤 약속도 하지 못하겠습니다."

이스트먼은 열흘 뒤에 편지를 한 통 더 보낸다. "이곳의 재정은 좋아지지 않고 있습니다. 내가 판단하기에 미국은 올겨울이 가장 힘들 것 같습니다. 아직은 우리 회사가 큰 타격을 받고 있지는 않지만 앞으로는 영향을 받게 될 것이며, 우리는 회사의 재정 상태를 관리하기 위해 가능한 모든 조치를 취할 것입니다. 현재로선 우리가 당신에게 자금을 빌려 주기는 힘들 것 같습니다."

딕맨은 영국 주주들에게 약속대로 출자금을 지불해 달라고 간청하고 있었고, 이스트먼은 스트롱으로부터 불길한 편지를 받았다. 스트롱은 타코마로 돌아가 트레이더 은행을 파산 상태에서 구하기 위해 애쓰고 있었다.

타코마 은행의 부기 장부에는 다음과 같이 쓰여 있다. "현재 그리고 앞으로 타코마의 상황은 타코마 사람들이 어떻게 하느냐에 따라 달라질 것이다. 타코마 사람들이 계속해서 지금처럼 행동하면 현재와 같은 불안이 지속될 것이며, 행동 방식을 바꾸면 어느 때와 같은 방식으로 사업을 계속할 수 있게 되고, 타코마가 정상적인 상태로 되돌아올 수 있을 것이다. 분명한 것은 타코마에 있는 은행 모두가 지불 능력을 완전히 되찾게 되었으며, 그 사실을 기초로 생길 수 있는 요구 조건을 모두 충족시킬 수 있게 되었다는 것이다. 지난 며칠 동안 엄청나게 많은 자금이 이곳으로 들어와서 은행들의 현금 보유고를 높였다. 그리고 그 은행들은 하나가 되어 필요하다면 끝까지 서로 도와주겠다는 결심을 굳히고 있다. 은행에 신청하면 예금을 찾을 수 있을 것이다. 그렇지만 그들이 예금을 인출해 안전한 금고나 그 밖의 다른 안전한 장소에 보관하여 놓고 있는 돈으로 만든다면 돈을 불릴 수 있는 기회를 그만큼 잃게 될 것이다. 분명한 것은 우리가 가진 자금은 모두 유통되어야 한다는 것이다. 우리는 회사 자금을 빼돌려 회사 문을 닫거나 회사를 재정난에 빠뜨릴 이유가 없다. 이렇게 하는 것은 이 도시를 황무지와 같은 상태로 만드는 일이다. 그렇게 하는 것이 가능하다면 말이다."

6월 4일, 스트롱은 다음과 같이 발표하였다. "우리는 여전히 유지하고 있지만 아직까지는 불안정하다." 그렇지만 얼마 있지 않아 트레이더 은행은 문을 달았다. 1월, 스트롱은 은행을 다시 시작하는 데 필요한 돈을 빌리기 위해 뉴욕으로 왔다. 3월에는 상황이 다시 악화되었다. 이스트먼은 자기보다 나이 많은 동업자를 격려해 주기 위해 계속해서 노력을 기울였다. "지금 상황은 빠르게 타코마로 관심이 집중되고 있는 것처럼 보입니다. 최악의 경우에 그들이 채무 판결을 내리면 집으로 돌아와 이곳에서 선생의 이권을 지키는 편이 더 낫지 않겠습니까? 제가 생각하기에 충분한 여유를 갖는 편이 좋을 듯합니다. 유제가 잘못 되거나 건판에 포그가 생기고 솔리오가 노랗게 변하고 브로마이드 인화지에 기포가 생겨도, 조금만 있으면 이 모든 어려움이 사라질 것이라는 사실을 기억하고 시련을 꿋꿋하게 이겨 나가시기 바랍니다."

그렇지만 두 달도 안 되어 스트롱은 이스트먼과 다음과 같은 문제를 놓고 의논을 하게 되었다.

"파국에 다다를 징조가 보이네. 자네도 알다시피 나는 트레이더 은행이 위기를 극복할 수 있을 것이라고 기대했네. 물론 자네는 회의적이었지만 나는 은행이 재기할 수 있을 것이라고 믿고 있었네. 이제 자네의 생각이 옳았다는 것을 인정하겠네. 사업을 접어야 하겠고, 남아 있는 것은 브리티시 은행과 피델러티 트러스트 회사에 합병될 걸세.

불확실한 낭떠러지에 매달려 있는 것이 내가 할 수 있는 전부이고, 앞으로 내게 퍼부어질 비난에서 벗어날 수는 없겠지. 이곳의 상황이 더 나빠졌다는 소식이 아내의 건강에 나쁜 영향을 미칠까봐 걱정이 되네. 자네는 내가 유일하게 믿을 수 있는 친구이고, 나는 자네가 언제나 모든 사실을 알고 있어야 한다고 생각하네. 이제 진상을 알 수 있을 것이네. 재미없고 지루한 내 생각을 자네에게 전해 주었네. 당연히 이 모든 사실은 비밀로 해주게. 다른 사람들까지 불행하게 만들 필요가 없으니까 말이네."

5월 18일, 스트롱은 재산관리인이 트레이더 은행을 인계한다는 전보를 쳤다. 파산을 피할 수 없었다.

나중에 스트롱 대령은 로체스터로 되돌아왔다. 스트롱은 로체스터에서 이스트먼 코닥 사에 적극적으로 관심을 기울였다. 그는 여전히 그 회사의 사장이었다. 그리고 말이 난 김에 덧붙이면 스트롱은 이름을 밝히지 않은 어느 친구의 도움으로 자기의 재산도 지키고 채무도 해결할 수 있었다.

1893년 8월, 대공황이 절정에 달했을 때 이스트먼은 새로운 경쟁 상대와 직면하였다. 1892년 초 이스트먼은 '솔리오'라는 이름을 가진 새로운 젤라틴 코팅 인화지를 시장에 내놓았다. 그 인화지는 곧바로 선풍적인 인기를 끌었다.

'솔리오'는 대규모 판매 실적을 올렸고, 큰 돈벌이가 되어 경쟁사의 거래선을 잠식하기 시작하였다. 그들 중 하나가 뉴욕 제임스타운의 찰스 애보트였다. 이스트먼은 아메리칸 아리스토타입 사와 그 회사의 사장을 존중하였으므로 그는 애보트에게 다음과 같은 편지를 썼다.

"솔직하게 말해서 저희는 그 어떤 충돌도 바라지 않습니다. 저희는 어떤 식으로든 경쟁사의 제품에 대하여 모함하거나 비난해 오지 않았습니다. 제품을 팔 때는 그 제품의 우수성을 강조하면서 판매하는 것이 가장 좋은 방법이라고 생각합니다. 다음은 저희가 외판원을 교육하는 영업지침 중에서 발췌한 것으로, 저희의 방침을 분명하게 보여줍니다.

'솔리오는 솔리오 자체의 우수성을 기초로 판매되어야 한다. 경쟁사의 제품을 비방하려고 하지 말고 솔리오의 장점을 강조하라.'

저희는 귀사의 제품 판매 방식이 바뀌지 않는다면 이러한 방침을 계속 유지하고 싶습니다. 그렇지만 제가 보고를 받은 것처럼 귀사 직원이 보이드 씨에게 하였던 것처럼 저희 제품을 비난하고 다닌다면 저희는 저희 자신을 방어하고 옹호하면서 공격적인 태세를 취할 것입니다.

저희는 당신의 편지를 협박이라고 해석하고 싶지 않습니다. 그렇지만 그 편지가 협박하려는 의도에서 쓰여진 것이라면 저희 회사의 재정 상태가 수수방관만 하고 있을 정도로 그렇게 허술하지 않다는 것을 곧바로 확인시켜 드릴 수 있습니다. 저희는 저희가 성공한 것에 대해서는 자부심을 가지고 있고, 저희가 실패한 것에 대해서는 유감스럽게 생각하며, 실패한 것에 대해서 감추려고 한 적이 한 번도 없었습니다. 그리고 저희 회사의 판매 성과는 다른 어떤 회사와 비교하여도 뒤떨어

코닥

지지 않습니다.

　우호적인 의도에서 그 편지를 썼다면 저희도 귀사와 경쟁하기보다는 조화를 이루기를 바라고 있으니 안심하기 바랍니다. 그리고 저희는 저희의 경쟁사가 그들의 경쟁사를 관리하는 방법에 대해서 비난하고 싶지도 않습니다. 경쟁사가 공정한 방식으로 일을 처리하기만 한다면 말입니다. 당신도 그렇게 생각하겠지만 경쟁사의 제품을 비난하는 데 돈을 쓰게 되면 두 회사 모두의 신용을 떨어뜨리게 될 뿐이고, 오히려 그 자금을 우리 모두의 경쟁 상대인 알부민을 가공하는 데 쓰면 더 좋을 것이라는 사실을 저희는 충분히 알고 있습니다."

　그렇지만 '솔리오' 전쟁은 피할 수 없었다. 단지 뒤로 미루어졌을 뿐이었다.

　음울한 9월의 어느 날, 런던에서 돈이 송금되어 왔다.

　재무담당자는 다음과 같이 회답하였다. "내가 심장병에 걸린 사람이었다면 오늘 보낸 당신의 전보가 치명적인 결과를 가져왔을 수도 있습니다. 당신이 여전히 돈 때문에 걱정을 하고 있을 것이라고 생각하고 있었는데 갑자기 2천 파운드를 송금해 주어서 매우 놀랐습니다. 그 돈을 어떻게 얻게 되었는지 알고 싶습니다."

　한편 로체스터에 흉흉한 소문을 퍼뜨리고 다니는 사람들이 등장하기 시작하였다. 자료를 훑어보면 소문을 퍼뜨린 장본인인 마이런 페크가 보낸 장황한 서신이 나온다. 그는 '호기심 많은' 이스트먼 때문에 '주주들의 의견을 전달'하게 되었다고 말하였다.

　"어떤 비난이나 '힐책'을 하려는 것이 아니라 '일인경영체제'라고 하는 귀사의 개인 경영체제가 지니고 있는 문제점들을 지적하고 싶습니다.[17]

　귀사의 '이사회'는 당신의 보고서에 따르면 신뢰할 만한 사람들이지만 회사의 경영과는 아무런 관계가 없는 이들인 것처럼 생각됩니다. 심지어 이사진 중 일부는 회사 업무는 '당신이 다한 것'이며 자신들은 당신이 하는 일 혹은 하라고 시키는 일에 동의할 것만 요청받았을 뿐이라며 모든 책임을 전가하는 이들도 있습니다.

　당신처럼 그렇게 여러 방면에 주의를 기울이면서 회사를 운영하려면 탁월한

---

17. 1893년 10월 12일.

조지 이스트먼

실무능력뿐만 아니라 재무 경험과 시간, 주의 깊은 생각, 뛰어난 판단력, 철저한 자제심이 필요합니다. 이러한 자질을 모두 갖추고 있는 사람은 찾아보기 힘들며, 이러한 자질을 갖추지 않고 회사를 운영한다면 얼마 있지 않아 회사는 문을 닫게 되고, 그 회사와 관련된 모든 것은 수포로 돌아가고 맙니다.

귀사는 5백만 달러의 주식을 발행하였지만 배당금을 지불할 돈을 벌기 위한 대책은 세우지 못했습니다. 주주들은 적은 배당금이라도 받지 못하면 주식을 내던져 버리고 맙니다. 당신은 '계속 배당금을 요구하면서 울부짖는 주주들'에 대하여 이야기했습니다. 마치 투자한 주주에게는 아무런 권리가 없는 것처럼 말합니다. 그것은 황금 알을 낳는 암탉을 죽이는 행위입니다. …

탁월한 재정가이자 유능한 법률가인 동시에 4개나 되는 우리 지방은행의 이사직을 맡고 있는 사람이 최근에 이스트먼 사를 실사한 적이 있습니다. 이스트먼 사의 설립 초기부터 최근의 배당금에 대한 채무 불이행에 이르기까지 낱낱이 검토하였습니다. 그가 밝혀낸 바에 따르면 부채가 전혀 없지만 귀사의 실제 자산은 2만 5천 달러의 주식 발행을 보증할 수 있을 정도로 충분한 것은 아니었습니다. 그는 일시적인 기분에 따라 많은 양의 주식을 발행할 수 있고, 5만 달러에서 30만 달러로 그 다음에는 1백만 달러로 그리고 그 다음에는 5백만 달러로 부풀릴 수 있다고 생각하는 것은 경험이 부족한 몽상가의 착각이라고 단언하기까지 했습니다.

그의 의견에 따르면 귀사가 엄청난 수익을 올릴 수 있다는 달콤한 유혹과 함께 귀사의 주식을 판 것보다 더 나쁜 사기행위는 없다고 합니다. …

주주들이 모든 업무가 합법적으로 이루어져 왔는지를 알 수 있도록, 귀사의 업무를 실사하고, 전문가를 통해 회계장부를 검토하고, 능력 있는 변호사를 고용하여 지난 3년간의 업무 내용을 조사할 수 있도록 해야 합니다. 또한 주식 판매 실적, 기업운영비 그리고 기업의 총수입 등과 같은 실적도 공개되어야 합니다.

당신은 눈앞에 위험한 상황이 벌어지고 있다는 사실을 모르고 있는 것 같습니다. 아마 상황이 호전될 때까지 현재의 상태를 유지하기를 바라는지 모르지만 귀사의 상황이 앞으로 나아질 수 있지 의문입니다. 회사가 기울고 불황기가 지나고 나면 귀사의 순수익은 앞으로 2-3년 안에 발생할 부채를 갚는 데도 모자랄 것입니다. 순수익이 조금이라도 있다면 말입니다. 주주들이 현재의 경영 방침을 따르면서 더 기다려야 한다면 '끊임없이 배당금'을 요구하는 그들의 호소는 '재산관리인'을 부르는 울부짖음으로 바뀔 수도 있습니다."

페크는 공식적인 면담을 요청하면서 편지를 끝맺었다. 이스트먼은 다음과 같은 짧은 서신을 통해 그와의 면담을 거절하였다.

"서신 속의 이스트먼 코닥 사의 경영 방법에 관한 비판과 충고, 위협에 대해서는 충분히 살펴보았습니다. 면담을 요청하셨지만 이스트먼 코닥 사에 직접 관련이 없는 사람들의 비난에 관해서는 솔직히 저는 아무런 관심도 없습니다. 우리 회사와 관련된 모든 사람들이 흡족할 만한 토대 위에서 회사를 운영하는 방법을 알고 있으므로 최선을 다하고 있습니다. 그리고 일이 끝나고 난 뒤에 성과를 통해 평가받고 싶습니다."

'일이 끝나고 난 뒤'에 평가받는 것, 이것이 회사의 기본 경영방침이었다.

여러 달 동안 이스트먼은 숙달된 유제 제작자를 찾고 있었다. 시간이 너무 없어서 실험실에 있는 해먹에서 잠을 자다가 유제를 저어 줄 시간이 되면 자명종 소리에 잠을 깨는 생활을 할 수밖에 없었다.

12월, 그는 켄터키 주 루이스빌에 사는 전문사진가가 스위스 취리히의 스미스 박사가 만든 새로운 유제 코팅 기계를 가지고 있다는 소식을 들었다. 또한 윌리엄 스튜버라는 사람이 전문가로서 전국적인 명성을 얻고 있고, 켄터키 주 출신의 편집자인 헨리 와터슨 대령의 사진을 연구하였다는 이야기를 듣고 이스트먼은 스튜버에게 연락을 취하였다. 스튜버는 그 연구 작업으로 미국사진가협회에서 주는 상을 받았다.

"스미스 코팅 기계의 특허권 사용료를 지불하지 않아도 그 기계의 소유권을 줄 수 있는지를 묻고 싶습니다. 또한 우리가 여행 경비를 지불할 경우에 이곳으로 와서 면담에 응할 수 있는지를 알려 주십시오. 우리 회사의 투명 필름 부서의 감독 자리가 빌 것 같은데 면접할 기회를 가졌으면 좋겠습니다."

1월 4일, 이스트먼은 한 통의 편지를 더 보낸다.

"2월 1일부터 우리 회사에서 투명 필름 부서의 감독으로 일해 줄 것을 제안합니다. 봉급은 주당 30달러와 유리건판 판매수익금의 1퍼센트를 드리겠습니다. 일을 잘해 준다면 계약을 계속 유지하겠습니다. 당신도 그렇고 나도 그렇고 필요하다면 언제든지 이 계약을 파기할 수 있는 권리가 있습니다. 당신은 그 부서를 전반적으로 관리하게 되며, 코닥 파크의 작업감독 밑에서 일하게 됩니다. 그리고 그곳의 작업 규정을 따라야 합니다. 또한 특허권에 관한 것은 우리 회사의 약정서에 서명을 해야 합니다. 지금까지 스튜버 건판회사에서 사용하였던 스미스 코팅 기계를 120만 달러가 넘지 않는 가격으로 우리에게 넘겨 줄 수 있으리라고 믿습니다. 그리고 유리 건판 실험 부서를 만들고 시중에 내놓을 만한 건판을 만들 수 있게 되면 우리가 지명하는 우리 회사의 유제 제작자에게 유제 만드는 방법을 전수해 주어야 합니다."

스튜버는 이 조건을 받아들여 가족을 로체스터로 이주시키고, 이스트먼 사에 입사해 출세가도를 달리기 시작하였다.

많은 회사에 큰 타격을 입혔던 대공황은 이스트먼 코닥 사에는 더 이상의 부채를 지우지 않고 끝났다. 이스트먼 사는 현금 할인을 모두 이용할 수 있었다. 게다가 이스트먼 사는 그 전부터 있었던 차입금을 계속 6퍼센트의 이자로 빌려 쓸 수 있었다. 코닥 파크에는 속속 새로운 건물들이 완성되었고, 수입의 일부로 새로운 기계의 대금을 지불하였다. 재무담당자의 엄격한 지휘 하에 그 회사는 그 어느 때보다 가장 능률적으로 그리고 가장 경제적으로 운영되었다. 연간 보고서를 보면 그해의 순수익이 87,718달러에 달했다.

회사 사정이 '예외적인' 경우에도 1886년에 개략적으로 세워진 방침을 계속 유지했다. 계속 '계란'을 해외로 분배하면서 '바구니'를 가득 채웠다. 딕맨은 자신의 인내력을 보여주었다. 대외사업을 재조직하고 주식 출자금을 모으고 모든 대륙의 도시에 판매망을 구축함으로써 런던의 전무이사는 자신의 상사에게 외국 자회사가 배당금 지급을 재개할 수 있을 것이라고 알려 왔다.

이스트먼은 다음과 같은 답장을 썼다. "그렇게 할 수 있다면 잘된 일입니다. 그렇지만 그렇게 할 수 없더라도 불확실한 자금은 모두 장부에서 삭제하는 것이 좋겠습니다. … 이곳에서는 불확실한 자금은 계산에서 모두 빼는 것을 원칙으로 하

윌리엄 G. 스튜버

고 있어 헛수고를 해본 적이 없습니다."

이때까지 이스트먼은 국제적인 공세를 취할 수 있는 전략상의 위치에 있었다. 이스트먼은 스트롱에게만 자신의 목표를 털어놓았다. "이스트먼 코닥 사의 목표는 사진과 관련된 제품을 만드는 세계에서 가장 큰 회사가 되는 것입니다. 그렇지 않으면 문을 닫는 것입니다. 부족한 점을 개선해 나가면서 그에 대한 대금을 모두 지불할 수 있고, 이익을 조금 남길 수 있다면 제가 생각하기에 우리는 앞을 더 성장할 수 있을 것입니다. 우리는 빠른 시간 안에 자금을 자체적으로 해결할 수 있는 신규 사업을 아직 시작하지도 않았습니다."

'코닥 시스템'에 기초를 둔 다국적인 거대한 사업, 이것이 새로운 목표였다.

제4장

국제적인 사업 확장

노을 속의 피라미드처럼 자신의 그림자를 길게 드리우는 시절이 역사에 존재했다면 그때는 1895년과 1896년이 절정기였을 것이다. 이 시기에는 다음과 같은 성과들이 미국의 발전을 가속화시켰다.

1. 판매를 목적으로 하는 자동차가 미국에서 처음으로 만들어졌다.
2. 앤드류 카네기를 떠올리는 헨리 올리버와 프릭이 록펠러와 광석에 대한 협정을 체결한다. 이것은 철강 산업을 크게 발전시켰다.
3. 뢴트겐 교수는 독일 뷔르츠부르크 대학에서 X-레이를 발견하고 처음으로 'X-레이 사진'을 만들었다.
4. 우드빌 래섬이 최초로 대중 앞에서 스크린에 영화를 상영하였다.
5. 토머스 에디슨은 자신과 토머스 아맷의 발명품을 구체화하여 영사기(Vitascope)를 만들었다.
6. 루이 뤼미에르와 오귀스트 뤼미에르 형제는 그들이 '시네마토그래프(Cinematographe)'라는 이름을 붙인 영사기와 카메라에 대하여 프랑스 특허권을 획득하였다.
7. 이스트먼 사는 처음으로 포지티브 영화 필름을 완성하였다.
8. 미 연방의회 의원인 윌리엄 맥킨리가 금본위제 선언으로 미국 대통령에 선출되었다.

조지 이스트먼

　1895년과 1896년은 자동차와 영화라는 새로운 산업의 탄생만으로도 바로 이전 시기와는 분명하게 구분될 것이다. 자동차산업과 영화산업은 탄생한 지 25년 만에 세계에서 규모가 가장 큰 사업이 되었다.

　전화와 전기, 필름 사진은 이미 일상생활과 무역을 하는 데 있어서 꼭 필요한 것이 되었다. 그렇지만 전화와 전기는 필름 사진만큼 빠르게 확산되지는 않았다. 맥킨리 대통령은 오하이오 저택에 머물면서 세인트루이스 전당대회를 관리하고 있던 마크 한나와 선거 캠페인 기간 내내 장거리 전화를 이용하였다. 이러한 일은 벨 교수가 뉴욕과 샌프란시스코 사이에 전화 선로를 가설하기 10년 전에 있었던 일이다. 전기산업은 7년을 더 기다려(1903) 유리 부는 기계가 발명되자 백열전구를 대량생산하기 시작하였다.

　그렇지만 1896년, 이스트먼은 이미 10만 번째 코닥 카메라를 생산했고, 로체스터와 영국 해로우에서 마일 단위로 필름과 인화지를 제작하고 있었다. 한 달에 3백 마일에서 4백 마일 사이의 필름과 인화지를 생산해 냈다. 사실 이것은 세계시장을 향한 저비용의 대량생산이었다. 또한 이것은 이스트먼이 생각하고 있던 것과 비교하면 시작일 뿐이었다. 이로부터 8년이 지난 뒤에야 자동차산업은 대량생산을 시작하였다.[1] 이스트먼이 가장 신뢰하였던 동업자인 스트롱은 다음과 같은 사실을

---

1. 자동차, 비행기, 코닥 카메라의 공통요소 한 가지는 자전거와 관계가 있다는 것이다. 초기에 가솔린 자동차를 제작하였던 사람들 중에는 그 전에 제작자로서 혹은 중개인으로 '자전거 사업'에 종사하였던 이들이 몇 명 있다. 그 중에는 윈튼(Winton), 오버맨(Overman), 포프(Pope), 토머스(Thomas)가 있다. 윌버라이트와 오르빌 라이트는 데이튼에 있는 자신들의 자전거 가게에서 공기보다 더 가벼운 기구로 실험을 시작하였다. 한편 글렌 커티스(Glenn H. Curtiss)는 사진과 관계된 일을 하다가 자전거와 관련된 일을 하였고, 그 다음에는 수상 비행기 사업에 발을 들여놓았다. 1895년 6월 22일부터 1895년 10월 5일까지 17살이었던 커티스는 주당 3.50달러를 받으며 코닥 파크의 스풀 부서에서 일을 하였다. 어린 커티스는 코닥 파크를 떠난 뒤 뉴욕 해먼드스포트로 되돌아가 지역 사진가로 일을 하다가 나중에 자전거 상인에게 고용되었다.
자동차 산업의 선구자에 속하는 두 사람, 셀덴(Selden)과 오버맨(Overman)은 이스트먼의 친구였다. 셀덴은 이스트먼의 첫 번째 변리사였다. 1879년 5월 8일 셀덴은 가솔린 엔진에 의해 움직이는 자동 추진식 운송 수단에 대한 특허를 신청하였고, 1895년 11월 15일에 특허증을 받았다. 1882년 독일인 발명가인 오토(Otto)는 소위 오토 사이클 타입이라고 하는 가솔린 엔진에 대한 특허권을 얻었다. 바로 오토 사이클 타입을 통해 1911년 헨리 포드가 출현할 수 있었다. 오토 사이클 타입은 셀덴 특허품과의 오랜 법정 싸움 끝에 승리를 거두었다.

국제적인 사업 확장

털어놓았다. "이스트먼의 사업계획은 다른 사람들을 '무기력하게' 만들었지만 이스트먼에게는 너무나도 자명한 것이어서 놀라운 일이 아니었다. '나의 욕망을 제한할 수 있는 것은 나의 상상력뿐이다.' 이것이 이스트먼의 '설명'이었다."

이스트먼이 그러한 행동을 할 수 있었던 비결은 끝없는 집중력에 있었다. 세심하게 주의를 기울이면서 그는 사업계획을 하나하나 준비하였다. 그는 10년 전에 다음과 같은 편지를 썼었다. "제가 실수한 것이 있으면 그것을 지적해 주시면 고맙겠습니다. 저는 논쟁이 아닌 실제로 이용할 수 있는 정보를 원합니다. … 저는 선생께서 무엇인가를 할 수 있다고 말씀하신다면 그 말씀에 따르겠습니다. 제 자신이 무엇을 해야 하는지 알려 주시기 바랍니다."

스트롱 대령은 다음과 같이 말하였다. "나는 그의 인내심에 대하여 잘 안다. 그리고 그의 불굴의 의지는 성공을 거두게 될 것이다."

이스트먼은 1894년 자신의 사업확장 계획을 실행에 옮겼다. 다른 회사들처럼 공화당 대통령선거를 기다리지 않았다. 그는 클리블랜드를 존경하긴 하였지만 그에게 반대표를 던졌다. 그렇지만 정치적으로 불안정한 상황 속에 자신의 회사를 그대로 두진 않았다. 특허권 보호를 정치적인 로비보다 더 중요하게 생각하였다. 그러나 무엇보다도 그는 다음과 같은 사실을 믿었다. "지도적인 위치는 빠른 변화와 진보에 따라 크게 달라진다. … 우리가 해마다 더 나은 제품을 내놓을 수 있다면

"헤인즈(Haynes)는 자신의 가스 자동차가 먼저 개발되었다는 사실에 대하여 인정을 받았고, 듀리어스(Duryeas)와 윈튼(Winton)이 처음으로 제작하였다. 그렇지만 가장 큰 일을 하여 미국이 세계에서 가장 위대한 가솔린 자동차 생산자이자 이용자라는 경력에 관심을 가지게 만든 이는 올드스(R.E. Olds)였다. 중저가 자동차의 대량생산이라는 올드스의 사업방침이 헨리 포드에게 명성과 행운을 가져다준 것이다."[다트마우스 대학의 경제학 교수인 말콤 케어(Malcolm Keir), 『제조업(*Manufacturing*)』에서]

"1904년 맥스웰 브리스코 회사는 자신들이 제작하는 자동차는 모든 부품을 같은 공장에서 만든다는 광고를 처음으로 하였다. 그 전 해에는 실린더 블록과 헤드를 움직이게 하는 멀티플 드릴과 프레스가 처음으로 나왔다. 같은 해에는 실린더를 연마하는 기계가 개발되었고, 캠축을 회전시키는 선반도 처음으로 나왔다. 포드 자동차회사는 1903년 6월 16일에 주식회사가 되었다. 그 해 모든 자동차 회사에서 생산한 자동차 총생산량은 1만 1천 대였다. 1908년에는 총생산량이 6만 대에 이르렀다. 1918년이 되자 완전한 조립 자동차가 나왔다."[랄프 엡스테인(Ralph Epstein), 『자동차산업(*The Automobile Industry*)』에서]

그 누구도 우리를 따라올 수 없을 것이고, 우리와 경쟁하지 못할 것이다."

1894년, 신제품이 계속 출시되었다. 새로운 코닥 카메라 그리고 추가된 인화지와 필름. 1895년 이스트먼은 카메라 구조에 혁신적인 변화를 가져왔다. 그는 폴딩 코닥 카메라(folding Kodak camera, 주름상자 카메라-역주)를 시장에 내놓았다. 그 후 이 카메라는 모든 현대적인 롤 필름 카메라의 원형이 되었다.

이스트먼은 워커(이후에도 워커라는 이름이 자주 등장하는 것으로 보아 이스트먼은 워커와의 사업상의 관계를 완전히 청산하지는 않은 것으로 보인다-역주)에게 다음과 같은 편지를 썼다. "우리는 이번 주 딕맨 씨에게 견본을 보냈습니다. … 우리는 폴딩 카메라와 그것을 제작하는 장비가 빨리 만들어진 것에 큰 자부심을 갖고 있습니다. 장비의 모형을 처음으로 완성한 것은 조지 워싱턴의 생일날이었습니다. 나중에 그 모형을 많이 수정하여 두 달 반이 지난 뒤에야 완전한 장비를 만들 수 있었습니다. 이 제품을 팔기 위해 준비를 많이 하였으므로 3달 안에 그 카메라를 대량생산할 수 있게 되기를 바랍니다."

7월에는 이미 폴딩 카메라가 너무 많이 팔려서 딕맨은 유럽 시장에만 한 달에 2천 대씩을 고정적으로 보내달라는 전보를 쳤다.

이스트먼은 다음과 같은 답장을 보냈다. "그 주문량은 코닥 폴딩 카메라가 우리에게 큰 성공을 가져다줄 것이라는 사실을 증명해 주고 있는 것처럼 당신에게도 큰 성공을 가져다줄 것입니다. 아직은 하루에 평균 150대 이상을 제작하지 못하고 있지만 종업원들이 작업훈련을 충분히 받았으므로 곧 하루에 300대를 생산할 수 있게 될 것입니다. … 나는 하루에 600대까지 제작할 수 있도록 최대한 노력을 기울일 것입니다. 필요하다면 생산량을 더 높일 수도 있겠지요. 생산량이 만족스러울 때까지는 휴가를 떠나지 않을 생각입니다.

폴딩 카메라를 지속적으로 내놓으려면 자금이 많이 필요할 것입니다. 게다가 건판과 콜로디온 부서에서 쓴 예산까지 합하면 우리는 지금 자금이 매우 부족합니다. 폴딩 카메라를 제작하는 장비와 여분의 기계 설비에 많이 투자해야만 우리에게 수익을 가져다줄 만한 가격으로 폴딩 카메라를 만들 수 있을 것입니다."

그렇지만 스트롱은 그러한 발전의 성과를 약간 다른 관점에서 보았다. 스트롱

국제적인 사업 확장

은 딕맨에게 다음과 같은 편지를 썼다. "우리는 돈을 쓰는 데 비상한 재주를 갖고 있습니다." 이것은 당연한 일이었다. 스트롱은 타코마에서 돌아와 로체스터에서 다시 일하기 시작한 지 얼마 안 되었다. 그리고 달러 지폐가 '공장의 평면도'처럼 넓어 보였다.

이스트먼 코닥 사가 아닌 다른 회사에서도 이러한 형태의 카메라를 만들었었다. 터너가 소유한 보스턴 카메라 제조회사와 블레어 카메라 회사에서 각각 1890년과 1891년에 폴딩 카메라를 시장에 내놓았지만 모두 실패로 끝났다. 왜냐하면 그 회사들은 이스트먼이 통제하고 있던 휴스턴의 특허권을 무효화시키려고 하였기 때문이다.

이스트먼은 몇 년 동안 폴딩 카메라에 대하여 생각하였고, 1894년 폴딩 카메라를 내놓기에 적당한 시기가 되었다는 결론을 내렸다. 두 달 후 그 카메라가 한창 국제적으로 성공을 거두고 있을 때 터너가 빛이 있는 곳에서 필름을 감을 수 있는 카메라에 필요한 필름 스풀에 대한 특허권을 따냈다. 따라서 이스트먼에게는 폴딩 카메라를 제작할 때 필요한 특허권 중의 하나가 부족하였다.

이스트먼은 이 소식을 듣자마자 즉시 필립에게 연락을 취하였다. "나는 우리가 터너에게 스풀에 대한 특허권 사용료를 지불하고 스풀을 만들 수 있는 계약을 맺을 수 있을 것이라고 생각합니다. 싸움을 벌이는 것보다는 이 방법을 이용하는 것이 양쪽 모두에게 좋을 것입니다. 이 의견에 동의한다면 면담을 주선해 주십시오."

급히 런던으로 갔던 이스트먼은 되돌아와 뉴욕에서 터너를 만났다. 그리고 터너의 특허권에 대한 독점권을 확보하였다.

8월에 이스트먼은 자신의 변호사에게 다음과 같은 편지를 쓴다. "출고량이 크게 늘고 있습니다. 지난달에는 가장 많은 출고량을 기록하였습니다. 터너는 특허권 사용료를 통해 상당한 수익을 얻을 것 같습니다. 틀림없이 1년에 5천 달러가 넘을 것입니다."

이것은 터너가 이제까지 벌어들이거나 벌려고 하였던 돈보다 더 많은 액수였다. 그러나 3주 후 터너는 이스트먼에게 현찰 4만 달러를 받고 자신의 회사와 계약

125

서를 넘겨 주고 은퇴하였다.

9월에 터너가 처음으로 로체스터를 방문하였다. 스트롱은 터너에게 기계 설비 라인과 근로자들이 카메라와 필름, 인화지를 만드는 과정을 보여주었다. "놀랍군요!" 터너는 흥분하여 외쳤다.[2]

이스트먼은 딕맨에게 다음과 같이 조언하였다.

"돈벌이가 되는 물건이 카메라뿐이라면 카메라 판매량을 두 배로 증가시켜 순이익을 두 배로 올리는 것은 아무래도 좋습니다. 그렇지만 카메라 판매량이 저조해지기 전에 카메라 자체에서 얻은 것만큼 카메라에 사용되는 필름으로도 수익을 올려야 합니다. 그것도 카메라에서 얻은 것보다 더 큰 수익을 올려야 합니다. 카메라 한 대당 필름 20통은 소비될 것이라고 생각합니다. 이외에도 이러한 카메라를 내놓은 것은 이것으로 기반을 다져 이 카메라와 종류가 같은 대형 카메라를 취급하는 거대한 사업을 벌이려고 합니다. 우리는 지금 불스 아이(Bull's Eye) 카메라를 만들고 있습니다. 불스 아이 카메라는 지금까지 만들어진 그 어떤 카메라보다도 더 좋은 최고급 제품입니다."

필름 사진의 성공은 세계 각처의 재능 있는 발명가들을 자극했다. 로체스터는 사진의 중심지로 인식되었다. 수백 개의 설비가 검사를 받았다. 이스트먼은 다음과 같이 썼다.

"이러한 설비들이 가진 문제점은 그 설비들이 작동되지 않을 때도 있다는 것이다. 그리고 작동되지 않는 사진 설비는 가치가 없다. 비용을 많이 들이지 않고 만

---

[2] 1919년 8월 8일, 이스트먼은 뉴욕 시에 있는 조지 오스틴에게 다음과 같은 편지를 썼다. "새뮤얼 터너 씨와 관련된 일은 우리가 그의 발명품을 모두 매입하였다는 것과 나중에 그가 우리를 상대로 소송을 할 때 진술서를 작성하면서 자신이 그 물건을 발명한 사람이라는 것을 부인하였다는 것입니다. 자신이 직접 그 발명품에 대한 특허권을 얻고 우리에게 팔았으면서 말입니다. 발명품이 없다는 이유로 그 특허권은 마침내 무효화되었습니다. 터너의 행동이 이러한 결정에 얼마나 큰 영향을 미쳤는지는 확실하게 말할 수 없지만 분명한 것은 그는 그 특허권을 무효화시키기 위해 할 수 있는 모든 일을 하였다는 것입니다. 터너가 진짜로 그 물건을 발명한 사람이고, 터너가 그런 행동을 한 것은 터너보다 정신적으로 더 강한 누군가가 그에게 지시를 했을 것이라는 생각을 항상 하고 있습니다. 우리가 그 발명품을 발전시키는 데 성공하고 그 제품으로 돈을 벌었기 때문에 그가 그런 행동을 하였음에도 불구하고 그에게 호의를 갖고 있습니다. 따라서 우리가 그에게 주었던 돈을 잃고 그가 궁핍한 생활을 하고 있다는 사실을 알았을 때 코닥 사는 그때부터 그가 죽을 때까지 연금을 지급하였습니다."

국제적인 사업 확장

들 수만 있다면 사진 설비로서 훌륭한 제품도 많이 있다. 그러나 제작상의 어려움이 너무 커서 비용이 터무니없이 많이 들게 된다."

1896년에는 불스 아이와 팔콘 코닥(Falcon Kodak) 카메라를 시장에 내놓았고, 가격은 12달러와 5달러로 시중에 나온 카메라 중에서 가장 싼 가격이었다. 사진 12장을 찍을 수 있는 불스 아이 카메라에 들어가는 필름은 소매가로 90센트였고, 팔콘 코닥에 들어가는 필름은 60센트였다. 이제 사진은 예술사에서 처음으로 누구나 사용할 수 있는 표현 매체가 되었다.

그러나 건판과 인화지 사업은 그렇게 잘되지 않았다. 이스트먼은 몇 년 동안 일정한 가격을 유지하려고 하였지만 경쟁사들이 계속해서 가격을 내렸다. 이스트먼 사의 경쟁사였던 세인트루이스의 아메리칸 아리스토 사의 크래머에게 보내는 편지를 보면 이스트먼의 심정을 분명하게 알 수 있다.

"당신이 질문을 하였기 때문에 다음과 같은 사실을 솔직하게 말하겠습니다. 나는 클리블랜드에서 당신과 애보트 씨가 나를 곤란한 입장에 빠뜨리려 하고 있다는 인상을 받았습니다. 우리 모두는 사업을 통해 이익을 얻으려고 일하는 것이 분명합니다. 대승적 차원에서 사업 경쟁자라는 점을 잊어버려야 하며, 한쪽이 상대방을 곤경에 빠뜨리려고 하는 감정적인 행위는 공동의 목표를 달성하는 데 필요한 조화로운 행동을 저해하게 합니다.

가격을 일정하게 유지하려고 하는 동향에 당신이 관심을 갖고 있고, 당신이 마침내 우리가 수년 동안 추구해 온 사업 전략을 채택하였다는 사실을 알게 되어 매우 기쁩니다."

그러나 '솔리오 전쟁'은 공개적인 접전 없이는 진정이 되지 않았으므로 이스트먼은 독특한 광고로 아메리칸 아리스토 사를 비난하였다.

> 지난 얼마 동안 아메리칸 아리스토 사는 다음과 같이 이치에 맞지 않는 광고문을 여러 곳에 사용하였다.
>
> '미국에서 소비되는 인화지 총량의 5/8는 아메리칸 아리스토 사 제품이다.'

조지 이스트먼

도전

솔리오가 나오기 전이라면 위의 광고문에 조금은 진실이 담겨 있었을지도 모른다. 그러나 이 말은 터무니없는 과장이며, 적어도 1년 동안은 터무니없는 과장광고였다는 사실을 우리는 잘 알고 있다.

따라서 우리는 도전한다

아메리칸 아리스토 사는 미국의 어떤 한 지역의 모든 사진가 1천 명의 명단을 작성하여 그 사진가들의 5/8가 지금 아메리칸 아리스토 사 제품을 사용하고 있거나, 그 사진가들이 사용한 인화지 총량의 5/8가 아메리칸 아리스토 사 제품인가를 조사해 공식적으로 발표해 달라고 제의한다. 그들이 할 수 있다면 무엇이 되었든 그 주장을 증명하게 해보자.

그들이 재빨리 몸을 빼고 있는 것을 보라

우리는 아메리칸 아리스토 사가 뒤로 물러나면서 최근의 시카고 논쟁에서 갑자기 '손을 떼겠다'고 결정한 것 같은 서투른 수작을 벌이려 하는 것을 잘 알고 있다. 우리는 그들이 이제 어떤 식으로 발뺌을 할 것인지 관심을 갖고 지켜볼 것이다. 우리가 솔리오 소비자 80명에게 받은 감사장을 피할 수 없는 증거물로 내놓았을 때, 그들은 아리스토 제품 사용자 명단을 겨우 53명밖에 제시하지 못하였다.

아직 끝나지 않았다

우리는 그 다음 달 그들이 발표했던 그 밖의 다른 놀라운 주장에 대해서도 증명해 줄 것을 요구한다. 우리는 아직 끝나지 않았다.

한창 이러한 분쟁을 벌이고 있을 때 이스트먼은 워커로부터 편지와 함께 작은 소포를 받았다. 편지와 소포를 열어 본 이스트먼은 독일의 한 대학 교수가 '새로운 종류의 광선'을 발견하였고, 그 광선을 이용하여 'X-레이 사진'을 찍을 수 있다는 사실을 알게 되었다.

    소포 상자 안에는 사람의 손과 개구리를 X-레이 사진으로 촬영한 유리건판 두 장이 들어 있었다. 이 사진 두 장은 이 광선을 이용하여 촬영한 최초의 사진이었다. 일주일이 지난 다음에 더 자세한 사실을 알 수 있었다.

    영국의 사진잡지인 『뉴 라이트』지 2월호가 도착하였다. 그 잡지에는 뢴트겐

국제적인 사업 확장

교수가 쓴 논문을 번역한 것이 실려 있었다. 그 글에는 '살아 있는 개구리를 알루미늄 시트로 감싼 다음에' 20분 동안 노출을 주어 촬영한 'X-레이 사진'과 '살아 있는 사람의 손을 가황 처리한 검은색 섬유로 감싼 다음에 4분 동안 노출을 주어 촬영한 X-레이 사진'이 삽화로 들어 있었다.[3]

뢴트겐 교수는 다음과 같이 쓰고 있다. "여기에서 특히 더 중요한 것은 사진 건판이 X-레이에 감광성이 있다는 사실이다. 따라서 위험한 오류를 막기 위해 현상을 보여주는 것이 가능하다. 따라서 나는 처음에 형광판을 이용하여 육안으로 관찰하였던 사항들을 확인하였다. 이때 X-레이가 나무나 판지를 통과할 수 있는 능력이 도움이 되었다. 감광판은 짙은 색 슬라이드 셔터나 그 밖의 다른 보호덮개를 치우지 않고도 피사체를 촬영할 수 있다. 따라서 반드시 어둠 속에서 실험을 해야 하는 것은 아니다. 노출을 받지 않은 감광판이라면 진공에 가까운 상자 속에 넣어두지 말아야 한다. 이제는 감광판에 기록된 흔적이 X-레이의 직접적인 효과인지 아니면 감광판의 형광성 물질에 의해 야기된 파생적인 결과인지가 불확실해 보인다. 건판뿐만 아니라 필름에도 그러한 흔적을 기록을 할 수 있다."

X-레이 기계가 미국에 들어온 것은 그로부터 몇 달이 더 지난 뒤였지만 유럽에서는 그 즉시 X-레이 인화지 수요가 활기를 띠게 되었다. 딕맨은 각기 포장된 인화지 1천 매를 주문하였다. X-레이 인화지는 브로마이드 인화지와는 달리 인화지 한 장 한장을 따로 봉투에 넣어 포장되어 있었다. 짧은 기간 안에 뉴욕 회사는 X-레이 용품을 제작하기 시작하였다. 그리고 이스트먼 사는 X-레이 사진에 사용되는 감광판과 인화지를 공급하겠다는 계약을 맺었다. 스튜버는 로체스터에 있는 다임 박물관에서 많은 시간을 보내면서 X-레이 촬영기로 사진을 찍으며 감광판을 연구하였고, 그 기간 내내 코닥 파크에서도 새로운 유제를 실험하고 있었다.

이것이 미국에서 X-레이 사진을 사용하게 된 출발점이다. 그 후 X-레이 사진술이 상용화되기까지는 여러 해의 실험 기간을 거쳐야 했다. X-레이가 처음으로 관심

---

3. "뢴트겐이 처음으로 이 광선을 발견하는 실마리를 얻게 된 것은 그 광선이 닫혀 있는 통 속에 들어 있는 감광판에 영향을 미친다는 것을 알고 나서였습니다."(조지프 태처 클라크가 이스트먼에게 보낸 편지, 1911년 1월 8일)

을 끈 것은 메인 가의 박물관에서였다. 오늘날 X-레이는 과학과 의학, 치의학, 연구 작업 등에 많은 도움을 주고 있다.

　1896년 여름, 이스트먼은 외국으로 가서 '다음 해를 위한 유럽 캠페인'을 준비하였다. 이때 이스트먼은 1897년에는 사업이 크게 성장하게 될 것이라고 확신하였다. 그 즉시 스트롱에게 연락을 하여 카메라 공장의 생산성을 증대시키고, 스테이트 가 공장에 건물을 증축해 달라고 부탁하였다. 스트롱은 다음과 같은 답장을 보냈다. "내가 잘못 생각하는 것일지도 모르지만 내 생각에는 공장을 더 세우지 않고도 다음 해의 카메라 수요량을 채울 수 있을 것 같네. 제대로 된 것인지는 모르겠지만 이 의견을 받아들여 주고, 동시에 내가 자네 의견을 무시하면서 내 의견만을 내세우고 있는 것이 아니라는 사실을 믿어 주기 바라네."

　런던에서 보낸 이 답장이 도착하기도 전에 이스트먼은 코닥 파크의 필름 생산량을 늘이라는 전보를 로체스터로 보냈다. 이 사실은 또 다시 스트롱을 '무력하게 만들었다.'

　해로우의 연구소가 필름과 관련된 실험을 하는 것에 동의하였던 딕맨에게 이스트먼은 또 다시 자신이 연구 작업에 대하여 확신을 갖고 있다는 것을 밝혔다.

　"나는 그 누구보다도 이 실험에 대하여 확신을 갖고 있습니다. 그리고 사실상 우리 사업 전체가 실험에 기초를 둔 것이었습니다. 그렇지만 방향을 잘 잡은 실험도 있었고, 그렇지 못한 실험도 있었습니다. 지금 하고 있는 건식 스트리핑 필름은 연구 방향을 잘못 잡은 것이라고 생각합니다. 또한 그 실험을 하고 있는 의도도 싫습니다. 다시 말해서 지금 쓰고 있는 필름을 불량품으로 보는 견해에 반대합니다. 우리가 지금 쓰고 있는 필름의 여세를 몰아 계속 사업을 추진해 나간다면 이제까지 만든 다른 어떤 제품보다도 가장 큰 성공을 거둘 수 있을 것입니다. 그리고 그렇지 않으면 우리는 좋은 기회를 놓치게 될 것입니다. 아직도 투명 필름에 대하여 미심쩍어 한다면 이곳에 와서 직접 보면 걱정을 떨쳐 버릴 수 있을 것이라고 생각합니다."

　2월이 되자 '한 사람을 무력하게 만든' 이스트먼의 계획이 옳았다는 것이 증명되었다. 딕맨은 유럽 시장의 물건 주문량을 한 달에 폴딩 카메라 5천 대와 필름 2만

국제적인 사업 확장

통으로 올려놓았다. 이스트먼은 다음과 같은 답장을 보낸다. "이렇게 많은 주문량에 기쁘고 놀랐다고 말하는 것은 우리의 감정을 부드럽게 표현하는 것입니다. 당신이 제1분기 매출을 그렇게 많이 올리게 되어 매우 기쁩니다. 숫자로 나타내면 모든 제품을 합하여 매출이 약 71퍼센트 증가한 것입니다. 같은 기간 동안 우리는 85퍼센트 증가하였다고 말하면 당신을 난처하게 만드는 일이겠지요. 그렇지만 당신은 아주 잘하고 있습니다. … 얼마 안 있어 한 해에 2백만 달러의 매출을 올릴 수 있을 것이라고 생각합니다(1895년 매출액은 85만 달러였다). 우리는 미국에서도 그렇고 유럽에서도 그렇고 아직 사업을 확장하기 시작한 것이 아닙니다. 올해 이곳에서는 150만 달러를 벌어들일 수 있을 듯합니다. … 우리 회사의 실험부서는 연구를 잘 진행 중이고, 미리 1년 동안 개발해야 할 새로운 제품의 윤곽을 짰습니다."[4]

4월 6일, 이스트먼은 딕맨에게 사람들을 교육시키고 그들에게 외국어를 배우게 하여 '주요 거래 국가에서는 모두' 도매물품 창고관리를 인계할 수 있게 하라고 독려하였다.

"카메라 생산 라인에서는 최상의 제품을 만들어내고 있습니다. 따라서 우리는 디자인과 기술, 가격을 바탕으로 세계시장을 개척해 나갈 수 있을 것이 분명합니다. 우리는 세계 어느 곳에서도 카트리지 카메라를 대량으로 팔 수 있습니다. 우리처럼 당신도 그 방식을 당신 구역에 널리 도입할 수 있게 된다면 2백만 달러라는 목표에 쉽게 도달할 수 있을 것입니다. 그렇지만 우리가 이곳에서 거래선을 확장하기 시작하였다고는 생각하지 않습니다. 우리는 얼마 있지 않아 사람들이 관심을 가지게 될 카메라를 만들어낼 것입니다. … 그리고 나서 그러한 제품을 팔기 위한 판매 조직에는 폴딩 카메라를 팔면서 사용하고 있는 소규모 방식도 포함될 것입니다."

이스트먼이 자신의 사업을 세계적으로 발전시키고 있는 동안에 거의 6년 동안 립 밴 윙클(Rip Van Winkle, 미국의 소설가 워싱턴 어빙이 34편의 이야기와 수필을 수록한 『스케치북』의 주인공 – 역주)의 꿈속에 빠져 있던 영화가 갑자기 잠에서 깨

---

4. 1896년 4월 16일.

조지 이스트먼

어나 에디슨을 포함하여 모든 이들을 놀라게 만들었다. 1889년 이후에는 에디슨의 키네토스코프가 주화 투입 게임장에서 계속 인기를 끌고 있었다. 그렇지만 1895년 5월 20일, 우드빌 래섬은 처음으로 사람들 앞에서 스크린에 영화를 영사함으로써 뉴욕 시 전체에 자신의 비밀을 털어놓았다. 램제이는 다음과 같이 기록하고 있다. "그것은 유령 같은 쇼일 뿐이다. 그렇지만 그것은 처음이었다." 지금까지 영화는 동전을 집어넣으면 자동으로 작동되는 작은 상자처럼 생긴 기계를 통해서만 볼 수 있었다. 래섬은 자신이 고안한 영사기를 '팬톱티콘(Pantopticon)'이라고 불렀다.

뉴욕 『선』지는 에디슨에게 그 소식을 전해 주기 위해 적극적인 기자를 뉴저지 오렌지로 보냈다. 그 발명가는 다음과 같이 응수하였다. "그것은 키네토스코프이다. 당신이 지금 갖고 있는 사진이 담긴 이 필름 조각은 내가 사용하는 필름처럼 정확하게 제작된다. 필름 속에 있는 구멍은 스프로켓의 스포크에 끼워지게 되어 있는데 이것은 내가 고안한 것이다. 스크린에 사진을 투사하는 것은 내가 키네토스코프로 처음으로 했던 일이다." 그렇지만 래섬은 처음으로 많은 사람들 앞에서 영화를 스크린에 상영하였다.

3달 전, 1895년 2월 13일 뤼미에르 형제는 자신들이 고안한 영사기인 '시네마토그래프'에 대하여 프랑스 특허권을 얻었다. 그들은 3월 22일, 리옹에 있는 자신들의 작업장에서 시네마토그래프를 실제로 작동하면서 보여주었다. 한편 로버트 폴은 런던에서 실험을 하고 있었고, 토머스 아맷은 워싱턴에서 실험을 하고 있었다. 1896년 2월 28일, 폴은 런던의 왕립협회에서 자신이 고안한 영사기를 작동시키면서 보여주었다.[5]

1896년 4월 6일, 이스트먼은 『뉴욕 해럴드』지에서 에디슨과 아맷의 발명품을 결합하여 만든 영사기 비타스코프를 뉴욕에서 전시한다는 기사를 읽었다. 그 신문

---

5. 『일백만 하룻밤(A Million and One Nights)』에서, 테리 램제이(Terry Ramsaye).
"…그것은 키네토스코프를 크게 만든 것에 불과하다. 장난감을 실생활에 맞게 개작한 것이다. 그렇지만 전화가 처음 나왔을 때 일어났던 일과 똑같은 일이 일어났다. 전화도 예전에는 신기한 장난감에 불과했지만 지금은 전화를 사용하여 시카고에 있는 사람과 통화를 할 수 있다. 활기 넘치는 새로운 파노라마가 갖게 될 가능성을 깎아 내리는 것은 신중한 행동이 아닐 것이다."[『브루클린 데일리 이글(Brooklyn Daily Eagle)』]

국제적인 사업 확장

에는 다음과 같이 적혀 있었다. "처음에 보여준 장면은 아나벨의 뱀춤이 전개되는 유채색 화면이었다. 그녀는 지난 여름 어느 날 포즈를 취하기 위해 웨스트 오렌지로 갔다. 동영상이 기록되어 있는 롤 필름이 6개의 스풀과 도르래 위에 정리되어 있었고, 영사기가 돌아가기 시작하였다.

발명가 자신도 놀랐지만, 그의 눈에도 필름상의 명백한 오류가 눈에 띄었다. 비타스코프가 자신이 생각하는 이상적인 수준에 이르기 전에 이 영화는 반드시 폐기되어야 한다고 공언할 정도였다.

아나벨은 5분 동안 춤을 추었고, 최근에 있었던 영국의 더비 경마가 전개되는 장면이 스크린에 비춰졌다.

지난밤에 그 영화를 본 사람들 모두를 깜짝 놀라게 만든 새로운 기계 장치의 특징은 영상을 스크린에 비추었을 때 화면이 거의 흔들리지 않는다는 것이다. 영사기를 완성하는 과정에서 해결하고 넘어가야 할 가장 큰 장애물은 화면이 흔들리는 것이었다."

파리와 런던에 있는 코닥 사의 총감독은 동시에 새로운 필름 시장의 상업적인 가능성을 알아챘다. 한편 이스트먼은 재정개혁 프로그램을 짜고 있었다. 6월 런던의 딕맨이 로체스터에 도착하였다. 그는 열정에 불타올랐다. 서둘러 코닥 파크에 도착한 그는 좀더 내구성이 있고 에디슨에게 좀더 적합한 필름을 제공하기 위한 실험에 참여하고 있는 스튜버와 다른 전문가들을 만날 수 있었다. 1896년 6월 22일, 딕맨은 '어제 오후 코닥 파크에서 제작한 것으로, 내 앞에서 시험적으로 만든 필름 샘플 두 개'를 파리 사무소로 보냈다. "그들은 필름을 19피트밖에 만들지 않았지만 그 필름은 완전히 성공적이다."

이 필름은 상업적인 목적을 갖고 제작된 최초의 포지티브 영화 필름이었다. 딕맨은 확신을 갖고 유럽으로 되돌아갔고, 스트롱은 로체스터에서 영화 분야 사업을 맡았다. 스트롱은 에디슨과 처음으로 큰 계약을 '체결하였다'. 잇따라 딕맨이 파리의 샤를 파테로부터 대량의 주문을 따냈다.

스트롱은 자신의 편지를 다음과 같은 말로 끝맺는다. "상황이 갑자기 심각해지고 필름 여분을 확보하지 못하면 올겨울에 이 거래를 계속할 수 있을지 모를 정도라네."

'상황'이 '심각'해졌다. 12월 31일, 스트롱은 런던에 있는 이스트먼에게 지금 막 전개되고 있는 영화의 역사를 기록한 편지 몇 통을 연속해서 보냈다.

"자네가 영화 필름을 대량 주문 받았을지도 모르지만 나는 자네를 기운 빠지게 하려네. 나는 어제 오전 내내 6개월 안에 보내줘야 할 2.5인치 필름 30만 피트에 대한 계약을 맺었네. 우리가 정한 가격은 폭 1인치, 길이 1인치당 5센트네. 처음에 10만 피트를 구입하면 10퍼센트를 할인해 주고, 20만 피트를 구입하면 15퍼센트를 할인해 주며, 정해진 시간 안에 30만 피트를 구입하면 20퍼센트를 할인해 주기로 하였네. 이렇게 가격을 낮춰야 계약자를 확보할 수 있다는 것은 확실하지만 어느 정도 마음이 놓이는 것은 현재 블레어가 필름 사업에서 손을 떼려고 하기 때문이네. 게다가 우리를 제외하고는 지구상에 있는 어떤 회사에서도 이렇게 많은 양의 필름을 제작하여 정해진 시일 안에 바로 그 필름을 공급할 수는 없을 걸세. 우리가 뤼미에르와 계약을 맺어 그에게 필름을 공급할 수 있다면 우리는 세계를 지배할 수 있을 것이네. 자네는 뤼미에르와 계약을 맺기 위해 노력을 기울여 본 적이 있는지 모르겠네. 뤼미에르의 생각에 맞출 수 있을 정도로 가격을 낮출 수 있겠는가?"

초기에 실험을 하면서 뤼미에르는 뉴욕에 있는 셀룰로이드 회사에서 셀룰로이드 필름을 구입하였고, 폴은 런던에 있는 블레어가 코팅 작업을 한 비슷한 필름을 사용하였다. 그렇지만 곧 이들의 제품은 코닥 사의 유연한 필름보다는 품질이 떨어진다는 사실이 입증되었다.

"우리가 이번 주에 미국 내 고객에게 공급할 수 있는 영화 필름 주문은 모두 받았습니다(1897년 1월 28일). 우리는 5주 동안 토요일마다 2만 피트를 계속 보내준다는 주문을 이제 막 장부에 기록하였습니다. 내가 당신에게 적어 보낸 적이 있는 코베트 피치버그 전에 사용될 큰 주문건은 아직 구체화되지 않았습니다."

그렇지만 며칠이 지나지 않아 그 프로모터들은 로체스터로 되돌아갔고, 딕맨은 다음과 같은 충고를 받았다.

"가까운 시일 안에 프로 권투경기가 벌어질 것이 확실합니다. 그리고 우리는 사진을 찍을 네거티브 필름 3만 피트를 주문받아 보내기 시작하였습니다. 경기는

국제적인 사업 확장

성 패트릭 데이인 3월 17일에 열립니다(네바다 주의 카슨 시에서). 그리고 날씨가 맑고 불행한 사건이 일어나지 않는다면 18일에 포지티브 필름을 보내라는 전보를 받을 수 있을 것이라고 생각합니다. 그리고 30만 피트를 모두 채울 때까지 그들이 계속 주문하게 되기를 바랍니다. 얼마 동안은 그 계획이 실현되지 않을까봐 불안하였습니다. 그렇지만 이제는 의심의 여지가 없다고 생각합니다. 그들은 2.5인치 필름을 사용할 것이므로 그렇게 되면 돈을 정말 쉽게 벌게 된다는 사실을 당신은 알고 있을 것입니다."

그러나 프로 권투경기 촬영은 완전히 실패한 것으로 보도되었다. 이러한 기사가 런던 신문에 실리자 이스트먼은 스트롱에게 진상을 물어보았다.

스트롱은 다음과 같이 회신하였다.[6] "우리는 이곳에서 그것이 사실이 아니라는 증거를 입수하였네. 그러한 영화 상영을 금지하는 법안을 통과시키려고 하는 많은 주의회에서 큰 소동이 일어났는데, 네거티브가 실패했다는 것은 이 문제와 관계가 있는 사람들이 교묘한 술책을 쓴 것이라고 짐작되네. 실패했다면 법을 제정하는 사람들이 휴회할 때까지 더 이상 이 문제를 거론하지 않을 것이라는 희망을 갖고 술책을 부린 것이라네. 이것이 사실인지 아닌지가 문제인데 그들이 그 소문을 부정하지 않은 데에는 어떤 이유가 있는 것이 확실하네."

따라서 권투경기 촬영은 새로운 산업이라는 지평선 위에 처음으로 검열제도라는 먹구름을 예보하였다. 그렇지만 에디슨과 폴, 뤼미에르, 이스트먼은 그들의 새로운 예술과 그들의 계획을 대담하게 추진해 나갔다.

스트롱은 다음과 같이 쓰고 있다. "우리는 이미 에디슨 사에 영화 필름 약 30만 피트를 팔았네. 그리고 그들은 우리에게 1주일에 3만 5천 피트씩 주문한다고 했네. 우리가 정한 가격은 20퍼센트에 5퍼센트를 더 뺀 가격으로 폭 1.37인치와 길이 1피트당 6.87센트라네. 그러한 할인 가격에 필름을 제공하는 것은 에디슨 사가 처음이고, 그들은 우리가 에디슨 사로 보낸 전 물량에 대해 더할 나위 없이 만족해 했으며, 지금까지는 필름 1인치도 바꿔 줄 필요가 없었다네. 이것은 주목할 만한 일

---
6. 1897년 4월 16일.

이네.

 자네는 영화 필름 제작에 첨예한 경쟁이 벌어졌다고 하는데 뤼미에르 외에 무엇이 두려운가? 블레어 사람들은 완전히 손을 뗀 것처럼 보이지만 그들은 언제든지 '갑자기 조용히 나타날' 수 있네. 그리고 아직까지는 없었지만 언제든지 새로운 경쟁자가 나타날 수도 있다네."

 셀룰로이드 회사라는 이름뿐만 아니라 뤼미에르와 블레어라는 이름을 기억하는 것이 중요하다. 이스트먼 사 외에 영화 필름 제작을 시도한 이들은 이들 셋뿐이다. 우리는 곧 이때까지 필름은 만들지도 않고 소송만 하던 또 다른 한 사람의 이름을 듣게 될 것이다. 그는 필름을 1인치, 1야드, 1릴도 만들지 않았다.

 코닥 파크에서 처음으로 포지티브 필름을 만들기 전에 카메라와 영사기의 발명가들이 사용했던 필름은 모두 네거티브 필름이었다.[7] 그렇지만 새로 나온 포지티브 필름도 좀더 개선되어야 했다. 우선 영화 필름은 영사기 안에서 빠르게 돌아가야 하는데 그 필름은 그것을 견뎌낼 수 있을 정도로 강하지 못하였다. 또한 젤라틴 유제와 니트로셀룰로오스 베이스 사이에 필요한 점착력이 부족하였다. 필름을 계속 돌리면 니트로셀룰로오스 베이스에서 젤라틴 유제가 분리되므로 점착력은 필수적인 것이었다.

 스트롱은 다음과 같이 말하였다. "필름은 어떤 상황에서든지 바로 한없이 반죽해 낼 수 있는 밀가루가 아니다."

 이러한 문제는 모두 코닥 파크에서 해결되었다. 먼저 필름 베이스를 두껍게 만들고, 두 번째로 필름 베이스와 친화력을 갖고 있는 니트로셀룰로오스 용제가 들어 있는 젤라틴 밑칠을 하였다. 이것은 회사의 기밀이었다. 그리고 비록 이 기술이 코닥 파크에서 개발되었다고 할지라도 코닥 사는 1904년 뉴저지 도버에 있는 무연

---

7. 아직도 많은 문제가 해결되어야 했다. 영화산업에서는 네거티브 필름과 포지티브 필름을 이용하여 네거티브 필름으로는 움직임을 촬영하고 포지티브 필름으로는 극장에서 영상을 투영할 수 있었다. 이스트먼은 필름을 선적할 때 사용하는 금속 컨테이너를 고안하고 필름의 심벌 마크를 만들었다. 그리고 극영화를 팔거나 인화를 하는 일은 하지 않을 것이라는 회사 방침을 세웠다. 이러한 일을 하게 되면 고객의 사업을 방해하게 될 것이라고 생각하였다. 뤼미에르는 폭이 35밀리미터인 필름을 고안하였다. 이 필름은 지금까지도 전문가용 규격 필름으로 사용되고 있다.

국제적인 사업 확장

화약공장에서 일하고 있는 러셀 페니먼이 그러한 기술을 다루는 특허권을 취득하였다는 소식을 들었다. 이스트먼은 곧바로 그 특허권을 사들였다. 이것은 1889년에 이스트먼이 만들어 놓은 전례를 좇은 것으로, 필름 사진술에 필요한 진정한 발명품이라면 모두 이스트먼이 관리한다는 방침에 따른 것이었다.

이러한 방침은 영국 자회사에 보내는 공문에도 몇 번이고 반복해서 적혀 있었다. "현재 우리가 사용하는 필름 제작 공정과 관련이 있는 특허권은 모두 우리가 관리해야 한다. 필름 사업은 사진술의 여러 분야 중에서 가장 큰 이익을 얻을 수 있는 분야로, 우리는 필름 사업에 필요한 모든 공정을 갖추고 있어야 한다."

로체스터와 해로우에 있는 공장들은 밤낮으로 돌아갔다. 영화산업이 도래한 것이다. 코닥 필름은 미국과 프랑스, 독일과 영국의 영화산업에 생명력을 불어넣었다.

트라팔가 광장에 있는 넬슨 기념비가 수십 년 동안 걸치고 있던 어둠의 망토를 벗어 던졌다. 주위의 건물 꼭대기에서는 샤링 네거리에 모인 군중들이 볼 수 있도록 전기 광고판 4개가 처음으로 빛을 발하였다. 이 광고판 중의 하나가 '코닥'이었다. 파리의 거리에는 어두침침한 버스가 달리고 있었다. 딕맨은 처음으로 이 버스를 광고에 이용하기로 생각했다. "3년 동안 파리의 시내버스에 광고할 수 있도록 하시오." 이스트먼은 답장으로 전보를 쳤다. 그 이후에 파리의 시내버스들은 승객을 실어 나르는 수단인 동시에 광고판이 되었다.

모스크바, 베를린, 코펜하겐, 브뤼셀, 밀라노, 로마, 마드리드 등지에도 코닥 광고판이 속속 등장하였다. 코닥이라는 단어가 만들어진 지 8년 만에 이 단어는 설명이나 해석이 필요 없는 단어가 되었다. 그리고 이 단어는 전 세계에서 통하는 단어가 되었다.

이스트먼은 1897년 봄에는 이미 국제 금융무대에 뛰어들 준비를 마치고 있었다. 이스트먼은 딕맨에게 다음과 같은 편지를 썼다. "나는 영국 코닥 사와 미국 코닥 사를 합병할 계획을 세웠습니다. 그리고 합병에 찬성하는 이사들에게 그 계획서를 제출하였습니다. 합병을 하려면 두 회사의 모든 스톡 옵션(주식매수선택권, 회사의 설립과 경영, 기술혁신 등에 기여한 임직원에게 일정기간 내에 사전에 약속된 가격으로 일정 수량만큼의 주식을 매입할 수 있는 권리를 부여하는 제도–역주)을 제가 가져야 합니다. 미국 회사 주식의 경우에는 다음 주말까지는 제가 스톡 옵션을 가지게 될 것이고, 기대한 대로 일이 성사되면 즉시 영국으로 가서 영국 회사의 스톡 옵션을 손에 넣을 것입니다. 계획은 그 옵션을 인계할 새로운 회사를 설립하는 것입니다. … 새로운 회사의 전체 주식 자본과 스톡 옵션을 인수하는 데 필요한 금액의 차액은 새로운 회사를 설립하는 데 사용될 것입니다."

한편, 회사를 합병하려는 데에는 다섯 가지 이유가 있었다.

1. 영국 자회사의 우선주에 대한 배당금의 불확실성(주주들 중에는 1892년 배당금이 지불되지 않았고, 1893년과 1894년에는 배당금의 일부만 지불되자 배당금이 누적되었다고 생각하는 주주들도 있었다. 이스트먼은 다른 방법으로 맞섰다. 적합한 조건으로 합병을 하면 소송을 막을 수 있을 것이라고 믿었다.)

2. 지금까지는 몇몇 주주들이 영국 회사와 미국 회사를 비공식적으로 소유하였다. 그 주주들은 대부분 자신들의 유가증권을 위한 좀더 넓은 시장을 개척하는 것에 관심이 있었다.

3. 추가 자본금이 필요하였다. 그리고 주식 수와 투자자 수를 늘려 주주들은 그들이 팔거나 보유할 수 있는 새로운 주식이나 소유권을 얻기를 원하고 있었다.

4. 광고는 영국과 미국, 독일, 프랑스에서 유가증권을 공개적으로 매각할 수 있게 해주면서 좀더 확실한 사업적 가치를 가져다주었다.

5. 합병은 종업원, 고객, 코닥 사에 원료를 공급하는 하청회사들에게 주주가 될 수 있는 기회를 주었다. 첨언하면 합병은 "회사 발기인인 나 자신(이스트먼)과 증권 인수업자에게 돈을 벌 수 있는" 기회를 제공할 것이었다. 그때 관심을 갖고 있던 모든 사람들에게 이러한 사실을 공표하고 동의를 받았다. '이스트먼은 투표를 하거나 진행 과정에 참여하지 않았지만' 이사진은 만장일치로 그 제안에 찬성표를 던졌다.

이스트먼은 그 문제를 거의 1년 동안 엄밀히 검토하였고, 영국에 있는 자신의 사무 변호사로부터 영국의 법을 따르는 데 필요한 절차를 약술한 요강을 받았다. 그는 국제 주식 문제 몇 가지를 검토하였고, 그와 관련된 재정 정책과 법에 대하여

킹스웨이 빌딩, 런던

잘 알고 있었다.

그는 런던에서는 외국 회사에 편견을 갖고 있다는 것도 알게 되었다. 눈앞의 이익만 노리던 불안정한 회사 몇 군데가 도산하였기 때문이었다. 그런 회사의 유가증권이 영국의 투자자들에게 대량으로 매각되었다. 그러나 사업은 전쟁이었고 '전술이라는 것은 모두 언덕 반대편에 있는 적을 공격하는 데' 있었다.[8] 이스트먼은 행동을 개시하기 전에 '언덕 반대편'에 있는 적을 공격할 준비를 끝냈다.

워커는 세 번째로 큰 대주주였기 때문에 이스트먼은 스트롱으로 하여금 이사들이 이스트먼에게 동의한 내용에 대하여 워커에게 편지를 보내게 하였다. 그리고 나서 그는 다음과 같은 소식을 덧붙였다.

"스트롱이 지난번에 당신에게 우편물을 보내 두 회사를 합병한다는 사업 계획에 대하여 알려 주었을 것입니다. 여기에 동의서 사본 두 장을 동봉합니다. 한 장은 당신이 서명을 해야 하는 것이고, 또 다른 한 장은 보관용입니다. 우리는 어젯밤에 대주주들의 모임을 가졌고, 참석한 사람들은 모두 서명을 하였습니다.

3월 6일, 허벨 씨와 함께 영국으로 건너갈 예정입니다. 그 전에 연락을 받고 싶습니다. 그리고 그 계획에 동의한다면 동봉한 동의서에 서명하여 트러스트 회사나 당신 변호사에게 당신의 주식과 함께 보내주십시오.

지난해(1896년)의 사업성과를 보내주는 것을 깜빡 잊어버리고 있었습니다. 너무 바쁘고 생각해야 할 일이 많았습니다. 회수 불능의 부채와 장비 등으로 인해 30,769달러를 손실로 공제한 후에 445,940달러의 순이익을 냈습니다. 이 중에서 201,620달러는 배당금으로 들어갔고, 240,320달러는 유동자산으로 들어갔습니다.

올해는 좀더 나아지리라고 생각합니다. 그렇지만 배당금을 6퍼센트 이상 지불할 수 있을지는 의문입니다. 새로운 카메라 공장을 세워야 하고, 코닥 파크 정비 공사도 끝내야 하기 때문입니다. 공장을 새로 만들고 개량 공사를 끝내려면 비용이 20만 달러가 조금 넘게 들 것입니다. 이번 토요일에 5월 15일에 완공될 새로운 카메라 공장을 짓기 위한 계약을 맺게 됩니다. 적어도 그때까지는 기계가 돌아가게

---

8. 웰링턴 공작의 『고전 비평』에서.

국제적인 사업 확장

할 생각입니다. 이 공장은 이 지역에서 가장 좋은 제조공장이 될 것입니다. 코닥 파크에는 [카메라 공장을] 더 이상 짓지 않기로 결정하였습니다. 왜냐하면 올여름에 좋은 성과를 얻을 수 있을 만큼 시간에 맞추어 건물을 지을 수 없기 때문입니다."

이스트먼은 미국 회사의 주주들로부터 스톡 옵션을 거의 대부분 확보하자 런던을 향해 출발하였다. 이스트먼은 그곳에서 영국의 이사진과 주주들에게 자신의 사업 계획을 밝히고 그들로부터 스톡 옵션을 확보하였다. 그는 이제 스톡 옵션과 두 회사와 맺은 계약서를 갖게 되었다. 그 계약서와 스톡 옵션은 그에게 합병을 추진할 수 있는 권한을 주는 것이었다. 로체스터로 돌아온 이스트먼은 여름 동안 자신의 사업 계획을 완성시켜 8월 25일 또 다시 런던으로 떠났다.

이스트먼은 처음으로 작성한 '이스트먼 코닥 주식회사의 사업강령'을 사무 변호사인 컬리 손과 버든에게 제출한 후에 인쇄공으로부터 '비공개적으로 은밀하게' 최초의 교정쇄를 받았다. 그리고 은행가들과 주식 브로커들과 교섭할 준비를 마쳤다. 이 사업강령에서 이스트먼은 다음과 같은 사실들을 정리하였다.

"이스트먼 코닥 사의 사업 합병은 현재 특히 더 유리하게 되었다. 최근까지 미국 회사와 영국 회사 사이의 계약 기간이 만료되었기 때문이다. 세계 모든 나라에 사진장비와 재료를 보급하는 거대한 무역 확장을 통해 이득을 보게 될 새로운 회사의 유리한 입장은 회사가 갖고 있는 다음과 같은 장점을 통해 평가할 수 있다.

1) 합병 사업은 회사가 관리하게 될 것이고, 이 사업을 통해 회사는 이익을 얻게 될 것이다. 이러한 합병은 이러한 종류의 사업으로는 세계에서 가장 큰 사업체가 될 것이다. 이스트먼 스페셜 회사는 평범한 수준의 이해력을 가진 사람도 몇 분 안에 코닥을 이용하는 것을 익힐 수 있고, 전문가가 찍은 사진에 못지않은 사진을 만들 수 있는 그러한 완벽함과 단일성을 이루어냈다. '버튼만 누르세요, 나머지는 저희가 하겠습니다.' 그 결과 사진재료와 장비에 대한 요구는 이미 막대하게 증가하였고, 그러한 요구는 그에 앞서 훨씬 더 광범위한 이익을 낳는다.

2) 코닥 카메라 생산량이 늘어나면서 코닥 사에서 제작된 필름에 대한 수요가 계속해서 증가하게 된다.

3) 회사는 한 가지 물품을 판매하는 데 그치지 않는다. 아마추어 사진가와 전

문사진가에게 필요한 거의 모든 제품을 공급한다.

4) 회사는 전 세계의 거의 모든 문명국에 제품을 공급한다. 따라서 어떤 한 국가의 불리한 무역 환경에 의해 회사 수익이 큰 타격을 받지는 않을 것으로 보인다.

5) 회사는 코닥과 솔리오라는 상품명을 이용할 수 있는 독점권을 갖고 있다. 그 상품명은 광범위하게 광고가 되어 있고, 이제는 세계 도처에서 사진과 관련된 물건으로는 최고급 장비와 일류 제품을 보증하는 상품명으로 잘 알려져 있다.

6) 회사는 잉글랜드, 스코틀랜드, 웨일스를 포함하는 영국, 미국, 프랑스, 독일, 벨기에서 받은 중요한 특허권을 갖고 있다. 이 중에서 특허권 몇 개는 법정에서 승인을 받았다. 기밀사항인 여러 가지 공식과 제조 공정에 대한 특허권은 다양한 사업 분야에서 그 회사에 독점권을 제공한다.

로체스터와 해로우에 있는 공장 시설과 장비를 마련하는 데 매우 많은 예산이 들었다. 그 공장과 기계는 같은 종류의 공장 시설과 기계로는 단연 세계에서 가장 크고 우수하다.

로체스터에 있는 부동산에는 다음과 같은 것들이 있다.

면적이 평방 3만 6백 피트인 로체스터 중심부에 있는 사무동.

사무동에 인접해 있는 바닥 면적이 평방 14만 2천7백 피트인 카메라 공장.

로체스터 근처의 코닥 파크에 있는 공장. 최근에 신축한 건축물로, 건물바닥 20만 2천2백 평방 피트 이상이고, 토지 면적은 약 20에이커이다.

미들섹스 해로우에 있는 공장은 1890년에 세워졌다. 이 건물은 바닥 면적이 4만 5천8백 평방 피트이고, 토지 면적은 약 7에이커이다.

최근에는 공장을 크게 확장하였고, 1898년에 거래가 증가할 것이라는 사실을 예측하기에 충분하다고 믿는다. 공장을 더 확장해야 할 필요가 있을 때에는 남아 있는 풍부한 부지에 공장을 세우면 된다.

공장에는 경험이 아주 많은 직원들이 근무하게 되며, 영국과 미국 모두 조직화를 지속적으로 실행할 것이다. 이 방법은 현재까지 대성공을 거두었다. 우수한 전문성을 유지하면서 진전된 것을 도입하는 정책을 계속 실행할 것이다.

1898년에는 대중들에게 완전히 새로운 형태의 코닥 폴딩 카메라를 포함하여

국제적인 사업 확장

새로운 코닥 제품을 소개할 것이다. 새로운 코닥 카메라를 이용하면 처음에 제작된 폴딩 카메라보다 2배나 더 큰 사진을 얻을 수 있고, 주머니 속에 넣어 가지고 다니거나 자전거로도 쉽게 운반할 수 있을 것이다. 전문가들은 이러한 새로운 코닥은 지금까지 만들어진 카메라 중에서 가장 진보된 것이라고 단언한다. 그리고 전례 없는 성공을 거둘 것이라고 예상하고 있다. 게다가 새로운 카트리지 롤 홀더를 제작하였다. 이 장비를 이용하면 현재 시중에 나와 있는 다른 상표의 카메라에도 카트리지 방식의 필름을 이용할 수 있을 것이다. 따라서 우리 회사에서 제작한 카트리지 필름의 수요가 크게 늘어날 것이다."

이것은 사실이었다. 이스트먼은 항상 진실이 가진 힘을 믿었다. 그렇지만 영화에 대해서는 언급하지 않았다는 사실에 주목하라. 영화를 상영하는 곳이라면 어디라도 관객들이 줄을 섰고, 에디슨 혼자서만 이스트먼 필름을 거의 100만 피트나 썼지만 '프로모터'들은 일부러 에디슨의 성과를 줄여서 말하거나 그의 회사를 투기 회사라고 광고하였다. 그것은 도박이 아닌 진지한 사업이었으나 사람들은 일반적으로 영화는 도박에 속한다고 생각하였다.

스트롱 대령이 쓴 편지를 통해 첫 번째 장애물이 나타난 것을 알 수 있다. "어떤어떤 은행이 새로운 회사의 설립에 반대한다는 소식을 듣고 놀랐네. 시간이 지나면서 이스트먼 코닥 사에 대해 이러쿵저러쿵 말을 하는 사람들이 많아질 것이 틀림없네. 알리안츠 은행의 지배인 앨버트 펜이 오래 전에 자네에게 다음과 같은 말을 한 적이 있다고 알고 있네. 그는 우리가 어떤어떤 은행과 신용거래를 터 두는 것이 훨씬 더 좋을 것이라고 하였는데 그의 말이 옳았던 것 같네.(관련 은행들은 모두 규모가 큰 국제적인 은행이다.)

자네도 나와 같은 일을 겪고 있다고 알고 있네. 자네가 지치지 않고 그 문제를 해결하면 놀라운 일이 될 걸세. 금융 자본가들은 매우 피곤한 이들이고, 약속을 하고 또 하며, 항상 고려해 봐야 할 무엇인가를 제안한다네. 그리고 그 일은 결코 끝나지 않을 것처럼 보인다네. 내 생각에 자네가 프로모터들을 이용했으면 하네. 자네가 놀라운 일을 해낼 수 있다는 것과 다른 이들은 할 수 없는 일을 해냈다는 사실을 인정하네. 하지만 프로모터를 고용하면 좀더 많은 도움이 될 걸세."

조지 이스트먼

이스트먼의 계획에 대한 반대가 너무 심해서 11월에 출자금 명부를 공개하려고 했던 것은 일단 보류했다.[9]

그동안에도 수익은 계속 증가하였고, 이스트먼은 자신의 회사 수익이 올라갈 것이라는 더 큰 확신을 갖게 되었지만 은행들은 점점 더 보수적인 태도를 취하게 되었다. 은행으로서는 이스트먼이 펼칠 사업의 의미를 완전하게 파악하는 것이 어려웠을 것이다. 이스트먼은 진지하고 믿을 수 있는 사람이었지만 젊다는 것과 이스트먼 자신의 겸손함이 장애물이 되고 있었다. 그는 외모가 너무 젊어 보여서 낯선 사람이 그를 만나면 다음과 같이 말하곤 하였다. "아, 실례했군요. 아버님은 어디 계시죠?" 그들은 이스트먼이 그 회사 설립자의 아들일 것이라고 생각했다.

크리스마스 연휴가 되자 이스트먼은 서둘러 집으로 돌아가서 어머니와 함께 지냈다. 연휴가 끝나자 이스트먼은 뉴욕 시 월 가 59번지의 브라운 브라더스 사를 잠시 방문하여 자신의 사업 계획을 개략적으로 설명하였다.

"우리가 오늘 한 대화에 관하여, 그리고 오늘 아침 당신이 우리에게 맡긴 새 사업강령에 주거래 은행으로 우리 은행 이름을 쓰겠다고 요청한 것에 관하여, 당신이 제안한 대로 당신의 계획을 실행에 옮길 수 있고, 런던에 있는 이사회가 런던 앤 웨스트민스터 은행과 우리의 승인을 받을 수 있는 위원회라면 미국에서 우리 은행을 주거래 은행으로 밝히는 것을 기꺼이 허락하겠다는 사실을 알려드립니다."

'기꺼이'라는 단어는 런던에서 문제를 해결한 후에 받아들이겠다는 입장에 크리스마스 기분을 약간 덧붙인 것이었다.

이스트먼은 1월 4일, 급히 영국으로 출국해서 사업강령을 수정했다. 자본금을 2백만 파운드로 정하고, 1898년 1월 24일까지는 출자금 명부를 공개하기로 결정하였다. 그렇지만 예비 연보를 통해 예상 수익이 늘어났다고는 해도 공개적인 매각

---

9. "요즈음 사람들은 그들을 깜짝 놀라게 만드는 소식을 듣는 일에 익숙하다. 그렇지만 우리를 가장 놀라게 만든 공식 문서는 아마도 최근에 우리가 보았던 회사의 사업강령일 것이다. 우리가 말하는 회사는 커밍아웃 직전에 있는 회사로, 코닥을 매입할 목적을 갖고 설립되었다. … 제정신을 가진 사람이라면 코닥을 2백만 스털링의 가치를 갖고 있는 회사라고 생각할 수 있을까? 그 계획 하나만으로도 사람들을 깜짝 놀라게 만든다. 요즈음의 프로모터들은 그러한 인간의 지성을 얇은 껍질 같다고 생각하는 것 같다."(런던 리알토에서)

국제적인 사업 확장

은 한 달 더 연기해야 했다.

스트롱은 로체스터로 밀려드는 영화용 릴 필름 주문에 정신을 못 차렸다. 현금 주문이 밀려들자 스트롱은 이스트먼에게 돈이 '넘쳐나고' 있다는 내용의 편지를 쓰곤 했다. 그는 항상 이스트먼이 '매 순간 살이 찌고 삶을 즐기기' 바랐다.

그러나 사람들은 영국 신문에서 이스트먼이 '삶을 즐기고' 있다는 기사를 찾아볼 수가 없었다. 언론은 이스트먼에게 호의적이지 않았다. '취미로 사진을 찍는 사람들을 위한 카메라' '싸구려라는 평판' '기복이 심한 생애' '코닥 키드' 독자의 눈에 들어온 신문기사 제목은 대개 이러한 것들이었다.

이스트먼은 평소처럼 자신을 잘 드러내려고 하지 않았다. 그러나 2월 1일, 그 규칙을 깨고 『웨스트민스터 가제트』지와 처음으로 인터뷰를 하였다.

"아주 간략하게 우리는 다음과 같은 사실을 발표할 수 있다. 일반인들도 이제 2백만 파운드의 자본금을 가진 아주 흥미롭고 유망한 사업에 동참할 수 있게 되었다. 왜냐하면 이스트먼 사진재료 회사가 기업을 공개하려고 하기 때문이다. 미국 코닥 사나 영국 코닥 사와 관련이 있는 모든 근거지와 외딴 오지를 망라하는 거대한 기업을 설립하기 위한 협상을 마무리하기 위해 최근에 조지 이스트먼 씨가 뉴욕에서 런던으로 왔다. 조지 이스트먼 씨는 그의 이름을 널리 알린 사진재료와 장비를 발명한 사람이다. 18년 이상의 기간 동안 사진의 역사와 이스트먼 코닥 사의 역사는 동일선상을 걸어왔다. 대략 20년 전에 건판이 출현하면서 이스트먼이라는 이름은 사진계에 처음으로 알려지게 되었다.

본지와 인터뷰를 가진 이스트먼 씨는 미국인이고 나이가 44살밖에 안 되었으며, 사업적인 두뇌가 그 누구보다도 명석하다. 은행원으로 사회생활을 시작한 이스트먼 씨는 항상 사진에 특별한 관심을 갖고 있었고…" 기사는 다음과 같이 계속 이어진다. "아마추어 사진가였을 때 그는 미완성품이라고 할 수밖에 없는 카메라를 갖고 여기저기에서 진기한 풍경이나 인물을 촬영하는 것을 즐겼다. 당시 미래의 백만장자인 이스트먼 씨는 한 이발소로 들어갔다. 그는 그 이발소의 이발사 한 사람과 친하게 지내고 있었다. 그는 면도를 하다가 그 이발사에게 새로운 카메라를 만들 계획을 털어놓았다. 이 두 사람은 그때 그 자리에서 바로 회사를 설립하기

조지 이스트먼

위한 계획을 짰다. 그리고 1879년 '조지 이스트먼'이 등장하였다. 이발사 사건은 리처드 아크라이트 경(Sir Richard Arkwright, 영국의 방적기계 발명자-역주)의 일화를 연상하게 한다. 이스트먼 씨는 다음과 같이 말하였다. "사업은 빠르게 성장하였다. 우리는 현재 카메라 공장이 위치하고 있는 로체스터에 큰 건물과 토지를 갖게 되었고, 10년 만인 1889년에 코닥은 영국에 그 모습을 드러내었다. 처음에는 작은 장난감으로 시작하여 나중에는 인정받을 만한 큰 선물이 되기 위해서이다."

'코닥이라는 기막힌 단어'의 기원에 관하여 질문을 한 후에 그 기사는 다음과 같이 이어진다.

"로체스터에서는 카메라와 필름, 솔리오, 브로마이드 인화지를 제작하는 것으로 알고 있습니다. 그것들을 해로우에서도 만들 예정입니까?—예, 그렇습니다. 로체스터 공장은 세계에서 가장 큰 카메라 공장으로 한 곳에서 하루종일 불이 나도 카메라 생산이 멈추지 않을 정도로 큰 공장입니다. 바쁠 때에는 필름 생산량이 일주일에 150마일 이상이 될 때도 있고, 생산된 폴딩 카메라의 폭을 캐비넷 폭으로 계산하며, 매주 감광 인화지 105마일에 코팅 작업을 합니다. 이 정도로 일을 해내려면 건물바닥 면적만 5에이커 이상이 되어야 하고, 큰 발전기에서 나온 전력이 75개의 전기 모터를 통해 공장 전체로 분배되어야 합니다."

"전문가로서 예술사진은 대서양 건너편보다는 영국이 더 앞서 있다고 말할 수 있겠습니까?—예술적인 관점에서 이 질문을 다룬다면 미국 사진가들보다는 영국 사진가들이 더 낫다고 할 수 있습니다. 그렇지만 기술의 정교함이나 기량에 있어서는 미국 사진가들이 월등히 앞서 있지요. 영국에는 오랜 경험을 갖고 있는 숙련된 아마추어가 더 많고, 미국에는 직업적이고 전문적인 장인이 더 많지요. 사진재료는 미국보다 영국이 훨씬 더 쌉니다."

2주 후에 『로체스터 헤럴드』지는 다음과 같은 2단짜리 기사를 실었다. "1천만 달러짜리 사업계획은 결국 실패로 끝났다. 이스트먼이 런던에서 보내온 전보에는 다음과 같이 쓰여 있다. '스톡 옵션이 만료되기 전에는 협상을 끝낼 수 없다. 예기치 않은 결과이다.' 주식 투자자들은 지난주에는 105달러에 긁어 모으던 주식을 지금은 액면가에도 훨씬 못 미치는 가격으로 구입할 수 있다."

국제적인 사업 확장

그 기사는 대단히 충격적이어서 이스트먼 사의 변호사인 허벨은 편지를 통해 그 신문의 경영자에게 강력히 항의했다. "당신이 우리 회사 주식에 대하여 냉소적으로 언급한 것은 특종을 하려는 욕심에 진상도 알아보지 않고 주식의 가치를 과소평가하고 있는 듯하다. 이스트먼 사는 괄목할 만한 성장을 이루었고, 매출도 매달 빠르게 증가하고 있다. 주식을 통한 수익은 회사 주주에 큰 배당금을 가져다주었고, 자신의 주식을 '액면가에 훨씬 못 미치는 가격'(당신은 이 가격으로 주식을 살 수 있다고 말했다)에 팔 정도로 어리석은 사람이 있다면 그는 1주일도 지나지 않아 후회하게 될 것이다."

실제로 무슨 일이 일어났던 것일까? 이스트먼은 스톡 옵션이 제한하는 기간 안에 자신이 제시한 조건으로 협상을 끝맺을 수 없다는 사실을 알았다. 이스트먼은 현재 안정되어 있다고 생각한 재정 구조를 무너뜨리는 것보다는 협상을 연기하는 쪽을 택하였다.

이스트먼은 로체스터로 돌아와 켈빈 경에게 편지를 썼다.[10] 이스트먼은 켈빈 경에게 이사회의 회장이 되어 달라고 요청하였고, 켈빈 경은 1876년 벨이 만든 최초의 전화에 관심을 가졌었던 것처럼 지금은 필름 사진술에 관심을 가지고 있었다.

"저는 아주 즐거운 여행을 한 후 2월 27일 일요일 아침에 로체스터에 도착하였습니다. 도착해 보니 진행 중이던 협상을 연기했다는 제 전보가 그 일이 종결되었다는 의미로 받아들여졌다는 것을 알게 되었습니다. 따라서 제가 해결 방법을 찾는 것이 예상했던 것보다 훨씬 더 어렵게 되었습니다. 그래서 바덴 씨와 딕맨 씨에게 다음과 같은 전보를 보내지 않을 수 없습니다. '현재 갖고 있는 주식을 계속 보유하기를 원하는 비현실적인 주주들이 생각 외로 많습니다.'

그리고 나서 저는 아주 중요한 일 때문에 이틀 동안 뉴욕에 가 있었습니다. 이

---

10. 켈빈 경이 쓴 편지로 미루어볼 때 그가 걱정한 문제는 다음과 같은 문제뿐이다. "사업강령 초안에 1898년에는 20만 파운드를 초과하는 이익을 올릴 것이라고 대대적으로 광고하였는데 이 일로 인해 우리에게 손해를 끼칠 경쟁 상대가 나타나게 될지도 모른다는 생각은 하지 않습니까?" 켈빈 경은 새로운 회사 주식 수천 주를 청약하고 그 대금을 모두 현금으로 지불하였다.

조지 이스트먼

로 인해 그 문제를 해결하는 것이 더 늦어졌습니다. 그렇지만 다시 이곳으로 돌아와서는 반응이 조금씩 나타나고 있다는 것을 알았습니다. 그리고 스톡 옵션을 얻는 것이 가능할지도 모릅니다. 그렇지만 시간에 맞추어 그 계획을 올봄에 계속 진행시키는 것은 어려울지도 모릅니다. 스톡 옵션을 조금이라도 얻게 된다면 그 선택권은 1899년 1월 1일까지는 효력을 갖고 있어야 할 것입니다. 그리고 예전처럼 제 몫을 모두 다 챙길 수는 없을 것이지만 85퍼센트 정도가 가능하다면 그것에 만족해야 할 것 같습니다. 중요하면서도 우리에게 도움이 되는 이점 한 가지가 틀림없이 있을 것입니다. 적어도 7월 1일까지는 수익을 올리게 될 것이며, 그들은 그 진술을 상당히 강화할 것입니다.

제가 런던을 떠날 때 예상한 것보다 더 많이 늦어진다 해도 부디 관심을 잃지 말아 주시기 바랍니다. 그리고 때가 되면 기꺼이 예전처럼 그 일을 계속 해주시기를 바랍니다. 실례를 무릅쓰고 우리가 어떤 식으로 노력을 기울여야 할지에 대하여 선생께 충고를 할 때도 있을 것입니다."

3월 24일이 되자 이스트먼은 미국과 외국의 중요한 주주들에게 다음과 같은 편지를 쓸 수 있었다. "새로운 영국 회사를 통해 예전과 똑같은 방식으로 일을 계속 하기로 결정"되었다는 내용이었다. 사업은 빠르게 확장되고 있었다. 4월이 되자 사업 규모는 1897년보다 33.3퍼센트 확장되었다. 그때 에스파냐와 미국간의 미서전쟁(美西戰爭, 에스파냐의 지배를 받던 쿠바의 독립전쟁에 1898년 미국이 개입하여 일어난 미국·에스파냐 사이의 전쟁 – 역주)이 어렴풋이 모습을 드러내고 있었다. 이스트먼은 덕맨에게 통보하였다. "이제 에스파냐와의 전쟁은 피할 수 없는 듯합니다. 그 전쟁으로 인해 우리 회사의 무역이 큰 타격을 받지는 않을 것이라고 생각합니다. 우리가 회사를 발족하기 전에 전쟁이 끝나기를 바라지만 그때까지 전쟁이 끝나지 않아도 회사를 출범시킬 생각입니다."

이스트먼은 워커에게 편지를 썼다.[11] "이곳에 있는 이들은 모두 마닐라 만에서의 승리(미서전쟁 최초의 전투는 1898년 5월 1일 필리핀전선에서 듀이 제독이 이

---
11. 1898년 5월 3일.

국제적인 사업 확장

끄는 아시아함대에 의한 마닐라 만 급습과 에스파냐 함대 격파였다–역주)에 도취되어 있습니다. 현재까지는 에스파냐어로 조금씩 새어나오는 소문을 들었을 뿐 자세한 사항에 대해서는 모르고 있습니다. 로체스터 군인들로 이루어진 2개 중대가 롱아일랜드에서 야영을 하며 대기하라는 명령을 받았는데 우리 회사 직원 세 명도 그 중에 포함되어 있습니다. 해군 예비부대에 소속되어 있는 이들도 있는데 그들은 빠른 시간 안에 소집되기를 바라고 있습니다. 이곳의 분위기는 에스파냐가 대서양 이쪽 편으로 군함을 보낸다면 그들은 다시는 돌아가지 못할 것이라고 확신하고 있습니다.

나는 평화로운 일상에 관심을 돌리고 있습니다. 지금은 온실 도면을 준비하고 있습니다. 다음에 영국에 가게 되면 당신이 설계한 것과 비교해 보기 위해 정원에 많이 가 볼 생각입니다. 그러나 사생활만 평화로울 뿐이지 사업은 항상 전쟁 중입니다. 바로 지금도 우리는 블레어 카메라 회사와 라이헨바흐, 모리 앤 월을 상대로 소송을 제기하고 있습니다. 우리가 항상 이길 수는 없지만 패소한다 하더라도 상대편이 큰 승리를 거둔 것은 아닐 듯합니다."

하지만 7월, 이스트먼 사는 영국 법정에서 승리를 거두었다. 『더 타임스』지는 그 소식을 크게 실었고, 다른 신문도 그 기사를 비중 있게 다루었다. 언론에서는 "이스트먼 사가 결단력과 인내력을 갖고 소송을 추진해 온 것에 감탄하였다."

『드래퍼스 레코드』지에는 다음과 같은 기사가 실렸다. "상원에서는 방금 아주 중요한 등록상표에 대하여 판결을 언도하였다. … 상고인인 이스트먼 사진재료 회사는 '솔리오'라는 단어를 상표로 등록하기 위해 신청했었다. … 그러나 심사관은 그 상표를 등록하는 것을 거절했다. 상표가 그 제품의 특성이나 성격을 묘사하고 있다는 이유에서였다. 이 진술은 하급 법원에서 승인을 받았다. … 이것을 상원에 상고하자 대법관과 상원의원 허셀, 맥노튼, 모리스, 샌드는 만장일치로 그 판결을 파기하고 '솔리오'가 고안된 단어라는 판결을 내렸다. 그리고… 그 상표는 공식적으로 등록될 것이다."

이 일은 "… 사실상 특허청의 관례를 뒤엎은 것이다. 그렇지 않으면 법률을 훨씬 더 자유롭게 해석하겠다고 위협하는 것이다."

조지 이스트먼

이스트먼은 10월 초에 런던으로 돌아가 전투에 돌입할 태세를 갖추었다. 로체스터를 떠나기 전에 뉴욕 『선』지의 기자가 그에게 『뉴아크 선데이 콜』지에 실린 기사를 보여주었다.

> 코닥 필름은 이곳에서 발명되었다.
> '세계가 버튼을 누르면
> 나머지는 뉴아크가 한다.' 긴 소송을.
>
> 특허청에서 굿윈(H. Goodwin) 목사 승리.
> 그는 필름 발명가로서 특허권을 획득하였다.[12]

이스트먼은 필립에게 『선』지와의 인터뷰를 주선해 달라고 부탁하였다. 나중에 이스트먼은 프라이스 워터하우스 사의 질문에 대하여 다음과 같은 대답을 하였다. "나는 아직 굿윈 씨의 특허권을 읽어 보지 못했습니다만 이렇게 말할 수는 있습니다. 그 특허권이 우리 사업에 장애가 될 것이라고는 생각하지 않습니다. …"

11월, 코닥 주식회사의 '사업강령'이 공개되었다. 규모가 큰 은행 6곳, 미국 은행 2곳과 잉글랜드, 스코틀랜드, 프랑스, 독일 은행 하나씩이 주거래 은행으로 명단에 올랐다. 하원의원 제임스 펜더 경과 켈빈 경이 각각 이사회 회장과 부회장이 되었다. 새로운 자본금 구조는 1파운드의 누적배당 우선주 60만 주와 1파운드의 일반주 1백만 주로 구성되었다.[13] 그리고 공고문에서는 "회사 발기인이자 매각인이고 이익을 보면서 주식을 팔고 있는 조지 이스트먼 씨는 … 일반주 공개에 따른 프리미엄에 대한 권리도 갖게 된다"는 사실을 명시했다.

이 일이 있었던 전후에도 회사 발기인들은 자신들이 주식 판매로 이익을 얻고 있다는 사실을 좀처럼 공시하지 않았다는 것을 생각하면 국제적인 금융 중심지에서 이렇게 솔직하게 밝힌 것은 놀라운 일이었다. 당시 은행이나 개인이 회사 주식

---

12. 1898년 9월 13일, 한니발 굿윈은 '사진 필름의 개선과 사진 필름의 제작 방법에 대하여' 허가번호가 610,861번인 특허증을 받았다. 코닥 필름이 뉴아크에서 발명되었다는 말은 물론 거짓말이다.

13. 1898년 1월 7일, 허벨이 이스트먼에게 보낸 편지. "그렇지만 당신이 말한 것처럼(주식을 2백만 주에서 160만 주로) 줄이게 되면 당신만 손해를 보게 됩니다. 그래도 그렇게 한다면 할 수 없지요. 그러나 그렇게 많은 돈을 그냥 손해 보게 내버려두는 것이 참으로 유감스럽군요."

국제적인 사업 확장

을 팔아 이익을 낸다는 것은 항상 암묵적인 일이었고, 내부 사람들만이 알고 있었다. 결코 외부에 밝히지 않았던 사실이었다. 그러나 자신의 회사 주식에 손을 대려 하지 않았고, 일반인들도 내부 사람들만큼 회사 사정을 알 권리가 있다고 생각한 이스트먼은 '몬로 군 출신의 촌뜨기'인 동시에 개척자였다. 굿윈 목사가 뉴욕과 런던의 신문을 통해 공개적으로 비난을 퍼부었음에도 불구하고 주식은 초과 신청되었다. 코닥 주식회사는 엄연한 현실이었다. 이스트먼이 처음으로 사진 수업을 받은 지 20년 만에 코닥 주식은 세계 금융의 중심지인 런던 증권거래소에 상장되었다.[14]

뉴욕으로 돌아온 이스트먼은 굿윈 특허권에 대한 필립의 의견을 듣고 처음으로 그 특허권을 직접 꼼꼼히 살펴보았다. 그리고 1898년 12월 15일, 해외에 있는 코닥 사의 신임 전무이사인 조지 데이비슨에게 편지를 썼다.[15] "나는 당신이 사진잡지들을 상대로 당신의 의견을 관철시켜 주길 바랍니다. 그들은 우리에게 신문에 난 특허권 소송사건에 조치를 취하라고 강요하지 말아야 합니다. 논쟁이 벌어진다면 우리에게도 좋을 것이 없고 그들에게도 좋을 것이 없습니다. 우리 이사 중에 누구든지 그 소송에 대하여 의견을 개진해 온다면 나는 굿윈 특허권 때문에 눈 하나도 깜짝하지 않는다고 말해 주시오. 그가 우리를 상대로 소송을 제기한다면 그것은 오히려 우리에게 아주 유리할 것입니다. 자칭 경쟁 상대라고 하며 나서는 이들을 미리 막아 줄 것이기 때문입니다. 굿윈 씨가 유효한 특허권을 획득하지 못하게 되어 정말 유감스럽습니다. 그의 특허권이 유효한 것이었다면 우리는 틀림없이 그 특허권을 손에 넣으려고 했을 겁니다."

---

14. 12월 17일 이스트먼은 하이든에게 편지를 썼다. "주식 청약금은 70만 파운드 정도 되었습니다. 다시 말해서 청약금이 7만 파운드 초과신청되었습니다. 나는 '런던'에서 많은 반대에 부닥쳤습니다. 주식 중개인들은 그 계획을 무산시키기 위해 그들이 할 수 있는 일은 모두 다 했습니다. 우리가 주식 청약을 많이 받지 못할 것이라고 생각된 적도 있었지만 결국에는 모든 것이 괜찮아졌고, 우리는 가장 바람직한 형태로 청약금을 확보하였습니다. 모두 투자성 자금이고 투기성 자금은 전혀 없습니다."
15. 11월 22일 이스트먼 사진재료 회사의 의장인 앤드루 프린글(Andrew Pringle)은 주주들과 청약자들에게 보고서를 보냈다. "조지 딕맨 씨가 며칠 동안 앓다가 이달 15일 돌아가셨다는 슬픈 소식을 전하게 되었습니다. 그는 이사회에서 가장 유능하고 친절한 동료로…." 딕맨은 오리엔트에서 살았고, 중국 여행 중에 걸린 병 때문에 수년 동안 투병 생활을 하였다.

조지 이스트먼

    1898년, 코닥 사의 재무담당자는 꼼꼼하게 준비한 연간보고서를 이사회에 읽어 주고 그것을 다시 주주들에게 보내기 위해 복사하였다. 그것은 이스트먼이 승인한 최초의 공식적인 사업보고서로, 초기 투자자들이 얻을 이익금과 협상 결과에 대한 것이었다.

    "지난 연례회의 이후에 업무 교섭이 마무리되었고, 이는 예전부터 거래를 해오던 많은 주주들과 회사간의 관계에 변화를 가져왔다. … 11월에는 스톡 옵션을 조건으로 자산을 양도받아 160만 파운드의 자본금으로 영국에 회사를 설립하였다. 주식을 주식시장에 내놓기 전부터 옛 주주들은 이 회사의 주식을 대량 청약하였고, 따라서 일반주 283,742주와 우선주 336,846주만 주식시장에 내놓으면 되었다. 일반인들은 주식시장에 내놓은 주식을 초과 청약하여 일반주는 25퍼센트의 프리미엄이 붙어 발행되었다.

    우선주를 받을 수 있도록 선정된 사람들은 그들이 예전에 산 주식의 액면가를 근거로 7.5퍼센트가 조금 넘는 금액에 해당하는 주식을 받을 수 있었다. 그렇지만 그들은 자신들의 주식을 국채만큼 안전한 회사채로 바꾸었다. … 일반주를 받을 수 있도록 선정된 사람들은 예전에 할당된 주식의 액면가를 근거로 12.5퍼센트 정도의 금액에 해당하는 주식을 받을 수 있을 것이고, 연말에는 더 받을 수 있을 것이다. 그리고 마지막으로 자신들이 갖고 있는 주식에 대하여 현금을 받을 수 있도록 선정된 사람들은 현금화 이야기가 처음 나왔을 때에는 50달러에도 팔기 힘들었던 것을 주식 한 주당 126달러를 받았다.

    이에 관해서는 회사 내의 주주들이 예전에 경험한 일을 언급하는 것이 재미있을 수도 있다. 어떤 사람은 자신의 가족 한 사람과 함께 1만 달러를 투자하여 지금까지 주식을 보유하였다가 일반주로 전환하여 배당금 47,100달러를 받았고, 지금은 33,200주를 보유하고 있다. 그가 보유하고 있는 주식은 발행 가격으로 201,275달러의 가치가 있고, 약 14년이라는 기간 동안에 도합 25배가 올랐다.[16]

---

16. 1909년, 코닥 주식회사가 설립된 지 10년 만에 연매출이 1898년에 출자된 총자본금 1백60만 파운드를 초과하게 되었다. 로체스터에서는 미국에 있는 모든 코닥 도매상들에게도 최종 사업강령과 청약서를 우송하였다. 그러나 그들 중에 주식을 청약한 사람은 거의 없었다. 켄터키 주 루이빌의 가

국제적인 사업 확장

회사의 미래가 어떻게 될지는 아무도 알 수 없지만 전보다는 틀림없이 더 나아질 것이라고 생각된다. 전문 분야에서 우리는 다른 어떤 경쟁사보다도 더 빨리 앞서 가고 있으며, 사진산업계에서는 우리의 위치가 여러 측면에서 견고해지고 있다. 이로 인해 몇 년 전에 생각했던 것보다 더 오래가는 확고한 회사가 될 것이 분명하다.

우리의 사업은 전 세계에 걸쳐 빠르게 확장되어 가고 있고, 이와 함께 더 간편하고 비용이 적게 드는 사진술을 만들 수 있도록 우리가 계속 개선해 나간다면 지금은 생각할 수도 없을 정도로 큰 사업체로 키워 나갈 수 있을 것이다."

이스트먼은 항상 '계속 개선해 나간다'는 견지에서 생각하고 있었다. 이스트먼은 '사업강령'을 교정하면서 일찍이 다음과 같은 단락을 끼워 넣었다.

"숙련된 기술을 가진 직원들로 구성된 전문적인 부서인 화학과와 기계과는 실험을 목적으로 운영되고 있다. 사진술의 모든 분야에서 개선해야 할 것이 있으면 누구보다 앞서서 개선해 나가기 위해서이다."

합병의 결과로 나타난 것 중에 관심을 끄는 뜻밖의 사건은, 영국 왕실이 새로운 사진에 관심을 가지게 되었다는 것이다. 빅토리아 여왕은 윈저 궁에 자신의 사진을 현상하는 '습판' 암실을 갖추고 있었다. 에드워드 왕과 알렉산드라 여왕은 제일 처음에 제작된 롤 홀더를 사용하여 외국의 왕실 계급으로서는 처음으로 필름 사진을 이용하였다. 그리고 그들의 아들인 조지 왕자와 메리 왕자비(조지 5세와 메리 왕비)는 '우리의 최신 카메라 장비 일체를 새로' 받았다.

이스트먼은 스트롱에게 이러한 편지를 썼다.[17]

"우리의 옥스퍼드 가의 경영자는 말보로 하우스(Marlborough House, 빅토리아 여왕의 아들 에드워드 7세가 결혼하여 덴마크 공주 알렉산드리아와 살던 저택—역주)에 참석해서 불스 아이 카메라와 그 밖의 다른 코닥 카메라를 조작하는 방법을 설명해 달라는 요청을 받았습니다. 그들은 그리스와 크레타 섬으로 여행을

첼(W.D. Gatchell)은 다음과 같은 의견과 함께 청약서를 반송했다. "켄터키 주의 주민에게 자산을 과대평가하여 발행한 주식을 아무리 권해 봐야 소용이 없습니다."
17. 1899년 3월 27일.

조지 이스트먼

갈 때 새로운 장비를 가지고 가게 될 것입니다. 그들은 지금까지 구식 카메라를 사용해 왔지만 앞으로는 코닥 카메라 시스템을 이용하게 되어 매우 기쁘다고 말했습니다.

옥스퍼드 가의 경영자는 그가 다음과 같은 사실을 알아냈다고 보고하였습니다. 우리를 제외하고는 그 누구도 왕실로부터 카메라 주문을 받지 못했으며, 영국 황태자비가 우리에게 감사의 뜻을 표했다고 합니다."

위대한 영국 수상 한 사람은 이렇게 말하였다. "환경에 의해 인간이 만들어지는 것이 아니다. 인간이 환경을 만드는 것이다."[18] 미국의 위대한 기업들 역시 그러하다.

---

18. 디즈레일리(Disraeli).

제5장

켈빈 경의 관찰

　인적 자원이 없이는 예술도 산업도 존재할 수 없다. 불행히도 맥킨리 대통령의 재선 이후 모든 대기업 고용주들은 이 사실을 인정하지는 않았다. 그 결과 부자는 더욱 부자가 되고 빈자는 더욱 가난하게 되었고, 불평 불만에 찬 작업대들이 늘어만 갔다.

　기업 경영자라면 누구나 독자적인 기업경영 방침을 갖고 있겠지만 신념을 갖고 있는 사람은 얼마 되지 않았다. 소수의 경영자들만이 근로자와 인간적으로 접촉하는 온정을 갖고 있었다. 그 온정은 근로자들을 치료하는 효과가 있었지만 대부분의 경영자들은 냉혹하였다. 인간적인 문제들을 심각하게 연구하고 신경 쓰는 사람들은 거의 없었다. 많은 이들이 자신들이 떠받들고 있는 윗사람으로부터 지시를 받았다. 다른 이들은 여전히 바닷가의 안전한 안식처와 유럽의 화려한 사교계에서 논리만 앞세우고 있었다. 아주 다양한 고용주들과 이와 비슷한 부류의 근로자 그룹이 존재하는 것은 당연한 일이었다. 19세기 후반과 20세기 초반으로 업튼 싱클레어가 아직 『정글』(Jungle, 1906년 출간된 소설로, 시카고 식육공장 지대의 부조리와 근로자들이 처해 있는 비인간적인 상황을 사실적으로 묘사했다—역주)을 집필하기 전이기 때문에 후반기의 고통이 그처럼 명백하게 나타나지는 않았다. 노동력이 자본보다 풍부하였다. 부조화가 바로 거기에 존재하였지만 아직 '완전한 분리'의 단계로까지 치닫지는 않았다. 그럼에도 불구하고 루스벨트 정부의 취임 첫해 동안 기업의 횡포와 근로자들의 세력 성장에 대한 뉴스는 연일 신문의 톱기사

조지 이스트먼

를 장식하였다.

　20세기에 들어설 무렵 국내외에 대략 3천여 명의 남녀 직원들을 고용하고 있던 이스트먼은, 자신의 집무실은 불만을 토로하러 온 근로자들로 항상 가득하다고 허풍을 떠는 그런 유형의 고용주는 아니었다. 일단 그는 회사 조직을 정비하여 자격을 갖춘 사람들만으로 구성하였다. 조직은 '이윤을 창출'하여야만 하고, 그렇지 않으면 회사가 존재할 이유는 없다고 생각하였다. 둘째로, 그는 감독이나 공장장, 작업조장에게 자신이 맡은 부서에 대해 책임을 지게 했다. 그는 불만사항은 위쪽이 아닌 '발생한 근원지'에서 해결되어야 한다는 규정을 만들었다.

　이스트먼의 인생에서 인간관계가 어떻게 진전되었는지를 이해하려면 그가 보조계원으로 은행에서 일을 하던 1881년으로 거슬러 올라가야 한다. 그의 직속상관이 은행을 그만두면서 이스트먼은 엄청나게 많은 일을 도맡아 해야 했다. 그는 승진의 대열에 서 있었다. 그의 사무 능력은 뛰어났고, 동료 직원들도 이를 인정했지만 고위 관리들은 유력한 중역의 친인척들을 불러들여 직책을 맡겼다. 이러한 상황은 '모든 정의의 원칙에 위배'되는 것이었기 때문에 젊은 가슴에 상처로 남았다. 고용주가 된다면 반드시 공정할 것이라는 그의 결심은 결코 과장된 것이 아니었고, 그에겐 아주 간단한 문제였다.

　무엇이 공정한지를 모두가 공감할 수 있도록 결정하는 것, 이것은 이스트먼 자신만의 기업경영 방침의 핵심이다. "우리는 느리지만 빛이 인도하는 대로 우리들 운명의 행로를 따라간다."[1] 그는 옳다고 결정되면 반드시 행동에 옮겼으므로 스트롱 대령은 이 회사는 말보다는 '노동'의 가치를 믿고 있다고 기술하면서 사원들 덕분에 회사가 성장할 수 있었다는 확신에 찬 목소리를 낼 수 있었다. 그러나 이스트먼은 자신의 생각이나 행동을 어떤 집단 전체에 공개적으로 밝히지는 않았다. 자신의 목적을 달성하기 위해 그는 그가 믿는 사람들과 항상 개별적으로 접촉하였고, 답례와 보상 또한 개별적으로 이루어졌다.

---

1. 찰스 애보트(Charles S. Abbott)에게 이스트먼이 한 말, 1902년 2월 13일.

만년의 마리아 킬본

조지 이스트먼

역사적 기록을 몇 페이지만 들쳐 보아도 우리는 코닥 유한책임회사의 발기인으로서 그가 번 현금 수익은 96만 9천 달러였다는 것을 알 수 있다. 이 액수는 그가 사업에 투자하지 않은 그의 첫 재산이었다. 이외에도 그는 그의 어머니와 함께 이 회사의 가장 많은 주식을 가지고 있는 대주주였다. 1899년 1월 25일에 그는 이 자금을 모두 로체스터에 개설되어 있는 그의 계좌로 송금하였다.

초안에 기입한 잉크가 채 마르기도 전에 그는 로체스터, 런던, 파리, 베를린에 있는 회사 중역들과 신뢰할 수 있는 직원들, 변호사, 개인적인 재정고문에게 총 178,585달러를 나눠 주었다. 이외에도 그는 새로운 회사 주식 중 상당 부분을 청약할 수 있도록 중역들에게 충분한 자금을 빌려 주었다. 로체스터 기계학교를 위해 그는 부지를 구입하여 '학교가 사용하기에 적합한 건물을 건립하는 데 총 20만 달러를 지불할 것에 동의함으로써 대지와 건물이 완벽하게 학교 소유가 될 수 있도록' 하였다. 하지만 최종적인 기부금은 이 액수보다 훨씬 더 많았다. 이외에 병원이나 지역의 자선사업에 개인적으로 기부한 기부금도 몇 배 더 많았다.

1년도 안 되서 그는 회사를 통해 얻은 수익의 50퍼센트 가량을 개인과 각종 기관에 의무적으로 기부하기로 하였다. 그의 의사와는 반대로 공개적으로 밝혀진 기계학교에 대한 기부금을 제외하고는 30년 후에 그가 남긴 편지가 공개되기 전까지 이스트먼이 1890년부터 10년간 자선사업을 위한 재단을 세우고 임금배당제, 종업원지주제, 협동조합제를 구상하고 있었다는 사실을 아무도 모르고 있었다.

위대한 사람들의 이야기는 항상 인간적인 성공과 실패에 대한 사례들이 나올 때에 더욱 흥미로워지므로 여기서는 이스트먼과 해리스 헤이든과의 초기 친분관계를 일례로 들어 보기로 하자. 해리스 헤이든은 이스트먼이 소년 시절에 일하였던 보험회사에서 부웰의 동업자로 일했었다. 헤이든은 1만 달러를 모아서 '말 한 필의 고장(one-hoss town, 로체스터)'을 떠나 뉴욕으로 갔다. 이스트먼은 스트롱이 처음으로 1천 달러를 투자하기 1년 전쯤에 헤이든에게 동업을 제안하였다. 헤이든은 이를 거절하였다. 회사가 처음 설립되었을 때 이스트먼은 헤이든에게 액면가로 사내주의 일부를 제공하였지만 받아들여지지 않았다. 이스트먼은 계속 헤이든과 교제를 하고 있었고, 수도 없이 뉴욕으로 그를 방문하였으며, 종종 그를 로체스터로 초대하기도 했다. 1889년, 이스트먼은 헤이든에게 회사 주식을 살 수 있도록 자금을 빌려 주었지만 헤이든은 그가 뉴욕에서 벌이고 있던 여러 가지 사업에 자금을 대기 위해 주식을 조금씩 처분하였다. 1898년, 드 랜시가 와병으로 무기한 휴직을 신청하자 이스트먼은 코닥 파크의 경영권을 맡아 달라고 헤이든에게 제안하였다.

"현재 그곳에 필요한 것은 기술부의 책임자들로 하여금 힘을 모아 고삐를 죄게 만드는 능력과 경영 능력이라네. 이 문제에 대해 나는 매우 즉각적으로 결정을 내려야만 하며, 자네가 거취를 속히 결정해 준다면 매우 좋겠네. 자네가 내게 설명한 상황으로 봐서 자네는 인산비료 사업에 쓸데없이 시간을 낭비하고 있는 것 같네. 구리 광산은 현재 내가 진행하고 있는 확실한 사업과 비교해 볼 때 너무 불확실하고 위험한 사업인 것 같네."

그러나 세 번째 제안도 거절당했다. 헤이든은 여전히 뉴욕이라는 거대도시에 매료되어 있었다. 그렇지만 얼마 안 가서 이스트먼이 용커스에 있는 네페라 화학 공장을 인수하자 헤이든은 기꺼이 그 공장을 맡아서 관리하였다.

그 후 몇 년이 지났다. 네페라 파크 공장은 로체스터로 이주하여야 했고, 이스트먼은 자신의 친구에게 다음과 같은 편지를 쓰지 않을 수 없었다.

"나는 한때 자네가 과연 이곳 로체스터로 올 것인지를 걱정하였지만 최근에 와서는 자네를 이곳으로 오게 하는 것이 매우 바람직하지 못한 방법이라는 결론에 도달하게 되었다네. 이 말에 놀라겠지만 내가 생각하고 있는 바를 되도록 빨리 자네에게 알려 주는 것이 좋다고 생각했네. 중요한 것은 자네가 예전에 내게 몇 번인가 이야기한 것을 통해 현재 받고 있는 봉급에 만족하지 못하고, 로체스터로 오게 되면 훨씬 더 좋아질 것이라고 기대하고 있다는 것을 내가 알고 있네. 내가 자네를 계속 밀어 줄 수 있을 만한 자리가 있을 것이라고 기대한 것은 사실이지만 회사 운영과 관련하여 우리는 생각이 너무나 달라서 그러한 것을 계속 기대하기가 힘들 것 같네. 자네가 로체스터로 온다면 자네는 코닥 파크에 처박혀서 지금까지 해 온 일과 별 다른 것이 없는 똑같은 일을 하게 될 것이고, 여기에서 벗어나기는 상당히 어려울 것이네. 따라서 내가 자네를 도울 수 있는 최선의 방법은 자네가 여기에 오지 않고 다른 방법을 모색해 보라고 하는 것이라는 판단이 들었네. 다른 일을 찾는 일이 짧은 기간 안에 할 수 있는 일이 아니라는 것을 잘 알고 있으므로 자네가 다른 일을 찾을 때까지 1년 동안 봉급을 기꺼이 지불하겠네.

　개인적으로는 이 문제에 대해 몹시 유감스럽게 생각하지만 자네도 알고 있듯이 나는 개인적인 문제가 회사 운영에 방해가 되는 것을 조금도 용납하지 않아 왔으며, 그렇게 하기에는 이제 너무 나이가 들었네."

　헤이든이 맨 처음 코닥 파크 공장의 경영권을 거절하였을 때 이스트먼은 프랭크 러브조이라는 젊은 화학기사에게로 눈을 돌렸다. 러브조이는 MIT를 졸업한 지 3년 뒤인 1897년 1월 7일에 이 공장으로 왔다. 이스트먼은 코닥 파크의 간부진과 협의를 한 후에 신뢰할 만한 직원 두 사람이 러브조이를 사장으로 승진시키는 데에 반대한다는 사실을 알게 되었다. 그 이전에 질투와 음모가 있었지만 이스트먼은 회사 발전에 치명적인 경우가 아니라면 독단적인 결정을 내리지 않는다는 인사정책에 대한 확고한 신념을 가지고 있었다. 코닥 파크에서 두 중역이 대립하였을 때 그는 다음과 같이 쓰고 있다. "이는 그다지 중요한 문제가 아닙니다. 나는 이 두 사람이 회사의 발전을 위해 공헌한 바를 충분히 잘 알고 있으며, 그들이 이러한 문제로 인해 무엇인가를 얻거나 잃을 것 같지는 않습니다. … 나는 러브조이가 훌륭하게 일을 처리해 왔다고 생각하며, 내가 알고 있는 한 그는 정교한 제품을 제작하는 일과 관련된 일이 아니라면 다른 염려는 할 필요가 없을 것 같습니다. 이 사실을 ○○ 씨에게 말해도 좋습니다."

　그 다음에 그는 사위가 주지사로 있는 하와이를 방문하고 있는 스트롱 대령에게 편지를 썼다. "드 랜시를 대신할 사람을 찾는 데 진전을 보지 못했습니다. 제가 『뉴욕 헤럴드』지에 낸 광고를 보고 대략 300명 정도가 응모해 왔지만, 그 중 세 사람을 골라 더 심사를 하여 최종으로 한 명을 선발했지만 전체적으로 볼 때 결국 그 사람도 이 자리에 적합하지 않다는 결론을 내렸습니다. 선생께서 고향으로 돌아오시는 대로 제가 직접 내려가서 일을 처리해야 하는 것이 몹시 두렵습니다. 우리가 새로운 사람을 구할 예정이라면 그 공장에서 여름을 보내는 것도 나쁘지 않을 것이라고 생각합니다. 그렇게 하면 제가 지금보다는 그 일에 대하여 더 잘 알게 될 것이

프랭크 W. 러브조이

기 때문입니다. 기준에 맞는 사람을 찾는 것이 어렵지 않을까 걱정입니다.

선생께서 일본에 가려고 하고 있다는 것을 알게 되어 기쁩니다. 시간이 걸리는 것에 신경 쓰지 마십시오. 우리가 할 수 있는 한 최선을 다겠습니다."

한편 또 다른 회사 중역 두 사람이 병에 걸리게 되자 이스트먼은 또 다시 대령에게 자신의 심중을 털어놓았다.

"회사 중역 중에 지금 당장 일을 그만두어야 할 사람이 더 있다는 소식은 듣지 못했지만 큰 폭풍우 같은 것이 우리를 습격하고 있는 것처럼 느껴집니다. 두세 명만 더 쓰러지면 저도 심장마비를 일으키거나 중병에 걸리게 될 것이 분명합니다."

드 랜시가 병마에 시달리고 있었기 때문에 이스트먼은 러브조이를 부사장으로 임명했지만 계속 그를 지켜보고 있었다. 또한 교육을 받은 사람과 그렇지 못한 사람의 관계를 비교 검토하면서 인사정책에 있어서는 이스트먼 자신이 여전히 엄격하게 관리하였다. 이스트먼의 생각은 명확하게 정리되어 있었다. "자신의 직무를 만족스럽게 수행하지 못한 사람에게는 임금을 올려 줄 생각이 추호도 없습니다. ○○씨는 우리 회사에 적합한 사람이 아닌 것이 분명하며, 그를 계속 고용해야 한다는 당신의 의견은 검토할 여지도 없다고 생각됩니다. '화학자'에 관한 문제인데 나머지 직원들이 그가 무능하다는 사실을 인식하지 못한다면 이 문제는 해결할 방법이 없습니다. 코닥 파크의 기술자들이 회사에서 일을 계속하려면 경력을 쌓아야 한다는 사실을 알아야만 합니다. 그렇게 하지 못한다면 그들은 교육을 받지 못한 사람들보다 나을 것이 없습니다. 사실 교육을 받은 사람이 무능하다면 그것은 그가 응석받이로 자랐기 때문일 것입니다."

이 당시까지는 공석을 해결할 특단의 대책이 없었던 것이 분명하며 따라서 이스트먼은 다시 한 번 사람을 찾아보기로 결정하였다. 그렇지만 스트롱 대령에게 보낸 편지로 봐서 이스트먼은 이미 마음을 굳히고 있었던 것 같다. "러브조이는 제가 기대한 것 이상으로 일을 잘하고 있습니다. 그는 결국 매우 훌륭한 관리자가 될 것입니다. … 저는 지금 새로운 화학기사 두 명을 찾고 있으며, 최근에 대학을 졸업한 네댓 사람과 면접 약속을 해 놓았습니다. 저는 제 밑에 좋은 인재를 계속 확보하려고 합니다."

캘빈 경의 관찰

며칠 지나지 않아 그는 쉐필드 과학학교와 마인스 컬럼비아 학교, MIT, 로즈 공과대학, 퍼듀 대학에 다음과 같은 서한을 보낸다. "우리 사업을 배우려고 하는 사람으로, 화학자나 화학기사(후자 선호)로 교육을 받은 젊은이를 위한 자리가 몇 개 있습니다. 귀교를 졸업한 학생들 중에 직장을 찾고 있고, 추천할 만한 졸업생이 있다면 우리는 기꺼이 그들과 만날 용의가 있습니다."

이스트먼은 인사문제 때문에 제조와 관련된 상세한 문제들을 등한시하지는 않았다. 그는 "카메라 제조 공정을 보면서 전에는 전혀 느끼지 못했던 상당히 많은 변화를 발견하게 되었습니다. 이런 식으로 시설을 바꾸려면 상당한 회사 자금을 지출해야 하므로 일을 진행하기 전에 적절한 방법으로 나의 동의를 얻어야만 할 것입니다. 따라서 이제부터 공장 시설을 바꾸거나 보수, 개선하고 기계를 구입할 때에는 반드시 나의 서면 동의를 받아야 합니다. 현재 개조 중이거나 개조하라는 지시를 내린 것이 있다면 작업목록과 함께 소요 예산안을 내게 올려 주십시오"라고 브라우넬에게 지시하였다.

그의 관심은 기술자들이 새로운 방식으로 필름을 만들고 있는 코닥 파크에 가 있었다. 1889년 이후 필름은 긴 판유리 테이블에서 만들어졌다. 이제 하루 24시간 필름을 계속해서 만들 수 있는 드럼 시스템이 고안되었고, 이스트먼은 런던에 있는 공장장에게 이 소식을 급히 알렸다.[2] "이 시스템이 성공한다면 우리는 즉시 기계 5대를 더 만들기 시작해야 할 것입니다. 기계가 만들어지면 현재 우리가 할 수 있는 것보다 3배 반 이상의 작업량을 처리할 수 있을 것입니다. 그렇지만 기계를 완벽하게 돌리려면 1년 정도 걸리기 때문에 이 새로운 방식으로 이번 여름에 출하량을 많이 올리기는 어려울 것으로 보입니다. 도프와 유제를 필름에 입히는 노동력이 4/5 정도 줄어들기 때문에 새로운 공정으로 원가를 상당히 많이 줄일 수 있을 것이라고 생각합니다. 또한 이 방식을 이용하면 전력이나 난방, 조명이 훨씬 더 적게 듭니다. 이 방식이 성공을 거두는 경우에 우리가 의도하는 것은 판유리 테이블 방식을 더 이상 사용하지 않고, 현재의 필름 가공실을 젤라틴 인화지 코팅실로 사용하며, 현

---
2. 1899년 3월 27일.

조지 이스트먼

재의 코팅실을 다른 용도로 사용하여 당분간 공장을 확장하지 않아도 된다는 것입니다."

영국의 공장장들에게 그는 새로운 공정에 대한 공문을 보냈다. "나는 지난해에 우리가 현재 보유하고 있는 시설로는 올해의 수요 증가량을 공급하기 힘들 것이라는 사실을 예견하고, 이제까지 들인 비용처럼 그렇게 많은 비용을 들이지 않고도 생산 능력을 향상시킬 수 있는 일련의 실험을 시작했습니다. 현재의 방식은 필름 베이스가 지지체에 부착되어 있는 동안에 모든 공정을 하게 되지만, 우리는 필름 베이스를 지지체로부터 벗겨내어 유제와 함께 다시 코팅을 하는 새로운 방식을 실험해 보았습니다. 몇몇 경쟁사에서도 이와 비슷한 방식을 시도해 보았지만 그다지 큰 성공은 거두지 못했습니다. 더 좋은 설비를 사용하여 우리가 현재 사용하고 있는 방법을 능가하는 결과를 얻을 수 있기를 바랍니다. 실험이 거의 끝나 가고 있고, 두 공정을 모두 처리할 수 있는 기계가 완성되었다는 것에 만족하고 있습니다. 올여름에는 블레어 카메라 사와 아메리칸 카메라 제조사[3]가 그들 제품에 이 방식을 도입하게 될 것이고, 이들이 이 기계를 사용하는 동안 기계를 더 만들어서 내년에는 우리가 직접 사용할 수 있도록 하겠습니다. 현재의 필름실은 다른 부서에서 사용할 수 있도록 할 예정입니다. 현재 사용하는 방식으로는 50퍼센트의 생산량을 늘일 수 있는 경비로 새로운 방식을 도입하면 250퍼센트의 생산 증가율을 가져올 수 있습니다. 동시에 필름을 만들고 포장하는 노동력도 상당히 줄일 수 있습니다. 이렇게 많은 양의 필름을 생산할 수 있는 위치에 도달하게 되면, 우리는 현재의 소비량을 대폭 늘리기 위한 방법을 고안해야 한다는 것이 제 생각입니다."

그는 "기계는 신기할 정도로 잘 돌아가고 있습니다. 도프를 필름에 입히는 장치는 완벽하게 작동하고 있습니다. 완성된 필름 두께의 편차는 1/4000 인치가 되지 않습니다. 이는 우리가 테이블 방식에서 얻었던 것보다 정밀도가 훨씬 더 높은 것입니다"라고 적고 있다.

이 성공에 이어 첫 번째 공장이 캐나다 코닥 유한회사의 설립[4]과 함께 캐나다

---

3. 이스트먼은 이 회사들을 매입하였다.
4. 1899년 12월.

에 세워졌다. 이듬해 초 유럽으로 떠나던 이스트먼은 러브조이에게 다음과 같은 편지를 보냈다. "내가 유럽에 가 있는 동안 필름 실험을 계속 추진하고 그 결과에 대해 매주 보고해 주기 바랍니다."

그는 항상 '실험'을 장려하고 지시하였다.

모든 것이 만족스럽게 진행되고 있다는 것을 해외에서 보고받은 이스트먼은 귀국해서 5월에 자신의 어머니와 허벨 부부와 함께 처음으로 서부로 오랜 휴가여행을 떠났다. 로체스터로 다시 돌아와서 그는 러브조이에게 편지를 보냈다. "이 편지는 내가 캘리포니아로 떠나기 직전에 당신과 나누었던 대화에 대한 확인 편지입니다. 그때 우리는 지난해 코닥 파크의 부사장으로서의 당신의 실적은 매우 만족스러웠으며, 4월 1일부로 당신을 코닥 파크 공장의 사장으로 승진시키고 연봉을 인상해 주겠다는 이야기를 하였습니다."

그 후 심각한 노사분규의 징조가 처음으로 나타났다. 카메라 공장의 공구 제작자들과 코닥 파크의 기계공들은 신경이 곤두서 있었으며, 러브조이가 중재를 하고 있었다. "기계공 조합에서 보내온 통보를 함께 동봉합니다. 전국금속상업협회에 소속되어 있는 고용주와 기계공들 사이에 벌어지고 있는 상황을 이해하실 수 있을 것입니다. 우리는 본질적으로 금속근로자들은 아니지만 경영자의 입장에서 기계공들을 고용하고 있으며, 근로자들의 노동시간에 관한 규정을 만든다는 것은 실용적이지 못하다는 전제하에서 그 어떤 합의도 도출해 내지 않을 것입니다."

여느 때처럼 보고서가 런던으로 보내졌다. "코닥 파크의 기계공 6-7명이 2주 동안 파업을 하였고, 그저께부터 브라우넬 공장의 기계공들도 이에 동조하기 시작했습니다. … 우리는 이런 문제가 발생할 것이라고 예견한 적이 있습니다. … 노조가 우리의 다른 공장의 작업을 방해할 가능성은 거의 없는 것으로 보여지며, 심각한 작업 방해는 없을 것이라고 생각합니다."

이 파업은 로체스터에서 실시된 독특한 노동정책의 원인이 되었고, 그러한 노동정책은 이스트먼의 대범한 노동정책 개념을 정당화하는 것 이상의 의미를 지닌다.

1901년 봄, 전 국민의 관심은 루스벨트 대통령과 모건이 관망하고 있는 가운

조지 이스트먼

데 필라델피아 앤 리딩 철도회사의 사장인 조지 베어와 전미광업노조 지도자인 존 미첼이 대립하고 있는 상황에 집중되어 있었다. 광업주와 광부들은 파업이라는 막다른 골목으로 빠르게 치닫고 있었다(1902년 무연탄 파업이 심화되어 국민 전체가 추위에 시달릴 우려가 생기자 루스벨트 대통령이 자본가와 노동조합 대표들을 백악관으로 불러들여 광업의 정상화를 위해서는 군대의 투입까지도 불사하겠다는 의지를 밝히자 적정선의 임금인상이 반영된 조정안에 대한 합의를 이끌어냈다–역주).

이 당시 파업은 대체로 잘 퍼져 나갔고, 근로자들에게 가장 쓸모 있는 무기라고 여겨졌다. 자연스럽게 언론들이 필라델피아의 특권층과 탄광에서 부상한 젊은이의 스릴 넘치는 대결을 특집으로 다루었으며, 이 시기에 로체스터에서는 조용하게 매우 흥미 있는 실험이 진행되고 있었다.

그것은 예외적이거나 부자연스러운 것이 아니었다. 10만 명 이상의 사람들이 이 무연탄 파업 논쟁에 연루되어 있었으며, 이외에도 루스벨트가 말한 것처럼 대중이 제3의 강력한 힘을 발휘하고 있었다. 로체스터에서는 이 숫자의 0.5퍼센트가 채 안 되는 사람들이 이와 관련되어 있었다. 기네스 밸리의 근로자들은 코닥의 '실험'이 상당한 사회학적 중요성을 가지고 있었음에도 불구하고 무슨 일이 진행되고 있는지 알고 있지도 못했고, 신경 쓸 겨를도 없었다.

1901년 6월, 노조원들이 계속해서 간청하자 카메라 공장에 있던 34명의 연마공들과 광택공들이 조합에 가입하기로 결정하였다. 같은 부서에 있던 11명의 근로자들은 이를 거부하였지만 다른 곳과 마찬가지로 로체스터에서도 노조에 가입하는 것이 대중적이고 옳은 일이라고 여겨졌다.

노조원들이 규합되자마자 이들은 고용주에게 노조를 인정하고 그 요구에 따르도록 절대로 강요하지 않으면서 임무를 수행하라는 지시를 받았다. 이 공장의 사장이었던 브라우넬은 이스트먼에게 상세한 내용의 보고서를 제출하였다. 이 부서는 부분적으로 작업량 단위와 시간제로 작업을 하고 있었으며, 당시의 다른 지방공장들보다 작업환경이 훨씬 좋았다. 이들의 작업장은 환기가 잘되고 밝은 최상층에 있었으며, 기계마다 분진을 제거하기 위한 송풍기가 설치되어 있었다.

캘빈 경의 관찰

코닥 공장이 완전 가동되면서 도장부가 필요한 작업량을 채울 수 없게 됨에 따라 회사에서는 많은 양을 그 도시에 있는 다른 작업장에 '하청'을 주었다.

이스트먼은 사업에 방해가 되는 어떤 것도 용납하지 않는다는 방침을 오랫동안 고수해 왔다.[5] 또한 브라우넬은 분쟁을 해결할 근원적인 방법을 알고 있었지만 그는 이스트먼이 이를 해결할 수 있는 새로운 방법을 찾으려고 끊임없이 노력하고 있다는 사실을 누구보다도 잘 알고 있었다.

파업자들과 노동조합을 대표하는 노조위원회가 사장을 소환하였을 때, 이들은 관례에 따라 불만사항과 '합의사항'의 목록을 제시하였다. 이 항목들 중에는 노조 대표가 '작업 시간 동안에 공장에 접근할 수 있어야 하고' '위원회가 선임하는 작업장 관리자를 각 공장에 배치해야 한다'는 내용이 포함되어 있었다.

브라우넬은 이스트먼과 협의한 후에 제안된 합의문을 거부하였을 뿐만 아니

---

5. 다른 고용주들이 어떤 태도를 가지고 있던 간에 이스트먼은 자신의 의견을 모호한 어구 속에 감추려 하지 않았다. 뉴욕에 전국시민연방을 조직하였던 랄프 이슬리(Ralph M. Easly)로부터 요청을 받았을 때 이스트먼은 그의 설문에 응하기는 했지만 그 어떤 총회에도 대표를 파견하기를 거부하였다. 그는 '외부'의 조정을 받으려 하지도 않았다.
1) 우리는 노조와 비노조 근로자들을 모두 고용한다.
2) 우리 사업소의 노조에 대해 그 어떤 제재도 가하지 않는다.
3) 노동시간은 9시간으로 정한다.
4) 자발적인 동의에 의해 노동시간을 점차적으로 줄여 나가는 것이 실용적이라 생각한다. 우리 자신들은 대략 일 년 전부터 자발적으로 노동시간을 10시간에서 9시간으로 줄였다.
5) 실행할 수 있는 곳이라면 어디든지 작업 수당제를 실시한다. 상여금 제도를 거의 시행하지 않았지만, 그것은 사용자와 근로자 모두에게 유익할 것으로 기대한다.
6) 우리는 근로자들이 건강하게 일할 수 있는 작업장을 제공하고 사물함, 세면실, 자전거 보관소, 간이식당 등을 통하여 가능한 한 많은 편의를 제공하는 것을 목표로 하고 있다. 우리는 일반적으로 자기 존중의 성향이 강한 근로자들은 회사가 생색을 내는 것을 싫어하기 때문에 이 이상은 실시하지 않을 것이다.
7) 우리는 노사문제를 효과적이고 공정하게 다룰 수 있기 위해서는 사용자 조직이 필요하다고 믿고 있다.
노사정책에 대해 물었던 러브조이에게 보내는 편지에 이스트먼은 다음과 같이 쓰고 있다. "사업 소유자들은 노동조합이 생산을 제한하거나 사업 경영을 좌지우지하려는 시도를 하지 않는다면 이들에게 우호적이다." 그의 사업이 재정적으로 절정에 달한 몇 년 후에 가서야 초기에 공식화된 이러한 그의 정책이 시행되었다. 그러나 이 당시에 그의 회사에서는 책임 있는 중역들이 주주였다는 사실에 주목할 필요가 있다. 몇몇 중역들은 다양한 제품의 생산에 따른 성과급과 근무시간에 따른 임금을 받고 있었으며, 노동시간과 작업 환경은 다른 곳과 같거나 우월하였다.

라 이 부서를 폐쇄하고, 광택 및 플레이트 작업을 모두 하청공장에 맡기겠다고 발표했다. 그리고 그는 노조위원회에 다음과 같은 기발한 제안을 하였다.

그들이 인근에 있는 공장을 임대해 조합회사를 만들면 이스트먼 사는 아주 낮은 가격에 기계장비 전체를 판매하거나 임대해 광택 플레이트 작업을 모두 하청을 주겠다는 것이었다. 또한 그들이 외부의 다른 공장들과 경쟁하면서 경쟁사들과 같은 가격에 경쟁사들 못지않게 만족스럽게 일을 한다면 그들에게 우선권을 줄 것이라고도 했다. 게다가 모든 작업에 대한 대금은 주급으로 지급하여 자금 부족으로 인해 계약 상의 작업 수행에 차질이 오지 않도록 하겠다는 것이었다.

이스트먼 코닥 사의 주된 관심사는 두 가지였는데 공장은 계속 돌아가야 했고, 근로자들은 경험이 많아야 한다는 것이었다. 결과적으로 카메라 공장 노조의 합의 요구는 모두 받아들인 것이 되었다. 이외에도 이스트먼은 사람들이 원하는 것은 더 많은 임금이며, 책임을 지고 일을 하여 돈을 벌 수 있다면 그 어떤 다른 이유보다도 사업 능력에 대한 대가를 충분히 받을 권리가 있다는 것을 간파하였다. 조합원들이 이 제안을 수락하기로 결정한 후에 회사는 '판금·도장 연합회사'의 새로운 공장으로 기계 설비를 옮겨 주었으며, 이들을 도와 새로운 회사를 설립할 수 있게 하였고, 주문에 따라 공급을 유지할 수 있게 하였다.

이런 방식은 주문생산의 이상적 형태로 보여졌다. 지속적인 작업, 좋은 대우, 안정성! 자연히 사람들은 열의를 갖고 작업에 들어갔다. 근로자 한 사람 한 사람이 회사 내에서 동등한 입지를 가지고 있었다. 1백 달러 정도의 주식을 청약하면 누구나 다 주주가 될 수 있었다. 모든 성공 가능성을 갖고 사업이 시작되었다. 9명의 직원들이 이사에 선임되었다. 그 중 한 명은 회장으로, 한 명은 사장으로, 또 한 사람은 감독으로 선임되었으며, 사회주의적인 기업이 다른 어떤 자본주의 회사 못지않게 순조롭게 굴러가기 시작하였다.

이스트먼 코닥 사는 작업장이 지속적으로 운영될 수 있도록 충분한 작업량을 제공하고 충분한 대가를 지불하였으며, 매주 토요일에는 기일에 맞추어 완성된 작업에 대한 작업비를 결제해 이들이 임금과 다른 경비를 조달하는 데 조금도 차질이 없도록 하였다. 대부분의 작업이 단위별로 이루어졌으며, 물량이 너무나도 급격하게 늘어나서 외부인을 고용해야 할 때까지는 그런 식으로 대금을 지급하였다. 그 후 주주들은 외부인보다 시간당 5센트를 더 지급 받는 일당제를 채택하였다.

　3개월 동안은 모든 일들이 완벽하게 운영되다가 드디어 근로자들이 회장에게 불만을 갖고 질시하게 되었다. 근로자들은 회장의 사퇴를 요구하였고, 부회장을 자신들의 지도자로 선출하였다. 2개월 후에는 주주 3명이 '퇴출'당했다. 크리스마스 무렵에는 최초의 34명 중 30명이 일인당 5달러의 보너스를 받을 수 있게 되었다. 3월까지 사업이 계속 성장하였고, 2명의 주주가 다시 탈락했으며, 남은 사람들은 추가로 5달러의 보너스를 더 받았다.

　모든 사람들이 관리자나 책임자와 동등한 동료였기 때문에 모두 그에 상응하게 행동하였다. 한 사람이 흐트러진 행동을 보이면 다른 사람들도 그와 비슷하게 행동하였다. 한 사람이 작업하면서 맥주를 마시면 다른 이들도 따라했다. 사무실에서 카드놀이를 하면 보일러실에서도 이와 똑같은 행동을 하였다. 마침내 이러한 상황이 회사 전체에 퍼지게 되자 책임자들은 맥주와 카드에 대하여 규제를 하게 되었다. 또한 노조가 일일 9시간 노동제를 옹호하자 그들은 작업 수량제를 폐지하고 일일 9시간 노동원칙을 받아들였다. 1개월의 시험기간을 거친 후에 근로자들은 다시 작업 수량제로 되돌아왔고, 사장과 회장은 사퇴해야 했다.

　나머지 26명의 주주들은 루스벨트의 '강경책'을 채택한 새로운 사장을 선출하였지만 사람들이 그의 사퇴를 요구하는 청원서를 돌리고 투표 결과 과반수를 확보하게 되면서 일주일도 못 되어 이 정책은 시효를 다하게 된다. 그럼에도 불구하고 사장의 행동은 바람직한 결과를 낳았다. 얼마 가지 않아서 새로운 사장은 작업량을 늘일 수 있게 되었다. 일부 사람들이 더 큰 관심을 가지게 되었고, 주문을 처리하는 새로운 방법을 고안하여 곧 4월 24일부터 5월 29일 사이에 네 번 배당금이 지급될 정도로 생산량이 늘어나 나머지 24명의 주주들은 6주간 각자 총 25달러를 받을 수 있었다.

　이 회사는 최고 임금근로자 중 한 사람이 자신의 작업 기록을 위조한 것이 발각되기 전까지는 기대 이상으로 성공을 거두었다. 그는 즉각 해고되었다. 또 다른 한 사람은 그가 수중에 갖고 있던 작은 부품 2천 개에 대하여 5일 내에 해명할 것을 요청하였지만 결국 그가 해명을 하지 못하자 해임되었다.

한편 또 하나의 불공평한 사례가 발생하였다. 유능한 근로자들 일부는 일주일 작업량을 3-4일 안에 끝마칠 수 있었지만, 조합 규칙은 이들이 일주일 할당량 이상의 작업은 하지 못하도록 규정하고 있었기 때문에, 결국 여전히 주주로서의 자격을 갖고 있고 회사의 잉여 이익을 나누어 가질 수 있음에도 불구하고, 이들은 나머지 며칠간은 아무 일도 하지 않고 지낼 수밖에 없었다.

이러한 상황이 조화를 이루어 나가지 못하였지만 사업은 여전히 번창하여 주주 한 사람당 월간 50달러의 배당금을 받을 수 있을 정도가 되었다. 이러한 안정이 찾아오자 사람들은 다소 무감각해지기 시작했다. 수익을 많이 올린 사람들은 매주 혹은 2주에 한 번 꼴로 낚시를 가는 것이 보편화되었지만, 경영진은 곧 조합회사가 수익을 올리는 데 도움을 주지 못하는 사람들에게까지 배당금을 지불하고 있다는 사실을 깨닫게 되었다.

그렇지만 이러한 문제는 사장이 다루기가 쉽고 시키는 대로 잘한다는 이유에서 비노조원들을 고용하기 시작하면서 발생한 다른 문제보다는 심각성이 덜했다. 곧 노조 지부의 '교섭위원'이 해명을 듣기 위해 사장을 소환하여 재판에 회부하였다. 그러나 배심원들은 짧지만 격렬한 심의 끝에 '소송 사유없음'이라는 판결을 내렸다.

세월은 빠르게 흘러 1903년 후반기에 이르면서 최초의 주주들 중 절반이 채 안 되는 사람들만이 회사에 남게 되어 유니언 사는 더 이상 완벽한 조합회사가 아니었다. 이 당시 좀더 부지런한 근로자들은 자신들의 분배 방식에 변화가 있어야만 한다고 생각하게 되었다. 즉 일을 하든 안 하든 간에 잉여금을 똑같은 비율로 나누어 주주 한 사람 한 사람에게 분배하는 것보다 자신들이 일한 시간에 비례하여 잉여금을 나누어 주는 방법을 적용하기로 결정하였다.

2주 동안은 이 방법으로 회사의 모든 문제가 해결된 것처럼 보였다. 새로운 번영기가 도래한 듯하였고, 사람들의 열정은 식을 줄 몰랐다. 코트 깃에 배당금 수표를 핀으로 꽂고 당구를 치는 사람이 있을 정도로 자신들의 성공에 기고만장했다. 그러나 결국 사람들은 작업에 소홀하게 되었다. 공장엔 일손이 달리기 시작하였다. 심한 질시와 격한 감정들이 그 이전 어느 때보다도 더 팽배하였다. 경영진은 특별회의를 소집하여 작업량 제도로 다시 돌아가기로 결정하였다. 즉각적으로 이 제도가 시행되었지만 노조는 '추진력'을 상실하게 되었다. 관심과 야망은 퇴색되었고, 노조 지부에서는 방출되었지만 국제연맹 회원직을 되찾은 회장과 사장은 경쟁력 있는 기업을 새로 조직하여 그 도시에 있는 유사한 공장들보다 공급가격을 낮춰 이스트먼 사의 환심을 사려고 노력하고 있었다.

조합회사의 위원회는 브라우넬을 초청하여 그에게 새로운 회사와 어떤 계약도 맺지 말라고 요구하였다. 이 시기에 브라우넬은 작업을 할 수 있는 장비를 갖추고 있는 로체스터의 다른 모든 공장들과 계약을 맺고 있는 상태였고, 일은 많아지고 있었으며, 새로운 회사를 막을 만한 합당한 근거가 없었기 때문에 이를 거절하였다. 브라우넬은 가능하면 모든 도움이 필요하였기 때문에 조합회사의 간부들에게 예전처럼 왕성하게 일해 줄 것을 촉구하였으며, 그들이 작업을 실행하지 않아 계약이 파기될 때까지는 이스트먼 사는 한 걸음 뒤로 물러나 있겠다고 약속하였다.

열심히 일하는 사람도 있었지만, 전임 회장과 사장은 너무나도 부지런하고 능력이 뛰어났다. 그리고 그들은 조합회사의 지분을 그대로 보유하고 있었기 때문에 주당 25달러로 남아 있는 주주 14명의 지분까지 사들이겠다는 제안을 하였다. 이 제안이 받아들여지게 되어 조합회사가 사업을 시작한 지 3년만인 1904년 6월 1일에 이 회사는 '자본주의적인' 사기업이 되었다.

이러한 '협동조합식 노동에 관한 보기 드문 시도'는 결국 사람들의 시선을 끌만한 대단한 일을 하지는 못했지만 이 당시 얼마나 많은 기업가들이 노동조합을 지원해 사업을 하도록 장려할 수 있었을까를 생각해 보아야 할 것이다. 근로자들의 사업은 '전쟁'이지 토머스 모어의 소설에서 묘사된 것과 같은 상상의 섬인 '이상향'이 될 수 없다는 사실을 배울 수 있게 해주는 데 이보다 더 나은 실질적인 방법이 있었을까? 당시에 루스벨트 대통령이 분열된 경제 조직은 노조와 트러스트의 손에 있었다는 사실을 알고 있었다면 미국을 위해 극적으로 이러한 시도를 했을지도 모르는 일이다.

조지 이스트먼

"트러스트(기업합동)의 시대에 사람들은 새로운 심각한 문제들에 봉착하였다"라고 아서 브리스베인은 허스트 계열 신문의 사설에서 밝혔다. "트러스트는 여론의 규제를 받아야 한다"라고 아서 해들리는 보스턴의 한 교회에서 교인들에게 이야기하였다.

오늘날에는 트러스트와 노동조합에 대한 대중의 공포를 재검토하는 것이 기이하게 보일 수도 있지만, 당시에는 현존하는 강력한 존재들이었다. 19세기에는 이미 '트러스트라는 말이 … 모든 종류의 연합체를 대변할 수 있는 친숙한 이름으로 받아들여졌다."[6] 록펠러는 기업연합의 뛰어난 주창자였으며, 카네기는 무자비한 경쟁주의의 주창자였다. 유럽식의 '카르텔(기업연합)' 방식을 생각하고 있던 록펠러는 정유산업 관련자들에게 연합의 타당성에 대하여 이야기하기도 했으며 자신의 경쟁사에게 자신과 연합할 것을 요구하기도 했고, 경쟁사의 공장을 위해 자신이 가지고 있던 스탠더드 오일 사의 자금과 주식을 넘겨 주겠다고 제안하기도 하였다. 경쟁사가 이를 거부하면 그 경쟁사는 스탠더드 오일 사의 경쟁 상대로 간주되었고, 곧 큰 피해를 입곤 하였다.

"카네기는 그런 식으로 일을 하지 않았다. … 일반적으로 카네기는 경쟁사를 설득하거나 강요하여 사들이려고 하지 않았으며 매수하지도 않았다. 그는 자신의 경쟁사들에 거의 관심을 갖고 있지 않았지만 자신만의 독특한 방식으로 이들이 괴로움에 빠지게 되는 것을 즐기는 편이었다. … 이러한 방식으로 카네기는 1900년에 미국 최고의 철강업자가 되었다."

그러나 카네기는 은퇴하기를 몹시 원하고 있었으며, 모건은 찰스 슈왑의 달변에 설득되어 유에스 스틸 회사를 조직하고 그 자금을 대게 된다.[7] 이로써 모든 대형 자금의 집합에 대하여 관심이 집중되었고 록펠러, 카네기, 그리고 모건과 같은 인물상이 대중들의 머릿속에 자리잡게 되었다.

이스트먼도 이러한 상황 속에서 일할 수밖에 없었지만 회사에 대한 통제를 월 가에 맡기지 않고 주로 자신이 주도하였고, 세 사람과는 다른 방침을 펼치고 있었

---

6. 『우리들의 시대(*Our Times*)』, 마크 설리번(Mark Sullivan)
7. 1901년 3월 3일.

기 때문에 대중들이 생각하는 기업가의 범주에 속하지는 않았다. 그는 워싱턴이나 알바니에 로비스트를 두고 있지도 않았고, 그 어떤 곳에서도 입법 행위에 영향력을 행사하려고 하지 않았으며, 법망을 피하거나 허점을 교묘히 이용하려 들지도 않았다. 세계시장을 위해 낮은 생산가로 대량생산을 하고 광범위하게 광고를 하고 연구개발을 하겠다는 그의 방침은 모두 '트러스트 시대' 이전에 확립된 것이었다. 그는 이러한 방침이 근본적으로 건전한 것이라고 믿었으며, 여전히 이 분야의 개척자이자 젊은이로서 무한한 미래를 만들어 가고 있었다.

1898년 런던에서 돌아오자마자 그는 다음과 같이 적고 있다.

"이 사업이 단명할 것이라는 생각은 사실상 아무런 근거가 없다. 아마추어들이 촬영하는 사진의 대부분을 단순한 오락거리라고 생각한다면 논란의 여지가 있겠지만 이것이 쟁점은 아니다. 대부분의 사진은 다른 방법으로는 얻을 수 없는 기록을 얻기 위해서 찍는 것이다. 일상 생활을 사진으로 기록하고자 하는 욕망이 사라진다면 아마추어 사진이 줄어들 것이다. 그렇지만 그러기 전까지는 아마추어 사진이 줄어들지 않을 것이다.

내가 런던을 떠나기 전까지는 확정된 사실이 아니었기 때문에, 우리 사업의 번영과 관련된 매우 중요한 사실인 새로운 회사의 설립에 관해 언급하지 않았었다.

우리는 지난 9년 동안 젤라틴 인화 공정을 위한 인화지를 가공할 수 있는 세계에 두 곳밖에 없는 공장의 제품에 대하여 북미 독점권을 확보하여 왔다. 사진무역을 완전히 이해하고 있는 사람들만이 이것이 어떤 의미를 갖는지를 알 수 있을 것이다."

런던을 떠나기 전에 이스트먼은 필립에게 다음과 같은 서신을 보냈다. "인화지 협상이 성공적으로 끝나서 우리는 이제 젤라틴 인화 공정을 적용할 수 있는 라이브즈 앤 스타인바흐 인화지를 판매하는 북미 특약점이 되었습니다."

'솔리오 전쟁'도 끝났다. 애보트가 영국으로 가는 여정에 이스트먼과 동행하였다. 이들은 개인적으로나 사업적으로 많은 공통점을 가지고 있었으며, 결국 1899년 8월 10일에는 '다음에 기술된 자산들을 구매하고 이에 따르는 이득을 취하기 위해' 5백만 달러를 출자하여 제너럴 아리스토 사(General Aristo Company)를

조지 이스트먼

설립하게 된다.

> 1) 뉴욕 주 로체스터 소재의 이스트먼 코닥 사의 사진인화 사업
> 2) 뉴욕 주 제임스 타운 소재의 아메리칸 아리스토타입 사
> 3) 뉴욕 주 네페라 파크 소재의 네페라 화학회사[8]
> 4) 뉴저지 주 블룸필드 소재의 뉴저지 아리스토타입 사
> 5) 뉴욕 주 로체스터 소재의 사진재료상사
> 6) 콜로라도 주 덴버 소재의 커클랜드 리튬 제지회사

"이번 구매에는 이스트먼 코닥 사의 부동산, 기기 혹은 상품은 포함되어 있지 않지만, 이 회사에 유리한 조건으로 사진 인화지 공장이 가동될 수 있도록 조치가 이루어질 것이다. … 이 시점에서의 보통주 2만 5천 주(액면가)와 우선주 17,750주는 모두 개인 청약으로 구매되었거나 앞으로 확보될 재산의 지급을 위해 발행될 것이며, 차액인 우선주 7,270주는 액면가로 공개 청약으로 제공될 것이다."

금광이 새로 발견되었을 때처럼 청약이 물밀듯이 쏟아져 들어왔기 때문에 이번에는 스트롱 대령이 굳이 이스트먼에게 '사전에서 찾아볼 수 있는 모든 미사여구를 총동원하여' 축하를 보낼 필요가 없었다.

"사진예술의 중심에 로체스터가 있다. 구매자들이 철강을 사기 위해서는 피츠버그로, 가구를 사기 위해서는 그랜드 래피드로, 곡물을 사기 위해서는 시카고로 몰려들고 있기 때문에 그는 로체스터를 사진재료 생산지로 만들었다"라고 『로체스터 데모크래트 앤 크로니클』지는 자랑스럽게 보도하였다.

그러나 『샌프란시스코 콜』지는 '제국주의' 이슈를 들고나왔다.

"이스트먼 코닥 사는 소규모 상인들을 도산시키고 대규모 동부 제조업자들을 합병하기 위해 서부에서 가격경쟁을 시작하였다. 이 회사는 상거래에서 절대 권력을 장악하기 위해 여러 가지 방법을 모색하여 왔다. 때로는 아마추어를 위한 사업 분야에서 경쟁사가 될 소지가 있는 작은 군소업체들도 흡수하여 왔다. 몇몇 사업

---

8. 인공조명에서 사용할 수 있는 사진인화지인 '벨록스(Velox)'가 발명된 이후에 레오 베켈랜드(Leo H. Baekeland) 박사는 네페라 파크에서 이 인화지를 가공하였다.

캘빈 경의 관찰

체들은 합병을 거부하고 급격하게 성장하여 이스트먼 사의 사람들을 난처하게 만들었다. 몇 달 전에는 이러한 회사들을 찾아가 합병을 하자는 제안을 하였다. 협상은 분명 만족스럽지 못했고, 계약은 체결되지 않았다.

서부에는 약 2만명 이상의 아마추어 사진가들이 있으며, 이들은 동부 경쟁사들의 주고객이었다. 10월 23일, 사진업계는 이스트먼 사로부터 11월 1일부로 서부지역에서 판매하는 모든 코닥 제품의 가격을 2/3 가격으로 인하하기 시작하겠다는 통보를 받았다. 주요 도매업자들이 수요일 밤에 모여 난상토론 끝에 인하 방침에 따르기로 하였고, 이스트먼 제품의 할인 판매에 대하여 광고하였다.

'이 방침에 따라 이스트먼 사에 의해 소규모 도매상들, 특히 다른 경쟁사의 상품을 취급하던 내륙 도시들의 상인들이 도태하게 될 것이다'라고 샌프란시스코의 한 주요 도매상이 말했다. 이는 미국에서는 가장 큰 사진제품 가격전쟁이며, 끝이 보이지 않는다. 소규모 기업체들이 이스트먼 사에 대항할 수 있다면 이들 모두가 많은 돈을 잃은 후에야 타협이 이루어질 것이지만, 침략자들이 승리를 거둔다면 위탁 체제가 형성되어 아마추어용 사진재료 가격은 상승하게 되고 결국 사진은 미국에서 가장 호사스러운 여가활동 중의 하나가 될 것이다."

언론의 이러한 공격은 이스트먼이 『코닥 상품안내』지에서 답변한 논지와는 너무도 거리가 멀었다. "『샌프란시스코 콜』지의 기자는 우리의 진의를 제대로 파악할 수 없었는지도 모르지만 우리 사업의 성장과 이익을 위해서 우리는 '가격 상승'을 기대하지 않는다. 가격 인하를 통해 우리는 세계의 모든 학생들과 남녀 근로자를 코닥 애용자로 만들 수 있을 것이다."

언론의 입장에서 볼 때 이스트먼의 입장은 이제 확고한 것이었으며, 그는 "해외 공장들에게 설명한 대로 우리는 적절한 가격에 사들일 수 있을 때 거래에서 제외된 모든 회사들을 사들이겠다는 정책"을 실행해 나갔다.

이것 또한 이스트먼의 경영 정책의 한 획을 긋는 것이었다. 그와 동시에 수행되었던 두 번째 작업은 가격이 싼 카메라를 만드는 것이었다. 그는 "모든 조건을 만족시킬 수 있는 작업을 진행 중입니다"라고 스트롱 대령에게 통보했다. 그것은 바로 1900년부터 시판하였던 1달러짜리 카메라 '브라우니(Brownie)'였다.

조지 이스트먼

한편 이스트먼은 매사추세츠와 메인 주의 블레어 카메라 회사의 재정지원자로 10만 달러 이상의 손해를 보았던 로드아일랜드 주 포투켓의 부유한 섬유 제조자였던 고프와의 협상을 마무리지었다. 그는 블레어 카메라 회사에 대한 대가로 코닥의 지분을 받았고, 수년 후에는 코닥 주가가 상승하면서 그 이전에 입었던 손실을 모두 만회할 수 있었다.

블레어 사와 매사추세츠 주 노스보로의 아메리칸 카메라 회사 공장을 매입하고 전국적인 광고[9]를 통해 새로 나온 브라우니 카메라를 지원함으로써 이스트먼은 당시 13개의 경쟁사가 있었음에도 불구하고 미국 최고의 카메라 제조업자가 될 수 있었다. 이들 가운데 가장 큰 앤서니 사는 자신들의 모든 자본 주식을 이스트먼에게 268,750 달러에 매각할 것을 제안했지만 이 제안은 받아들여지지 않았다. 이로 인해 앤서니는 스코빌 앤 애덤스 사와 합병하여 앤서니 앤 스코빌 사를 1901년에 세우게 된다.

"상품을 제조하고자 하는 욕망을 가지고 있는 사람들은 상품을 판매하려고 할 때 자신들이 부딪히게 되는 문제들을 알지 못한다"라고 이스트먼은 기술했다.

유통의 문제가 이제 너무도 심각하게 되었기 때문에 이스트먼의 전략은 이제

---

9. 1900년 6월 『코닥 상품안내』. "우리가 사용하고 있는 매체들은 6백만 부 이상의 발행부수를 가지고 있다. 다음은 최근에 나온 코닥과 브라우니 광고목록이다."
6월호 월간지들: 『먼시즈(Munsey's)』 3페이지, 『맥클루어즈(McClure's)』 3페이지, 『코스모폴리탄(Cosmopolitan)』 3페이지, 『레슬리즈 먼슬리(Leslie's Monthly)』 3페이지, 『하퍼스(Harper's)』 2페이지, 『센츄리(Century)』 2페이지, 『스크라이브너스(Scribner's)』 2페이지, 『리뷰 오브 리뷰(Review of Review)』 2페이지, 『아우팅(Outing)』 2페이지, 『아웃룩(Outlook)』 2페이지, 『앤슬리즈(Anslee's)』 1페이지, 『피어슨즈(Pearson's)』 1페이지, 『레크리에이션(Recreation)』 1페이지, 『세인트 니콜라스(St. Nicholas)』 1페이지, 『우먼스 홈 컴패니언(Woman's Home Companion)』 2 1/4페이지, 『석세스(Success)』 1페이지. 주간지에는 다소 적게 실려서, 5월 중에 『콜리어즈(Collier's)』에 전면으로 2회, 『새터데이 이브닝 포스트(Saturday Evening Post)』, 『크리스천 헤럴드(the Christian Herald)』, 『레슬리즈 위클리(Leslie's Weekly)』에 전면, 그리고 6월 28일의 전면 광고에 이어 5월에 『유스 컴패니언(Youth's Companion)』에 1/2면 등이 광고로 사용되었다. 독점으로 사용된 매체들 가운데는 『퍽(Puck)』 『라이프』 『저지(Judge)』 『하퍼스 위클리』 『사이언티픽 어메리칸(Scientific American)』 『크리스천 인데버 월드(Christian Endeavor World)』 『실버 크로스(Silver Cross)』 『선데이 스쿨 타임스(Sunday School Times)』 『영 피플스 위클리(Young People's Weekly)』 『아메리칸 보이(American Boy)』지 등이 있었다.

캘빈 경의 관찰

와는 다른 대규모 판매전략을 모색해야 했다. 그가 해외에 만들어 놓은 대리점이 성공을 거둬 왔기에, 그는 뉴욕, 시카고, 샌프란시스코 등지에 도매 대리점을 개설하였다. 그의 방침은 다음과 같은 간결한 내용으로 발표되었다.

"재고관리의 문제는 조절을 해야만 하는 주요 사안들 중 하나이며, 실적을 평가하는 세 가지 중요한 기준 중의 하나입니다. 고객에 대한 만족스러운 서비스, 판매액과 지출한 경비 비율, 재고관리의 정확성으로 실적을 평가하게 될 것입니다."

"시카고는 모든 반대세력의 온상이었으며 반대세력이 그대로 남아 있을 것으로 보여지기 때문에 우리는 그곳에 우리의 세력을 강화해야 할 필요성을 느껴왔습니다. 개인적으로 나는 우리가 미국에서 소매업에 진출하는 것에 반대해 왔지만 전략적인 이유 때문에 입장을 바꾸었습니다."

"이곳에서 우리의 방침에 따라 일하기 위해 우리는 항상 도매업자들에게 강요하는 대신에 이들을 선도하려고 시도해 왔습니다."[10]

이스트먼은 이제 국내외에서 사업이 보장된 곳이라면 어디든지 소매 체인점을 열 준비가 되어 있었다. 처음으로 소매 체인점을 연 곳은 런던이었다. 그 후 프랑스의 리옹에도 개소하였지만, 이로 인해 이 도시에 있던 12명의 사진 도매업자들로부터 항의 편지를 받았다.[11] 이스트먼은 깊이 생각한 후에 즉시 답장을 보냈다.

"우선 나는 이 지역에서 우리 상품이 일정한 양만 거래될 것이며, 우리가 소매업에 치중하여 우리의 기존 거래처를 정리하려고 한다는 여러분의 지적이 옳은 것이라면 우리의 행동이 부당하고 여러분들의 영업에 치명적인 손해를 입히게 될 것입니다. 그러나 경험에 비추어 볼 때, 정해진 구역 내에서 거래되는 코닥 상품의 판매량은 주로 상품 인지도와 광고에 의존하는 것이 확실합니다. 이에 따라 우리가

---

10. 1901년 10월 16일자로 샌프란시스코의 공장장에게, 그리고 1902년 1월 22일과 5월 25일자로 런던의 공장장에게 보내는 편지들.
11. 1900년 11월 21일에 이스트먼은 뉴욕의 프레드 코울(Fred A. Cole)에게 다음과 같은 편지를 보냈다. "우리는 뤼미에르 사람들과 그 어떤 협상도 이루어내지 못했으며, 이들이 이곳에서 무엇을 판매해야만 할 것인지도 모릅니다. 이들은 몇 가지 사진 상품들로 우리와 프랑스에서 겨루고 있는 주요 경쟁자들이지만, 우리가 필름의 생산 이외에는 전혀 관심도 기울이지 않고 있는 영화산업과 관련이 있지 않는 한 우리와는 별개라고 생각하고 있습니다."

조지 이스트먼

소매 체인점를 설치하는 곳이 어디든지 그 지역의 거래량이 크게 늘었고, 그 결과 우리의 도매상들의 판매량이 줄어드는 것이 아니라 오히려 증가하였습니다. 전 세계에서의 우리의 정책은 예전에도 그랬지만 현재에도 우리의 도매상들을 보호하고 장려하는 것이며, 여러분들의 이익에 해로움을 끼칠 만한 조치를 현재로서는 취해 본 적이 없습니다."

국제경영 업무의 방향에 있어서 문제가 점점 더 복잡하게 뒤얽히고 있었다. 미국에서의 노사 문제나 프랑스에서의 판매 정책과 얽혀 있는 것은 바로 영국의 소득세 문제였다. 남아프리카 전쟁으로 인한 세금은 회사 수입에 큰 손실을 가져왔다. 이스트먼은 런던에 있는 그의 사무 변호사에게 장문의 편지를 보낸다.

"과도한 세금 부과는 올해 우리가 당면한 가장 큰 문제이며, 제너럴 아리스토 사를 합병하면서 큰 폭으로 증가할 전망입니다. 회사의 수입에 막대한 지장을 주는 이러한 일들에 대해 회사가 취할 수 있는 가능한 모든 조치들을 고려해야 할 것이라는 것이 미국의 다른 대주주들과 나의 판단입니다. 어떤 경우에도 변경할 수 없는 부동산세는 별도로 하고 우리에게 부과된 세금은 다음과 같습니다.

이스트먼 코닥 사, 사유재산에 대한 시(市)지방세	3,000파운드
이스트먼 코닥 사, 사유재산에 대한 군(郡)지방세	800
영국 소득세, 총수입 360,000파운드의 5%	18,000
제너럴 아리스토 사, 사유재산에 대한 시(市)지방세	400
제너럴 아리스토 사, 사유재산에 대한 군(郡)지방세	100
영국 소득세, (합병하였을 때의) 총 수입 140,000파운드의 5%	7,000
합	29,300파운드

현재 떠올릴 수 있는 유일한 방안은 대부분의 미국 대기업들이 따르고 있으며 회사에 상당히 유리하고 법적 해석도 상당히 안정된 것으로, 이는 뉴저지 주법에 입각해서 회사를 설립하는 것입니다.[12] 나는 뉴욕에 있는 우리 변호인단이 찾아낸

---

12. 1901년 6월 1일 이스트먼은 켈빈 경에게 다음과 같은 편지를 보냈다. "영국의 소득세라는 맷돌에 자신들의 코가 갈린다면 미국의 주주들은 무척 가슴 아파할 것이라고 말씀을 드립니다. 이들은 제시된 치료 방안이 영국 주주들에게 득보다는 실이 많을 것이라는 사실을 믿지 않고 있습니다. 이러한

캘빈 경의 관찰

정확한 절차를 알고 있습니다. 그 변호인단은 회사가 이곳에서 지불해야 할 지방세의 액수에 관한 허벨 씨의 의견을 담은 보고서를 빠른 시일 내에 작성할 것입니다. 위원회에 이 문제를 제출하기 전에 나는 선생님께 이를 설명 드리고 이 계획에 대한 의견을 듣고 싶습니다. 세부 계획은 다음과 같습니다.

'이스트먼 코닥 사라 불리는 회사(이후 뉴저지 사)를 설립하여 코닥 유한회사의 주주들로부터 회사 전체를 매입하게 하고 미국 지사의 주식으로 대금을 지불하게 한다. 이때에는 미국 지사의 주식이 영국 지사의 주식과 같은 금액의 수익을 낳을 수 있게 한다는 것을 전제로 한다.'

'제너럴 아리스토 사의 스톡 옵션을 부분적으로 변경하여 뉴저지 사가 영국 회사와 동일한 조건으로 제너럴 아리스토 사의 주식을 매입할 수 있게 한다.'

'현재의 코닥 유한회사를 정리하고 새로운 영국 코닥 유한회사를 적당한 자본금 20만 파운드로 조직한다.'

'현재의 이스트먼 코닥 사(뉴욕)와 제너럴 아리스토 사를 정리한다. 뉴저지 사는 미국 사업 전체의 직접적인 소유자가 되며 영국, 독일, 프랑스 회사들의 모든 주식 자본의 소유자가 된다. 해외 사업은 영국 지사를 통해 수행한다. 뉴저지 사는 연간 5천 달러를 초과하지 않는 선에서 뉴저지와 로체스터에 지방세를 납부할 것이다. 영국 사업의 수익이 2만 파운드에 달한다면 세금이 1천 파운드 선이 되고 그렇지 않으면 현재 우리가 직면해 있는 29,300파운드에 대하여 총 3천 파운드 가량의 세금을 내게 될 것이다. 미국 지사에 영국 지사를 파는 일은 반대에 부닥치게 될지도 모른다고 생각하지만 3/4의 보통주와 거의 1/2에 달하는 우선주를 소유하고 있는 미국 주주들은 현재 제시된 엄청난 양의 세금을 납부하지 않으려고 할 것이기 때문에 이 방법 말고는 달리 방법이 없는 것으로 보인다.'

'물론 실질적인 회사 관리 방침은 이번 조치에 의해 변경되지 않을 것이며, 경영 방식도 그 어떤 식으로도 바꿀 필요가 없지만, 영국의 주주들은 뉴저지 사의 주

세금 문제에 상당히 혼란스러움을 느끼지만 이 결정을 강요할 의향은 없습니다. 따라서 우리는 제가 런던을 떠나기 전에 조치한 것처럼 7월에 뉴저지 계획을 수행할 그 어떤 시도도 있어서는 안 된다는 버튼 씨의 제안에 동의하며, 9월 하순으로 이를 연기하는 바입니다.'

식을 가지거나 매각해야 할 것이다. 미국인들은 적당한 가격에 시장에 던져진 주식들을 구입할 것이라고 생각한다. 코닥 조직은 앞으로 국내외의 다양한 사진산업 분야를 흡수하기를 원할 가능성이 높다.'

지금 제안한 새로운 방법을 적용한다면 이러한 방식으로 일을 진행할 수 있는 길이 열려 있지만 세금 부담이 심해 현재의 방법으로는 이 일이 불가능합니다. 이 계획의 문제점이나 그 실현 가능성에 대한 의견을 듣고 싶습니다.

제가 이해하고 있는 바로는 회사 정관을 작성하는 식으로 각 등급의 주식마다 과반수를 확보하면 총회에서 회사를 매각하겠다는 결의안을 통과시키기에 충분할 것입니다. 영국의 과세 평가자들이 미국 소득에 대하여 부과한 과세액을 무시할 수 있다고 해도 이러한 변화를 가져오려고 하는 미국 주주들의 요구에 큰 영향을 끼치리라고는 생각지 않습니다. 또 다른 결정이 내려질지도 모른다는 우려가 항상 있을 것이고, 뉴욕 사의 과세액은 지금보다 더 증가할 것이 확실하기 때문입니다."

8월에 회사를 재조직하고 미국 지사를 설립하기 위한 계획을 짜면서 이스트먼은 '앤서니 씨로부터 전화를 받고' 즉시 필립에게 다음과 같은 보고서를 받아 적도록 하였다.

"그는 자신이 제안한 유리건판조합에 대한 안건에서 어떤 사항을 발견하고 우리가 굿윈 사의 통제권을 획득하고 싶어 할 수도 있다는 생각이 들었다는 말을 하면서 대화를 시작했습니다. 그에게 굿윈 사를 대표하는 것이 무엇이냐고 묻자 그는 이들이 뉴아크에 작은 공장을 가지고 있고, 그곳에서 자신들의 도프로만 필름을 만들고 있으며, 제가 잘 알고 있는 굿윈 특허권을 소유하고 있다고 말했습니다. 지금이 합병의 적기라고 생각하는 이유에 대해 그는 좀더 적은 비용으로 회사를 손에 쥘 수 있기 때문이라고 이야기했습니다. 나는 그에게 그의 의견에 동의할 수 없다고 이야기했고, 합병을 위해 우리에게 보다 더 싼 가격으로 회사를 매각할 수 있는지를 물어보았습니다. 그는 그렇게 못한다고 이야기했지만, 가격을 낮출 여지는 있어 보였습니다. 그리곤 이러한 합병이 이루어진다고 가정했을 때 그가 무엇을 원하는지에 대해 물어보았습니다. 그는 반은 현금으로, 나머지 반은 주식으로 받기를 원한다고 말했습니다. 얼마를 원하는지를 묻자, 그는 굿윈 사의 주식 자본이 1백만 달러이고, 그것이 자신이 원하는 금액이라고 말했습니다.

나는 그것은 과대평가된 것으로 보인다고 이야기했고, 그에게 왜 굿윈 특허권을 그렇게 가치 있게 생각하는지를 물어보았습니다. 그는 우선 우리가 자신들의 특허권을 침해하였고, 우리로부터 대대적인 보상을 받을 수 있다는 이야기를 들었으며, 둘째로 작업할 수 있는 권리는 그만한 가치가 있는 것이라고 말했습니다. 나는 현재 판매되고 있는 필름을 제조하는 사람들이 굿윈 특허권을 통해 보호받을 수 있는 것이 무엇인지 알 수 없으며, 손해배상 청구에 관한 한 우리는 그 특허권으로 누군가가 우리를 고소하기를 고대하고 있다고 말했습니다. 누군가 용기를 내어 그렇게 해주기를 수년간 기다리고 있었으며, 이제 그와 리처드 앤서니, 애덤스 씨가 특허권을 가지고 있기 때문에 우리는 다시 희망을 갖게 되었다고 말했습니다. 이 부분에 있어 당신의 의견이 어떨지 모르겠지만, 우리가 사용하고 있는 방식을 허용해 그를 도와줄 용의가 있으며, 이렇게 해서 그를 어려움에서 구해 줄 수 있을 것이라고 생각한다고 말했습니다. 그는 필립 애보트 씨가 최근에 특허권을 조사해 왔으며, 우리가 이 특허권을 침해했다는 사실을 귀띔해 주었다고 말했습니다. 나는 그럴수록 더 좋다고 말했으며, 그가 우리를 고소하는 것에 대해 나쁜 감정을 가지고 있지 않으며, 우호적인 행동으로 받아들일 것이라고 이야기했습니다.

그러자 그는 특허권이 우리에게 제조품목으로 가치가 없느냐고 물어보았습니다. 나는 그렇지 않다고 말했습니다. 가능하다면 취소할 수 있도록 결정했던 이 특허권에 대한 반대 요구들이 있었으며, 이 문서들은 이미 이 목적을 위해 제정될 수 있도록 고소건에 포함되었음을 이야기해 주었습니다. 자신의 것이 아닌 것을 획득하려는 그 어떤 시도도 굿윈 목사가 했던 것보다 더 악랄하지는 않았다고 나는 그에게 말했습니다. 우리가 확실한 무엇인가를 제시하고 나서자 그는 이에 대응하지 못하고 그 어떤 방안도 없이 머뭇거리고 있었으며, 그 후에는 세부사항들을 통해 우리들에게 혐의를 가하면서 이를 차지하려고 했습니다. 그는 라이헨바흐의 특허권에는 장뇌를 사용하는 것이 꼭 필요하다고 말했습니다. 나는 굿윈 목사가 분명 장뇌와 면화의 혼합물을 발명한 사람이 아니라고 말했습니다. 그는 부인했지만 굿

조지 이스트먼

원은 장뇌를 사용하지 않는 방법을 보여주었고, 우리가 장뇌를 사용하지 않는 이유를 잘 이해하고 있었습니다.

그리곤 그는 이전 소송에서 굿윈이 우리를 이긴 사실에 관해 이야기를 했고, 나는 그가 잘못된 정보를 가지고 있는 것이며, 사실은 우리가 그를 이긴 것이라고 말해 주었습니다. 만약에 그가 소송 기록들을 검토해 보았다면 스스로 쉽게 인정할 수 있었을 것입니다. 그는 애보트 씨에 의해 만들어진 결과에 대해 들은 바가 없다고 말했습니다. 사실 그는 애보트가 이 기록을 검토해 왔다는 사실을 알지 못했지만, 항상 그것이 사건의 결과라는 것을 이해해 왔습니다. 우린 악수를 나누었고, 최상의 조건에 합의한 후 헤어졌습니다. 우리가 굿윈 특허권을 구입하기를 원치 않는 것에 감사함을 느낍니다."

이스트먼에게 전화를 건 사람이 알지 못한 사업 원칙이 하나 있었다. 1896년에 문제가 다르긴 했지만 이와 비슷한 경우를 당하여 이스트먼은 워커에게 다음과 같은 편지를 썼었다. "잠자코 있도록 하기 위해 그에게 한푼도 줄 수 없습니다." 이 원칙은 여전히 지켜지고 있었다.

1901년 10월 24일에 뉴저지의 이스트먼 코닥 사는 로체스터, 제임스타운, 영국의 해로우 등지에 공장을 가지고 있는 런던의 코닥 유한회사, 뉴욕 로체스터의 이스트먼 코닥 사, 뉴욕 로체스터의 제너럴 아리스토 사 등과 로체스터, 런던, 파리, 베를린 등지에 본부를 두고 뉴욕, 시카고, 샌프란시스코, 리버풀, 글래스고, 브뤼셀, 리옹, 밀라노, 비엔나, 모스크바, 세인트피터즈버그, 멜버른 등지에 지사들을 두고 있던 프랑스의 이스트먼 코닥 사와 베를린 코닥 게젤샤프트라고 알려진 제조 및 판매 회사들의 주식을 매입 혹은 흡수해 합병하였다.

인가된 자본은 1천만 달러의 6퍼센트 누가배당 우선주와 2천5백만 달러의 보통주로 이는 모두 빠른 속도로 초과 신청되었다.[13]

---

13. 최초의 뉴저지 법인의 관리자들과 책임자들은 다음과 같다. 조지 이스트먼-회장, 초대 부회장 겸 재무부장-찰스 애보트, 2대 부회장-월터 허벨, 감사-휘트니. 관리자들은 다음과 같다. 조지 이스트먼, 헨리 스트롱, 제임스 펜더, 켈빈, 찰스 애보트, 에드윈 세이지, 조지 엘와그너, 월터 허벨, 윌리엄 코빈.

캘빈 경의 관찰

"주식을 신청한 사람은 모두 자신들의 몫을 차지하기 위해 극심하게 다투었으며 현재까지도 문제가 해결되지 않은 채 그대로 남아 있는 형편입니다"라고 이스트먼은 새로운 회사를 설립하면서 런던 사장이었던 조지 데이비슨에게 편지를 보냈다. 친구들과 변호사, 은행가, 사업상의 동료들과 다른 사람들의 수많은 요청들을 들어주기 위해 이스트먼이 개인적으로 보통주 17만 주를, 그리고 스트롱이 여기에 8만 주를 더하여 총 25만 주를 회사에 팔았다. 그는 "증권 인수를 계산하면서 우리는 기회를 주어야 할 사람이 너무 많아서 모든 사람들의 지분을 조금씩 삭감해야만 한다는 사실을 알게 되었습니다"라고 하였다.

로체스터와 런던에 있던 중역들에게 보내는 일련의 편지들에서 이스트먼은 자신의 미래 정책의 윤곽을 잡아 나갔다. 우선 그는 독일과의 경쟁 가능성에 주목하였고, 코닥 파크에 있던 독일의 '산업 스파이'를 발견하였다. 그 산업 스파이는 조사가 진행되는 도중에 '도주'하였다.

이스트먼은 브라우넬에게 다음과 같이 통보하였다. "하이델베르크의 미국 영사로부터 받은 편지 사본을 동봉합니다. 이 편지에는 최근에 내가 당신에게 주지시키려고 하였던 요점들이 들어 있기 때문에 같이 보냅니다. 그 요지는 만약 우리가 전에 해오던 대로 사업을 계속 이끌어 나가려면 독일인들이 우리 사업에 상당히 심각한 장애가 될 수 있다는 사실에 경각심을 가져야 한다는 것입니다. 이 편지를 보면 독일인들이 우리들을 모방하고 있을 뿐만 아니라 우리가 개발한 카메라 분야에서 우리를 앞서려고 하고 있다는 사실을 알 수 있습니다. 우리는 지난 수년간 독일인들보다 훨씬 더 좋은 시설을 갖추고 있었기 때문에 이러한 상황은 변명이 서지 않는 상황이며, 우리가 이들을 크게 앞서지 못한 이유는 우리 실험실의 열정이 부족하기 때문입니다. 우리가 $3\frac{1}{4} \times 5\frac{1}{4}$ 카메라를 만들어내기 전에 독일인들이 4×5 폴딩 포켓 카메라를 생산한다면 이는 우리에게는 치욕이 될 것입니다."

데이비슨에게 편지를 보내면서 그는 '1902년도 사업 방침'의 윤곽을 잡아 나갔다. "우리가 가지고 있는 기존 사업체들의 효율성과 경제성은 당신과 매티슨 씨 측의 긴밀한 감독에 의해서만 얻어질 수 있습니다. 그래서 나는 올해에는 다른 그 어떤 방향보다도 이 방향에서 좋은 결과가 얻어질 수 있다는 나의 제안을 고려해 보도록 이

조지 이스트먼

편지를 보냅니다.

　나는 다시 한 번 카메라 공장에서는 원가를 절감하고 코닥 파크에서는 제조과정을 개선할 수 있도록 최선을 다해 주실 것을 제안합니다. 이러한 기존 사업체를 인수하는 정책은 도소매업, 둘 다 이용하는 것입니다. 소매 사업은 유럽에서와 마찬가지로 우리 사업에 의해 상당히 고무될 것입니다. 만약 이 정책이 성공을 거둔다면 우리가 미국에서 원하는 사업체들을 거의 다 사들일 수 있다는 것은 의심할 여지가 없습니다."

　이스트먼 사업 정책의 마지막 단계에는 건식 감광판 사업이 포함되었다. 런던에 있던 그의 변호사에게 편지를 보내면서 그는 다음과 같이 말했다.

　"시드 계열 건판 제조회사들은 미국에서 생산되는 모든 건식 감광판의 40에서 50퍼센트를 만들어내고 있습니다. 사업체로서의 이들의 명성은 최고입니다. 이들이 합병을 원하는 유일한 이유는 대주주인 헨리 허스캠프 씨가 이제 상당히 고령이 되어서 자신의 재산을 좀더 안전한 장소로 옮겨 놓기를 원하기 때문입니다. 그는 코닥 사의 압도적인 힘을 실감하고 있으며, 독립체로서 그의 사업체가 코닥 사와 합병했을 때보다 더 큰 힘을 발휘하기는 어렵다는 사실을 잘 알고 있습니다. 시드 사가 동참하기로 결정한다면 나는 다른 세 곳의 대형 사업체들에게도 이와 같은 종류의 거래를 제안할 것입니다. 이들은 최고의 기업이 될 것입니다."

　1902년 5월에 이스트먼은 세인트루이스의 시드 건판 제조회사와 메인 주의 루이스톤에 있던 스탠더드 건판 제조회사를, 그리고 6월에는 카드-마운트 사업체인 루미스 타브렐 사를 인수하였다. 같은 해 그는 다음의 소매상들을 인수하였다. 시카고의 스위트 월라취 사, 미니에폴리스의 펙 앤 존 파우치 사, 세인트 폴의 짐머맨 브라더스, 밀워키의 포토 머티어리얼 사와 카츠와 쉐입 사, 아이오와 주 시욱스 시티의 코트라이트와 클라인 사, 보스턴의 호건 로비 사와 벤자민 프렌치 사. 따라서 이 재단은 소매업의 체인-스토어 시스템을 위한 채비를 갖추었으며, 몇 년 안 되어 미국 경제에서 제조 상품을 효율적이고 경제적으로 배포하는 중심지로 인식되었다.

　이러한 과감한 정책은 다시 한 번 '트러스트'라는 비명소리가 나오게 하였다. 그 결과 "사진 인화지 무역을 몹시 원하고 있는 상당수의 사람들이 편견에 호소하여 즉 '반트러스트'를 외침으로써 사진 인화지 무역을 차지하려고 하고 있습니다" 라는 내용의 편지를 업계에 보내게 되었다. "우리가 이들이 원하는 사업을 하고 있으므로 우리를 트러스트라고 부르는 것입니다. 우리의 가격보다 낮게 책정하여 우리 사업을 방해하려는 시도에 실패하면서 이들은 이제 우리가 대기업이라는 근거로 우리를 공격하여 사람들에게 편견을 심어 주려고 하고 있습니다. 그렇습니다. 우리 회사는 세계에서 가장 큰 사진사업체입니다. 우리는 회사를 그렇게 만들려고 노력하여 왔습니다. 그렇지만 편견에 호소하는 방법이 아니라 일정한 가격으로 최상의 품질을 가진 상품들을 소비자들에게 꾸준히 제공하는 방법으로 회사를 키워 왔습니다. 22년간 우리는 이러한 정책을 고수하여 왔고, 결국 이 회사는 우리 자신뿐만 아니라 미국의 사진가들에게 많은 혜택을 베풀었습니다."

이스트먼은 "우리의 정책이 도매상들과 소비자들에게 올바르게 제시되기만 하면 받아들여질 것이다"라는 확신을 가지고 있었으므로 데이비슨에게 다음과 같은 편지를 보냈다.[14] "우리 정책을 엄밀하게 시험해 보기 전이었던 1년 전 회의에서는 도처에서 '트러스트'에 반대하는 의견이 많았습니다. 물론 외부 도매상들과 제조업자들은 자신들이 할 수 있는 모든 수단을 동원하여 트러스트에 반대하였지만 지난주 버펄로에서 있었던 회의에서는 이러한 종류의 의견은 전혀 개진되지 않았었습니다. 우리 상품을 취급하지 않는 극소수를 제외하고는 사진가들과 도매상들이 대부분 만족하고 있습니다. 우리가 계속해서 이들을 만족시키려고 노력하는 것은 우리가 사진가들과 도매상들의 이익을 위해서 일하고 있다는 사실을 의미합니다. 우리는 우리 자신만의 이익을 위한 그 어떤 시도도 하지 않고 있습니다. 사진가들도 그렇고 도매상들도 이러한 사항에 대해서는 관심도 기울이지 않습니다. 그들은 우리를 이용하지 그 어떠한 경우에도 우리를 동정하지는 않을 것입니다. '이들이 사진가들을 위해 무엇을 하였는가'와 '이들이 도매상들을 위해 무엇을 하였는가'라는 경고문은 우리를 승리로 이끌 수 있는 말들입니다."

이스트먼이 필름 사진을 고안해 내기 이전에 사진가들은 '흑색 예술의 기사

---

14. 1902년 8월 11일.

들'이라고 불렸다. 이것은 일광에서 필름을 끼울 수 있는 카메라가 개발되기 이전이었다. 20세기 초반까지는 이스트먼 방식이 세계 표준이었지만 여전히 모든 필름은 암실에서 현상해야 했다. 사진예술의 이러한 측면에는 로체스터나 런던에서 많은 관심을 기울이지 않았기 때문에, 1901년 말에 알렉산더 그레이엄 벨 교수의 개인 비서였던 맥커디가 어떤 아마추어도 사용할 수 있는 네거티브 현상용 기계를 발명해 이를 보여주겠다는 편지를 받았을 때 이스트먼은 매우 놀랐다.

필름 사진에 관련된 것이라면 모든 것을 시험한다는 일관성 있는 정책에 따라 이스트먼은 맥커디를 로체스터로 초청하였다.

발명가는 금속으로 표면 처리가 된 작은 직사각형 나무상자를 가지고 도착하였다. 장인 특유의 열정을 가지고서 그는 촬영을 한 후에, 롤 필름이 어떤 식으로 박스 안으로 되감겨 들어갈 수 있는지를 보여주었다. 롤 필름은 외부에 있는 L자꼴의 손잡이에 의해 회전되는 스풀에 고정된 셀룰로이드 금속제 커버에 의하여 박스 안으로 되감겨 들어갔다. 그는 필름의 현상, 정착, 수세라는 세 가지 과정이 이 밀폐된 탱크 속에서 한 번에 이루어질 수 있다고 설명하였다.

맥커디의 설명이 끝나자 이스트먼은 현상 과정과 결과를 세심하게 검토하고 나서 그는 "완전한 실패작이다"라고 단언하였다. "우리가 그동안 계속 노력하여 왔던 것들은 아마추어에게 더 유용한 것이었다. 당신은 이러한 폭넓은 적용 범위를 깨뜨렸다. 노출이 완벽하게 맞은 사진이라면 당신이 고안한 현상법을 적용해도 괜찮겠지만 일반적인 아마추어들의 사진에는 이 방식을 적용하기가 곤란하다."

맥커디는 낙심하여 입을 열지 못했다. "저는 모은 돈을 모두 다 써 버렸고, 이제는 작업을 계속할 자금도 용기도 더 이상 없습니다. 그 장치를 받아 사용해 주십시오. 당신은 할 수 있지만, 저는 그렇지 못합니다"라고 그는 하소연했다.

"아니, 그렇게 할 수는 없소. 이것은 당신의 발명품이고, 당신이 마무리지어야 할 작업이오"라고 이스트먼은 대답했다.

이 두 사람은 가능성을 논의하였고, 맥커디는 떠났다. 이틀 후에 맥커디가 스테이트 가에 있는 코닥 본사에 다시 나타났다.

그는 "내가 해냈소"라고 승리감에 젖어 소리치면서 다시 한 번 시연해 보였다.

그는 거의 모든 사진가들이 불가능하다고 했던 일을 해냈다. 그는 탱크를 바꾸지 않고 같은 탱크 안에서 필름을 현상하고 정착시켰다. 필름을 정착액에 담그기 전에 '싸이오황산나트륨(하이포)'을 완전히 씻어내지 않으면 필름에 줄이 생기기 때문에, 이는 필름의 현상과 인화 작업에 매우 중요한 일이었다. 맥커디는 현상 후에 필름을 재빠르게 물로 씻어 내어 필름에 줄이 생기지 않게 하는 방법을 보여주었다. 그는 탱크 하나로 현상 작업과 정착 작업을 모두 해냈다.

맥커디는 이스트먼이 지불할 수 있는 가격에 당장 이 발명품을 팔기 원했다. 그러나 이스트먼은 "이 발명품은 우리가 한 번에 당신에게 지불할 수 있는 액수보다 훨씬 더 가치 있는 것입니다"라고 말했다. 두 사람은 그 발명품에 대한 특허권 사용료에 대하여 합의를 보았고, 맥커디는 그 사용료를 코닥 주식에 투자하였다. 이후 주식 가치가 상승하자 그는 자신의 발명품에 대한 충분한 보상을 받았다.

국내외의 모든 특허권이 회사로 양도된 이후에 기술자들은 1902년에 이 모델을 디자인하여 완성하였다. 이때 회사는 다음과 같이 발표하였다.

"최후의 승리가 찾아왔다. ⋯ 카메라는 개선될 것이다. ⋯ 사진 공정은 훨씬 더 단순하게 될 것이며, 렌즈 생산자들은 완벽을 향해 성큼 다가서게 될 것이다. 그렇지만 사진 공정을 단순화하는 데 있어서 암실을 추방할 수 있는 장비만큼 중요하고 흥미로운 것은 없다. ⋯ 아마추어들은 이제 희미한 암등 아래에서 자신들의 눈을 혹사시키지 않고도 모든 사진 작업을 수행할 수 있을 것이다."

사진술의 발전 과정에서 이러한 단계에 이르게 된 것은 자연스러운 과정이었으며, 그 과정의 밑바탕에는 단순화라는 코닥의 이상에 최종적인 승리를 가져온 천재적인 수완이 있었다.

코닥 현상기는 암실 없이 필름을 현상할 수 있을 뿐만 아니라, 암실에서 현상한 것보다 훨씬 더 나은 상태의 필름을 얻을 수 있었다. 그 장치는 사진의 범위를 확장하였으며, 아마추어들이 그 이전보다 훨씬 더 나은 결과를 얻을 수 있게 해주었다. 사람의 손보다는 기계로 작업할 때 더 완벽한 결과를 얻을 수 있는 일들이 많이 있는데, 필름 현상도 바로 그 중 하나이다.

물리적 관점에서 보았을 때, 코닥 현상기를 이용하면 네거티브에 정착하여 잡티 등을 만들어내는 외부 물질이 현상액 안으로 들어갈 가능성이 없으며, 지문을 남겨 필름을 더럽힐 가능성도 없으며, 필름의 모서리가 다른 필름을 긁어 손상시킬 일도 없기 때문에 수작업으로 얻을 수 있는 것보다 훨씬 더 좋은 결과를 얻을 수 있었다.

화학적인 측면에서는 그 장점이 무수히 많았다. 코닥 현상기는 암실을 없애면서 동시에 암등을 사라지게 만들었다. 경험이 많은 사진가라면 현상 시간이 길면 암등으로 인해 포그(fog) 현상이 심해진다는 사실을 잘 알고 있다. 특히 아마추어 사진가들은 네거티브를 암등에 너무 가까이 대고 봐서 필름에 포그가 생기게 만든다. 코닥 현상기를 사용하면 완전한 어둠 속에서 작업이 진행되기 때문에 포그가 생길 염려가 없었다.

"나는 회장님이 이제 막 시장에 내놓으려고 하는 코닥 현상기와 그 조작 과정을 지켜보았습니다. 분명 이 발명은 확연한 진일보라고 할 수 있습니다. 간편하고, 독창적이며, 실용적입니다!"라고 벨 박사는 기술하였다.

이 공식적인 성명서는 출판을 위해 쓰여진 것이 분명하지만 벨 교수의 열정을 다 담지는 못했다. 벨 박사는 워싱턴에 있는 자신의 집에서 맥커디에게 자신과 여러 과학자들을 앞에서 시연을 하게 하였고, 4월에 로체스터로 와서 이스트먼을 만났기 때문이다. 몇 달 후에 이스트먼은 또 다른 과학자인 켈빈 경을 만났다. 켈빈 경은 전화 발명을 도운 최초의 인물이었지만 현재는 코닥 사의 영국 간부들 중 한 사람이었다. 이 저명한 영국 과학자의 방문은 산업 및 과학 발전의 반세기를 상징하는 것이었을 뿐만 아니라, 이스트먼의 회사를 세계에서 으뜸 가는 거대한 신생 기업으로 만들었던 이스트먼의 경영 정책이 그 정점에 달했다는 것을 의미하는 것이었다.

귀족으로 승격되기 전에 켈빈 경은 글래스고 대학의 수학 교수였던 제임스 톰슨 박사의 아들 윌리엄 톰슨이었다. 이 학교를 졸업 한 후 그는 1857년부터 1858년까지 그리고 1865년부터 그 이듬해까지 아틀랜틱 전화회사에서 전기기술자로 중요한 역할을 담당하였었는데, 당시 그는 잠수함 전신술과 연관된 유리-검류계와 사이펀 녹음기를 발명하였다. 1869년에 그는 프랑스의 아틀랜틱 전화회사, 1873년

캘빈 경의 관찰

에는 브라질 전화회사, 1875년에는 서인도 전화회사, 1879년에는 맥케이-베넷 아틀랜틱 전화회사의 전기기술자로 일했었다. 1876년에 그는 선박용 나침반에서 전기의 이용도를 높였고, 이스트먼의 손님으로 미국을 다시 방문한 것은 글래스고 대학의 자연철학 교수로 46년째 재직하고 있을 때였다.

마르코니가 1896년에 고주파 무선통신을 발명했지만 고주파 무선통신은 1902년까지만 해도 매우 진기한 것이었기 때문에 『뉴욕 월드』지는 컬럼비아 대학의 이사진들이 켈빈 경에게 니콜라스 머레이 버틀러 박사의 총장 취임식에 참여해 줄 것을 무선으로 요청한 사실을 대서특필하였다.

"현재 상업적인 용도의 발명품이 나오고 있다"고 켈빈 경은 『뉴욕 트리뷴』지와의 인터뷰에서 말했다. "무선전신의 운용은 놀라운 것이다. 항해 중에 나는 마르코니 방에서 몇 시간을 보내면서 이 놀라운 발명품이 작동되는 것을 볼 수 있었다. … 무선전신의 영역에는 한계가 없으며, 더 많이 개발될 수 있는 여지가 있다는 것을 확신한다."

"컬럼비아 캠퍼스로부터 버틀러 총장의 취임식이 열린 체육관까지 이어졌던 문학자와 과학도들의 긴 행렬 가운데에서 유명한 켈빈 경이 가장 눈에 띄었다"라고 『선』지는 보도하였다. "흔히 영국 제일의 과학자라 불리는 켈빈 경은 78세에 가까웠다. 건강한 혈색의 그의 얼굴에는 흰 수염이 나 있었고, 그의 머리카락은 백발이었다. 발걸음을 멈춘 그의 작은 몸체는 굽어 있었다."

이스트먼과 애보트는 부두에서 켈빈 경을 영접했고, 3주간의 일정 동안 그는 컬럼비아, 예일, 로체스터, 코넬 대학에서 공기압 브레이크를 발명한 조지 웨스팅하우스, 내각과 연방 대법원의 의원들, 미국 전기기술학교, 언론과 대중들로부터 정중한 예우를 받았다. '그래스미어(Grassmere)'라는 개인용 자동차로 여행하면서 코닥 사의 일행들은 켈빈 경이 수력 발전에 대하여 관심을 갖고 있었기 때문에 나이아가라 폭포로 그를 안내하였다. 그리고 로체스터와 제임스타운의 사진 공장을 방문하였다. 이곳에서 '과학의 왕자'[15]는 사진의 발전이 과학 연구의 진보에 지대한

---
15. "올해는 왕실 방문의 해이다. 우리는 헨리 오아자와 웨일즈 왕자를 환영하지만, 우리 바로 옆에는 수학자이자, 물리학자, 전기학자이자 경탄할 정도의 사고력을 갖춘 과학의 왕자인 윌리엄 톰슨,

공헌을 하였다는 기억에 남을 만한 대중 연설을 하였다.

특이하고 이례적인 발언이 또 하나 있었다. 미국에서 화학연구의 선구자들 중 한 사람이 필름 사진을 창조하고 이를 완벽하게 만듦으로써 과학에 새로운 지평을 열었다는 것이었다. 그 자신도 그렇지만 그 어떤 미국인들도 그러한 사실 여파를 제대로 인식하지 못하고 있었다. 켈빈 경은 사진과 모든 과학 연구와의 중요한 관계에 대하여 강조하였다.

사진과 과학에 관한 그의 생각들을 발표하기 이전에 그는 나이아가라 발전소 건설을 책임지고 있던 고문단의 직책을 사퇴하였다. 당시 그는 전자화학 산업에 특별한 관심을 가지고 있었으며, 1만6천 볼트의 직류 전기를 이용하여 대기 중에서 질산을 생산할 수 있는 방법을 처음으로 알아냈다. 나이아가라 폭포의 수력을 전기 에너지로 이용한다는 아이디어는 1876년에 이곳을 방문하였던 유럽의 과학자인 윌리엄 지먼스(William Siemens, 영국 기술자, 독일 하노버 출생. 그는 형 베르너 지먼스가 발명한 전기도금법을 영국에 보급하였으며, 가스 발생로에 의한 축열법을 제강에 적용하는 평로법을 개발하였다-역주) 경이 처음으로 생각해 낸 것이었다. 그는 대서양을 횡단해 고국으로 되돌아가면서 일련의 계산을 통하여 폭포의 수력 에너지만 해도 이론적으로 1천6백만 킬로와트에 달한다는 결론에 도달하게 되었다.

연구를 계속하여 그는 나이아가라 폭포의 에너지가 상업적으로 이용될 수 있다는 확실한 결론에 도달하게 되었다. 유럽의 과학자들에게 자신의 생각을 발표하면서 그는 매우 강력한 직류용 발전기를 세움으로써 3인치 굵기의 동선을 통해 1천 마력의 에너지를 30마일까지 송전할 수 있다는 의견을 제시하였다. 에디슨이 백열전구를 발명한 이후에 지먼스는 '전구 속의 탄소를 연소시키고 금속분리 공정을 개선하는 데' 이러한 전류를 활용할 수 있을 것이라고 예측하였다.

나이아가라 폭포에 첫 번째 발전소를 건설하기 위한 국제위원회가 결성되면서 켈빈 경은 회장으로 추대된 바 있다.

즉 켈빈 경과 함께 여기에 있다. … 켈빈 경의 방문은 미국에게 영광이다. 우린 그를 진심으로 환영한다." (1902년 4월 20일자 뉴욕 『선』지의 사설)

켈빈 경 부부와 헨리 롬 대위(뒷줄 왼쪽), 조지 이스트먼(뒷줄 오른쪽). 기계학교에서

조지 이스트먼

1902년 4월 28일, 영국 과학자인 켈빈 경은 로체스터에서 다음과 같은 연설을 하였다.

"4만 볼트의 전기를 3백 마일 이상 송전하겠다는 나의 꿈이 실현되는 날을 죽기 전에 보고 싶습니다. 15년 전에는 이런 발상은 우스운 것이었지만 이제는 나이아가라 폭포에서의 놀라운 전기 송전으로 저의 꿈이 곧 실현될 것입니다. 이미 나이아가라 폭포에서 버펄로까지 전력이 송전되고 있으며 곧 토론토까지도 가능할 것입니다. 모든 방향으로 수백 마일 거리까지 전력을 송전할 수 있는 날이 도래할 것이라 믿습니다.

나는 나이아가라 폭포가 미국의 과학자들이 해결해야 할 가장 위대한 과제라고 생각합니다. 석탄과 석유를 에너지원으로 사용하기에는 매우 귀하고 가격도 비싸질 시기가 곧 올 것입니다. 나이아가라 폭포에는 최대한 50년에서 100년간 이용할 수 있는 고갈되지 않는 에너지원이 존재합니다. 세계는 미래의 에너지원으로 수력에 의존해야만 할 것입니다."

제임스타운의 인화지 공장, 로체스터의 카메라 공장과 코닥 파크를 방문한 후에 켈빈 경은 '시스템의 개발로 세계로 메시지를 전송할 수 있을 것'을 예측하고 무선전신의 가능성을 깊이 연구하였다.

"이는 25년 전 전화의 발명만큼이나 더 이상 놀라운 일이 아닙니다. 나는 필라델피아에서 1876년에 전화 실험을 목격하고 그 당시 전화의 불완전함에도 불구하고 그 새로운 발명품의 실용적이고 상업적인 가치를 예견한 바 있습니다. 마르코니의 판단이 옳으며, 그의 발명품이 상업계에서 전화가 보여주었던 것과 같은 중요성을 가지게 될 것이라고 믿습니다."

제임스타운에서 사진에 깊은 관심을 가지게 된 켈빈 경은 한 강연에서 다음과 같이 말했다.[16] "나는 가장 흥미 있는 응용과학 분야를 보았습니다. 그것은 우리가 매일 보는, 과학적인 깊이가 없고 치밀하지 못한 다듬어지지 않은 기존 과학의 응용이 아니었습니다. 오늘 내가 방문한 공장에서는 진정한 과학적 문제들에 대한

---

16. 『로체스터 데모크래트 앤 크로니클』지, 1902년 4월 27일자.

캘빈 경의 관찰

실례들이 있었습니다. 나는 큰 관심을 갖고 그러한 것들을 지켜보았습니다. 그리고 그곳에서 과학의 놀라운 성과를 보았습니다. 그 이전에는 이런 작업들에 대해 거의 알고 있지 못했지만, 이제는 더 많은 것을 알게 되었으며, 여전히 더 많은 것을 알고자 합니다.

이스트먼 씨가 창립한 위대한 회사에서 그와 함께 일하게 된 것에 크게 만족하며, 전 인류가 사용할 수 있는 과학의 응용이라는 점에서 내게 큰 기쁨을 줍니다. 이스트먼 씨의 공장에서는 과학을 응용하여 놀라운 결과를 낳고 있으며, 그의 과업은 문명세계의 삶에 커다란 즐거움을 주고 있습니다.

이곳에서의 사진 공정의 성공은 지식과 발명, 과학에 의존하고 있습니다. 그리고 창업자들이 불완전한 결과에 만족하지 않고 계속 노력해 왔기 때문에 사진은 가장 흥미 있고 가치 있는 응용과학의 한 분야가 되었습니다. 사진산업이 크게 성공하였다는 것은 그 사업 자체만 보아도 알 수 있습니다. 이들 협력 회사들에 의해 발전된 사진은 아마추어의 취미생활뿐만 아니라 예술 분야에서도 많은 가치를 창출해 내고 있습니다. 모든 종류의 기계학, 공학, 과학 연구가 사진을 응용[17]하고 있습니다. 우리는 사진술을 통해 항성의 특성도 알아낼 수 있었습니다. 최근의 진보된 천문학은 사진술을 기초로 합니다.

---

17. "천체사진은 매사추세츠의 캠브리지의 본드(W.C. Bond)가 밝은 이중성(二重星) 사진을 입수하였던 1850년 7월 17일부터 시작되었다. 건판의 도입은 우주 사진을 고무시켰으며, 1882년에 남부 하늘에 등장한 거대한 혜성이 케이프의 굿 호프 관측소에서 촬영되었다. 1887년 4월 16일에는 천체의 광범위한 사진 조사를 의논하기 위한 국제 모임이 파리에서 열렸다. 과제는 행성들의 움직임을 따라갈 수 있도록 설치할 수 있는 우주 망원경을 개발하는 것이었다. 그 기준안이 파리 회의에서 채택되었다. … 별의 외형상의 밝기는 그 크기와 거리를 측정할 수 있는 최초의 지표이다. … 유동적인 천정의(天頂儀, zenith telescope)가 브라이언 쿡슨에 의해 1901년에 만들어졌다. 이 기구는 자오선을 따라가는 별들의 자취를 촬영하기 위해 사용되었다." [『천체사진(Astronomical Photography)』이라는 책에 게재되었던 그리니치 천문대의 찰스 런들 데이비드슨이 쓴 「과학적 기구로서의 사진(Photography as a Scientific Instrument)」]

공학과 비금속 산업에서의 사진의 기원은 대략 1900년으로 추정되며, 이는 셰필드에 있던 베일리 철강회사의 연구실험실장이었던 존 헨리 모니페니(John Henry G. Monypenny)에 의해 이루어졌다. 1923년에 그는 "카메라의 가치는 지난 25년간 매년 공학과 비금속 산업에서 증가 추세에 있다. 아마도 이 산업 분야에서의 초기 사진 용례들 중 하나였던 것은 현미경과의 연관 작업이었다. … 사진 현미경을 갖추고 있지 않은 공학과 비금속 산업실험실은 현재 거의 없다"고 진술하였다.

조지 이스트먼

　제임스타운과 로체스터에 있는 공장들에서 검증되었던 사진 작업의 웅장함과 위대함을 말씀드리기 위해 이를 언급하였습니다. 이스트먼 씨와 긴밀한 관계를 유지하게 된 것은 내게 큰 기쁨이며, 이스트먼 코닥 사에서 고문으로 일하는 것도 만족스럽습니다. 지금 이곳에서 영국의 동료들을 대표하여 연설할 수 있는 것에 자부심을 느낍니다."

　로체스터 대학 총장이었던 러시 리스 박사가 말했던 것처럼 '현대 사고(思考)의 지도자'였던 켈빈 경은 전기 및 화학연구, 수력 송전 및 무선통신 분야에 산업계와 대학들의 관심을 고무시켰다. 그는 미국의 주요 3대 발명인 전화, 전력 송전, 필름 사진에 관여하였다. 전화와 전력 송전, 필름 사진이라는 3대 발명은 이 시기가 세계대전 이후 고난의 시기였음에도 불구하고 인적 자원과 축적된 대자본, 과학 연구 등이 결합되어 이루어진 것이었다.

제6장

영화산업이 에디슨에게 찬사를 보내다

"이상적인 대기업은 사내의 인재들을 최대한 활용할 수 있는 곳이다"라고 이스트먼은 기술한 바 있다. 정책을 발전시키는 과정에서 그가 진취적 정신, 비전, 지도력 등과 같은 무형의 자산들을 무시하지 않았다는 것은 분명하다. 그는 '조직'의 중요성을 수년간 강조하여 왔으며, 최고경영자 한 사람보다는 조직을 키우기로 결심하였다. 그러나 직원들에게 책임감을 갖게 만드는 것은 단기간에 이루어질 수 없는 일이었다. 이것은 수년간의 기간을 필요로 하며, 그가 이룩한 일들 중에서 가장 어려운 것 중의 하나였다.

1901년과 1904년에 앤서니 앤 스코빌 사는 이스트먼과 타협하여 굿윈 건을 해결하려고 여러 차례 시도하였다. 이렇게 되면 이스트먼 사는 미국 사진시장을 독점할 수 있게 되었지만, 이스트먼은 그 모든 제안을 거절하였다. 1901년에 그는 1백만 달러도 안 되는 자금으로 그의 경쟁사를 매입할 수도 있었다. 3년 후에 그 가격은 치솟았으며, 이스트먼은 이 사실을 자신의 동료들 중 한 사람에게 보내는 편지에서 밝히고 있다. 앤서니 앤 스코빌 사의 대표가 로체스터를 방문하고 간 직후였다. "그는 150만 달러에 자신들의 회사 경영권을 인수하거나 275만 달러에 회사를 매입하라는 제안을 하였습니다. 후에 그는 딱 떨어지는 액수로 만들기 위해 250만 달러로 깎아 주었습니다. 코닥 사에 큰 부담을 주는 것은 아니며, 60일 이내에 투자금을 회수할 수 있을 것이라고 말하더군요. 회수 방법을 묻자 그는 '가격을 올려서'라고 대답했습니다. 그 회사를 매입하면 우리는 회사 경영권을 완전히 확보

조지 이스트먼

하게 될 것이고, 그렇게 되면 우리가 가격을 올리고 외판원들을 해고할 수 있다는 것이었습니다. 그렇게 하는 것이 어려울 것 같다고 말하자 그는 나를 용기 없는 사람으로 생각하는 듯했습니다. 자신의 요구를 들어 줄 것을 1시간 30분 가량 간청하였고, 면담이 끝날 무렵에 나는 그에게 새로운 이슈를 가져오면 그 문제를 고려해 보겠다고 했습니다. 다시 말해 우린 독점을 하지 못해 안달복달하고 있지 않으며, 너무도 많은 외부 상품들이 줄을 서서 우리를 기다리고 있기 때문에 그들에게 투자하는 것은 예산 낭비일 뿐이라고 말해 주었습니다."

그렇지만 이들 뉴욕의 패거리는 회사를 매각하려고 몸이 달아 있었다. 이들의 변호사는 다음 날 가격을 2백만 달러로 낮춰 다시 제안해 왔다. 이스트먼은 필립에게 다음과 같은 편지를 보낸다. "나는 이 제안에는 여전히 영업권에 대한 80만 달러가 포함되어 있고, 그만큼 거래를 할 수 있는 가능성이 없어 보인다고 지적하였습니다. 그 후 그는 내가 원하는 것이 무엇인지 알고 싶어 했고, 나는 그에게 다음과 같이 말했습니다. 우리가 그의 회사를 매입한다면 우리는 경쟁을 해소하는 방식이 아닌 그들 회사를 계속 운영하는 방식으로 투자액에 대하여 최소한 14 내지 15퍼센트의 수익을 올릴 수 있는 확실한 방법을 찾아야 할 것이라고 말했습니다. 그는 그들과 우리 사이에 벌어지고 있는 특허권 소송에 대한 타협안의 중요성을 계속 강조했으며, 마침내 나는 그에게 다음과 같이 말했습니다. 그러한 목적으로는 한 푼도 지불하지 않을 것이며, 굿윈 특허권이 어떻게 우리가 필름을 제조하는 것을 제지할 수 있을 정도로 설득력이 있는 것인지를 모르겠다고 말하였습니다."

이스트먼은 소송에서 타협을 하거나 독점권을 확보하는 방법으로 회사를 발전시키려고 하지 않았다. 그는 데이비슨에게 "밖으로 나가 거래를 성사시키십시오"라고 썼다. 면밀한 연구조사, 개선된 인사정책, 대중들에게 인지된 상품의 품질을 바탕으로 한 이 말은 그의 '전투론'이었다. 게다가 사진업계에서는 그가 싸우는 것을 두려워하지 않는다는 것을 알고 있었다.

또 다른 경쟁사가 특허권 소송을 해결하기 위해 강압적인 방식을 취해 오자 그는 스트롱에게 "끝까지 싸우십시오"라고 독려했다.

굿윈 건을 전담하고 있던 필립에게 편지를 보내면서 이스트먼은 더 이상 협상

영화산업이 에디슨에게 찬사를 보내다

을 하지 않겠다고 선언하였다. "터너 특허권에 관한 것이라면 타협을 통해서는 그 어떤 것도 얻을 수 없다고 봅니다. 만약 그 특허권이 유효한 것으로 판결이 난다면 우리가 그것을 소유할 것입니다. 그리고 우리가 앤서니 사를 사들일 경우 앤서니 사처럼 회사를 매각하겠다고 달려드는 어중이떠중이들이 많아질 것입니다. 굿윈 특허권에 관해서는 저의 입장을 충분히 밝혔습니다. 이와 관련하여 내가 바라는 것은 되도록 빨리 결말을 짓는 것뿐입니다. 그들이 계속 꾸물거리는 작전을 쓴다면 억지로라도 그들이 결론을 내리게 만들어 주시기 바랍니다."

굿윈 특허권이 발행된 지 10년 이상의 세월이 흘러갔지만, 새로운 소유자들은 아직도 굿윈의 제조법을 적용하여 필름을 만들어 팔 수 없었다. 소송비용이 많이 들었음에도 불구하고 이스트먼은 필립에게 확신을 가지고 있었고, 타협할 의사가 전혀 없었다. 마침내 1908년 12월 15일, 뉴욕의 특허권 소유자들이 소송을 제기하였다. 그렇지만 그들은 1913년 5월까지 공청회도 열지 못하였다.

1906년 내내 이스트먼은 반트러스트 법안(Antitrust Laws, 미국의 독점금지법·공정거래유지법의 총칭. 1890년의 셔먼법 및 1914년의 클레이턴법이 대표적이다. 미국 자본주의가 발전하는 가운데 거대기업의 출현은 독점에 의한 자본주의 폐해의 하나로 많은 불안을 야기해 1880년대 말, 중서부를 비롯한 여러 주에서 반트러스트법이 제정되었다 – 역주)과 관련하여 필립과 연락을 주고받았다.

"당신과 이야기를 나눈 후에 나는 반트러스트 법안이 도매상들이 우리 제품을 독점적으로 판매할 수 없을 정도로 엄격하게 시행된다면 앞으로 우리 사업이 어떻게 될 것인지를 생각해 보았습니다. 우선 우리의 규정은 독점권을 차지하겠다는 생각을 기초로 만들어진 것이 아닙니다. 우리 회사의 진정한 목표는 유사품을 막는 일이며, 이는 우리 회사뿐만 아니라 소비자들에게도 중요한 문제입니다. 유사품 범죄는 너무나도 일반적인 범죄이므로 몇몇 국가들에서는 소비자가 유사품을 사용하지 못하도록 교육시킬 목적으로 제조업자들이 정기적으로 퇴치운동을 벌이기도 하였지만, 이는 효과도 미미하고 길고 지루한 과정이었습니다. 이 문제를 해결할 수 있는 가장 빠른 길은 도매상들을 통하는 것이었습니다. 우리는 도매 대리점이 유혹에 넘어가지 않고 우리 제품만을 취급하도록 제약을 가했습니다. 그런

조지 이스트먼

식으로 제약을 가하는 대신 우리는 대대적인 광고를 통해 그들이 수익을 얻도록 해 주었습니다. 이런 식으로 제약을 가하지 않으면 부도덕한 도매상들은 자신들에게 수익을 가져다줄 제품이라면 어떤 물건이든지 취급하고 '이것이 낫습니다' 혹은 '가격이 싸지만 품질은 똑같습니다'라고 말하면서 소비자에게 구입을 강요할 것입니다. 도매상들에게 제약을 가하는 것은 우리에게는 매우 중요한 문제라고 생각되며, 매사추세츠에서 제기된 것과 같은 법률에 대응하기 위한 대책을 즉시 세워야 할 것이라고 생각됩니다. 틀림없이 다른 곳에서도 이 법률을 똑같이 적용할 것입니다. 제가 뉴욕에서 내놓았던 제안을 심사숙고해 주시기 바랍니다. 그 내용은 우리가 대리점들에게 지역적인 권리를 부여하자는 것이었습니다. 그리고 그 계획이 적절한지 아닌지에 관한 의견을 개진해 주십시오. 내가 제안한 것은 각 대리점마다 판매구역을 정해 주자는 것입니다. 도시가 커서 그 도시 안에 대리점이 몇 군데 있어야 할 경우에는 큰 거리를 중심으로 판매 구역을 정해 주고 다른 대리점이 그 구역을 침범하지 못하게 하려고 합니다."

한편 이스트먼 자신은 인적 자원에 관해 생각하고 있었다. 그는 오래 생각한 끝에 인간의 지적 능력이 특허권이나 기계 장치, 재정, 독점권 혹은 제작 공정보다 훨씬 더 중요하다는 결론을 얻게 되었다. 그의 최대의 관심은 인적 자원에 있었으며, 이는 사람들을 하나의 조직으로 결합시켜, 하나의 단위로 개척하고, 진보하며, 지도하는 것이었다. 전체 조직을 점검해 본 뒤 그는 조직 내의 두 명의 중역이 회사의 발전을 저해하고 있다는 판단이 들자 이들을 즉시 퇴출시키기로 결정하였다.

조직 내의 이러한 조치를 필립에게 알리면서 이스트먼은 다음과 같이 공표하였다. "○○씨는 '이사회 내에서의 자신의 입지'에 대해 만족하지 못하여 우리를 떠납니다. 이전에 그는 자신이 나의 후계자라는 생각을 가지고 있었으나, 최근에 그러한 방향으로 일이 진척되지 않자 몇 차례에 걸쳐 사직하겠다고 위협을 가해 오다 마침내 사직하겠다고 하여 나는 그의 사표를 수리하였습니다. 그를 잃게 되어 유감이지만, 자신의 조직을 세우려고 하던 노력이 나머지 조직으로부터 반감을 사 그가 일을 계속 진행할 수 없게 된 상황에서 마무리하게 되어 그나마 다행입니다."

파벌에 대해 불만을 토로하였던 또 다른 중역에게 이스트먼은 전보 발령을 내

영화산업이 에디슨에게 찬사를 보내다

리면서 "이 회사가 인정하는 파벌은 그 주요 목적이 효율적인 협력을 통하여 회사에 최상의 결과를 가져오는 파벌뿐이며, 자신의 일에서 최상의 결과를 보여주지 못하는 사람은 이 파벌에 끼지도 못할 것이다"라고 훈계하였다.

1882년부터 1908년까지 회사 조직은 5명의 직원에서 6,130명으로 성장하였다. 이스트먼의 조직 체계는 22명의 사장, 43명의 부사장, 47명의 공장장, 10명의 부공장장, 229명의 현장감독, 24명의 부현장감독으로 이루어졌고, 그들이 각자 자신에게 맡겨진 임무를 수행하면서 회사가 운영되었다.

그는 『하퍼스 매거진』지와의 인터뷰에서 다음과 같이 말하였다.[1] "6명을 제외하고는 모두 하위직에서 승진을 하였습니다. 승진이 아닌 다른 방법으로 직위를 채우는 경우는 매우 드뭅니다. 회사가 합병을 하는 경우에는 거의 대부분 회사 전 소유자는 퇴임을 하고, 직원들은 자신들이 이전에 받았던 것보다 더 많은 급료를 받는 경영진으로 승진을 하였습니다.

만일 어떤 이가 혼자서 누군가를 승진시킬 것인지 아닌지를 결정한다면 승진을 원하는 사람은 바로 자기 자신일 것입니다. 승진을 할 수 있는 사람들은 능력이 뛰어나야 하고, 일반적으로 자신의 직속상관뿐만 아니라 다른 사람의 눈에도 띄어야 합니다. 현장감독 혼자서는 어떤 한 사람의 승진을 막을 수 있지만, 조직 구성이 잘되어 있는 회사에서는 그러한 일은 불가능합니다. 곧 현장감독의 상관에 의해 그 일이 탄로 나게 되니까요.

어떤 한 사람의 능력과 승진 자격을 보여주기 위한 별도의 체계가 있어야 하는 것은 아닙니다. 그것은 일상적인 인사 기록 카드 한 장만으로도 충분합니다.

동일한 지적 수준과 능력일지라도 대기업 안에서는 조직 체계의 협력을 통해 더 큰 힘을 발휘할 수 있습니다.

사장으로서, 공장장으로서 혹은 현장감독으로서 가장 중요한 자격 요건은 밑에 있는 사람들의 능력을 알아보고 그들에게 동기를 부여하는 것입니다. 이러한 점이 간과되는 회사는 부패가 만연하게 될 것입니다. 이상적인 대기업은 조직 내

---

1. 이스트먼이나 그의 회사에 대한 언급을 하지 않는다는 조건에서 1908년 4월에 존 멈포드(John K. Mumford)에게 보낸 편지.

조지 이스트먼

의 두뇌들을 잘 활용하는 곳입니다.[2]

하나의 경영권으로 많은 회사들을 결합시키는 궁극적인 이유는 좀더 효율적으로 관리하기 위해서입니다. 동일한 경영권에서 각기 다른 공장들이 동일한 종류의 상품을 생산하려면 끊임없이 질적 수준을 향상시켜야 하고, 이렇게 하려면 직원들에게 동기를 부여해야 합니다.

우리가 합병한 회사에서는 능력 있는 일꾼들이 인정을 받을 수 있는 기회를 크게 증진시켰습니다. 작은 공장에서는 개인적으로 좋아하는 인물이나 친척들이 실력 있는 사람들보다 먼저 승진하는 일이 빈번히 있습니다. 대기업에서 자기 마음에 드는 사람을 먼저 승진시키는 일은 조직 전체에 너무나도 유해하기 때문에 없어져야 합니다. 대기업은 중소기업보다 높은 임금을 지불합니다. 자신이 일하고 있는 지역공동체의 크기에 따라 하는 일이 달라지듯이 자신이 일하는 기업의 규모에 따라 사람들에게 주어지는 기회가 많아집니다. 사람들은 더 많은 기회를 찾아 작은 마을을 떠나 끊임없이 대도시로 나아가고 있으며, 능력 있는 사람들은 이와 같은 이유에서 대기업을 선호하고 대기업에 머무르려고 합니다."

이스트먼은 나약한 사람들을 결코 신뢰하지 않았다. 그의 기준은 항상 회사에 대한 인적 자원의 가치였다. 사장의 성격이 사람들로 하여금 그와 일하는 것을 어렵게 만들 경우에도 이스트먼은 그 사장의 행적이 조직에 해를 끼치고 있다고 느끼지 않는 한 눈 감아 주었다.

"우리 회사는 항상 유능한 사람들을 높이 평가하려고 노력해 왔습니다." 이스트먼은 중역 중 한 사람이 자신이 물러나면 무슨무슨 사업을 하겠다는 식의 다소 경솔한 말을 하고 다닌다는 보고를 하였던 사장에게 이렇게 말했다. 사직하겠다는 위협 때문에 잠을 설치는 일도 없었다. "오늘날 사진 제조사업에서 성공을 거두기 위해서는 해야 할 일이 너무도 많기 때문에 우리 회사는 어떤 한 사람의 행동에 그렇게 크게 신경을 쓰지 않습니다. 오늘날 대규모 경쟁업체에서는 모두 좋은 유제를 생산할 수 있으며, 이들 중에는 품질이 상당히 좋은 필름을 제작할 수 있는 업체

---

2. 1912년 9월 19일에 매티슨에게 편지를 보내면서 이스트먼은 "건강을 회복할 때까지 충분한 휴식을 갖고 그 대신에 완쾌하시오. 이 세상에서 좋은 사람을 구하기는 매우 어렵소"라고 말했다.

영화산업이 에디슨에게 찬사를 보내다

도 있습니다. 많은 경쟁업체가 양질의 감광판과 인화지를 생산할 수 있으며, 일부는 코닥 사보다 훨씬 더 오랜 기간 동안 사진사업을 해왔습니다. 그리고 많은 사람들이 코닥 사를 떠나 사진사업에 뛰어들어 코닥 사에 있을 때보다 훨씬 더 좋은 조건에서 사업을 시작하였지만 거의 성공을 거두지 못하였습니다. ○○씨가 경솔한 행동을 하고 다니는 것은 사실이지만, 현재까지 그가 회사에 대한 의무를 게을리하지는 않았다는 생각이 드는군요."

1907년의 재정 공황기에 이스트먼의 주요 관심사는 로체스터의 직원들에게 주급을 지급하는 일이었다. 그는 영국 회사로부터 금을 수입하여 자금 경색을 해결하여 다시 한 번 경영자로서의 능력을 발휘하였다. 이러한 회사의 정책은 직원들에게 많은 도움을 주었다.

"이곳의 상황은 현금 조달에 관해 매우 불확실합니다. 우린 고양이가 어디로 튈지 예상할 수 없습니다. 이번 주 주급 지급에는 아무런 어려움이 없으며, 다음 주에도 주급을 지급하겠다고 약속하였습니다. 이쪽에서 문제를 해결할 수 없을 때를 대비해서 다음 주까지는 런던에서 수화물이 도착해야만 합니다. 많은 도시에서 어음이나 수표로 임금을 지불하고 있으며, 로체스터도 곧 그렇게 될 가능성이 있습니다. 나는 우리 직원들이 현금 대신에 이러한 임시 지폐를 받음으로써 발생되는 불편을 겪지 않게 하고 싶습니다. 이번 한 번만 선적해도 될 듯하지만 또 다른 선적이 필요한지에 대해서는 다음 주에 연락을 드리겠습니다. 로체스터에는 유통 화폐를 충분하게 갖고 있는 은행이 없어서 2-3일만 지불 청구가 계속되면 돈이 바닥이 날 것입니다. 시(市) 밖에서도 자금을 얻기가 어려워졌습니다. 오늘 70명의 사람들이 한 은행에서 자신들의 예금을 모두 인출하여 자금난이 끝날 때까지 숨겨 둔다고 해도 그 또한 오래가지 못할 것입니다. 그러나 자금난이 최고조에 달했고, 다음 주에는 사람들이 좀더 평온한 마음을 찾게 될 것이라고 기대하고 있습니다"라고 그는 런던 사장에게 편지를 보냈다.

열흘 후에 그는 금을 선적해 줄 것을 거듭 요청하는 전보를 띄웠다. "재정 상황은 전국적으로 다소 호전되고 있으며, 한두 번 정도만 더 선적을 해주면 그 뒤에는 유통 화폐를 충분히 확보할 수 있을 것 같습니다. 토요일에 우리는 주급 봉투에 안내장을 넣었는데, 상당히 좋은 평을 받고 있습니다."

'이 돈을 계속 유통시키십시오'라는 것이 안내장의 제목이었다. "회사 폐쇄와 해고에 관한 소문은 모두 아무런 근거도 없는 것들입니다. 자금은 점차 확보되고 있으며, 수표로 임금을 지불해야 할 위험도 모두 사라졌습니다.

로체스터의 상황은 나쁘지 않습니다. 임금 근로자들만이 상황을 나쁘게 만들 수 있는 이들입니다. 우리 자신의 경우를 예로 들어 보면 우리도 예외가 아닙니다. 우리는 우리 상품을 우리 고장 밖에서 판매하고 그 대금을 수표나 어음으로 받습니다. 이러한 수표나 어음은 은행에 예치되어 일정 기간이 지나야 현금화할 수 있습니다. 상품 대금으로 현금을 받지 못하기 때문에 은행에 현금을 예치하지는 못하면서 매주 임금 지급을 위해 로체스터 은행에서 5만 달러를 현금으로 인출해야 합니다. 이 5만 달러가 무엇이 될까요? 상황이 정상적일 때라면 여러분들은 임금의 상당 부분을 식료품, 육류, 의류 상점이나 다른 소매상들에게 지불할 것이고, 궂은 날을 위해 저축을 하는 사람이라면 남은 돈을 은행에 넣어 둘 것입니다. 또 한 주가 지난 후에는 물건을 판 상인들이 다시 은행에 돈을 예치할 것이고, 결국 우리가 여러분들에게 지급하기 위해 인출한 돈은 은행으로 다시 돌아오게 되는 것입니다. 따라서 우리가 다음 주 임금을 지급하기 위해 은행에 갈 때는 이미 지난주에 여러분들에게 지급했던 돈을 다시 인출하게 되는 것이 분명합니다. 어쨌든 돈은 교환수단에 불과하며 계속 움직일 때 유용성을 발휘하게 되는 것입니다. 주전자 속에 감추어 놓은 돈은 아무것도 벌어들일 수 없고, 아무도 도울 수가 없습니다. 이전과 같이 돈을 쓰거나 은행에 예치하면, 수표로 임금을 지불하거나 임시 휴직을 해야 할 필요가 없습니다. 당신이 가지고 있는 현금에 확신을 가지고 있다면 다른 이들을 도우십시오.

1년 전과 마찬가지로 이제는 현금을 비축해 두어야 할 이유가 없습니다. 지속적인 노동과 지속적인 현금 지급이 보장되어 있습니다. 원하신다면 저축하십시오. 그렇게 하는 것은 항상 지혜로운 일이었습니다. 그렇지만 통화의 흐름 밖으로 돈을 빼내진 마십시오. 여러분들을 위해 돈을 벌어들이고 사업을 하는 모든 이들을 돕고 있는 은행에 돈을 예치하십시오.

영화산업이 에디슨에게 찬사를 보내다

　규정시간 노동, 완전고용, 그리고 토요일의 현금 봉투-우리 공장에서는 이것 이외엔 아무것도 찾아볼 수 없습니다."
　코닥 사는 그 도시에서 가장 큰 기업체였기 때문에 이 지침은 로체스터의 은행들에게 분명한 이득이 되었다. 코닥 사의 주급 총액은 이 도시 전체의 주급 총액의 1/4을 차지하고 있었으며, 재정난이 최고조에 달했을 때 다시 말해서 뉴욕 은행가들이 보호조치로 뉴욕 밖으로 금을 실어내지 말자고 결정하였을 때에도 이스트먼이 수입한 금은 지역경제를 안정시키는 데 많은 도움을 주었다.
　12월이 되어 이스트먼은 뉴욕에 있는 변호사에게 다음과 같은 편지를 보낼 수 있었다. "전체 결과를 보았을 때 코닥 사는 보기 드문 호황을 구가한 한 해를 마감하고 있습니다. 이는 영화 필름 사업이 성장하면서 나온 결과이기도 하지만 아메리칸 아리스토타입 사를 제외한 미국 내의 다른 모든 공장들이 일을 잘하였기 때문이기도 합니다. 아메리칸 아리스토타입 사는 1년 전에 질이 떨어지는 인화지를 생산하였습니다. 이 일은 그들에게 큰 타격을 주었고, 이 일로 인해 가스라이트 인화지가 콜로디온 인화지의 자리를 차지하게 되기도 하였습니다. 11월까지는 우리의 판매량이 재정난에 영향을 받지 않았지만, 11월은 영화 필름 이외의 모든 분야에서 일반적으로 하락세를 보였습니다. … 1907년의 초반 9개월간 우리는 은을 구입하는데 온스당 68센트에서 69센트 정도를 지출하였습니다. 지난 몇 주일간 우리는 최저 54센트 선에서 은을 매입하였습니다. 만약 이 가격이 계속 유지된다면, 한 달에 은을 4-5톤 가량 사용하는 우리에게는 엄청난 이익을 가져오게 될 것입니다."
　이 시기에 이스트먼 사는 미 조폐창 다음으로 미국에서 가장 큰 은(銀) 소비업체였으며, 그것은 현재까지도 그렇다. 감광유제에 사용하는 은이 엄청나게 증가했다는 것은 사진술이 얼마나 발전했는지를 보여주는 훌륭한 지표이다. 그렇지만 이스트먼은 사진산업에서 최대 제조업자 자리를 지키는 것에 더 이상 관심을 가지고 있지 않았다. 그는 기업은 커질 수 있지만 경영자는 그렇지 못할 수 있다는 사실을 잘 알고 있었으며, 그가 매료당한 것은 사업에서 가장 미묘한 요소인 지속적인 리더십이었다. 그리고 진보하는 시대의 리더십은 미지의 세계를 개척해 나아가면서 회사를 확장해야 한다는 것을 그는 믿고 있었다.

조지 이스트먼

수년간 그는 '아시아 지점'에 관심을 가져왔다. 1908년 1월 초에 그는 '철저하게 실리적인 사람'이라고 불리던 토머스 베이커와 협정을 맺게 되었다. 토머스 베이커는 호주의 베이커 앤 루즈 사의 동업자였다. 이 협정으로 코닥 사는 남반구 사업에서 주요 이권을 획득하게 되고 동양으로 사업 확장이 가능하게 되었을 뿐만 아니라 선두 사진기업과 함께 이 지역에서 팀워크를 발휘할 수 있게 되었다. 또한 이 협정으로 코닥 사는 이스트먼이 이 사진사업에서 가장 탁월한 영업자로 평가한 루즈(J. J. Rouse)를 얻게 되었다.

한편 제임스 헤이스트는 코닥 파크의 연구진에게 불연성(N.I.) 필름(인화성이 강한 질산섬유소 대신 초산섬유소 베이스를 사용한 안전 필름 – 역주)을 생산하는 실험을 하게 하였다. 1908년 4월에 이스트먼은 런던의 새로운 경영 책임자였던 지포드에게 "이제서야 우리가 올바른 일을 한 것처럼 보이는군요"라고 쓸 수 있었다.

그는 헤이스트에게 "실험 결과를 보니 우리는 초산섬유소를 만들기 위한 시설을 계속 갖추어야 할 듯합니다. 따라서 당신은 이것을 보관할 탱크를 주문하고 가능한 한 빨리 설비를 갖추도록 독려해야 할 것입니다"라고 썼다.

1911년, 이스트먼은 제조업자의 입장에서 사진의 발달 과정을 밝히는 글에서 아세테이트 필름의 역사를 상술하였다.

"초산섬유소라 불리는 니트로셀룰로오스의 대체물이 이미 존재하였습니다. 이 대체물은 질산염의 속성을 많이 가지고 있지만 이 대체물로 만든 판은 니트로셀룰로오스로 만든 판보다 점착력이 부족합니다. 사실 이 판들이 그다지 잘 부서지지 않아도 비교적 짧은 시간이 지난 후에는 쉽게 망가져 버려 변화를 일으킵니다. 이미 알고 계시듯이 1 3/8 인치 너비의 영화 필름은 가장자리에 일련의 작은 구멍이 뚫려 있습니다. 그 구멍이 촬영 및 영사 장치의 톱니바퀴와 맞물리면서 기계가 안에서 필름을 움직이게 됩니다. 이러한 과정은 두께가 1/5,000인치밖에 되지 않는 필름에 상당한 압력을 주게 되므로 각각의 필름이 적어도 평균 1천 회 이상 상영된다는 것을 생각한다면, 필름은 영사기 안에서의 반복 사용에 의한 마모와 균열을 견딜 수 있을 만한 내구성을 가져야만 합니다.

사진제조업자가 이 일을 떠맡는다면 먼저 이러한 문제점을 극복해야 필름을

영화산업이 에디슨에게 찬사를 보내다

쓸 수 있습니다. 현재까지 미국, 영국, 프랑스, 독일에 있는 12개 이상의 회사들이 이 문제에 관심을 기울여 왔고, 이들 중 일부는 상당히 많은 화학 전문가들을 고용하고 있으며 특히 독일 회사가 그렇습니다. 흥미로운 것은 이 재료의 강도를 높이는 문제를 최초로 해결한 사람이 바로 미국의 화학자라는 것입니다."

이것은 사진업계에서 선도적인 지위를 차지한 것으로, 이스트먼은 그 일에 자부심을 갖고 있었다. 그의 회사는 최초로 '스틸' 사진에 사용되는 유연한 필름을 생산하였다. 상업적으로 실용적인 안전 필름을 생산한 것은 이번이 처음이었다. 이는 업계에서는 많이 앞서는 일로, 이로부터 상당히 오랜 시간이 흐른 뒤에야 불연성 필름을 이용할 정도로 산업, 의학, 교육용 영화 들에서 큰 비중을 차지하게 되었다.

자신의 세력을 하나의 조직으로 통합하는 일을 하게 되면서 이스트먼은 런던의 주식 중개인으로부터 영국 주주들이 자신들의 주식을 매도하게 만들고 있다는 비난을 받았다. 이에 대해 이스트먼은 즉시 다음과 같이 못을 박았다. "이는 사실과 완전히 다릅니다. 런던 증권거래소에서 코닥 주식에 대한 수요가 없다면 이는 투기적인 산업을 더 선호하는 중개인들 자신들의 관심이 부족하기 때문인 듯합니다."

그리고 그는 런던 사람들뿐만 아니라 다른 사람들 마음속에 있던 '이스트먼 개인의 리더십이 없다면 회사에 어떤 일이 발생할까'라는 '재앙'에 대한 우려에 다음과 같이 답변하였다.

"이 제안에는 다음과 같은 의미가 담겨 있을 수도 있습니다. '대주주가 사망해 주식이 시장에 쏟아져 나오면 심각한 사태가 벌어질지도 모른다는 두려움 때문에 사람들이 코닥에 투자를 하지 않을 것이다.' 물론 대주주는 저를 뜻하는 말입니다. 그렇지만 시장에 쏟아져 나온 주식으로 인해 '재앙'이 발생하는 것이 아니라 지도자 없이 사업이 방치되는 데서 재앙이 발생할 수 있습니다. 여러분들 자신도 잘 알고 계시듯이 우리 사업 조직은 이러한 재난을 최소화하는 정책을 펼쳐 왔습니다. 회사 내에 인재가 남아돈 적도 없고, 중요한 자리를 공석으로 둔 적도 없습니다."

이스트먼 자신은 이러한 예측 불허의 사태를 두려워하지 않았다. 집단책임,

조지 이스트먼

집단 진취정신, 조직 내에서 행동의 통일 등을 발전시킴으로써 지속적인 리더십을 유지하려고 노력하였다. 이는 어떤 한 개인을 잃을 때를 대비한 회사의 일시적인 방어책이 아닌 그의 목표였다.

그러나 그의 이상이 비교적 단기간 내에 실현되었다고 하더라도 이스트먼은 이러한 정책에만 관심을 쏟은 것은 아니다. 그가 '영업적으로 만족스러운 결과를 얻게 해줄 완벽한 상태에 도달하기 위하여 모든 부서를 돌아다니면서 근무상황과 작업 환경을 개선했을 수도 있지만' 사람들은 기계가 아니었다. 이들은 중역이나 공장장과 같은 대우를 받을 자격이 있었다. 그에게 있어 이들의 건강은 그 자신의 건강만큼이나 중요하였다. 그는 코닥 파크의 사진 암실에서 근무하는 직원들의 시력을 검사하기 위해 전문의를 고용하였으며, 전문가를 동원해 모든 공장 직원들의 건강 상태를 검진하여 로체스터와 영국, 독일에 있는 다른 기업체 직원들의 건강 상태와 비교하였다. 조사원들은 이스트먼의 공장에서 근무하던 직원들과 같은 건강 상태를 가진 공장은 어디에도 없다는 것을 알게 되었다. 이러한 사실은 유럽에서 전쟁이 터지기 전까지는, 직원들의 건강을 관리하는 데 있어서는 독일 기업이 세계에서 제일이라고 알고 있던 사람들에게는 아주 놀라운 결과였다.

인간 관계를 구성하는 심리적 요소를 파악하려면 시간과 인내력이 꼭 필요하다. 이스트먼은 언제나 지칠 줄 모르는 인내력으로 직원 한 사람 한 사람을 대했기 때문에 코닥 파크와 해로우의 과학자들은 안전 필름을 개발하는 실험을 하면서 부딪히던 화학적인 문제와 기술적인 문제를 해결할 수 있었다.

1908년 가을에는 복잡한 특허권 문제가 가장 큰 문제인 듯하였으며, 특허권 두 건은 한 독일 회사가 통제하고 있었다. 10월에는 이 회사 대표 3명이 협의를 위해 로체스터를 방문하였으며, 독일 측 주장을 심사숙고한 끝에 이스트먼은 런던 사장에게 다음과 같은 편지를 보냈다. "필립과 클라크 그리고 나는 그동안 쌓인 모든 문제들을 검토하였으며 … 현 상황에서는 사업을 그대로 밀고 나갈 수밖에 없다는 결론을 내렸습니다. 다시 말해 우리가 만들려고 하는 필름은 출시될 때의 완성도를 적용할 경우 기존의 그 어떤 특허권도 침해하지 않을 것입니다."

그러나 12월, '마차'는 바퀴를 잃었다. 새로운 공정에 따라 신제품을 가공하려

영화산업이 에디슨에게 찬사를 보내다

면 아세트산 무수물이 꼭 필요하였다. 독일이 세계시장을 통제하고 있었으며, 로체스터 공장에서 필요로 하는 물량을 모두 공급할 수 있는 화학회사가 미국에는 없었다. 따라서 독일로부터 지속적으로 충분한 물량을 공급해 주겠다는 확답을 받았었는데 갑자기 의회가 이 화학물질에 엄청난 관세를 부과하려 하고 있다는 사실을 알게 되었다.

이때까지는 이스트먼은 관세에 크게 주의를 기울이지 않았었다. "우리 회사는 관세를 조정하려는 이러한 시도에 가담하는 일에 약간 소극적입니다"라고 태프렐에게 서한을 보냈지만, 이제는 아무런 대안이 없었으며, 이에 그는 허벨을 시켜 워싱턴에 있는 세입세출위원회의 세레노 페인 의장에게 전보를 치게 하였다.

"내일 화학 페인트와 유제, 제1항과 관련된 A계획의 문구를 수정하기 위한 공청회가 열릴 것이라는 사실을 방금 알게 되었습니다. 관세가 가격에 비례하여 25퍼센트가 될 경우 아세트산 무수물에는 파운드당 5센트의 관세가 부과될 것이라는 것이 이 계획에 들어 있다고 알고 있습니다. 현재는 법원의 결정에 따라 이 화학물질은 파운드당 2센트가 부과되는 아세트산 무수물로 분류되어 있습니다. 이스트먼 코닥 사는 안전성이 높아진 영화용 불연성 필름 제작 공정을 최근에 개발하여 완성했습니다. 저는 미국에서 무수물을 구입하기 위해 온갖 노력을 기울였지만 무수물을 생산하는 대규모 화학 회사가 없으며, 주요 화학자들도 미국에서는 무수물을 생산하는 것이 불가능하다고 말하고 있습니다. 대체물을 사용할 수 없기 때문에 코닥 사는 외국에서 무수물을 들여올 수밖에 없습니다. 따라서 우리 회사는 독일 회사와 계약을 맺어 지금까지 연간 수입량에 해당될 정도로 많은 양의 무수물을 매월 수입하기로 하였습니다. 이 계약서에는 우리가 2년간 관세를 지불하겠다는 조항도 들어 있습니다. 관세가 오르지 않아도 새로운 필름을 생산하는 비용은 기존의 필름을 생산하는 비용보다 더 많이 듭니다. 왜냐하면 기존의 가연성 필름에 사용되던 질산과 황산의 혼합물은 파운드당 2센트가 채 안 드는 대신에 새로운 필름은 파운드당 20센트가 드는 아세트산 무수물을 사용하기 때문입니다. 미국에서는 현재 무수물을 만들 수 없습니다. 외국의 제조업자들이 특허권을 보유하고 있고, 무수물 생산 공정에 미국에서는 생산되지 않는 다량의 액화 염소를 사용해야 하기 때문입니다. 새로운 필름의 원가 계산서와 견적서는 모두 관세가 인상되지 않을 것이라는 가정하에서 만든 것입니다. 전 세계에서 사용되는 영화 필름의 90퍼센트는 현재 미국에서 만들어지고 있습니다. 불연성 필름을 우리가 만들지 못한다면 미국은 이 소비량의 상당 부분 혹은 전체를 잃게 될지도 모릅니다. 위에 열거한 이유뿐만 아니라 아세트산 무수물에 사용되는 주요 물질들 중 하나인 아세테이트 석회는 전량을 미국 내에서 구할 수 있기 때문에 아세트산 무수물은 면세품목으로 등재되어야 합니다. 따라서 우리는 아세트산 무수물을 면세품목으로 등재하던지, 만약 그렇게 할 수 없다면 특별관세가 현재와 같이 파운드당 2센트를 초과하지 않도록 조치해 줄 것을 요청하는 바입니다. 이 문제는 코닥 사에게 매우 중요한 문제입니다."

허벨은 아주 열심히 이 문제를 처리하여 상원의 재정위원회와 세입세출위원회의 의원들과 접촉을 가졌고, 결국에는 페인 의장으로부터 서한을 받았다. "관세를 삭감해야 한다는 점에는 논란의 여지가 없습니다. 아세트산 무수물이 국내에서는 생산되지 않고, 대형 제조업의 기초가 되기 때문에 관세를 25퍼센트 인상하는 문제에 대해서는 반대할 것으로 보여집니다."

이러한 즉각적인 행동은 바로 결과를 얻어 불연성 필름을 상업적으로 생산할 수 있는 길을 열었고, 산업용 영화와 의학용, 교육용, 아마추어 영화를 위한 기반을 확실하게 만들었다. 이는 필름 사진술이 진일보한 것이었다.

한편 회사에서는 신형 X-레이 감광판, 천체사진을 위한 감광판, 신형 코닥 카메라 모델을 개발하였으며, 더욱이 코닥 파크와 해로우의 과학자들은 컬러 사진에 대한 실험을 계속하고 있었다.

이스트먼은 행복했다. 이러한 발전은 주로 조직적인 작업의 결과로 얻은 것이었다. 이것은 개인의 노력이 아닌 집단적인 개척정신을 보여주는 징표였다. 회사의 수뇌진은 서로 협력하고, 직원들은 회사에 점점 더 많은 관심을 가지게 되었다. 이제 시간과 인내력만 있으면 되었다. 그는 인내력을 갖고 있었으므로 이제부터는 시간만 충분하기를 바랐다.

이스트먼은 멜버른에 있는 베이커에게 다음과 같은 편지를 보낸다. "건강이

영화산업이 에디슨에게 찬사를 보내다

많이 좋아지셨다니 기쁩니다. 수명 연장에 대해 쓴 메치니코프의 책 한 권[3]을 보내드립니다."

에디슨과 이스트먼이 실험을 통해 영화를 실용화하는 데 성공한 지 17년 만에 두 사람은 처음으로 만났다. 이 만남에 대해서는 파리 사장에게 보내는 재미있고 사실적인 편지에 기록되어 있다.[4]

"지난 수요일에 오렌지에서 토머스 에디슨과 대화를 나눴으며, 그는 파테 사가 하루에 필름 45마일을 사용한다는 편지를 보내온 적이 있다는 이야기를 해주었습니다. 하루에 45마일을 사용하면 1년에는 필름 7천5백만 피트를 사용하는 것이 됩니다. 에디슨 씨는 이것이 사실인지를 알고 싶어했습니다. 나는 웃으면서 작년에는 그들이 필름을 그렇게 많이 사 가지 않았다고 했습니다."

17년이 지난 후에 이 두 발명가는 영화계가 뉴욕에서 주최한 에디슨 기념 오찬회에서 서로 소개를 받았다. 이 만남은 에디슨과 영화 제작자들과 배급사들 간의 10년 전쟁에 종지부를 찍은 영화특허회사(Motion Picture Patents Company, 미국에서 1908년과 1914년 사이에 발흥했던 수많은 영화 제작사들을 견제하기 위해 1908년 12월 메이저 영화사가 만든 조직이다. 이 회사는 모든 영화 제작물에 대해 특허권을 행사하려 했고, 에디슨 사의 영화 장비와 이스트먼 코닥 사 필름 사용권을 제한하려 했으며, 극장 상영을 방해하는 등 온갖 수단을 동원했다. 이에 굴하지 않고 독립 영화 제작자들은 메이저 영화사에서 스타와 제작 인력을 끌어들였고, 그들의 영화에 스타 시스템을 도입하기 시작했다. 또한 메이저 영화들보다 러닝 타임이 더 긴 영화를 만들었으며, 내용적으로도 더 혁신적인 영화를 제작했다. 셔먼 독점 금지 법에 따라 영화특허회사가 피소됐고, 1915년 펜실베이니아 주 연방 법원은 메이저 영화사 연합 단체가 불법이라는 판결을 내렸다. 영화특허회사는 1918년 마지막 상고가 기각되자 법적으로 해산했다 – 역주)의 시초였음에도 불구하고 두 사람 모두 이를 까맣게 모르고 있었다. 그런데 이 회사가 출범하면서 이스트먼 사는 에디슨이 그 놀라운 정신적 산물로서 받게 된 상당한 양의 사용료 가운데 일부를 처

---

3. *The Prologation of Life*, 1908
4. 1907년 5월 3일.

음으로 징수할 수 있게 되었다.

  이스트먼은 다음과 같이 적고 있다. "샤를 파테 씨와 에디슨 씨가 합의점에 도달하게 된 것을 기쁘게 생각한다. 나는 몇 달 전 뉴욕에서 에디슨 키네토스코프 사의 사장인 무어 씨와 이 문제를 상의했었다. 당시 에디슨 씨는 남부에 있었으므로 무어 씨는 그가 돌아오면 오렌지로 와서 내 의견을 에디슨 씨에게 전해 달라고 하였다. 그리하여 나는 에디슨 씨에게 영화산업 전체(제작, 배급, 상영)를 독점하려고 하는 것은 그를 위해 좋지 않을 것이라고 조언하였다. 영화산업이 최대한 발전하려면 다양성을 창출해 내기 위해 서로 다른 여러 가지 의견이 필요하기 때문이다. 그와 그의 경영인인 길모어 씨는 이 제안에 동의하는 것처럼 보였고, 그 직후 길모어 씨가 해외로 나간 것으로 알고 있다. 나는 이들이 파테 프레레 사와 연락을 하기를 바랐는데, 그 이유는 현재까지 이들이 자신들의 사업 지분을 갖지 못했을 뿐만 아니라 자신들의 필름을 생산할 수 있는 사업력이 부족했기 때문이라고 생각한다."

  6월 초에 이스트먼은 샤를 파테를 로체스터로 초대하였고, 6월 말에는 필립에게 "에디슨 측 사람들은 자신들의 영화 특허권과 관련된 회사를 조직하기 위한 회의를 열고 싶어한다"는 말을 전했다.

  이제 행동을 위한 씨앗이 뿌려졌다. 영화산업의 두 거장인 에디슨과 이스트먼은 만나서 자신들의 생각을 교환하였다. 필름을 제외한 기본적인 특허권은 에디슨이 갖고 있었고, 모든 영화 제작사들과 배급사들은 이스트먼의 고객이었기 때문에 선택의 여지 없이 이 상황의 열쇠는 에디슨과 이스트먼이 쥐고 있었다. 이스트먼 사와 경쟁하는 필름 제조업체도 있었지만 질적으로나 양적으로나 이스트먼 사에서 생산하는 필름을 따라올 수 있는 회사는 없었다. 심지어 유럽에서 유명한 인물이었던 파테조차도 이스트먼 사의 최대 고객이었다.

  10월, 에디슨은 그 어느 때보다도 수확기에 다가와 있었다. 10월 24일, 시카고 법정의 크리스천 콜삿 판사는 윌리엄 셀리그가 사용했던 카메라들이 에디슨의 특허권을 침해하였다는 판결을 내렸기 때문이다. 이 판결을 계기로 수많은 제작자들과 중개인들이 에디슨의 변호사나 이스트먼, 필립과 협의를 해오기 시작하였다.

영화산업협회의 오찬장에서. 왼쪽부터 로버트 오웰, 힐레이스, 에디슨, 이스트먼, 에드워드, 리 포리스트, 오치스.

조지 이스트먼

　이스트먼을 제외한 모든 이들이 미국과 유럽에서 계속되었던 영화 특허권과 관련된 10년 전쟁에 말려들었다. 다양한 사업에 참여하고 있는 기업이나 개인이 발전하거나 번영을 이루려면 영화 특허권 문제가 먼저 해결되어야 한다는 입장을 견지해 온 이스트먼 사는 아무런 피해도 입지 않았다.

　12월 2일, 이스트먼은 에디슨 사를 대표하는 알렉산더 무어 그리고 윌리엄 펠처와 로체스터에서 회합을 가진다고 자신의 변호사에게 알린다. 이스트먼은 다음과 같이 기술하고 있다. "이들은 내가 제안한 대로 파테를 포함한 다른 영화 제작자들과 협상을 타결하였다고 알려 왔습니다. 이 협상안에 따르면 이들은 모두 에디슨 특허권에 대한 면허권을 취득해야 하고 1피트당 0.5센트를 지불해야 하며, 사업을 좀더 안정된 기반 위에 올려놓게 되면 에디슨 사의 판매 조건에 따라야 한다는 것입니다. 예를 들면 공정가격을 형성하고, 오래 사용하여 낡은 필름을 반납하면 혜택을 주어 필요할 때 낡은 필름을 영화 배급자의 손에서 빼낼 수 있게 하는 것입니다.

　이 문제에는 우리와 영화 제작자, 영화 배급자 등 세 가지 요소가 있습니다. 영화 배급자들은 자신들의 사업을 관리하고 가격 인하를 방지하기 위해 협회를 결성하였으며, 이들은 필름 판매 규정을 가지고 있는 영화 제작자들을 선호합니다. 에디슨의 특허권에 대한 면허권을 취득한 영화 제작자들은 가격을 올려 사용료를 지불한 후에도 피트당 1센트를 더 벌어들일 것이고, 에디슨 사는 사용료 수익을 많이 올릴 수 있게 될 것입니다.

　현재 파테 사를 빼고 이곳의 연간 영화 필름 소비량은 2천만 피트 정도입니다. 우리는 에디슨 특허권의 유일한 인가자가 될 것이며, 영화 제작자들에게 피트당 0.5센트를 더 받고 필름을 판매하게 될 것입니다. 혹은 사용료를 징수하여 에디슨 사에 지불하게 될 것입니다. 나는 이들이 계약서를 작성하여 당신의 승인을 받을 수 있다는 조건으로 이 모든 사항에 동의하였습니다. 내가 제안하는 것은 이 면허권은 우리가 언제든지 취소할 수 있도록 작성되어야 하고, 우리의 현재 입장으로 되돌아올 수 있어야 한다는 것입니다. 에디슨의 계획이 합법적인 영화 제작자들 모두를 처음 상태로 되돌린다면 그것은 우리에게 유리한 일로 보입니다. 파테는

영화산업이 에디슨에게 찬사를 보내다

이곳에 있을 때 이 계획에 참여하지 않겠다고 밝혔지만 무어는 이 계획에 동의한다고 하였습니다. 그러나 파테가 미국에서 얼마나 많은 필름을 판매할지는 모르지만 그가 1년에 3천만 피트나 4천만 피트를 판매한다고 해도 결코 놀라지 않을 것입니다. 그에게 보내는 총선적량은 현재 이 수치의 두 배 가량 됩니다. 우리는 미국에서 그에게 필름을 공급하고 있지만 그가 자신의 새로운 공장에서 자신의 능력을 최대한으로 발휘하고 있지 않는 것이 분명합니다."

협상이 꽤 진척되기 전에 이스트먼은 파테의 뉴욕 대리인이 '그의 해외 경쟁자를 몰아내기 위하여 우리를 이용하려고 한다'는 것을 알고는 곧바로 필립에게 "조지 클라인(George Klein, 당시 서부의 주요 영화 도매상) 씨가 지난 금요일에 이곳에 있을 때 나는 그에게 우린 그 어떤 상황에서도 합법적으로 이 사업에 참여하고 있는 사람들을 몰아내는 데 우리가 이용당하진 않을 것이며, 만약 우리가 불연성 필름을 유럽으로 보낸다면 우리는 우리 고객 모두에게 똑같이 판매할 것이라는 사실을 알렸습니다"라는 전보를 보냈다.

이스트먼은 모든 이들을 똑같이 엄격하게 다루었다. 12월 6일, 에디슨 사로부터 계약 초안을 받고 필립과 무어에게 회의차 로체스터로 와 줄 것을 지시하였다. 이스트먼은 다음과 같이 기록하고 있다.

"무어가 편지에서 언급한 고객들이 면허 취득에 동의한다면, 그리고 우리가 이치에 맞게 통보를 할 경우에는 면허권을 취소할 수 있다는 조항이 우리 면허권에 들어간다면 나는 협상에 들어갈 의사가 있습니다. 또한 이 면허권은 우리가 사용료를 지불하지 않고 국내에서 해외 선적을 위한 필름을 생산할 수 있도록 허용해야 합니다. 에디슨이 선택한 면허권은 파테를 제외한 국내에서 사용되는 모든 필름의 9/10 가량을 취급합니다. 또한 우리는 폭이 좁은 필름을 필요로 하는 가정용 소형 장비를 만들고 있는 아이코노스코프(Iconoscope) 사와 같은 회사에 물건을 공급하기 위해, 표준치보다 다소 폭이 좁은 형태의 영화용 필름을 사용료를 지불하지 않고도 판매할 수 있는 권리가 있어야 합니다. 내가 이해하는 바로는 이 사업이 에디슨이 보호하려고 하는 것을 방해하지 않을 것입니다.

제안된 면허권을 우리에게 급히 읽어 주는 동안에 나는 에디슨 측 사람들이 이야기한 것과는 달리 독점면허권이 아니라는 것을 알게 되었습니다. 이것은 기본적인 조건이며 나는 그 어떤 다른 방법으로는 이 문제를 고려하지 않을 것입니다.

　에디슨 사가 사전에 이러한 조항에 동의하지 않는다면 우리가 계약을 체결할 가치는 없을 것입니다."

　이러한 논의가 진행되는 동안 에디슨과 바이오그래프 관리들, 클라인, 바이타그래프, 루빈, 셀리그, 에사네이, 파테, 칼렘, 멜리즈 사의 대표들은 뉴욕에서 만나 '자신들의 특허권을 연합하여 특별한 권리들을 주장'하였으며, 제안되었던 영화 특허권 사는 다른 조치를 서둘렀다.

　"수요일에 무토스코프 사의 마빈 씨와 오랜 시간 동안 통화를 하였습니다. 그는 코닥 사와 에디슨 사가 합병하여 무토스코프 사를 몰아내려고 하는 계약서를 현재 이스트먼 사의 변호사가 작성하고 있다는 소문이 떠돌고 있다고 이야기하였습니다. 그는 우리 회사의 가장 오래된 고객 중 하나로서 재고해 줄 것을 간청하였습니다. 그는 에디슨 사로부터 무슨 일이 진행되고 있는지를 알아보려고 했지만 성공하지 못했다고 말했습니다. 나는 우리가 에디슨 특허권에 대한 면허를 취득하고 에디슨 면허권자에게만 필름을 제공하는 것에 동의해야 한다는 제안이 있었다고 그에게 말해 주었습니다. 즉 면허권자들의 목록이 우리에게 제출되었고 이 목록에 무토스코프 사의 이름도 포함되어 있었다는 점, 에디슨 사에서 면허권 계약서를 작성하여 우리에게 제출하였지만 그 계약서에 불만을 느껴 현재 에디슨 사의 대표들과 상의하여 우리 변호사들이 계약서를 개정하고 있다는 점, 이 모든 계획은 자격이 부여된 우리의 고객 모두가 참여한다는 전제 하에서 추진되고 있다는 점, 우리가 적절하다고 생각되는 계약 형태를 결정하고 나면 누가 면허권을 취득하는 데 동의하였는가를 우리가 확인하고, 목록에 있는 회사들 중 누군가가 참여하지 않았을 경우에는 우리가 이들을 참여시키거나 혹은 불참시킬 것인지를 결정한다는 점 등을 이야기해 주었습니다.

　어떤 경우에도 그들을 제외시키지 않겠다는 확언을 듣고도 그는 상당히 불안해 하였지만, 그에게 필요한 것은 나의 확답뿐이라고 거듭 요청했습니다. 다시 말해 그는 우리가 그에게 면허권을 줄 것인지를 확인하기 전까지는 그 어떤 계약도

영화산업이 에디슨에게 찬사를 보내다

체결하지 않을 것이라고 말했습니다. 마빈은 에디슨의 특허권을 침해하지 않았다고 공표된 그의 카메라가 에디슨 사의 카메라보다 훨씬 더 우월한 네거티브를 만들어내며, 스프로켓으로 집어넣는 네거티브보다 일반 에디슨 영사기(exhibiting machine)에 맞게 구멍을 뚫은 네거티브로 훨씬 더 정확하게 포지티브를 인화할 수 있다고 말했습니다. 그는 스프로켓 방식에 맞게 구멍을 뚫은 포지티브를 조절할 수 있다는 에디슨의 제안을 비웃었습니다. 그는 네거티브를 만드는 데 사용되는 카메라 스타일에 따라 필름 사용료의 반은 에디슨에게 지불하고, 나머지 반은 에디슨 사 혹은 무토스코프 사에게 지불한다면 에디슨 특허권의 면허를 취득하겠다고 말했습니다. 우리가 그를 제외시킨다고 할지라도 이외의 그 어떤 제안과도 싸울 것이라는 사실을 암시하였습니다. 그는 에디슨 사가 자신들에게 교섭해 오지 않았기 때문에 그들이 제외될까봐 불안해 하고 있었습니다.

우리는 마빈 씨의 불안을 해소해 줄 수 있는 말은 하지 않았습니다. 왜냐하면 그런 이유로 그가 더 많은 요구를 할 수도 있었으니까요. 그럼에도 불구하고 그가 어느 정도 타당성 있는 제안을 받아들이지 않는 한 그를 제외시킬 수 있는 방법은 없는 것으로 생각됩니다. 그가 언급했던 부분들을 재고할 가치가 있다고 생각합니다."

1월 내내 로체스터, 뉴욕 혹은 오렌지에서 매일 회의가 열렸으며, 29일에 필립은 이스트먼에게 법적 중재 상황에 대한 조언을 하였다.

"이스트먼 사는 서면상으로 60일 후에 해약한다는 통고를 함으로써 합의사항을 말소할 수 있습니다. 파테 사와 다른 회사들에 대한 면허권은 적어도 2년간 유지됩니다. 에디슨 씨는 이스트먼 사의 면허권이 이 2년으로 만료되거나 필름을 획득하는 면허권자가 남아 있는 상태에서 만료된다면 사용료를 징수할 수 있는 방법이 없을 것이라고 말하였습니다. 결론적으로 그는 이 문제를 다룰 수 있는 조항이 있어야 한다고 생각하며, 19번째 조항의 끝부분이나 합의문 어딘가에 다음과 같은 사항이 첨가되어야 한다고 제안하고 있습니다.

위에 제시한 바와 같이 60일 후에 해약한다는 통보를 함으로써 이스트먼 사가 이 계약을 취소할 수 있다는 것에 양측이 동의를 하였습니다. 그럼에도 불구하고 이스트먼 사는 계속 에디슨 사의 편에 서서 에디슨 사의 면허권자로부터 취득한 모든 사용료를 에디슨 사에게 양도할 것이며, 재발행된 특허권에 대한 면허권이 존재하는 한 계속 그렇게 할 것입니다. 그 면허권을 취득한 사람은 이스트먼 사로부터 면허를 받은 필름을 계속 구매해야 할 것입니다."

이스트먼에 대한 에디슨의 완벽한 신뢰는 협상을 통해 분명하게 나타났다. 회담이 올바른 방향으로 나아가고 있다는 것을 확신하고 이스트먼은 모든 다른 외국 회사들과의 외교적인 협상을 지휘하기 위해 유럽으로 떠난다.

필름 제조업자들의 국제총회가 1월 초로 예정되었지만 이스트먼이 도착하기를 기다리느라 한 달이 지연되었다. '이미 알려진 것과 같이 그의 존재는 연합 사업 성공에 필수적인 것이었다.'

파리의 『시네 주르날』지의 편집장은 다음과 같이 기술하였다.

"총회 구성원들이 다양한 관심을 가지고 모임에 나타날 것이 분명하다. 이들은 모두 완벽한 화합을 바라고 있으며, 이 점에 있어서는 서로 의견을 같이하고 있다. 그러나 각 진영의 이해 관계가 다르다는 것과 과다한 경쟁 관계, 개인적인 취향, 초기의 대립 관계 등은 무시하지 못할 요소들이지만 우리는 이들이 분명히 협상에 열정적으로 참여할 것임을 확신한다. 더 나아가 영화산업에서 우위를 점하고 있는 두 회사는 다른 회사들을 좌지우지할 수 있을 정도의 통제력을 가지고 있다. 만약 이들의 영향력이 총회에서 직접적으로 가시화되지 않는다고 할지라도 회의의 전과정과 결과를 좌우하게 될 것이다. 여기서 우리가 말한 강력한 필름 회사는 이스트먼 코닥 사와 파테 프레레 사를 말한다. 이들의 합쳐진 세력이 회의 전체를 좌우하게 될 것이다.

이스트먼 코닥 사가 불연성 필름을 출시하려고 한다는 것은 모든 사람들이 알고 있는 사실이다. 불연성 필름은 영화 배급업자와 흥행사들을 당분간 혼란스럽게 만들 것이 분명하다. 이번 총회에서 이스트먼 씨가 업계에 이 사실을 분명하게 밝힐 것을 모든 이들이 바라고 있다.

품질이 좋은 이 불연성 필름이 다른 모든 상품에 치명타가 될까? 다들 그럴 것이라고 예상한다. 그러나 뤼미에르 사가 이미 채비를 갖추고 있었고, 독일 회사와

영화산업이 에디슨에게 찬사를 보내다

프랑스 회사에서도 이와 동등한 양질의 필름을 만들어내기 위해 전력을 기울이고 있다고 했다. 이 문제에 대하여 믿을 만한 정보를 좀더 입수하게 되면 더욱 재미있어질 것이다.

그리고 마지막 순간에 회담이 막 시작되려고 할 때 파리 시장에서 가장 중요한 대리점 하나가 총회에 심각한 타격을 입힐 만한 상당히 어두운 소식을 우리에게 가져왔다. 에디슨 사와 현재까지 미국 시장에 진입하지 못한 유럽 회사들 사이에 각별한 협의가 이루어졌다고 한다. 가몬트 사와 에클립스-래디오스 사가 파테 프레레와 멜리스와 함께 이 유명한 미국 기업조합이 제공하는 수지맞는 사업에 참여하게 되었다고 한다. 따라서 영국, 독일, 이탈리아, 러시아, 프랑스의 다른 모든 유럽 회사들은 결국 북미시장으로는 더 이상 수출을 할 수 없게 될 것이라고 한다. 많은 거래처가 에디슨 사가 점유하고 있는 임대업자 조합에 소속되어 있기 때문이다.

그러나 이 모든 것은 그저 서로의 의견일 뿐이다. 이는 모두 회의가 있기 전부터 돌고 있던 소문들이다. 주목하라. 이제 막 총회가 시작되려고 한다.

이 말들은 모두 샤를 파테와 관련된 것들이다. 그는 모든 기대들을 저버릴 수 있는 사람이고, 또한 당분간은 뒤로 물러나 있을지도 모르는 사람이다."

파리에 도착하였을 때 이스트먼은 국제 영화전쟁의 소용돌이에 말려들어 있었고, 미국 내의 전쟁에서도 중심적인 역할을 하고 있었다. 유럽 경쟁사들과 모든 해외 영화 관계자들이 가장 알고 싶어했던 것은 이스트먼 사가 완성한 새로운 불연성 필름을 이스트먼이 무슨 용도로 사용하려는가 하는 것이었다.

영국, 독일, 이탈리아, 프랑스 회사들은 각기 목적이 달랐다. 파테가 '모든 기대를 저버릴 것이다'라는 사실도 분명해졌다. 그러나 그 어떤 필름 제조사도 이 사업에 필요한 것을 지원할 수 없었기 때문에 이스트먼은 전략적인 위치에 서 있었다. 따라서 이스트먼이 평화를 고집할 경우에는 이스트먼에게 싸움을 거는 수밖에 없었지만 필름은 이스트먼의 주요 사업목록이었기 때문에 그 누구도 싸움을 걸어 오지는 않았다.

회의를 진행하면서 대표들은 미국에서 타결된 협상과 비슷한 합의점에 도달하기로 결의하였으며, 이스트먼은 자신이 상임고문으로 영입하였던 프랑스 법조계의 거두인 레몽 푸앵카레[5]에게 원문을 보냈다.

  그러나 파테는 고집불통이었다. 이스트먼은 필립에게 보내는 일련의 편지에 일이 전개되는 과정을 기록하였다.

  "나는 파테 사의 파테, 이자츠, 프레보스트와 오랜 시간 동안 협상을 하였습니다. 처음에 이들이 또 다른 면허권을 취득하는 이유는 이 면허권을 통해 유럽의 경쟁사들을 이길 수 있다고 생각하기 때문이라고 주장하였지만, 다소 격한 논쟁을 거친 후에 나는 마침내 우리가 그들의 요구를 수용한다 해도 다른 경쟁사들을 어떻게 할 수 없다는 것을 납득시키는 데 성공하였습니다.

  내가 제기한 논점은 에디슨 필름 전매특허권 때문에 에디슨 사 사람들이 필름 수입업자들에게 수입 금지 명령을 내릴 수 있는 것은 아니며, 따라서 회사 문을 닫은 사람들이 힘을 합쳐 반대세력을 만들 것이라는 점입니다. 따라서 이 사람들이 우리가 원하는 대로 따르고, 자신들이 가지고 있는 장점을 활용하여 기회를 잡을 수 있도록 조치하는 것이 훨씬 더 바람직할 것입니다. 내가 제시한 방안은 가격을 조정하고 영화 임대업자를 관리하고 복제업자들[6]의 활동을 막는 데 도움이 된다고 파테 사 측에 말하였습니다. 이들은 마침내 내가 주장하는 것을 인정하였고, 파테 씨는 즉시 버스트 씨에게 편지를 써서 우리의 에디슨 면허권에는 이미 기재되어 있는 조건들을 수용할 수 있는 권한을 버스트 씨에게 주는 것에 동의하였습니다."

  이스트먼은 필립에게 다음과 같이 통보했다. "3월에 이르러 유럽의 제조업자들은 이번 주에 열기로 한 모임을 취소할 정도로 흥분은 어느 정도 가라앉았습니다. 이탈리아의 시네 사 사장을 제외하고는 주요 인사들을 모두 만나 보았고, 시네 사 사장은 18일이나 19일쯤에 이곳으로 오기로 되어 있습니다. 이미 그로부터 에

---

  5. 푸앵카레는 1887년 프랑스의 하원인 국민회의의 의원으로 정치 인생을 시작했다. 1912년에 수상, 1913년에는 대통령이 되었다. 제1차 세계대전 때 프랑스를 이끈 정치가로 대독일 강경책을 추진했으며, 1917년에는 조르주 클레망소(Georges Clemenceau)를 총리로 임명하여 전쟁을 승리로 이끌었다. 1920년에 독일과의 강화가 이뤄지려 하자 대통령에서 물러났으나, 2년 뒤 다시 수상이 되어 루르(Ruhr) 지방 점령에 앞장 섰다.
  6. 이들은 영화산업의 '밀수·밀매업자들'이었다. 이들은 영화를 임대 혹은 훔쳐서, 복제하고, 이 복제품들을 극장주들에게 임대하여 제작자들을 속였다.

영화산업이 에디슨에게 찬사를 보내다

디슨 특허권과 싸움을 벌이기보다는 면허권의 영향권 안으로 들어올 것이라는 사실을 암시하는 편지를 받았습니다. 파테 사 사람들이 나를 속이지 않았다면, 나는 파테 사의 유럽 경쟁사들이 미국 시장에 진입하는 것을 막는 것은 어리석고 비효율적이라는 사실을 그들에게 납득시켰으며, 버스트 씨(파테 사의 뉴욕 에이전트)도 안정되면 이와 같은 결론을 내릴 것이라는 사실을 조금도 의심치 않습니다."

이스트먼이 모든 채비를 갖추었던 것처럼 푸앵카레는 제안된 협의사항이 프랑스법에서는 '지나친 것으로 간주'될 수 있다는 의견을 개진하였으며, 이스트먼에게 유럽 기업연합에 참가하지 말라고 충고하였다.

코닥 유한회사의 부사장이었던 매티슨에 따르면 이스트먼은 '근심과 실망으로 가득 차 있었지만' 이스트먼 자신이 관리할 수 있는 대안을 가지고 있었다고 한다. 그는 해외 영화산업을 이끄는 기업가들 모두에게 에디슨 특허권의 타당성을 인정하는 것이 중요하다는 사실을 납득시켰으며, 공식적인 계약을 체결하지 않고서도 자신의 목표를 달성하였다. 공식적인 성명서에서 매티슨은 다음과 같이 밝혔다. "따라서 우리는 앞으로 각 거래처마다 따로 업무를 처리할 것이며, 이렇게 함에 있어서 이스트먼 씨가 의도하는 것을 달성하기 위해 최대한 노력할 것입니다. 즉 우리는 올바른 방법을 사용하여 우리의 최대 관심사인 이 사업을 와해시키려고 하는 시도를 최대한 막을 것입니다. 이 사업은 어떤 방식으로든 위협을 받을 수 있습니다."

뉴욕으로 돌아오면서 이스트먼은 95퍼센트의 해외 영화산업을 대표하는 그의 모든 고객들과 합의한 내용를 가지고 왔다. 그들은 영화특허회사를 통해 에디슨 사의 전매특허권을 인정하겠다는 약속을 하였다. 1908년 5월 18일, 평화 협상의 마지막 장이 완결되었다. 이스트먼은 그날 영화특허회사의 회장이자 에디슨 제작사의 부회장이었던 프랭크 다이어와 계약을 체결하였는데, 그 계약은 에디슨에게 특허권 사용료를 지속적으로 지불하고 이스트먼과 계속 거래를 하겠다는 것이었다.

이 협정이 실행되려면 적어도 각기 다른 10개의 파벌이 만족해야 했다. 가장 먼저 필름을 공급하고 사용료를 징수한다는 점에 있어서 에디슨과 이스트먼이 만족을 해야 했다. 그 다음에는 에디슨 사 특허권에 대한 면허권자 7명이 만족을 해야 했다. 그들과 에디슨 사의 관계, 면허권자들 서로 간의 관계, 그리고 에디슨 사와 이스트먼의 관계에 있어서 면허권자들이 만족을 해야 했다. 그 다음에는 면허권자 7명과 영화 배급업자 간의 관계, 그리고 에디슨 사와 영화 배급업자 간의 관계에 있어서 영화 배급업자들이 만족해야 했다. 게다가 모든 합의사항이 적법하도록 내용 전체를 짜야 했다. 그리고 독점을 하려고 하거나 거래를 제한하려 하는 공격에서 벗어날 수 있도록 내용을 짜야 했다.

에디슨과의 계약 조건에 따라 이스트먼은 에디슨 면허권자에게만 필름을 판매하고 판매된 양에 따라 사용료를 징수하여 동일한 금액을 에디슨 사에 지불할 것에 동의하였다. 이러한 식으로 합의를 맺는 것은 에디슨과 제작사, 배급사, 홍행사들에게는 평화를 의미하는 것이었지만 필름 제작자인 이스트먼에게는 평화만 의미하는 것이 아니었다. 파테는 곧 또다시 적대적으로 변하였으며, 이스트먼은 그 사실을 알리기 위해 토머스 베이커에게 다음과 같은 서신을 보낸다.

"7월에 애리조나에 갔을 때 우리는 9월 1일부로 유럽 시장에 불연성 필름을 출시할 것을 기대하고 있었으며, 이 이전에 우리는 우리의 유럽 고객들이 3년 동안 다른 불연성 필름을 사용하지 않는 것에 동의한다는 계약서를 작성하기 위해 몇 주일에 걸쳐 노력을 기울였습니다. 이들 중에는 인화된 필름에 대한 가격제한 조항을 계약서에 포함시켜 줄 것을 원하는 동지들도 있었습니다. 우리 고객 모두가 이를 요청할 경우에 이런 조항을 기꺼이 첨가하겠다는 것이 우리의 입장이었습니다. 파테 씨를 제외하고는 주요 고객 모두 그렇게 하는 것에 찬성하였습니다. 그렇지만 파테 씨는 자신이 직접 필름을 만드는 것에 반대하는 계약서에는 서명하지 않겠다는 입장을 고수하였습니다. 그리고는 갑자기 필름을 재생하겠다는 의향을 발표하고, 질산염이 주성분인 필름으로 재생할 준비를 이미 마쳤다고 말했습니다. 우리는 다음과 같이 밝혔습니다. 이는 위반 행위이며 그가 물러나지 않는다면 그의 공급선은 차단될 것이라고 하였습니다. 그러나 그는 11월까지 버틸 수 있는 분량의 필름을 이미 창고에 비축해 둔 상태입니다.

집에 돌아와서 이 문제를 논의하기 위해 지포드 씨에게 서신을 보냈지만, 이러는 와중에 파테 씨는 자신의 재생 필름을 배포하기 시작하였고, 재생 필름 일부를

영화산업이 에디슨에게 찬사를 보내다

우리의 포장상자에 넣어 보내기까지 하였습니다. 지포드 씨와 상담하면서 나는 파테 씨의 유럽 경쟁자들뿐만 아니라 우리 자신들조차도 재생 필름을 상당히 두려워하고 있다는 사실을 알게 되었습니다. 즉 파테 씨는 재고를 많이 비축해 두었기 때문에 앞으로 얼마간은 필름을 충분히 조달할 수 있을 것입니다. 그러나 이 문제를 해결할 수 있는 가장 좋은 방법은 이 제품과 싸우는 것이며, 그에게 물량을 공급하지 않음으로써 파테 씨가 이 일을 중단하게 만든다는 식의 방법에는 의존하지 말아야 한다는 결론을 내렸습니다. 지포드 씨와 의논한 후에 나는 그에게 다음과 같은 결심을 하였다는 전보를 보냈습니다. 재생 필름이 그에게 물자 공급을 끊을 정당한 이유가 되지는 못하며 만약에 그가 물량 부족으로 인해 불편을 겪고 있다면 내가 그곳으로 가게 되는 12월까지는 충분한 물량을 공급하겠다는 것입니다. 그 즉시 우리는 225만 피트의 필름 주문을 받았으며, 그 이후 우리는 파테 씨가 충분한 물량을 확보하지 못하고 있다는 사실을 암시하는 주문을 또 받았습니다.

그와의 관계를 재정립하기를 바라는 이유는 그가 궁지에 몰리게 되면 자신과 거래하는 것을 방해하는 어리석은 계약을 맺을지도 모르기 때문입니다. 다음 단계는 재생 필름과 싸우는 것입니다. 이 제품을 믿을 수 없는 것으로 간주하기 위해 취해진 조치들을 시내 간행물들에서 익히 보셨으리라 생각됩니다. 2-3주 후에 파테 씨가 휴전을 간청하였고, 나는 그가 재생 필름을 새 필름으로 혹은 우리 제품으로 판매하지 않겠다고 약속한다면 우리의 광고를 중단하겠다고 말하였습니다. 이에 그는 동의하였고, 현 상황은 그가 우리로부터 필름을 구입하고 있으며, 재생 필름은 평판이 너무 나빠져 그가 필름을 재생하는 경비를 충당할 수 없을 정도로 잘 팔리지 않게 되었습니다."

그러나 파테가 평화협정을 지키지 못하자 1910년 6월 22일에 이스트먼은 다시 베이커에게 서신을 보낸다.

"파테 씨가 셀룰로이드 지지체를 이용하여 독자적으로 감광재료를 만들기 시작하여 거래가 끊겼지만 우리는 다른 고객들로부터 주문이 많아지면서 아직까지는 지탱해 올 수 있었습니다. 최근 소문에 따르면 파테 씨가 제작한 필름에 문제가 생겨 그의 성공은 이제 전혀 보장 받을 수 없게 되었다고 합니다. 유럽에서는 모든 이들이 여전히 우리 필름만을 쓰고 있지만, 미국에서는 에디슨 면허권자들만 우리 필름을 사용하고 독립 영화 제작사들은 다른 회사의 필름을 사용하고 있습니다. 이들은 뤼미에르 사와 엔사인 사에 주문을 하고 있습니다. 게다가 현재 아그파가 제품 판촉활동을 시작하였습니다. 아직 그 제품을 구해서 시험해 보지는 못했지만 아주 좋은 평을 듣고 있다고 들었습니다.

우리의 아세테이트 필름은 일정량이 꾸준히 판매되고 있으며, 처음에 출시되었을 때보다 훨씬 더 강력해졌지만 질산염 필름과 마찬가지로 거래량이 많지는 않습니다. 4월 이후 우리는 이 필름을 질산염 필름과 같은 가격으로 영국에 시험용으로 보냈지만 사용자들이 너무 싫어해서 권위 있는 작가들이 권유하지 않는다면 이 필름을 시장에 내놓을 수 없을 것입니다. 일이 어떤 방향으로 진행되든지 우리에게는 별문제가 되지 않을 듯하지만 우리는 모든 상황에 대처할 준비를 해 두어야 합니다."

한편 독일 회사와의 경쟁은 점차 위협적인 것으로 변하였다. 이스트먼은 클라크에게 다음과 같은 편지를 썼다. "이 문제를 해결하는 방법에 관해서는 우리는 상황에 따라 그때그때 결정을 내려야 할 것입니다. 가격을 내리자는 당신의 제의는 지금 상황에서 그들에게 아무런 변화도 가져오지 못할 것으로 생각되는군요. 우리가 할 수 있는 최상의 일은 우리 제품을 완벽한 단계로 끌어올린 다음에 적절한 시기에 가격을 낮추는 것입니다. 지난 7-8년 동안 우리가 유럽 행정기관과 마찰을 겪은 이유는 그들이 가격 인하를 만병통치약처럼 생각했기 때문입니다. 내 경험으로는 이와는 다릅니다. 지금부터 회사가 설립될 때까지 가격을 인하하지 않으므로써 당장 입게 되는 손실은 아주 오랜 기간의 싸움에서 우리가 허덕이지 않도록 해줄 것입니다."

국제적인 필름 전쟁(미국 대 프랑스와 독일 사이의 경쟁)이 당분간 계속될 것이라는 것은 의심할 여지가 없어 보였으며, 이스트먼은 미국과 영국에 새로운 공장을 건립하고 코닥 파크에 컬러 사진연구소를 세우는 데 관심을 쏟기로 마음먹었다. 그러나 그 무렵 또 다른 예기치 않은 상황이 발생하였다. '독립 영화 제작사들'이 바로 그것이었다!

영화산업이 에디슨에게 찬사를 보내다

1910년 여름까지 실제적으로 영화를 제작하고 상영하는 데 관여하였던 모든 회사들이 에디슨 합의서에 서명하였지만, 독립 영화 제작사들이 늘어나고 있었을 뿐만 아니라 그 비중도 점차 커지고 있었다. 이 첫 징후는 루이 뤼미에르와 줄 브룰레투어의 로체스터 방문에서 나타났다. 이스트먼은 이들의 의견을 듣고 코닥 파크에서 연회를 베푼 후 휴가여행을 떠났다.

1910년 크리스마스 며칠 전에 그는 필립의 사무실에서 브룰레투어를 다시 만났고, 그는 브룰레투어가 다음과 같은 '두 가지 이유'에서 인터뷰를 하려고 한다는 편지를 지포드에게 보냈다.

"첫 번째 이유는 우리가 어떤 방법으로든 그에게 필름을 공급할 수 있는지의 여부를 알고자 하는 것이었습니다. 그 당시 그는 독립 영화 제작사들에 실제로 일주일에 60만 피트 분량의 필름을 공급하고 있었고, 독립 영화 제작사들은 그가 공급하지 못하는 10만에서 15만 피트 정도의 필름을 따로 공급받고 있습니다. 또한 독립 영화 제작사들과 브룰레투어 사이의 계약은 독점관계였으며, 협회 회장으로서 그는 이들이 우리 필름을 사용하지 못하도록 강요할 수 있는 위치에 있었습니다. 아마도 그는 제3자를 통하여 우리가 그에게 필름을 제공할 수 있는 길이 열릴지도 모른다고 생각하고 있었던 것 같습니다.

나는 그에게 우리가 그렇게 할 수 없다고 하자 그는 그가 알고 싶은 두 번째 문제는 우리가 영화특허회사와 재계약을 할 것인가의 여부라고 말하였습니다. 그가 자기 자산 10만 달러를 투자한다면 월 가 사람들이 필름 공장을 미국에 설립하는 데 필요한 자금을 모두 제공하겠다는 제안을 해왔다고 했습니다. 만약 우리 계약이 만료되는 시점에 우리가 독립 영화 제작사들에게 필름을 공급하게 된다면 그 사람들은 많은 돈을 투자한 자신들의 제품을 판매할 수 없게 된다는 것을 알게 될 것이라고 했습니다. 나는 우리 계약이 만료되기 전에 시작하는 것은 매우 어려운 일이 될 것이라고 했습니다.

브룰레투어는 그 어떤 필름도 우리 필름만큼 품질이 좋지 않으며, 독립 영화 제작사들이 우리 필름을 입수하자마자 브룰레투어와 개별적으로 체결한 1년 계약을 파기할 것이라고 솔직하게 토로하였습니다. 물론 그는 우리의 새로운 계약들을

조지 이스트먼

잘 알고 있었으며, 그가 여기에서 작성하던 것과 동일한 종류의 것들이라고 이야기했습니다. 그가 공급하는 필름들은 대부분 뤼미에르 사와 엔사인 사 제품들입니다.

나는 특히 그가 공급하고 있는 뤼미에르 사 필름과 다른 제조사 필름의 양을 물어보자, 그는 현재 일주일에 60만 피트 분량의 필름을 공급하고 있다고 거듭 말했는데, 이것은 상당히 신빙성이 있는 내용 같았습니다."

이스트먼과 필립은 곧 영화특허회사와 새로 계약을 체결하여 브룰레투어가 대표하는 독립 영화 제작사들을 포함시켰다. "새로운 계약으로 우리는 '독립 영화 제작사'에 필름을 판매할 수 있게 되었으며, 독립 영화 제작사들은 1912년 7월 1일까지 우리 필름만을 사용할 것이라는 영화면허권 계약을 개별적으로 체결할 수 있게 되었습니다." 스트롱 대령은 이러한 내용을 통보받았다.

평화가 정착되면서 영화산업은 국제무역이 영화를 받아들일 때까지 지속적으로 성장하였다.[7] 이제 영화산업은 철도, 철강, 건축, 전기, 자동차산업 등과 어깨를 나란히 할 정도로 미국에서 가장 큰 산업 중 하나—번영의 추진체[8]—가 되었다.

---

7. '무역이 영화를 받아들이다'는 『새터데이 이브닝 포스트』지에 게재되었던 에드워드 로우리(Edward Lowry)의 기사 제목이었다. 처음에 『런던 모닝 포스트』지에 인쇄되었던 주소로 보아 인용문의 출처는 웨일스의 영국 황태자로 되어 있었다.

8. "영화산업이 많은 사람들에게 미국 생활의 안락함과 편리함이라는 환상을 심어 주어 수많은 미국 상품들을 판매할 수 있게 되었다는 것은 확실히 증명되었다. 부에노스아이레스나 리오, 부다페스트나 벨페스트 등의 여성들이 매력적인 의상을 걸치고 스크린에서 지나가는 할리우드 스타를 보거나, 영화에서 정교한 가정용품이나 멋진 가구를 보게 되면, 자신들도 저런 것들을 꼭 구입해야 한다는 생각을 하게 되고, 실제로 어떻게든 그렇게 하는 경우가 많았다. 이는 영화산업이 제조업자들에게는 사업을 제공한다는 의미라고 볼 수 있다. 사실상 신발, 자동차, 사무용품, 의류, 하드웨어 등 많은 제품들의 수출이 드러나진 않지만 직접적으로 영화에 의해 이루어졌던 것은 확실하다. 그러나 이들의 영향력은 단순한 판매 영향 그 이상으로 광범위하다. 최근에 허버트 후버가 단언한 것과 같이 교류와 이해가 우리 국경선을 넘어가고 있다는 다양한 채널들을 찾아보게 되면 우리는 상당히 많은 자본이 영화산업에 의해 유입되고 있는 것을 발견하게 된다. 영화는 세계에 존재하는 모든 커뮤니케이션 방법들 중에서 가장 설득력 있고 강력하다."[줄리어스 클라인 박사, 『무역의 선구자들(Frontiers of Trade)』]

제7장

밀려드는 공격

　　미국의 산업은 지속적으로 발전하지 못했다. 그보다는 실용적인 정보를 보급하고 산업 수익을 폭넓게 분배하기 위하여 공장이나 연구소, 세계시장에서 지속적으로 노력을 기울이고 창의력을 발휘함으로써 놀라운 성과를 얻을 수 있었다.

　　어느 날 갑자기 경쟁무대에 등장한 것처럼 화려하고 극적으로 보이는 사진산업의 발전은 사실 끊임없는 투쟁의 결과였다. 코닥 파크의 '게시판'에는 "결과에 만족하는 것은 퇴보의 첫 징후이다"라는 표어가 붙어 있고, 이스트먼은 자신이 직접 말했던 것처럼 '생명력을 잃은 사람들을 주변에 두는 것'을 싫어했다.

　　회사가 성공을 거두면서 자연히 점점 더 위협적인 경쟁 상대뿐만 아니라 반대 세력도 생기게 되었다. 그렇지만 이러한 것이 이스트먼이나 스튜버, 러브조이를 막지는 못했으며, 그들이 제품을 개발하고 완성하는 데 있어 그리고 인간 관계를 확립하는 데 있어 지도자로서의 임무를 다하려는 노력을 제지하지는 못했다.

　　회사 발전을 위한 직원들의 노고와 연구 작업에 회사가 어느 정도 투자했는지는 컬러 사진 실험, 연구실험실의 확대[1], 임금배당제, 산업재해 예방, 의료관리, 사회복지, 불연성 필름을 위한 새로운 시장 개척, 런던·로체스터·토론토에 신축한

---

1. 연구실험실은 1910년과 1912년에 확장되었다. "올해에 이 건물은 연구실험실을 좀더 쓸모 있게 만들기 위해 – 모든 종류, 즉 물리 및 화학 실험을 수행에 필요한 모든 편의시설을 갖춘 실험실을 만들기 위해 – 실용적으로 재건축되었다. 이 실험실은 사진관련 사항 및 사진산업에 필요한 모든 과학 문제에 관한 실험을 할 수 있는 완벽한 장비를 갖추게 되었다. 이 실험실에는 40명의 연구원들이 일하고 있다."(제임스 헤이스트, 「상고 이유서」, p. 793, 미국 정부 對 이스트먼 코닥 사)

건물, 코닥 자동카메라의 출시에 관련된 기록을 살펴보면 잘 나와 있다.

이스트먼이 1911년에 기술하였던 세계적인 컬러 사진 실험에 관한 기록은 진보를 위해 총괄적으로 탐구하는 산업의 역사를 잘 나타내 준다. 이스트먼은 제조업자의 입장에서 사진술의 발전에 대하여 연설해 달라는 요청을 받고, 공식적인 연설일 전에 원고를 넘겼다.

이스트먼은 다음과 같이 기록하고 있다. "컬러 사진은 수년간 발명가들의 꿈이었으며, 1868년에 뒤코 뒤 오롱의 특허권이 공표된 이래로, 컬러 사진은 제조공정의 문제였다. 즉 유리나 다른 투명 지지체 위에 세 가지 투명한 색상의 세밀하게 쪼개진 입자들을 입히는 아주 간단한 문제였다. 그러나 처음에는 아주 쉽게 해결될 것 같았던 문제가 거의 40년 동안 풀리지 않았다. 열성적인 사람들은 40년을 한결같이 그 문제에 매달려 있었으며, 잘 알려진 것처럼 실질적인 공정을 찾는 데 많은 비용이 소요되었다.

화학적인 문제도 있었고, 기술적인 문제도 있었다. 적어도 10만 개의 작은 색입자를 1평방 인치 안에 끼워 넣어야 했고, 입자들이 겹치거나 빈 공간이 없어야 했다. 색입자가 대칭으로 배치되지 않는다면 적어도 비율은 정확하게 맞아야 하며, 최소한의 오차 범위 안에서 명암과 색상이 정해진 기준에 맞아야 했다. 이것은 컬러 사진을 상업화하는 데 필요한 대략적인 조건이었다.

이 문제에 대하여 연구했던 저명한 인물 중에는 시카고의 제임스 맥도너와 더블린의 존 졸리 교수가 있었는데, 그들은 1905년과 1906년 자신들의 발명품과 관련하여 미국 특허청과 특허권 분쟁에 말려들게 되었다. 그들이 발명한 것과 뒤 오롱이 발명한 것은 기본적으로 공정이 같았다. 뒤 오롱은 자신의 특허품에서 컬러 사진을 만들기 위해 삼원색이 병렬 상태로 그어져 있는 감광판을 이용해야 한다고 했지만, 실제적으로 색상을 적용하는 방법은 보여주지는 못했다. 1892년, 맥도너는 곱게 간 셀랙 입자를 감광판에 뿌리는 방법으로 특허권을 얻었다. 셀랙 입자를 삼원색으로 염색한 후에 혼합하여 점착성이 있는 감광판 위에 뿌린 다음에 열을 가하여 입자들이 녹아 내리게 만들면 빈 공간이 하나도 보이지 않게 되는 방법이었다. 맥도너와 그의 동료들이 얻은 결과는 상업성이 전혀 없었으며, 가장 좋다고 하

밀려드는 공격

는 견본조차도 극히 조잡해 만족스러울 정도로 정확하게 색상을 재현하지 못했다.

    1907년 6월에 프랑스의 유명한 사진 제조회사인 메서즈 뤼미에르 사는 자신들이 그 문제를 해결했다고 발표하였다. 전분 가루를 3등분하여 삼원색으로 염색하고 적당한 비율로 혼합한 다음에 그 가루를 체로 쳐서 점착성이 있는 물질로 코팅한 유리판 위에 뿌린다. 전분 가루가 평평하게 되도록 누른 다음에 디스크 사이에 생긴 작은 틈을 흑색 안료로 채우는 방식을 이용하였다. 이 과정은 맥도너가 15년 전에 특허권을 획득하였던 방식과 거의 똑같은 방식처럼 보일 수도 있지만, 그 결과는 사실상 새로운 업적이라고 볼 수 있을 정도로 훨씬 뛰어났다. 사실 이들은 기본적인 과정은 이미 주어진 상태에서 다게르가 흑백사진을 발명할 때처럼 컬러 사진의 제작 공정을 정확하게 조절하고 염료를 과학적으로 선택함으로써 그러한 결과를 얻을 수 있었다. 그들이 개발한 컬러 사진 제조법은 작업하기 어렵고 비용이 많이 들었지만 컬러 사진을 열망하는 사람들에게 자신들의 꿈이 실현될 수 있다는 확신을 갖게 하였다.

    뤼미에르의 업적이 발표된 이후 지금까지 그 밖의 다른 공정도 완성되고 있었으며, 아직도 색을 정확하게 재현한다고는 할 수 없지만 컬러 사진을 상업화하기에 충분했다. 재미있는 것은 최초의 발명가인 뒤코 뒤 오롱도 자신의 조카인 베르스골과 함께 이러한 형태의 컬러 사진을 만든 적이 있다는 것이다. 뒤코 뒤 오롱이 사용한 방법을 보면 우선 감광판을 젤라틴으로 코팅한 다음에 그 위에 삼원색 중 한 색을 가진 와니스를 코팅한다. 그 다음 괘선기를 이용하여 와니스 층에만 평행선을 긋는다. 다시 감광판을 두 번째 색의 염료 용액에 담구어 염료가 젤라틴에 흡수되도록 만든다. 그 감광판 전체에 물이 스며들지 않는 와니스를 다시 한 번 바르고, 이전에 입힌 두 가지 색을 모두 제거할 수 있을 정도로 깊게 패이도록 새로운 선을 긋는다. 이때에는 처음에 그은 선과 직각이 되도록 선을 긋는다. 그리고 노출된 젤라틴에 세 번째 염료가 스며들게 한다.

    뤼미에르와 뒤 오롱이 발견한 이 두 공정은 현재(1911년) 사진예술에서 놀랄 정도로 발전하여, 이미 발표된 바와 같이 사실 완벽한 사진을 만들 수 있게 되었다. 그러나 제조자의 입장에서 볼 때는 이 두 가지 방법은 모두 다루기 어려운 공정이

조지 이스트먼

다. 일반 소형 카메라 사용자들이 사용하기에 적합한 재료를 생산해야 한다는 측면에서 본다면 지지체에 색을 입힌다는 점을 제외하고는 이전의 방법과 마찬가지로 많은 문제가 있지만 부차적인 문제는 모두 해결되었다. 삼원색에 감광유제를 입히는 문제, 염료의 선택, 선과 입자의 정밀도 문제가 모두 완벽하게 해결되었다. 문제는 대체로 기술적인 것으로 압축되었다. 그러나 현재 우리가 안고 있는 과제가 머지않아 해결될 것이라고 예견하는 것은 그리 어려운 일이 아니다.

    컬러 사진에 관해 내가 이야기한 것은 모두 투과광에 의해 보여지는 사진과 관련된 것이다. 반사광에 의한 사진을 만드는 문제는 색소를 다루어야 하기 때문에 여러 측면에서 다르다. 뒤 오롱은 1868년 반사광에 의한 사진을 만드는 방법도 선보였다. 먼저 세 가지 색의 스크린을 통해 세 장의 네가티브를 만들고, 탄소공정법을 이용하여 이 네가티브 세 장으로부터 컬러 슬라이드를 만든 다음 컬러 슬라이드를 겹쳐서 사진을 만드는 방법이다. 이 방법을 이용하면 질적인 측면에서 상당히 만족스러운 결과를 얻을 수 있지만 이미지를 정확하게 겹치도록 하지 못해 상업적으로 실용화하기가 어렵다. 현재 반사광에 의한 컬러 사진 분야는 다른 분야만큼 많이 발전하지 못한 것으로 보이며, 제조업자의 관점에서 볼 때 상당한 시간이 걸릴 것으로 보인다."

    컬러 사진 실험이 코닥 파크의 실험실에서 진행되는 동안 클라크는 독일과 프랑스의 개발 상황을 연구하였고, 이스트먼은 직원들을 위한 다양한 복지 정책을 세우는 데 전념하고 있었다.

    이스트먼은 인터내셔널 하비스터 사의 고문이자 일리노이 주립법조협회 회장이었던 시카고의 에드가 반크로프트에게 다음과 같은 편지를 보낸다. "친구인 프랭크 배보트가[2] 선생님께서 노년 연금과 직원 상해보험과 관련된 문제에 상당히 큰 관심을 가지고 계신다고 이야기하면서, 혹시 선생님 회사에서 이러한 문제와 관련

---

2. 배보트와 이스트먼은 워터빌에서 어린 시절 서로 이웃에 살았으며, 1910년에 배보트는 앰허스트 대학을 졸업하여 브루클린과 뉴욕 시에서 제조업자이자 은행가로 성공을 거두었다. 그는 이 두 곳에서 모두 교육위원회의 구성원과 관리로 봉직하였으며, 패커 대학과 브루클린 예술과학대학 총장직을 역임하였다. 배보트가 결혼한 후에 이스트먼과 그는 소년 시절의 우정을 새롭게 다졌으며, 수년간 잦은 왕래와 교류가 있었다.

밀려드는 공격

하여 출판한 자료가 있는지를 저보고 직접 알아보라고 하였습니다. … 저는 개인적으로 그러한 문제에 큰 관심을 갖고 우리 직원들을 위해 저희 회사에서도 그러한 제도를 실시할 수 있기를 바라고 있습니다. … 저는 올해가 가기 전에 연금과 관련된 계획을 확립하고자 합니다. 최근에 와서야 다음과 같은 사실을 깨닫게 되었습니다. 직원들이 오랫동안 근무해 오면서 나이가 들어가고 있고, 우리 회사가 이런 문제에 대하여 생각만 하고 있을 정도로 역사가 짧은 기업은 아니라는 것입니다."

이러한 겸손한 요청과 함께 이스트먼은 직원들과 동료들을 위한 노력을 쏟기 시작하여 이듬해부터는 미국의 산업계에서는 보기 드문 복지 수준으로까지 확대되었다.

"추가 배당금을 발표하게 되어 유감스럽습니다만 자금이 쌓이게 되어 이는 반드시 필요한 것으로 보여집니다. 올해에는 건물 증축과 개선에 1백만 달러 이상이 들기 때문에 우리는 정당한 경로를 통해 자금을 좀더 사용하게 될지도 모르겠습니다. 1월은 정말 부진한 달이었습니다. 시드 감광판의 출고가 25퍼센트 가량 감소하였습니다. 이 사업을 살리기 위해 우리는 적시에 조치를 취하였습니다. 우리가 그렇게 하지 않았다면 아리스토 사와 마찬가지로 그 사업 분야를 포기해야 했을지도 모릅니다.

연례 모임을 위한 공고문에서 직원들을 위한 복지기금이나 상해보험, 연금으로 50만 달러를 따로 마련할 것이라는 결의 사항을 보시고 깜짝 놀라셨을 것입니다. 이 기금을 어떻게 사용할 것인가에 대한 계획이 완성되지는 않았지만, 이렇게 큰 수익을 내고 있는 지금이 그러한 기금을 마련하기에 가장 적당한 시기라고 생각합니다. 이 기금은 잉여금에서 따로 마련할 것이므로 수익에는 영향을 미치지 않을 것입니다. 이 기금은 우리가 가지고 있는 채권으로 조성될 것 같습니다. 회사가 나이를 먹어가므로 우리는 우리 회사에서 근무하다가 고령이 된 직원들을 위해 무엇인가를 준비해야만 합니다."

1911년 6월 14일에 이스트먼은 코닥 파크의 헤이스트 사장에게 다음과 같은 지시를 하였다. "1911년 7월 1일부터 엄격하게 말해서 운영비에 포함되지 않고 '복지기금'으로 직원들에게 지급되는 모든 비용에 대하여 청구서를 제출하시기 바랍니다. 예를 들어 이때까지 직원들에게 봉급과 임금을 지급할 때에는 그들과의 고용계약서를 엄격하게 해석하여 일정 액수를 그들의 봉급에서 공제해 왔을지도 모릅니다. 또한 사고나 상해를 당해 직원들의 계좌를 통하거나 직접 지급된 (급료 이외에) 경우도 있을 것입니다. 1910년 한 해와 1911년 6개월간 그런 식으로 지급된 내역을 직원 이름, 업무, 지불된 금액, 지불 이유와 함께 적어 보내 주십시오.

7월 1일부터는 실제로 일한 것 이외에는 봉급을 수령할 수 없게 되었다는 것을 알 수 있을 것입니다. 만약에 장기근무나 이전에 당한 상해를 이유로 실제 봉급보다 많은 액수를 받고 있는 사람이 봉급자 명부에 올라 있다면, 이 기금과 관련하여 그 문제를 고려할 수 있도록 알려 주었으면 합니다."

고향에서 명상의 시간을 가지면서 이스트먼은 임금배당제와 종업원지주제에 대해 많은 생각을 하였다. 이스트먼은 J. P. 모건 사의 조지 퍼킨스에게 다음과 같은 편지를 보냈다. "제가 수집한 자료나 경험만으로는 직원들의 주식 소유 문제를 어떻게 처리해야 할지 잘 모르겠으므로 선생님을 만나 그 문제에 대하여 상의드리고 싶습니다."[3]

1912년 2월 25일에 그는 지포드에게 다음과 같이 말했다. "1912년 4월 1일자로 우리 회사의 봉급자 명부에 올라 있는 모든 직원들에게, 1911년 12월 31일을 마지막 날로 계산하여 5년 동안 그들이 받은 임금 총액의 2퍼센트를 지급하는 '임금배당제'를 도입하는 것이 타당한지를 고려 중입니다. 이 제도를 실시하면 5년 동안 복무한 직원인 경우에는 그 직원의 연평균 소득액의 10퍼센트를 배당금으로 지급받게 됩니다. 그리고 모든 직원들은 최고 5년까지 회사에 고용된 기간에 비례하여 혜택을 받을 수 있게 됩니다. 5년 이상을 복무한 경우에도 이와 똑같은 대우를 받

---

3. 1912년 3월, 이스트먼은 배보트에게 "이 분야에서 내가 찾아낼 수 있는 모든 계획들을 검토해 보았으며, 가능한 한 가장 단순한 것으로 결정하기로 마음을 굳혔네. 기금을 마음대로 조종할 생각은 추호도 없고, 경우에 따라 직원들이 배당금을 받을 수도, 그렇지 않게 될 수도 있네. … 퍼킨스는 현금으로 이러한 배당금을 지불하는 것에 대해 승인할 수 없다고 편지를 보내왔네. 그러나 나는 회사의 지분을 직원들이 갖도록 하자는 그의 의견에는 동의할 수 없네. … 직원들 중 극소수만이 자본가들이며, 만약 이들에게 여유자금이 있다면 이들이 제일 먼저 하는 일은 아마도 살아갈 집을 구입하는 것일세"라고 편지를 보냈다.

게 될 것입니다. 배당금을 지급할 때에는 다음과 같은 사실도 말해 주어야 합니다. 회사가 배당금을 정기적으로 직원들에게 지급하는 것으로 생각해서는 안 되며, 이례적으로 성과를 거둔 해가 있었기 때문에 이런 식으로 배당금을 지급하는 것이라는 사실도 명시해야 할 것입니다. 다른 해에 임금 배당금을 지급하게 되는 경우에는 보통주 배당금을 기준으로 임금 배당금이 많아질 수도 있고 적어질 수도 있습니다. 올해에는 보통주 배당금의 5퍼센트를 지급할 계획입니다. 30퍼센트 보통주 배당금이 지급될 경우에 임금 배당금은 5년간 임금의 1.5퍼센트가 될 것입니다. 이 계획에 대해 어떻게 생각하시는지 의견을 듣고 싶습니다."

이스트먼은 총책임자로 선출된 알렉산더 린제이에게 전형적인 '임금 배당금' 제도의 실례를 인용해 보이면서 다음과 같은 편지를 보냈다.

"직접 관여하고 있지 않은 사업으로 심려를 끼쳐 드리고 싶지는 않지만, 통지서를 받으시기 전에 미리 그 내용을 알려 드려야 할 것 같아 이렇게 편지를 띄웁니다. 회사의 중역들과 이 문제에 관해 의논을 하였으며, 이들은 임금배당제가 사회주의자의 선동[4]으로 야기된 소요를 가라앉히고 파업을 막을 수 있을 정도로 모든 측면에서 좋은 효과를 거둘 것이라고 생각합니다. 만약 이것이 실효를 거둔다면 회사는 이 제도를 계속 실시할 것이며, 보통주에 명시되는 배당금을 기준으로 이와 비슷하게 임금에 대해서도 배당금을 지급할 것입니다. 회사는 언제든지 이 제도를 실시할 수 있을 것입니다. 일례로 보통주 배당금이 20퍼센트로 줄어들면 임금 배당금은 1퍼센트가 되고, 10퍼센트로 줄어들게 되면 10퍼센트의 보통주 배당금은 직원들의 고정 임금과 동일하다는 이론에 근거하여 임금 배당금이 0이 될 것입니다."

자본주의에 반대하는 선전활동의 심각성은 영국의 사장 중 한 사람인 조지 데

---

4. 이 시기의 지도적인 사회주의자 중 한 사람이었던 존 스파고(John Spargo)는 1928년 매사추세츠의 대중 연설에서 다음과 같이 말했다. "오늘날 미국에 존재하고 있는 자본가 산업주의에는 그 어떤 변호나 옹호도 필요치 않다. 생산성의 엄청난 향상에서 나온 이점들과 기회들은 그 이전 어느 때보다 고르게 분배되고 있다. 제고된 사기업의 생산성 증가로 인하여 우리 조국이 모든 인류에게 혜택을 줄 수 있는 유일한 공산주의를 향하고 있다는 것 또한 사실이다. 다시 말해 이는 우리의 궁극적인 목표인 완벽한 개인주의를 가져다줄 것이다."

이비슨의 활동으로 부각되었다. 이스트먼은 그에게 해외지사 사장직에서 물러나 달라고 요청하였다. 얼마전 코닥 사 이사회에서 재임용된 데이비슨은 『무정부의 자(The Anarchist)』라는 출판물을 재정적으로 지원하고 있었다. 이에 이스트먼은 그에게 다음과 같이 통보하였다.

"정치 문제에 대한 당신의 입장을 비난할 생각은 없지만, 당신이 무정부주의자들을 지원하고 있다면 저희 이사회의 구성원으로서 적합치 않으므로 물러나야 한다고 생각합니다. 이사회가 열리기 전에 이 사실이 알려졌다면 당신은 재임용될 수 없었을 것이 분명합니다. 물론 개인적인 감정으로 이런 말씀을 드리는 것이 아니라는 것을 잘 아시리라 믿습니다. 내가 당신에게 다른 감정을 갖고 있었다면 이는 예전에 벌써 드러났을 것입니다. 나는 무정부주의에 대한 당신의 지원을 지켜볼 수 없을 정도로 편협한 사람은 아니지만 우리 회사의 이사인 당신이 무정부주의자들을 지원하는 것은 모순이라고 생각합니다."

1913년 3월 31일에 이스트먼은 직원들의 복지를 위한 좀더 진전된 방침을 세우고 런제이에게 다음과 같은 편지를 보냈다. "4월 9일에 있을 월례 모임에서 작업 시간을 주당 54시간에서 49시간 30분으로 줄이는 문제가 제기될 것 같습니다. 나는 공장장들과 회의를 한 뒤 이러한 결정이 필요한 시기가 되었다는 것에 그들과 인식을 같이 했습니다." 이사회는 자연히 이스트먼의 지시를 따랐고, 5월 12일에는 모든 공장에 공고문이 붙었다.

한편 코닥 사는 직원들의 '제안 제도'를 채택하여, 어떤 직원이 내놓은 제안을 회사가 채택할 경우에 그 직원에게 적게는 1달러에서 많게는 1천 달러까지 포상금을 지급하였다. 그 결과와 포상에 대해서는 매달 공식 발표하였으며, 직원들이 내놓은 제안에는 제조법이나 기계 조작 방법을 개선하는 문제부터 건물이나 안전 장치와 관련된 문제에 이르기까지 다양했다. 직원들은 무수히 많은 제안을 내놓았고, 회사는 그러한 제안을 바로바로 채택하였다. 수년간에 걸쳐 로체스터 공장 여섯 군데에서 개인 포상을 한 횟수는 매달 평균 150건에 이르렀다. 직원들의 협조로 노동자 1천 명당 사고 횟수가 1910년에는 109.72건이었던 것이 1913년에는 22.87건으로 감소하였다. 그 결과 1913년에 코닥 사는 시카고에서 열린 전국안전대회에

밀려드는 공격

참가하였던 미국의 산업체들 중에서 가장 낮은 산업재해율을 기록하게 되었다.

구급대와 의약국의 개설, 직원의 임금저축 시스템의 구축, 대규모 사회활동, 임직원들을 위한 식당과 기계학교의 야간반 개설이 빠르게 이어져서 미국의 모든 주는 물론 영국, 호주, 남미, 멕시코, 중국, 일본에서 견학을 올 정도였다.

때때로 발생하였던 인사상의 문제 중 하나는 직원들의 신앙 문제였다. 이 문제에 관심을 갖게 되자 이스트먼은 실태 파악에 나섰다. 우연이기는 하지만 실태조사 결과, 신교도와 구교도의 숫자가 정확하게 반반씩 나뉘었다. 1914년 5월 20일에 존 프랜시스 오헌 신부[5]는 이스트먼에게 다음과 같은 편지를 보내왔다. 자신의 성당에 다니는 한 여성 신도가 그녀가 일하고 있는 부서의 동료 세 명으로부터 가톨릭 교회에 반대한다는 발언을 들었다고 했다.

이에 이스트먼은 다음과 같은 답장을 보낸다. "종교적인 신념이 직원을 고용하거나 해고할 때, 혹은 직원의 처우에 영향을 미치지 않도록 하는 것이 저희 회사의 변함없는 정책입니다. 저희 회사의 모든 관리자나 감독관은 직원들의 신앙의 자유를 제한해서는 안 되고, 개개인의 종교적 입장에 관여하지 말아야 한다는 것을 알고 있습니다.

그러나 신부님께서도 알고 계시듯이 로체스터 공장에만도 6천 명이 넘는 직원이 있는데 저희가 일일이 종교 혹은 정치적인 문제에 관해 자신들의 의견을 피력하는 것을 막기는 불가능합니다. 특히 저희 회사는 직원들이 어떤 정당에 가입하거나 종교를 갖는 문제에 개의치 않는다는 것을 고려하신다면 이를 이해하기란 그리 어려울 것 같지 않습니다. 그러나 저희는 직원들이 근무시간에 일은 하지 않고 종교 문제를 놓고 왈가왈부하는 것은 묵과할 수 없습니다. 저희 회사가 공정하고 확고하다는 것을 확인하시면 안심이 되실 것입니다."

이스트먼은 자신과 다른 사람들과의 관계를 엄격하게 관리해 왔으며, 여러 교회와도 좋은 관계를 유지하고 있었다.

1912년, 해외에 머물러 있던 이스트먼은 런던 중심부에 코닥 사를 짓겠다는 오

---

5. 1929년에 그는 로체스터 주교에 임명되었다.

조지 이스트먼

래전부터 품어 왔던 꿈을 실현하기 위한 준비 작업에 들어갔다. 킹스웨이의 부지를 99년 동안 임대받으면서 그는 존 버넷 경을 고용하였다. 그는 브리티시박물관을 증축한 사람으로, 그 건물을 설계하고 총감독하였다. 그 건물은 전체 킹스웨이 발전의 건축적 지표를 마련하였다. 또한 이스트먼은 여행 중 크로이돈에 있던 래튼 앤 웨인라이트 사의 주식 자본을 매입하고, 회사의 연구 작업을 담당할 케네스 미스 박사를 고용하였다.

래튼 앤 웨인라이트 사의 주식 매입에 관한 필립의 질문에 답변하면서 이스트먼은 코닥 파크에 있는 회사 연구실험실[6]의 실장을 찾아낸 과정을 다음과 같이 밝혔다. "미스 박사는 화학자이자 물리학자이고, 사진에 사용되는 컬러 건식 감광판과 컬러 스크린을 실질적으로 제조한 사람입니다. 컬러 사진에 있어 가장 권위 있는 사람으로, 교육 면으로 보나 실무 경력으로 보나 적임자라고 할 수 있습니다. 내가 접촉을 시도하자 그는 기꺼이 로체스터로 올 의향이 있지만, 자기 회사의 주식을 매입하는 조건을 제시했습니다. 그것은 그다지 큰 문제가 아니었기 때문에, 나는 그에게 장애가 될 것은 아무것도 없다고 말했습니다. 그러자 그는 복잡한 문제가 또 하나 있는데, 자신들이 부다페스트에 감광판 공장을 짓겠다는 계약을 맺었다는 것입니다. 그는 그 계약이 어떤 것인지를 설명하였으며, 나는 그에게 래튼 앤 웨인라이트 사에 대한 의무로서 이를 받아들이겠다고 말했습니다.

조사 작업을 통해 우리는 래튼 앤 웨인라이트 사가 연간 6만 달러 규모의 사업을 하고 있으며, 그중 4만 달러는 일반 건식 감광판 사업과 관련된 수입이고, 나머지 2만 달러는 컬러 스크린 등과 같은 특수제품들에서 나오는 수입이라는 것을 확인하였습니다. 우리는 이 계약을 위해 주식을 포함하여 약 10만 달러를 지불하였습니다. 계약이 체결되자마자 미스 박사와 코닥 사의 부사장이 부다페스트로 가서 건식 감광판 공장 건설 계약을 취소하기 위해 협상을 벌였습니다. 그러나 그 프로

---

6. 이 당시는 자동차산업에서 연구개발이 시작되었던 시기였다. 엡스타인은 자신의 저서 『자동차산업(The Automobile Industry)』에서 다음과 같이 기록하고 있다. "헨리 릴랜드(Henry M. Leland)는 젊은 기술자인 찰스 케터링(Charles S. Kettering)이 전기시동 시스템을 개발하도록 힘을 불어넣었으며, 마침내 1912년에는 캐딜락이 완벽한 전기장비를 갖추고 출시되었다. 명확한 장비를 만들기 위한 사려 깊고 정확히 계산된 시도였다."

밀려드는 공격

젝트에서 래튼 앤 웨인라이트 사와 이해관계가 있는 은행이 그곳에 건식 감광판 공장을 짓는 것을 정부가 자신들에게 위탁하였으므로 그 어떤 제안도 받아들일 수 없다는 입장을 밝혀 왔습니다. 능력 있는 경영자를 주선하기가 어렵기 때문에 이 계획에서 손을 떼고 싶었지만, 우리는 이 계획을 계속 추진하도록 조치를 취하였습니다. 부다페스트에서 운영할 사업은 그리 대단치 않습니다. 그 공장을 운영하는 데 필요한 직원으로 훨씬 더 큰 사업을 위한 공장도 가동할 수 있습니다. 우리가 해로우 건식 감광판 공장에서 이미 하고 있는 사업의 규모는 거의 연간 40만 달러에 이르고, 이는 래튼 앤 웨인라이트 사 사업 규모의 10배에 달합니다. 이들의 제조단가는 우리보다 훨씬 더 많이 들며, 우리가 컬러 특수제품 사업을 늘리지 않는 한 수익 사업이 되지 않을 것 같습니다. 설사 그렇지 않다고 하더라도 우리는 연구실험실 실장으로 가장 좋은 사람을 찾는 것이 매우 중요하고, 미스 박사와 같은 자질을 가진 사람은 세계 그 어느 곳에도 없기 때문에 우리는 이에 만족해야 할 것입니다."[7]

한편 에디슨은 가정용 영사기 제작에 많은 진전이 있었지만, 이를 시장에 내놓기 전에 먼저 이스트먼에게 두 가지 질문을 던져 왔다.

1) 이스트먼 사가 이 영사기에 사용될 불연성(N.I.) 필름을 만들 것인가?

2) 이스트먼 사가 이스트먼 판매망을 통해 에디슨 영사기를 판매하는 것에 찬성하는가 반대하는가?

이러한 질문에 대해 이스트먼은 다음과 같이 답변하였다.

"첫 번째 질문에 대한 저희의 답변은 '예스'입니다. 영사기용으로 사용할 수 있는 필름은 불연성 필름밖에 없으며, 일반 필름은 너무나도 위험하기 때문에 염두에 둘 필요조차 없습니다. 현재 저희가 생산하고 있는 불연성 필름은 질산염 필름만큼 강하고, 강도 면에서도 매우 만족스럽습니다.

두 번째 질문에 대해, 저희는 저희가 구축한 판매망을 통해 영사기를 기꺼이 판매하겠습니다. 선생님도 알고 계시듯이 저희도 영사기 분야에 대하여 실험을 많이 해 왔으며, 머지않아 이러한 기계를 생산할 계획도 가지고 있습니다. 그러나 저

---

7. 미스 박사와의 대담에서 이스트먼이 자신의 미국 회사에 대해 언급한 유일한 말은 "선생님도 러브조이를 사랑하게 될 것입니다!"였다.

희의 관심은 최고의 필름을 생산하는 데 있으며, 이 사업을 성공으로 과감하게 이끌어갈 사람이 이 분야를 장악하기를 고대하고 있습니다. 만약에 에디슨 사가 이 분야를 완벽하게 장악할 수 있는 설비와 적절한 사업계획을 가지고 있다면, 저희가 바라는 것은 필름을 공급하는 것뿐입니다. 이러한 이해를 바탕으로 선생님께 가능한 모든 도움을 제공하는 것은 저희의 기쁨이 될 것입니다."

이러한 상황은 니트로셀룰로오스 필름에 대한 일반인들의 선호로 영화산업에서는 큰 성공을 거두지 못했던 불연성 필름에 대한 새로운 시장을 확보해 놓은 듯하다.

그 후 놀랄 만한 발명품이 또 하나 나왔다. 자동면도기의 발명가인 가이즈먼이 이스트먼에게 코닥 사진에 서명을 새겨 넣을 수 있는 장치를 보여주었다. 이스트먼은 클라크에게 다음과 같은 편지를 보냈다.[8]

"이 발명품은 촬영 시 필름에 서명을 할 수 있게 해주는 장치입니다. 이는 매우 단순한 장치이지만 결코 만만한 기기는 아닙니다. 가이즈먼의 발명품을 보고 소재는 완전히 새로운 것이지만 그 발명품이 쓰일 곳이 없기 때문에 환영받지 못할 것이라는 특허권 심사관의 반응에서 우리는 이 사실을 잘 알 수 있을 것입니다. 가이즈먼 씨는 우리가 사용하는 이중 검은색 종이를 좀더 얇은 빨간색 종이로 교체하고, 타자기에 사용되는 얇은 카본지 조각을 필름과 빨간색 종이 사이에 끼웠습니다. 카본지의 앞면이 빨간색 종이에 닿도록 끼우는데, 필름 스풀과 관련된 것으로는 그렇게만 하면 됩니다. 그 다음 코닥 카메라 뒤쪽에 뚜껑을 하나 만듭니다. 그 뚜껑을 열면 가이드 롤 옆에 있는 노출 매트의 바(bar) 바로 위에 가늘고 긴 틈이 하나 생기게 됩니다. 그 뚜껑을 열면 뚜껑틀 주변이 눌리면서 빨간색 종이가 필름을 내리눌러 종이와 필름이 밀착되고 가늘고 긴 틈 가장자리로 빛이 들어오지 못하게 됩니다. 그 후에 2호 이상의 일반 연필이나 스타일러스 펜으로 빨간색 종이 위에 타이틀을 적고, 가늘고 긴 틈을 통해 노출을 준 다음에 다시 뚜껑을 닫고 촬영을 합니다. 현상을 하게 되면 글씨가 필름에 새겨지게 됩니다. 이 발명품은 많은 주문을

---

8. 1913년 2월 16일.

조지 이스트먼과 토머스 에디슨

조지 이스트먼

받을 수 있는 상업적인 가치를 지니고 있습니다."

 이 장치는 이스트먼을 사로잡아 곧 세계 카메라 시장에 선보이게 되었다. 가이즈먼은 자유계약을 맺으면 1백만 달러를 벌어들일 수도 있었지만 그는 현금으로 받는 것을 좋아하여 30만 달러를 수표로 받았는데, 이 액수는 그 당시까지 한 기업체에서 지불한 특허권 사용료로는 가장 많은 것이었다.

 이스트먼은 사업 초기부터 모든 특허권에 대하여 후한 대가를 지불한다는 방침을 세웠고, 그가 올드필드 법안에 맞서 대항하던 1912년 5월에는 그 방침이 특히 더 중요시되었다. 당시 워싱턴의 하원의원이었던 댄포스에게 서한을 보내면서, 이스트먼은 다음과 같이 입장을 밝혔다. "이 법안에 대해 제가 반대하는 이유는 아주 근본적인 문제입니다. 저는 이 법안이 대중 정책에 위배된다고 믿고 있습니다. 사실 이 법안을 승인하겠다는 것은 미국이 그동안 발명품에 대해 너무 많은 돈을 지불해 왔고, 지금 발명가들에게 지급되고 있는 보상금을 줄이겠다는 입장을 보여주는 것입니다. 현행 법안의 실행하에서 미국은 원자재만을 만들어내던 생산자에서 세계에서 가장 위대한 제조국가로 일어섰습니다. 아마도 대다수의 사람들이 미국은 그 탄생 기원 때문에 발명가들의 나라가 되었다고 믿고 있다는 사실을 저는 잘 알고 있습니다. 이 이론은 다른 나라에서 살 때에는 발명을 많이 하지 않던 사람들이 미국에 오면 갑자기 발명을 많이 하게 되는 이유를 설명해 주지는 못합니다. 이렇듯 급작스러운 발전이 음식이나 풍토에서 비롯된 것이 아니라면 이는 그들에게 제공되는 보상 때문임이 틀림없습니다. 저는 미국이 발명가의 나라가 된 이유가 보상금 때문이라고 믿는 사람들 중 한 사람입니다.

 영국이나 독일, 프랑스의 기술자들이 자신들의 조국에서 발명품에 대한 특허권을 취득하게 되면 이들은 수년 후에나 지불할 수 있는 세금에 자신의 미래를 저당 잡히게 됩니다. 이들은 매우 가난하고, 자신이 직접 그 발명품을 선전할 능력도 없습니다. 아마도 그 발명품이 시대를 앞서 가는 물건일지라도 돈을 벌지 못할 것입니다. 그러나 발명가로서 낙관적인 이들은 점점 더 늘어나는 세금을 계속 내다가 가진 돈을 모두 써 버리고 결국에는 특허권을 포기하게 될 것입니다. 그러한 발명가가 미국에 있었다면 그는 특허권을 얻기 위해 수수료를 조금만 지불하면, 그

밀려드는 공격

발명품은 17년 동안 자기 자신만의 재산이 되고, 세금을 낼 필요도 없고, 그 어떤 의무나 제약도 없습니다. 만약 발명가 자신이 이 발명품을 시장에 내놓을 능력이 없을 경우에는 이 발명품을 사용하고 싶어 하는 사람이 나타날 때까지 특허권을 그냥 가지고 있을 수도 있습니다.

이러한 특권이 남용되어 온 것은 의심할 여지가 없는 사실이지만, 이러한 일은 발명품이 발명가나 미국에게 베푼 위대한 혜택에 따르기 마련인 작은 사건에 불과한 것도 사실입니다. 게다가 발명품을 시장에 내놓을 때가 되면 발명가는 발명품을 통해 수익을 올리기에 가장 효과적인 방법이라고 증명된 방법을 채택할 수 있었습니다. 그는 소매 가격을 보장하는 방법을 통해 배급자들에게 적절한 보상을 하겠다고 보장하면 그들의 협조를 이끌어낼 수 있습니다. 제 생각에는 적절한 보상도 하지 않으면서 이러한 발명품을 손에 넣겠다는 것은 이치에 맞지 않습니다. 발명의 시대는 결코 과거가 아니며, 조국의 발전은 발명가들에 대한 격려에 달려 있다고 해도 과언이 아닐 것입니다.

따라서 발명가들에게 돌아가는 보상금을 줄이려는 시도는 세밀하게 조사되어야 하며, 유능한 위원회에서 그 문제를 모두 면밀히 검토한 후 통과시킬 때까지는 그러한 행위가 절대로 이루어져서는 안 됩니다. 특허법 개정 문제는 우선 전문위원회로 넘겨야 한다는 태프트 회장의 제안은 매우 현명한 판단으로 여겨지며, 저는 위원님께서 취하실 수 있는 모든 조치를 취하는 것이 중요하다는 것을 진심으로 강조하고 싶습니다."[9]

이스트먼은 산업에 관한 문제라면 어떤 것이든지 빠르고 확실하게 핵심을 이해하였다. 이스트먼의 이러한 재능은 특허권에 관련된 이러한 견해와 그가 뉴욕 주립 공장조사위원회의 로버트 와그너 상원의원과 주고받은 편지에서 가장 잘 드러난다.

---

9. 댄포스 하원의원은 위원회에 이 편지를 낭독한 후, 이스트먼에게 다음과 같은 내용의 답신을 보내왔다. "위원회에 좋은 인상을 남긴 것 같지만, 선생님께서 말씀하신 것처럼 결점 투성이인 현행법에 대한 이들의 가열찬 공세에 변화가 있을지는 의문이지만 위원회가 검토하려고 하는 특허법 개정안을 추진하지는 못할 것입니다."

조지 이스트먼

　이스트먼은 전국적인 최저임금운동에 관한 질의 사항에 답변하면서 자기 자신의 확고한 신념을 다시 한 번 강조하고 다음과 같이 덧붙였다. "나는 최저임금제에 전적으로 반대합니다. 왜냐하면 최저임금제가 도입되면 물가가 똑같은 비율로 인상될 것이고, 따라서 노동자의 구매력은 그 제도를 실시하기 전이나 후에나 달라질 것이 없다고 보기 때문입니다.

　최저임금제의 즉각적인 효과는 인상된 임금을 받게 되는 노동자들에게서만 나타날 것입니다. 나는 이 제도가 노동자들이 자유롭게 행동하는 데 아무런 영향을 미치지 못할 것이라고 봅니다. 최저임금만으로도 충분하다는 생각하는 고용주들로 인해 일반 노동자들은 어느 정도 불이익을 받을 수도 있을 것입니다. 그러나 이것은 전혀 별개의 문제라고 생각합니다. 그렇지만 적절한 임금을 받을 능력이 없다고 판명된 노동자들은 고용주들로부터 차별대우를 받게 될 것입니다. 무능한 노동자들에 대한 정규채용은 줄어들 것이고, 임금 인상으로 원가가 증가하게 되면 이는 결국 제품의 가격에 반영하게 될 것입니다.

　임금을 올리는 것이나 임금의 구매력을 높이는 것은 결국 같은 문제이지만 그 방법은 노동자들의 생산성을 높이는 방법밖에 없다는 사실을 기탄 없이 밝히고 싶습니다. 노동자들의 생산성을 높이는 일은 교육과 개선된 산업 조직, 개선된 노동 분배, 기계화 도입을 통해 이루어질 수 있습니다. 그렇지만 이미 많은 산업체에서 기계화를 도입하였기 때문에 기계화를 더 이상 추진하기는 어려울 듯합니다. 미래에 기계화를 더 이상 추진할 필요가 없다는 것은 개인의 능력이 그만큼 더 중요해진다는 것을 뜻합니다. 교육을 통해서 개인의 생산성을 배가시켜야 합니다.

　최저임금제는 그 임금을 적용할 직원이 거의 없는 저희 회사와 같은 기업에는 아무런 영향도 미치지 못할 것입니다."

　'코닥 사'가 발전하였다는 사실은 여러 가지 사례를 통해 입증되었다. 시어도어 루스벨트가 스콧 남극 탐험대의 공식 사진가였던 폰팅(H.G. Ponting)에게 보낸 편지도 그러한 사례 중의 하나였다. 스콧(Robert Falcon Scott, 영국의 남극 탐험가. 1912년 1월 18일 남극점에 도달하였지만 이미 노르웨이의 아문센이 정복한 뒤였다. 실의에 빠진 일행은 귀로 중에 혹한의 날씨와 식량부족으로 3월 말 전원 동사

밀려드는 공격

했다-역주) 대장과 그의 동료 두 사람이 남극 근처에서 목숨을 잃었다. 폰팅은 남극에서 돌아와 런던에서 자신의 사진을 전시하였고, 루스벨트는 런던에서 그 사진들을 보았다.

전직 대통령은 다음과 같은 편지를 보냈다. "나는 어제 하마터면 전시 주최자에게 나를 사진 속으로 데려가서 대장님께 소개시켜 달라고 할 뻔했습니다. 그렇지만 그래 봐야 바쁘고 정신없는 대장님의 시간만 뺏게 될 것이라는 생각을 하게 되었습니다. 여러분들만큼 제게 깊은 인상을 남긴 탐험대는 아직 보지 못하였습니다. 사진들은 너무나도 아름다웠고, 이 사진들을 보지 못했다면 얼마나 아쉬웠을까 하는 생각을 했습니다."

폰팅은 이스트먼에게 사진 샘플을 몇 장 보내왔다. 폰팅은 사진과 함께 다음과 같은 내용의 편지를 동봉했다. "이 필름이 어떤 일을 겪었는지를 완전히 이해하기 위해서는 우선 우리 막사에는 필름을 보관할 공간이 없었다는 사실을 알아야만 합니다. 필름은 수개월 동안 기온이 계속 영하를 밑도는 막사 바깥에 보관되어 있었습니다. 열대 지방을 거쳐 남극까지 가는 데에는 7개월간의 대장정이 필요했습니다. 따라서 이 필름들은 극심한 더위와 추위를 견뎌 내야 했습니다.

우리는 막사 내의 온도를 섭씨 18도 정도로 유지했기 때문에 실내외의 온도차는 40도가 넘을 때가 많았습니다. 따라서 사진 필름과 감광판들을 다룰 때에는 최대한 주의를 기울여야 했습니다.

1910년 5월에 이 필름들을 영국으로 가져왔고, 1911년 1월에 남극 대륙으로 가져갔습니다. 일부는 남극으로 가져가 1912년 1월 17일에 그곳에서 촬영하였습니다. 촬영한 이 필름들을 스콧 대장이 마지막 캠핑 장소로 가져갔고, 대장과 두 동료들이 그곳에서 체류하다 9일간 맹위를 떨쳤던 폭설로 목숨을 잃게 되었습니다.

수색대가 이곳에 도착하기 전까지 이 필름들은 8개월간 이들의 주검 옆에 놓여 있었습니다. 그때 발견된 필름들은 동계 캠프로 옮겨져서 1913년 1월에 현상되었습니다. 결국 필름을 촬영하고 현상할 때까지 이 필름들은 열대 지방을 통과하여, 겨울 내내 남극의 눈 속에 묻혀 있다가 촬영된 후에는 영하 30도로 떨어지는 혹한 속에서 다시 한 번 겨울을 보냈습니다. 다시 말해 이 필름들은 2년 6개월 정도

조지 이스트먼

된 필름입니다. 이제 이 필름들을 제가 입수하게 되어 인화한 사진을 이 편지와 함께 보냅니다. 이 필름들은 의심할 여지없이 세계에서 가장 주목받을 만한 필름입니다. 이 필름들이 없었다면 우리는 사상 최악의 어려움 속에서 스콧 대장과 그의 동료들이 어떻게 지냈는지 알지 못했을 것이고, 그들이 그곳에서 발견한 것, 이들보다 한 달 먼저 남극에 도달했던 아문센의 텐트도 보지 못했을 것입니다."

1911년부터 거의 10년 동안 이스트먼은 끊임없는 법적, 정치적 공격의 중심에 있었다. 이러한 비판을 퍼부었던 사람들 중에는 윌슨 대통령과 맥레이놀즈 법무장관, 굿윈 특허권을 소유하고 있던 경쟁자들이 있었으며, 공정가격에 반대하는 전국적인 언론도 그를 공격하였다.

1911년, 이스트먼 회사는 거래 규모 면에서는 사진업계에서 높은 비중을 차지하고 있었지만 어떤 분야에서도 독점전매권을 갖고 있지 않았다. 그 해의 자료를 보면 다음과 같은 경쟁사들이 모두 미국 내에서 사진사업을 전개하고 있었다.

카메라

앤스코(앤서니 앤 스코빌), 뉴욕 빙햄튼
세네카 카메라 제조회사, 로체스터
군드라치 맨해튼 광학, 로체스터
홀 카메라 회사, 브루클린
콘리 카메라, 미네소타 주 로체스터
C.P. 고어즈 아메리칸 광학, 뉴욕
리플렉스 카메라, 뉴저지 주 뉴워크
엑스포 시계, 뉴욕

필름

앤스코
뤼미에르 북미 지사, 버몬트 주 벌링턴
휴톤 유한회사(오스틴 에드워즈), 영국 런던
디펜더 포토 서플라이, 로체스터

인화지

디펜더 포토 서플라이

밀려드는 공격

멀티스코프 앤 필름, 위스콘신 주 벌링턴
킬본 인화지, 아이오와 주 시더래피즈
로체스터 포토 워크, 로체스터
머몬트 포토 페이퍼, 브루클린
앤스코
월리스 앤드 클레멘츠, 필라델피아
US 아리스토타입, 뉴저지 주 블룸필드
할로이드, 로체스터
서섹스 포토 페이퍼, 뉴저지 주 뉴턴
크래머 포토 페이퍼, 시카고
아테스 포토 페이퍼, 오하이오 주 콜럼버스
파이퍼 포지타입, 클리블랜드
래톨 포스트 카드, 샌프란시스코
웰링톤 앤 워드, 런던
일포드, 런던
월리드 케미컬, 뉴욕
시어스 로벅 앤 컴퍼니, 시카고
버크 앤 제임스, 시카고
포토 프로덕츠, 시카고

사진 감광판 제조사

G. 크래머 건판, 세인트루이스
해머 건판, 세인트루이스
센트럴 건판, 세인트루이스
뤼미에르 북미 지사
아메리칸 건판, 매사추세츠 주 워시스터
디펜더 포토 서플라이
매그넷 사진재료, 매사추세츠 보스턴
포브스 감광판, 로체스터

화학약품 제조사

앤스코
바이어, 뉴욕

조지 이스트먼

베를린 애니라인 워크, 뉴욕
보스트윅, 브루클린
버로우즈, 웰컴 앤 컴퍼니, 뉴욕
버크 앤드 제임스, 시카고
시카고 케미컬, 시카고
찰스 쿠퍼 앤 컴퍼니, 뉴저지 주 뉴웍
크래머 건판
디펜더 포토 서플라이
G 제너트, 뉴욕
해머 건판
뤼미에르 북미 지사
맬린크로트 케미컬 워크, 세인트루이스
머크 앤 컴퍼니, 세인트루이스
찰스 L. 미첼, 필라델피아
조지 머피, 뉴욕
세링 앤 글래츠, 뉴욕

프로용 소품

버크 앤 제임스
제임스 H. 스미스 앤 선즈, 시카고
G. 제너트
앤스코
세네카 카메라

셔터 제조사

멀티 스피드 셔터, 뉴욕
얼렌삭 옵티컬, 로체스터
바슈 롬 광학, 로체스터
C.P. 고어즈 아메리칸 광학
미시건 사진 셔터, 미시건 주 캘러머주

영화산업이 극적인 성공을 거두면서 사람들은 다시 한 번 코닥 사에 관심을 갖게 되었다. 1911년 2월 20일, 코닥 사의 필름 사업 규모는 런던 지사장에게 보내는

밀려드는 공격

편지를 통해서도 알 수 있다.

"카트리지 필름 제작에 사용되는 기계를 제외하고, 현재 우리가 설치, 가동 중인 기계의 생산용량은 기계를 계속 가동할 경우 주당 200피트짜리 필름 34,500롤에 이릅니다. 이는 단순히 이론상의 생산량이 아니라, 우리가 매달 평균치를 산출한 기계 하나당 실제 선적량에 근거한 것입니다. 이는 연간 필름 189만 4천 롤 혹은 3,788억 피트를 생산한다는 말입니다. 지난해 총생산량은 1억 8,500만 피트 정도였습니다. … 수리하기 위해 가동을 중단하는 기계가 있다 해도 1년에 3억 4천만 피트 정도는 생산할 수 있을 것입니다."

10월 30일에 이스트먼은 지포드에게 또 한 통의 편지를 보내어 정부가 활동을 개시했다는 사실을 알린다.

"우리가 판매전략을 바꾸는 문제와 관련하여 당신에게 편지를 보낼 무렵에 필립 씨는 법무장관실로부터 다음과 같은 통보를 받았습니다. 우리가 셔먼 법안(독점금지법-역주)을 위반하고 있는지의 여부를 가리기 위해 정부 측에서 우리 회사를 조사할 것이라는 통보입니다. 지난 목요일과 금요일에 나는 허벨 씨와 함께 뉴욕에 머무르면서 우리 회사를 조사하기 위해 파견 나와 있는 법무차관 클라크 맥커처 씨와 면담을 하였습니다. 면담을 하면서 필립 씨는 맥커처 씨에게 우리의 현재 상황에 대하여 설명하고, 파크 메디신 판례에서 대법원이 내린 판결을 따르기 위해 우리가 어떤 조치를 취하려고 하는지를 설명하였습니다. 이 행동이 정부를 만족시켜 줄 것인지의 여부는 맥커처 씨가 이제 막 시작하려고 하는 조사의 결과에 달려 있습니다. 맥커처 씨와 대화를 하면서 제가 받은 인상은 정부가 전매특허권 소유자들에게까지도 자기 상품을 판매하는 소매가를 정할 수 있는 특권을 주지 않으려고 한다는 것입니다. 정부는 법원을 시켜 이 사실을 분명하게 못 박으려고 하고 있습니다. 하위 법원에서는 이러한 입장을 지지하는 판결을 내린 적이 없으며, 대법원에서도 그 이상의 진전이 이루어지기 힘들지 않을까 하는 의심의 목소리가 있습니다. 그러한 판결이 내려질 때까지는 우리가 오랫동안 지켜 온 판매전략을 수정할 필요가 없다고 생각합니다. 조사가 진척되는 상황에 대해 가능한 한 많은 정보를 계속 알려드리도록 하겠습니다. 남의 허물을 캐내려고 하는 마음에서 이 조사를 진행할지도 모른다는 저의 두려움은 이 면담을 통해 가셔졌습니다. 맥커처 씨는 불화를 만들어내지 않는 성격을 가진 보기 드문 능력의 소유자로 보였습니다."

11월 17일에 이스트먼은 시드니 콜게이트에게 다음과 같은 서신을 보냈다. "마일즈 메디슨이라고 하는 판례에서 제한가격과 관련하여 상황을 통제한다는 대법원의 판결은 코닥 사로 하여금 코닥 사의 판매 조건을 수정하도록 만들고 있습니다. 이 판결 때문에 선생님의 법률고문이 전매특허권을 취득한 제품 이외에는 모든 제품이 법적으로 제한을 받을 수 있다는 사실을 선생님께 알려준다면 우리는 이러한 사실이 어떤 근거에서 나왔는지를 알고 싶습니다.

전매특허 품목을 개발하고 있는 미국의 기업체들에게서 그들이 개발한 제품의 소매가를 정할 수 있는 권리를 뺏는다면 그 기업체는 막대한 손실을 입게 될 것입니다. 왜냐하면 무원칙적으로 가격을 내리는 판매업자들에게 영업을 의존하면 기업체들이 막대한 손실을 입기 때문입니다."

세인트루이스의 폴 팔에게 이스트먼은 다음과 같이 밝혔다. "미국인들은 어떠한 식으로든 자본을 합병하는 것이 불법이 되는 업무 조건에 찬성할 것 같지는 않습니다. 이는 곧 퇴보이자 사업 실패이며, 경기침체이고 공황 상태를 의미하기 때문입니다. 만약 미국이 대형 자본을 가진 기업을 가지지 못한다면, 외국의 대형 자본 기업과 경쟁할 수 없게 됩니다."

영국에서는 제조자가 자신이 정한 제한 사항을 밝히고 제3자에게 물건을 팔았을 경우에 제조자는 제3자에 대해서도 자신의 제한 사항을 강요할 수 있는 권리가 있었다. 미국에서 진정으로 새로운 이론을 확립하게 된 첫 판례는 마일즈 메디신 판례라고 알려져 있다. 이 재판에서 소위 '특허 제조 의약품'의 제조자들은, 계약을 위반하고 가격을 마구 내려서 파는 판매업자들에게 제한을 가하려고 하였다. 대법원에서는 이러한 계약은 거래를 제한하는 것이며, 셔먼 법안을 위반한 것이라는 판결을 내렸다. 재판에서 문제가 된 제품은 전매특허권을 취득한 상품이 아니었으며, 대법원은 이 판결은 전매특허권을 취득한 제품에는 적용되지 않는다고 고시하였다. 그 후 상당수의 법안이 의회에 제출되었는데 이러한 법안들은 전매특허권 소유자들에게서 제한을 가할 수 있는 권리를 박탈하기를 촉구하는 것들이었다.

밀려드는 공격

이스트먼이 다음과 같은 서한을 작성하고 있을 때만 해도 이러한 법안은 통과되지 않고 있었다.

"그렇지만 이 문제에 대한 대중들의 무지와 그러한 법안이 가격을 낮추는 데 도움을 줄 수 있을지도 모른다는 기대감 때문에 머지않아 이러한 법안 일부가 통과될지도 모를 심각한 위험이 도사리고 있습니다. 내가 이 문제에 대한 대중들의 무지라고 말한 것은 대중들은 공정가격제도가 경쟁을 방해한다고 생각하는 경우가 많다는 말입니다. 가격을 할인하는 것을 경쟁체제로 받아들이는 경우가 많습니다. 제 의견은 다르지만, 이러한 것을 경쟁체제라고 생각한다면 이러한 경쟁체제는 상인의 순수익인 판매 수익금을 얼마 남기느냐에 따라 제한을 받을 것이 너무나도 분명합니다. 이 판매 수익금은 너무 적어서 제품 가격에는 큰 영향을 미치지 못합니다. 특히 공정가격 품목이라고 알려진 품목일 경우에는 더욱 그러합니다.

이러한 품목들과 관련하여 제가 '특히'라는 용어를 사용한 이유는, 제조업자가 자신의 제품에 공정가격을 적용할 경우에는 판매자의 판매 수익금을 제조업자가 정해 주어야 하기 때문입니다. 제조업자는 판매자가 남기게 될 판매 수익금을 가능한 한 가장 낮게 책정합니다. 그렇지만 제조업자가 정하는 판매 수익금은 판매자가 그 정도의 판매 수익금이 남는다면 그 제품을 취급하겠다고 나설 정도는 되어야 합니다. 판매자가 남기는 판매 수익금이 높을 경우에 제조업자는 자신이 손해를 보았다고 생각하게 됩니다. 판매 수익금은 제품의 등급, 제품 관리비용, 재고품의 품질 저하에 따른 손실에 따라 달라지게 됩니다. 제품 관리비용은 제품을 보관하고 전시하는 데 드는 공간, 판매원들이 제품을 파는 데 걸리는 시간 등에 따라 달라지지만, 조건이 어떻든 간에 제조업자는 판매자의 수익금을 필요 이상으로 높게 책정할 필요는 없습니다. 판매자가 그 제품을 팔아 보겠다고 나설 정도면 충분합니다. 왜냐하면 필요 이상으로 가격을 높게 책정하면 경쟁업체가 가격을 그보다 더 내릴 수 있기 때문입니다.

예를 들어 소매점에서 물건을 파는 데 평균적으로 드는 비용은 20퍼센트 정도입니다. 이는 투자 자본금에 대한 이자는 포함되지 않은 것입니다. 소매점에서 판매되는 전매특허 물품에 대한 평균 할인율은 33.3퍼센트 정도입니다. 자본금에 대

조지 이스트먼

한 이자를 제외한 상태에서 순수익인 판매 수익금은 10퍼센트 내지 12퍼센트 정도입니다. 판매자들에게 판매 수익금을 전혀 남기지 말고 물건을 판매하라고 몰아세운다면 가격공개제도를 통해 소비자들이 얻을 수 있는 절대 한계치가 바로 10퍼센트 내지 12퍼센트입니다. 이러한 것이 가능한가, 가능하다면 바람직한가를 따지는 것은 임금 삭감을 통해 가격을 낮추는 것이 바람직한가를 따지는 것과 마찬가지로 논의할 가치가 없는 일입니다.

단순한 가격 할인이 진정한 경쟁이 아니라고 주장한다면, 과연 '무엇이 경쟁인가'라는 의문이 제기됩니다. 소비자에게 혜택을 줄 수 있는 진정한 경쟁은 원가를 낮춰 소비자에게 그 혜택을 돌려주는 데에 있습니다. 이미 잘 알려져 있듯이 제품의 유통비는 큰 폭으로 줄일 수 없지만, 제조단가는 끝없이 낮출 수 있습니다. 제가 가장 잘 알고 있는 카메라를 예로 들어 보겠습니다. 카메라의 생산원가는 카메라를 만들기 위한 기계와 시설을 갖추는 방식에 따라 크게 달라집니다. 카메라 1천 대를 생산하려고 한다면 공장 규모는 그리 크지 않을 것이고, 카메라 한 대당 생산원가가 10달러 정도 들 것입니다. 카메라 1만 대를 생산하려고 한다면 좀더 복잡한 기계 설비를 갖추게 될 것이고, 생산원가는 7달러 50센트 선으로 떨어질 것입니다. 그렇지만 10만, 20만 혹은 50만 대를 생산하려고 한다면 노동력을 줄일 수 있도록 공장에 자동화 설비를 갖추어 생산원가를 5달러까지 떨어뜨릴 수 있을 것입니다. 생산원가가 10달러인 카메라를 20달러에 시장에 내놓으면 20달러의 1/3인 6달러 66센트는 판매자에게 돌아가고, 제조원가 10달러를 제외한 나머지 3달러 34센트가 제조업자의 총수익이 될 것입니다. 자동화 설비를 갖추어 동일한 제품을 5달러에 생산할 수 있고 모든 사람들에게 똑같은 수익률이 돌아가도록 만든다면, 소매가는 10달러가 될 것입니다. 이 경우 판매자는 카메라 한 대를 팔았을 때 실제로 남는 돈은 절반밖에 안 되지만 똑같은 수익률을 올리게 됩니다. 따라서 제조원가를 줄이게 되면 소비자에게도 생산원가를 줄인 것만큼의 혜택이 돌아갈 뿐만 아니라 제조업자도 똑같은 수익을 올리게 됩니다. 판매자들은 카메라를 더 많이 팔아 이익을 남기게 됩니다. 카메라 한 대를 20달러에 파는 대신에 카메라 서너 대를 10달러에 판다면 판매 수익금은 더 많아질 것입니다. 따라서 판매자의 할인율은 줄어들 수 없지만, 카메라 한 대당 판매자의 실제 수익금은 생산원가의 절감으로 50퍼센트 이상 줄어들 수 있습니다.

제조업자가 자신의 이익을 위해 생산원가를 줄이려고 애쓰고 있다고 가정한다면 그 다음에 생각할 수 있는 것은 제조업자가 그 혜택을 소비자들에게 돌려 주도록 유도할 수 있다는 것입니다. 이에 대한 해답은 다음과 같습니다. 다른 회사에서 만든 같은 제품과 경쟁을 하게 됩니다. 대부분의 경우에는 다른 회사에서 만든 할인가 제품과 경쟁을 하게 됩니다. 저는 여기서 공정가격제도는 경쟁과는 아무런 관계가 없다는 것을 분명히 밝히고 싶습니다. 공정가격은 경쟁과는 관계가 없으며, 제품 판매와 관계가 있을 뿐입니다. 전매특허 품목들은 대부분 상점에서 판매원의 권유나 광고를 통해 소비자의 관심을 끌 수 있다는 이점을 가지고 있습니다. 수익을 보장하지 않는다면 소매업자들은 소비자에게 가격이 정해져 있는 제품을 판매하지 않을 것이며, 가격이 알려져 있지 않고 소매상들에게 판매 이익금이 얼마나 남는지를 소비자가 가늠할 수 없는 제품을 판매하는 데 열을 올릴 것입니다.

경쟁에 대한 이야기로 다시 돌아와 우선 말씀드리고 싶은 것은, 공정가 제품은 항상 그 제품 뒤에 제조업자의 이름이나 상표를 갖고 있으며, 이는 그 이름 혹은 상표 주인이 자신의 이익을 도모하기 위해 그 제품의 품질을 유지하게 된다는 것입니다. 제조업자에게는 신용이 가장 큰 재산입니다. 일반적인 견해와는 달리 안정성을 유지하려면 부동산과 더불어 신용이 있어야 합니다. 신용은 평판이 있다는 것입니다. 제조업자가 자신이 상표를 붙인 제품에 가격을 정할 때에는 이 제품에 그 가격에 해당되는 최상의 가치를 부여하려고 애씁니다. 만약 그의 경쟁자도 공정가격제도를 적용하여 물건을 유통시키고 있다면 그 또한 자신의 제품에 가능한 한 최상의 가치를 부여하려고 노력할 것입니다. 이 두 제조업자는 제품의 질을 놓고 경쟁을 벌이게 됩니다. 그렇지만 그의 경쟁자가 할인가 물건을 만드는 사람이라면 그 경쟁자는 자신의 제품보다 더 잘 알려져 있는 다른 제품의 대체품으로 통하게 될 물건을 만들려고 노력할 것입니다. 이러한 물건을 취급하면 상인에게는 더 큰 할인율이 적용될 수 있습니다.

할인가격 제품에 대하여 찬성하는 것은 이것이 공정가격 제품보다 낫다는 것이 아닙니다. 다만 할인가격 제품은 그 가격에 맞는 제품이라는 것입니다. 할인가격을 받으면서 공정가격 제품과 품질이 똑같다고 한다면 소비자가 할인가 제품을 구입하는 것은 당연한 일입니다. 소비자는 이 문제에 관해 자신의 결정권을 행사할 수 있는 권리를 가지고 있습니다. 그렇다면 어떤 이유에서 자신의 명성을 걸고 제품을 만들고 있는 사람을 저지하려고 하는 것일까요? 이는 평판이 가장 좋은 제조업자들이 가장 유리하다고 생각하고, 소비자에게 가장 각광받는 제품 유통 방식을 방해하는 행위일 뿐입니다. 이 방식은 제품의 질을 개선하려고 하는 경향이 있는 데 반해, 다른 방식은 제품의 질을 떨어뜨리려고 하는 경향이 있습니다. 할인가격 제품들을 생산하는 사람들이 항상 존재한다면, 자신의 선택권을 행사할 수 있는 권리를 소비자에게서 어떻게 박탈할 수 있을까요? 생산원가 절감을 기초로 하지 않은 가격 할인은 독점이라는 한 가지 경향만을 갖게 됩니다. 가격 할인 전쟁에서는 언제나 소규모 제조업자가 궁지에 몰리게 됩니다. 이러한 할인 전쟁의 최종적인 결과는 항상 가격 상승이며, 강한 자만이 살아남게 되는데, 그는 자신의 손실을 만회하려고 하기 때문입니다.

공정가격은 제품의 유통구조와 관련이 있다고 말씀드렸으며, 여기에는 제조업자의 윤리적인 항변이 개입할 수 있습니다. 어째서 소비자가 필요로 하는 제품을 생산하고 있는 사람 혹은 발명가가 이 제품을 소개할 수 있는 가장 좋은 방법을 박탈당해야 하는가? 소비자는 자신이 그 제품을 필요로 한다는 사실을 모를 경우가 상당히 많습니다. 소비자는 누가 가르쳐 줘야 자신에게 그 제품이 필요하다는 사실을 깨닫게 될 때가 많습니다. 소비자는 어떤 제품이 갖고 있는 장점을 미처 보지 못하다가, 돈을 버는 것이 목적이기는 하지만 대중이 필요하다고 느끼는 것을 제공해야만 돈을 벌 수 있다는 것을 잘 알고 있는, 열정적이고 상상력이 풍부한 사람들이 구매를 강요하면 그때서야 그 제품의 장점을 보게 됩니다. 어떤 제품을 누구나 구입할 수 있는 가격에 제조하기 위해서는 그 제품을 생산하는 기계나 시설에 많은 자금을 투자해야 할 수도 있습니다. 제품을 판매할 준비를 마치면 그 제품을 세상에 내놓기 위해 대행사에 유통을 맡겨야 하는데, 그렇게 하지 못하게 되면 그 제품을 몇몇 대형 상점에 맡길 수밖에 없습니다. 대형 상점은 그 물건을 받아 신제

밀려드는 공격

품이라고 광고를 하다가 더 새로운 제품이 나오면 그 제품을 가판대에서 치워 버립니다. 물론 그러한 상황에 직면하게 되면 제조업자는 더 이상 그 제품을 만들지 않겠지요.

    자신들이 수년에 걸쳐 개발한 상품을 다음과 같은 두 가지 목적만을 갖고 있는 대형 백화점들의 가격 할인 공세에 내놓아야 하는 걸까요? 대형 백화점들의 목적은 경쟁업체 수효를 줄이는 것과 주요 상품의 가격을 할인하여 사람들을 매대로 끌어들이는 것입니다. 이러한 거래에서 상처를 입게 되는 것은 대기업뿐만이 아닙니다. 그러한 정책이 시행된다면 자신들의 상품을 위탁 판매하는 비경제적인 방법을 채택하지 않는 한, 해적들의 처분에 자신들을 맡길 수밖에 없는 소규모 전매특허품 제조업자들이 수백, 수천에 달합니다. 위탁 판매를 하려면 판매자에게 자본금을 마련해 주어야 합니다. 소규모 제조업자들은 재정적으로 취약하여 그러한 유통 방식을 채택하기가 어렵습니다."

    이스트먼 사의 경쟁업체 두 곳에서는 정부 조사를 재빨리 이용하였고, 이스트먼은 특유의 솔직함으로 경쟁업체의 공격에 대응하였다. 로체스터에 있던 버릴은모 카메라 회사가 자신에게 보내온 편지를 이스트먼에게 다시 보냈다.[10]

> 이스트먼 사는 비미국적이고 공정하지 못한 경쟁심 때문에 사업을 굳이 청산하지 않아도 되었던 경쟁사들을 모두 매입하였습니다.
> 공지사항: 이스트먼 사는 인화지 사업에서 가장 강력한 경쟁사였던 아메리칸 아리스토, 안젤로 페이퍼, 아투라 포토 페이퍼 사를 매입하였으며, 건판 사업에서 가장 강력한 경쟁사였던 시드, 스탠리 앤 스탠다드 건식 감광판 사를 사들였고, 카메라 사업에서 최대 경쟁사였던 블레어 카메라, 센츄리 카메라, 포토그래픽 머티어리얼, 로체스터 옵티컬 앤 카메라(이 회사의 사업 규모는 350만 달러에 이릅니다) 사를 모두 매입하였습니다. 이스트먼 사는 억지로 합병할 수 없었던 상당수의 다른 사업체들도 모두 사들였습니다.

    이 편지를 받은 이스트먼은 버릴에게 다음과 같은 답장을 보낸다.

---

10. 1912년 12월 13일.

조지 이스트먼

"이스트먼 사가 위에 열거된 회사들을 수년에 걸쳐 매입하였다는 사실 이외에는 모두 잘못된 것입니다. 일례로 이스트먼 사는 사진업계에서 이스트먼 사 다음으로 사업 규모가 큰 앤스코 사를 매입하지 않았습니다. 앤스코 사는 카메라, 필름, 인화지를 포함하여 가장 많은 종류의 사진재료와 장비를 생산하고 있는 경쟁업체입니다. 이스트먼 코닥 사는 시드 사의 주요 경쟁사였던 크레이머 건판사나 해머 건판사도 매입하지 않았습니다.

제가 수집한 믿을 만한 정보에 따르면 이 회사들은 모두 지금처럼 큰 번영을 누린 적이 없다고 합니다. 이들과 그 밖의 많은 '독립' 회사들은 거래량이 점점 더 증가하고 있습니다. 이스트먼 사는 지난 몇 해 동안 규모가 큰 몇몇 회사들로부터 인수해 달라는 요청을 받았지만 거절해 왔습니다. 이 편지에서 '350만 달러 규모의 회사'라고 지칭된 로체스터 옵티컬 앤 카메라 사는 자본 가치가 과대평가된 기업체로, 제가 당시 들은 바에 따르면 내부 분열과 경영 과실로 파산 지경에 이르렀다고 합니다. 이 회사는 파산을 막을 수 있을지도 모른다는 희망에서 경영권을 루이스 커스틴 씨에게 넘겼습니다. 그렇지만 루이스 커스틴 씨의 능력과 쉼 없는 노력에도 불구하고 자발적인 청산을 해야 했습니다. 우리 회사는 팔기에 적합한 자산들을 처분한 후 1903년, 이들의 빚을 청산하고 나서 주주들을 위해 13만 달러 정도만 남아 있던 부동산, 기계, 전매특허, 계약 일부 등으로 이루어진 나머지 재산을 매입하였습니다. 막연한 파산 상태에서 무엇인가 건져 낼 것이 없는가 찾고 있던 주주들의 다급한 요청에 의하여 매입을 성사시킬 수 있었습니다. 우리가 그 회사를 파멸의 길로 몰아넣었다고 한다면, 당시 우리는 그 회사의 주요 생산품인 건판 카메라나 필름 팩을 생산하고 있지 않았다는 것으로 그것이 억측이라는 것이 증명됩니다. 이러한 비난이 터무니없는 것처럼, 우리가 억지로 합병할 수 없었던 다른 회사들을 매입하였다는 말도 이치에 맞지 않습니다.

이미 말씀드린 바와 같이 우리 회사가 여러 회사들을 합병한 것은 사실입니다. 합병 회사 중 일부는 특허권 분쟁을 피하거나 해결하기 위해, 그리고 투자 대상으로 매입하였지만, 가장 중요한 회사 몇 곳은 우리 회사가 수년간 따르고 있는 분명한 정책을 지키기 위해 인수한 것입니다. 이 정책이란 바로 최고의 사진재료 및

밀려드는 공격

장비를 모두 갖춘 완벽한 생산 라인을 만드는 것입니다. 이러한 정책은 필름 사진의 도입과 개발에 의해 창조되었던 분야에서 성장한 것입니다. 코닥 필름과 슬라이드 필름은 모두 이스트먼 코닥 사 안에서 발명된 것으로, 사진재료에 대한 방대하고 새로운 수요를 창출하였습니다. 필름 판매를 촉진하기 위하여 가장 중요한 것은 코닥 도매상들에게 최상의 제품을 공급하는 것이었습니다. 그 결과 코닥 사용자들은 최상의 결과를 얻게 되고 따라서 사진에 좀더 폭넓은 관심을 갖게 되어 코닥 카메라와 필름이 더 많이 팔리게 되었습니다. 이 정책을 염두에 두고 코닥 사는 시드 건판회사를 매입하였습니다. 시드 건판회사는 이제까지 알려진 것으로는 세계 최고의 감광 젤라틴 유제 제조법을 가지고 있는 회사입니다. 이 유제를 필름에 처리해 전 세계의 코닥 사용자들은 추가비용을 내지 않고도 그 혜택을 누릴 수 있었습니다. 아메리칸 아리스토타입 사는 세계 최고의 콜로디온 인화지를 생산하였습니다. 아리스토타입 사의 아투라 인화지는 우리측의 격렬한 제지에도 불구하고 인기를 끌었습니다. 그 인화지는 젤라틴 현상 인화지입니다. 우리는 2, 3년 동안 이 인화지와 동일한 인화지를 개발하기 위한 실험을 하였지만 실패하여 그 인화지 회사를 매입하기로 결정하고 1백만 달러 이상을 지불하였습니다. 이 자금은 우리가 경쟁자들을 '궁지에 몰아넣었다'고 주장하는 기간 동안에 이 사업에 뛰어든 사람들에게 지불되었다는 것을 상기시켜 드리고 싶습니다. 안젤로 인화지는 아메리칸 아리스토 인화지나 아투라 인화지와는 전혀 다른 인화지로, 백금 인화지라고 알려져 있으며, 전문 사진가들만이 사용하고 있어 일반적인 방식으로는 다른 인화지들과 경쟁이 어려운 인화지입니다.

    코닥 사를 적대시하는 과격한 태도에 대하여 설명할 길이 없습니다. 우리 회사를 음해하는 그 편지를 보낸 이는 파산한 로체스터 옵티컬 앤 카메라 사에 근무했던 판매사원이었습니다. 이 회사가 코닥 사에 매각된 이후에 그는 혼자 나가 사업을 시작하였고, 우리는 그가 큰 성공을 거두었다는 사실을 잘 알고 있습니다. 이스트먼 코닥 사의 방침은 경쟁사들이 사업에 뛰어들어 성공을 거두는 것을 막지 않는 것이기 때문에 그가 성공을 거둔 것은 이상할 것이 하나도 없습니다. 내가 아는 한 지난 10년 혹은 12년간 좋은 상품을 가지고 성공을 거두지 못한 경쟁사는 하나도 없었으며, 이스트먼 코닥 사의 사업 방침 때문에 파산하게 된 회사도 역시 하나도 없습니다. 코닥 사의 발명품으로 인해 사진예술이 확장되었고, 그 덕분에 사진 산업이 엄청나게 성장하였으므로 코닥 사가 경쟁사들을 모두 먹여 살렸다고 해도 과언은 아닐 것입니다.

이스트먼 사는 수년간 제품 가격을 낮추는 정책을 추구해 왔으며, 가격을 올리지 않으면서 제품에 가치 있는 질적 향상을 더해 왔습니다. 단순히 대기업이라는 이유만으로 공격을 가하는 것이 너무도 일반화된 오늘날, 공격받는 기업으로서는 상당한 인내력이 필요하지만 그와 같은 무모한 주장은 비난받아 마땅합니다."

1주일도 채 지나지 않아 또 다른 경쟁사인 뉴욕 시에 위치한 엑스포 카메라 회사의 토머스 월러스가 협박을 가해 왔다. 그에게 이스트먼은 다음과 같은 답변을 보낸다.

"당신의 요구사항을 들어주지 않을 시에는 코닥 사에 공격을 가하겠다고 협박하는 날짜 없는 편지를 받아 보았습니다. 당신은 지난번에도 편지를 보냈지만 우리가 아무 답변을 주지 않자 다시 한 번 우리의 주의를 끌려고 하는 것 같습니다. 당신이 지난번에 우리에게 보낸 편지는, 우리가 이미 당신에게 충분하게 설명하고 분명하게 밝혔던 사항을 중언부언하는 것에 불과한 답변을 요구하고 있다는 판단이 들었기 때문에 답신을 하지 않았습니다. 우리는 당신의 요구사항에 맞춰 판매 조건들을 수정할 생각이 없습니다. 당신이 우리를 공격하는 근거라고 밝힌 사항들이 사실이라면, 당신의 행동은 정당화될 수 있을 것입니다. 당신이 밝힌 근거는 다음과 같은 것입니다. 우리가 부당한 방법으로 사진시장을 독점하였고, 우리가 당신의 칭찬할 만한 좋은 상품을 판매하지 못하도록 방해하였다는 것입니다. 이것은 완전히 잘못된 것입니다. 우리는 시장을 확보하기 위해 부당한 방법을 사용한 적이 없으며, 우리가 고안한 품목에서도 독점권을 행사한 적이 없습니다. 우리는 상품을 생산하거나 유통시키는 데 있어 치열한 경쟁을 거치지 않은 적이 없습니다. 모든 사람들에게 잘 알려진 바와 같이 우리의 판매 조건에 따라 우리 제품을 취급하는 도매상들이 상당히 많은 것은 사실입니다. 이 도매상들은 모두 자기가 원하면 언제든지 우리 경쟁사의 제품을 취급할 수 있는 데도 불구하고 우리 제품을 고

밀려드는 공격

수하는 이유는 우리 회사가 최상의 믿을 만한 제품을 생산하고 있기 때문입니다. 그렇지만 사진 도매상 중에는 우리 제품을 팔고 있지 않는 곳도 수천 곳에 달합니다. 그래도 미국 내 도시 중에는 우리 회사 제품을 취급하지 않는 도매상이 하나도 없는 곳은 없을 것입니다.

훌륭한 상품을 가진 제조사라면 이러한 도매상을 통한 준비된 판매망을 이용하지 못한 적이 현재까지 한 번도 없었습니다. 이러한 상품이 성공을 거둔 것을 보여주는 실례가 많이 있지만, 성공을 거두는 것은 항상 그 제품이 가지고 있는 장점 때문이었다는 사실을 상기시켜 드리고 싶습니다. 우리 생각에 당신은 훌륭한 상품을 가지고 있지 않으며, 우리의 판매 조건을 당신에게 특별히 유리하게 수정한다고 해서 당신 회사의 판매에 근본적인 변화가 생기지는 않을 것입니다. 당신이 이 생각에 동의하리라고는 생각하지 않지만, 당신에게 필름을 공급하는 것에 우리가 동의하였다는 점에 만족하실 수 있을 것입니다. 우리는 당신에게 필름을 파는 것을 거절할 수도 있지만, 당신은 다른 필름을 구입할 수 있기 때문에 우리가 필름 판매를 거절한다고 해서 당신이 사진시장에 발을 들여놓지 못하도록 하지는 못할 것입니다. 그렇지만 우리가 당신에게 필름을 공급하게 되면 당신은 소비자들 사이에서 호평을 받게 될 것입니다. 당신은 '최상의 필름과 카메라가 여기 있습니다'라고 이야기할 수 있을 것입니다. 우리가 더 나은 제품을 시장에 내놓을 때까지 엔사인 베스트 포켓 카메라가 팔렸던 것과 마찬가지로, 어떤 장점을 가지고 있는 카메라라면 대량으로 판매하는 데 아무런 문제가 없을 것입니다.

당신의 문제는, 상업적 가치가 없는 제품을 시장에 내놓으려다가 실패하고 책임을 다른 사람에게 전가하려고 했다는 점과 우리 회사의 방침이 처음부터 끝까지 윤리적인 원칙에 근거하고 있고, 그 방침을 통해 우리가 이익을 얻는 것과 마찬가지로 도매상들과 소비자에게도 이익을 돌려 주고 있음에도 불구하고 우리 정책에 관해 불평을 늘어놓았다는 점을 들 수 있습니다. 당신이 우리에게 보내는 편지를 보면 마치 우리가 오래된 기존의 시장에 뛰어들어 다른 경쟁사 제품을 몰아내고 시장을 독점하기 위해 속임수를 써서 기존의 도매상을 유혹한 것처럼 말하고 있습니다. 사실 필름 사진술은 우리가 완전히 창조한 분야로, 우리는 사진 제품을 판매하

조지 이스트먼

는 사업을 하면서 우리의 고객 명단에 올라 있던 고객 80-90퍼센트로 사업을 시작하였습니다. 당신은 우리에게 와서 이제 이렇게 말합니다. '당신 회사의 상품을 유통하기 위해 큰 세력을 조직하였으므로 나는 이를 공유할 권리를 갖고 있으며, 당신은 윤리적으로 내가 내 몫을 차지할 수 있도록 도와야만 한다.' 차라리 우리 회사의 판매원들에게 당신 회사의 제품 견본을 가지고 다니라고 요구하지 그러십니까? 당신의 요구는 결과적으로 막대한 노동력과 자본으로 이룩해 놓은 우리의 유통망을 당신에게 거져 달라고 요구하고 있는 것입니다.

처음 내가 사진사업을 시작했을 때, 이 분야는 완전히 제조업자, 수입업자, 도매업자들의 손아귀에 있었습니다. 실제로 모든 거래는 이들을 통해 이루어졌으며, 이들은 비밀스러운 거래 협상을 통해 실질적인 독점사업권을 갖고 있었습니다. 이들은 75명 정도의 도매상들에게만 사진 제품을 판매하였으며, 제조업자나 수입업자, 도매업자와 연결되어 있지 않은 경우에는 그 누구도 자신의 사업을 할 수 없었습니다. 이들을 통해 사업을 하는 것이 뜻대로 되지 않아 우리 회사는 다른 사람들을 통해 제품을 판매해 왔습니다. 그 이후 사진 제품만을 취급하는 도매상들이 더 증가한 것은 아니지만, 우리는 수천 명의 약사나 문방구상, 보석상들을 끌어들여 그들이 부업으로 사진관련 제품을 팔도록 만들었습니다. 기존의 판매망 중 일부만이 우리 사진 제품을 취급하였고, 그들 중 대다수는 아직도 여전히 우리의 거래선 밖에 있습니다.

우리의 성공을 슬퍼하고 우리에게 욕설과 협박을 퍼붓는 대신에 우리가 했던 것처럼 당신 자신을 위한 판매 시스템을 구축해 봄이 어떨까요? 지금은 그 당시보다는 조건이 훨씬 더 나아졌으며, 코닥이 지금 그러하듯이 당신이 코닥 제품보다 150퍼센트 우수한 제품을 가지고 있다면 시장에 나가 우리를 앞지를 수 있을 것이라고 자신 있게 말할 수 있습니다. 25년 혹은 30년이 걸릴지도 모르지만, 우리가 지금의 위치에 오르기까지는 그만큼의 세월이 소요되었습니다.

그러지도 못하면서 당신은 아이다 타벨-록펠러(Ida Tarbell-Rockefeller, 월간지 기자 아이다 타벨이 석유왕 록펠러 가에 끊임없이 가한 추적보도 기사. 타벨은 록펠러를 '백치 구두쇠'로, 그의 별장을 '추한 싸구려의 금자탑'으로 묘사했다-

밀려드는 공격

역주) 식의 공격으로 우리를 위협하였습니다. 성공한 기업체에 대한 대중여론 때문에 이러한 위협은 심각한 것이지만, 어떠한 위협을 받더라도 우리는 눈 하나 꿈쩍하지 않을 것입니다. 소비자들이 거래 제한을 통해 자신들에게 이익이 돌아온다는 것을 완전히 깨닫게 되기도 전에, 거래를 제한하는 제도가 법에 의해 폐지될 수도 있습니다. 그러한 시기가 도래하게 되면 우리는 법을 준수할 것입니다. 비록 우리는 이러한 법이 전매특허 품목을 생산하는 제조업자에게서 더 나은 판매망으로 제품을 판매하고, 자신의 제품을 개선하고자 하는 마음을 빼앗아 이러한 법 때문에 대체품을 제작하는 범죄가 기승을 부릴 것이라는 사실을 잘 알지만 법은 따를 것입니다.

당신이 이 편지를 다른 사람들에게 공개하는 것에 대해 추호도 반대하지 않지만, 이 편지는 본래 당신을 위해 개인적으로 작성된 것임을 알려 드리고 싶습니다."

태프트 정부 쪽으로 해가 기울어지면서 이스트먼의 미래는 극단적으로 불확실해지기 시작했다.[11] 퍼킨스와 다른 사람들의 진지한 간청에도 불구하고 이스트먼은 '불 무스 파티'(Bull Moose Party, 공화당 대통령 지명전에서 태프트에게 패배한 루스벨트 전 대통령이 진보당을 조직하여 '황소 무스당'이라 부르며 대선에 출마했으나 민주당 윌슨 대통령에게 패배하였다 – 역주)의 주요 재정 후원자가 되기를 거부하였다. 비록 태프트 정권이 이스트먼에게 불리한 법안을 준비하고 있었지만 그는 사사로운 이익보다는 정당의 질서를 선호하였기 때문에 이러한 결정을 내렸다. 새해 전날에 베이커에게 편지를 쓰면서 그는 자신의 근심스러운 속내를 털어놓았다.

"1913년 새해의 사업은 민주당 정부로의 이양의 결과가 어떻게 될 것인가가 불확실함에도 불구하고 전망이 상당히 밝습니다. 트러스트 제도에 대항하는 윌슨

---

11. 태프트의 선거자금으로 1천 달러를 기부하였음에도 불구하고 이스트먼은 1912년 10월 31일자로 프랭크 배보트에게 다음과 같이 쓰고 있다. "나는 당신이 선거에 관해 어떻게 생각하고 있는지 모르지만, 내 생에 이렇듯 무관심한 것은 처음입니다. 트러스트 제도에 관해서는 저절로 일이 이루어져 왔습니다. 유일한 의문은 바로 누가 실험을 위한 희생양이 될 것인가 하는 것입니다. 물론 우리들 중 그 누구도 실험용 토끼가 될 원하고 있진 않지만, 일부는 이미 그렇게 되었고, 더 많은 사람들이 그렇게 될 것이 분명합니다."

조지 이스트먼

의 캠페인이 진행될 듯합니다. 전에 말씀드렸는지 모르지만 우리 회사는 정부의 조사를 회피하지 않았습니다. 지난 6개월간 정부 대표들에게 우리 회사는 철저하게 조사를 받았습니다. 저는 26일 워싱턴에서 법무차관과 면담을 가졌습니다. 이들은 회사에 대해 약간의 의구심을 갖고 있지만, 그와 이야기를 하면서 제가 알게 된 것은 이들이 우리와 같이 많은 돈을 벌어들이는 기업의 과실을 적당히 덮어 두려고 하지 않는다는 것이었습니다. 이들은 1주일 내지 10일 이내에 우리들이 판매 조건들을 변화시켜야 할 것인지 혹은 이들이 우리 회사에 대하여 소송을 제기할 것이지를 알려 줄 것입니다. 저는 소송이 두렵긴 하지만 전문가들과 수차례 회의를 거친 후에도 싸울 것인지 혹은 이들이 원하는 바에 따를 것인지를 결정하지 못했습니다. 한편 우리의 판매 조건이 서먼 법안에 어긋나는 불법이라는 판결을 내리는 방식으로 전매특허법을 개정하려고 하고 있습니다. 올드필드 법안이라고 알려진 계류 중인 법안에 대해서는 위원회를 통해 이미 보고를 받은 적이 있지만 그 법안이 통과될 경우에 우리는 무조건 항복해야만 할 것입니다.

영화산업에 관한 상황은 다소 조짐이 좋지 않습니다. 우리 경쟁사들은 계속해서 더 많은 사업권을 취득하고 있으며, 아마도 자신들의 제품을 개선하고 있을 것입니다. 교환을 통해 유통 방식이 바뀌고 있습니다. 이렇게 되면 결국에는 각 국가에서 두세 사람만 필름 구매권을 갖게 될지도 모르고, 더구나 두려운 것은 이렇게 되면 우리에게 상당히 불리해진다는 것입니다. 그렇지만 제품의 품질에 관한 한 우리는 선두를 계속 지킬 것입니다. 우리는 모든 방면에서 생산 공정들과 제작 방식을 개선하고 있으며, 현재 각 부서마다 그 이전 어느 때보다도 훨씬 더 만족스러운 제품을 생산하고 있다고 진심으로 말씀드릴 수 있습니다. 최근에 우리는 아주 높은 감도와 화질을 얻을 수 있는 향상된 유제를 시네(Cine) 네가티브에 적용하였는데, 이는 처음 있는 일이었습니다. 1년 전에 우리를 고생시켰던 감광판이 6개월 동안 매우 순조롭게 생산되었으며, 현재 우리는 그 당시의 손실을 만회할 수 있는 정도의 거래량을 확보하고 있습니다. 모든 종류의 인화지들이 만족스럽게 생산되고 있습니다. 사실 생산 부서는 불안할 정도로 좋은 상태입니다."

이스트먼은 오랜 바다 여행을 통해 긴장감을 해소했다. 3월 26일에 돌아와서

밀려드는 공격

분산된 사업 체계를 가다듬고, 베이커에게 또다시 최근 소식을 전했다. "우리는 하테라스 곶 주위의 마음에 들지 않는 항로를 피하기 위해 찰스턴에서 요트에 올라 나소, 산토밍고, 푸에르토리코를 헤치고 윈드워드 아일랜드로 내려갔다가 바베이도스, 라 구아이라, 부에르토 카벨로와 콜론을 지나 자메이카와 쿠바를 거쳐 찰스턴으로 되돌아왔습니다. 날씨는 다소 험악했지만, 심한 폭풍은 없었고, 전체적으로 운이 매우 좋았다고 할 수 있습니다. 저는 파나마에서 깊은 인상을 받았으며, 이것만으로도 오랜 시간 동안 불편한 여행이었지만 감수할 만한 가치가 있다는 생각이 들었습니다. 그곳에 있던 여행자들 일부는 더위와 여객선에서 제공한 음식에 대해 불평을 늘어놓았지만, 우리는 이런 문제를 전혀 겪지 않았습니다. 우리의 요트에는 성능 좋은 냉동기가 있어서 우리가 가지고 간 식품들을 모두 완벽하게 보관할 수 있었습니다. 식량을 요트에 적재해 가져가지 않았다면, 서인도제도상에 있는 시장은 모두 불결하였기 때문에 우린 다소 힘든 여행을 했을 것입니다.

선생님께서는 운하의 산사태와 운하가 언제쯤 개통될지 궁금해 하셨습니다. 운하가 언제 개통될지는 아무도 모릅니다. 수문, 대형 댐, 방수로가 거의 완성되었으며, 이번 여름에는 공사를 마치게 되지만, 산사태가 언제 끝날 것이라고 말하기는 어려울 것으로 보입니다. 건조한 땅이 이렇게 낮은 각도에서 산사태를 일으키는 것은 처음 보았습니다. 대지가 마치 빙하처럼 움직이고 있습니다. 우리는 그곳에 있으면서 모든 통로를 갈가리 찢어 놓고, 운하를 20피트 깊이까지 채워 버린 또 다른 지각 변동에 관한 신문기사를 보았습니다. 기술자들이 할 수 있는 일은 지각 변동이 멈출 때까지 더 이상 흙이 내려오지 않도록 흙을 운하 밖으로 퍼내는 일이 전부입니다. 큰 언덕이 하나 있는데 그곳에는 지각 변동이 일어난 곳보다 더 가파른 제방이 있습니다. 아직 아무 일은 없지만 이곳에도 산사태가 일어나면 더 깊이 파내야 한다는 것을 의미합니다.

이 편지를 받기 전에 우리의 보고서를 받아 보시게 될 것입니다. 수익은 최고조에 도달할 수 있으리라 생각됩니다. 관세가 바뀌어 해외 경쟁사들이 우리 영화 산업을 잠식해 들어오고, 정부 압력으로 인해 우리의 판매 조건을 바꾸게 되면 조만간 우리에게 불리할 것으로 보입니다. 지금까지로 봐서 올해에 미국에서는 30퍼

조지 이스트먼

센트, 그리고 유럽에서는 0퍼센트의 판매 증가율을 기록하기는 했지만 말입니다.

정부의 입장에 관해 우리는 필립 씨와 함께 이곳에 오는 미 지방 검사보와의 회담을 통해 이번 주까지는 분명하게 알게 될 것입니다. 그들은 고소를 할 것이고, 우리는 경쟁사들의 제품과 이들이 주장하는 사소한 제품 몇 가지를 코닥 매장에 받아들이라는 판결에 따를 것입니다.

다음 주에는 오래 끌어왔던 굿윈 소송건이 쟁점이 될 것입니다. 선생님이 기억하시고 계시는 이 소송은 한니발 굿윈 목사의 전매특허권 때문에 앤스코 사람들이 제기한 것입니다. 사회주의자들이나 트러스트에 적대감을 갖는 프로파간다에 판사들이 영향을 받지 않는다면 우리는 소송에서 이길 수 있습니다. 하위 법원에서 우리가 패소한다면, 우리는 곧바로 항소할 것입니다. 우리는 그들이 전매특허권으로 주장할 수 있는 그 어떤 것도 이용하지 않았고, 계속 싸움을 할 수 있는 유리한 위치에 있다고 생각합니다."

이스트먼에게 쏟아지는 비난과 모든 대기업들에 대한 대중들의 적대감을 적절히 이용하고 있던 굿윈 특허권의 뉴욕 소유자들은 코닥 사에 대한 소송건을 버펄로에 있던 존 헤이젤 연방 판사에게 가져갔다. 이스트먼은 이 사건 이전에 변호사 비용을 포함해 1백만 달러를 주었던 필립 씨에게 변호를 맡겼다.

소송건이 진행되면서 전혀 생각지도 못했던 곳에서 공격을 받았다. 『월드 워크』지 1913년 6월호에는 윌슨 대통령의 저서 『새로운 자유(The New Freedom)』가 연재되었는데, 그 내용은 이스트먼의 최고의 적은 바로 백악관이라는 것을 명백히 보여주었다.

대통령은 다음과 같이 기술하였다. "이러한 일상적인 일을 인류를 위한 유용한 발명과 봉사로 생각해 봅시다. 미국인이 얼마나 많은 발명을 하였는지 그리고 증기선, 조면기, 재봉틀, 수확기, 타이프라이터, 전기, 전화, 축음기가 문명을 얼마나 발달시켰는지를 여러분은 잘 알고 계실 겁니다. 그러나 오늘날에는 발명을 달가워하지 않는 경향이 있다는 사실을 알고 계시는지요? 이제는 전화, 카메라 혹은 기계 장치나 기계적 공정을 개선하기 위해 지혜를 발휘하는 것을 격려하지 않습니다. 물건을 만드는 좀더 값싸고 쉬운 방법을 찾아 달라고 하는 이도 없고, 더 나은

밀려드는 공격

물건을 발명해 달라고 하는 이도 없습니다. 오래된 기계 장치에 지나치게 많은 돈이 투자되었고, 구식 카메라를 광고하는 데 너무도 많은 돈이 낭비되었습니다. 전화 시설을 좀더 나은 시설로 바꾸는 데 너무나도 많은 예산이 들어갑니다.[12] 독점권이 있는 곳에서는 제품을 개선하려는 동기가 없을 뿐만 아니라 많은 예산을 들여 오래된 기계들을 폐기시키고, 옛 제품들의 가치를 파괴합니다. 진보나 향상에 반대되는 동기만 존재합니다. 독점이라는 본능은 새로운 것을 반대하고, 독점이라는 성향은 오래된 물건이나 구식으로 만들어진 제품을 계속 사용하게 합니다. 결국 독점이라는 성향은 모든 것을 표준화합니다. 표준화는 좋은 것일 수도 있지만, 30년 전에 모든 것이 표준화되었다고 가정한다면, 우리는 여전히 손으로 글을 써야 하고, 가스등 밑에서 생활을 해야 하고, 전화나 자동차, 무선전신의 도움 없이 살아야 할 것입니다. 개인적으로 나는 비행기 없이도 걸어다닐 수 있었고, 영화 없이도 행복하게 살아올 수 있었습니다."

이와 같은 워싱턴의 상황은 이스트먼에게 법무부와 행정부만이 그에게 공격을 가해 오는 세력이 아니라는 확신을 주었다. 그는 허벨에게 다음과 같이 쓰고 있다. "필름에 대한 관세를 삭감하기 위한 싸움이 가능하다면, 내가 어제 오후에 당신에게 말한 요지를 강조해야 할 것으로 보여집니다. 그 요지는 관세를 삭감하려는 유일한 목적은 코닥 사에게 타격을 주어 해외 경쟁사들을 유리하게 하려는 것입니다. 이렇게 되면 정부는 우리와 경쟁을 벌여 지금 막 시장에서 들어오고 있는 필름 세금 수입을 잃게 될 것입니다. 외국산 필름이 들어오지 못하게 막았던 것은 관세가 아니고, 외국인들이 우리가 원하는 필름을 생산하지 못했기 때문입니다. 이제 더 이상 현재의 관세가 장벽이 될 수 없기 때문에 필름을 더 많이 수입하게 될

---

12. 이러한 주장은 윌슨 대통령 측이 얼마나 부족한 정보를 가지고 있었는지를 보여준다. 필름 사진과 전화 모두 실험과 새로운 발명, 그리고 새로운 제조 공정에 따른 구식 기계를 대체하기 위해 수백만 달러를 투자해야 했다. 이스트먼이 실망한 것은 대통령의 위치에 있는 사람이라면 이러한 글을 쓰기 전에 충분한 정보를 수집하고 있었어야 한다는 점이었다. 그럼에도 불구하고 이스트먼은 윌슨 대통령의 모든 정책에 대해 자신의 개인적인 감정이나 편견을 나타내지 않았다. 상원의원 토머스 딘에게 1914년 3월 31일 편지를 보내면서 그는 다음과 같이 말했다. "의원께서는 파나마 운하 통행세 문제를 해결하려는 대통령을 위해 로체스터와 이 나라를 대표해서 큰 봉사를 할 수 있으리라 믿습니다. 미국은 이 조약의 실행에 대한 순수한 기술적인 관점을 받아들일 여유가 없습니다."

것이 분명합니다. 나는 당신에게 관세 전쟁의 필요성에 대하여 말하는 것입니다. 부디 가능한 모든 조치를 고려해 주십시오."[13]

이런 일련의 상황이 전개되면서, 프랑스와 독일의 필름 제조사들은 유럽의 코닥 사에 공격을 가하기 시작하였고, 이스트먼은 이러한 공세에 몸소 대처하고, 전략상 지포드와 매티슨을 돕기 위해 유럽으로 갔다. 8월 중순에 돌아와서 이스트먼은 런던 사장에게 다음과 같이 통지하였다. "콜팩스 씨는 굿윈 소송건에 대한 소식을 가지고서 부두에서 저를 만났습니다. 저는 케네디를 만났고, 필립은 여전히 멀리 떨어져 있었으며, 그는 법원의 결정은 헤이젤 판사가 사건을 이해하지 못하고 있음을 보여준 것이라고 말했습니다. 물론 항소를 하게 될 것입니다. 우리가 적게는 5백만 달러에서 많게는 2천 5백만 달러까지 지불해야 할 것이라는 기사가 어제 『선』지에 게재되었습니다. 정부가 이 소송을 통해 우리를 해체시킨다면, 코닥 사에는 무엇이 남겠습니까?"

소송이 미국 순회항소법원에 접수되었고, 이스트먼은 임박해 있는 정부 소송을 맞이해서 정책과 절차에 대해 나올 수 있는 모든 질문들에 대한 답변을 준비하고 있었다. 그는 보스턴의 루이스 브랜데이스가 기고하였던 『하퍼스 위클리』지의 기사를 '매우 흥미있다'고 생각하고선, 후에 윌슨 대통령이 미국 대법원장으로 임명한 그 유명한 판사에게 서한을 보냈다.

"이 문제를 다룬 기사는 거의 모두 읽어 보았지만, 현재까지 나온 글 중에서는 판사님의 글이 가장 확신을 주는 것이었습니다. 저는 두 가지 목적을 가지고 이 편지를 판사님께 보냅니다. 하나는 우리 시대의 가장 큰 경제적 실수들 중 하나를 고쳐 나가는 데 도움을 주기 위해 판사님께서 기울이신 많은 노고에 감사를 드리는 것이고, 다른 한 가지는 지금까지 등한시되었다고 생각되는 논쟁의 한 측면에 대하여 판사님의 관심을 촉구하고자 함입니다. 판사님의 기사 후반부 '이러한 도매업자들 간의 경쟁은 표면적인 것일 뿐이다'라고 가볍게 짚고 넘어가셨습니다. 도매업자들이 얻는 판매 수익금이 매우 적기 때문에, 대중들은 이것이 사실이라고 믿지

---

13. 1913년에 국회에서 열린 청문회에서 이 원자재 필름을 자유품목에 상정하였다. 『보스턴 아메리칸(Boston American)』, 1921년 6월 10일.

밀려드는 공격

않을 것이라고 생각합니다. 전매특허상품 판매에 있어서 도매업자가 갖게 되는 수익금은 10퍼센트가 채 되지 않는다고 말하는 것이 타당할 것입니다. 특허권 침해자들은 가격을 당분간 최대한 낮출지도 모르지만, 도매상들은 가격을 10퍼센트 이상 인하하지는 못합니다. 따라서 사람들은 도매상들보다는 제조업자들을 통한 제품 가격 인하를 기대해야 합니다. 판사님께서 잘 알고 계시는 사항으로 구체적인 예를 들어 보겠습니다. 도매상들끼리 경쟁을 했다면 질레트 안전 면도날의 가격을 50센트로 낮출 수 있겠지만, 제조업자들이 경쟁을 하여 다른 종류의 1달러짜리 면도날의 가격을 25센트까지도 낮출 수 있습니다. 카메라의 경우 최초의 코닥 카메라는 25달러에 판매되었습니다. 도매상들이 경쟁을 하였을 때에는 가격을 22달러 50센트까지 낮추었습니다. 현재 모든 면에서 이보다 훨씬 더 뛰어난 카메라의 가격은 케이스를 제외하고 2달러입니다. 제품 유통을 방해하는 도매상들 간의 극심한 경쟁은 제조업자들이 비용을 줄이는 것을 방해할 뿐입니다. 제가 새로운 아이디어를 내놓았다고는 생각하지 않지만, 대중들은 전매특허 품목을 놓고 도매상들이 경쟁을 하지 않을 수도 있다는 것을 잘 모르고 있다는 사실에는 확신을 갖고 있습니다."

12월에 클리블랜드의 서적상이었던 라월은 윌슨 행정부 정책의 아이러니를 잘 보여주었던 전미노동조합의 회람을 보내왔다. 이스트먼은 "도매업자들에게 45퍼센트를 할인해 주고, 이들이 가격을 낮추는 것은 금지하는 회람에 대해서 미국 법무장관이 책임을 져야 하는데 다른 한편에서는 이러한 관행을 있을 수 없는 일이라고 비난하는 사태는 참으로 재미있는 일입니다"라고 회신하였다.

윌슨 행정부의 태도는 혼란스러웠다. 1914년 1월에 몇몇의 이스트먼 사업 동료들은 절차에 관한 제안서들을 제출하였다. 이스트먼은 영향력을 동원하여 정부를 압박하거나 회사의 직원들이 시위를 하도록 부추기는 관행을 거부했기 때문에 이들의 행동은 완전히 자발적인 것이었다.

『로체스터 헤럴드』지의 편집장인 앤티스데일에게 보내는 편지에서 이스트먼은 회사의 기원, 발전 과정과 상업 활동과 관련된 모든 사항을 모두 1년 전에 법무부에서 파악하였다는 사실에 대해 이야기했다.

조지 이스트먼

"이 일은 이전 행정부에서 이루어졌습니다. 현 법무장관인 맥레이놀즈 씨 혹은 그의 보좌관들이 웍커스햄 씨가 우리 회사의 역사와 운영 방식에 대하여 조사한 기록을 면밀히 검토해 보았는지 잘 모르겠지만, 그들이 이미 검토해 보았을 것이라고 가정하는 것이 합당하다고 생각합니다. 웍커스햄 조사는 모든 것을 파헤쳤고, 우리에게 조금도 우호적이지 않았습니다. 우리 회사의 정신과 경영 방식에 관한 심각한 오해에 근거한 이 조사는, 경쟁사에 대한 우리의 압력과 부당 대우에 관한 매우 치명적인 사실들을 폭로하겠다는 확고한 신념에서 시작되었습니다. 이러한 조사에 대응하고 이러한 잘못된 생각을 고칠 수 있는 유일한 방법은 우리 회사의 모든 장부, 기록 및 그 밖의 다른 역사 자료에 대하여 자유롭게 접근할 수 있도록 해주는 것이었습니다. 우리는 이를 기꺼이, 아니 좀더 넓은 의미에서 보면 자발적으로 공개하였습니다. 우리는 정부뿐만 아니라 우리 자신에게 차후에 더 이상 문제가 발생하지 않도록 조사자가 살펴볼 가치가 있다고 생각할 만한 자료를 모두 제공하였고, 심지어는 그가 요청하지 않은 자료까지 제공하였습니다. 이 조사자의 보고서는 이러한 모든 자료들을 망라하고 있으며, 지금은 법무장관의 파일에 보관되어 있을 것이라고 생각합니다.

우리 회사의 성격이나 경영 방식과 관련된 자료는 웍커스햄이 모두 조사했다고 생각합니다. 만약에 누락된 것이 있다면 우리는 그것을 기꺼이 제출할 용의가 있습니다. 우리는 숨기는 것이 하나도 없을 뿐만 아니라 정부의 잘못된 정보에 의해 우리가 고통을 당하지 않도록 하기 위해서는 1년 전 이전 행정부 때와 마찬가지로 지금도 정부가 관련 사실들을 정확히 알 수 있게 하는 것이 가장 바람직하다고 생각합니다.

웍커스햄 조사의 결론에서 정부는 우리에게 몇 가지 판매 조건을 수정하라고 제안하였습니다. 우리가 실제로 법을 어겼기 때문이 아니라, 좀더 자유로운 상거래를 위하여 조건들을 수정해야 할 필요가 있다고 법무장관이 권고했기 때문에 이 모든 제안을 받아들이기로 하였습니다. 우리는 그 제안이 우리가 바라는 결과를 가져올 것이라는 법무부의 의견에 동의하지 않습니다. 그리고 그 제안이 우리 회사나 주주들에게 꼭 맞는 것이라고 생각하지도 않습니다. 그러나 우리는 논쟁을

밀려드는 공격

끌거나 정부와 충돌하기보다는 이를 받아들이기로 결정하였습니다.

우리 회사의 운영 방식이 법이나 기업윤리와 맞지 않는다면 정부는 구체적인 사항을 명시해 주는 것이 공정할 것이라고 생각됩니다. 조사보고서에 명시된 바와 같이 저희들의 오랜 바람은 우리가 법률과 공정거래의 요건들을 모두 충족시키는 것입니다. 우리는 그렇게 해왔다고 생각하고 있습니다. 그렇지만 만약 정부에서는 그렇지 않다고 생각한다면, 구체적으로 어떤 점에서 우리가 실수를 하였고, 어떤 실수를 계속 범하고 있는지를 알려 주셔야 한다고 생각됩니다. 그런데 정부는 우리에게 그 어떠한 통보도 하지 않았습니다.

이 진술서를 통해 우리의 입장이 얼마나 어려운가를 알 수 있을 것입니다. 우리는 법을 준수하고 싶으며, 또 항상 그렇게 해왔습니다. 오히려 우리는 그 이상을 해 왔다고 자신합니다."

3월에 미국 순회항소법원은 굿윈 재판에 대한 하위 법원의 판결을 승인하였다. 이스트먼은 필립과 상의하기 위해 서둘러 뉴욕으로 갔다. 필립은 이 판결로 기가 꺾여 있었으며, 이스트먼은 앤스코 사에 현금으로 5백만 달러를 지불한다는 협상에 즉시 들어가는 것 이외에는 다른 아무런 대안도 가지고 있지 못했다. 마침내 굿윈 특허권을 소유하고 있던 뉴욕 사람들은 코닥 사로부터 '가혹한 대가'를 받게 되었다. 소송건에서는 패소했지만, 이스트먼은 자신이 가지고 있던 원칙들을 그대로 고수하였다. 로체스터에 돌아와서 그는 『포스트-익스프레스』지의 기자를 만났다.

"굿윈 특허권에 대해 상당히 많은 이야기가 나오고 있지만, 이스트먼 사가 계속해서 필름을 생산하고 판매할 것이라고밖에는 말씀드릴 수밖에 없을 것 같습니다. 더 나아가 이스트먼 코닥 사가 굿윈 특허권을 통해 '많은 돈'을 벌지 못했다고 할 수 있습니다. 현재와 미래에도 이스트먼 사가 현재 그 어떤 방식으로든 굿윈 특허권과 관계없는 필름을 생산하고 있습니다.

굿윈 특허권에 관한 논란의 핵심은 다음과 같습니다. 한니발 굿윈 목사는 1887년 5월에 돌아와서 사진과 관련된 제품으로 니트로셀룰로오스 필름에 대한 특허권을 신청하였습니다. 그 특허권은 발명과 관계가 없었기 때문에 승인되지 않았

조지 이스트먼

습니다.

　굿윈 씨가 특허권에 신청서를 내기 전에 이미 이스트먼 사는 롤-홀더와 페이퍼백 필름을 판매하고 있었습니다. 당시 이스트먼 사는 롤 필름 시스템이 성공을 거두게 되면 미래에는 투명한 베이스를 가진 새로운 필름이 나올 것이라는 사실을 잘 알고 있었습니다. 1888년 코닥 카메라가 시장에 선보였습니다. 그리고 롤 필름이 이 카메라에 사용되었습니다. 이 시스템은 성공을 거두었고, 다음 해인 1889년 4월 봄에 이스트먼 사는 사진 필름과 관련된 특허 신청서 두 장을 제출하였습니다. 그 필름은 니트로셀룰로오스 베이스를 가진 투명 필름이었습니다.

　특허 신청서 한 장은 워싱턴의 특허권 사무실에서 취소되었지만, 다른 한 장은 승인을 받아 1889년 10월 10일에 특허번호 417,202번으로 등록되었습니다. 이스트먼 사의 이 특허권은 상업적으로 실용적인 필름이 어떻게 만들어질 수 있는가를 상세히 보여줍니다. 굿윈이 주장하는 것은 필름을 사용하는 방식에 관해서는 자세한 설명을 하지 않은 채 필름 제조법만 제안한 것입니다. 이스트먼의 특허권은 그 특성을 갖추고 있고, 그러한 특성을 바탕으로 사진에 사용되는 모든 필름들을 수년간 제조해 왔습니다.

　이스트먼 특허권이 발행되고 9일이 지난 후에 굿윈 목사는 새로운 신청서에 '장뇌'라는 단어를 집어넣었습니다. 그 단어는 그가 처음에 제출한 신청서에는 없었던 단어로, 이스트먼 특허권에서 본 것입니다.

　자세한 내용은 잊어버렸지만, 수년에 걸쳐 이스트먼 사가 사진 필름을 생산하고 끊임없이 그 공정법을 개발하는 동안 굿윈 씨는 이스트먼 사와 보조를 맞추기 위해 신청서를 수정하기에 바빴던 것이 틀림없습니다. 그동안에도 굿윈 씨는 필름을 한 롤도 만든 적이 없다는 것을 기억해 주십시오. 사실 필름에 얽힌 이야기를 순서대로 짚어 보면 굿윈은 특허권을 이미 1887년에 청구했어야 옳습니다.

　1889년, 이스트먼 사는 특허권을 신청하여 승인을 받았고, 이스트먼 필름은 성공적으로 출시되었습니다. 1898년에 굿윈 특허권이 발행되었고, 1902년에 피해보상 소송이 굿윈 특허권 문제로 시작되었습니다. 사망하기 전까지 이스트먼 사에 대한 그 어떠한 조치도 취하지 않았던 그가 사망한 이후에 소송이 시작되었다는 점을 유심히 보셔야 할 것 같습니다. 물론 이 소송은 굿윈의 상속인들에 의해 이루어진 것이 사실입니다.

또한 다음과 같은 사실도 기억해 주시기 바랍니다. 이스트먼 코닥 사는 굿윈 특허권이 발행되기 전 이미 9년 동안 필름을 생산하고 판매하여 왔습니다. 이스트먼 사가 처음 필름을 시장에서 내놓고 난 후에 굿윈 소송이 시작될 때까지는 13년이라는 시차가 있습니다.

이스트먼 사의 필름은 시장에 선보인 최초의 실용적인 카메라용 필름이며, 지난 25년 동안 끊임없는 개선을 통해 생산, 판매되어 왔습니다.

기억하셔야 할 또 하나의 사실은, 굿윈이 시장에 내놓을 만한 필름을 단 한 번도 만들어 보지 못했다는 것입니다. 1900년 굿윈은 카메라용 굿윈 필름을 만들기 위해 1만 5천 달러 이상을 허비하였음에도 불구하고, 굿윈 특허권에 나와 있는 공정법에 따라 만들어져 판매된 필름은 전무합니다.

결론적으로 말씀드릴 또 한 가지의 사실이 있습니다. 현재 굿윈 특허권을 소유하고 있는 사람들은 자신들의 특허권에 묘사된 공정법이 아닌 이스트먼 공정법을 수정하여 자신들의 필름을 만들고 있다는 것입니다."[14]

영국 노팅햄의 본스필드에게 이스트먼은 "노동자들이 벌어들인 돈으로 소송이 해결되었습니다. 이러한 점을 인식하고 노동자들의 도움으로 더 많은 돈을 벌 수 있으리라 생각하며, 우리는 임금배당제를 지속적으로 시행할 것을 제안하는 바입니다"라는 답변을 주었다. 이때 윌슨 행정부의 법무장관은 이스트먼 사를 파산시키겠다는 결정을 내렸고, 이스트먼은 이에 대응할 준비를 하였다.

"『월 스트리트 저널』지의 기사를 발췌해 준 것에 감사드립니다. 우리 소송건

---

14. 시카고 필름 익스체인지와 영화 전매특허사 간의 소송에서 콜럼비아 상고 법정은 1912년 12월 2일에 다음과 같이 판결하였다. "사진을 촬영하기 위해 필요한 테입같이 생긴 유연하고 투명한 필름은 결코 에디슨에 의해 발견되거나 생산되지 않았다. 이러한 필름은 이스트먼에 의해 현재와 같은 완벽한 상태로 만들어졌다. 에디슨에게 보여주었을 때 그는 이것이 자신의 카메라 장치를 상업적으로 완벽하게 성공을 거둘 수 있도록 해줄 것이라고 생각했다. 에디슨은 움직이는 피사체들을 균일하고 만족스러운 형태로 옮겨갈 수 있도록 만드는 카메라 제작에 모든 힘을 소진하였다. 동영상은 카메라 매커니즘을 이스트먼 필름이 수용하여 상을 맺은 결과물이다."

조지 이스트먼

에 관한 정부의 입장은 … 여전히 변함이 없습니다. '만약 당신 회사가 법을 어기면서 사세를 확장해 왔다면 회사의 잘못된 관행을 개선하는 것만으로는 충분하지 않습니다. 당신 회사는 해체되어야 합니다. 해체하지 않는다면, 파산하게 될 것입니다. 그리고 우리는 당신 회사가 법을 어기면서 사세를 확장해 왔다는 사실을 증명할 것입니다.' 이 사건을 조사하였던 전문가들이 회사를 해체할 이유가 전혀 없다고 이야기하고 있음에도 불구하고, 위의 이야기는 사실이 되었습니다"라고 이스트먼은 리스 박사에게 편지를 보냈다.

이스트먼은 호주에 있는 친구에게 다음과 같이 덧붙였다.[15] "정부가 제기한 소송이 곧 시작될 것 같네. 이미 버펄로에서 한 번의 공청회가 있었고, 다음 공청회는 1914년 5월 25일에 로체스터에서 열릴 예정이라네. 두 곳 중에서 공판이 개정될 곳을 선택할 수 있으며, 증인들의 형편에 따라 언제든지 로체스터에서 공판을 열 수 있다고 알려 왔다네. 우리는 이 소송이 우리 회사를 해체하겠다는 결론에 도달하지 못하도록 모든 노력을 기울여 왔네. 그런데도 법무장관은 자신의 입장을 계속 고수하고 있어, 우리는 이에 맞서 끝까지 싸울 것이라네."

---

15. 이 당시는 '대기업'에 대한 고소와 박해의 시기였다. 이스트먼은 항상 록펠러가 부당하게 물러났다고 느꼈으며, 한 번은 존 록펠러 주니어 박사에게 다음과 같은 편지를 보낸 적이 있다. "위원회에 나가 증언을 하셨던 시기에 저는 우연히 워싱턴에 있으면서 많은 관심을 가지고 선생님의 진술서를 읽어 보았습니다. 저는 콜로라도 파업과 선생님 간의 관계에 대해 이후에 보도된 기사를 보았으며, 이 문제에 대한 신문과 행정부의 태도를 지켜보았습니다. 상당한 대중적 중요성을 가지고 있는 원칙을 고수하는 선생님의 입장에 대한 존경심을 표명하기 위해 이 편지를 쓰게 되었습니다. 선생님 주변에 올바른 생각을 가진 사람들이 있을 것이라고 믿고 있으며, 만족스러운 결과가 나올 것을 의심치 않습니다."(1914년 5월 7일)

많은 관심을 모았던 코닥 사에 대한 정부의 소송 기간 중 이스트먼은 많은 격려의 편지를 받았다. "선생님의 사건에 많은 관심을 가져왔으며, 모든 기업체의 이익을 위해 기울이고 있는 선생님의 입장을 지지하고 있습니다. 저는 이 소송은 위대한 산업체에 대한 가장 불공정한 처사로 보고 있습니다"라고 피어스-애로우 모터 카의 조지 버지(George K. Birge) 회장은 기술하였다.

제8장

제1차 세계대전

1914년 8월 26일, 이스트먼은 베이커에게 다음과 같은 편지를 보낸다. "전쟁이 선포되기 며칠 전에 런던에 도착했지만, 그 어떤 사업도 시도해 볼 수 없었기 때문에 다시 고향으로 되돌아왔습니다. … 내가 런던을 떠나자 파리 지사를 제외한 우리의 모든 유럽 지사들과 통신이 두절되었습니다. 영국 사업은 완전 정체 상태는 아니지만 매우 느리게 돌아가고 있습니다. 해로우 사 직원의 2/3 정도를 감원해야 했고, 나머지도 빠른 시일 내에 정리할 준비를 하고 있습니다. 이곳 로체스터에서 우리는 대부분 부서들의 작업 시간을 유럽 회사와 대등한 수준인 1/3로 줄이기로 방금 결정했습니다. 상품의 재고량은 거의 정상이지만, 소비 감소로 인하여 최선을 다한다 해도 다소 힘겨울 것으로 보입니다. 제품 원료는 메톨과 하이드로퀴논을 제외하고는 모두 충분히 확보하고 있습니다. 정상적인 소비량에 비추어 볼 때 메톨은 1년치를 확보하고 있습니다. 하이드로퀴논은 2-3달치를 갖고 있고, 좀더 확보할 수 있을 것으로 예상됩니다. 가격이 크게 오르지 않는다면 정착액도 충분히 확보할 수 있습니다. 젤라틴, 유리, 인화지의 경우도 1년치를 확보해 놓은 상태입니다.

이번 겨울에는 미국에서조차도 사업이 상당히 부진할 것으로 보이기 때문에 이에 따라 사업 추이를 살피면서 정리 작업을 하고 있습니다. 자금은 잘 관리된 상태로 배당금을 지불한 후에도 미국에서 거의 4백만 달러를 수중에 확보할 수 있습니다. 물론 유럽에서도 이에 상응하는 자금이 확보되어 있습니다."

조지 이스트먼

다른 미국인들과 마찬가지로 이스트먼도 전쟁 발발 소식에 크게 놀랐다. "유럽에서 벌어지고 있는 상황을 이곳에서 제대로 파악하는 것은 불가능합니다"라고 그는 조지프 대처 클라크에게 보내는 편지에 기술했다. 호주의 과학자인 레온 릴리엔펠드 박사에게는 자신의 의견을 다음과 같이 피력하였다. "전쟁이 더 길어지지는 않을 것이며, 몇 달 안에 박사님을 로체스터에서 만나 뵐 수 있을 것이라고 믿습니다. 그동안 저희는 저희 실험실의 연구원 자리를 수락한 한스 클라크 박사[1]를 도와 실험을 열심히 진행할 계획입니다."

이스트먼은 코닥의 베를린 지사 사장에게 다음과 같은 편지를 보냈다. "8월 25일자 당신의 편지를 받고 당신이 어떻게 지내고 있는지를 알게 되어 매우 기쁩니다. 앞으로는 제품을 로체스터로 직접 주문하십시오. 우리는 당신이 독일의 회사를 예전처럼 관심을 갖고 운영해 나갈 것이라고 믿습니다. 당신이 이곳에서 와서 우리와 상의를 하기는 어렵기 때문에 앞으로는 스스로의 판단에 따라 일을 처리해야 할 것입니다. 우리는 당신의 판단을 믿습니다.

물론 우리 사업은 전쟁으로 인해 피해를 많이 보았고, 많은 부서에서 노동시간을 단축할 수밖에 없었습니다. 그러나 우리는 직원 모두에게 일을 제공하기 위해 최선을 다했으며, 상황이 더 악화되지 않는다면 크게 힘든 일 없이 겨울을 날 수 있을 것이라고 기대하고 있습니다. 이처럼 가혹한 전쟁에 말려든 모든 국가의 국민들에게 큰 연민을 느끼며, 하루속히 전쟁이 끝나서 그들이 자신들이 몸담았던 직장으로 복귀할 수 있기를 바랄 뿐입니다."

전쟁 초기에 이스트먼은 교전국들과의 사업 관계에 있어서 엄격한 형평성을 유지하였다. '그의 회사'는 참전 중인 모든 나라와 모든 중립국에 대리인을 보냈다. 그는 대부분의 해외 지사와 대리점을 개인적으로 개설하였다. 1879년 이후 35년간 그는 대서양을 넘나들면서 지금은 전쟁의 소용돌이 속으로 휘말려 들어간 국제적인 사업을 일으켰다.

"러시아를 제외한 모든 국가들에 있는 우리의 유럽 사업체들은 크게 하강 곡

---

1. Hans Clarke. 1918년부터 1928년까지 코닥 연구실험실의 합성 화학부서의 책임자로, 그리고 1928년에는 컬럼비아 대학의 생물 화학 교수로 재직했던 클라크(J.T. Clarke) 박사의 아들.

제1차 세계대전

선을 그리고 있거나 소진되었습니다"라고 10월 6일 미국 상공회의소에서 말했으며, 이틀 후에는 스웨덴의 예테보리에 있던 한 대리인에게 "미국에서의 우리 무역은 아직 전쟁에 큰 영향을 받지 않고 있습니다. 전쟁 초기에는 전반적인 불황으로 미국과 캐나다의 사업이 다소 부진하였습니다. 이러한 상황은 아직 크게 바뀌지 않았지만, 성공적으로 이 시기를 잘 극복할 수 있기를 기대합니다"라고 알려 줬다.

윌슨 행정부가 이스트먼 회사를 해체시키려고 하는 소송을 청구하였기 때문에 대통령이 클레이턴 법안(Clayton Act, 셔먼 법에 이은 또 하나의 중요한 독점금지법. 가격, 기타 수단으로 소비자를 차별하는 것을 금지하고, 기업의 합병 또는 회사 간의 주식 취득을 금지한 법안-역주)에 승인하자[2] 법률 고문은 이스트먼에게 영화특허회사의 면허권자들이나 에디슨과 맺은 계약을 파기할 것을 권고하였다. 연방정부가 회사의 반트러스트 흔적을 추적하지 못했음에도 불구하고 60일간의 유예 기간을 알리는 공문들을 보내왔다. 이스트먼은 이삭 마르코슨에게 "이제 정부에 대항하는 결정들이 나오고 있습니다. 분명 대기업들이 차후에 무엇인가를 보여주게 될 것 같습니다"라는 내용의 편지를 보냈다. 이스트먼은 헤이젤 판사에게 자신과 회사 발전 사이의 연관성을 설명하기 위해 나흘 반나절 동안 증인석에 출두해야 했으며, 직원들과 임원들도 다수 소환되었다.

코닥 사업은 유럽과 미국에서 전쟁에 휩싸이고 있었지만 코닥사의 과학적인 연구실험을 막지는 못하였다. 코닥 시스템이 도입된 이후 이스트먼은 줄곧 컬러 사진을 꿈꾸어 왔으며, 코닥 파크의 연구진들은 '코다크롬'(Kodachrome, 이 컬러 필름 방식은 세 개의 감광유제층으로 구성되는 것인데, 그 각각의 층에 든 색소가 현상되면서 차례로 색상을 나타내는 방식이다-역주)이라고 하는 인물사진을 위한 컬러 공정법 개발에 성공을 거두었다.

이스트먼은 베이커에게 다음과 같은 편지를 보냈다. "우리는 샘플 하나를 런던으로 보냈으며, 다른 하나는 파나마박람회를 위해 샌프란시스코로 보냈습니다. 그리고 다음 주에 열리는 뉴욕 주의회에 보낼 전시물도 준비하고 있습니다. 목

---

2. 1914년 10월 14일.

조지 이스트먼

(Mock) 씨는 뉴욕 주의회에 보내기 위한 매우 아름다운 사진을 만들고 있으며, 코다크롬 프로세스는 이 행사의 기획전이 될 것입니다. 허치슨 씨는 주요 사진가들 중 한 명인 호이트 씨의 스튜디오에 장비를 설치하느라 뉴욕에 있으며, 미국 내의 주요 사진가 12명으로부터 신청을 받아 가능한 한 빠른 시간 내 장비를 설치해 줄 것입니다. 이와 동시에 병리학 작업을 위해 대형 병원에도 코다크롬 프로세서를 설치하기 시작했습니다. 의사들은 모두 이 시스템을 갈망하고 있습니다. 뉴욕의 전문의로 브루클린 병원의 실험실장인 비어스 박사는 우리가 다른 의사들에게 이 장비를 실연해 보일 수 있도록 자신의 실험실을 내주었습니다.

영국의 컬러 사진 작업자들이 이 공정을 어떻게 생각하는지 들어 보면 재미있을 것 같습니다. 이들이 우리가 보낸 것과 같은 사진을 본 적이 없는 것은 확실합니다. 처음으로 나온 안내책자 한 권을 보냅니다. 우리는 가장 좋은 방법은 최초의 네가티브를 컬러를 입히지 않은 상태로 유지하고, 이에 필요한 리터칭 작업을 한 뒤 포지티브를 만들고, 이것을 복제하는 것입니다. 이 복제 작업은 밀착으로 할 수도 있고, 카메라를 이용할 경우에는 작품을 확대 혹은 축소할 수도 있습니다. 이 감광판 위에 리터칭, 에칭, 에어브러시를 이용한 컬러 링 등 모든 작업이 이루어질 수 있습니다.

미스 박사는 수개월간 영화에 응용되는 이와 비슷한 공정 작업을 해 왔으며, 이제 거의 완성 단계에 있습니다. 그 결과는 여러 가지 조명기구 없이 일반 기계에서도 볼 수 있는 컬러 필름이 만들어질 것입니다."[3]

동맹국이 관할권 내의 사업을 몰수하기로 했기 때문에 이스트먼은 이러한 실험들을 계속 진행하면서 모든 관심을 해외로 돌려야 했다. 국무성으로 보내는 서한에 이스트먼은 런던에서 들어온 전보를 동봉하였다.

"호주 회사임에도 불구하고 오스트리아-헝가리에 위치한 코닥 사는 미국 코닥 사에 귀속되며, 호주 회사의 지포드 클라크의 책임자들은 모두 미국 시민권자들이라는 사실을 알리는 전보를 비엔나 주재 대사에게 보내 달라고 국무성에 요청해 주

---

3. 이 공정은 개발되었지만, 영화산업이 컬러 작업에 관심을 가지고 있지 않았기 때문에 당시에는 사용되지 않았다.

제1차 세계대전

십시오.

 이 문제가 매우 위급하기 때문에 이 일에 관심을 가지고 어떤 조치를 취해 주신다면 매우 감사하겠습니다. 제가 8월 초에 런던에 있을 때 월터 하인즈 페이지 대사께서는 우리의 독일 지사에 관한 이와 동일한 성격의 요청서를 보내셨으며, 그곳에 있는 우리 사업체를 재난으로부터 구하는 데 상당히 큰 도움을 받았습니다" 라고 이스트먼은 국무성에 요청했다.

 이 편지에 뒤이어 독일 육군 관계자들이 벨기에의 사업체를 압류했다는 전보가 코펜하겐으로부터 날아들었다. 이스트먼은 국무성에 전보를 보내 정부가 독일 관계자들에게 다음과 같은 사실을 통보해 줄 것을 요청하였다. "우리의 벨기에 사업체는 … 전적으로 미국 회사가 소유하고 있다는 사실을 정부가 독일 관계자에게 통보"해 달라는 것이었다. 얼마 안 있어 브뤼셀에서 놀라운 소식이 들려왔다. 이 도시에 독일 군대가 입성했을 때 그곳 대리점에 있던 성실한 여직원 두 명이 위험을 무릅쓰고 회사 자금(수십만 프랑에 달하는)과 장부를 모두 챙겨서 모두 '안전한 곳'에 숨겨 놓았다는 것이었다. 이들은 독일군 장교들이 그 비밀 은닉처를 발견하지 못할 것을 확신하고 있었는데, 결국 그들이 옳았다는 것이 입증되었다. 침략자들을 따돌린 이 작은 게임이 이스트먼의 스프츠맨다운 기질에 와 닿아 그 다음에 열린 책임자 회의에서 이스트먼은 이 두 여직원에게 회사의 보통주를 상으로 줄 것을 제안하였다. 두 여직원의 용감한 행동을 전하면서 이스트먼은 "경영진은 회사 구성원들이 이런 혼란스러운 시기를 잘 헤쳐 나가는 것에 대해 무척 자랑스럽게 생각하고 있습니다"라고 덧붙였다.

 이러한 와중에서도 이스트먼은 개인적으로 영국, 프랑스, 벨기에의 구제기금에 헌납하고, 독일 적십자사에 매달 4백 마르크를 지불하겠다는 베를린 지사장의 결정도 승인했다. 런던과 프랑스의 매니저들에게는 "직원들에게 최대 임금을 보장받는 곳에서 근무하고 있다는 사실을 알 수 있도록 임금 배당금을 지불"하라고 통보했다. 이와 동시에 그는 페트로그라드(현 상트페테르부르크. 예전에는 페트로그라드 1919-1924, 레닌그라드 1924-1991로 불리기도 했다-역주) 지사장이 러시아 전쟁기금에 2만 파운드를 투자하는 것을 승인하였다.

조지 이스트먼

1915년 6월에 들어서면서 그는 미국의 참전을 갈망했다. 베이커에게 보내는 공문에서 이스트먼은 다음과 같이 말했다. "이 문서를 받을 때쯤이면 미국은 독일과 어려운 관계에 처해 있을 듯합니다. 미국은 독일 잠수함의 공격에 매우 당황하고 있으며, 독일이 작전을 바꾸지 않는다면 우리가 독일을 인정하지 말아야 한다고 생각하고 뭉쳐 있습니다. 미국은 이 전쟁이 영국만큼 우리에게도 중요하다는 사실을 점차 깨닫고 있습니다. 나는 우리가 너무 늦게 정신을 차려서 아무런 도움도 주지 못하는 상황이 오지 않기를 바랍니다."[4]

또한 그는 "영국이나 프랑스 정부가 자신들의 의학 분야를 위해 이 공정(비어스 박사가 만들어낸 컬러 의학사진)에 관심을 가지지 않을까요. 원하신다면 병리학 샘플들을 보내드릴 수 있습니다"라고 런던 지사장에게 제안하였다.

"미국이 연합국에 대한 지원을 선포하는 것은 이제 시간문제라는 여론이 점차 확대되고 있습니다. 『새터데이 이브닝 포스트』지에 오웬 위스터가 썼던 것과 같은 기사들은, 이 전쟁이 영국만큼 우리에게도 중효한 의미를 갖다는 여론을 구체화하는 데 일조하고 있습니다."

교전 국가에서는 회사 자금이 급속히 쌓이기 시작했지만(독일에서는 1백만 마르크, 페트로그라드에서는 50만 루블), 런던의 매티슨은 어려움을 겪고 있었다. 이스트먼에게 보내는 편지에서 매티슨은 "영국은 여전히 운송에 심각한 문제를 겪고 있으며, 『더 타임스』지 기사에서 봤을지도 모르지만 리버풀에서는 이전에 볼 수 없었던 상황이 벌어지고 있습니다. 불행히도 우리는 전쟁을 수행하는 것이 위태로울 정도로 노동력 문제에 봉착되어 있습니다. 여러 차례에 걸쳐 레이크가 리버풀까지 내려왔고, 우리는 필사적으로 노력하여 겨우 부두에서 물건들을 빼내어 런던으로 옮길 수 있었습니다. 우리는 현재 화물 자동차와 트레일러를 리버풀로 내려보내 차량 수송을 시도하고 있습니다. 하역 인부들이 엄청나게 과음을 하고 있습니다. 키체너 경이 어느 날 그곳에 내려가 이들에게 엄중한 경고를 하였습니다. 철도 운

---

4. 루지타니아 호가 1915년 5월 7일 독일 잠수함에 의해 격침되었다. 미국은 5월 13일에 독일에 항의의사절단을 보냈으며, 6월 2일에는 베른스토르프 주미 독일 대사를 윌슨 대통령에게 해명하기 위해 소환하였다.

송요원도 부족하여 수송이 지연되고 있습니다. 일례로 노스웨스턴 사의 직원 20퍼센트가 군복무 중에 사망하였습니다.

육군과 해군 관계자들은 항공관측 사진에 상당한 관심을 가지고 있습니다. 영국 해군성은 어제 2만 피트의 필름을 우리에게서 납품받아 20대의 항공 카메라와 함께 어뢰정에 싣고 야간에 다다넬즈로 보냈습니다. 이들은 자신들이 적진에 입힌 피해 상황을 좀더 확실하게 알고 싶어하는 것이 분명합니다. 최근 군비행장에서는 비행기에서 자동으로 사진을 촬영하는 실험이 진행되고 있습니다."

7월이 되자 이스트먼은 독일의 회사 자금을 모두 회수하기로 결정했다. 제임스 제라드 주독 미대사는 국무성으로부터 독일 외무국이 지사장이 자금 이송하는 것을 지연시키는 것에 대하여 항의하라는 명령을 받았다. 24일 짐머만이 공식적으로 이스트먼 회사가 베를린에 동결된 자금을 '제지받지 않고 처분'할 수 있다고 답변했지만 국무차관은 행운을 빌고 있었다.

5주간에 걸쳐 로키산맥에서 캠프 생활을 하다 샌디에이고와 샌프란시스코 박람회를 방문하고 로체스터로 돌아온 이스트먼은 10월 9일 사업 방침을 요약하여 우선 런던, 베를린, 멜버른으로 보냈다.

"영국 정부가 우리들이 거둔 전쟁 수익의 절반을 징수하게 될 것이라는 고무적인 소식과 함께 9월 24일자 여러분들의 편지를 잘 받았습니다. 사실 나는 이 방침에 반대하지 않습니다. 내가 알고 있는 대로라면 새로운 세금은 다음과 같습니다. 1914년 우리 수익금이 10만 파운드이고, 1915년 수익금이 20만 파운드라면 1914년의 소득세는 216의 비율로 1만 3천 파운드였고, 1915년에는 316의 비율로 3만 6천 파운드가 될 것이며, 이외에 우리가 5만 파운드를 더 양도하면 총 세금액은 8만 6천 파운드가 됩니다. 나는 정말 기쁜 마음으로 이 세금을 낼 것이며, 일부 자금이 잠수함 네트를 위해 사용될 것이라고 믿고 싶습니다"라고 런던으로 답신을 보냈다.

같은 날 그는 베를린에 다음과 같은 서신을 보냈다.

"해로우에서 제조된 상품들에 대해 되돌려 받은 자금으로 독일의 전쟁채권을 구입한 것에 관한 9월 16일자 편지를 받아 보았습니다. 우리는 독일 정부가 우리 사업을 계속 감시하는 한 결코 우리를 공정하게 다룰 것이라고 생각하지 않으며, 그들이 전쟁채권을 구입하도록 강요할 것이라고도 생각하지 않습니다. 물론 우리는 그들이 정중하게 감독 임무를 수행하고 있다는 사실에 감사하고 있지만, 제출한 자료 때문에 부당한 처사를 받았다고 생각합니다."

호주에 있는 그의 친구와 회사 동료에게 그는 다음과 같이 덧붙였다. "베이커가 영국 공채에 10만 달러의 코닥 기금을 기부한 것에 대해 반대하지 않습니다. 우리는 이미 영국과 러시아의 전쟁공채 구입비로 각각 25만 달러와 10만 달러를 지불하였고, 두 나라의 단기 채권을 각각 50만 달러씩 구입하였습니다. 지난주에는 개인적으로 20만 달러 가량의 영불 공채를 입수하였습니다. 나는 그러한 식으로 도움을 주는 것이 우리의 의무라고 생각합니다. 당신은 투자에서 우리가 끌어낸 이자율을 물어보았습니다. 은행 예치금의 이자는 각각 3, 3.5, 4퍼센트입니다. 우리는 공채를 발행하고 있지는 않지만, 우리가 이미 보유하고 있는 유가증권의 이율은 연평균 4퍼센트입니다.

정부 채권과 마찬가지로 소득세에 대해서도 생각하고 있습니다. 세금이 모든 이들에게 동일하게 적용된다면, 영국 정부의 전쟁을 돕는 데 자금을 헌납하는 것에 반대할 수는 없습니다. 내가 그 일을 충실하게 실현하려는 것은 모든 인류를 위한 일입니다. 기업의 전쟁 수익금의 절반을 세금으로 징수하겠다는 영국 정부의 최근 입법안은 전쟁자금을 모금하기 위한 가장 뛰어나고 공정한 계획이며, 우리에게 수십만 달러를 징수할 것임에도 불구하고 나는 기꺼이 낼 것입니다."

1916년 1월 중순에 이스트먼과 그 회사는 영국, 프랑스, 러시아, 이탈리아의 전쟁 채권이나 단기 채권에 4백만 달러를 투자하였다.

다음 달 그는 캐나다 지사장에게 다음과 같은 내용의 편지를 보낸다. "캐나다 사업체들의 수익의 25퍼센트와 자본금의 7퍼센트에 달하는 소득세가 부가될 것입니다. 소득세율 7퍼센트가 발행된 주식 자본에 대한 것인지 아니면 사업에 투자된 실제 자본금인지 변호사들과 잘 논의해야 할 것입니다. 만약 전자라면 실제 투자액을 아우를 수 있도록 캐나다 코닥 사의 주식 자본을 늘려야 할 필요가 있습니다. 어떤 세금도 피하고 싶은 생각이 없지만, 다른 캐나다 회사들과 동등하게 처리될

제1차 세계대전

수 있기를 희망합니다. 당신도 알고 있듯이 나는 연합국에 전적으로 지지를 표명하고 있으며, 캐나다 정부가 자국 제조회사들의 수익의 25퍼센트 이상을 징수하더라도 세금을 기꺼이 납부할 용의가 있습니다."

그동안 헤이젤 판사는 정부 소송건[5]에서 이스트먼 회사에 불리한 결정을 내렸으며, 이에 이스트먼은 호주에 있는 회사 고문에게 자신의 정책과 감정을 요약해서 보냈다.

"정부 판결에 대해 대법원에 상고 중이며, 좋은 결과가 나오기를 희망하고 있습니다. 완벽할 정도로 자연스러운 선생님의 가정과는 반대로 사실 우리 경쟁사들은 우리 회사 해체가 자신들을 더 어렵게 만들 것이라는 것을 아주 잘 알고 있기 때문에 우리 회사의 해체를 바라고 있지는 않습니다. 미국에서는 트러스트 경영에 관한 여론이 급격히 변화하고 있으며, 격랑 속으로 뛰어들어야만 하는 현실은 우리의 불운일 따름입니다.

정권 재창출을 희망하는 공화당의 대통령 선거유세일 전야입니다. 공화당이 정권을 다시 잡는다면, 국제외교에서의 우리의 약하고 우유부단한 정책들이 개선될 것입니다. 세계대전이 중요하다는 사실을 윌슨 정부가 파악하지 못했다는 것은 가히 놀라운 일이 아닐 수 없습니다. 그는 우리 시민들 대다수를 마비시키는 데는 성공했지만, 이제 다시 시민들의 의식은 깨어나기 시작했으며, 이번 선거를 통해 세계대전이 민주국가와 전제국가 간의 분쟁이라는 사실이 명백해질 것입니다."

---

5. 정부의 소송은 1913년 6월 9일자로 제출되었다. 존 헤이젤 판사의 결정은 1915년 8월 24일에 내려졌다. 법정의 법령은 1916년 1월 20일에 제출되었으며, 미국 대법원으로의 회사 상고는 1916년 3월 8일에 접수되었다. "헤이젤 판사는 정부 소송에서 피고측이 다음의 수단을 통해 사진 상품의 독점권을 획득한 것을 밝혀냈다고 판결했다.
1) 무역을 통해 인화지 원자재의 비축을 방지하는 내용의 인화지 원자재에 관한 계약들
2) 경쟁 공장, 사업체, 도매상들의 취득
3) 소매업자들에게 경쟁을 억제하는 임의의 조건들 부과
법원은 법을 만족시키기 위해서는 둘 혹은 그 이상의 경쟁사들 가운데 피고측 회사의 사업 분야가 있어야 한다고 밝혔지만, 어떤 분과를 만들 것인가는 추후에 결정할 것으로 남겨 뒀다. 정부 소송건은 사진 필름 제조에 관한 사항은 전혀 포함하고 있지 않았다. 사실상 법원이 독점권을 불법적인 행위들로 획득했다고 밝혀낸 회사 제품들은 미국에서 행해진 사업의 1/6이 채 되지 않는 부분들이었다."(던들리 필드 말론의 회사 고문 제임스 헤이븐스, 1917년 1월)

조지 이스트먼

　이스트먼은 지포드에게 보내는 편지에서 "영국 정부가 영화 필름 수입금지를 상당히 심각하게 고려하고 있다는 사실에 무척 놀랐습니다. 대중들의 가장 값싸고 좋은 오락거리가 심각한 방해를 받게 된다면 대중들에게 미치는 심리적인 효과는 매우 좋지 않을 것이라고 생각됩니다. 원자재들, 젤라틴, 브롬화칼륨, 산, 면화 등의 수급 사정으로 인해 영국에서는 필름 생산이 어려울 것 같습니다. 이들이 산과 면화 수급에 실패하고 대신에 완성된 염기성 셀룰로이드를 수입한다면, 많은 자금이 해외로 유출될 것입니다. 정부가 관련사업에 손실이 생기지 않으면서 세금도 제대로 걷을 수 있도록 모든 조치를 취해야 합니다. 그런 식으로 해야 군수노동자들에게 지불한 폭등한 임금의 일부를 되돌려 받을 수 있습니다"라고 말했다.

　그러나 '그는 우리를 전쟁으로부터 구해 냈다'라는 선거 슬로건을 앞세운 윌슨 대통령의 재선은 이스트먼의 교전 상대만 늘렸을 뿐이었다. 미국 전쟁대학이 연합국이 사용할 컬러 필터, 적감성 재료와 기기를 학교에 설치해 달라고 이스트먼 회사에 요청해 오자 이스트먼은 놀라움을 금치 못했다.

　대통령은 더 이상 '코닥 사를 전쟁에서 구해 줄' 수 없었다. 윌슨 대통령의 새로운 법무장관이 그의 선임들과 마찬가지로[6] 이 회사를 해체시키기로 결정했음에도 불구하고 이스트먼은 전혀 미동도 하지 않았다.

　"연방 무역위원회의 셔먼 법안에 대처할 우리의 행동강령을 마련해야 합니다. 사실 셔먼 법안은 위원회가 만들어낸 일종의 작품입니다. … 우리가 셔먼 법안을 위반했는지 전문가들이 확인하려 들 것입니다만 우리는 정당하게 이에 대처해 나가야만 합니다"라고 이스트먼은 또 다른 지역 대리점에 통보했다.

　윌슨 대통령이 '관심을 가지고 기다린다는' 정책을 채택했음에도 불구하고 이스트먼은 만반의 준비가 되어 있었다. "이 회사는 플래츠버그운동(Plattsburg Movement, 시민과 학생들을 위한 군사훈련 캠프 – 역주)과 보조를 같이하고 있으며, 사업에 지장을 주지 않는 범위에서 현장에서 빼낼 수 있는 상당수의 근로자들을 4주간 플래츠버그 캠프에 참석하게 할 채비가 되어 있습니다. 그들이 군복무로

---

6. 미 고등법원장에 멕레이놀즈가 임명된 후 토머스 그레고리가 법무장관이 되었다.

제1차 세계대전

받을 수 있는 총액에 상응하는 금액 이외에는 월급에서 공제하지 않을 것입니다"라고 그는 로체스터 국립 방어파견단에 입장을 표명했다.

6월에 이스트먼은 '재난 대비일 퍼레이드'에서 연주할 밴드를 고용하였고, 회사가 건축공사는 끝냈지만 아직 사용할 준비는 되어 있지 않은 토론토의 코닥 하이츠에 있는 신축 공장을 '군사목적을 위하여' 캐나다 정부에게 넘겨주었다.

1916년 크리스마스에 즈음하여 이스트먼은 세계 각지로부터 많은 연하장을 받았다. "크리스마스를 맞이하여 선생님의 건승하심을 빌고, 1917년에는 연합군이 승리를 거두어 영구히 전쟁을 종식시킬 평화가 찾아오기를 기원합니다"라고 파리에서 거몬트가 서신을 보내왔다.

연합국에 대한 지지에도 불구하고 이스트먼 자신은 독일에 있는 '자신의 회사'를 잊지 못했다. 나이가 가장 많은 직원 네 명이 교전 중에 사망하자 그는 사장에게 다음과 같은 편지를 보냈다. "필요하다면 전사한 직원들이 받았던 임금의 50퍼센트를 이들의 미망인들에게 계속 지불해도 좋습니다. 나는 당신이 어떻게 지내고 있는지, 예산이 얼마나 더 필요한지 꼭 알고 싶습니다. … 한편 당신 봉급 이외에도 필요하다면 2만 마르크까지는 예금을 찾아 써도 좋습니다."

"며칠 전 레이몬드로부터 편지를 받고 그가 항공부대에 있다는 것을 알게 되어 무척 반가웠습니다." 이스트먼은 미국이 연합국들과 외교 관계가 악화된 이후에 레이몬드의 아버지에게 편지를 보냈다. "여기에서 신발 가공을 하고 있는 두건이라는 내 친구의 아들은 지금 프랑스 비행단에 있으며, 때때로 그의 아버지는 내게 읽어 보라고 아들의 편지를 보내 주었습니다. 그는 부상당하기 전까지 프랑스군 소속 외인부대에 있었습니다. 십자훈장을 받고 그는 곧 비행단으로 전출되었습니다. 로체스터 출신의 세 친구 테일러, 뷰엘, 커티스는 앰뷸런스 운전병으로 차출되어 지난주에 시카고 보르도 공항에 착륙하였습니다. 어떤 대가를 치뤄서라도 평화를 회복하려는 우리 시민들은 이제 우리는 연합군 측 대열에 설 준비가 되어 있다고 생각합니다. 참전에 반대하는 상원 의원 몇 명의 어리석음은 그다지 큰 의미가 있어 보이지는 않습니다."

1917년 4월 초에 의회가 전쟁을 선포하기 전에 코닥 사와 코닥 사 회장은 영국, 프랑스, 이탈리아, 러시아, 캐나다, 호주 등에서 지불하고 있는 무거운 전쟁 세금 이외에도 연합국을 돕기 위해 850만 달러를 헌납하였으며, 이스트먼은 프랑스에 있는 미국 병원과 연합국 구제기금을 위해 개인적으로도 구제금을 헌납하였다.

이스트먼은 사진산업이 전쟁을 승리로 이끄는 데 어떻게 공헌할 수 있는가에 대한 즉각적인 현장 조사를 실시하였다. 전쟁이 선포되고 며칠이 되지 않아 그는 육군 장관과 해군 장관에게 코닥 사가 정부에 방수용 비행기 날개를 위한 아세테이트 셀룰로오스를 공급하고, 가스 마스크에 사용될 잘 부서지지 않는 렌즈를 제작할 준비가 되어 있다고 통보하였다. 그 후 얼마 되지 않아 이스트먼은 육군성으로부터 코닥 사가 항공사진의 개발을 도와주면 좋겠다는 통보를 받고 베이커 장관에게 서신을 보냈다.

"윌리엄 폴머 씨와 미스 박사가 약술한 대로 저희 전문가들을 고문 자격으로 활용하시길 제안합니다. 이곳 로체스터에 있는 비행단의 사진 작업을 위해 요원들을 교육하는 데 필요한 훈련시설과 강사진을 기꺼이 제공하겠습니다. 미스 박사에게 컬버 대위가 요청하는 대로 가든 시티로 가서 인적 구성에 대해 그와 의논한 후 이 일을 책임지고 수행하라고 지시를 내렸습니다. 또한 저희는 좀더 젊은 전문가들을 선발하여 국내외 항공단의 사진부에서 복무를 할 수 있도록 추천하는 바입니다. 저희의 목적은 오직 현재의 미국 정부에 일조를 하려고 하는 것뿐이라는 사실을 분명히 밝히고 싶습니다.

폴머 씨는 장관님께 제출할 실험용 카메라 제작에 즉시 착수할 것이며, 저희 회사뿐만 아니라 다른 회사에서도 적기에 제품을 생산할 수 있도록 이 모델의 설계도를 보내 드리겠습니다. 저희의 특수유제 전문가들은 랭글리 비행장으로 가서 각기 다른 종류의 감광물질을 실험할 것이며, 항공사진에 적합하다고 생각되는 유형과 이들이 내린 결론에 대하여 알려 드리겠습니다.

비행단에서 요구하는 모든 특수장치와 물질의 공급은 원가에 불의의 사태를 대비하기 위한 10퍼센트의 추가 비용에 근거하여 제공될 것입니다. 저희는 이를 통하여 그 어떤 이익도 취할 생각이 없습니다."

회사가 전시동원체제에 돌입하자 이스트먼은 로체스터의 얼라이언스 은행에

제1차 세계대전

서신을 보낸다. "저를 250만 달러를 헌납하는 초기 기부자들(이것이 발표되기 전에 1차 자유기금에 기부한 사람들) 중 하나에 포함시켜 주십시오."

그는 또 한 장의 편지를 캘리포니아 산타바바라에 머물고 있는 스트롱 대령[7]에게 보냈다. "대령님께서 연합군을 위한 전쟁 공채의 투자자라는 사실을 알게 되어 기쁩니다. 행정부가 전쟁에 대해 적절한 태도를 보이지 않고 미온적인 자세를 보였던 기간 동안에 저는 시민 한 사람 한 사람이 연합국에게 경제적으로 도움을 줄 수 있도록 행동해야 한다고 생각했습니다. … 많은 투자자들이 전쟁 공채 구매에 나서서 독일에 큰 타격을 주는 것을 보고 싶군요."

연합국은 재정적인 지원을 너무도 절박하게 필요로 하고 있었고, "심지어 미국 정부까지도 그 필요한 재정 규모에 놀랐다"고 연합군 대표단이 국방성에 알려왔다. 그러나 어느 곳에서든지 대중들은 그러한 지원 호소에 관대하게 반응했다. 로체스터 회사와 직원들이 공식적으로 그리고 이스트먼이 개인적으로 4,289,300달러를 헌납하였으며, 다른 수천 개의 지역사회와 마찬가지로 로체스터도 미국에서 벌어진 첫 모금운동에서 '수위'를 달리고 있었다.

"미군에 앞서 미국 달러가 전세를 뒤집었다"라고 앙드레 타듀가 말했지만, 1917년 여름이 되기 전에 미국의 각 가정들이 모은 1억 달러 헌납 결정은 이미 그 전세를 바꿔 놓았다.

최초의 연합국 전쟁사절단이 되돌아온 후 "노스클리프 경이 6월 초에 도착하여 11월까지 미국에 머물렀다. 아마도 전쟁 기간 중 가장 어두운 시기였으며, 미국의 전쟁 성과라는 관점에서 본다면 가장 혼란스럽고 비관적인 시기였을 것이다"라고 한 찰스 세이무어(Charles Seymour, 1885-1963, 사학자, 전 예일대 총장-역주) 교수는 그의 저서 『코넬 하우스의 개인적인 문서』에서 다음과 같이 기술하고 있다.

"중앙통제에 익숙해 있지 않고 전쟁의 우발성에 채비가 되어 있지 않았던 미국과 같은 국가는 혼란 없이 갑작스럽게 전시체제로 돌입하기가 어렵다."

혼란은 방해가 될 뿐만 아니라 분통이 터지는 일이었다. 장교들과 기술자들은

---

7. 전쟁이 발발하기 전에 이스트먼의 편지는 항상 'Dear Heinrich'라고 시작되었지만, 이제 그는 'Dear He/nrich'라고 이름 중간에 세로줄을 넣어 독일어를 불어식으로 바꾸어 썼다.

조지 이스트먼

실용적인 지식이 매우 부족한 상태에서 사진을 전쟁에 동원하는 일을 책임지게 되었다. 한번은 디트로이트의 자동차 공장에서 온 한 사무원이 대위 계급을 받고 로체스터에 파견되어 군대를 위한 사진 작업을 감독한 적이 있었다. 그는 너무나도 오만한 애국자였으므로 눈 하나 깜빡하지 않고 태연하게 그와 이야기를 나눌 수 있는 사람은 몇 안 되었다. 이스트먼이 그 중 하나였다. 정부요원이 계속 바뀌는 것은 잦은 오해의 원인 중 하나였다.

그렇지만 가장 크게 실망한 것은 코닥 사에서 로체스터에 항공사진학교를 설립하자는 제안을 처음으로 하였을 때 육군성이 그 제안을 거절한 것이었다.

이에 이스트먼은 MIT의 총장이었던 리처드 맥클러린(Richard C. Maclaurin, 1870-1920, 미국의 유명한 교육자이자 수학물리학자. 그는 1909년부터 사망하기 직전까지 MIT총장으로 재임하면서 이스트먼의 기부금을 유치, 관리하였다-역주) 박사에게 다음과 같은 편지를 보냈다. "우리 회사는 학교보다는 정부를 다루는 데 더 많은 실패를 거두고 있습니다. 우리는 이곳에 비행사들을 위한 사진학교를 설립하고 모든 장비와 재료를 제공하겠다는 제안을 하였습니다. 정부가 우리 제안을 거절한 이유는 정부로서는 군인들을 병영에서 멀리 떨어진 곳으로 보내어 교육시킬 수 없다는 것입니다. 물론 우리는 다른 곳에서는 구할 수 없는 장비를 이곳에 갖추고 있으며, 다른 곳에서는 쉽게 모일 수 없는 강사진을 갖추고 있기 때문에 다른 어떤 곳보다 훨씬 더 효율적으로 이곳에서 비행사들을 교육할 수 있다고 판단했습니다. 아마도 정부는 '위탁'이라 하는 교육체제를 통해 얻을 수 있는 그 어떤 혜택도 받아들이기를 두려워하고 있는 듯합니다. 물론 우리는 이러한 피해의식에 신경을 쓰고 있지는 않지만, 우리가 할 수 있는 곳이라면 어디든지 달려가 도움을 주려고 노력하고 있습니다.

우리는 특히 항공사진 작업에 헌신하고 있고, 항공사진용 특수유제와 장비를 이미 제작하였으며, 이들 중 일부는 전망이 매우 밝습니다. 그 밖의 다른 것으로는 자동 필름 카메라가 있는데 이 카메라를 이용하면 6×6 크기의 사진 50장을 연속적으로 촬영할 수 있습니다. 유리건판으로 6×6 크기의 사진을 얻으려면 한장 한장 따로 촬영해야 합니다. 이 장비는 다음 주 초에 실험을 위해 랭글리 비행장으로

제1차 세계대전

보낼 것이며, 워싱턴에서 뉴욕으로 가는 비행에서는 대형의 카프로니 기계에 의해 운반될 것으로 기대됩니다. 이 카메라는 이미 버펄로의 커티스 비행장에서 실험을 거쳤습니다. 연합군들은 필름으로는 원하는 사진을 얻을 수 없었기 때문에 거의 플레이트식 작업만을 하고 있습니다. 이는 이들이 일반 카메라 필름을 사용하려고 했기 때문이지만, 일반 카메라 필름은 이러한 작업에는 적합치 않습니다. 이들은 또한 기계를 이용해서 필름 작업을 해본 적이 없습니다."[8]

회사의 전쟁 사업을 지휘하면서도 이스트먼은 제1차 전쟁기금모금 캠페인 회장직과 로체스터 지역방위위원회 회장직을 수행하기 위해 대부분의 시간을 지역 적십자사 본부에서 보냈다. 전국 회장이었던 헨리 데이비드슨과 상의한 후 그는 전국적으로 필요한 1억 달러 가운데 1백만 달러를 로체스터에서 모금하겠노라고 약속했다. 그의 오랜 사업 동료였던 스트롱과 워커가 헌납한 25만 달러와 5만 달러의 개인적인 기부금으로 시작하여, 적십자의 전기간판과 트롤리 선에 걸린 광고물, 메인 가의 쇼윈도마다 걸려 있는 적십자 장식, "그곳에 가지 못한다면 기부금이라도 내시오"라는 슬로건이 적혀 있는 흰색 완장을 착용하고 있는 도시의 모든 회사원들, 1면에 7단짜리 슬로건을 게재한 모든 신문들을 동원해[9] 모금운동이 대대적으로 전개되었다.

로체스터는 이번에도 기대치 이상의 많은 기부금을 모았다. "캠페인으로 모은 전쟁기금은 153만 1천 달러에 달한다"고 그는 워커에게 전문을 보냈다. "요즘은 미국인이라는 것이 더없이 자랑스럽습니다"라는 편지를 지포드에게 보내고, 코펜하겐, 봄베이, 케이프타운, 마드리드, 카이로, 로잔, 시드니, 페트로그라드, 밀란, 헤이그, 런던, 토론토, 파리에 있는 회사 중역들에게는 "우리가 직접 참전하고 있지는

---

8. "일요일에 친구들이나 아름다운 풍경의 스냅사진을 촬영하는 데 사용한 이 평화롭게 보이는 카메라가 군세계로 들어오면서 죽음의 도구로 돌변하였다. … 전쟁터에서 카메라는 더 이상 평화의 도구가 아니며, 고도의 폭발물보다도 더 많은 죽음을 가져올 수 있는 무서운 무기가 되었다." "전쟁터에서 카메라가 치명적인 무기가 될 수 있는 것은 사진으로 모든 것을 정확하게 묘사할 수 있기 때문이다. … 오늘날의 항공정찰은 대부분 사진의 도움으로 수행된다."(『사이언티픽 아메리칸』지, 1917년 11월 24일)
9. 뉴욕의 시워드 프로서(Seward Prosser)에게 보내는 전문.

않지만 모든 경영진들과 주주 및 직원들은 이 기금에 헌납을 해야 할 것입니다"라고 독려하였다.

자유기금과 적십자사의 모금운동뿐만 아니라 미국인들은 식량관리국의 슬로건에도 주의를 기울였다. 머지않아 곳곳에 플래카드가 나붙었다. "식량으로 전쟁을 이길 수 있다", 그리고 로체스터는 이리 운하 주변에서 가장 번성하던 농업 지역의 하나였음에도 불구하고 다른 도시와 마찬가지로 그 어느 때보다도 더 집중적으로 작물 재배에 몰두하였다.

"거의 모든 사람들이 올해에는 전반적인 식량난이 있을 것이라고 생각하고 있습니다." 노스캐롤라이나에 있는 자신의 농장과 사냥터인 '오크 로지(Oak Lodge)'의 감독관에게 이스트먼은 이렇게 알렸다. "어쨌든 간에 옥수수와 콩, 닭, 돼지, 칠면조를 충분히 재배하고 키우는 것이 좋을 것입니다."

"이스트 가 900번지에 있는 저택 주변의 잔디를 모두 뿌리째 뽑아내고 그 자리에 감자와 양파를 심고 있습니다. 올해 저의 정원에서는 잔디를 깎는 일보다 괭이로 감자를 캐는 일이 더 어울릴 것 같습니다"라고 스트롱 대령에게 알렸다. 로체스터와 인근 지역에 있는 수천 명의 시민들이 모두 한마음으로 뭉쳤다.

8월에 이스트먼은 "우리 사업이 진행되는 동안 우리가 사용하게 될 영화 필름에 대한 모든 이익은 없는 것으로 생각해 달라"는 요청을 허버트 후버로부터 받았다. 허벨이 식량관리국과 협의를 한 후에 이 요청이 받아들여졌다.

이 일이 있은 뒤에 코닥 사는 프랑스에 있는 미군 병영에 영화를 배급하는 일에 도움을 달라는 요청을 전국영화산업협회로부터 받게 되었다. 이스트먼은 브룰래투어에게 다음과 같은 편지를 보낸다. "추가 비용이 들지 않는다면 아무런 이익도 남기지 않고 우리 필름들을 다른 장비와 함께 기꺼이 제공하겠노라고 이미 말씀드린 바 있습니다. 병영에서 영화를 상연하는 것은 장병들의 사기를 진작하는 데 매우 중요한 일이라고 생각되며, 가능하면 경제적으로 운영되었으면 합니다. 이러한 생각만으로 봉사하겠습니다.

우리는 페트로그라드, 모스크바, 밀라노에도 영업소를 갖고 있으며, 그곳의 장비도 같은 조건으로 정부를 위해 기꺼이 제공하겠습니다."

제1차 세계대전

　한편 통신부대가 미적거렸지만 항공사진을 촬영하기 위한 자동 필름 카메라를 개발하는 실험이 진행되고 있었다. 통신부대가 머뭇거리는 것은 항공학교 설립의 또 다른 걸림돌이었다. 그러나 그것이 항공정찰을 위한 자동 필름 카메라 개발을 저해하지는 못했다.

　"우리는 이 카메라를 버펄로 근처의 커티스 비행장 상공에서 두 번밖에 실험하지 못했지만 완벽하게 작동하였으며, 두 번째 실험은 렌즈의 초점을 교정할 목적으로 실시되었습니다. 이 카메라는 비행기 자체에서 발생하는 공기압을 사용하여 아주 간단히 작동됩니다. 사진이 매우 또렷하게 나오며, 모든 면에서 만족스럽습니다. 촬영 가능한 셔터 속도는 다양하며, 레버 하나로 카메라를 작동시키고 정지시키고 셔터 속도를 조정할 수 있으므로 한 사람, 즉 조종사 혼자서도 기기를 작동시킬 수 있습니다. 카메라가 구하게 될 생명들을 생각한다면 이는 매우 중요한 일로 생각됩니다.

　필름은 선생님이 지적하신 문제를 모두 해결할 수 있는 특수유제로 만들어졌습니다. 카메라에 필름을 다시 갈아 끼우는 일은 비행 중에 아주 쉽게 할 수 있지만, 이 경우에는 누군가가 옆에서 도와주어야 할 것입니다. 우리는 다음 주에 랭글리 비행장에서 있을 최종 군 실험을 위해 카메라를 보낼 것이며, 그 이후 즉시 펜사콜라(Pensacola)[10]로 보내 해군이 실험할 수 있도록 조치할 것입니다.

　노스클리프 경은 그저께 이곳에 있었습니다. 그는 상공회의소 신축 건물의 개관식에서 연설을 해달라는 요청을 받고 이곳에 왔지만 코닥 사를 방문하겠다고 하여 우리를 명예롭게 해주었습니다. 코닥 파크에서 직원들과 함께 점심 식사를 하였으며, 그는 그곳에서 진행되고 있는 일에 큰 관심을 보였습니다. 그와 그의 군 비서관인 캠벨 스튜어트 대령은 공장에서 작동되던 신형 카메라를 보고 무척 흡족해했습니다. 이 기계는 너무도 단순하게 만들어져 고장이 날 염려가 전혀 없습니다."

　1918년 1월 2일에 법무차관이었던 존 데이비스가 미연방 대법원에서 "이러한

---

10. 워싱턴에 있던 코닥 사의 전문가들 중 한 사람이 이스트먼에게 다음과 같이 보고했다. "하워드 장군이 로체스터로부터 최근에 보내온 20대의 카메라들을 여러 비행장으로 아직 배분하지 못했지만, 올해 초 펜사콜라로 보낸 실험용 카메라로 얻어진 성과에 매우 만족한다고 제게 알려 왔습니다."

조지 이스트먼

시련기에 정부가 재정 문제나 공채 발행 문제로 사기업과 마찰을 빚지 않도록 하기 위해 일곱 가지의 소위 '위탁제'에 대한 연방 소송을 연기"해 줄 것을 요청했으며, "필요하다면 정부는 전쟁 기간 중에 미국 내에서 투자 가능한 새로운 자본을 흡수해야만 한다. 다시 말해 이렇게 하려면 공기업과 사기업이 소송건으로 자본을 불필요하게 지출하는 일을 막아야 한다"고 주장하였다.

그는 덧붙여서 다음과 같이 말했다. "유나이티드 슈 머시너리 사, 인터내셔널 하비스터 사, 유에스 스틸 사, 이스트먼 코닥 사, 아메리칸 캔 사, 퀘이커 오츠 사, 콘 프로덕츠 리파이닝 사 등에 대한 소송에서 얻으려고 하는 해체 명령이 실효를 거두려면 대규모의 재정 운용이 요구된다."

이스트먼은 그가 고용하고 있던 뉴욕의 저명한 변호사인 존 밀번에게 서한을 보냈다. "나는 소송을 미루는 것이 어떤 식으로 우리에게 피해를 가져올 것인지는 모르겠습니다. 아마도 전쟁이 끝날 때쯤이면 일반 대중들도 셔먼 법안을 수정할 수 있을 정도로 지식을 갖추게 될 것입니다. 어쨌든 나는 이 점에 대해 더 이상 걱정하지 않을 생각입니다. 한편 우리의 호크-아이 공장은 5천 개의 소총용 조준경을 제작해 달라는 주문을 받았으며 … 수백만 마일까지 커버할 수 있는 거리계를 제작하는 프로젝트를 고려 중입니다. 우리 공장들 중 하나인 프레모는 보급부대를 위해 삼각대를 제작하고 있어서 마치 우리 공장들이 가까운 미래에 모두 정부의 일을 하게 될 것으로 보여집니다."

이스트먼이 항공사진학교를 설립하여 통신부대를 돕겠다고 처음으로 제안을 한 지 거의 7개월이 지난 1월 10일에 정부가 그 사항을 재고하려고 하며, 이스트먼에게 수정 제안해 줄 것을 요청하고 있다는 전갈을 워싱턴으로부터 받고, 그는 육군성에 다음과 같은 명쾌한 회답을 주었다.

"1. 우리는 1918년 2월 1일부터 6개월을 넘지 않는 기간 동안 임대료 없이 어셈블리 홀(첨부한 사진 참조)이라고 알려져 있는 우리 식당 건물 28번 3층을 병영으로 사용할 수 있도록 제공한다. 3층은 1천 명의 병사들을 수용할 수 있는 침상과 화장실을 들여놓을 수 있는 공간이 된다. 정부가 침상과 필요한 변기를 설치하고, 병사들의 사용기간이 지난 후에는 30일 이내에 건물을 원상태로 복구한다. 건물에

제1차 세계대전

대한 영구적인 파손을 막고 아래층의 식당 사용에 지장을 주지 않도록 모든 작업은 우리 회사 기술부의 감독하에 이루어져야 하며, 모든 가구와 수도 시설도 우리 기술부의 감독하에 설치되어야 한다. 이 시설을 철거할 때에는 합의된 가격이나 감정가로 회사측에서 매입한다.

    2. 군인들의 식사는 정부가 준비해야 하지만, 같은 건물의 1층에 있는 우리 직원 식당과 주방을 사용할 수 있도록 제공할 것이다. 주방은 한 번에 2천 명의 식사를 준비할 수 있으며, 식당은 우리 직원들이 식사하는 시간 외에는 군인들이 계속 사용할 수 있다. 군은 이 식당을 밤에 클럽으로 사용할 수 있다. 사용자들은 매 식사 후 다음 식사를 위해 식당을 청결한 상태로 유지해 주어야 한다.

    우리는 시설을 설계하거나 설치하는 데 조언을 하고 모든 작업을 감독할 수 있는 기술적 서비스를 무상으로 제공할 것이며, 정부는 실제 작업에 고용된 기술자들의 임금만을 지불하면 된다. 공사 비용과 장비 비용은 모두 정부가 지불한다.

    공사 작업과 시설 작업은 대부분 외부 계약에 의해 이루어지리라고 생각하지만 우리 회사의 건설부가 작업을 하는 것이 더 유리할 경우에는 우리 회사 자체 공사를 할 때와 같은 가격(원가+경상비)을 받고 기꺼이 작업에 들어갈 것이다.

    우리는 정부에서 필요로 하는 모든 도움을 주기 위해 우리 직원들을 차출할 준비가 되어 있다. 우리는 교육에 도움을 주고 강의를 할 수 있는 일정 수의 전문가들을 우리 회사의 과학부서나 교육부서에서 차출할 수 있으며, 이들은 대부분 전국의 사진가들을 교육하고 있는 이들이다. 필요하다면 정부가 전문교육을 받은 사람들을 구할 때까지 보수를 지불하지 않고 이들의 도움을 받을 수 있다."

    이 편지가 검토되는 동안, 로체스터 시장인 히람 에저튼은 정부에 비행장으로 쓸 수 있는 세 곳을 고르라고 제안하였으며, 1월 30일 이스트먼은 스콰이어 장군으로부터 전문을 받았다. "선생님의 친절한 제안이 육군 장관의 승인을 받았습니다." 그러나 이 사실은 봄이 될 때까지 언론에 공개되지 않았다.

    "독일군 진지를 하늘에서 촬영하여 최근의 독일군의 전선 상황을 한눈에 볼 수 있는 대형 합성사진을 확보하기 위해 항공사진부대를 훈련시키고 이들을 위한 장비를 생산할 설비를 대대적으로 확장한다는 계획이 마무리되었다"라고 『사이언티픽 먼슬리』지가 1918년 4월에 보도하였다. "현재 랭글리 비행장과 포트 실, 코넬에서 운영되고 있는 항공사진학교 세 곳을 통합하여 로체스터에 대규모 항공사진학교를 만들 것이다. 이곳에서 모든 기초훈련을 실시하게 된다. 1백 명이 넘는 강사진과 함께 특수장비들이 제공되었다.

항공사진은 전쟁 중에 급격히 발전하였다. 영국의 공식 보고서를 보면 9월 한 달 동안에 15,837장의 항공사진이 영국군에 의해 촬영되었다는 것을 알 수 있다. 참호를 새로 파거나 통신체계를 새로 개발하거나 부대를 재배치할 때마다 늘 한 치의 오차도 없이 지상의 군대와 전선을 감시하는 카메라가 그 사실을 기록했다. 항공촬영 카메라의 눈이 너무나도 날카로워 그 방어책으로 위장술이 개발되었고, 그에 따라 항공사진은 훨씬 더 정교해졌다.

전선의 모든 구역을 반 평방 마일씩 구획하여 각 구역마다 번호를 매기고 그곳에 대하여 잘 알고 있는 사진부대가 그 구역을 맡게 된다. 사진을 촬영하는 대로 현상, 인화하고 표준척도로 축소 혹은 확대한 후에 대형 합성사진에서 제 위치를 찾아 끼워 맞춘다."

이스트먼은 스트롱에게 다음과 같이 통보하였다. "화요일 오후에 저는 그곳으로 당장 내려와 달라는 전보를 해군 부사령관 프랭클린 루스벨트로부터 받고, 그날 밤 바로 그곳으로 갔습니다. 해군은 현재 골치를 앓고 있는 것처럼 보였습니다. 이 일은 영국 정부와 미국 정부를 위해 전투용 쌍안경을 계약하는 것으로, 영국 정부와 2만 개, 미국 정부와 6만 개의 쌍안경을 계약하는 아주 큰 사안이었습니다. 납품과 품질에 차질이 생겨 해군 당국은 마침내 이를 인계 받아 워싱턴의 해군조선소에 제조창을 세우기로 결정하였습니다. 이 사업에 대해 문외한인 해군 장교가 회사를 관할하게 되어 있으나 부사령관 루스벨트가 코닥 사가 이 회사를 넘겨받아 재조직했으면 한다고 하여 반스가 이곳을 맡기로 했습니다."

1918년 2월까지 계속된 정부와의 협상은 어렵고도 복잡했다.

이스트먼은 알렉산더 린제이에게 다음과 같이 알렸다. "협상은 매우 더디게 진행되었지만, 점차적으로 제대로 되어 가고 있습니다. 이익을 남길 수는 없겠지만 정부를 도울 수 있을 것이라고 생각됩니다.

제1차 세계대전

    지난 6월에 우리는 정부를 위해 비용에 10퍼센트를 더한 가격으로 개발 작업을 하겠다는 제안을 하였습니다. 그리고 우리를 선택할 경우 우리가 고안한 모든 장비를 다른 곳에서 제작할 수 있는 특권을 정부에게 주겠다고 하였습니다. 우리가 이런 제안을 한 것은 우리가 부당이득을 취한다는 인상을 전혀 주지 않고 정부가 우리를 이용할 수 있다고 생각하기를 바랐기 때문입니다. 대기업에 대한 편견이 통신부대 내에 깊이 자리잡고 있어서 아주 최근에 이르러서야 이들은 우리의 제안을 기꺼이 수용하겠다는 뜻을 내비쳤습니다. 그러나 우리는 현재 몇 가지 방향에서 아주 순조로운 출발을 보였습니다.

    사진을 담당하는 부서는 최소한 네 번 정도 완전히 개편되었으며, 현재까지도 개발부의 팀장은 사진에 관해 아무것도 모르는 대학 교수입니다. 물론 우리의 방침은 당분간 권한을 갖고 있는 사람에게 충실하게 협력하겠다는 것입니다.

    7-8개월 전에 우리는 그들에게 수많은 사진가들이 필요할 것이라는 것을 깨닫고, 우리가 자본을 대고 한 반에 2백 명씩 약 1천 명을 교육할 수 있는 학교를 설립해 교육을 시켜 필요할 때 그들이 사진교육을 맡을 수 있게 하자는 제안을 하였습니다.

    그러나 교육을 받기 위해 군인들을 병영에서 멀리 떨어져 있는 곳으로 보낼 수 없다는 이유로 이 제안은 거절당했습니다. 물론 하찮은 일일 수 있지만 그 제안은 결국 잊혀졌습니다. 그들은 랭글리 비행장에서 학교를 시작하려고 하였으며, 몇 주 전에 자신들이 곤경에 빠졌다는 사실을 알고 우리에게 도움을 청해 왔습니다. 우리는 그들에게 그전의 제안을 상기시켰지만, 당시 책임을 맡고 있는 장교들은 그러한 제안을 들어보지도 못한 이들이었습니다.

    사진교육을 맡을 사람을 양성할 시간이 없었으므로 우리는 한 번에 1천 명을 교육할 수 있도록 전문가 50명을 투입하여 도움을 주겠다는 제안을 하였습니다. 그들은 이 제안에 너무도 기뻐하면서 학교를 설립하는 일에 많은 노력을 기울여 왔습니다.

    지난주의 로체스터 신문에서 상세한 기사를 보셨겠지만, 그렇지 않다면 이들이 50번 신관 건물 4층을 병영과 암실로, 식당 건물을 군대 식당과 실내오락장이나 클럽으로 우리가 사용하지 않는 시간에 사용하게 되었음을 알려 드립니다. 50번 신관 건물은 레이크 가와 평행으로 핸포드 랜딩 로드에 자리잡고 있으며, 운동장 바로 뒤편에 있습니다. 레이크 가 쪽으로 군인들이 드나들 수 있는 출입구가 만들어질 예정이며, 식당으로 갈 때에는 레이크 가와 리지 로드를 따라 공장 밖으로 돌아갈 수 있으므로 공장을 통과하지 않아도 됩니다. 반 마일 정도 산책하는 것이 그들에게 운동이 될 것입니다.

우리는 이 공간을 무료로 제공하며, 정부는 호프만 앤 선즈 사에 목공과 배관 공사를 맡길 것입니다. 우리는 장병들에게 재료비 정도만 받고 식사를 제공할 것입니다. 약 8백 명에 이르는 첫 파견 교육대가 3월 15일에 코닥 파크에 도착할 예정이며, 네 번째 파견대의 교육이 7월 중순까지 완료될 것입니다. 이후에 학교는 아마도 대형 비행장들 중 하나로 이전될 것입니다.

통신부대가 어떤 카메라를 원하고 있는지 알아내는 데 상당한 어려움을 겪고 있지만 우리들 힘만으로 제품을 개발하고 있으며, 삼각대로부터 렌즈에 이르기까지 원하는 것은 모두 제대로 만들어낼 준비가 되어 있습니다. 우리는 60만 혹은 70만 달러 정도의 아세테이트 셀룰로오스 납품 계약을 체결했으며, 얼마 안 있어 좀 더 많은 양을 주문하려고 합니다. 호크 아이 제조공장에서는 30만 달러에서 40만 달러에 이르는 소총용 조준경 5천 개를 제작하기 시작하였습니다. 이것들은 모두 비교적 적은 품목들이지만 이로써 거의 모든 공장에서 군수기기를 생산하게 되었습니다.

최근에 통신부대에서 코닥 사와 관련된 일련의 소동이 있었으며, 나는 매우 거슬리는 신문기사를 몇 개 보았습니다. 만약 이런 기사를 보셨다면 그냥 무시해 버리십시오.

통신부대와 우리 회사가 현재 어떤 관계를 맺고 있는지를 보여드리기 위해, 호너 대령에게서 방금 받은 편지를 인용하겠습니다. '선생님과 선생님 회사가 광범위하게 우리를 도와 왔고, 지금도 도움을 주고 있어 통신부대 장비 부서의 운영 상태는 더할 나위 없이 만족스럽습니다.'

프랭크 노블 씨가 방금 보급 부대의 생산병과에서 모든 정부 계약에 대한 생산

제1차 세계대전

속도를 올리는 책임자로 임명되었습니다. 루이스 존스 씨는 공보위원회의 홍보국에 소속되어 1주일에 3일은 뉴욕에서 일을 처리합니다.[11] 슈일러 콜팩스 씨는 시장에 임명되어 전력을 다하고 있습니다. 우리 연구소의 연구진들은 대부분의 시간을 정부 작업에 매달려 있습니다."

한동안 린던 베이츠의 지휘하에 잠수함방어협회에 관여했던 과학자들은 모든 유형의 선박을 위장하는 최선의 방법을 찾기 위한 실험을 수행하였다. 전쟁이 시작될 무렵에는 예술가들이 이 방법을 연구하였지만 이는 주로 광학적이고 물리학적인 문제이기 때문에 이스트먼은 연구팀의 로이스 존스를 이 협회에 파견하였다. 존스의 초기 업적 중 하나는 해양 물체의 시계(視界)를 과학적으로 측정하는 시계(視界)측정기의 발명이었다.

뉴욕 시에서 이러한 연구 작업이 충분하게 진척되면서 공해상의 모든 기상 조건과 광선 조건하에서 모든 선박을 완벽하게 위장하는 것은 불가능하다는 결론에 도달하였다. 이러한 이유 때문에 보호색을 이용한 위장술에 대한 연구가 집중적으로 이루어졌다.

이스트먼은 해군성의 두 보스 대위에게 보내는 편지에서 공식적인 제안을 한다. "위장술 연구를 위해 다음과 같은 우리 연구소의 물리실험실 일부를 해군성이 마음대로 사용해도 좋다는 사실을 알려 드립니다.

1. 현재 분광기 작업을 위해 사용되는 대형 물리실험실

2. 시계 작업을 위해 사용되는 이 실험실에 설치되어 있는 암실

3. 이런 특정한 실험실 이외에도 필요하다면 광도 측정실을 사용해도 좋고 실험실에 비치된 다른 기구들을 사용해도 좋습니다."

이 편지를 받고 다니엘스 장관은 25일자로 다음과 같은 답변을 보내왔다.

"2월 18일자의 선생님 편지를 통해 해군성은 다음과 같은 조건으로 선생님 회

---

11. 존스는 판매를 책임지는 부회장을 맡기 전에 광고책임자로 일했다. 1919년 3월 3일에 이스트먼은 뉴욕의 자유기금위원회 광고국에 다음과 같은 서신을 보냈다. "전쟁 기간 동안 우리는 광고부서를 통해 한 번에 3만 달러 정도의 잡지 지면을 정부에 할당하였으며, 기부금도 헌납하였다. … 하지만 정부가 다른 생필품을 구입하듯이 광고 지면도 구입해야 한다고 생각한다."

사 연구소의 물리실험실 일부를 위장술 연구에 사용해도 좋다는 선생님의 제안에 대하여 알게 되었습니다.

    1. 존스 씨의 지휘하에 작업을 진행할 것
    2. 이 실험실에서 작업하는 해군 관계자들은 코닥 파크 공장과 실험실의 일반 규정을 따라야 한다.

    해군성은 연구소에 대한 선생님의 애국적인 제안을 높이 평가하며 위에 열거한 조건으로 이 제안을 받아들이겠습니다.

    존스 씨는 예비군의 대위 계급으로 해군 건설기사직에 임명되며, 이를 받아들이게 되면 위장실험 작업을 위해 로체스터에 파견될 것입니다. 해군성은 또한 필요한 경우 다른 보조인원들을 파견하고자 합니다.

    다음 주 혹은 10일 이내에 해군성은 이러한 해군 작업을 위한 상세한 실험실 사용 문제를 상의하기 위해 건설보수국의 해군 건설기사인 두 보스 대위를 파견하려고 합니다."

    존스와 그의 참모들은 코닥 파크에 완벽한 '실험용 바다'를 만들어 놓고 대형 탱크, 변화하는 하늘, 모형 선박, 인공조명을 이용하여 실제 상황처럼 재현해 놓고 그곳에서 잠수함 잠망경을 통해 선박의 위장색을 연구하였다. 이러한 관찰과 실험을 통해 결국 미국과 연합국 군대에 하달된 과학적인 위장술이 나오게 되었다.

    이스트먼은 스트롱에게 다음과 같이 알렸다. "호크-아이 공장은 통신부대에서 실험하였던 것 중에서 가장 뛰어난 항공사진용 렌즈들을 개발하는 데 성공하였습니다. 폴머는 방금 군수품 공장에서 (신분증명용으로) 군인들과 근로자들의 사진을 촬영하는 카메라를 완성하였습니다. 영화 필름으로 사진을 찍어 카드 형태로 인화하였습니다. … 작업은 사람들이 바로 사진을 찾아갈 수 있을 정도로 빠르게 이루어집니다. …" 그리고 재무장관인 윌리엄 맥아두가 로체스터에 왔을 때 "아침에 그를 데리고 코닥 파크로 갔습니다. 새로운 증명사진 카메라를 사용하는 촬영실 한 곳에 들러 기념촬영을 하였습니다. … 여기에 그 사진을 동봉합니다. 맥아두는 깊은 인상을 받은 것 같았습니다. 그는 해리 브루스터에게 코닥 공장은 정부가 보유한 시설 중 가장 중요한 곳이라고 말했습니다. 그는 상공회의소에서 멋진 연

제1차 세계대전

설을 하였고, 그를 반기는 군중이 엄청나게 많이 모였던 컨벤션홀에서도 이와 같은 멋진 연설을 하였다고 들었습니다."

미국 적십자사의 두 번째 상고를 위해 사전 준비가 다시 진행되고 있었지만, 이스트먼은 1918년 2월호『적십자회보』를 받아 보고 충격을 받아 데이비슨 회장에게 서한을 보냈다.

"히키 주교께서 제게 오늘 아침 2월호『적십자회보』를 보여주면서 여기에 실린 '신성한 전쟁'이라는 러디어드 키플링의 시와 49쪽의 문구를 한번 보라고 하였습니다.

> 엠마누엘의 선봉부대는 권리가 아닌 정의를 위해 목숨을 바쳤고
> 내 주 아폴리온이 가축을 먹이는 스톡홀마이츠에게 거짓말을 했네
> 교황, 동요하는 중립국들, 카이저와 그의 사람들…
> 그들의 역할, 그들의 목표, 그들의 벌거벗은 영혼들…
> 그는 알고 있고 선택했다네!

주교께서는 그와 그의 신도들이 교황에 대한 언급에 분노를 느끼고 있고, 이 기사 때문에 그가 적십자사에 대한 관심을 잃게 되지는 않겠지만 그 시는 가톨릭교의 반감을 살 수 있다고 생각한다고 말했습니다. 이 문제에 대해서는 이미 일부 가톨릭 출판물에서도 다룬 적이 있었는데, 상당히 발행부수가 많은 버펄로 신문을 통해 그는 이 문제에 관심을 갖게 되었습니다. 그는 적십자사 측에서 의도적으로 공격적인 글이 게재되도록 내버려 둔 것은 아니라고 믿고 있으며, 다음 호에 일반인들에게 이 사실을 분명히 해명하는 글을 실어 주기를 바라고 있습니다.

불필요하게 적의를 보이는 내용을『적십자회보』에 싣도록 내버려 두는 것은 현명하지 못하다는 것이 제 의견입니다. 히키 주교를 필두로 하는 이곳의 가톨릭 교회는 적십자사에 진심으로 협조하여 왔습니다. 히키 주교는 이러한 사건에 좌지우지될 정도로 너그럽지 못한 분은 아니지만 그 일로 인해 주교께서 다음 모금운동에서 열정을 가지고 일하기가 어려워질 것은 분명합니다."

낮이 길어지고 있었지만, 군대의 입장에서는 전선의 상황은 어둡고 침울하게 변하고 있었다. 1918년 3월에 적군은 프랑스의 서부전선에 대대적인 공격을 가

하기 시작하였다. 미군은 아직 서부전선을 넘겨받을 채비를 갖추지 않은 상태였다. 위기가 닥치자 퍼싱 장군은 프랑스 포슈 원수에게 요청하여 처음으로 젊은 미군 병사 30만 명을 그의 휘하에 두게 하였다. 클레망소와 로이드 조지, 올란도가 6월에 워싱턴으로 "가능한 한 빨리 미군을 동원하여 연합군이 수적으로 불리한 현재의 상황을 타개하지 않으면 전쟁에 질 수도 있다"라는 전문을 보냈다. 미국 정부는 매달 미군 12만 명을 전장으로 보내기로 약속하였지만 그 전문을 받을 당시 미국 정부가 보낸 총병력은 12만을 막 넘어가고 있었다. 5, 6, 7월 동안에 해군은 병사 949,601명을 안전하게 수송하였으며, 이들 중에는 로체스터 항공사진학교의 첫 졸업생들도 포함되었다.

육군과 해군이 약진하면서 정부는 시민들에게 더 많은 도움과 희생을 촉구하였다. 세 번째 자유기금 모금운동이 시작되어 예상한 것보다 더 많은 기금을 거두어 들였고, 정부는 적십자, 구세군, 콜럼버스의 기사들, YMCA, YWCA, YMHA와 전쟁과 연관된 그 밖의 다른 단체를 지원하기 위해 연합전쟁기금(United War Fund)이라는 또 다른 모금운동을 앞두고 있었다.

이스트먼은 또다시 로체스터에서 대형 기금을 확보하는 일에 전념하여 5월에는 전쟁기금운동(War Chest Drive)에 온 힘을 기울이고 있었다. 이스트먼의 모금운동이 전국적으로 관심을 끌고, 찰스 휘트먼 주지사와 존 록펠러 2세, 유에스 스틸의 개리 판사와 YMCA의 존 코트 박사, 전국위원회에서 봉직하는 그 밖의 다른 사람들과 다양한 단체에서 전국적인 모금운동을 이끌고 있는 사람들이 이스트먼에게 도와 달라는 부탁을 하였음에도 불구하고, 이스트먼은 이들의 요청을 모두 거절하였다. 고향 로체스터는 그에게 특별한 곳이었다.

많은 액수의 전쟁기금을 모금하면서 이스트먼은 그 도시의 부유한 지도층 인사들에게 공개적으로 기부금 헌납을 요구하였다. 그는 대기업들이 적십자사를 위한 임금 배당금을 고시하는 정책에 반대하였다. 이는 법인 배당금을 근거로 개개인의 소득을 매길 때 '의무 기피자들'로 하여금 기부를 피할 수 있는 길을 열어 주기 때문이었다.

1918년 5월 28일, 로체스터의 신문사들은 108,927명의 개인 기부자들이 전쟁

제1차 세계대전

기금으로 총 4,815,502.97달러를 헌납하였다고 발표하였다. 이스트먼은 경비로 10만 달러를, 기금으로 50만 달러를 기부하였다. 『포스트-익스프레스』지는 다음과 같이 발표하였다. "이 사실이 발표되자 모임에 참석한 사람들이 몹시 흥분하였고, 이스트먼이 일어서서 연설을 하기까지는 상당한 시간이 필요했다.

'친애하는 신사숙녀 여러분, 우선 저뿐만 아니라 여러분이 모두 알고 있는 사실이 있습니다. 진정한 기부자는 기부금을 마련하기 위해 남의 세탁을 해주고 매주 50센트씩을 더 저축한 어느 가난한 여인이라는 것입니다. 이것이야말로 진정한 기부입니다.

이는 참으로 훌륭한 조직[해리 웨어하임이 총감독으로 5천 명의 노동자들이 참여하고 있는 조직]이며, 저는 이 모금운동을 성공으로 이끈 여러분 모두에게 감사를 드립니다.

저는 이제 작은 고백을 하나 하려고 합니다. 몇몇 사람들은 모금운동을 이끌고 있는 사람들이 모두 기부금을 접수하고 있기 때문에 [청중들의 웃음] 기부를 하고 싶지 않다고 말했습니다. 저는 이 위대한 조직을 이끌 수 있게 해주신 것에 만족하며, 기부금은 모두 제가 받았다는 사실을 지금 이 자리에서 고백합니다. 때론 제가 조직을 이끄는 것이 아니라 여러분 모두가 이끌어 주는 대로 따르는 작은 소년처럼 느껴지기도 합니다.'"

이스트먼은 워터빌에 있던 사촌 앨몬 이스트먼에게 다음과 같은 편지를 보냈다. "모금운동은 큰 성공을 거두었네. 일부 극보수주의자들은 우리가 기금을 너무 많이 모금하였다고 말하기도 하지만, 올해가 가기 전에 그 기금이 모두 쓰일 곳이 생길 것이라고 생각하네. 자네도 알고 있듯이 의무 기피자들에 대해 비난이 쏟아지고 있지만, 아직도 그런 사람들이 남아 있네. 그들이 어디 숨어 있는지를 찾아내지 못했지만, 내년에는 꼭 찾아낼 수 있을 것일세. 내 생애에 어떤 일을 하면서 이렇게 즐거운 것은 처음이네."

미국 적십자사는 총 2백만 달러를 수령하였는데, 이는 로체스터에 할당된 액수의 세 배에 이르는 금액이었다.

뉴욕 시의 미국연방준비은행 지점장인 벤자민 스트롱 2세가 보낸 편지를 보면

추신에 이렇게 쓰여 있다.

"로체스터가 기록을 세운 듯하다."

미국 내의 대학과 산업실험실에서 실험을 위해 사용하던 정제약품에 대한 통제권을 독일이 가지고 있었기 때문에 1918년 봄, 미국의 화학 연구는 큰 어려움에 부딪히게 된다.

1916년 6월, 이스트먼이 MIT의 화학공학과에 공개적으로 30만 달러를 기부한 이후 그는 미국의 화학 연구와 관련하여 수많은 질문을 받았다. 이는 주로 국립연구위원회와 미국화학학회로부터 받은 것으로, 그 결과 그는 6월 28일자 미스 박사의 추천장에 대하여 호의적인 반응을 보이게 되었다.

"연구소에 유기화학 합성시약을 조제하는 부서를 설립해야 하고, 필요한 유기화학 연구 인력을 공급하려면 이 시약을 시장에 내놓아야 한다는 우리의 제안과 관련하여 다음과 같은 몇 가지 사항을 말씀드리고자 합니다. 현재의 상황은 예전에는 전부 독일에서 들여오던 이 화학약품의 공급 문제는 일리노이 대학에서 진행된 연구 작업에 달려 있다는 것입니다. 이 연구 작업은 데릭 박사가 시작하고 로저 애덤스 박사가 계속 진행하였습니다. 데릭 박사는 현재 버펄로에 있는 내셔널 아닐린 사에 소속되어 있고, 애덤스 박사는 현재 워싱턴, 아메리칸 대학에서 가스전에 관한 연구를 하고 있습니다.

우리 제안이 어떤 식으로 받아들여질지를 확인하기 위해 클라크 박사는 데릭 박사와 애덤스 박사, 보거트 대령을 만나 상담을 하였습니다. 보거트 대령은 육군 화학연구부의 책임자이면서 유기화학약품 공급과 관련하여 정부를 대표하고 있습니다.

보거트 대령이 우리의 제안에 대해 매우 호의적인 반응을 보이고 있기 때문에 우리는 이러한 화학약품을 개발하고 공급하는 일에 착수할 수 있을 것입니다. 그는 이러한 화학약품을 공급하는 일이 지금 시점에서는 가장 실질적이고 애국적인 봉사라고 생각하며, 정부는 그 일을 반드시 필요한 전쟁산업이라 인식하고 그 일을 실행하는 데 필요한 모든 편의를 봐줄 것이라고 말했습니다. 꼭 필요한 경우에는 군대에서 필요한 인력을 빼내어 쓰는 일까지 허락할 것입니다. 데릭 박사 또한 우

제1차 세계대전

리가 이 일을 맡아서 해주기를 바라고 있으며, 이 일을 가치 있는 봉사로 여기고 있습니다. 그는 우리를 돕기 위해 어떤 일이라도 할 것입니다.

애덤스 박사는 이러한 생각에 가장 호의적이며, 이들이 일리노이에서 알아낸 60가지 이상의 물질 조제법을 우리에게 넘겨주고, 분석 작업을 위해 그러한 물질을 사용하는 회사에서 보낸 이러한 약품의 주문서를 우리에게 넘겨줄 것을 약속하였습니다. 그는 그러한 화학약품을 공급하는 일을 영리 회사에서 맡아 주기를 바라고 있습니다. 그는 이미 그 문제 때문에 내셔널 아닐린 사와 듀폰 사와 교섭을 가졌지만 일을 성사시키지는 못했습니다.

클라크 박사는 듀폰 사와 헤라클레스 파우더 사에서 근무하고 있는 화학자들과도 이 문제를 상의하였고, 그 화학자들은 이 일에 협조하고 중간 생성물을 공급하겠다는 약속을 하였습니다.

현재 상황에 대해 우리가 내린 결론은 다음과 같이 요약할 수 있습니다.

1) 미국에서 순수 유기화학 연구작업을 지속적으로 추진하는 문제는 합성시약을 충분하게 공급할 수 있는 곳을 확보하느냐 못하느냐에 달려 있다.

2) 합성시약을 충분하게 공급할 만한 곳이 지금으로서는 없다. 대학들 간의 협조만으로는 약품을 충분하게 공급할 수 없을 듯하고, 이 일을 처리할 만한 대규모 염료 회사들은 너무 바빠서 앞으로 몇 년간은 이 문제를 해결하기가 어려울 듯하다.

3) 당장 해결책을 찾지 못하면 유기화학 연구는 퇴보할 것이고, 전쟁이 끝나면 우리는 또다시 유기시약 공급을 독일에 의존하게 될 것이다.

4) 그 사업은 돈벌이가 될 만한 사업은 아니라고 생각되지만 자리가 잡히면 회사 운영비는 나올 것이다.

5) 클라크 박사가 우리와 함께 일한다는 사실과 코닥 사 제품이 갖고 있는 명성 덕분에 우리는 매우 좋은 조건에서 연구소 사업의 일환으로 제품을 개발하고 이러한 화학약품을 공급할 수 있다."

이러한 식으로 이스트먼은 미국에서는 최초로 합성유기화학연구소를 설립함으로써 국가적인 군수사업을 발전시키는 데 다시 한 번 기여하였다.

조지 이스트먼

1886년, 그는 미국 제조업자로는 처음으로 연구개발에만 전념할 화학자를 고용했다. 그로부터 32년이 지난 지금 그는 여전히 산업 연구의 선두에 서서 그전에 독일에서 수입했던 순수 화학약품의 손실을 극복하기 위해 모든 대학과 산업연구소를 지원하고 있다.[12]

7월에 이스트먼은 영국 전쟁대표단으로부터 "엘리자베스에서 생산되고 있는 핸들리-페이지 폭격기에 시승"해 달라는 요청을 받는다. 그는 배보트에게 다음과 같은 편지를 썼다. "그곳에 갔을 때 나는 그들이 비행기를 수리하고 있는 모습을 보았네. 수리 작업은 생각했던 것보다 시간이 오래 걸려 6시가 되어서야 비행할 준비가 되었네. 비행은 너무나도 놀라운 경험이었으며, 나는 큰 보답을 받은 느낌이 들었네, … 두 대의 기관총이 설치되어 있는 조종석에서 조종사와 부조종사 바로 앞에 서 있었기 때문에, 이 비행은 내 생애에서 한 번밖에 올 수 없는 그런 기회였네. 비행기 안에는 나를 포함하여 모두 다섯 명이 타고 있었는데 조금만 교육을 받으면 직접 비행기를 조종할 수 있을 것처럼 느껴졌네."

퍼싱 장군 휘하의 미국 원정 부대가 '힌덴부르크선(線)'에 공격을 가하기 시작하면서, 러브조이가 지휘하고 있던 로체스터의 후방 전선에 있는 한 공장은 비행기와 방독면에 사용되는 아세테이트 셀룰로오스를 하루에 3,600파운드씩 생산하였다. 이 공장에서는 영화와 '스틸' 사진 촬영에 사용하는 모든 유형의 항공 카메라와 필름을 생산하였다. 또한 비행기용 기관총 조준경과 참호용 잠망경을 만들고 있었

---

12. 1921년 9월에 몬트리올에서 열린 화학산업학회 국제 모임에서 회원들은 서반구에 합성 유기화학물질을 제공한 이스트먼 코닥 사에 대해 공식적인 감사의 표시를 하였다. 당시 코닥 사의 실험실은 미국과 캐나다 시장에 1천 가지 이상의 화학물질들을 공급하였다. 오늘날에는 2천 가지 이상의 약품이 생산되고 있다. 1926년 2월 10일에 미국 화학재단의 프랜시스 가빈 회장은 로체스터의 상공회의소에서 다음과 같은 연설을 하였다. "독일이 화학자들의 봉사에 힘입어 1870년부터 제1차 세계대전이 발발할 시점까지 위대한 산업 발전을 이룩하였고, 독일 화학자들이 다른 어떤 국가들의 화학자들보다 우위에 있어 왔지만 이제는 더 이상 그렇지 않다. 독일과 미국의 차이점은 독일이 산업과 국가의 생명력에 관련된 화학의 중요성을 일찍이 인식하여 확신을 가지고 연구에 투자해 왔다는 점이다. 로체스터에서는 과거의 무관심에 대한 자각이 미국 내의 다른 어떤 도시에서보다 크게 일어났다. 지금까지 우리의 모든 실험실은 순수 혹은 실험 화학약품을 독일에 의존해 왔지만 이제 로체스터에서는 2천 가지가 넘는 좀더 값싸고 좋은 품질의 화학약품을 생산하고 있다. 조지 이스트먼의 애국적인 기여에 찬사를 보내지 않을 수 없다."

제1차 세계대전

고, 육군과 해군 군의관들의 승인을 받아 의학 진단을 위한 새로운 X-레이 필름을 생산하였다. 이 공장의 과학자들은 해군 함정을 위한 신형 액체연료를 개발하였다.

항공사진학교에서는 매달 1천 명이 훈련을 받아 눈에 띄는 성과를 거두었으므로 미육군 공병은 코닥 사에 다음과 같은 요청을 해왔다. 워싱턴 근교에 사진학교를 설립하여 항공정찰과 연구에 참여하지 않는 사진가들이 미국 원정 부대를 위한 훈련을 받을 수 있게 해 달라는 것이었다.

여름이 되자 엄청나게 많은 미국의 인적, 물적 자원이 끊임없이 대서양을 건너가고 있었다. 이스트먼과 그의 동료들은 또 다른 임무를 찾으려는 노력의 일환으로 워싱턴을 자주 드나들었다. "나는 전쟁산업위원회와 약속이 있으며, 우리가 정부에게 도움을 줄 수 있는 일이 더 없는지 알고 싶습니다. … 물론 이윤은 얼마 남지 않겠지만 요즈음 그것이 문제가 아닙니다. 우리가 도와 전쟁에서 이길 수 있다면… 그것으로 만족합니다"라고 그는 베이커에게 서한을 보냈다.

호주로 가고 있는 중에 베이커가 편지를 보내왔다. 베이커는 그 편지에 호주에서는 전쟁기금에 충분히 기부하지 않은 '납세자 모두'에게 소득세를 두 배로 부과할 것 같다고 썼다. 이에 이스트먼은 다음과 같은 답신을 보냈다.

"전쟁기금으로 우리가 내야 할 금액에 대하여 호주 당국과 의논하실 때, 올해 우리가 미국 정부에 납부해야 할 금액이 우리 회사 순수익(호주 지사의 배당금을 포함하여)의 50퍼센트 이상이 될 것이라는 것을 염두에 두셨으면 합니다. 현재 상원의 승인을 기다리고 있는 세출세입 예산에 근거하였을 때 워터하우스는 올해 우리 회사의 세금이 1,050만 달러에 이를 것이라고 추정하였습니다. 당신과 라우즈의 개인 기부금을 계산하여 참작한다면 주주로서의 우리보다는 호주 코닥 사가 이 기부금을 납부하는 것이 더 공평할 것이라고 생각됩니다. 전쟁 수행을 돕는 데 있어서는 우리가 인색하게 굴지 않는다는 것을 잘 알고 계시리라고 생각합니다. 우리 회사는 국내 대기업 중에서 가장 많은 전쟁증권을 가지고 있습니다. 현재 우리는 790만 달러의 연합국 전쟁 공채 증권과 950만 달러의 재무성 증권을 가지고 있어 총 1,740만 달러의 전쟁증권을 갖고 있습니다. 지금 당장 사용할 필요가 없는 현금은 모두 재무성 증권에 투자하고 있습니다."[13]

　세금에 대한 브룰래투어의 편지에는 다음과 같은 답장을 보냈다. "상원 재무위원회가 진짜 우리 회사에 적개심을 가지고 있다고는 생각하지 않습니다. 상원 재무위원회가 원하는 것은 우리 자금을 될 수 있는 대로 많이 가져가려는 것뿐입니다. 그들은 제시된 초과 이득세로 초과 이득의 절반을 가져갈 수 있고, 내가 초과 소득으로 얻은 이익금의 70-80 퍼센트를 초과 소득세로 징수할 수 있기 때문에 그들이 걱정할 이유는 없다고 봅니다. 만약에 이 두 가지 세금이 모두 부과된다면 개인적으로 내게 남는 것은 15퍼센트에 불과합니다. 그렇다 하더라도 반대할 수는 없는 노릇이군요."

　1918년 10월, 평화 협상과 이에 대한 소문이 무르익어 갈 무렵에 이스트먼의 동료들은 자신들의 의견을 내세워 독일의 무조건 항복을 주장하는 그를 몰아세웠다. 이스트먼은 자신들의 의견을 적어 보낸 사람들 모두에게 똑같이 냉담하게 반응하였으며, 미국의 야생동물을 보존하기 위한 캠페인에서 그가 수년간 도움을 받았던 뉴욕 동물원의 호너데이 박사에게만 마지못해 몇 자 적어 보냈다. 이스트먼은 미국의 야생동물 보호운동을 이끌 때 호너데이 박사에게 수년간 도움을 받았다. "나는 항상 선생님의 의견에 동의해 왔지만, 독일인들을 25년 동안 배척하자는 운동에 관해서는 선생님과 완전히 다른 의견을 갖고 있습니다. 그 이유는 현재 그들에게 어떻게 해야 할지를 정확히 알고 있는 사람은 하나도 없다고 생각하기 때문입니다. 제가 바라고 있는 것은 그들이 무조건 항복하게 만들어야 한다는 것입니다. 만약 그들이 항복한다면 감정적이기보다는 이성적으로 그 상황을 다루어야 할 것이라고 생각합니다."

　뉴욕에서 오찬 중 조지 퍼킨스, 클리블랜드 닷지, 존 록펠러 2세의 설득으로 이스트먼은 총 1억 7천만 달러를 모금하는 연합전쟁기금 캠페인의 뉴욕 지부 회장직을 수락하였다.

　평화조약이 정식으로 체결되기 3일 전 UP통신으로부터 처음으로 정전에 대한

---

13. 1921년의 최종 자료를 보면, 이스트먼은 개인적으로 미국과 연합국 정부에 27,412,900달러를, 그리고 회사가 19,816,300달러를 지원하여, 총 47,229,200달러를 지원하였다.

제1차 세계대전

소식을 접할 때까지도 이스트먼은 기꺼이 그 일을 계속 수행하였다. 그리고 평화조약이 체결되자 이스트먼은 다른 모든 이들과 함께 기뻐하였다.

그는 파리에 있는 친구에게 다음과 같은 편지를 보냈다. "편지를 쓰고 있는 이 순간에도 우리는 연합국의 평화조약 체결 소식을 애타게 기다리고 있네. 우리측이 평화조약 조건을 완화할 것이라는 사실은 믿을 수 없네. 미국인들은 피를 부르고자 하는 마음에서가 아니라 다음과 같은 사실을 뒤늦게 이해하였기 때문에 무조건적인 항복을 요구하고 있다네. 그것은 독일인들이 전 세계에 자신들의 음모를 실현할 수 있다는 잘못된 생각을 갖고 있다는 사실 때문이라네."

이스트먼은 워싱턴의 적십자사에서 봉사하고 있던 앨버트 이스트우드에게 다음과 같은 편지를 보냈다. "평화조약 체결 소식이 전해지자 로체스터에서는 시민들이 거리로 나와 환호하고 있습니다. 시민들은 평화조약을 거부하는 소식에 대해서는 더 이상 신경을 쓰지 않을 것입니다. 어쨌든 간에 그 조약이 최선이라는 것을 마음속 깊이 알고 있기 때문입니다. 우리가 전화상으로 종전에 대한 소식을 들은 직후 나의 비서 휘트니 양은 점심을 먹으러 내려가면서 들었던 엘리베이터 안에서 넘치던 환호성에 관하여 이야기해 주었습니다. 그녀는 자동차 안에 있던 여성들에게 종전 소식을 알렸습니다. 이들 중 한 사람이 두 손을 번쩍 들고 '너무나 기쁘지 않습니까?'라고 소리쳤다고 하더군요."

그러나 종전이 기업이나 정부에 평온함을 가져오지는 못했으며, '너무나 멋진' 상황이라고 말할 수도 없었다. 곧 볼셰비키의 선동이 난무했고, '정상화'에 새롭게 적응하고 재건을 위해 힘써야 하는 시련기가 또다시 찾아왔다. 그 시기가 지나고 나서야 비로소 미국은 풍요로운 번영기를 맞이할 수 있었다.[14]

---

14. 다음과 같은 인용문이 1920년 7월에 입수되었다. "미 육군성은 이스트먼 사가 전쟁사업을 수행하면서 보여주었던 혁혁한 공과 충성스러운 힘과 에너지, 그리고 제국주의 독일 정부와 오스트리아–헝가리 정부에 대항하여 미군이 승리를 거둘 수 있도록 물질적인 도움을 준 것을 높이 평가하여 이 상을 수여함." 뉴톤 베이커, 육군성 장관/크로웰, 군수 부장관

제9장

매사추세츠 공과대학

    제1차 세계대전 전후의 격변기를 통해 사업이 확장되고 그의 계획이 실현되자 이스트먼의 교육과 지역공동체에 대한 관심은 더 고조되었다.

    이스트먼이 교육 분야에 처음 기부한 것은 1887년으로, 당시 그는 로체스터 기계학교에 50달러를 보냈다. 그렇게 큰 금액은 아니었지만, 이것이 그의 첫 번째 기부금이었다. 그 당시 회사의 경리부장으로서 그의 주급은 60달러가 안 되었다.

    이스트먼은 사회 생활 초기에도 지역사회와 개개인의 관계에 관하여 강한 확신을 가지고 있었다. 이스트먼은 사업 초기에 쓴 세 통의 편지에서 이스트먼 자신의 필생의 사업인 자선사업의 초석을 놓았다. 첫 번째 편지는 친절한 스트롱 대령의 아내이자 열성적인 장로교인이었던 스트롱 부인에게 보낸 것이다.

    1886년 3월 19일에 그녀에게 보낸 편지에서 이스트먼은 다음과 같이 기술하고 있다. "편지에 감사드립니다. 좋은 동기에서 이 일을 추진한다는 것을 잘 알고 있고, 그 목적을 이해하고 있기 때문에 크게 놀라지 않았습니다. 주일학교에 다닐 때 저는 신에 대한 인간의 의무와 인간에 대한 인간의 의무라는 두 가지를 배웠습니다. 인간성이 가장 고귀해 보이는 때는 인간에 대한 인간의 의무를 실현할 때로, 인간성이 추구하는 동기와 목적은 존중받게 됩니다.

    이 일로 부인께 고통을 줄까 두렵습니다. 그리고 제가 부인의 질문에 답하려고 노력하는 것은 아무 소용이 없다고 굳게 믿습니다. 이 믿음을 갖기 위해서는 극복하기 어려운 문제들이 많이 도사리고 있지만, 언젠가는 주위 환경을 통해 이러한 문제를 해결할 수 있을 것이라고 생각합니다. 하지만 현재 제 입장에서 추론을 하거나 더 많은 연구조사를 한다고 해서 이러한 문제를 해결하기는 어려울 것으로 보입니다."

두 번째와 세 번째 편지는 기계학교와 관련된 편지였다. 이 직업학교는 바슈롬 안경회사를 세운 설립자 중의 한 사람인 헨리 롬의 지휘하에 로체스터 시민들이 1885년에 설립한 학교이다. 1891년 이 학교는 로체스터 학술진흥재단(1829년에 창립)과 합병되었고, 그때 헨리 롬은 이 학교의 미래에 관해 논의하기 위한 실업가 모임에 이스트먼을 초대하였다. 그 후 이스트먼은 자신의 사업 동료인 스트롱과 워커에게 똑같은 편지를 보냈다.

"기계학교는 스프링 가(街)부터 운하에 이르는 그리고 워싱턴 가부터 뒷골목에 이르는 블록 전체를 사들이기로 결정하였습니다. … 이 부지를 매입하는 데 총 4만 달러나 4만2천 달러가 소요될 것으로 예상됩니다. 이들은 건물을 세우기 위해 5만 달러나 7만5천 달러를 더 모금하려고 합니다. 이번 주 모임에서 윌리엄 킴볼은 다른 기부자들이 기부금을 두 배로 올린다면 자신도 약속한 기부금 5천 달러를 두 배로 올려서 내겠다고 제안하였습니다. 나는 그에게 전화를 걸 생각입니다. 선생님께서도 5천 달러를 기부해 주셨으면 좋겠습니다. 선생님께서는 로체스터에서 많은 돈을 벌었고, 이곳에 있는 선생님 재산에 이득을 가져다줄 것이 틀림없는 학교를 위해 수익금 중 일부를 기부한다고 해서 손해가 될 것 같지는 않군요. 사업적인 견지에서 냉철하게 생각해도 이것은 투자가치가 확실하다고 생각됩니다."

여느 때와 마찬가지로 이스트먼은 그 당시 자신의 수입에 맞추어 처음으로 상당한 액수의 기부금을 내면서 학교 이사들에게 다음과 같은 편지를 보냈다.

"기계학교를 확고한 기반 위에 올려놓기 위해 노력을 기울일 시기가 되었다는 여러분들의 의견에 동의합니다.

그다지 좋지 않은 상황에서 얻어진 것이긴 하지만 이미 드러난 결과를 보면 이 계획이 갖고 있는 실행 가능성을 짐작할 수 있습니다. 이 학교가 재정을 충분히 갖추고, 다른 학교들과 같은 수준까지 영역을 확장한다면 이 학교는 더 크게 발전할 수 있을 것입니다.

매사추세츠 공과대학

이 도시의 제조업자, 상인, 부동산 소유주 들이 할 수 있는 가장 좋은 투자는 우리 고장의 젊은이들이 이곳에서 기술을 습득할 수 있도록 이 학교에 넉넉하게 기부하여 줏입니다. 이 학교에서 교육을 받게 될 젊은이들에게 손과 머리를 사용하는 방법을 가르친다면 생계를 꾸리기 위해 일을 더 잘하고 더 많은 돈을 벌 수 있을 것입니다.

이 학교에 최대한의 기회를 부여한다면 이 도시에 있는 기업체 모두가 이 학교의 교육 성과를 실감할 수 있게 될 것이며, 로체스터는 노동자들의 우수한 기술력으로 널리 알려지게 될 것입니다.

여러분들의 노고에 보답하기 위해 기계학교 건립기금으로 한 사람당 5천 달러씩 기부하는 모금운동에 저도 동참하고자 합니다. 예전에 이 도시에서 살다가 현재는 런던에 거주하고 있는 제 친구인 윌리엄 홀 워커 또한 저와 같이 5천 달러를 기부하겠다고 약속했습니다. 워커 씨는 제게 롬 씨와의 대화를 통해 학교 프로젝트에 많은 관심을 가지게 되었으며, 실무에 종사하는 기술자로서 그리고 제조업자로서 그는 이러한 학교가 로체스터에 엄청난 발전을 가져다줄 것이라는 사실을 확신하고 이 일이 성공하기를 바란다는 편지를 보내왔습니다."

이스트먼이 MIT(매사추세츠 공과대학)에 관심을 가지게 된 것도 이 시기와 같은 시기이다. 로체스터 시 외곽에 공장을 새로 짓는 계획을 세우면서 이스트먼은 MIT의 추천을 받아 1890년도 졸업생인 대러 드 랜시를 고용하였다. 그리고 드 랜시에게 코닥 파크에서의 첫 번째 건설 작업을 맡겼다.

1891년 또 다른 화학자를 찾던 이스트먼은 MIT의 저명한 분석화학 교수인 드라운 박사에게 추천을 부탁하면서 "저는 귀교가 배출한 인재들에 대하여 확신을 갖고 있습니다"라는 내용을 덧붙였다. 다음 몇 해 동안 이스트먼은 러브조이, 헤이스트 및 다른 '기술자들'을 고용하였다. 이스트먼은 리처드 맥클러린 총장의 이력을 읽고, 그 기술교육 체계를 자세히 검토하기 시작할 정도로 이러한 '인재'에 대한 열정이 커졌다. 이러한 열정은 20년간 계속되었으며, 그러는 동안 이스트먼은 전문적인 교육을 받은 사람의 산업적 가치를 인식하게 되었고, 자신을 그 교육기관의 역사의 하나로 만들었다.

조지 이스트먼

　MIT의 기반을 쌓은 이는 윌리엄 바톤 로저스 교수로, 그는 1860년 매사추세츠 주 주의회에 '다른 기관의 일반 교육을 보충하는 완벽한 산업교육 시스템을 제공하고, 학생들에게 당대의 산업적 목적에 맞는 과학적이고 기술적인 원리를 모두 교육해 주는 종합 공과대학'의 조기 건립을 제안하는 진정서를 제출하였다.

　1861년 4월 10일에 이 학교는 매사추세츠 주 주의회가 통과시킨 법안에 의해 법인으로 승격되었다. 그 목적은 '예술단체와 미술관, 산업과학학교를 만들고 유지하기 위해, 그리고 적합한 방법을 동원하여 예술, 농업, 제조업, 상업과 관련된 과학을 진보, 발전시키고 실용적으로 응용하는 것을 돕기 위한' 것이었다.

　그 이듬해 이사회의가 열렸지만 남북전쟁으로 인해 학생 15명이 등록한 1865년 2월 20일이 될 때까지는 산업과학학교의 개교가 연기되었다.

　당시 이 학교의 학장이었던 리처드 맥클러린에 따르면 "로저스 교수에 관한 가장 인상적인 일은 그가 미국 산업 발전에 있어서 이 학교가 해야 할 역할에 대하여 광범위한 비전과 원대한 포부를 가지고 있었다는 점이다. 물론 로저스 교수가 학교 건립을 제안할 당시에는 그 일이 매우 작은 일이었지만, 그는 그 학교가 미래에는 크게 발전할 것이라는 확신을 갖고 있었다. 그는 MIT를 산업과학학교 이상으로 생각했다는 점과 그가 학교 헌장에서 예술단체와 미술관, 산업과학학교를 만들고 유지하기 위해 그리고 '적합한 방법을 동원하여 예술, 농업, 제조업, 상업과 관련된 과학을 진보, 발전시키고 실용적으로 응용하는 것을 돕기 위해' 학교를 세운다는 것을 공표하였다는 사실이다. 응용과학 계획에서 힘을 얻어 MIT는 기업체에서 원하는 다음과 같은 정보를 기업체에 제공할 수 있는 조직을 갖춤으로써 그 목적을 달성할 수 있었다. 그 정보는 산업에 응용할 수 있는 인력과 과학적인 방법에 관한 정보였다. 단순한 학교라면 이러한 목적을 달성할 수 없을지도 모르지만 응용과학이라는 넓은 범주에서 이해될 수 있는 학교라면 이러한 위대한 목적을 달성하는 데 적합할 것이다."

　수년 동안 맥클러린 박사의 지휘와 보고서를 검토해 오다가 어느 날 이스트먼은 러브조이에게 맥클러린 총장을 만나고 싶다고 이야기했다. 러브조이는 이것이 우연히 튀어나온 말이 아니라는 것을 알았기 때문에 즉시 맥클러린 총장에게 연락

매사추세츠 공과대학

을 취하였다. 며칠 지나지 않아 이스트먼은 다음과 같은 편지를 받았다. 그 당시 교육계에는 이스트먼이라는 인물이 전혀 알려져 있지 않은 상태였기 때문에 맥클러린 박사가 그의 이름을 모르고 있었다 해도 전혀 놀라운 일은 아니었다. 물론 그 다음에 왔던 편지들에서는 '친애하는 선생님께'와 같은 일반적인 인사말로 편지가 시작되지는 않았다. 그러나 나중에도 호칭은 '이스트먼 씨 귀하'가 아닌 '스미스 씨 귀하'였다(이스트먼은 MIT에 기부하면서 기부자의 이름을 익명으로 해줄 것을 바랐는데 맥플러린 박사는 엉겁결에 기부자를 스미스 씨라고 둘러댄 적이 있다—역자).

1912년 3월 1일, 이스트먼은 4쪽에 걸친 전문을 펼쳤다.

MIT
총장실

친애하는 선생님께

몇 주 전에 선생님이 운영하고 계시는 코닥 파크의 공장들을 방문하는 영광을 누리면서 큰 감명을 받았습니다. 너무도 감명을 받은 나머지 저는 그 이후 사적인 자리나 공적인 자리에서 그 공장들을 제조업, 경영, 건물 시설에 과학적인 방식을 적용하여 현대적인 산업체의 모범적 실례라고 표현할 정도였습니다. 로체스터에서 제가 경험한 것은 여러 주의 과학기술 동문회를 방문하면서 겪었던 것과 같았습니다. 학교가 현재 직면하고 있는 큰 문제에 대하여 동문들의 관심을 촉구하기 위한 목적을 가지고 참석한 경우와 크게 다르지 않았습니다.

우리 학교는 현대 과학의 모든 측면을 산업 분야에 응용할 수 있는 인재를 양성하기 위하여 50년 전에 세워졌습니다. 우리 학교는 작은 규모로 시작하였고, 양적으로나 질적으로 꾸준히 성장하여 오늘날에는 그 영향력이 전국으로 퍼져 나가 있으며, 교육을 통해 지식과 기술을 갖춘 본교 졸업생들은 국가 번영에 헌신하고자 각지에서 활동하고 있습니다. 우리 학교는 지방 학교로 시작하였지만 지금은 각 주에서 온 많은 국내 학생들과 100여 명의 외국인 유학생들을 가진 전국적인 규모로 성장하였습니다. 이 사실을 잘 알고 있는 학교 동문들은 그 성과에 열광하고 있습니다. 동문들은 우리 학교의 교육적 가치를 증명하기에는 조금도 모자람이 없을 것입니다. 이런 이유에서 영국의 저명한 경영인인 윌리엄 마더 경은 런던의 왕립위원회에 본교에

조지 이스트먼

대하여 다음과 같은 보고서를 제출하였다고 합니다.

'학생들의 학구열과 넘치는 에너지, 탁월한 실용적인 지식과 과학적인 지식을 교육 과정에서 검증하는 완벽함, 작업장, 제조 공장, 철도 혹은 광산, 건설 현장에서 학생들이 보여주는 적응력—이 모든 것들이 이 학교의 교육적 성과입니다—이 유럽 대륙에서와는 다릅니다. 저는 이러한 질적 수준의 교육이 영국에서도 필요하다고 생각합니다.'

몇 달 전 캐나다의 저명한 교육학자인 브라이스 박사는 세계에서 우수하다고 하는 공과대학은 모두 가 보았지만 MIT보다 우수한 곳은 그 어디에서도 발견할 수 없었다고 그는 서슴없이 말하고 있습니다. 그리고 에디슨 씨는 최근에 다음과 같이 이야기하였습니다.

'나는 40년간 젊은이들을 고용해 왔습니다. 젊은이들이 공과대학을 졸업하자마자 바로 데려와서 공장에서 일을 시켜본 결과 국내에 있는 공과대학 졸업생 중에서 MIT 졸업생들이 가장 실용적이고 유용한 지식을 갖추고 있다는 것을 발견하게 되었습니다. 미국 내의 각 주마다 이러한 공과대학을 하나씩 갖게 된다면 이는 미국을 위해 대단한 일이 될 것입니다. 이렇게 되면 국가적 문제들을 훨씬 더 쉽게 해결할 수 있게 될 것이며, 우리의 경제 상황을 향상시키고, 오늘날의 난제들을 극복하는 방법을 우리에게 가르쳐 줄 것입니다. MIT가 미국 최고의 공과대학이라는 사실에는 논란의 여지가 없습니다.'

MIT의 명성이 계속 높아지면서 비싼 등록금에도 불구하고 자연히 정원보다 많은 학생들이 몰리게 되었습니다. 따라서 현재 시설로는 학생들의 요구를 충족시키기에 부족합니다. 이러한 이유에서 나중에 대학을 확장할 것에 대비하여 대학을 무한대로 키울 수 있는 새로운 장소로 이전하는 것이 좋겠다는 의견이 계속 나왔습니다. 그래서 보스턴 도심 한가운데—찰스 강 분지에서 조금 떨어져 있는 부지—에 50에이커의 부지를 매입하였습니다. 이 부지는 대학을 세우기에 이상적인 곳입니다. 중심지에서 가깝고, 도시의 모든 지역에서 쉽게 접근할 수 있으며, 언제까지나 사람들의 시선을 끌게 될 지역입니다. 부지를 매입하고 나서 우리는 현재 건물을 다시 짓는 문제를 조심스럽게 연구하고 있는 중입니다. 건축공학적인 측면은 미국에서 가장 저명한 공학자 중 한 사람인 존 프리먼의 도움을 받을 수 있게 되어 얼마나 다행스러운지 모르겠습니다. 이 학교가 실질적으로 필요로 하는 것에 부합하도록 꼼꼼하게 설계한 건물을 건립하는 데 있어 우리는 좀더 나은 상업용 건물에서 더 많은 것을 익힐

매사추세츠 공과대학

수 있다는 것을 알게 되었습니다. 이러한 건물들은 배움의 장으로서의 가치를 가지고 있어야 하며,, 장엄하면서도 단순해야 하고, 조명·난방·환기 등과 같은 근본적인 설비에 충분히 관심을 기울여 최소한의 비용으로 최대한의 편의를 제공할 수 있도록 설계해야 합니다.

재건축 작업을 수행하려면 학교 일에 발 벗고 나설 만한 동문들의 도움이 꼭 필요하지만 학교가 눈에 띄게 발전한 것은 최근 몇 년 사이에 일어난 일이기 때문에 졸업생의 절반 이상은 최근 10년 동안에 졸업한 이들입니다. 이는 졸업생들 대부분이 젊은 이들로 재정적으로 큰 도움을 줄 수 있는 위치에 있는 졸업생은 거의 없다는 것을 뜻합니다. 다행히도 국내에는 거시적인 안목을 가진 이들이 있습니다. 그들은 그러한 교육기관이 국가적으로 중요하다는 것을 인식하고, 도움을 줄 만한 가치가 있다는 확신이 가는 곳이라면 기꺼이 도움을 베풉니다. 최근에 프랭크 러브조이 씨로부터 연락을 받고 선생께서 도움을 줄지도 모른다는 생각이 들어 선생님께 우리의 계획을 설명할 수 있는 기회를 가지고 싶다는 편지를 쓰게 되었습니다. 약속 시간이 정해진다면 기꺼이 로체스터를 방문하겠습니다.

리처드 맥클러린

이스트먼은 뉴욕 시에 있는 벨몬트 호텔에서 만나자는 답장을 보냈다. 이때 유명한 교육가와 독학으로 성공한 경영인은 처음으로 만나게 된다. 자신의 생각을 잘 드러내지 않는 동양적인 성향을 가진 이스트먼과 서양적인 열정과 확신을 가진 맥클러린의 만남이었다. 맥클러린은 MIT가 50년간 보여준 교육적인 열정에 대하여 이야기하고 현재 시설과 재정난으로 고통을 겪고 있다는 이야기를 하였다. 그는 이스트먼의 마음을 끌기 위해 너무 장황하게 설명하다가 하마터면 로체스터로 돌아가는 막차를 놓칠 뻔하였다. 맥클러린 박사가 그날 밤 잠을 한숨도 못 잔 것은 당연한 일이다. 왜냐하면 그는 아무런 조건 없이 도움을 주겠다는 'MIT의 산타클로스'[1]와 같은 사람을 만났기 때문이다.

맥클러린 박사는 나중에 이렇게 회상하였다. "내가 MIT에 처음 와서 학교를 둘러보고 나서 알게 된 것은 이곳이 침체 상태에 빠져 있다는 것이었다. 학교는 변

---

1. 『보스턴 선데이 포스트』지, 1920년 1월 11일자.

조지 이스트먼

화를 원하고 있었지만 어떻게 할 수가 없는 상태였다. 누군가가 나서서 일을 실질적으로 추진해 나갈 필요가 있었다. 동료들과 상의를 한 후에 나는 콜먼 듀폰(Coleman du Pont, 당시 총동문회 회장)에게 가서 상황을 설명하였다. 학교가 처한 상황을 자세하게 설명하고 학교를 새로운 부지로 옮겨야 한다고 이야기했다. 그는 학교 부지로 검토 중인 곳이 어디어디인지를 물어보았고, 각 부지마다의 특성을 간단하게 설명해 달라고 하였다.

내가 처음 설명한 곳은 면적이 25에이커인 땅이었다. 그는 '건축부지를 두 배로 늘리면 어떻겠습니까?'라고 이야기했다. '이곳에서는 어렵습니다'라고 내가 대답하자 그는 다음과 같이 말했다. '글쎄요, 25에이커의 생김새가 마음에 들지 않는군요. 너무 작아 보입니다. 나는 누가 새로운 공장을 세우기 위한 계획서를 갖고 와서 승인해 달라고 하면[듀폰은 그 당시 듀폰 사의 회장이었다] 항상 모든 것을 두 배로 확장하라고 말합니다. 대게 건물을 지어 놓고 보면 나중에는 더 크게 지었으면 좋았을 텐데라는 생각을 하게 됩니다. MIT는 나중에 큰 역할을 하게 될 것이고, 성장할 여지가 많습니다. 25에이커라면 그다지 마음이 내키지 않지만 50에이커라면 관심이 갈 것 같네요.'

나는 그의 생각에 동의하지만 비용이 문제라고 말했다. 그러자 그는 '50에이커를 매입하는 데 비용이 얼마나 들겠습니까?'라고 물었다. '75만 달러 정도'라고 대답하자 그는 50만 달러를 기부하겠다고 말했다."

맥클러린 박사가 두 번째로 만난 사람이 이스트먼이었다. "그는 만날 날짜를 정하였고, 우리는 뉴욕에서 함께 저녁을 먹으면서 학교 이전 계획을 전체적으로 검토하고 그에 대한 예산안을 세웠다. 다른 때도 그랬지만 그와의 만남에서 나는, 문제의 핵심에 빠르게 접근하여 주요 쟁점을 즉각적으로 파악하고, 다음에 만나서도 핵심에서 벗어나지 않게 이야기를 끌어가는 그의 탁월한 능력에 깊은 감명을 받았다. 그는 MIT가 갖고 있는 문제에 관심을 보였지만 그가 지속적으로 관심을 가질 것인지는 MIT가 문제를 자유롭고 진취적으로 해결해 나가느냐 아니냐에 달려 있다는 입장을 분명히 하였다. … 그는 일이 잘되기를 바랬지만 일을 경제적으로 처리하지 못하면 제대로 된 것이 아니라는 생각을 가지고 있었다."

매사추세츠 공과대학

이스트먼은 1912년 3월 6일자의 격식을 갖춘 편지를 통해 처음으로 자신의 결정 사항을 밝혔고, 자신의 이름이 외부에 알려지지 않기를 바란다는 개인적인 의견을 덧붙였다.

"어제 우리가 뉴욕에서 가졌던 대화 내용을 확인하는 의미에서 이 편지를 보냅니다. 나는 귀교의 건축기금으로 250만 달러를 기부할 준비가 되어 있다는 사실을 알려드립니다. 이 기금은 학교에서 매입한 찰스 강 분지를 마주보고 있는 매사추세츠 거리에 있는 학교 부지에 적합한 건물의 건축비로만 쓰여져야 한다는 것을 알려드립니다.

제가 여기서 '건물'이라고 말한 것은 구조물뿐만 아니라 건물 내에 필요한 난방·조명·배관시설 등도 포함됩니다. 그렇지만 건물 바깥쪽 시설인 경사로·차도·수도관·배수로·지하도 등에 드는 비용과 가구를 구입하는 데 드는 비용은 포함되지 않습니다.

건물의 건축 양식에 관해서는 어떠한 조건도 붙이지 않을 것입니다. 이는 학교가 사치스러운 건축 양식에 얽매이는 것은 부적절하며, 복잡한 장식보다는 전체적인 디자인과 건물들을 적절하게 배치하는 일에 치중하는 것이 바람직하다는 당신의 이야기를 듣고 난 후에 결정한 것입니다. 이러한 결정을 내린 이유는 MIT가 계획을 세워서 사업을 전체적으로 다룰 수 있게 하면 건물을 따로따로 세우는 것보다 더 좋은 결과를 얻을 수 있기 때문입니다."

학교 역사상 가장 큰 기부금에 대하여 집행위원회에 보고를 하면서 맥클러린 박사는 엉겹결에 기부자의 이름을 '스미스'라고만 밝혔다. 그리고 보스턴에서는 이스트먼이 기부자라는 사실을 아무도 모른다는 편지를 서둘러 이스트먼에게 보냈다. '스미스 씨'는 다음과 같은 답장을 보냈다. "가능하면 제가 피하고 싶은 것은 이러한 기부금에 수반되곤 하는 쓸데없는 구설수입니다."

물론 이 기부금 자체는 비밀이 아니었다. 모금운동의 커다란 기폭제가 될 수 있었으므로 기부금 자체를 숨기기는 어려웠다. 누군가가 거액의 기부금을 냈다는 사실이 발표되자마자 '누가 기부자인지를 알아맞추는' 내기를 하였고, '전국의 신문들은 이를 기사화하였다.' '스미스'라는 이름이 공표되자 또다시 큰 화젯거리가 되었다. 맥클러린 박사는 나중에 이렇게 회상하였다. "새로운 건물의 개관식에서 사람들은 뉴욕의 두 백만장자 중 한 사람이 기부자가 아닐까 하는 생각을 하였는데, 이 두 사람은 서로를 의심하였다. 기부자를 밝히기 위해 두 백만장자가 함께 식사를 하였지만, 비밀을 캐내지 못한 채 서로 상대방을 부추겨 주다가 헤어졌다고 한다. 사실 이 두 사람은 '스미스 씨'가 아니었다. 어느 곳에서는 자신이 '스미스 씨'라고 자처하고 나서는 사람이 있었고, 자신의 남편이 '스미스 씨'가 확실하다고 말하는 여성도 있었다."

이스트먼은 다음과 같은 편지를 보냈다.

"보스턴 신문에 기부자를 찾는 기사가 나 있는 것을 보고 무척 재미있다는 생각을 하였습니다. 이제 잠잠해진 것을 보니 당분간은 비밀이 지켜질 것 같습니다. 영원히 비밀로 남게 될지도 모르지요. 이 일이 저와 연루되어 있다는 사실이 알려지면 저는 상당히 어려운 처지에 놓이게 될 것이 분명하며, 제게 득이 될 것이 없으므로 지금과 같이 비밀로 남겨 두는 것이 훨씬 더 좋을 것 같습니다.

제가 사망하는 경우에도 당신은 똑같이 기부금을 받게 될 것이라고 못박아 놓았으므로 건물을 짓기 전에 시간을 충분히 갖고 계획을 완벽하게 짜는 것이 좋을 듯합니다. 오래된 학교를 완전히 새로 단장할 수 있는 기회는 그리 많지 않으며, 설계에 있어서 효율성을 최대한 높일 수 있을 때가 분명히 있을 것입니다. 당신은 당신의 재능을 마음껏 펼쳐 그 기회를 잡는 데 성공할 것이 틀림없습니다."

미국 정부가 수립된 이래로 산업과 교육은 밀접하게 연결되었다. 그 이유는 대학 졸업생들이 산업 분야에 종사할 뿐만 아니라 대학 실험실들이 산업 분야에 과학적인 방면에서 크게 기여하였기 때문이다. 산업계에서 연구 작업을 시작하기 훨씬 전에, 그리고 워싱턴에 있는 정부 부처에서 화학이나 전기와 관련된 연구를 진행하기 수년 전에 이미 대학 교수들은 산업 발전에 큰 기여를 하였다. 이 사실에 대해서는 최근에 마이클 퍼핀 교수가 강조[2]한 적이 있다. 대학은 연구 분야에서의 진정한 개척자들이었다.

---

2. 『스크라이브너스 매거진』지 1929년 2월자.

매사추세츠 공과대학

에디슨과 이스트먼은 교육을 통해 재능을 키워 온 이들은 아니었지만 산학협력의 중요성을 가장 먼저 인식한 이들이었다. 일찍이 1886년에 이스트먼은 대학 실험실에서 교육을 받은 사람들을 고용하기 시작하였다. 그 이후에도 미국과 유럽의 주요 공과대학과 공업학교를 나온 졸업생들을 영국과 미국에 있는 그의 공장에 취업시켰다. 이들은 재정적인 측면에서 따져 보아도 그렇고, 그 공헌도를 따져 보아도 사진산업과 화학연구 분야에 가늠할 수 없을 정도의 큰 업적을 남겼다.

여러 해에 걸쳐 그의 사업이 계속 성장하면서 이스트먼은 산업계가 교육계에 큰 빚을 지고 있다는 사실을 깨닫게 되었다. 이스트먼은 미래에는 교육계와 산업계의 관계가 훨씬 더 중요해질 것이라고 예상하였다. 그는 국가의 복지와 번영은 산학협력에 달려 있다고 생각하였다.

새로운 건물들의 건축 양식에 관한 서신을 교환한 후에 맥클러린 박사는 1913년 6월에 로체스터를 다시 방문하였다. 이스트먼은 6월 9일 다음과 같은 편지를 보냈다. "어제 우리가 나눈 대화를 확인하면서 저는 학교 건축기금에 대한 저의 기부금이 총 3백만 달러가 되도록 50만 달러를 더 보태고 싶습니다. 이 돈은 당신이 최근에 제게 보여준 설계도에서처럼 본관 건물을 완성하는 데 쓰일 돈입니다. 건물 용적을 1천만 제곱 피트에서 1천2백만 제곱 피트로 늘리고, 외부 벽면의 마감재로 인디애나 석회암을 사용하려면 비용이 더 들 것으로 예상되어 내린 결단입니다. 외부 벽면 중에서 조선학과와 나중에 증축할 부분에 의해 가려지게 될 벽면에는 인디애나 석회암을 사용하지 않는 것이 좋겠습니다. 제가 낸 기부금보다 비용이 더 많이 들 경우에는 MIT측에서 부족한 기금을 마련하고 기초공사와 전기 배선, 수도 혹은 난방과 같은 내부 공사에 부족한 예산도 대학 측이 마련해야 할 것이라고 생각됩니다. 따라서 제가 낸 기부금으로는 처음에는 건물 공사부터 하고 남는 돈으로 기초공사나 내부 공사를 해주시기 바랍니다. 제가 외국으로 나가기 전에 MIT에 1백만 달러를 더 보내려고 합니다. 최종 결산을 할 때 이 기부금에 대한 이자와 이전에 받은 송금액을 모두 저의 기부금으로 계산해 주시기 바랍니다."

그 사이에 유럽에서 전쟁이 발발하여 이스트먼과 맥클러린 박사는 연락이 뜸해졌다. 그러다가 1916년 2월에 맥클러린 박사는 급히 서신을 작성하여 이스트먼

조지 이스트먼

에게 보냈다.

"우리 학교법인의 이사인 리틀 씨가 선생께 MIT의 화학과를 강화하는 프로젝트에 대하여 설명하기 위하여 오늘 로체스터로 가려고 한다는 소식을 방금 우연히 들었습니다. 그가 로체스터로 가려고 하는 이유는 칭찬할 만한 것이지만, 당신이 이미 우리 학교에 얼마나 큰 도움을 주었는지를 그가 어렴풋이라도 알고 있다면 그 얘기를 감히 꺼내지도 못할 것입니다. 그를 제지하려다가 선생이 기부자라는 사실이 밝혀지게 될까봐 그렇게 하지 못하였습니다. 조금이라도 기부자가 밝혀질 만한 일은 그 어떤 일도 마음대로 하지 못하고 있습니다."

맥클러린 총장은 이스트먼보다 기부자를 밝히지 않는 문제에 대하여 훨씬 더 전전긍긍하고 있었다. 그렇지만 이스트먼은 리틀 박사를 만나 화학과와 화공과를 강화하기 위한 프로젝트에 대한 설명을 끝까지 참을성 있게 경청하였다. 맥클러린 박사가 귀뜸을 해주었지만 이스트먼은 자신이 찰스 강 주변 지역의 개발 계획과 전혀 무관한 사람인 것처럼 경청하고 있었다. 지난 여름, 이스트먼은 보스턴에 있는 하버드 스타디움 음악회에서 '지그프리드'를 듣다가 살짝 빠져나가 찰스 강을 따라 차를 몰고 가 맥클러린 박사와 함께 MIT 신축 건물을 돌아본 적이 있었다. 그러나 당시 그 방문자가 누구인지, 그가 무엇을 하는 사람인지는 아무도 몰랐다.

이스트먼은 리틀 박사의 제안에 관심을 보였는데, 그 이유는 '산업 연구를 위해 학교 시설을 확장한다'는 사실 때문이었다.

리틀 박사의 위원회는 다음과 같은 보고를 하였다. "지난 몇 해는 화학공학자들을 어떤 식으로 교육시켜야 할 것인가에 대한 논의에서 많은 결실을 맺었습니다. 대규모 사업과 실질적으로 밀접하게 접촉을 하면서 화학공학자 교육을 실시해야 한다는 합의에 도달한 것 같습니다. 몇몇 공장에 형식적으로 방문한다고 해서 이러한 접촉이 이루어지는 것은 아닙니다. 화학공학자는 화학과 실험 방법에 능통해야 할 뿐만 아니라 원료를 능숙하게 다루고, 반응시키는 방법에 대한 실용적인 일차 지식을 갖추고 있어야 합니다. … 이들은 어떤 특정 상황이나 그 밖의 다른 여러 가지 상황에 적용되는 구성 물질이나 장비에 대하여 잘 알아야 하며, 디자인과 용량, 교반기, 증발기, 증류기, 흡착기, 압착기, 압축기 등 그 밖의 다른 많은 기구에 대하여 알고 있어야 합니다. 그러나 순수화학에 대한 투자가 부족하여 재정적인 문제가 이들의 화학방정식을 실용화하는 데 걸림돌이 되고 있습니다.

미국 역사상 오늘날처럼 화학산업의 발전에 역점을 둔 적은 없었습니다. 이러한 산업을 이끌고 발전시킬 수 있는 역량을 가진 화학공학자에 대한 기대도 그 어느 때보다 크다고 하겠습니다. 우리가 현재 번영을 구가하고 미래에 산업을 발전시키는 것은 미국의 화학공학자들이 이러한 산업 문제에 얼마나 효과적으로 잘 대응하느냐에 달려 있습니다."

리틀 박사가 제시한 산업 연구라는 주제는 이스트먼의 이상에 가장 충실한 주제였고, 그가 MIT에 더 많은 관심을 쏟게 하였다. 이스트먼은 마치 이전에 교육에 기부한 적이 한 번도 없는 사람처럼 리틀 박사의 설명을 듣고 질문을 던졌다.

면담이 있은 후 어느 날 이스트먼이 위원회에서 필요로 하는 30만 달러를 보내겠다는 편지를 리틀 박사에게 보내자, 그는 너무나 감격하여 이스트먼에게 다음과 같은 편지를 보내왔다. "선생님께서 MIT에 아낌없이 관용을 베풀어 준 것에 대한 깊은 감사의 마음을 어떻게 표현해야 할지 모르겠습니다"라는 편지였다.

맥클러린 박사가 놀란 것은 말할 필요도 없다. 이스트먼은 이 일을 너무나도 즐겼기 때문에 자신이 이 기부금을 냈다는 사실은 밝혀도 좋다고 하였다. 익명의 '스미스 씨'가 공식적으로 기부를 했을 것이라고는 그 누구도 생각하지 못했기 때문에 이는 아주 치밀한 전략이었다.

그렇지만 그들 사이에 오간 그동안의 편지를 보면 맥클러린 박사는 아직도 그의 가장 큰 후원자의 진의를 잘 이해하지 못했던 것 같다. 리틀 박사의 계획이 세부적인 부분까지 착실하게 이행되지 않자 이스트먼은 다음과 같이 조건을 조정하라는 편지를 보냈다.

"필요하다면 원금과 이자까지 모두, 적어도 다섯 개 이상의 부서를 운영하거나 시설을 갖추는 데 사용해도 좋으며, MIT의 물리화학연구소를 강화하는 데 사용해도 좋습니다. 계획했던 부서라도 계속 운영할 필요가 없다면 그 기부금은 위원회의 결정에 따라 MIT의 화학과를 강화하는 데 사용되어야 합니다. 여기 30만 달러짜리 수표를 동봉합니다."

조지 이스트먼

　이 편지를 받고 맥클러린 박사는 비로소 기부자 이스트먼을 이해하게 된다. 그는 이스트먼이 아무 생각 없이 담배를 피우듯이 흥청망청 수백만 달러를 기부하는 것이 아니라는 사실을 알게 되었다. 그때까지만 하더라도 맥클러린 박사는 이스트먼이 결코 그 어떤 일도 충동적으로 행한 적이 없다는 사실을 깨닫지 못했을지도 모른다. 이스트먼의 태평스러운 듯한 행동은 그가 MIT의 문제점과 가능성을 심도 깊게 연구하고 검토해 왔다는 사실을 감추기 위한 것이었다. 이스트먼이 학교의 발전을 위해 심사숙고해 왔다는 사실을 비로소 이해한 맥클러린 총장은 "앞으로 MIT가 나아가야 할 방향이라는 좀더 큰 문제에 대하여 의논하고 싶다"는 편지를 처음으로 이스트먼에게 보낸다. 맥클러린 총장은 다음과 같이 덧붙였다. "선생께서 관심을 가지고 기꺼이 도움을 주신다는 사실이 너무나도 확실하여 우리가 직면하고 있는 좀더 큰 문제를 해결하는데 선생님의 판단과 경험을 좀 빌렸으면 합니다."

　맥클러린과 한 번 더 상의를 하고 난 뒤에 이스트먼은 멀리건스와 이스트우드와 함께 뉴욕 북서부의 아디론댁으로 자동차 여행을 떠났다. 6월 3일에 돌아온 이스트먼은 맥클러린 박사에게 편지를 보냈다.

　"집에 돌아오자마자 당신의 5월 27일자 편지를 발견하였습니다. 기금이 좀더 생긴다면 MIT측에서 실행하고 싶은 프로그램에 대하여 약술해 달라는 저의 요청을 들어주신 것에 감사드립니다. 또한 제가 낸 기부금의 이자에 대하여 잘 설명해 주신 것에도 감사드립니다.

　제가 기부하겠다고 약속한 금액인 350만 달러를 완납하기 위해, 당신에게 2만 1,886달러 15센트짜리 수표를 보내 달라고 뱅커스 트러스트 사에 부탁하였습니다. 그 액수에 이자 17만 8,113달러 25센트와 전에 제가 현금으로 드린 330만 달러를 합하면 총 350만 달러가 됩니다.

　실험실습 설비를 좀더 갖추고 임금을 인상하고자 하는 당신의 계획을 실천하는 데 도움을 드리기 위해 저는 다음과 같은 제안을 하고 싶습니다. 지금부터 1917년 1월 1일까지 학교기금으로 150만 달러를 더 모금한다면, 저는 250만 달러를 더 기부할 의사가 있습니다. 그렇지만 원금은 본관을 증축해야 할 필요가 있을 때 본관 중축에만 사용한다는 전제하에 기부하는 것입니다. 원금으로부터 얻는 이자 수익금은 지금 진행하고 있는 공사의 비용으로 사용해도 좋습니다. MIT측에서 30만 달러를 모금할 때마다 50만 달러씩 보내드리겠습니다. 만일 1917년 1월 1일까지 150만 달러를 모금하지 못한다면, 그때까지 학교측에서 모금한 총 금액에 대하여 3:5의 비율로 계산한 금액만 기부금으로 내겠습니다.

이번에도 지난번에 350만 달러를 기부할 때와 마찬가지로 기부자를 밝히지 말아 주셨으면 좋겠습니다."

맥클러린 박사는 다시 한 번 놀랐고, 즉시 이 기부금에 대하여 사의를 표했다. 15일에 그는 졸업생들에게 신축 건물을 개방한 행사에 대하여 설명하는 편지를 보내왔다.

"우리는 사흘에 걸친 신축 건물 개관 축하행사를 이제 방금 마쳤습니다. 4만 명에서 5만 명 가량의 사람들이 참석했으며, 열기는 최고조에 달했습니다. 신축 건물은 1주일 동안 개방하였는데 처음 3일 동안은 초청 받은 인사들만 입장시켰지만 나머지 기간 동안에는 일반인들에게도 개방하였습니다. 행사 과정을 보도한 신문 기사를 보내 드리도록 하겠습니다.

저번에 편지를 보내고 나서, 법인의 임시회의를 개최하여 선생님의 6월 3일자 편지에 담겨 있는 관대한 제안을 받아들이기로 하였습니다. 학교법인은 선생께서 지속적으로 학교에 큰 도움을 주신 것과 MIT가 응용과학 분야에서 가장 훌륭한 대학이 될 수 있도록 많은 기회를 제공해 주신 것에 대해 감사드리는 감사장을 만들 위원회를 발족하였습니다. …

어젯밤 심포니 홀에서 열렸던 연회에서 제가 선생님의 기부금에 대하여 공식적으로 발표를 하였습니다. 전국 각처에 퍼져 있는 36개의 동문회에 이야기를 꺼낼 수 있는 기회를 가졌다는 점에서 그 연회 자체는 주목할 만한 행사였습니다.

선생님의 기부금 소식을 전하자 모두들 큰 관심을 보였으며, 전화상으로 연결되어 있던 36개의 도시로부터 동시에 받은 많은 격려를 선생님께 모두 전해 드리고 싶습니다. 그날 밤 동문회 회장인 스톤 씨(스톤 앤 웹스터 사 사장이자 미국국제법인의 회장)는 신축 건물들을 각기 다른 방향에서 묘사한 설계도 원본을 보여주었으며, 이 설계도를 선생님께 전해 드릴 수 있는 영광스러운 기회를 제게 주었습니다. 이 설계도와 함께 동문회가 선생님께 진심 어린 감사와 경의를 표한다는 사실도 전해 달라고 하였습니다. 선생님께서 편하신 시간에 제가 직접 전달해 드릴 수 있는 기회를 주시기 바랍니다.

선생님의 위대한 뜻이 깃든 기부금 발표는 참석한 동문들에게 너무나도 큰 감동을 주어 그날 밤 즉석에서 기부금 1백만 달러가 모금되었습니다. … 선생님의 기부금은 그 소식을 들은 모든 사람들에게 깊은 감명을 주어 MIT는 오랫동안 그 혜택을 누리게 될 것입니다."

또다시 전국적으로 '기부자 알아맞추기 경쟁'이 시작되었다. 누가 '스미스 씨'일까? 아홉 사람만이 스미스 씨가 누구인지를 알고 있었다. 맥클러린 박사 부부와 그의 비서인 밀러 양, 연방준비은행 은행장인 벤자민 스트롱 2세, 뱅커스 트러스사의 스튜어드 프로서, 러브조이, 딕맨 부인, 이스트먼의 비서 휘트니 양과 '스미스 씨'만이 사실을 알고 있었지만, 이들은 모두 비밀을 지켰고, 로체스터가 아닌 다른 도시들까지 닿아 있던 각종 추측과 억측을 즐기고 있었다. 이스트먼은 62세를 바라보고 있었지만 그가 자선사업가라는 것이 전국적으로 알려져 있지는 않았다.

그날 밤 로체스터도 보스턴과 전화로 연결되어 있던 도시 중 하나였다. 이스트먼은 자신이 기부한 30만 달러 때문에 지방 모임에 초대를 받아 참석하고 있는 중이었다. 그렇지만 그 만찬회에 참석해 있는 사람들도 그가 '스미스 씨'라는 사실은 아무도 모르고 있었다.

이스트먼은 맥클러린 박사에게 다음과 같은 편지를 보냈다.

"저는 그날 밤 로체스터 공학 클럽의 손님으로 참석하여 행사 과정을 전화상으로 모두 들을 수 있는 특권을 누렸으며, 큰 관심을 갖고 지켜보았습니다. 저는 동문회 측에서 건물 도면을 마련한 것에 깊이 감사드리고, 기회를 봐서 그 도면을 저에게 전해 주실 수 있을 때까지 잘 보관해 주시기 바랍니다. 머지않아 보스턴에 한 번 갈 예정입니다. 150만 달러 모금운동이 이미 진행 중이라는 사실에 무척 만족하고 있으며, 총장님이 이 기금을 빠른 시간 안에 모금하여 저도 제 의무를 다할 수 있게 되기를 바랍니다."

매사추세츠 공과대학

　마감 시간이 다가오기 전에 학교측은 150만 달러를 모금하는 데 성공하였고, 1918년 5월 23일, 이스트먼이 맥클러린 박사에게 다음과 같은 짧은 서신을 보내기 전까지는 모든 것이 찰스 강과 기네시 강을 따라 순조로운 듯이 보였다. "저는 서드 리버티 론 사가 발행하는 4.5퍼센트 채권 40만 달러가 도착하는 대로 제가 책임을 져야 합니다. 내년에 제게 부과되는 부가세는 수입의 60퍼센트를 잘라내기 때문에 이 채권은 저에게 그다지 큰 도움이 되지 않습니다. 그래서 이 채권을 MIT에 양도하고 싶은 의향이 있으며, 이는 귀교에서 현재 예산이 가장 필요한 곳은 어디인지를 묻는 것입니다."

　맥클러린은 즉각 감사의 뜻을 표했고, 5일 후 이스트먼은 맥클러린에게 다음과 같은 답장을 보냈다. "이 채권을 특별기금에 보태어 제1차 세계대전 기간 중에 이 학교에서 일어나는 전반적인 문제를 해결하는 데 사용해도 좋으며, 그 이후에 나오는 수익금으로는 화학과나 화공학과, 물리학과의 교과과정을 발전시키는 데 사용해야 합니다. 원금은 언제라도 좋으니 본관을 증축하는 데 사용해 주십시오. 제가 본관 건축을 위한 용도로 기부한 기부금을 다 쓴 후에 사용해 주십시오. … 제가 의도하는 것은 본관 건물이 제가 기부한 기부금을 계속 상징할 수 있도록 하자는 것입니다. …"

　이때쯤 연구 분야에 큰 관심을 갖고 있는 이스트먼을 옆에서 지켜보아 온 맥클러린 박사 자신도 연구 분야에 관심을 갖게 된다. 록펠러 재단이 지원하는 전국물리학 및 화학연구협회가 발족되자 윌슨 산 천문대의 조지 헤일 박사는 뉴욕 시 대학 클럽에서 주최한 만찬회에 이스트먼과 맥클러린을 초대하였다. 이 연구협회가 발족된 직후인 1919년 3월 29일, 맥클러린 박사는 다음과 같이 적고 있다.

　"MIT 졸업생 중에서 대표적인 두 사람, 헤일 박사와 노이즈 박사(MIT의 물리화학연구실험실 책임자였던 아서 노이즈 박사)[3]가 이번 협정을 타결하는 데 중요

---

3. 이 연구협회의 초기 멤버는 예일 대학의 물리학 교수인 헨리 범스테드, 록펠러 의학연구협회의 연구실장인 사이먼 플렉스너, 하버드 대학의 화학 교수인 엘머 코울러, 시카고 대학의 물리학 교수인 로버트 밀리칸 교수, 노이즈 박사, 코넬 대학의 물리화학 교수이자 이 위원회의 물리학 분야의 전 회장이었던 와일러 밴크로프트 등이었다.

한 역할을 하였으며, 나는 그 문제에 대하여 이들과 여러 차례 상의하였다. 처음에 세운 계획은 록펠러 재단이 세 개나 네 개 정도의 학교를 선정하여 지원을 함으로써 물리학과 화학연구를 발전시키자는 것이었다. 나는 이 계획에 반대하였는데, 왜냐하면 국가적인 관심사라는 측면에서 볼 때 그 사업에 좀더 많은 기회를 제공하고 전국연구위원회(National Research Council)를 만족시킬 수 있는 기획을 한 학교라면 어떤 학교이든 참여할 기회를 주기 위해서는 그 재단이 직접 연구를 실행할 수 있는 인력과 기구를 충분히 갖추는 것이 더 좋은 방안이라고 생각하였기 때문이다.

록펠러 재단의 이번 조치는 미국 과학의 미래를 위해 매우 중요하다고 생각한다. 분명한 것은 기초를 충분히 쌓지 않고는 건축물을 세울 수 없다는 것이며, 그 결과 기초과학부터 발전시켜 기초과학을 공업 분야에 응용할 수 있게 만드는 일이 꼭 필요하다는 것이다. 물론 MIT는 모든 역량을 동원하여 이 일에 참여할 것이다."

1919년 6월에 맥클러린 박사는 아무도 모르게 로체스터를 한 번 더 방문하였다. 이스트먼과 아침 식사를 하면서 맥클러린 박사는 추가 기금을 모금할 계획에 대하여 간단하게 설명하였다. 평소와 다름없이 이스트먼은 많은 관심을 보였고, 18일에 맥클러린 박사에게 다음과 같은 편지를 보냈다.

"이 문제를 기록으로 남기기 위해 제가 구두로 하였던 제안을 다음과 같이 글로 다시 씁니다. MIT측에서 3백만 달러나 4백만 달러를 추가로 더 모금한다면 저는 코닥 사의 보통주 5천 주를 MIT에 기부하겠습니다. 총 모금액을 4백만 달러로 정하고 싶지만 이 일은 총장님께서 알아서 해주시기 바랍니다. 모금 기한은 1919년 12월 31일까지입니다. 학교측에서 모금액을 모두 채우지 못할 경우에는 모금한 액수에 맞추어 저의 기부금도 줄이겠습니다."

이번에는 기부자를 밝히지 말아 달라는 조건이 없었지만 학교측에서는 신비에 싸인 '스미스 씨'의 흡인력을 어떤 식으로 이용하느냐 하는 것이 관건이 되었다.

1919년 10월 15일에 이스트먼은 맥클러린 박사에게 학교의 항공사진을 보내준 것에 대해 감사하다는 내용의 편지를 보냈다. 맥클러린 박사나 이스트먼 둘 다 대중들의 호기심을 만족시켜 주지는 못했지만 그 당시 신문에서는 처음으로 '스미

매사추세츠 공과대학 항공사진

조지 이스트먼

스 씨'의 소재를 파악하였다.

이스트먼은 다음과 같은 편지를 보냈다. "동봉한 것은 지방신문에서 스크랩한 것입니다. 보스턴의 소문에 대하여 문의하는 전보가 로체스터에서 많이 와서 선생님께서 어제 많이 난처하셨으리라 생각됩니다. 제가 MIT에 낸 기부금의 기부자라는 사실을 밝히지 않으려고 한 이유는 거액의 기부금으로 인해 생기는 성가신 일들을 피하기 위한 것뿐이었습니다. 그러나 최근에 이름을 밝히고 기부금을 낸 적이 있고, 제가 주식을 양도하겠다고 한 제안을 통해 어쨌든 제 이름이 알려지게 되었으므로 이제는 기부자를 밝히는 일을 모두 총장님의 재량에 맡기겠습니다. 지금까지 제가 성가신 일을 당하지 않으려고 총장님께 폐를 끼쳤던 것이라는 생각이 들며, 이 문제를 털어 내면 총장님께서도 안도하실 수 있으리라 생각됩니다."

학교측은 이스트먼이 기부하겠다고 한 코닥 주식의 시세와 거의 같은 금액에 해당하는 4백만 달러를 모으기 위해 모금운동에 착수하였다. 1920년 1월 11일 일요일 아침, 전국의 신문은 듀폰 장군이 한 발표를 보도하였다.

"스미스 씨는 조지 이스트먼이었다."

"어젯밤 1,100명의 남녀 졸업생들과 재학생들이 모인 만찬회장에서 MIT 총동문회장인 듀폰 장군은 로체스터에 살고 있는 카메라 제조회사 사장이 실명으로 30만 달러를 기부한 것 외에도 익명으로 1천1백만 달러를 기부하였다는 것을 발표하여 8년 동안 베일에 싸여 있던 수수께끼를 푸는 영광을 안았다"라고 『보스턴 선데이 포스트』지는 보도하였다.[4]

「조지아를 행진하세(Marching Through Georgia)」라는 곡에 맞추어 학생들은 자신들이 평소에 좋아하던 노래를 불렀다.

> 소년들이여, 오래된 좋은 나팔을 가져오라, 우린 또 다른 노래를 부르리
> '스미스 씨'와 듀피(듀폰) 그리고 여기 모인 이 군중들의 노래를
> 거의 1만 명에 육박하는 강력하고 충성스러운 공과대학 동창생들의 노래를

---

4. 기술학교, 로체스터 대학, 햄프튼-투스키기 학교 등에 이스트먼이 기부한 기금은 이 금액에서 제외되었지만, 그가 각각의 다른 학교들에 기부한 금액은 이 수치를 훨씬 초과한다.

매사추세츠 공과대학

누가 우리가 원하는 것을 원할 때 주는가.

[합창]
만세! 만세! MIT와 보스턴 사람들을 위하여
만세! 만세! '스미스 씨'를 위하여
그의 청바지 속에 1백만 달러를 항상 가지고 다닐 수 있기를 기원하세
그래서 우리가 원할 때 받을 수 있도록 하세.

『보스턴 선데이 포스트』지는 다음과 같이 덧붙였다. "지난밤 MIT는 이스트먼 씨뿐만 아니라 신임 리처드 총장(나이든 졸업생들은 그를 '딕'이라 불렀다)에게도 경의를 표하였다. 연사들은 '스미스 씨'와 새롭고 위대한 MIT에게도 찬사를 보냈지만 퇴임한 전 총장 맥클러린 박사에게도 많은 경의를 보냈다.

연사들 중 한 사람이었던 찰스 스톤은 맥클러린 총장에게 'MIT의 크리스토퍼 콜럼버스'라는 별명을 붙였다. 찰스 스톤은 그를 '스미스 씨를 발견한 사람'이라고 불렀다. 맥클러린 박사는 MIT를 이끌겠다는 야망이 실현되자 현실에 만족하지 않고 '스미스 씨'를 찾아냈다. 그날 밤 헤아릴 수 없을 정도로 여러 번 맥클러린 총장의 이름이 언급되었으며, MIT의 아들·딸들은 모두 일어나 경의를 표하고 그에게 아낌없는 박수와 찬사를 보냈다."

그렇지만 그 메아리가 맥클러린 박사에게 닿기도 전인 4일 후에 그는 전 생애를 바쳐 온 사업에서 손을 떼게 된다.

이스트먼은 듀폰 장군에게 다음과 같은 서신을 보냈다.

"맥클러린 박사의 충격적인 서거 소식으로 저는 선생님께서 보내신 1월 15일자 편지를 읽어 볼 경황이 없었습니다. 이러한 분을 잃는 것은 MIT뿐만 아니라 미국 전체에 돌이킬 수 없는 손실을 안겨 주는 것이라고 생각합니다. 저는 그와의 대화를 통해 MIT에 대한 그의 계획과 야망이 어느 정도이고, 미국의 발전을 위해 MIT가 얼마나 큰 역할을 하게 될 것인지를 잘 알고 있기 때문에 이번에 그를 잃게 된 것이 얼마나 큰 손실인지를 짐작하고도 남습니다. 맥클러린 박사와 친밀한 관계를 맺고 있던 선생님은 이 사실을 좀더 절실하게 느끼실 수 있을 것입니다.

맥클러린 박사의 연간 보고서를 보면서 알게 된 사실인데, 이 계획들이 실현될

수 있도록 도움을 준다면 국가 전체에 기여할 수 있는 방법으로 이보다 더 나은 방법은 없을 것이라는 생각이 들었습니다."

신축 건물들을 지은 건축가였던 웰즈 보스워스는 이스트먼에게 다음과 같은 편지를 보내왔다.

"맥클러린 박사가 받았던 영예 중에 가장 큰 영예를 선사한 사람은 바로 선생님입니다. 그를 믿고 서슴없이 기부하였던 선생님의 깊은 뜻이 그의 업적을 통해 멋지게 증명되었습니다. 맥클러린 박사가 착실하게 진행해 놓은 그 훌륭한 사업을 계속 발전시켜 나가야 하겠습니다."

이스트먼은 25년 이상을 다음과 같이 믿고 있었다. 그것은 "미국의 산업이 성장하려면 고등교육을 받은 기술자들을 충분히 양성해야 한다"라는 것이었다. MIT는 이러한 교육적인 이상을 구현할 수 있는 추진체였다. MIT에는 교육과 산업의 관심사들이 통합되어 있었기 때문이다.

제너럴 일렉트릭 사의 연구책임자였던 윌리스 휘트니 박사가 보내온 육필 편지는 다음과 같다.

"MIT에 대한 선생님의 공헌에 찬사를 보내고 싶어서 이 글을 씁니다. 이러한 마음을 표현할 만한 방법을 생각해 보았지만, 그 방법을 찾지 못했습니다. 사실 그 어떤 편지도 받아 쓰게 하거나 타자기로 쳐서 보낼 수는 없었습니다. 수많은 편지들이 그런 방식으로 쓰여지지만 말입니다.

선생님의 행동은 무수히 많은 야망 있는 미국 젊은이들을 항상 이끌게 될 것입니다. 저는 어제 오후 시간을 MIT에서 보냈습니다. 그곳에서 훌륭하고 건장한 젊은이들을 보고 그들에게서 이루 말할 수 없는 만족감과 자부심을 느꼈습니다. 단지 제가 한때 그들 중 하나였다는 사실만으로 그렇게 느꼈는데, MIT가 이처럼 건강한 상태를 유지할 수 있게 만드신 선생님께서는 만족감과 자부심이 더욱 클 것입니다. 졸업생들 외에도 수많은 사람들이 저와 똑같이 느끼고 있다는 사실을 잘 알고 있습니다.

미국은 선생님께 큰 빚을 졌습니다. 그 빚은 결코 갚을 수 없을 것입니다. 적재적소에 기부해 주셨다는 좋은 느낌을 갖게 됩니다."

매사추세츠 공과대학

며칠 지나지 않아 이번에는 하버드 대학의 대변인이 편지를 보내왔다.

하버드 대학, 캠브리지
1920년 2월 3일
총장 사무실

존경하는 이스트먼 선생님께

비숍 로렌스[5]가 선생님의 편지를 보여주었습니다. 그 편지는 선생님이 그에게 답장으로 보낸 것이었습니다. 그 편지 내용이 저를 고무시켜 이렇게 선생님이 MIT에 큰 기부를 한 것에 대하여 감사드린다는 말씀을 전하게 되었습니다. 저는 30년 이상을 MIT의 이사직을 수행하였으며, MIT와 하버드의 공과대학을 맺어 주기 위해 많은 노력을 기울였지만, 불행히도 극복하기에는 너무나도 어려운 난관이 많았습니다.

MIT는 매우 큰일을 했었고, 선생님의 도움으로 지금도 그렇지만 앞으로도 큰일을 해낼 것입니다. 저는 이 학교가 조그맣게 시작될 때부터 지켜봐 왔습니다. 제가 이 학교에 관심을 갖게 된 것은 선대로부터 물려받은 것으로, 저의 아버지와 할아버지 또한 MIT의 이사였고, 신축 건물이 있는 교정 하나는 저의 부친의 이름을 따서 이름을 붙였기 때문입니다. 산업과 실용 학문의 발전에 MIT보다 더 큰 공헌을 한 대학은 없을 것이라고 생각하며, 제가 알기로는 선생님은 세상에서 공과대학을 가장 많이 지원해 주신 분입니다.

로렌스 로웰

한편 로체스터에서는 이스트먼 극장과 음악학교를 짓고 있는 중이었다. 친구 프랭크 배보트는 이스트먼에게 '최고의 화가를 시켜' 초상화를 그리게 하라는 편지를 보냈다.

"자네는 미국의 교육을 위해 너무나도 큰일을 하였기 때문에 이제는 조금이라도 그 은혜에 보답할 수 있는 기회를 줘야 하네. 잘 그려진 자네의 초상화를 걸어야 할 학교가 두세 군데 있네. 그 학교에 자네의 초상화가 걸리게 되면 학생들은 자신

---

5. 1920년 1월 11일 윌리엄 로렌스 신부는 다음과 같이 썼다. "보스턴 시민이자 하버드 대학의 직원으로서 MIT에 대한 선생님의 위대한 선물에 대한 깊은 감사를 표현하고 싶습니다. 또한 선생님의 깊은 지혜와 겸양의 덕에 찬사를 보냅니다." 이스트먼은 이에 대한 답장의 복사본은 보관하지 않았다.

들이 교육을 받을 수 있는 환경을 만들어 준 사람이 누구인지를 알게 될 것이네. 자네는 이러한 제의를 여러 차례 거절하였지만, 이번에도 또다시 빠져나가려고 한다면 자네의 극장 건물을 짓는 데서 맥킴, 메드와 화이트(건축가-역주)를 모두 철수시키겠네."

그러나 이스트먼은 이번 제의도 다음과 같이 말하며 보기 좋게 거절을 했다.

"한 손에는 카메라를 들고 다른 한 손에는 나팔을 들고 있는 내 모습을 실제보다 크게 '조각'하여 지붕 위에 세워 놓으면 자네 마음에 들겠나?"

제10장
경영에 대한 책임

1919년, 이스트먼은 MIT에 관심을 쏟는 것 외에도 로체스터에서 여러 개의 공공사업을 진행하면서 회사의 미래를 위한 자신의 계획을 완성하는 작업을 하고 있었다. 사업이 하나씩 진행될 때마다 수개월 동안 심사숙고할 시간이 필요했으며, 그때마다 음악, 예방치의학, 의학교육, 산업계, 직원들에게 주식을 분배하는 일, 공동기금, 극장과 음악학교의 건립, 상공회의소 건물의 신축, 독일과 프랑스의 스타인바흐와 리브스와 같은 거대 기업들의 제품과 경쟁할 수 있는 사진 인화지를 이곳에서 제조하는 일, 자본 재구성의 가능성 그리고 그가 무엇보다도 중요시했던 경영에 대한 책임과 같은 폭넓고 다각적인 문제들 하나하나에 관심을 기울여야 했다.

이스트먼은 이때 65세였고, '이 회사에서 나이가 가장 많은 직원'이었다.[1] 은퇴란 있을 수 없는 일이었다. 해야 할 일이 너무 많았다. 무수히 많은 책임과 의무가 그의 마음을 가득 채우고 있었다. 잡지와 신문에 끊임없이 등장하는 '코닥 제왕'에 관한 이야기를 제외한 그의 삶은 너무나도 진지하였다. 일간지에 실린 연속만화가 수백만 애독자의 마음을 끄는 것처럼 인기 있는 몇 건의 기사는 이스트먼을 즐겁게 하였다. 그 중 하나는 지나치게 꾸며 낸 것 같은 내용을 담고 있어서 그는 자신의 조카딸인 조지 드라이든 부인에게 다음과 같은 메모와 함께 복사 사진을 보냈다.

---
1. 스트롱 대령은 그의 81세 생일이 가까워지던 1919년 7월 26일 로체스터의 자택에서 별세하였다. 그는 이스트먼의 첫 사업 동료이자, 뉴욕의 이스트먼 코닥 사의 최초의 회장이었으며, 뉴저지 회사의 부회장이자 경리부장 겸 총책임자였다.

조지 이스트먼

"넬이 늘 말하는 것과는 전혀 다른 삼촌의 새로운 면모에 대하여 알게 될 거란다. 내가 MIT에 기부금을 냈다는 이야기를 듣고 아무런 노력도 하지 않고 무엇인가를 얻으려고 하는 사람들이 보낸 편지가 전국 각지에서 쇄도하는 바람에 오히려 나는 악명 높은 사람이 되어 버렸구나. 그나마 7년 동안 이름을 밝히지 않은 것에 감사드리고 있단다."

고향에서 이행해야 할 '책임과 의무'는 이스트먼으로 하여금 뉴욕 주 재건위원직을 거절하게 만들었다. 주의회에 보내는 연례 교서에서 알프레드 스미스 주지사는 위원을 임명하여 주정부를 쇄신하자고 촉구하였다. 이스트먼은 주지사가 처음으로 위원직을 맡아 달라고 요청한 사람이었다. "이것은 작은 조직이 될 것이며, 당신이 뉴욕 주를 위해 큰일을 할 수 있는 기회를 제공할 것입니다"라고 주지사는 역설하였다.

이틀 동안 주지사의 메시지를 자세히 살펴보고 그의 요청에 대하여 곰곰이 생각한 후에 이스트먼은 이를 거절한다는 전보를 보냈다. "재건위원직에 대한 주지사님의 제안에 관심을 가지고 있습니다. 이 문제는 미국이 지금 당장 해결해야 할 많은 주요 사안 중에서도 가장 중요한 문제입니다. 그렇지만 제가 이미 떠맡고 있는 책임과 의무 때문에 새로운 책무를 수행할 시간이 없다는 말씀을 드리게 되어 매우 유감스럽습니다. 저의 입장을 이해하시리라 믿으며, 이 문제를 해결할 방법을 찾을 수 있기를 진심으로 바랍니다."[2]

이스트먼이 이행해야 한다고 생각하고 있던 중요한 의무 중 하나는 직원들에 대한 의무였다. 이는 분배의 시대를 도래하게 만든 그의 또 다른 공헌이었다. 이번에 분배하려고 하는 것은 회사의 보통주였다. 1919년 4월 4일, 이스트먼은 이사회에 제출한 서한을 공개한다. 그 서한은 자신의 제안에 따라 달라는 것이었는데, 만기 시에는 대략 2천만 달러의 시장 가치를 갖게 되는 주식을 배분하여 직원들이 회사에서 가장 큰 주주가 될 수 있게 만들기 위한 것이었다.

"나는 한동안 사업이 성공을 거두는 데 도움을 준 이 회사의 성실한 직원들과

---
2. 1919년 1월 17일.

경영에 대한 책임

협력 회사들에 대하여 개인적인 의무를 이행하기 위한 계획을 세웠습니다. 간단히 말해 이 계획은 내가 보통주 상당량을 기부하여 위에서 말한 것처럼 일정 기간 이상을 이 회사에서 성실하게 일해 준 직원들에게 액면가로 제공하고자 하는 것입니다. 그리고 주식을 직원들에게 팔아서 얻은 기금을 복지기금으로 적립하여 모든 직원들이 혜택을 누릴 수 있게 하고, 책임자들과 내 자신의 동의하에 만든 규칙과 규정에 따라 그 기금을 관리한다는 것입니다.

1918년 1월 1일자로 2년 이상의 기간을 근속한 현직 직원들에게도 이 주식을 구입할 수 있는 권리를 제공하고 싶습니다. 이러한 직원들이 구입할 수 있는 주식의 양은 그들이 1917년 12월 31일까지 우리 회사에서 근무하면서 받은 임금 총액의 2퍼센트에 해당하는 것입니다.

이러한 직원들에게 1917년 12월 31일까지 지불된 임금을 기록한 회사 공문서를 살펴보면, 이 계획을 수행하기 위해서는 보통주 1만 주 정도가 필요하다는 것을 알 수 있습니다. 나는 이에 해당하는 주식 1만 주를 회사하고 싶으며, 이 계획은 여기에서 끝나는 것이 아닙니다. 이 계획은 회사와 현재의 주주들에게 도움을 주는 유리한 계획으로, 나는 회사측에서 이 계획을 앞으로도 계속 실행할 수 있게 만들어야 한다는 것을 굳게 믿고 있습니다. 앞으로 우리 회사의 직원이 될 사람들이나 지금도 근무는 하고 있지만 위에서 말한 주식을 구매하지 못한 직원들이나 일부만 구매한 직원들도 그들이 성실하다는 것을 보여준다면 동일한 원칙하에 똑같은 특권을 누릴 수 있도록 한다는 것입니다. 이렇게 하려면 회사측에서 아직 발행되지 않은 보통주 일부를 따로 떼어 놓아 앞으로 주식을 구매하게 될 직원들이 액면가로 구입할 수 있게 해야 합니다. 한 사람이 구매할 수 있는 양은 그들이 5년 근속 기간 동안 받은 임금의 2퍼센트에 해당되는 양입니다.

따라서 나는 다음과 같은 제안을 합니다. 즉 나는 보통주 1만 주를 회사하여 1918년 1월 1일자로 2년 이상의 기간을 근속한 현직 직원들과 협력 회사들이, 1917년 12월 31일까지 근무하면서 받은 임금의 2퍼센트에 해당하는 주식을 액면가로 구입할 수 있게 하겠습니다.

그러나 위의 제안은 다음과 같은 조건을 전제로 합니다. 회사측에서 아직 발행되지 않은 보통주 1만 주를 따로 떼어 놓아 2년 이상 근속한 직원들과 협력 회사들만이 수시로 액면가로 구매할 수 있게 해야 한다는 것입니다. 그들이 구매할 수 있는 주식의 양은 주식을 액면가로 계산하여 그들이 5년 근속 기간 동안 받은 임금 총액의 2퍼센트에 해당되는 양입니다. 5년 이상 근속하여 내가 기부한 주식을 위에서 밝힌 총임금의 2퍼센트까지 구입한 직원들은 회사측에서 따로 떼어 둔 주식은 구매할 자격이 없지만 내가 기부한 주식을 총 임금의 2퍼센트에 못 미치게 구매한 직원이라면 위에서 명시한 총임금의 2퍼센트를 채울 때까지 회사측에서 따로 마련한 주식을 구입할 수도 있습니다.

회사측에서 따로 마련한 주식 덕분에 1918년 1월 1일로 근속 기간이 2년은 넘지만 5년에는 못 미치는 현직 직원들은 위에 명시한 총임금의 2퍼센트를 채울 때까지 연차적으로 보통주를 액면가로 구입할 수 있게 될 것이고, 1918년 1월 1일에도 근속 기간이 2년에 못 미치는 직원들도 2년을 채우게 되면 주식을 구입하기 시작하여 위에서 밝힌 총임금의 2퍼센트까지를 채울 때까지 연차적으로 주식을 계속 구입할 수 있습니다. 그리고 앞으로 새로 입사하게 될 직원들도 2년 근속 기간을 채운 후에는 똑같은 조건으로 보통주를 연차적으로 구입할 수 있게 됩니다.

회사는 필요할 때에는 언제든지 직원들이 자신들에게 할당된 주권을 신청하고 그에 대한 대금을 할부로 지불할 수 있도록 도와주어야 합니다.

주권은 만기일이 될 때까지는 양도할 수 없도록 조치해야 하고, 만기일이 겹치지 않도록 2회 이상으로 나누어 발행하고 발행 단위마다 만기일을 다르게 정해야 합니다. 모든 주권의 평균 만기 기간은 발행일로부터 5년으로 산정해야 합니다. 주권은 만기가 되자마자 보통주로 교환할 수 있습니다.

주권 소유자가 어떤 이유에서든지 회사를 떠나게 될 경우에는 만기가 되지 않은 주권에 상응하는 액면가와 함께 그 주권에 배당되는 미지급 배당금을 받을 권리가 있지만, 주권 대금을 완전히 치르지 않은 경우에 소유주는 자신이 주권 구입 대금으로 지불한 금액만큼만 수령할 수 있으며, 만기가 차지 않은 주권을 소유한 직원이 사망하거나 장애자가 되어 영구적으로 일을 할 수 없게 되었을 경우에 이러한 주권은 주권 구입 대금을 모두 치른 상태라면 장애자가 된 직원들이나 유가족들에

경영에 대한 책임

게 발행될 수 있는 주식으로 교환될 수 있습니다.

앞에 서술한 직원들의 이익은 이러한 모든 문제를 공정하게 다루기 위하여 조직된 위원회의 공평한 관리를 통해 보호를 받게 될 것입니다.

필요하다면 내가 기부한 주식의 판매 수익금으로 직원들에게 팔기 위하여 회사가 발행한 주식의 대금을 치르는 데 사용해도 좋습니다. 그렇지만 내가 기부한 주식 판매 수익금을 그렇게 사용할 경우에는 반드시 회사가 발행한 주식을 직원들에게 팔아서 남긴 수익금으로 그렇게 사용한 액수를 다시 보충해 놓아야 합니다. 이는 내가 기부한 보통주가 회사의 복지기금으로 사용될 때 최대 액면가를 받을 수 있도록 하기 위해서입니다."

이스트먼은 어느 대주주에게 다음과 같이 설명하였다. "여기에 첨부된 일부 서류는 우리의 새로운 계획과 관련된 것으로, 직원들에 대한 주식 판매 계획입니다. 이 서류에서 세부적으로 다루고 있지는 않지만 당신이 관심을 기울이셨으면 하는 사안이 몇 가지 있습니다. 주식 판매를 통해 최종적으로 얻게 될 1백만 달러는 우리의 다양한 시설을 확장하는 데 이롭게 사용될 수 있습니다. 사실 우리는 이미 이 금액의 몇 배가 소용될 계획을 고려 중에 있습니다. 액면가로 5백만 달러가 넘는 미발행 보통주를 갖고 있기 때문에 회사의 자본을 늘리기 위한 일은 벌이지 않을 것입니다. 어제 오후 간단한 통보로 소집할 수 있는 대주주들에게 그 계획을 설명해 주었으며, 그들은 만장일치로 찬성하였습니다.

임금배당제의 성공으로 우리는 이 제도가 실제로 우리 회사의 수익 사업이 될 것이라는 생각에 이르게 되었습니다. … 우리 회사의 직원 신규 채용률은 로체스터에서 가장 낮으며, 대기업보다도 낮은 수준입니다. 물론 임금배당제는 앞으로도 계속 시행할 예정이지만, 회사의 진정한 자산 이익을 직원들에게 주지 못하고 있다는 점에서 아직은 충분하지 않습니다. 나는 노동 조건이 어려워질수록 뒤따르지 않고 앞서가는 것이 회사에 큰 이득이 될 것이라고 생각합니다. 이 제도가 절정에 이르게 된 상황에서 우리에게 크게 유리한 것 한 가지는 이 일이 주위 상황에 의해 어쩔 수 없이 이루어진 것이 아니라는 점입니다. 우리 직원들은 모두 매우 만족해하고 성실하며 이 제도가 직원들을 더욱 분발케 하고 있습니다. 우리는 현재 매우

조지 이스트먼

복잡하고 힘겨운 사업을 운영하고 있습니다. 이런 상황에서는 직원들이 좋은 감정을 갖고 성실하게 일하는 것이 가장 필요합니다.

내가 이러한 사항에 대하여 설명을 하는 이유는 당신이 상황 전체를 이해하는 데 도움을 주기 위해서입니다. 이 계획이 바람직하다는 것을 모든 주주들에게 납득시키는 일은 그리 어렵지 않을 것이라고 생각됩니다.

우리 회사가 예년에 비해 두 배나 되는 8백만 달러를 전쟁 세금으로 지불해야 했음에도 불구하고, 1917년과 똑같은 수익을 올릴 수 있는 있었다는 사실에 관심을 가져주시기 바랍니다. 우리 회사의 주력 제품인 필름과 인화지의 가격은 올리지 않고 감광판 가격만 조금 올린 상태에서 이러한 결과를 얻었다는 것은 주목할 만한 일입니다. 우리 회사는 상당히 많은 일을 하고 있으며, 그에 따라 올해에도 전망이 밝습니다."

거의 세계 모든 국가에서 일하거나 거주하고 있는 직원들과 주주들로부터 이스트먼은 열광적인 편지를 받았다. 이들 중에는 알렉산더 그레이엄 벨의 부인도 포함되어 있었는데 그 부인은 맥커디가 발명을 했던 시기부터 계속 코닥 사의 주주였다. 전화 발명가의 부인으로부터 편지를 받은 이스트먼은 영광으로 생각하면서 다음과 같은 답장을 보냈다. "부인께서 그 제안을 승인해 주신 것을 정말 기쁘게 생각하며, 주주들이 모두 찬성을 하였기 때문에 이 계획을 실행에 옮길 수 있었다는 사실을 알려드리고 싶습니다."[3]

그러나 1919년 5월에는 이미 전국적으로 노동 환경이 악화되고 있다는 사실이 점점 더 분명해지고 있었다. 이스트먼의 생각과 판단은 모든 곳에서 환영을 받았다. 윌슨 대통령 재임 당시의 윌슨(W. B. Wilson) 노동부 장관은 당시의 상황과 노동부의 견해에 관하여 간략하게 진술하고 이스트먼에게 의견을 구했다.

이스트먼은 "높은 임금을 계속 지불한다는 것은 전적으로 노동자의 생산성에 달려 있다고 생각합니다"라는 답장을 띄우고, 포브스에게 보내는 편지에서는 자신의 의견을 좀더 구체적으로 피력하였다.

---

3. 1919년 7월 17일.

경영에 대한 책임

"일일 노동시간, 주말의 휴식 시간, 해마다 한 번씩 돌아오는 정기휴가는 사람들의 건강을 지키고 만족한 직장생활을 하는 데 있어 매우 중요한 요소들입니다. 예전 그 어느 때보다도 요즈음 산업계의 궁극적인 의무는 세상에 좀더 많은 제품을 내놓는 것입니다. 산업계는 노동자들의 삶을 단축시키거나 불행하게 만들지 말아야 할 사회적 의무와 소비자가 요구하는 제품을 제공하는 의무 사이에서 어느 한쪽으로 기울지 않게 균형을 맞추어야 합니다. 제품의 판매가는 생산가에 따라 달라지며, 휴가비용도 결국은 소비자가 떠맡게 됩니다. 짧은 노동시간과 정기휴가가 산업계의 관례가 되어 버렸는지도 모르지만 생산성이 높지 않다면 우리는 이러한 특권을 보장하거나 높은 생활 수준을 지켜 줄 수 없습니다."[4]

그해 봄부터 초여름까지 이 시기의 산업계에서는 유해한 세력으로 인식되었던 볼셰비즘에 대한 공포가 전국으로 퍼져 나갔다. 8월 15일에 이스트먼은 코닥 직원들에게 다음과 같은 내용의 편지를 보냈다.

"지금은 솔직한 대화가 필요한 시기입니다. 그 이유는 몇몇 국가와 일부 지역에서 무정부주의라는 바이러스가 개가를 올렸기 때문입니다. … 이는 무정부주의라는 바이러스가 진압되지 않았기 때문이며 … 그러한 지역의 시민들은 무정부주의가 위험하다는 것을 알지 못했습니다. … 로체스터에서는 이러한 실수를 범하지 않도록 합시다. … 바로 지금 우리 고장과 우리 회사 사람들에게 그 위험한 바이러스를 퍼뜨리려고 하는 세력이 있습니다. … 이러한 선전 활동과 선동가를 경영진이 직접 찾아내기는 쉽지 않을 것입니다. 그러나 여러분은 잘 알고 있습니다. 해결책은 바로 여러분 손에 있습니다. …

이 문제를 여러분 앞에 내어놓으면서 내가 생각하고 있는 것은 결코 우리 회사의 사업과 관련된 문제만은 아닙니다. 여러분의 안위와 번영, 그리고 회사의 성장과 번영은 불가분의 관계에 있습니다. 경영진과 직원들은 항상 잘 지내 왔습니다.

---

4. 1914년부터 1927년 사이의 도매가격 연구를 살펴보면 전후 호황기에 이스트먼 사의 제품 가격은 1914년도 수준에서 16퍼센트 정도 올라간 정도인데 반해 모든 생활용품들은 131퍼센트의 가격 상승률을 기록했다. 1927년에 이스트먼 사의 제품 가격은 1914년보다 다소 높아진 데 반해 모든 생활용품의 가격은 1914년보다 48퍼센트 이상 상승했다.

조지 이스트먼

미국 내에서 우리와 같은 규모의 회사로 내부 갈등이 우리 회사보다 더 적은 회사를 찾기 어려울 걸로 알고 있습니다. …

우리 경영진에서는 여러분이 여러분의 직업과 회사가 생산하는 제품의 우수성에 대하여 자부심을 갖기 바랄 뿐만 아니라 여러분 모두에게 기회가 주어지기를 바랍니다. 우리는 여러분이 안락한 가정과 건전한 환경을 갖기를 바랍니다. 우리는 여러분의 자녀가 좋은 학교에 다닐 수 있기를 바라고, 여러분과 여러분의 자녀가 지역사회 전체가 자랑할 만한 훌륭한 시민으로 자랄 수 있는 환경에서 생활하기를 바랍니다.

무정부주의가 팽배해 있는 곳에서는 위에서 말한 것 중에서 그 어떤 것도 얻을 수 없습니다. … 다행히도 우리 조직 내에는 이러한 파괴주의자가 거의 없었습니다. 우리는 건설가였지 파괴자는 아니었습니다. 우리는 작업 환경이 개선되는 것을 지켜봐 왔습니다. 주위 환경이 좀더 나아지고 깨끗해지는 한편 여가를 즐길 수 있는 기회는 더 많아지고, 우리 가족들을 위한 편의시설이 속속 갖춰지고 있습니다. 아직 이상적인 환경이라고까지는 말할 수 없지만 안정과 번영을 가져오도록 상호간에 신뢰를 갖고 협력한다면 지속적으로 개선될 수 있을 것입니다."

이와 동시에 수천 명에 이르는 직원들이 서명을 한 결의문이 만들어졌다. 카메라 공장의 직원들이 작성한 결의문에 사의를 표하며 이스트먼은 다음과 같이 말했다.

"우리 조국의 평화와 번영을 위협하는 여러 위험 요소에 대하여 반대한다는 입장을 공식적으로 밝혀 준 여러분의 민첩한 행동에 깊이 감사드립니다. 여러분이 작성한 결의문은 진정한 미국정신을 보여주는 것으로, 정돈된 방식으로 더 나은 환경을 이끌어 내고 직업이 무엇이든 간에 모든 시민에게 가장 위대한 가치를 갖는 자유로운 환경을 파괴하려고 하는 혁명 세력을 추방하려면 이러한 진정한 미국정신에 의지해야 합니다."

볼셰비즘의 선동은 그리 오래가지는 못했지만, 경제 문제에 대하여 전국적인 관심을 불러일으켰다. 고향에서 이러한 문제에 직면한 이스트먼은 경제 문제를 논의하는 공개 회합에 참석하고 뉴욕과 워싱턴의 권위자들에게 정보를 요청하고, 다

경영에 대한 책임

른 도시에 있는 은행가와 대중 연사 그리고 공무원을 로체스터로 초빙하여 회의도 열었다. 그는 주요 전국 은행에 합류하여 혁명적인 선전활동에 대항하자는 요청을 많이 받았지만 자신의 '책임과 의무'는 로체스터에 있다고 확고하게 믿고 있었고, 로체스터에 전념하였기 때문에 그 모든 요청을 거절하였다. 자신의 회사 조직을 강화하기 위하여 이스트먼은 부회장을 새로 임명하자는 제안을 하였고, 이사들의 승인을 얻었다.[5] 러브조이는 제조 부문, 스튜버는 사진재료의 품질, 노블은 영업망 확장, 그리고 헤이븐스는 법률 부서를 책임지게 되었다.

이스트먼은 거랜티 신용회사의 앨런 워커에게 다음과 같은 서한을 보냈다. "선생님께서는 어젯밤 다음과 같은 성명을 발표하셨습니다. 미국에서 1만 달러 이상의 소득을 올리는 사람을 골라 1만 달러가 넘는 부분을 모두 모아 소득이 1만 달러에 못 미치는 사람들에게 골고루 분배한다면 빈자들의 소득이 10퍼센트가 증가할 것이라는 내용이었습니다. 나는 이러한 내용이 어떤 사실에 근거한 것인지를 알아내기 위해 2, 3년 전부터 노력을 기울여 왔지만 그 해답을 찾을 수 없었습니다. 따라서 선생님께서 어떤 식으로 그러한 수치를 얻게 되셨는지를 저에게 말씀해 주신다면 매우 감사하겠습니다. 다시 말해서 잉여 소득액을 어떻게 구하셨는지, 1만 달러 이하의 소득액을 어떻게 구하셨는지, 여기에는 농가 소득과 개별적으로 보고하는 무소득 계층도 모두 포함시키셨는지 그 여부도 알고 싶습니다. 잉여 소득의 분배라는 일반적인 주제와 관련하여 저와 관계가 있는 자료는 전국산업회의소의 매그너스 알렉산더가 작성한 연구논문에서 얻은 수치뿐입니다. 그는 직원수가 90만 명 이상인 69개의 기업체로부터 보고서를 받아 그 논문을 작성하였습니다. 그 자료에 따르면 5천 달러 이상의 봉급을 받는 사람을 골라 5천 달러가 넘는 부분을 모두 모아 노동자들에게 분배하면 일주일에 25센트 정도를 더 받게 된다고 합니다. 당연히 우리 회사의 성과도 포함되었겠지만, 이는 우리가 월급을 많이 지불하는 기술 인력의 비율이 높기 때문에 그러한 높은 수치가 나온 것입니다. … 생산성 저하가 모든 문제의 근원이라는 점에 있어서는 선생님 의견에 공감합니다."[6]

---

5. 1919년 10월 8일.
6. 1920년 3월 2일 워커는 답장에서 다음과 같이 기술하고 있다. "RCH(the Rochester Clearing

조지 이스트먼

이스트먼은 생산성의 중요성을 기회 있을 때마다 강조하였다.

"전쟁을 거치고 나서 두드러진 현상 한 가지는 세계시장이 미국 제품과 자원에 관심을 갖게 되었다는 것입니다. 이는 미국이 국제무역에서 과거 그 어느 때보다도 높은 시장점유율을 확보할 수 있는 기회를 제공합니다.[7] 그러나 이는 단지 기회일 뿐이고, 이를 현실로 만들려면 기회를 잘 활용해야만 합니다. 생산성이 낮은 상태에서는 아무것도 달성할 수 없기 때문에 우선 생산성을 높여야 하고, 그 외에도 두 가지 조건을 더 갖추어야 합니다. 첫 번째 조건은 재정적으로 안전한 상태에서 거래가 이루어져야 한다는 것입니다. 외국 구매자들이 우리 제품의 대금을 치르는 방법은 신중하게 결정해야 합니다. 두 번째는 물류 운반 시설을 갖추는 문제입니다.

영국, 프랑스, 이탈리아, 벨기에의 대표들로 구성된 동맹무역위원회가 이번에 미국을 방문한 목적은 바로 그러한 문제를 해결하기 위한 것으로, 이번 방문을 통해 이 문제에 대한 그들의 의견을 직접 듣고 그 사업을 실행하는 데 있어 그들의 도움을 얻을 수 있었습니다. 이 일은 모든 미국인들에게 매우 중요한 의미를 갖는 일입니다. 이번 방문으로 인해 그리고 미국 은행가 및 미국 수출입업자들이 기꺼이 이 문제에 관심을 쏟고 심사숙고한 결과, 저는 미국이 거대한 자원과 미국인의 정신을 통하여 국제무역에서 자리를 잡을 수 있게 될 것이라고 기대합니다."

1920년 여름, 지배적인 정당 두 곳에서 전당대회를 거행하고 있을 때 이스트먼은 그 진행 과정을 유심히 지켜보았다. 오하이오의 워렌 하딩 상원의원과 매사추세츠의 켈빈 쿨리지 주지사가 대통령후보 지명을 받은 후에 이스트먼은 매리언의 쿨리지 대통령후보로부터 개인적인 서한을 받았다. 이스트먼은 그 즉시 답신을 보냈고, 편지 말미에는 다음과 같이 덧붙였다. "선거운동이 성공을 거두길 진심으로

House)에서 발표한 저의 보고서에 포함된 수치들은 … 오토 칸(Otto H. Kahn) 씨로부터 제가 입수한 것들이고, 아메리칸 전화회사의 통계사 로티(M.C. Rorty) 씨로부터 확인된 내용입니다. 로티 씨는 하버드의 딘 게이 씨가 회장이고, 힐, 킹, 그리고 맥컬리가 구성원으로 있는 경제연구국의 국장입니다. 이들 경제학자들은 이 문제에 상당한 신뢰도를 줄 수 있을 정도로 잘 알려진 사람들입니다.

7. 이스트먼이 로체스터 상공회의소 의장이었던 롤랜드 우드워드(Roland Woodward)에게 보내는 편지.

경영에 대한 책임

바란다는 말씀을 드리기는 어려울 것 같습니다. 전쟁으로 야기된 혼란한 상황을 바로잡기 위해서는 공화당 정부가 필요하다는 것이 저의 솔직한 의견입니다."

월슨 대통령 정부 쪽으로 선거 결과가 기울어지면서 코닥 사에 대한 정부의 소송건이 타결되었다는 전보가 1921년 2월 1일자 신문에 게재되었다. 법무장관인 미첼 팔머와 코닥 사 법률고문이었던 제임스 헤이븐스의 대표자 협상 결과에 따라 제임스는 로체스터에 있던 프레모, 센추리-폴머, 슈윙 공장과 아투라의 인화지 상표권, 시드, 스탠리, 스탠다드의 건판 상표권에 대한 공매에 동의하였다.

소송이 시작된 지 6년이 지난 이 무렵에는 '대기업'을 바라보는 미국의 시선이 급격하게 변해 있었다. '세계에서 가장 큰 사진재료 회사'가 되는 목표가 이제는 더 이상 범죄 행위에 해당하지 않았다. 기업이 야망과 비전을 가지고 있다는 것은 결코 범죄 행위가 될 수 없었다. 『데모크래트 앤 크로니클』지는 다음과 같이 보도하였다. "이스트먼 사가 경영에 성공을 거둔 것이 워싱턴에서는 의심스러운 사건으로 여겨지고 그 성공이 회사가 법을 어긴 증거라는 말까지 나오게 되면서 이스트먼 사는 셔먼 법안에 입각하여 공격을 받았다. … 소위 '대기업'이 이룩한 업적에 대하여 이처럼 히스테리를 일으킨 것은 우리 정부의 역사를 전체적으로 볼 때 가장 비정상적인 것으로 받아들일 수 있다. 따라서 이러한 상황이 추상적인 생각보다 훨씬 더 많은 의견과 경력을 만들어내게 되었다. 그리고 이성 못지않게 감정이 정부의 정책을 만들어내었다."[8]

그리고 이미 이 시기에 이스트먼은 자신의 경영 정책을 실질적으로 옹호하는 일보다는 임금 배당금과 자기 몫의 주식을 받고 있던 공장 노동자들의 운명에 대하여 더 큰 관심을 가지고 있었다. 매각하려고 내놓은 회사의 직원들도 모두 지불 조건에 따라 이스트먼의 주식 중에서 자신들의 몫을 청약할 수 있었다.

경기 불황이 미국 전역을 휩쓸고 코닥 공장이 주 3일밖에 가동되지 않던 1921

---

8. 『존 마샬의 일생』에서 앨버트 베버리지가 기술하였던 이러한 주장이 1780년대의 정부 정책이 가지고 있는 성격과 정치 성향에 영향을 미치기 위해 만들어진 것임에도 불구하고, 이 주장은 매우 근본적인 면을 가지고 있었기 때문에 오늘날의 산업과 국가산업 정책에 대한 정치에도 이때와 같은 영향력을 가지고 있다.

조지 이스트먼

년 여름에도 여느 때와 마찬가지로 이스트먼의 마음속에는 '책임과 의무'가 가장 중요한 것으로 자리 잡고 있었으며, 그는 회사를 통해 여전히 125만 달러의 임금 배당금을 지급하고 있었다.

당시 많은 사람들은 미국 전역이 불황의 늪에 빠지게 된 것은 높은 원자재 가격과 고임금, 제품의 과잉생산 때문이라고 생각하였다. 하딩 행정부와 새로운 공화당 의회가 이 문제와 보호관세 문제를 해결하려고 애쓰고 있었지만, 이스트먼은 고비용의 과잉생산이 문제가 아니라 생산과 분배를 동시에 진행하지 못하는 데 문제가 있다는 확신을 가지고 있었다.

그가 보호관세의 대변자가 되면서 허스트 계열 신문사들은 보스턴에서 로스앤젤레스와 샌프란시스코에 이르는 지사들의 논설을 통해 그를 공격하기 시작하였다. 당시 이스트먼은 자신의 부를 축적하기보다는 분배하는 데 더 많은 관심을 가지고 있었기 때문에 개인적인 문제에 대해서는 별로 개의치 않았다. 그는 번영과 보호무역제도를 같은 개념으로 믿고 있었으며, 무기력한 국가가 아닌 번영된 미국만이 전 세계를 구원할 수 있다는 찰스 슈압(Charles M. Schwab, 당시 '유에스 스틸 회사' 사장—역주)과 같은 견해를 갖고 있었다.

그러나 『뉴욕 아메리칸』지는 다음과 같이 기술하였다. "어느 누구도 영화를 제압할 황제가 될 수는 없다.[9]

보도된 바와 같이 포드니 법안은 면세품 목록을 줄인 것으로, 영화의 기초인 필름에 30퍼센트의 부가세를 부과하고 있다. … 영화는 가장 중요한 사회 세력이 되었다. 모든 사람들에게 기회를 주는 것만이 독재적인 통제가 낳곤 하는 악습을 막을 수 있는 길이다.

그렇지만 30퍼센트의 부가세를 통해 필름 사업의 독점권을 정당화시켜 준다면, 한 회사만이 영화산업을 장악하게 될 것이다.

이 회사의 사장은 사회에 중요한 공헌을 한 것에 대하여 높은 평가를 받고 있는 유능한 사업가이다. 그렇지만 그에게 미국 영화산업에 대한 절대 권력을 맡기

---

9. 1921년 7월 22일자.

경영에 대한 책임

는 것은 그다지 현명한 일이 못 된다."

그러나 '권력'은 이스트먼이 추구하는 것이 아니었다. 오히려 이스트먼은 계속 권력을 피해 왔다. 나중에 그는 경영진과 노동자가 유가증권을 소유함으로써 사업을 공유하고 같이 통제하게 될 것이라고 예견하였으며, 번영을 가져오는 기본 원리는 보호관세에 있다고 믿었다. 그리고 일 년 후인 1922년 포드니-맥컴버 관세법안이 통과되면서 보호관세제도가 등장하게 된다. 이는 쿨리지 번영기(쿨리지 대통령의 자유주의 정책의 성공으로 미국은 1920년대 최대의 번영기를 맞이했다-역주)의 토대가 되었다.[10]

1921년 1월에 이스트먼 신용조합은 장기간의 정기저축을 지원하기 위한 수단으로 사업을 시작한다. 그리고 그 사업은 지방 건축업자와 계약을 맺어 최저 비용으로 현대적이면서 살기 좋은 사원 주택을 건설하였다. 사업을 시작한 첫 해인 1921년 말, 다른 산업 도시와 마찬가지로 로체스터도 불황의 늪에 빠져 있었고, 1921년 10월 회사는 임금 삭감을 시행하지 않을 수 없었음에도 불구하고 5,929명의 직원들은 액면가로 455만 2천 달러 가량의 신용조합 주식을 구매하였다.

검약은 이스트먼의 습성이었고, 이 조합을 통해 수천 명에 이르는 직원들이 집을 짓거나 살 수 있는 자금을 마련할 수 있었다. 1929년 3월 10일이 되자 6,889명의 직원들이 938만 3천8백 달러 가량의 조합 주식 93,738주를 청약하였다. 더 나아가 코닥 사원조합을 통해 1,403명의 직원들이 재정적 지원을 받아 2차 담보를 거쳐 자신들의 집을 지을 수 있었다.

"어떤 사람을 채용하려고 할 때에는 그가 어떤 일을 하는 사람이든 간에 절약하는 사람이냐 아니냐 하는 것이 중요한 문제입니다.[11] 그가 자신의 일을 잘 처리하지 못한다면 이는 그가 다른 문제도 잘 해결하지 못할 것이라는 사실을 증명해 줍니다. 사람들이 빚을 지게 되는 데에는 이유가 있습니다. 저는 어릴 때부터 빚을 무

---

10. 윌슨 행정부 기간인 1914년 7월 1일부터 1921년 7월 1일까지 회사의 총임금 배분액은 6,034,770달러 83센트였으나, 하딩 쿨리지 행정부 기간인 1922년 7월 1일부터 1929년 7월 1일까지의 총임금 배분액은 19,436,223달러 46센트였다.
11. 1919년 10월 14일자로 이스트먼이 포브스에게 보내는 편지.

조지 이스트먼

서워하며 자랐고, 월급이 얼마이든지 간에 해마다 조금씩 저축을 했습니다. 저축하는 것이 습관이 되면서 저는 사업을 하면서 한 번도 남에게 돈을 빌릴 필요가 없었습니다. 그렇지만 물론 이 방법이 언제나 실용적이거나 현명한 방법이라는 것은 아닙니다. 그러나 어떤 사람이 진정으로 절약하는 사람인데 갑자기 돈을 꼭 빌려야 할 때가 온다면 그가 절약하는 사람이라는 평판은 그가 정직하다는 것 다음으로 중요한 그의 재산이 될 것입니다."

로체스터와 다른 많은 미국 도시들이 무역전쟁을 치르는 고통 속에 있던 1921년 6월에 이스트먼은 상공회의소의 급박한 요청을 받고 산업전쟁을 종식시키기 위해 많은 노력을 기울였다.

이스트먼은 다음과 같이 말하였다. "나는 '조정'이라는 말을 싫어합니다. 이는 무엇인가 조정해야 할 것이 있다는 것을 의미합니다. 그리고 중재가 그러한 문제를 해결하기 위한 최선의 방법이라고 생각하지 않습니다. 이러한 단어들은 이유 없이 적개심을 불러일으킵니다. 우리에게는 열정이 생겨나게 만드는 만족감이 필요합니다. … 우리 다 함께 머리를 맞대고 생각해 봅시다.

건축 현장에는 세 부류의 이해 관계자가 있습니다. 노동자, 건축 청부업자, 일반인들이 그들입니다. 또한 사업이 기반을 잡으려면 우선 세 가지 목표를 달성하고 난 후에야 기반을 잡게 됩니다. 그 세 가지 목표는 계절 노동을 가능한 가장 낮은 수준으로 줄일 것, 사업이 진행되는 상황에 맞추어 최대한 높은 임금을 지급할 것, 지방 회사들이 외부 지역에서도 당당히 경쟁할 수 있도록 노동 생산력을 갖출 것 등입니다.

이스트먼 코닥 사의 사업은 당연히 계절 사업(사진업계에서는 야외촬영이 줄어드는 겨울을 사진 수요가 적은 비수기로 여겼다-역주)이지만, 회사를 과학적으로 경영하고 한발 앞서서 계획을 세우며, 여러 가지 방법을 이용하여 불경기에도 고용을 유지함으로써 계절적인 요소를 거의 모두 배제해 왔습니다."[12]

---

12. 이때는 상무부 장관이었던 후버가 경영 사이클(business statistics)을 제거하거나 감소시킬 목적으로 경영 통계들을 동원하기 시작한 시기였다. 5년 후인 1926년 연간 보고서에서 그는 다음과 같이 말했다. "우리는 경영인이 자신의 경영에 영향을 줄 수 있는 생산성, 주식, 주문, 판매, 공급 재원의 상

경영에 대한 책임

이스트먼이 제안한 것은 공동체위원회를 설립하자는 것이었다. 『데모크래트 앤 크로니클』지는 다음과 같이 보도하였다. "이러한 공동체에 관한 것이라면 미국 공업위원회가 상무부 장관인 후버를 위해 준비했던 미국 건설업의 현황에 관한 상세한 보고서를 통해 이미 고려된 적이 있다.

현장을 조사했던 조사원들은 건설업이 가진 문제의 원인이 계획성 없이 아무렇게나 작업을 준비하고 관리한다는 점과 대부분의 건설산업이 그렇듯이 이러한 기준이 마련되어 있지 않다는 점에 있다고 보았다.

이번에도 역시 이스트먼 씨가 이들을 앞섰다. 그는 놀라울 정도로 정확하게 건설업의 취약한 부분을 지적하였을 뿐만 아니라 해결 방법까지도 제시하였다. …"

스미스 주지사가 이스트먼에게 재건위원회에서 일을 해 달라고 부탁하였을 때 이스트먼이 거절했던 이유는 고향에서의 '책임과 의무'가 너무나도 커서 자신의 사업에만 전념해도 시간이 모자랐기 때문이라는 것이 분명해졌다.

1921년 7월, 이스트먼은 사업과 관련된 문제 하나에만 신경을 써야 했다. 결국 대통령이 독일과의 전쟁을 공식적으로 발표한 7월 2일 이후, 그는 회계 감사관을 시켜 전쟁과 관련된 계약서를 모두 최종점검하게 하였다. 세계대전에 미국이 참전하기 시작하면서 이스트먼은 정부와 연락을 취할 때마다 "이러한 계약을 통해 그 어떤 이득도 취할 생각이 없습니다"라고 주장하였다. 1919년 5월 27일에 그의 회사는 23,456달러 70센트를 환불하고 129,004달러 73센트에 이르는 대정부 청구서를 취소하여 모든 계약에서 총 152,461달러 43센트를 정부에 환불하였다. 그렇지만 전쟁이 일어나는 동안에는 전쟁국의 요청으로 '균일 가격'을 적용하여 계약을 맺은 경우도 있었다. 감사관의 보고서에 따르면 이러한 계약을 통해 이스트

태, 소비시장, 신용, 경영 활동과 광의의 경제 흐름―국내 및 해외―등과 관련한 자신의 산업의 정확한 위치를 결정할 수 있는 시기에 급격하게 접근해 가고 있다. 통계학은 경영 상태를 알리는 일기예보와 같다. 경영 사이클의 원인이 아마도 완전히 제거될 수 없고, 넓은 범위의 증가 혹은 감소된 생산성과 소비는 지속되면서 이러한 현상의 폭력성은 지난 5년간 지속적으로 발전해 온 다양한 세력들에 의해 영구히 자리잡아 왔다는 것이 상무부의 결론이다. 다른 말로 하면, 우리는 경영 사이클 곡선이 상당히 완만해져 왔으며, 대량의 국가적 손실이 상당히 제거되었다고 믿고 있다."

조지 이스트먼

먼 회사는 182,770달러 60센트의 이득을 보았다고 한다. 그리고 1922년 2월 3일 이스트먼은 육군장관이었던 존 윅스에게 개인적으로 이 금액을 회사 수표로 반환하였다. 소액 반환금 몇 개를 더 포함하여 이스트먼 회사는 미 재무성에 전쟁 수익금 335,389달러 76센트를 환불하였다. 이 금액을 최종적으로 정산한 후에 이스트먼은 다음과 같은 감사의 편지를 받게 된다.

백악관. 워싱턴
1922년 2월 7일

친애하는 이스트먼 씨에게

윅스 장관은 선생님이 이스트먼 코닥 사를 대표하여 182,770달러를 정부에 반환한 극히 유례없는 상황을 오늘 내각에 보고하였습니다. 그 금액은 전쟁과 관련된 계약에 따라 선생님 회사에 지급된 것으로, 계약서 상의 예상 수익을 초과하는 금액이었습니다. 저는 선생님과 선생님 친구분들을 개인적으로 대접하는 자리에서 비공식적으로 이 즐거운 소식을 들었으며, 신문이나 잡지에서 그 일을 다룬 기사를 보는 것 또한 즐거웠습니다. 그 일에 대해서는 이미 적절한 표현을 하였겠지만 전쟁 중에 큰 공헌을 하고 난 후에 자발적으로 환불을 결정한 선생님 회사의 이처럼 사려 깊고 즉각적인 행동에 다시 한 번 찬사를 보내지 않을 수 없습니다.

늘 좋은 일이 함께 하시길….

워렌 하딩

한편 국가적 중요성을 지니고 있던 또 다른 프로젝트가 진행 중이었다. 영화가 발전하고 사회에 대하여 막강한 영향력을 행사하면서 많은 교육자들과 심리학자들은 스크린이 교육에 새로운 장을 열어 줄 것이라는 확신을 가지게 되었다. 이 주제는 중세 수도사들이 바늘 끝에서 춤을 출 수 있는 천사들의 수에 대하여 논쟁을 벌일 때처럼 점진적으로 수년간 논의되었다.

그렇지만 1922년 처음으로 전국교육연합회는 실제 수업에 영화를 적용하는 측면에서 영화라는 주제 전체를 연구하기 위한 조직적인 노력을 강구하기 시작하였다. 시카고 대학의 교육대학 학장인 찰스 주드 박사, 펜실베이니아 해리스버그의 주 교육청장 토머스 파인갠 박사, 디트로이트의 프랭크 코디 박사를 비롯

경영에 대한 책임

한 저명한 교육자들이 5년간 전국교육연합회의 회장직을 역임하면서 미국 영화 산업을 대표하는 미국영화제작배급자협회(MPPDA, Motion Picture Producers and Distributors of America, Inc.) 회장인 윌 헤이스나 이스트먼과 접촉을 가졌다.

1923년과 1926년 사이에 이스트먼 사는 이 두 기관과 협력하여 이러한 분야에 관한 조사를 실시하였다.

이스트먼은 1926년 2월에 이스트먼 사가 다음과 같은 근본적인 문제 세 가지를 해결해 나갈 것이라고 공표하였다.

1. 교구(敎具)로서 필름의 가치를 측정하는 것이 가능한가?
2. 학교에서 사용할 목적으로 필름을 구입하는 것이 정당화될 수 있을 정도로 필름에 교육적 가치가 있는가?
3. 학교가 구입할 수 있을 정도의 가격으로 이러한 필름을 생산할 수 있는가?

중요한 문제 하나는 이미 해결된 상태였다. 필름 폭이 표준 필름(16mm)의 절반 정도 되는 안전 필름이 완성되어 전 세계의 아마추어 영화 제작자들이 이 필름을 사용하고 있었다.[13] 이 필름은 코닥 파크에서 현상할 수 있었고, 휴대용 영화 카메라와 가정용 영사기가 보급되면서 이 필름을 이용한 아마추어 영화가 더 많이 만들어졌다. 표준 35밀리 필름과 영사기를 사용할 때보다 훨씬 더 저렴한 비용으로 수업 중에 이와 비슷한 필름과 장비를 사용할 수 있게 되었다. 수업용 필름 원본은 표준 필름인 35밀리 필름으로 제작하였지만 16밀리 안전 필름으로 복제하여 수업하기에 적당한 크기의 영상을 제공하였다.

그 당시 컬럼비아 대학의 벤 우드 박사와 시카고 대학의 프랭크 프리먼 박사는 2년에 걸친 실험에 착수하였다. 그들은 필름 제작에 관하여 조언을 하고 실험을 이

---

13. 1923년 8월에 코닥 사가 도입한 아마추어 영화의 새로운 공정을 묘사하는 보고서가 『프랭클린 인스티튜트 저널』지에 수록되었다. "이 공정은 표준 영화 필름이었던 35mm 필름 대신에 16mm 너비의 좁은 필름의 사용에 의존했다. 노출된 후 이 필름은 일반 35mm 필름처럼 음화로 현상되어 프린트하는 것이 아니라 반전 프로세스에 의해 현상된다. 이러한 반전 프로세스에서는 노출된 이미지가 먼저 현상되고, 그 후에 현상된 은이 은을 산화시키는 표백 용액에서 용해된다. 현상액에 영향을 받지 않는 현상되지 않은 상태의 은 브롬화물은 빛에 노출되지 않았기 때문에 그대로 두게 된다. 빛에 새로 노출된 후에 이렇게 남아 있는 은 브롬화물은 다음 차례에 현상되어 양화를 만들어낸다."(미스 박사, 『프랭클린 인스티튜트 저널』, vol. 207, no. 1, 1929년 1월)

끌고 감독하기 위해 선발된 이들이었다. 이는 파인갠 박사가 이 부서의 책임자로 온 후에 진행된 일이다.

12개 도시의 학교 관계자들은 필름의 교육적 가치를 평가하는 실험에 협력하였다. 12개 도시는 미국 전역을 대표하고 있었기 때문에 다양한 관심과 견해 및 교육 상황에 대한 전국적인 의견을 제시하였다. 전체적인 범위, 실험에 참여한 교사와 학생, 학교 및 학교 기구의 수효, 포괄적이고 세세한 준비 과정, 소모된 자금과 문제의 중요성을 고려한다면 이는 이제까지 시행된 교육 관련 실험 중에서 가장 주목할 만한 것일지도 모른다.

매사추세츠의 뉴턴, 미시건의 디트로이트, 네브래스카의 링컨, 캘리포니아의 오클랜드, 미주리의 캔자스시티, 노스캐롤라이나의 윈스톤세일럼, 뉴욕의 로체스터, 일리노이의 시카고, 콜로라도의 덴버, 캘리포니아의 샌디에이고, 조지아의 애틀랜타 그리고 뉴욕 시에서 8개 이상의 학교가 참여하였다. 이들 중 최소한 6개 학교는 초등학교였다. 초등학교에서 시험을 위해 선택된 과목은 5, 6학년 지리였다. 최소한 2개 학교는 중학교였으며, 중학교에서는 일반과학이 실험 과목이었다. 이들 학교에서는 아이들을 두 그룹으로 나누어 10주간 교육을 시켰다. 첫 번째 그룹은 필름 교구 없이 수업을 받는 '대조표준' 집단이었으며, 두 번째 그룹은 필름을 교구로 사용하여 수업을 받는 '실험' 집단이었다.

각 집단에 속한 아이들은 가정환경과 사회적 조건이 비슷한 아이들이었다. 가능하면 두 집단의 지적 수준이 비슷하도록 아이들을 뽑았다. 두 집단에 수업을 하는 교사도 가능하면 교육 능력이 비슷한 교사들을 참여시켰다. 필름을 이용해 실시하는 실험 집단의 수업이 대조표준 집단에 영향을 미치지 않도록 하기 위해 가능하면 실험 집단과 대조표준 집단을 다른 학교에서 선발하였다.

1만 명 정도의 학생들이 수업을 받았고, 한 그룹은 5천 명이었다. 정규 수업에서 그렇게 많은 학생을 동원하여 필름 교구 실험을 한 것은 처음 있는 일이었다. 게다가 수업에 사용된 필름은 수업 내용을 보충할 수 있도록 특별하게 제작되었다. 지리와 일반과학의 교과 과정은 특정 학년에 사용할 수 있도록 구성하였다.

필름은 꼼꼼하게 준비한 각본에 바탕을 두고 있었는데, 그 각본은 실제 교사들

경영에 대한 책임

이 작성하고 교육 전문가들이 세심하게 분석한 것이었다. 전체적인 목적은 교육적 가치가 풍부하고 수업에 필요한 자료를 제공하는 것이었다.

2년간의 연구 결과를 통해 분명한 것은 시각교육이 학생들의 관심을 높이고, 독창성을 유발시키며, 주제에 대해서 논의하고자 하는 욕구와 논의할 수 있는 능력을 키워 준다는 것이었다. 또한 학생들이 읽는 자료의 질을 향상시키고, 개인적인 경험을 더 분명하게 이해시키며, 지역사회의 상황과 관련된 교과 과정을 더 잘 활용할 수 있게 하고, 어휘력을 높이고 정확한 어휘를 사용할 수 있게 해주며, 집중력을 키움으로써 정규 수업을 놀랄 정도로 향상시켰다.

학습자료로서 필름의 교육적 가치에 대한 이 연구는 에디슨이 일찍이 꿈꾸었던 것이 실현된 것이기도 했다. 1925년에 에디슨은 다음과 같이 말했다. "지금은 교과서가 주교재로 사용되고 있지만 10년 후에는 현재 말이나 마차를 타지 않는 것처럼 교과서도 구식이 되어 버릴 것이다. 10년 후에는 동화상 카메라를 통하여 정확한 정보를 전달하는 시각교육이 모든 학교에서 중요한 교육 과정이 될 것이라고 본다."[14]

사업이 급격하게 성장하면서 또 다른 많은 새로운 프로젝트와 제품들이 쏟아져 나왔다. 이들 중 하나는 코닥 파크에 대규모 인화지 공장을 건립하는 것이었다. 사업을 시작할 무렵부터 이스트먼은 미국 제조업자들에게 미국에서 사진 인화지 산업을 발전시켜야 한다고 촉구하였다. 여러 해 동안 그는 독일과 프랑스에서 제조한 사진 인화지의 가장 큰 소비자였다. 현재는 자신의 직원들과 함께 로체스터를 세계에서 가장 큰 사진 인화지 산업의 중심지로 만들었기 때문에, 이 분야에서 그가 평생의 숙원으로 생각하고 있던 그 이상의 성과를 거두었다. 또한 이들은 클로스(cloth)로 된 인화지에 상응하는 내구성과 질을 가지고 있는 종이 인화지를 만드는 데 성공하여 미국 표준국의 승인을 받았다. 오늘날 이스트먼의 공장은 미국에 사는 모든 남녀노소의 스냅 사진을 해마다 몇 차례씩 인화할 수 있을 정도로 많은 인화지를 생산하고 있다.

---

14. 『콜리어스 위클리(Collier's Weekly)』, 1925년 2월 21일자.

조지 이스트먼

이스트먼 회사는 테네시 주의 컴벌랜드 산맥 아래쪽 킹스포트에 대규모 목재 중류공장을 설립하였다. 이 공장에서는 미국 전역의 화학산업과 코닥 파크에서 사용하는 화학약품을 생산하고 있다. 이 공장은 아무리 위급한 경우에도 이스트먼 회사가 자립할 수 있게 해주었고, 화학연구소에서 개발되고 있는 일련의 부산물과 새로운 제품을 바로 생산할 수 있게 해주었다. 이스트먼 회사는 새로운 남부의 산업 부흥에 참여하는 동시에 기여하고 있었다.

이스트먼은 개인적인 일로 유럽에 있건 미국에 있건 간에 혹은 로체스터에서 일을 하고 있건, 와이오밍의 잭슨 홀 부근이나 퀘벡의 그랜드 캐스커페디아에서 캠핑을 하고 있건 간에 회사 일에는 마음을 놓을 수 있었다. 수년간 그는 자신이 언제든지 떠날 수 있도록 인재들이 하나로 뭉쳐 회사를 이끌어 나갈 수 있게 만들어 놓았다. 이제 그는 온실에서 형형색색의 꽃들이 계속 피어나는 것처럼 이러한 인재들이 자신들의 꿈을 다양하고 흥미진진하게 펼쳐 나가는 과정을 지켜볼 수 있게 되었다.

이스트먼은 고위 경영진부터 하위 노동자에 이르기까지 모든 구성원들이 성공적인 회사를 만든다고 역설하였다.[15] 중요한 것은 직원 한 사람 한 사람이 그 사실을 깨달을 수 있게 만드는 것이다. 자신이 해야 할 역할을 찾을 수 있게 만들고, 자신이 헌신할 가치가 있는 일이 어딘가에 있다는 것을 믿게 만드는 일이었다. 게다가 경영진과 하위 노동자들이 서로 신뢰하고 존중해야 했다. 모두가 일을 공정하게 처리하고 있다는 것을 서로 알며, 공정한 조직이어야만이 고위직과 하위직이 서로 신뢰하고 존중하는 것이 가능하다고 믿었다.

이스트먼은 산업 관계를 개선기 위해서는 노동자들에게 정당한 임금과 제대로 된 작업 환경 이상의 것을 보장해 줘야 한다고 믿고 있었으며, '그것'은 바로 노동자들이 정직하고 성실하게 일한다면 고용주들이 그것을 인정하고 그에 대한 보상을 해주는 것이라고 생각하였다. 그러나 그는 노동자들에게 기업체를 통제하거나 관리하는 일과 관련하여 투표권을 주는 것은 바람직하지 않다고 생각하였다.

---

15. 1927년의 연간 보고서에 따르면 이스트먼의 회사들에서의 고용 상황을 보면 51.3퍼센트의 직원들이 5년 이상 근무하였고, 27.4퍼센트 이상이 10년 이상 근속한 것으로 나타났다.

경영에 대한 책임

이스트먼은 한 인터뷰에서 이렇게 밝혔다. "노동자들에게 기업체의 향방에 대하여 자신의 의견을 제시할 기회를 주려면 작업장이 될 만한 사람을 선발하고 최고의 작업장을 감독으로 승진시키는 방법이 가장 좋은 방법이라고 생각합니다. 노동자들로만 운영되는 회사는 성공을 거둘 수 없을 것이라고 생각합니다. 만일 우리 회사의 경영진이 물러나고 공장 운영권을 노동자들에게 넘겨준다면 회사는 머지않아 무너지게 될 것입니다."[16]

같은 인터뷰에서 이스트먼은 다음과 같이 말했다.

"가능하다면 우리 회사의 경영진은 우리 회사 안에서 성장해 온 사람들로 구성합니다. 우리 회사의 가장 중요한 공장 사장 중에는 목수에서 시작한 사람도 있습니다. 다른 사장들도 회사 내의 다른 부서에서 일해 온 사람들입니다. 물론 기술직일 경우에는 전문적인 일을 할 수 있는 과학적인 사고방식을 갖춘 사람들을 선발합니다. 이런 이유에서 우리는 때때로 대학을 방문하여 최고의 지성인을 찾아내기도 합니다. 이것 역시 회사를 성공으로 이끌고, 작업장에서 일하는 사람들의 임금수준을 높이기 위한 방법입니다.

어떤 조직이든 그 조직의 정신이 건전하지 못하면 성공하지 못합니다. 이것이 바로 최고경영자가 깨달아야 할 교훈입니다. 최고경영자는 인적 요인이 가미되지 못하면 결국 사업에 실패하게 될 것이라는 사실을 이해하는 식견을 가진 진보적인 사람이어야 합니다."

다양한 특성을 가진 '인적 요소'를 인정하는 것은 이스트먼 정책의 근본이었다. 그는 전체적으로 회사에 도움이 되는 개개인의 자질을 기초로, 조직을 구성하였고 경영진을 선발하였으며 그들에게 책임을 부여하였다. 이스트먼은 하나의 조직은 전체적으로 볼 때 완벽에 가까운 자질을 가지고 있는 사람들로 구성되어야 한다는 확신을 갖고 있었다. 이스트먼은 그 누구도 인적 자산을 모두 갖추고 있을 수는 없다는 사실을 알고 있었다. 어떤 일을 하든지 간에 그는 전문가들과 숙련된 기술자들, 경험이 많은 사람들, 세부 직종의 장인들, 사업의 개요를 한눈에 파악할 수

---
16. 『뉴욕타임스』, 1923년 2월 4일자.

조지 이스트먼

있는 총체적인 안목을 가지고 있는 사람들을 항상 주변에 두고 있었다. 물론 그는 정직성과 성실성을 고집하였다. 개인의 능력과 가능성에 확신이 서면 최종적으로 그들이 '비뚤어진 심성'을 가지고 있는 것은 아닌지를 테스트하였다. 조금이라도 심성이 비뚤어진 사람은 탈락시켰다. 이러한 특성이 나중에 생겨나도 그 즉시 해고했다. 행동과 천성이 정직하고 곧은 사람만이 살아남았다.

다년간의 경험과 관찰을 통해 이스트먼은 매우 뛰어난 기술자도 한순간에 회사를 뛰쳐나가 형편없는 제조업자로 전락할 수 있으며, 폭넓은 지식을 가지고 있는 사람도 판단력이 떨어질 수 있다는 사실을 알게 되었다. 모든 사람들이 독립적으로 사고할 수는 없다. 자신의 약점을 벌충할 수 있는 장점을 가지고 있음에도 불구하고 천성적으로 '예스맨'인 사람들도 있다. 동료들 때문에 밀려나는 사람들도 있고, 참을성 있게 이겨 내는 사람들도 있다.

'이익을 창출하는' 조직은 통찰력뿐만 아니라 침착함을 갖고 있어야 하며, 신중함뿐만 아니라 추진력도 가지고 있어야 한다. 자신의 회사를 발전시키면서 이스트먼은 이 모든 자질과 요구조건을 마음속에 새겨 두고 있었으며, 정상에 오를 사람이라면 어떤 한 조직이 갖추어야 할 특성을 그 사람도 갖추고 있어야 한다고 생각하였다.

이스트먼은 70세가 되던 1924년에 자신의 후계자들을 선정하는 데 전념하였으며, 이듬해 3월에는 자신은 이사장으로 물러나고, 윌리엄 스튜버를 회장으로, 프랭크 러브조이를 부회장겸 사장으로 선출하였다. 이스트먼은 주주들에게 다음과 같이 공지하였다. "여러 해 동안 제가 회장과 사장으로 수행해 온 직무를 분담하기 위해 이러한 조치를 취하게 되었습니다. 저는 이사장으로서 전반적인 정책이나 개발과 관련된 문제를 계속 관리하고 감독하게 될 것이지만, 실질적인 경영은 수년간 제조 업무를 직접 총괄해 왔던 러브조이 씨에게 맡기고자 합니다. 스튜버 씨는 제가 자리를 비울 때 이사장으로서의 직무를 대행하고 이사회가 지시해야 할 다른 직무를 수행하게 될 것입니다. 물론 스튜버 씨는 사진재료의 품질과 관련된 문제를 계속 관리할 것입니다. 이러한 변화는 스튜버 씨와 러브조이 씨가 이 회사에 기여한 바를 인정하는 것일 뿐만 아니라 앞으로의 회사 경영에 맞게 대비한 것으로 주주들에게도 큰 이득이 될 것입니다."[17]

스튜버는 31년간을 코닥 사에서 근무하였다. 그는 회사에서 사업 수익의 일정 비율을 처음으로 지급해 주었던 4명 중 하나였으며, 유제 제조업자로 시작하여 회사를 총괄하는 지위에 오르게 되었고, 로체스터에서 존경받는 견실한 인물이었다. 러브조이는 28년 동안 이스트먼의 신임을 얻으며 사업이 성장하는 것만큼 빠르게 회사 중역으로 성장하였다. 그는 20년 이상을 회사 경영권과 사업상의 비밀을 모두 공유하면서 이스트먼의 오른팔 역할을 해 왔다. 이 두 사람을 전면에 내세우면서 이스트먼은 친구에게 이야기한 것처럼 '사진 속으로 사라질' 준비를 하고 있었다.

이스트먼은 몇 달 후 직원들 앞에서 다음과 같이 말하였다. "물론 우리 모두에게 가장 좋은 것은 바쁘게 살아가는 것입니다. 그렇지만 바쁘게 일하며 사는 가운데서도 즐거운 휴식과 자기성찰을 위한 시간을 더 많이 가져야 합니다. 그렇다고 해서 고된 일이 모두 사라져야 한다는 것은 아닙니다. 사업을 하다 보면 힘든 일이 많습니다. 우리는 이러한 문제와 직접 부딪쳐야 하며, 일이 놀이가 될 수 있다는 망상에 빠져서는 안 됩니다. 고된 일의 해독제는 쉬는 것뿐이지만 여가 시간에 쉬어야 합니다.

근무 시간에 열심히 효율적으로 일을 해야 우리는 여가 시간을 최대한 활용할 수 있게 됩니다. 근무 시간에 하는 일을 통해 부가 결정되며, 여가 시간에 하는 활동을 통해 인격이 결정됩니다."

이스트먼은 개인적인 활동을 중단하고 사진 속으로 사라질 마음은 아직 없어 보였다. 그는 로체스터에서 대대적인 공공 프로젝트를 진행하고 있었으며, 이 프로젝트 중 일부는 미국의 다른 지방 자선사업가들에게 본보기가 되었다.

---

17. 1925년 3월 6일.

제11장

오래전부터 계획해 온 일의 새로운 틀을 짜다

"인간이 부를 가지게 되면 돈이 쌓이기 때문에 선택을 해야 한다. 뭉칫돈을 잘 두었다가 자신이 죽은 뒤에 다른 사람이 관리하게 할 수도 있다. 혹은 살아 있는 동안에 그 돈을 쓰면서 실컷 즐길 수도 있다. 나는 인간으로서 필요한 곳에 그 돈을 직접 쓰면서 계획을 실행에 옮기는 것을 더 좋아한다.

만약 유언으로 재산을 남긴다면 5년이 지난 후에는 당신이 세웠던 계획이 새로운 환경과 맞지 않을 수도 있다. 유언을 기다리는 동안에 모든 것이 변한다. 그리고 유언의 여러 조건과 새로운 환경이 방해를 하여 유언을 집행하는 사람이 기금을 성공적으로 집행하기가 어렵게 될 수도 있다"라고 이스트먼은 한 인터뷰에서 말했다.[1]

인간으로서 필요한 곳에 재산을 쓴다는 것이 동기가 되기는 했지만 기부를 하게 만드는 마음은 의무감이라기보다는 '즐거움'이었다.

재산을 가진 사람이 자신의 부를 분배할 수 있는 기회는 헤아릴 수 없을 정도로 많다. 이들은 조직화된 자선단체나 사회기관, 수많은 교육집단, 거의 모든 종파의 성직자 그리고 타코마 사람부터 아프리카 팀북투 사람에 이르기까지 몇만 명의 사람들로부터 교묘하고 집요한 기부 요청을 받게 된다. 이들은 칭찬을 받거나 아첨의 대상이 되며, 경고나 주의를 받기도 하고, 개인적인 선물이나 수많은 포상을

---

1. 『하스트 인터내셔널 매거진(Hearst's International Magazine)』지.

조지 이스트먼

받기도 한다. '다른 사람들의 재산으로 자비를 베풀기는 쉽다.' 현대적인 방식의 커뮤니케이션 덕분에 이 라틴 경구는 그 어느 시대보다도 현대 사회에 가장 잘 어울리는 말이 되었다.

결정권은 주는 사람에게 달려 있기 때문에, 이들에게는 책임도 따른다.

돈은 항상 교환수단으로 사용되지만, 오늘날 미국에서는 돈이 좀더 유용한 수단으로 쓰일 때가 많다. 미국인들의 관대함 덕분에 미국은 역사상 가장 자비로운 사회가 되었다.[2] 자선을 베푸는 것은 처음부터 타고나는 것이다. 이는 한 국가가 이상을 갖고 있다는 것을 보여주는 증거 중의 하나이다. 진짜 도움이 필요할 때나 세계적으로 위기가 닥칠 때마다 대중은 저절로 관대해지기 마련이다. 그러한 관대함은 단순히 돈을 번다는 신기루 이상의 의미를 가지며, 물질주의를 능가하는 이상주의를 보지 못하는 회의론자들을 부끄럽게 만든다. '스미스 씨'의 경우 자비심은 그가 백만장자가 되면서 생긴 것이 아니다. 부자가 되기 훨씬 전부터 그는 베풀면 베풀수록 자기가 더 많은 것을 받는 사람처럼 보일 정도로 자신의 수입과 재산을 다른 이들에게 나누어 주었다. 기부금이 자기 수입보다 더 많았던 첫해에 그는 회계 감사 보고서를 통해 이 사실이 확실하게 입증되기 전까지는 그 수치를 믿을 수 없었다.

기부할 곳을 교육 분야 밖에서 '선택'을 하게 되었을 때 이스트먼은 로체스터 치과진료소와 지방자치연구소를 설립하였고, 워싱턴의 미국 상공회의소 건물에 견줄 만한 대규모의 로체스터 상공회의소를 건립하였다. 그는 '인간으로서 필요한

---

2. '두 가지의 대중을 위한 기부'라는 제목으로 『시카고 트리뷴』지는 1924년 12월 15일자 신문에서 다음과 같이 보도하였다. "제임스 듀크(James B. Duke)와 조지 이스트먼은 대중들을 위해 사용할 목적으로 미국의 부유층들이 헌납해 왔던 것과 같이 기부금을 낼 것을 발표하였다. 이는 다른 어느 국가에서도 찾아볼 수 없는 미국 부유층의 전통이며, 상속 및 수입 세액이 이를 강화해 왔다. 엄청난 부를 축적한 미국인들은 항상 학교들을 선정해 기부금 형식으로 혹은 공공사업의 형식으로 자신들이 획득한 부의 일부를 사회에 환원하는 경향을 가져왔으며, 외국인들은 이를 매우 흥미로운 미국적 현상이라는 강한 인식으로 받아들였다. 록펠러의 기부금은 그 규모가 너무도 엄청나고 정교하게 조직화되어 실행되며 그가 기부금의 수혜 집단으로 한정지어 놓은 일반 고등교육, 의학, 위생 및 연구 분야는 전 세계적으로 막강한 영향력을 가지게 되었다. 앤드류 카네기의 기부 또한 또 다른 좋은 실례가 될 것이다. 그 또한 기부금 수혜 분야를 교육, 박애 혹은 문화로 한정지어, 이 분야는 미국 생활의 매우 중요한 요소들로 자리매김하고 있다."

오래전부터 계획해 온 일의 새로운 틀을 짜다

곳'에 도움을 주는 자선사업을 벌이고 있던 수많은 공공 조직과 공동 모금운동을 이끌고 기부금을 가장 많이 낸 사람 중의 하나였다.

"치과진료소와 관련하여, 이곳이 내 관심을 가장 많이 끈 것은 내가 계획한 자선사업 중에서 같은 예산으로 가장 많은 결실을 얻을 수 있는 곳이라는 점이었습니다. 병원이 운영되기 시작한 지 몇 년이 지났지만 나는 여전히 같은 생각을 갖고 있습니다. … 아이들의 치아를 치료하기 위해 쓴 돈은 가장 현명한 지출이었습니다"라고 그는 한 편지에서 쓰고 있다.[3]

바로 몇 해 전까지도 대중들은 마크 트웨인의 천문학 회의론과 비슷한 감정을 갖고 예방치의학을 바라보았다. 마크 트웨인은 과학자들이 수백만 마일이나 되는 지구와 별들 사이의 거리를 어떻게 측정하는지는 쉽게 이해할 수 있지만 그들이 별자리를 어떻게 그처럼 분명하게 찾아낼 수 있는지는 이해할 수 없다고 이야기한 바 있다.

인류 역사상 아주 오랜 기간 동안 대중들은 마크 트웨인이 천문학을 바라볼 때처럼 치의학을 회의적으로 보았다. 예레미아(Jeremiah, 기원전 7세기의 이스라엘 예언자-역주)는 "아버지들은 신 포도를 먹었고, 아이들은 진저리를 친다"라고 말했고, 수세기 후에 프랑스의 한 예언가는 "미식가들은 자신들의 치아로 무덤을 판다"라고 주장하였다. 이 사람들은 훌륭한 진단 전문의였지만, 그 당시 세상은 건강한 치아와 건강 사이의 관계를 깨닫는 데 오랜 시간이 걸렸던 것만큼이나 유전형질의 영향과 과식의 위험성을 깨닫는 데에도 오랜 시간이 걸렸다.

로체스터에서 치의학에 대한 자각이 일기 시작하였던 것은 1868년으로 거슬러 올라간다. 1868년은 뉴욕 제7구역 치의학회가 만들어진 해이다. 이 지역과 다른 지역에서 실시한 교육과 경험을 통해 얻은 지식은 그 이후 50년 동안 치의학, 위생학 및 실질적인 치료에 혁신적인 변화를 가져왔다. 호주 뉴사우스웨일스의 전국치과협회 회장이었던 웨스턴 박사는 "치과 의사들은 더 이상 치아 수리공이 아니다"라고 단언하면서 호주에 치과진료소 건립을 촉구하였다. 오늘날 치의학은 전 세계

---

3. 이 편지는 1919년 12월 30일자로 미네소타의 듈류스에 있던 어윈(D.B. Irwin) 박사에게 보낸 것이다. 이와 비슷한 서한들이 리델 상원의원, 플렉스터 박사, 버크하트 박사 등에게도 보냈다.

조지 이스트먼

적으로 인정받는 학문이 되었으며, 이에는 미국 치과 의사들의 쉼 없는 지도력이 가장 큰 공헌을 하였으며, 어린이들을 위한 예방치의학이 발전하게 된 데에는 미국에 있는 두 기관이 세계적인 본보기가 되었다.

우즈 허친슨 박사는 "로체스터는 이 분야의 선구자로 알려지게 될 것이다"라고 말했지만, 선구자는 보스턴에 있는 '아이들을 위한 포시스 치과병원(Forsyth Dental Infirmary for Children)'이라고 할 수 있다. 토머스 포시스가 선구자인 셈이다. 그 다음에 이스트먼이 등장하였다. "로체스터에서 아이들의 건강을 위해 진행하는 사업의 형태와 범위, 완벽함과 효율성에 놀라지 않을 수 없다"라고 노스캐롤라이나 주 보건복지국의 조지 쿠퍼 박사는 말했으며, 뉴욕 시의 구겐하임은 로체스터를 방문한 후에 "시민들에게 주어지는 엄청난 혜택에 큰 감명을 받았다"라고 말했다.

이스트먼이 치의학에 적극적으로 관심을 갖기 시작한 것은 그가 처음으로 로체스터 치의학회에 기부금을 낸 1909년 1월부터였다. 이 기부금을 시작으로 이스트먼은 해마다 기부금을 내게 되지만 그의 생각에도 이 기부금은 치과 의료활동이나 진단에서 X-레이 필름을 사용하는 문제와는 무관한 것이었다. 그는 오래 전부터 사진사업과 자선사업을 구분한다는 분명한 사업 방침을 세워 놓았다. '동은 동이고 서는 서이며, 이 둘은 결코 만날 수 없다.' 이는 그의 사업과 개인적인 관심사에 그대로 적용되는 말이다.

1914년 3월, 보스턴의 넬슨 커티스가 이스트먼을 방문하였을 때에는 그가 치의학회에 6년째 기부금을 내고 있을 때였다. 이스트먼은 그와 대화를 나누던 중에 보스턴의 포시스 병원에서 실시하고 있던 예방의학사업에 대하여 듣게 되었다. 커티스는 나중에 그 병원 팸플릿을 얻어 로체스터로 보내 주었다. 그해 후반기 동안에 이스트먼은 자신의 생각을 다른 사람들에게 알리지 않은 채 로체스터에서도 이와 비슷한 사업을 벌일 수 있을지를 곰곰이 생각해 보았다. 또한 그는 자신이 누구인지를 밝히지 않고 포시스 병원을 방문한 적도 있다.

1915년 봄에 윌리엄 바슈는 이스트먼이 지역 치의학회에 관심이 있다는 사실을 알고 시 전역에 치과병원을 세우고자 하는 잠정적인 제안서를 제출하였다. 이

오래전부터 계획해 온 일의 새로운 틀을 짜다

는 치과의사와 시민 몇 명이 예전에 제안했던 것이었다. 이스트먼은 자신의 생각이 분명하게 정리될 때까지 2-3개월 동안 의견을 교환하였으며, 그는 1915년 7월 6일에 바슈에게 편지를 보냈다. 헨리 버크하트 박사에게 알려 준 것처럼 이 편지가 로체스트 치과진료소의 시작이었다.

"치과병원 프로젝트와 관련하여 나는 사업 전체를 포괄하고 사업을 최선의 형태로 완벽하게 진행할 수 있는 계획이 고안되기 전까지는 이 일에 관여하고 싶지 않습니다. 현재까지 내게 접수된 모든 정보에 근거해서 본다면 이 지역에 분포하고 있는 병원에서는 위생사들이 실시하는 예방의학사업 외에 아이들의 치아를 치료하는 작업이 제대로 이루어지지 못하고 있다고 생각하며, 이러한 사업과 관련된 계획이라고 해서 무조건 관심을 갖지는 않을 것입니다. 그렇지만 그 밖의 다른 계획을 받아들이겠다면 다음과 같이 제안을 하겠습니다.

1) 9명 이상의 이사가 운영하는 법인을 만든다. 이사진은 그러한 기관에서 사업을 꾸려 나가는 일에 관심을 가지고 있는 이들로 구성한다.
2) 이사진은 5년 동안 해마다 적어도 1만 달러 이상의 기금을 모금한다.
3) 로체스터 시는 병원이 1년에 두 번씩 취학아동의 치아를 치료하고 검사할 수 있도록 충분한 수의 치위생사 고용비와 재료 구입비를 병원에 지불하겠다는 데 동의해야 한다. 이 치위생사들은 이사회에서 관리하고 이사회의 지시에 따라야 한다.

만약 위의 사항이 이행된다면 본인은 향후 5년간 본관을 설립하고 이에 적합한 시설물을 제공할 것이며, 3만 달러를 기부할 것입니다. 5년이 지나고 나서 이 병원이 성공적으로 운영되고 그 임무를 만족스럽게 수행한다면 75만 달러를 기부할 것이며, 제가 필요하다고 생각될 때에는 그 기금에 대한 조건을 붙일 권리가 제게 있습니다.

1년에 4만 달러가 병원 운영비로 부족하다면 5년 동안 필요한 추가 경비를 같은 비율로 나누어 지불하겠습니다. 물론 병원에서 행하는 진료에 대해서는 명목상 아주 적은 진료비를 청구할 계획이며, 적당한 자격요건을 정하여 그 조건에 해당되는 사람들에게만 이와 같이 적은 진료비 혜택을 받을 수 있게 할 예정입니다."

조지 이스트먼

이 편지를 보낸 지 며칠 되지 않아 포시스는 이스트먼에게 다음과 같은 서한과 함께 병원 설계도를 보내왔다.

"미국 전역에 이와 비슷한 병원들이 설립되는 날이 오면 저는 포시스 병원을 설립한 목적을 모두 달성하게 될 것입니다. 다시 말해 포시스 병원을 통해 보스턴의 아이들만 혜택을 받는 것이 아니라 우리의 성과를 본 다른 도시와 마을에서도 그 지역 주민들이 사용할 수 있는 이와 비슷한 시설을 마련할 것입니다. 이러한 병원이 많아질수록 정신병원과 요양소 및 감옥은 소용이 없어질 것입니다. 우리가 했던 것과 같은 병원 사업이 시작될 때마다 대대적인 협력과 격려가 있어야 할 것입니다."

일은 빠르게 진행되었다. 7월 31일에 로체스터 교육위원회는 취학아동의 치과 진료 계획을 승인하자 이스트먼은 태평양 연안으로 여행을 떠났다. 그는 가을에 여행에서 돌아와 자신의 친구인 배보트에게 편지를 보냈다.[4]

"우리는 여행하면서 정말 근사한 시간을 보냈고, 샌디에이고와 샌프란시스코 박람회를 방문하였지만 대부분의 시간을 4주간의 산악 캠핑으로 보냈네. 우리는 32마리의 동물들의 도움을 받아 다른 방법으로는 접근할 수 없는 가장 즐거운 고장을 여행하였네. 이스트우드와 나는 우리가 가지고 갔던 식료품 외에도 사슴 고기와 숭어, 꿩고기를 먹었네. 여전히 체중이 많이 나가기는 하지만 체중이 12파운드 정도 줄었고, 지금은 일 년 전보다 20파운드는 가벼워졌네.

자네가 상공회의소 건물의 모형을 보러 가지 못한 것이 못내 아쉽네. 자네에게 사진을 한 장 보내겠네. 사실 나도 아직 그 모형을 직접 보지는 못했네."

고향으로 돌아와 병원과 상공회의소 프로젝트가 진행되고 있는 것을 발견하고 이스트먼은 여느 때와 같이 기분이 좋았다.

처음부터 이스트먼은 진료소의 성공은 그 책임자에 달려 있다고 생각했다. 당시 버크하트 박사는 뉴욕 바타비아 근처에 있는 도시의 시장이었다. 이스트먼은 처음부터 버크하트 박사를 그 병원을 맡을 만한 이상적인 책임자라고 생각하였을

---

4. 1915년 10월 6일.

오래전부터 계획해 온 일의 새로운 틀을 짜다

뿐만 아니라 책임자 선정에 있어 이사회가 영향력을 행사하는 것을 처음부터 거부하였다. 이스트먼은 버크하트 박사와 협상을 하면서 계속 연락을 취하고 있었음에도 불구하고, 이스트먼은 1915년 11월 12일, 버크하트 박사에게 편지를 보내어 이사들에게 그의 편지를 하나도 보여주지 않았고, 다음과 같은 이유로 최근에 그가 보낸 편지에 대한 답장을 보내지 못했다고 말했다. "책임자를 선정하는 데 있어서 아무런 방해도 받고 싶지 않았기 때문"이지만 "선생님이 로체스터로 오시게 되어 매우 기쁘며 선생님이 병원을 성공적으로 이끌 것이라는 사실을 굳게 믿습니다."

이 며칠 전에 이스트먼은 바슈에게 다음과 같은 편지를 보냈다. "위원회가 버크하트 박사를 선정했다고 알고 있으며, 그들은 최선의 선택을 하였다고 생각합니다. 그가 진료소를 이끌고 이사회가 옆에서 감독을 한다면 그 진료소는 우리의 기대를 모두 충족시킬 수 있을 것이라고 믿습니다."

상업지구에서도 가깝고 도시의 모든 지역에서 자동차로 쉽게 접근할 수 있는 이스트 메인 가에 위치한 그 진료소는 이듬해 최종적인 모습을 드러내기 시작하였다. 포시스는 로체스터를 방문한 뒤 보스턴으로 돌아가서 이스트먼에게 다음과 같은 내용의 서한을 보냈다.

"병원과 관련하여 선생님이 말씀하신 좋은 일들에 대하여 감사를 드립니다. 좋은 결과를 얻게 되어 너무나도 기쁩니다. 이러한 병원의 성패는 병원을 직접 운영하는 사람의 인품에 따라 크게 좌우되기 때문에 버크하트 박사와 같은 사람이 책임자가 된 것은 참으로 다행스러운 일이라 생각합니다. 포시스 병원이 선례가 되어 로체스터 병원은 여러 가지로 유리한 점이 많았다는 사실에 조금이라도 만족하실 수 있기를 바랍니다. 많은 문제를 결정하는 데 있어 포시스 병원이 도움이 되었다는 사실을 주저없이 말씀드릴 수 있습니다. 게다가 선생님이 세운 훌륭한 병원을 보는 것은 로체스터에서 실험을 하고 있다는 사실을 보여주는 것이었습니다."

1917년 10월 15일, 마침내 진료소가 문을 열었다.[5] 치과는 특별히 고안된 37개

---

5. 자신들의 부친인 고(故) 프랭크 리터를 기리기 위해 아델리나 리터 슘웨이 부인과 로라 리터 브라운 부인이 치과병원에 30점의 장비를 기증하였다. 이사회 회장이었던 윌리엄 바슈는 아이들 병동의 가구들과 장식을 제공하였으며, 루돌프 호프하인즈 부인은 초기의 이사진이었던 자신의 남편 고

의 치료실을 갖추었으며, 31개의 추가 치료실을 위한 시설도 준비하였다. 그런데 주로 이 병원에 맞게 고안된 이러한 치료실 구조는 그 이후 미국에서 선구적이라고 하는 치과에서는 거의 대부분이 채택하는 치료실의 모델이 되었다.

비뚤어진 치아를 바로잡는 치과 교정과는 가장 중요한 부서 중의 하나였으며, 취학아동들의 치아를 청결히 하는 작업은 면허증을 가지고 있는 치의사들과 치위생사들이 하였다. 치위생사들은 진료소가 운영하고 있던 치위생사학교에서 교육을 받은 이들이었다. 이 학교가 설립되면서 젊은 여성들에게는 새로운 직업이 생기게 되었다. 예방의학팀에게는 의자, 엔진, 기구, 소독장치 등으로 구성된 휴대용 장비가 제공되었으며, 세심하고 정확한 관리하에 이들은 1년에 두 번씩 학교 순회 서비스를 실시하였다. 슬라이드를 이용하여 구강 위생과 다른 의학 문제에 관한 시각 자료를 보여주면서 강의를 하기 위해 진료소에서는 강사를 채용하였다. 치석을 벗겨 낸 후에 구강 상태나 병리학적 상태를 관찰하였고, 치과 치료를 더 해야 할 경우에는 기록 카드 2개를 만들어 하나는 선생님과 부모가 보관하고, 다른 하나는 진료소에서 보관하여 환자의 증세를 차후에 쉽게 파악할 수 있게 하였다.

청결한 치아의 중요성에 대한 소책자 수천 권을 영어, 이태리어, 이디시어, 폴란드어로 인쇄하여 홍보 수단으로 부모들에게 보내어 유치가 나오자마자 아기들을 진료소로 데리고 오게 하였다. 그 다음 방법으로 아이들이 16세가 될 때까지 지속적으로 환자를 관리할 계획을 세웠다. 몇 년간의 경험을 통해 이러한 방법이 현명한 방법이었다는 것을 증명해 주었으며, 궁극적으로는 다음 세대들에게 엄청난 혜택을 주는 방법과 자료를 표준화해 주었다. 일례로 교정과의 경우 많은 아이들이 외모가 더 나아지고 입 부분이 더 편안해졌을 뿐만 아니라 아치 형태의 치아 구조를 넓혀서 언어 능력이 향상되었으며, 정신지체아들도 복잡한 턱에서 발견되곤 하는 신경 압박을 제거함으로써 도움을 받았다.

처음부터 이 병원은 '대량 진료'를 기초로 하고 있었다. 3년 동안 세운 기록은 놀라운 것이었다. 1919년 한 해에만 46,521건의 치아 치료, 19,593건의 뿌리 치료,

---

(故) 루돌프 호프하인즈 박사를 기리기 위해 연구실험실의 가구들과 장비들을 제공하였다. (로체스터 치과병원의 연간 보고서, 1928)

오래전부터 계획해 온 일의 새로운 틀을 짜다

1,238건의 뿌리 봉합, 13,049건의 아말감 봉합, 1,523건의 합성 봉합, 15,268건의 시멘트 봉합, 142건의 구타페르차(gutta-percha) 봉합, 174건의 질산은 치료, 77건의 펄프 캡 치료, 31건의 크라운, 3건의 인레이(inlay) 치료, 4,117건의 교정 치료, 635건의 디바이탈라이제이션(devitalization), 11,997건의 발치, 351건의 X-레이 촬영을 하였고, 사람들이 병원을 방문한 횟수는 총 48,813번으로, 그 중에 42,994번은 최소 진료비인 5센트만 받았다.

"병원이 설립된 이후 로체스터 취학아동의 전반적인 위생 상태가 눈에 띄게 좋아졌다. 아이들의 청결한 구강은 삶을 편안하게 해주고 많은 혜택을 얻게 해준다는 사실을 충분히 교육시킨 결과 예상하진 못한 곳에서도 상황이 개선되었다. 로체스터 시당국과 시민들은 이 사업을 강력하게 지지하였다. 교육위원회, 보건국, 의사들과 치과의사들이 진심으로 협력하였으며, 지금까지 얻은 성과는 대부분 그들의 협조와 지지에 의한 것이다"라고 버크하트 박사는 보고하였다(1920).

1920년 여름에 이미 이 병원은 새로운 아이디어가 떠오르게 하는 데 도움을 줄 정도로 큰 성과를 거두었는데, 그 아이디어는 결국 로체스터에 대형 의료시설을 세우기 위한 사업 계획을 가져왔다. 1920년 6월 25일에 이스트먼은 이사진에게 다음과 같은 서한을 보냈다.

"치과진료소가 처음 설립될 때 저는 치과진료소가 지금까지 시도된 것 중에서 가장 높은 수준의 치과 교육이라는, 위대한 사업에 참여할 기회를 갖게 될 것이라고는 예견하지 못했습니다. 병원이 문을 연 이후에 나는 여러 차례에 걸쳐 책임자인 버크하트 박사와 치과 교육의 필요성이 커지고 있다는 사실에 대하여 논의하였지만 이를 구체적으로 실현할 수 있는 방법은 찾지 못했습니다. 로체스터 대학과 연계하여 대규모 의과대학을 설립한다는 계획이 나오자, 나는 그 계획이 치과진료소와 대학 간의 협력을 통해 많은 목적을 달성할 수 있는 기회를 제공할 것이라는 사실에 매우 기뻤습니다. 이러한 식으로 협력을 맺는 것은 현재 병원 사업을 방해하지도 않으면서도 병원을 설립할 때 우리가 생각했던 것보다 더 큰 목적을 달성할 수 있는 방식으로 이루어져야 한다고 생각했습니다. 이러한 식으로 협력을 맺으려면 병원 이사진과 대학 이사진이 긴밀하게 협조해야 할 것입니다. 현재의 상황에서 볼 때 이러한 협조가 이루어지지 않을 것이라고는 생각하지 않지만, 새로운 상황이 발생하여 일을 좀더 어렵고 복잡하게 만들 수도 있습니다. 이러한 이유에서 내가 원하는 것을 체계적으로 서술할 수 있는 만큼은 기록으로 남겨 놓고 싶습니다.

치과진료소를 설립할 때 내가 생각하였던 주 목적은 로체스터와 그 주변 지역에 거주하는 아이들의 치아를 돌보는 것이었습니다. 병원의 진료 범위가 아무리 커진다고 해도 아이들의 치아 치료를 소홀히 해서는 안 되며, 진료소가 그 일을 해야 할 필요가 있을 때까지는 그 일을 계속해야 한다는 것이 나의 소망입니다. 가능하면 이사회가 현명하고 합리적이라고 생각하는 규정에 맞춰 그 일을 확장했으면 합니다.

의학대학과 연계하여 치과진료소는 활동 범위를 확장함으로써 치의학을 전공하는 학생들이 실습을 할 수 있는 임상교실 역할을 해야 합니다. 이러한 목적을 달성하려면 진료소는 치의학과 학생들의 실습 교육을 위한 임상교실을 마련해 주기 위하여 진료소가 최대한 대학에 협력을 해야 한다는 것이 저의 바람이자 요청입니다. 진료소를 치의학 교육을 위한 임상교실로 최대한 활용하려면 로체스터 대학과 치과진료소의 관계는, 진료소라는 독립된 조직이 허락하는 한, 로체스터 대학 의과대학에 부속하여 설립될 대학병원과 로체스터 대학의 관계와 같아야 합니다.

치과진료소가 필요없어지거나 이사회에서 진료소를 독립된 조직으로 유지할 필요가 없다고 판단될 때에는 진료소의 기부금을 포함하여 진료소의 부동산과 동산을 모두 로체스터 대학으로 양도하고자 하며, 그 재산은 주로 치의학 교육을 위해 사용되기를 바라지만 치의학 교육에 사용되지 못할 경우에는 전반적인 의학 교육을 위해 사용되기를 희망합니다.

여러분들이 치과병원에 많은 관심을 보여주고, 진료소가 로체스터 대학과 협력을 맺으면서 떠맡게 된 책임을 수행할 수 있도록 기꺼이 도와주신 것에 대하여 감사의 마음을 전합니다."

한편 1920년 7월 26일에 개원하게 될 광대한 편도선–임파선 병원 계획이 진행되고 있었다. 병원이 문을 열기 4일 전에 이스트먼은 윌리엄 바슈에게 다음과 같은

로체스터치과진료소

편지를 보낸다.

"치과진료소가 이비인후과 병원을 운영하고 특히 교정 치료가 많아지면서 예산을 충분히 확보해야 할 것이라는 판단이 들어 다음과 같은 제안을 합니다.

다음과 같은 조건하에 나는 치과진료소에 코닥 사의 보통주 1천 주를 양도할 것이며, 여기서 나오는 수익금은 필요하다면 위에서 말한 목적에 사용해도 좋습니다. 기부금을 내는 이사진들이 자신들의 출자 기한을 5년 더 연장하고, 기부금을 내는 회원으로 이사진의 공석을 보충한다는 조건입니다. 이사회에서 이 일에 많은 관심을 가지고 있다는 것을 알고 있으며, 이 일은 앞으로 진행하게 될 추가 사업에 필요한 모든 예산을 보장해 줄 것입니다.

내가 위에서 제안한 기부금에는 조건이 하나 더 붙습니다. 코닥 사 직원의 아이들에게는 치과진료소에서 치료를 받을 수 있는 일인당 가족 소득비율을 좀더 관대하게 적용해 아이들이 병원에서 실시하는 모든 진료를 좀더 쉽게 받을 수 있도록 하자는 것입니다."

로체스터 치과진료소가 만들어지던 무렵에 엄격하게 말하면 치의학의 범주에 들어가지 않는 몇 가지 증상을 다루게 될 구강외과가 필요하다는 사실을 깨닫게 되었다. 이는 선천성 구개파열, 언청이 그리고 편도선과 임파선이 확장되면서 발생하는 비강(鼻腔) 호흡 장애와 같이 적절한 치아 발달을 저해하는 경우로, 이러한 경우에는 교정이 가능하였다. 치의학 특히 치과 교정학 측면에서 만족스러운 결과를 얻을 수 있다면, 치아를 교정하기 전에 코와 목, 입이 될 수 있는 대로 정상적인 기능을 할 수 있는 상태로 만드는 것이 더 중요했다.

아이들은 충치 치료를 한 후에 코와 목, 입에 문제가 있는지를 검사한 다음에 치아 교정 치료로 넘어간다. 놀랄 정도로 많은 아이들이 코로 숨쉬기가 힘들 정도로 편도선과 임파선이 비대하여 턱을 포함한 입 부분이 정상적으로 발달하지 못하고 있었다. 그 결과 아치 형태의 윗니 구조가 좁아졌으며, 치아가 정상적으로 발달하지 못하는 경향을 보였다.

이에 따라 치과진료소에서는 18개의 수술대를 갖춘 구강외과를 만들게 되었다. 18개의 수술대는 치아를 치료하러 정기적으로 내원하는 환자들 가운데 수술

오래전부터 계획해 온 일의 새로운 틀을 짜다

치료가 필요한 환자들을 돌보기에 충분하였다. 일주일에 3일간 수술 치료를 함으로써 구강외과는 치아 발달과 직접적인 관계를 갖고 있는 편도선과 임파선 환자들을 진료할 수 있었다. 치과 치료에 직접적인 관계가 있는 경우에만 편도선과 임파선 수술을 해주려고 구강외과를 만든 것이었다.

진료소를 찾는 환자들을 진찰하는 과정에서 치아 발달을 저해할 정도는 아니지만 편도선 질환을 앓고 있는 경우가 많다는 사실이 발견되었다. 그러한 편도선 질환에 걸리면 전체적으로 볼 때 아이의 건강에 해롭지만 아이의 부모는 나 몰라라 하고 있었다. 정기적으로 진료소를 찾는 환자뿐만 아니라 로체스터 인근 지역이나 로체스터에 거주하는 아이들이 얼마나 이러한 질환을 앓고 있는지를 확인하는 조사조차 거의 이루어지지 않고 있었다.

지난 몇 년 동안 로체스터의 종합병원에서는 편도선과 임파선을 떼어 내는 진료소를 운영하였고, 상당히 많은 환자들을 치료하였다. 그렇지만 진료소 규모가 너무 작아서 수술을 하려면 몇 달씩 차례를 기다려야 했다. 따라서 로체스터와 인근 농촌 지역에서 그러한 편도선과 임파선 질환을 앓고 있는 아이들이 많고 계속 늘어나고 있다는 사실을 확인해야만 응급진료소의 필요성을 깨달을 수 있었다.

로체스터 치과진료소에서 치료를 받은 아이들에 대한 자료, 보건국의 관할하에 학교와 조사관, 간호사 들이 작성한 보고서, 다양한 아동복지 단체의 직원들이 작성한 보고서, 농촌 지역의 간호사들이 작성한 보고서, 내과 의사와 외과 의사들의 증언은 수술이 필요한 환자의 수가 엄청나다는 것을 보여주었다. 환자 수가 이렇게 많아진 것은 다음과 같은 이유 때문이었다.

세계대전으로 인한 개인 병원과 종합병원 의사 부족, 전쟁 이후 늘어나는 환자 수를 병원이나 진료소 수가 따라가지 못했다는 사실, 편도선이나 임파선 질환의 증상과 어릴 때 수술을 하는 것이 중요하다는 사실에 대한 부모들의 무지와 무관심, 일반 개업의들이 청구하는 비용을 지불할 수 있을 만큼 환자 가족들이 경제적으로 넉넉하지 못했다는 점들이다.

이러한 상황 때문에 이스트먼과 버크하트 박사는 큰 걱정을 하게 되었다. 두 사람 모두 편도선과 임파선을 떼어 내거나 치료하지 않는 한 질병 예방 차원에서

조지 이스트먼

진료소가 정기적으로 실시하는 치과 의료사업이 그다지 큰 성과를 얻을 수 없을 것이라는 사실을 알고 있었다. 그러한 질환을 앓는 아이들은 치아 상태와 구강 상태는 호전시킬 수 있지만 목 수술을 받지 못한 상태에서는 어차피 편도선이나 임파선 질환을 계속 앓으면서 공부하고 일하고 성장할 수밖에 없었다. 치료를 요하는 환자들이 급격하게 늘어나 비상조치를 취하지 않고서는 상황을 정리할 수 없을 정도가 되었다. 그 결과 많은 내과 의사들과 외과 의사들이 상의하고 협의를 한 후에 7주에 걸쳐 집중 클리닉을 운영할 계획을 세웠다. 클리닉에서는 주당 200회 다시 말해 총 1,400회의 수술을 할 계획이었다. 기록에 따르면 1,470명의 아이들이 수술을 받았다.

이는 시 보건공무원이었던 조지 골러 박사의 지휘하에 행해진 공립학교의 실태 조사로 이어졌다. 그는 27,748명의 아이들이 편도선-임파선 수술을 받아야 한다고 발표하였고, 이에 따라 1921년 초 좀더 규모가 큰 진료 계획을 세우게 되었다.

이스트먼은 캐나다 코닥 사의 사장이었던 팔머에게 다음과 같은 서신을 보냈다. "최근에 나는 의료사업에 너무 많은 관심을 가지게 되어 마치 내 자신이 의사가 된 기분이군요. 로체스터 치과진료소가 지난 여름에 편도선-임파선 클리닉을 운영하여 성공을 거두었다는 소식을 들었을 것입니다. 그 클리닉에 관한 소개책자를 따로 포장하여 보내드립니다. 지금은 시 전체를 정화할 목적으로 좀더 큰 사업을 추진 중입니다. 우리는 30주 동안 주당 6백 명 정도의 환자를 돌볼 계획입니다. 나는 수술에 대하여 너무 많은 것을 보고 들어서 내가 직접 수술을 할 수도 있을 것 같은 생각이 듭니다. 만일 편도선에 문제가 생긴다면 내게 알려 주십시오. 제가 곧바로 달려가서 문제를 해결해 드리겠습니다. 편도선 진료사업 외에도 나는 이곳에 새로운 의과대학을 세우는 데 관심을 갖고 있습니다. 지난주에 하루는 볼티모어의 존스 홉킨스 병원에서 온종일 있었고, 뉴욕의 록펠러 병원에서 반나절을 보냈습니다. 모든 것이 매우 재미있었습니다."

리스 박사와 이스트먼은 존스 홉킨스 병원을 함께 방문하였고, 이스트먼은 로체스터로 돌아와서 존스 홉킨스 병원의 윈포드 스미스 박사에게 다음과 같은 서한을 보낸다.

오래전부터 계획해 온 일의 새로운 틀을 짜다

"우리는 1월 10일 월요일에 편도선 클리닉을 새로 개원할 예정입니다. 이 클리닉은 하루에 80명의 환자를 돌볼 수 있는 시설을 갖추었고, 일주일에 5일간 진료할 예정입니다. 그리고 병원 4곳과 치과진료소에서 주당 200명의 환자를 더 치료하면 모두 합해서 매주 600명의 환자를 치료할 수 있습니다. 치료할 아이들만 있다면 30주간 운영할 계획입니다.

존스 홉킨스 병원을 방문하게 되어 영광이었으며, 문외한인 저는 많은 것을 보고 배웠습니다. 어쨌든 저는 이 병원의 진료 활동을 알게 되었고, 이곳에서 만난 모든 분들이 리스 박사와 제게 친절을 베풀어 주신 데 대해 진심으로 감사드립니다."

이스트먼의 관심이 모두 이 프로젝트에 가 있었다는 것은 의심할 여지가 없었다. 대형 영화제작자와 배급자 그리고 브룰래투어의 협조로 이스트먼은 '어린이'용 코미디 영화를 무료로 이용할 수 있었다. 이스트먼은 유나이티드 아티스트 사의 히람 에이브람스에게 다음과 같은 편지를 보내어 더글라스 페어뱅크의 영화 한 편에 대하여 고맙다는 인사를 하였다. "지난 여름에는 모든 것이 아이들의 환심을 사 심지어 수술을 다시 받으려고 하는 아이들도 있었다고 알고 있습니다." 에이브라함 플렉스너 박사에게 그는 "난 지금 너무나도 활기가 넘치니 이곳에 오시면 조심하십시오"라고 말했으며, 그의 오랜 친구인 배보트에게는 "자네를 만나 세계사를 다시 쓰고 싶으니 뉴욕에 갈 것인지 여부를 내게 알려 주게"라고 말하기도 하였다.

두 번째 편도선-임파선 클리닉도 성공을 거둔 후에 이스트먼은 버크하트 박사에게 다음과 같은 편지를 보냈다. "박사님이 마무리 작업을 해서 그러한 성과를 얻지 못했다면 제가 시설과 유지비 일부를 제공한다 해도 아무 소용이 없을 뻔했습니다. 제가 주목하고 있는 것은 선생님이 없었다면 그러한 결과를 얻을 수 없었다는 것입니다. 이러한 결과를 얻을 수 있었던 것은 선생님이 다른 사람보다 더 큰 열정을 갖고 더 많이 노력하였기 때문이라는 사실을 저는 잘 알고 있습니다. 선생님이 생동감 넘치는 표현으로 스스로 기분을 풀고, 유머감각을 갖고 사물을 바라보는 시선이 위기를 극복할 수 있게 해주었다고 생각합니다. 선생님의 유머 감각은 우리가 그 어떤 문제를 놓고 의논할 때마다 제게 즐거움을 주었습니다."

조지 이스트먼

버크하트 박사가 휴가를 떠났던 1921년 봄에 이스트먼은 그에게 최근 소식을 재미있게 적어 보냈다.

"선생님이 증기선에서 보내신 3월 21일자 편지를 어제 받아 보았고, 플렉스너가 이야기했다는 내용을 무척 재미있게 읽었습니다. 플렉스너는 로체스터에 출몰했다가 사라진 가장 나쁜 노상강도입니다. 그는 내게 일자리를 하나 마련해 주고는 내가 힘겹게 벌어서 저축해 놓은 돈을 몽땅 털어 가 버렸습니다. 그가 '제휴를 맺고 있는' 병원의 졸업식에서 연설을 하기 위해 6월 2일에 이곳으로 온다는 소식을 들었습니다. 단상에서 그의 옆에 앉아 달라는 요청을 받았지만, 그가 나를 또다시 최면에 빠뜨리지 못하도록 아마도 이곳을 떠나 있을 것 같습니다.

박사님이 떠난 후에 치과진료소를 한 번밖에 들리지 못했습니다. 세인트루이스에서 온 라이온버거 데이비스 부부와 함께 그곳을 둘러본 것은 지난 월요일이었습니다. 이들은 물리건과 나와 함께 일본 여행을 하였습니다. 데이비스는 공공사업에 많은 관심을 가지고 있고, 이들은 둘 다 진료소에 대하여 큰 열정을 가지고 있었습니다. 매스가 우리에게 여기저기를 보여주었고, 아주 좋은 인상을 심어 주었습니다. 나는 그들에게 선생님에 대해 이야기를 해주었고, 그들은 선생님이 굉장한 사람이라고 생각했습니다. 나는 젊은 여성들의 기숙학교를 관리하고 훌륭한 학생을 선발하는 데 보여준 선생님의 능력을 특별히 강조하였습니다. 데이비스는 한 외과 의사에 관한 재미있는 이야기를 들려주었습니다. 한 유명한 외과의사가 일단의 수련의들 앞에서 개인 환자의 개복 수술을 하고 있었던 모양입니다. 수련의 중 한 젊은 친구는 항상 어리석은 질문을 했습니다. 의사 선생이 환자에게 칼을 대자 이 수련의가 '박사님, 무슨 수술을 하는 겁니까?'라고 질문했답니다. 이미 모든 상황을 설명한 뒤였기 때문에 의사는 참을 수 없다는 듯이 '1천 달러'라고 대답했답니다. 인턴은 다시 '안 되지요. 환자가 무엇을 가지고 있습니까(무슨 병에 걸렸습니까)?'라고 물었답니다. 의사는 '젠장, 방금 이야기하지 않았나? 1천 달러'라고 대답하였답니다."

이때쯤에는 이미 세계 각지의 조사단과 방문단이 이곳을 찾고 있었다. 관심을 끄는 사람 중에 시카고의 로젠월드라는 사람이 있었는데 그는 미국병원협회 봉사

오래전부터 계획해 온 일의 새로운 틀을 짜다

국의 마이클 데이비스 박사가 실시한 조사를 후원한 바 있었다.

이스트먼은 1921년 8월 15일 로젠월드에게 다음과 같은 편지를 보냈다.

"당신이 꼭 이 보고서를 출판하여 배포해 주셨으면 합니다. 이 보고서는 모든 면에서 훌륭한 것처럼 보이며, 이 내용이 발표되면 일반 대중을 위한 치의학의 발달에 관심을 가지고 있는 사람들의 생각을 구체화하는 데 있어 일반인들이 매우 중요한 역할을 하게 될 것입니다. 이제부터 언급할 한 가지 사항을 제외하고는 데이비스 박사의 결론에 전적으로 동의합니다. 그리고 앞에서도 밝혔듯이 이 보고서를 출판하게 되면 앞으로는 실질적이고 효율적인 방향으로 노력을 기울일 수 있도록 도움을 줄 것이라고 생각됩니다. 데이비스 박사가 포함시켰으면 하는 사항이 한 가지 더 있습니다. 우리가 병원을 따로따로 분리하는 것보다는 종합병원을 선호하는 이유는 병원을 관리하기가 힘들기 때문이라는 사항을 포함시켰으면 합니다. 이 문제에 관심을 가지고 있는 지방 사람들 중에는 병원을 따로따로 분리하는 방법을 권한 사람도 있습니다.

참고로 말씀드립니다만 우리가 병원을 여러 개로 분리할 것인지 혹은 종합병원을 세울 것인지에 대한 문제는 치과진료소를 짓기 전에 상세하게 논의하였고, 나는 학교마다 병원을 따로 분리하여 세운다면 그 사업에서 손을 떼겠다는 결론을 내렸습니다. 이러한 결정을 내린 이유는 작은 병원이 여러 개 있으면 체계적인 관리가 불가능하기 때문입니다. 젊고 미숙한 의사들이 수술을 하게 되는 일은 불가피합니다. 그러한 의사들을 엄격하게 관리하지 못하는 상태에서 그들이 수술을 하도록 내버려 둘 수는 없습니다. 따라서 병원은 최고 수준의 관리 의사가 그 병원에서 직접 근무할 수 있을 정도로 커야 합니다. 치과진료소를 계속 운영해 온 버크하트 박사의 경험을 통해서도 우리는 종합병원을 선택한 것이 현명하였다는 결론을 내리게 되었습니다. 관리 의사가 이 학교 저 학교로 다녀서는 그처럼 체계적으로 관리할 수 없습니다.

종합병원에는 우리가 간과할 수 없는 이점을 하나 갖고 있습니다. 치과대학 졸업생들이 졸업 후 그곳에서 실습 과정을 거칠 수 있다는 것입니다. 선생님도 알고 계시겠지만 현재 미국의 치과대학은 플렉스너 보고서가 만들어질 당시의 의과대학과 같은 상황에 놓여 있습니다. 졸업생들은 지식과 기술이 형편없이 부족하며, 일반 진료를 하기 전에 졸업 후의 실습 과정을 거쳐야 합니다.

광범위한 치과진료 계획에서 가장 어려운 문제 하나는 미숙한 의사들을 관리할 만한 능력을 가진 사람을 구하는 것입니다. 그러한 능력을 가진 사람은 거의 대부분 자기 환자를 갖고 있어 자선단체에서 지급할 수 있는 것보다 훨씬 더 많은 수익을 올리는 이들입니다.

데이비스 박사의 보고서는 문제를 분명하게 이해하고 적절한 충고를 한다는 점에 있어서 플렉스너의 보고서와 견줄 만하다고 생각됩니다. 상황을 이해하는 데 그처럼 귀중한 공헌을 해주신 것에 대하여 진심으로 감사드립니다."

치과진료소의 사업 규모와 영향력은 계속 증가하여 몇 년 뒤에는 부모들이 자녀들에게 예방치과 치료를 해주지 못하는 16세 이하의 로체스터 아이들은 거의 대부분 진료소에서 치료를 받게 되었다. 치과진료소는 이러한 직접적인 진료 외에도 치과는 아프고 무서운 곳이라는 아이들의 편견을 없애는 데 성공하였다. 로체스터 아이들에게 치과 진료는 놀이와 같은 것이었다. 아이들은 소풍 온 것처럼 진료소를 드나들면서 야단법석을 떨었다. 11년 동안 아이들은 거의 75만 회 이상 진료소를 방문하였다. 이외에도 진료소 측에서 직접 학교를 찾아가 1백만 회 정도의 예방 치료를 하였다. 상황이 이러하였으므로 이스트먼의 열정이 점점 더 커진 것은 결코 놀라운 일이 아니다.

이스트먼은 치과진료소와 동시에 또 하나의 프로젝트를 추진하고 있었는데 그 프로젝트는 로체스터 시립연구소를 설립하는 일이었다. 이 연구소를 통해 이스트먼은 지역공동체에서 필요로 하는 것뿐만 아니라 전 영역의 공공문제에 대하여 연구할 수 있기를 바랐다.

대부분의 미국 도시들이 그랬던 것처럼 로체스터 시도 실험을 거듭하여 지역사회가 성장하면서 요구사항이 바뀔 때마다 시정 형태를 바꾸었다. 로체스터는 총 9개의 칙허장을 갖고 나서야 시정담당관 계획이 채택되었다.

이스트먼은 젊었을 때부터 시정에 관심을 가졌지만 지역 정치에는 적극적으로 참여하지 않고 있었다. 그렇지만 그 전에 뉴욕 시립연구소에 기부를 하였던 적

오래전부터 계획해 온 일의 새로운 틀을 짜다

이 있기 때문에 1915년 4월 20일, 로체스터에 이와 비슷한 연구소를 설립하기로 한다. 뉴욕 시립연구소가 로체스터를 조사하고 난 뒤에 로체스터 시립연구소가 설립된다.

책임자인 스테픈 스토리는 다음과 같이 설명하였다.[6]

"로체스터 시립연구소는 다른 연구소와는 근본적으로 다르다. 도시와 연구소가 완벽한 협동작업을 하는 연구소는 이곳뿐이다. 다른 연구소들은 폭넓고 다양한 집단에 속한 사람들에게 후원을 받고 있기 때문에 연구소 운영기금을 모금하려면 연구소에서 하는 일과 연구소가 바람직한 일을 한다는 것을 다소 상세하고 광범위하게 홍보해야 한다. 다른 연구소들은 자신들의 사업에 지원이 필요하므로 연구소가 이룬 업적에 사람들의 관심을 집중시키려고 한다. 이는 완벽한 협동작업을 방해하지 않을 수 없다. 만약 시 공무원이 연구소 측에서 제시한 제안을 수용하여 그가 속한 부서가 더 높은 작업 성과를 올리게 되었는데, 연구소 측에서 자신들이 관여했기 때문에 그러한 성과를 올릴 수 있었다고 홍보한다면 시 공무원은 그 다음부터는 연구소의 제안에 시큰둥하게 된다. 로체스터 시립연구소의 방침은 연구소와 연구소 직원들, 이사진들은 표면에 나서지 않고 실제로 작업을 한 시 공무원들에게 모든 공적을 돌리고 있었다.

우리는 공업기술이나 회계, 전반적인 시정 사업에 경험이 있는 고문단을 갖고 있다. 우리를 '전문가'라고 부르는 경향이 있는데 우리는 전문가라는 말에 거부감을 느낀다. 왜냐하면 우리는 시정과 관련된 모든 문제에 대해 권위자라고 할 수 있을 정도의 전문적인 경험을 갖고 있지 않다고 생각하기 때문이다. 우리가 하는 일보다는 여러분, 변호사나 은행가, 세일즈맨, 광고 매니저, 공학자 등이 하는 일이 더 전문적이다. 우리는 행정학을 연구하는 사람들이 모인 집단일 뿐이다. 우리들 중에는 공학, 공공 토목공사, 공익사업, 교통 및 경찰 업무, 회계 및 지방자치 재무와 같은 특정 분야에서 전문가인 이들도 있다."

책임자인 스토리는 연구소의 사업을 다음과 같이 분류하였다.

---
6. 1926년 2월 27일.

"1) 다양한 종류의 쓰레기 수거 장비와 부대 시설에 대하여 연구하여 로체스터 시가 쓰레기 수거 서비스를 개선하기 위해 구입할 수 있는 가장 경제적인 장비를 찾는 일.

2) 시 재산을 평가하는 체계적인 방법을 구축하여 평가자를 돕는 일.

3) 공설시장을 활용할 수 있는 보다 나은 방법을 연구하고 시장을 확대하기 위한 적절한 시기를 결정하는 일.

4) 로체스터의 병원들을 위해 중앙화된 회계 시스템과 원가분석 방식을 고안하는 일. 이 일을 하려면 새로 세운 시립병원과 로체스터 대학 사이의 회계 관계를 먼저 검토해야 한다.

5) 작업에 최대한 지장을 주지 않으면서 여러 부서를 커트 가에 있는 신관으로 옮기는 일에 대한 계획.

6) 로체스터에 있는 다양한 사회봉사 단체에 관한 통계자료 및 역사 자료가 될 '로체스터 시의 사회사업 규모와 비용'에 관한 보고서의 두 번째 부분을 준비한다.

7) 지하철 운행에 대하여 시장 자문위원회의 봉사기관 역할을 한다. 위원회를 위한 사무직이나 비서직 업무부터 보고서의 준비를 돕는 일에 이르기까지 모든 업무를 포함한다.

8) 초등학교 한 곳의 운영 실태를 연구하여 좀더 효율적인 작업 배치가 가능한지를 판단한다."

로체스터 시립연구소는 로체스터를 위한 시정담당관 계획을 세우기 위해 다른 도시 출신의 전문가들을 고용하였다. 1922년 봄, 세부 계획이 준비되었고, 이스트먼은 지도자 몇 명에게 이 사실을 알렸다.

"『데모크래트 앤 크로니클』지는 이 문제를 사설을 통해 공개할 듯하며, 이 신문은 시정담당관 계획이 현재 시행하고 있는 것보다 낫고, 로체스터 시민들이 그 계획을 원한다면 새로운 계획을 시행해야 한다는 것을 조지 알드리지 씨가 말해 주기를 바랍니다. 이는 이 문제를 신문지상에서 공개적으로 논의할 수 있게 해줄 것입니다. 나는 언론에서 상당히 많은 관심을 갖고 그 문제를 다룰 것이라는 확신을 갖고 있습니다. 특히 캠페인에 대하여 1년 이상을 계속 보도해 온 『타임스-유니

오래전부터 계획해 온 일의 새로운 틀을 짜다

온』지와 기관지인『데모크래트 앤 크로니클』지의 경우는 더욱 그럴 것 같습니다. 여기에 계시는 동안에『데모크래트 앤 크로니클』지의 회장인 허버트 윈 씨,『타임스-유니온』지의 경영자인 프랭크 가넷 씨나 어윈 대븐포트 씨,『익스프레스』지의 프랜시스 미첼 씨,『헤럴드』지의 루이스 앤티스데일 씨를 만나 보시길 바랍니다.『익스프레스』지는 공화당계 신문이고,『헤럴드』지는 민주당을 지지하기는 하지만 독립적인 신문입니다. 이들 모두를 설득하려면 많은 시간이 소요될 것이라고 생각하고, 시정담당관 칙허위원회를 제안하는 것은 아직 시기상조일 수도 있습니다."

사람들을 설득하는 과정은 몹시 느렸지만 겨울이 세 번 지나가자 로체스터는 계획을 실행에 옮기기를 원했다.

1925년 봄, 연구소는 24개 도시의 시정계획위원회에 대한 연구를 마치고 로체스터 캠페인을 위한 정보를 수집하였다. 이는 로체스터 역사상 가장 뜨거운 정치적 논쟁을 촉발하였다. 칙허장의 초안이 연구소에서 작성된 다음에 네 명의 전문가들에게 제출되었다. 그들은 헌법학 교수로 현재 콜럼비아 대학의 학장인 하워드 리 맥베인 교수, 로체스터의 변호사인 아이삭 앨더와 찰스 피어스, 웨스턴 리저브 대학의 정치학 교수인 해톤 교수이다.

개표가 끝나자 3년간의 교육 캠페인이 아무것도 얻지 못한 것은 아니라는 것이 분명해졌다. 시정담당관 계획이 승인을 받았고, 책임자인 스토리 씨가 시정담당관으로 임명되었다.

1917년 가을, 이스트먼은 워싱턴에서 정부를 설득하기 위해 환자들을 건강하게 치료하여 사회로 복귀시키는 병원을 세울 때 참조하기 위한 로체스터와 관련된 사실 몇 가지를 정리하였다. 이스트먼은 "산업적, 교육적, 사회적, 종교적 측면에서 볼 때 로체스터는 환자들을 유익하고 생산적인 시민으로 되돌아갈 수 있게 만드는 병원을 설립하기에 이상적인 곳"이라고 주장하며, 다음과 같은 이유를 들어 이러한 의견을 뒷받침하였다.

"1) 로체스터에는 1,700여 개 정도의 제조업체가 있다. 이들 중에는 소규모 업체가 많다. 따라서 경영진은 신입사원이 들어올 때 개인적으로 관심을 기울일 수 있다.

조지 이스트먼

　2) 로체스터에서는 325개 이상의 상품이 만들어지고 있다. 따라서 노동자들이 일할 수 있는 분야가 매우 다양하다.

　3) 로체스터에서 생산되는 물건은 대부분 무게는 가볍고, 부피는 작고 가격이 높기 때문에 힘보다는 기술을 요구하는 제품들이다. 예를 들어 온도계, 광학 제품, 카메라, 사진용품, 의류, 신발, 카본 인화지, 타이프라이터 리본, 상아로 된 단추, 치과용품 등 이 모든 제품에 있어서 로체스터는 세계 최고이거나 상위를 차지한다.

　4) 노동 조건이 가장 양호하다. 위생적인 공장, 개화된 경영진, 높은 임금.

　5) 로체스터의 학교교육, 교회, 주택 소유, 공원 및 놀이터를 통해서 알 수 있듯이 도시의 정신과 시민들의 이상이 높아 재조정 사업이나 사회복귀 사업에 상당히 큰 도움을 준다.

　6) 로체스터라는 지역사회는 무엇인가를 연구하고 개선하려고 하는 태도를 갖고 있다. 공립학교의 학생만 계산에 넣어도 25만 명의 시민 중에 4만 명이 넘는 사람이 어떤 식으로든 학생이라는 사실만으로도 그것을 입증할 수 있다.

　7) 로체스터는 처음부터 2차 기술교육을 육성하여 왔다. 이는 수만 명의 학생들이 기술학교의 주간반이나 야간반에서 보충수업을 받았다는 사실을 통해 알 수 있다."

　로체스터는 다양한 산업이 존재하는 도시였지만 세계 제일의 사진 도시가 되면서 크게 발전하였다. 제네시의 '그레이트 폴'에서 5백 야드 떨어진 로체스터 중심부에는 16층짜리 건물이 서 있다. 이 16층 건물의 옥상 위에는 '코닥(Kodak)'이라는 마술 같은 다섯 글자가 새겨진 전광판이 있다. 16층 창문에서 내려다보면 주변 지역이 모두 보인다. 동쪽으로 가 보면 '포 코너(Four Corners)'라고 부르곤 하는 '이스트 가와 스테이트 가의 교차로 근처에 오래된 아케이드'가 있다. 그곳은 1854년에 이스트먼의 부친 조지 워싱턴 이스트먼의 상업학교가 있었던 곳으로, 그의 아들(조지 이스트먼)은 남북전쟁이 끝난 후에 그곳에서 사환으로 일했었다. 이곳에서 한 블록 떨어진 곳에는 로체스터 저축은행이 있다. 1879년 이스트먼은 이 은행에서 사무보조로 일하면서 사진산업과 관련된 자신의 첫 발명품을 만들었다.

　이처럼 오래된 건물들이 현대식 상가나 사무실 건물과 뒤섞여 로체스터의 상

오래전부터 계획해 온 일의 새로운 틀을 짜다

업지구를 형성하고 있다. 이곳에 상공회의소와 기계학교도 있다. 기계학교는 두 블록을 차지하고 있다. 이스트먼 극장, 킬본 홀, 음악대학, 로체스터 치과병원, 시립병원 그리고 언젠가는 이 도시의 중심 지구에 포함될 일단의 건물들이 각기 다른 지역에 흩어져 있다. 도시에서 몇 마일 떨어진 곳에 의과대학과 스트롱 기념병원이 새로 세워졌고, 그 근처에는 로체스터 대학의 새 건물과 교정이 완성을 목전에 두고 있다. 6마일 밖의 호수 앞에는 두란드-이스트먼 공원과 동물원이 488에이커에 걸쳐 펼쳐져 있다.

코닥 건물의 16층에서 서쪽으로 바라보면 샬로테의 온타리오 호숫가 쪽으로 코닥 사의 양수장이 보인다. 양수장에서는 24시간마다 1천만 갤런에서 1천2백만 갤런의 물을 퍼올리고, 코닥 파크에서는 이 용수로 작업을 한다.[7] 코닥 파크는 그곳에서 2.5마일밖에 안 떨어져 있고, 면적이 4백 에이커에 달하기 때문에 잘 보인다. 코닥 파크에 있는 건물 180개의 바닥 면적을 모두 합하면 4백만 평방 피트가 넘는다. 코닥 파크 주위에는 수천 명에 달하는 직원들의 집이 있는데, 이 집들 중에는 직원저축조합에서 융자를 받은 집이 많다. 1890년까지만 해도 이 지역은 모두 농경지였고, 도시 경계선 바깥에 속했다.

코닥 건물 주위에는 카메라 공장과 계열사 건물들이 에워싸고 있는데 이 건물들은 두 블록에 걸쳐서 스테이트 가를 마주하고 있다. 강 건너 북쪽에는 호크아이 공장이 있는데, 이곳에서는 렌즈와 과학 연구장비를 제작하고 있다.

이는 이스트먼이 로체스터에 갖고 있는 재산의 일부이다. 그러나 건물이 완성되어 로체스터 시의 성장과 번영에 이바지하게 되면서 이스트먼은 사유재산을 갖는 일보다는 관청이나 공공시설이 모여 있는 도시 중심지구를 건설하는 일에 관심을 가지게 되었다. 그는 도시 중심의 공관 지구를 재건하는 일에 관심을 가졌다. 로체스터는 너무 비대하게 성장해 100년 전에 계획성 없이 아무렇게나 지어 놓은 공공건물들이 감당하기에는 어려운 도시가 되었다. 도심 중심가가 필요했으며, 이스트먼은 여느 때와 마찬가지로 로체스터를 현대화시키기 위해 자신이 실제로 할 수

---
7. 이 용량은 하루에 4천 5백만 갤런으로 증가되고 있다.

조지 이스트먼

있는 일을 찾았다. 1924년 6월, 도시의 공관 지구에 대한 문제가 또다시 대중들의 관심사로 떠오르자 이스트먼은 강변에 있는 오래된 킴벌 담배공장을 사들였다. 그 공장은 좀더 현대적이고 아름다운 도시를 짓는 계획에 활용하게 될지도 모를 중요한 사유재산 중의 하나였다. 거래가 성사되자 그는 클래런스 반 잔트 시장에게 다음과 같은 제안을 하였다.

"로체스터 시는 이 건물을 소유할 수 있으며, 3년 동안 임대료 없이 시청으로 이용할 수 있습니다. 이 기간 동안에는 로체스터 시가 세금과 납입금 및 유지비를 모두 지급해야 하며, 로체스터 시는 시청 업무에 맞게 건물을 수리하거나 개조할 수 있습니다. 3년 뒤 로체스터 시는 제가 이 건물을 살 때 지불한 50만 달러를 초과하지 않는 가격으로 이 건물을 사들일 수도 있고, 해마다 그 가격의 5퍼센트를 초과하지 않는 임대료로 그 건물을 임대하여 이용할 수도 있습니다.

시 당국이 이 제안을 받아들인다면 저는 다음과 같은 두 가지 상황이 일어날 것이라고 봅니다. 첫째, 기획위원회가 강 중간에 있는 그 부지를 영구적인 시청 자리로 추천한다면 메인 가에 도시 공관 지구를 세우겠다는 계획과는 상관없이 시 당국은 피추휴 가 프로젝트를 진행시키지 않을 것이라는 것입니다. 그리고 둘째, 시 당국은 그 프로젝트를 실행하지 않아서 남게 된 예산을 새로운 시립병원을 짓는 일에 쓰게 될 것입니다. 시 당국은 로체스터 대학과 시립병원을 짓겠다는 합의를 하였습니다. 병원의 절반은 그 즉시 완성하고 나머지 절반은 계약 시점으로부터 5년 안에 완성할 예정이었습니다. 그리고 시 당국에서는 콘크리트 구조물에 관한 계약을 이번 가을에 맞게 기일 내에 완성될 수 있도록 만들 것 등입니다.

나는 시 당국이 모든 사항을 고려하여 계약서에 따라 시립병원을 완성해야 할 의무가 있다고 생각합니다. 병원을 짓는 일이 이미 1년 이상 지연되었습니다. 또한 로체스터에 도시 공관 지구를 세우는 계획이 가장 우선되어야 합니다. 어떤 일도 그 계획에 방해가 되어서는 안 됩니다. 그 계획이 전체적으로 볼 때 실현 가능성이 없다는 것이 입증될 때에는 그곳에 건물 세 동을 새로 지어 도시 공관 지구를 만들 것입니다. 강 중간에는 시청을 세우고, 강 한 쪽에는 전몰장병기념비와 공회당을 세우며, 다른 한 쪽에는 공립 도서관을 세워 그곳은 규모는 좀 작아도 어쨌든 로

오래전부터 계획해 온 일의 새로운 틀을 짜다

체스터 시의 자랑거리가 될 것입니다. 나중에 그 계획이 바람직하지 않다는 사실이 확인된다면 계속 추진해야 할 의무는 없습니다.

좀더 규모가 큰 계획에 반대하는 가장 큰 이유는 수해를 입지 않을까 하는 우려 때문입니다. 그렇지만 강의 수위를 어느 정도는 조절할 수 있기 때문에 그 프로젝트를 실행에 옮기기 전에는 그러한 문제가 해결될 것으로 보입니다. 한편 도로가 메인 가 다리로 연결될 예정이기 때문에 화재가 강 전역으로 번지는 만일의 사태에 대비를 해야 하지 않을까 합니다.

저는 시장님이 제게 설명하였듯이 시청 건물을 증축하는 일에 즉각적이고 명확한 대비책을 세워야 한다는 것을 깨닫고 이 제안이 그 대비책이 될 수 있기를 바랍니다."

약속한 3년이 지나자 시 당국은 아주 낮은 가격에 건물을 임대하였다. 이 제안을 수용한다고 해서 시 당국이 어떤 특정 프로젝트를 실행해야 하는 것은 아니었지만 지역사회가 수년 동안 꿈꾸어 왔던 목표를 로체스터가 달성하는 것은 이제 시간문제였다.

그렇지만 시민의 의무라는 견지에서 모금운동보다 더 중요한 프로젝트는 없었다. 린제이에게 보내는 편지를 보면 이러한 모금운동을 처음 시작하게 되는 이야기가 나온다.[8]

"아직 신문에 발표되지는 않았지만 진짜 뉴스거리가 하나 있습니다. 이것은 우리가 로체스터 시를 위한 복지기금이나 국가기금을 검토하고 있다는 것입니다. 이 기금에는 자선기금이나 전쟁구호기금이 모두 포함됩니다. 5월 20일부터 시작하여 일주일간 진행될 예정인 적십자 캠페인을 준비하면서 나는 다른 도시에서 실시하였던 '전쟁기금' 운동을 우리도 채택할지의 여부를 결정하는 것이 좋을 것 같다는 생각을 했습니다. 그래서 지난 금요일 밤에 회의를 소집하여 중요한 활동을 이끌고 있는 사람 12명 정도를 모았습니다. 놀랍게도 그 문제에 대한 토론이 끝난 후에는 회의에 참석한 이들 모두 그 계획에 찬성하는 분위기였습니다. 따라서 목

---

8. 1918년 3월 11일.

요일 밤에 회의를 한 번 더 소집할 예정입니다. 그 회의에는 이 문제를 정식으로 결정할 인사 20명 정도가 참석할 것입니다.

상공회의소에는 유티카, 시라큐즈, 콜럼버스, 클리블랜드, 디트로이트와 같은 도시들이 채택한 계획을 조사하는 위원회가 있으며, 우드워드 씨는 자료를 모두 모아 회의에 참석하였습니다. 그는 최신 정보를 입수하기 위해 클리블랜드와 디트로이트를 다녀오기까지 했습니다. 이 회의에는 이스트우드, 폴크스, 마이너, 토드, 우드워드, 윌라드, 제임스 커틀러, 모티머 애들러, 테일러 박사, 비숍 히키와 제가 참석하였습니다.

이 계획에 대하여 반대하는 이견도 있었지만, 주된 목적을 검토하자 그러한 이견은 모두 무의미해졌습니다. 이는 계획의 틀을 짜서 이러한 모금 활동을 구체화함으로써 모든 이들의 마음을 끄는 무엇인가를 가질 수 있게 된다는 의미이며, 그 누구도 그 계획이 갖고 있는 가치를 무시할 수 없다는 뜻입니다. 문제는 각자 얼마씩 기부하느냐 하는 것뿐입니다.

잘 알고 계시듯이 로체스터에서 지역 자선단체에 기부금을 내는 사람은 모두 합해도 수백 명밖에 되지 않고, 전쟁구호기금을 내는 사람도 몇천 명 되지 않을 것입니다. 로체스터 시민 30만 명 중에 어떤 식으로든 자선활동에 참여하고 있는 이는 2만 명밖에 되지 않습니다. 콜럼버스에서는 주민수가 20만 명인데 그 중에서 8만 명이 기부금을 내었다고 합니다. 회의 이후에 제가 만난 사람들 중에 그 계획에 대해 들어보았다고 하는 사람은 모두 그 계획에 찬성하고 있으며, 목요일 밤에 무엇이 채택될지는 확실합니다.

앞으로의 계획은 기존의 조직들이 그 계획에 참여하고 예산안을 제출하도록 요청하는 것으로, 이 예산안은 예산위원회에 넘겨져 매우 광범위하게 다루어질 것이며, 각 조직의 지난해 예산안을 기초로 하여 그 조직의 조건에 따라 예산을 추가하거나 감축할 생각입니다. 이러한 예산안이 결정된 후에는 다양한 전쟁구호 활동비가 임시비와 함께 추가될 것입니다. 총액은 모금된 금액이 될 것입니다.

그 조직의 명칭은 복지연합 혹은 이와 비슷한 이름이 될 것이며, 회장을 선출하고 이사회를 구성하여 법인체로 만들어질 것입니다. 그 조직은 지난번 적십자

오래전부터 계획해 온 일의 새로운 틀을 짜다

운동에서 우리가 했던 것처럼 많은 위원회를 구성할 것이며, 이외에도 커틀러 씨가 지휘하는 가정방위대(Home Defense)는 가구별 방문조사단을 조직할 것입니다. 이 조사단은 앞으로도 계속 정부를 위한 선전활동을 하게 될 것입니다. 이 조사단은 2명의 조사원이 30가구 이상을 방문하지 못하도록 조직할 것입니다. 로체스터를 각 지구로 나누고 복지연합에서 직접 방문했던 사람들의 이름을 조사원의 방문 가구 명단에서 하나씩 지워 나가면 중복 방문하는 일이 없을 것이지만 로체스터의 모든 가정을 방문할 수 있도록 조치할 것입니다."

로체스터에서 모금운동이 시작되면서부터 현재까지 이스트먼은 공개적인 자리에나 사적인 자리에서 다음과 같이 주장하였다. 모든 시민들은 '모든 사람들이 살 만한 도시를 만드는 데 각자의 몫'을 다해야 할 의무가 있다는 것이었다.

이스트먼은 고집 센 부자 한 사람에게 다음과 같은 편지를 보냈다. "당신이 교회와 외국 선교사들에게 헌금을 한다고 해서 모금운동을 하는 40개의 자선단체들을 지원할 의무로부터 벗어날 수는 없습니다."

아주 부유한 시민 한 사람이 수천 달러의 기부금을 내면서 익명으로 기록해 달라고 당부한 적이 있다. 이스트먼이 이 사실을 자신의 동료 직원들에게 알려 주자 그들조차 만장일치로 그 수표를 되돌려 주기로 결정했다. 이스트먼은 자선에 인색한 사람이나 익명의 기부자들을 견딜 수 없어 했다. 이 점에 있어서 이스트먼은 전국적인 지지를 받았다.

허버트 후버는 이스트먼에게 다음과 같은 편지를 보냈다.[9] "몇 년을 자선기금 관리에 몸담고 보니 국내에서도 그렇지만 국외에서도 조직화된 자선단체의 진정한 미래는 공동 모금운동의 발전에 달려 있다는 확신을 주는 기회가 몇 번 있었습니다. 사업 원칙에 입각해서 빈틈없이 운영한다면 우리 지방 자선단체들도 기금을 적절하게 관리할 수 있을 것입니다. 그리고 공동 모금운동의 영향력은 오늘날 외국 자선단체들에게도 미국의 자금을 적절하게 활용할 수 있게 해주고 있습니다. 이는 지방 자선단체들이 효율적인 조사국과 협력하여 지원함으로써 국가적인 조

---

9. 1921년 1월 28일자 이스트먼에게 보내는 편지.

직으로 발전되면 이 조직을 통해 지방 자선단체의 기부금을 외국 자선단체로 전달할 수 있기 때문입니다. 공동 모금운동은 지역사회 전체가 좀더 폭넓고 효율적으로 자선사업을 할 수 있게 해주며 국내외에서 지속적으로 자선사업을 할 수 있게 해줍니다. 다른 방법으로는 그처럼 지속적으로 자선사업을 하기가 어렵습니다.'

아동건강 사업, 시정, 도시계획 및 자선사업에 있어서 이스트먼은 오래전부터 필요했던 것을 위해 새로운 틀을 짜는 데 물심양면의 지원을 아끼지 않았다. 게다가 이스트먼은 리스 총장이 훌륭하게 운영하고 있던 로체스터 대학을 더 위대하게 만드는 데 가장 중요한 역할을 하였다.

제12장

로체스터 대학

이스트먼은 다음과 같이 주장하였다.[1] "사람은 직업 외의 삶에 흥미를 가질 필요가 있다. 일, 아주 많은 일들이 하기 힘든 것들이다. 젊었을 때 나는 회계장부를 보면서 하루에 11시간을 일했다. 자연스럽게 그와 같은 일이 매력적인 일이라고 생각될 수도 있었지만 그 일은 재미없고 단순했다. 그러나 문명화 과정에서는 피할 수 없는 일이었다. 나는 많은 사람들이 이러한 상황에 직면한다는 사실을 알게 되었다. 생산 업무는 지루하고 사람을 지치게 만든다. 인간은 이러한 상황에서 벗어날 수 없겠지만 앞으로 노동시간은 필연적으로 짧아질 것이다. 그리고 생산성이 중대되면 우리는 행복으로 가득 찬 삶을 누릴 수 있는 여가 시간을 많이 갖게 될 것이다.

그러나 그렇게 해서 얻게 된 여가 시간에 무엇을 할 것인가? 사람들이 생산적인 것만 기반으로 삼고 있다고는 생각하지 않는다. 우리가 관심 있는 것 외에 다른 것을 충분히 개발하였다고 생각하지도 않는다. 여가 시간은 생산적인 시간이 아니기 때문에 무익하다. 나를 개혁가라고 생각하지 말라. 나는 개혁가와는 거리가 멀다. 나는 개인적으로 음악에 관심을 갖고 있고, 단지 나의 즐거움을 다른 이들과 공유하기를 바라면서 그에 따라 인생을 꾸려 나간다.

나는 로체스터에 있는 음악 단체와 아주 오랫동안 관계를 가져왔다. 나는 교

---

1. 『뉴욕타임스』지와의 인터뷰, '숨겨진 자선사업', 1920년 3월 21일.

조지 이스트먼

향악단을 지원해 오고 있다. 우리는 그 음악을 들을 수 있을 정도로 양성된 경청자가 역량 있는 연주자만큼이나 많이 필요하다는 사실에 계속 직면한다. 숙련된 음악가를 고용하는 일은 상당히 쉽다. 그러나 음악에 대한 감수성을 순식간에 고양시키는 것은 거의 불가능하다. 감수성 없이, 음악을 이해하고 음악으로부터 기쁨을 얻는 청중 없이는 어떤 도시든 음악적인 자원을 개발하려고 하는 시도는 모두 실패하게 된다. 우리는 로체스터도 마찬가지라는 사실을 깨달았기 때문에 어릴 때부터 대대적으로 음악적 재능을 키워 줄 수 있는 계획을 세웠다."

1918년에 이 계획의 첫 번째 단계가 실행되었다. 1918년 이스트먼은 로체스터 대학[2]이 음악대학, 다시 말해서 '학생수가 많고 음악적 수준이 높은 전문학교'[3]의 법인권과 재산을 획득할 수 있게 하였다.

1919년 2월 『데모그래트 앤 크로니클』지에서는 '세계에서 가장 훌륭한 연주회장과 음악학교'를 설립하려고 하는 이스트먼의 계획을 발표하였다.[4]

---

2. 1859년 1월 31일 평의원위원회에서는 로체스터 대학의 설립을 허가하고 임시 설립허가서를 교부하였다. 로체스터 대학에서 처음으로 학장직을 수행한 사람은 마틴 브루어 안데르슨 박사였고, 1888년에는 데이비드 제이니 힐 박사가 총장직을 맡게 되었다. 데이비드 제이니 힐 박사는 나중에 국무차관과 주독 대사를 역임했다. 데이비드 제이니 힐 박사가 외교관 생활을 하기 시작한 1896년과 1900년 사이에는 래티모어 교수와 버튼 교수가 임시로 로체스터 대학를 운영하였다. 1900년 러시 리스 박사가 학장으로 임명되면서 로체스터 대학는 현대적인 시기를 맞이하게 된다. 로체스터 대학의 랄프 왈도 에머슨은 이렇게 말한 적이 있다. "나는 로체스터 대학이 요람 속에 있을 때부터 지켜보았습니다. 로체스터 대학의 무덤까지 볼 수는 없을 것이라고 확신합니다."
3. 이스트먼 음악학교의 학장인 하워드 한슨 박사.
4. "조지 이스트먼이 로체스터 대학의 음악학교에 기부한 것은 미국의 음악교육이 앞으로도 계속 따르게 될 방침을 보여주는 것이다. 그것은 로체스터뿐만 아니라 수많은 다른 지역에 있는 예술가의 미래를 결정하게 될 선구적인 행동이다. 한 예로 음악이 진정한 국가적인 과제로 거론되기 시작하는 바로 그 시기에 이스트먼의 기부 행위는 큰 영향을 미쳤다고 할 수 있다. 최근에는 음악을 수입된 놀이라고 생각하지 말고 문화적인 힘이나 자기를 표현하는 수단으로 이용하자고 미국의 양심에 호소하는 일이 많아졌다. 그러한 호소는 의회 활동이나 사적인 기부 행위를 통해 음악이 미국 교육체제 안에서 명예로운 위치를 확보할 수 있게 해주고자 한다. 대략적으로 말해서 음악학교를 설립하여 그곳에서 미국의 젊은이들이 음악 이론과 실기를 확실하게 익힐 수 있게 만들자는 것이다. 이스트먼 씨의 기부 행위는 이러한 호소에 대한 응답이라고 볼 수 있다. 그렇지만 그는 역사적인 미국 교육기관에서 독립되어 있는 음악학교에는 기부하지 않고 대학에 속해 있는 음악학부에 기부한다. 이스트먼은 직업적인 분야가 아니라 학구적인 분야에 돈을 기부하여 그 결과 앞으로 오랜 기간 동안 다른 자선사업가들도 같은 방식으로 돈을 기부하게 될 것이다. 이렇게 되면 미국의 음악 교육은 직업인보다는 지성

로체스터 대학

　이스트먼은 휴가 중이던 리스 박사에게 다음과 같이 알렸다. "음악학교와 관련된 일은 아주 빠르게 진행되고 있습니다. 나는 당신에게 날짜 순서대로 짧게 보고하려고 합니다. 내가 남부에 있을 때에는 커틀러 씨가 선택권을 갖고 있었고, 내가 돌아왔을 때에는 우리가 필요한 것이 모두 갖춰져 있는지를 확인하기 위하여 고든 씨로 하여금 평면도를 몇 장 그리게 하였습니다. 필요한 것을 모두 갖추고 있다는 것을 확인하자마자 부지를 매입하라는 지시를 하였습니다. 그동안 커틀러 씨와 도센바크 씨는 잠깐 나를 방문하여 다음과 같이 말하였습니다. 당신이 도센바크 씨에게 말하였던 것처럼 그들은 1919-20 관현악단 연주회의 좌석표를 팔고 인수 업무 일부를 처리하기 위하여 토드 씨를 위원장으로 하는 위원회를 결성하였다고 하였습니다. 그리고 내가 그 계획에 동의하는지를 물었습니다. 나는 그들에게 다음과 같이 말하였습니다. 나는 이곳의 음악적 상황에 영향을 미칠 수 있는 계획을 몇 가지 갖고 있는데 그 계획을 발표할 준비는 되어 있지 않지만 관현악단을 위하여 실행되어야 할 것과 관계가 있을 수도 있었고, 며칠 안에 그 계획에 대하여 말할 수 있을 것이라고 하였습니다. 그러자 그들은 기다리겠다고 하였습니다. 다음 날 나는 토드 씨에게 사무실로 내려오라고 하여 점심 식사를 하면서 그와 함께 그 계획에 대하여 의논하였습니다. 그 계획은 일주일에 6일 동안은 음악회장에서 영화를 상영하고 그 이익금을 모두 연주회장과 관현악단에 투자하는 것입니다. 나는 토드 씨에게 다음과 같이 설명하였습니다. 내 계획은 큰 관현악단 없이도 완전히 실행될 수 있고, 내가 생각하기에 그러한 관현악단을 갖는 것은 전적으로 그 지역사회의 지원에 달려 있다고 하였습니다. 나는 연주회장을 앞에서 말한 방식으로 이용하고 싶지만 인수 업무는 그가 결성한 시민위원회에서 다루어야 할 것이라고 하였습니다. 그리고 지금까지 작은 단체를 통해 모은 것보다 더 많은 기금을 모을 수 있을 것이라고 말하였습니다. 그는 그 도시에는 관현악단이 필요하다고 생각하며 기금을 모으는 일에는 어떠한 문제도 없을 것이라고 생각한다고 하였습니다. 다음 날 시블리 씨와 윌라드 부인, 멀리건 부인에게 그 계획에 대하여 설명하였

인을 키우겠다는 이상을 갖게 될 것이 확실하며 미국 음악가들은 연주자보다는 사상가로 성장하게 될 듯하다."(보스턴, 『크리스천 사이언스 모니터』, 1920년 6월 28일자)

습니다. 불행히도 당신과 왓슨 부인은 그자리에 없었고, 허벨 씨도 없었지만 그 계획에 대해서는 이미 알고 있었습니다. 그 자리에 참석한 사람들은 그 계획에 만장일치로 찬성을 하였고, 나는 토드 씨에게 다음과 같은 사실을 알려 주라는 지시를 받았습니다. 토드 씨와 위원회가 나머지 인수 업무와 입장권 판매에 책임을 지겠다면 인수위원회는 올해처럼 다음 해에도 자신들의 출자금을 지속시키고, 예전부터 출자를 해 온 다른 이들에게 문서를 발송하면서 계속 운영될 것이라는 사실입니다. 그는 인수 업무는 3년 동안 해야 한다고 말하였고, 나는 그가 말한 것처럼 사람들의 관심을 끌기 위해서는 그가 오늘 오후에 클린젠버그 씨와 그의 부인과 면담을 해야 한다고 말한 다음에 그와 헤어졌습니다.

그 장소를 일주일 중의 하루는 연주회장으로 사용하자고 제안하였다는 것을 말하는 것을 잊었습니다. 일주일 중에 예를 들어 월요일이나 화요일 혹은 수요일로 하루를 정해 놓고 일년 내내 같은 요일에는 연주회장으로 사용하는 것입니다. 그리고 그날은 하루 종일 음악 행사와 지역 관현악단이나 순회 관현악단의 연주회, 그 밖의 다른 연주회로 채우는 것입니다. 물론 그러한 연주회를 하루 만에 모두 보여주기는 어려울 것입니다. 그곳에서 영화를 상영하려고 한다면 공연 날짜를 분명하게 정해야 할 것입니다. 영화 상영 계획에 대해서는 퍼롱, 도센바크, 커틀러, 윌리엄 보쉬, 토드 씨와 함께 논의하였다고 덧붙여 말할 수 있습니다. 그리고 그들은 모두 그 계획이 실현 가능하다고 생각합니다.

당신이 이곳에 없어서 이러한 진행 과정에 대하여 충고해 줄 수 없다는 것이 매우 유감스럽습니다. 그렇지만 내가 찾을 수 있는 최선의 방법을 찾아 일을 진행했으며, 무분별하게 대학에 관여하지 않기를 바랍니다. 적어도 이사 두 명에게는 전체적인 계획에 대하여 알려 줄 것이고, 그들이 앞으로 진행될 방식에 어떤 위험이 있다는 것을 발견하게 되면 신호를 보내 줄 것이라고 생각합니다."

1919년 8월 국립영화산업협회가 로체스터에서 제3차 연례총회를 개최하였을 때 리스 박사가 이스트먼의 계획을 개괄적으로 설명하였다. 그 당시 이스트먼은 음악교육에 크게 관심을 가지고 있었지만 음악에만 국한시키지는 않았다. 그는 수년 동안 수많은 대학 프로젝트에 기부하고 있었으며, 문서를 통해서도 알 수 있듯

로체스터 대학

이 로체스터 대학은 그 밖의 다른 광범위하고 유용한 프로젝트의 중심이 될 입장에 있었다.

리스 박사는 다음과 같이 말하였다. "이스트먼 씨는 음악교육을 위한 그의 큰 사업 계획과 관련하여 영화에 도움을 청할 생각입니다. 음악과 영화 사이의 관계는 밀접합니다. 많은 대도시 영화관에서 큰 규모로 음악과 영화가 서로 협력하고 있으며, 로사펠(S.L. Rothafel, '록시'라고 더 잘 알려져 있다)[5]은 그 과정에서 크게 성공한 선구자입니다. 그러한 극장들이 성공을 거둔 것은 다음과 같은 사실을 입증해 줍니다. 가장 좋은 영화는 신중하게 선정한 음악을 통해 해석될 때 그 즐거움이 훨씬 커진다는 사실뿐만 아니라 영화에 매력을 느끼는 사람들은 음악에서도 큰 즐거움과 흥미를 느낀다는 사실입니다. 이 사실은 음악 애호가의 숫자가 그 지역 사회에서 크게 늘어날 수 있다는 것을 보여줍니다. 대규모 관현악단의 연주회나 영화를 상영하기 위해 새로운 학교의 연주회장을 사용할 수 있습니다.

영화에 관심이 있는 많은 사람들은 음악이 영화에 제공해야 할 것을 깨닫게 될 것이고, 음악에 관심이 있는 많은 사람들은 영화로부터 얻을 수 있는 새로운 즐거움을 알게 될 것입니다. 연주회장은 학교 시설의 일부이므로 이러한 연주회는 이익금을 남기기 위한 상업적인 사업으로 변질되지는 않을 것입니다."

로체스터 대학의 총장은 다음과 같이 말을 이어 나갔다. "당신의 사업 계획에 공감하는 사람은 무수히 많습니다. 음악을 대중화하는 데 찬성합니다. 영화에서 얻은 수익은 음악의 발전을 위해 쓰일 것이기 때문에 점점 더 완벽해질 관현악단 음악이 영화와 거의 완벽하게 결합될 것이라는 제안은 행복한 제안이라고 생각됩니다. … 음악과 희곡이 결합하여 오페라가 된 것처럼 음악과 영화가 결합하게 될

---

5. 브룰래투어와 로사펠, 이스트먼은 6월(1919년)에 뉴욕 시에서 함께 점심을 먹으면서 이 계획에 대하여 논의하였다. 1920년 6월 10일 이스트먼은 맥킴과 메드, 화이트에게 다음과 같은 편지를 썼다. "로사펠은 최근에 뉴욕에 있는 캐피털 극장(Capitol Theater)을 관리하던 책임자이다. 그가 처음으로 주목을 받게 된 것은 리앨토(Rialto)와 리볼리(Rivoli) 극장의 관리이사로 있을 때였다. 그는 그 지역에서 가장 진보적인 영화 흥행사는 아니라고 해도 진보적인 흥행사 중의 한 사람으로 생각되었다. 사업 초기에 우리는 극장을 그에게 맡길 생각을 갖고 그에게 거리낌없이 조언을 구했었다." 이스트먼은 로사펠에게 이스트먼 극장의 관리이사직과 고문이사직을 제의하였다. 그렇지만 그가 뉴욕 시에서 맺은 계약 때문에 그는 이 두 가지 제안을 모두 거절해야만 했다.

383

날이 올 것입니다. 따라서 영화가 발전하는 과정은 오페라가 발전되어 온 과정과 공통된 부분이 있을 수도 있습니다."

이 장면에서 막이 내리면서 아돌프 주커가 조용히 퇴장한다. 그때 그는 훼이머스 플레이어스 라스키 사(파라마운트)의 회장으로 치과진료소를 방문하기 위해 살짝 빠져나가 '가난한 어린이들'을 위해 버크하트 박사에게 수표를 맡겼다. 그는 서둘러 회의장으로 되돌아가 같은 제작자들에게 '모든 노력을 기울여 예술적이고 문학적으로 최고의 가치를 가진 영화를 만들 것'을 촉구하였다. 이것은 그가 초기에 산업 발전을 저해하는 검열 움직임에 대하여 문제를 해결하는 방법이었다.

그해 초반에 이스트먼은 로체스터의 고든과 캘버와 상의를 한 뒤에 건축가로서는 맥킴과 메드, 화이트에게, 고문기사로서는 뉴욕의 러셀 스미스 회사에, 음향효과에 관한 고문으로서는 일리노이즈 대학의 플로이드 왓슨 교수에게 자문을 구했다. 그렇지만 다음에 나오는 편지를 통해서도 알 수 있듯이 이스트먼 자신이 뛰어난 건축가였다. 8월 맥킴과 메드, 화이트가 평면도를 바꾸자는 제안을 하자 이스트먼은 다음과 같은 편지를 썼다.

"이 평면도는 6개월 동안 힘들게 작업을 하고 이 지역에서 경험이 가장 많은 전문가들과 의논을 하여 만든 것으로, 우리가 갖고 있는 부지의 형태에 맞추어 그들의 아이디어를 거의 모두 받아들여 구체화한 것입니다. 평면도에 그렇게 많은 시간을 들이지 않았다면 당신이 그 평면도를 발전시켜 경직된 다른 도면과 비교해 좋은 결과를 얻을 수 있을 것이라는 사실에 확신을 갖지 못하였을 것입니다.

연주회장의 좌석 수와 관련하여 3,300석은 일시적으로는 좌석 수가 약간 많다고 느껴질 수도 있지만 전국적으로 영화산업은 규모가 커지고 있는 추세이고, 우리가 과감하게 그 방향으로 나아가지 않는다면 어리석은 짓일 것입니다.

내 생각에 이러한 규모의 연주회장을 지으면서 경계해야 할 것은 한 가지밖에 없는데 그것은 그 연주회장을 고급스럽게 만드는 것입니다. 사람들을 2등석 발코니로 보내는 문제에 대해서는 걱정하지 않습니다. 따뜻하고 강렬한 색을 이용하고 비율과 세부적인 부분을 아름답게 처리하면 성공할 것이라고 생각합니다. 당신이 처음으로 스케치한 실내도를 보고 감명을 받은 이유도 바로 여기에 있습니다. 그 실내도는 이러한 요구 조건을 모두 충족시켜 주고 최상층 관람석의 선을 강조하여 훨씬 더 매력적으로 만들어 줄 것이라고 생각합니다. 일을 진행하고 있는 전문가들 몇 명은 다음과 같은 제안을 하였습니다. 연주회장의 벽을 중립적인 밝은 색조로 처리하여 벽과 천장에 유색 광선이 비춰지게 만들어 연주회장의 전체적인 색 효과가 나타날 수 있게 하자는 것입니다. 이 문제를 검토할수록 그들의 의견을 따를 수 없습니다. 내가 생각하기에 연주회장의 조명 문제는 밝기의 문제일 뿐입니다. 우리가 원하는 것은 백색광이나 노란색을 띠는 백색광으로 그렇게 하면 최대한 많은 간접조명을 관람석으로 보낼 수 있게 되고 영화의 밝기에도 영향을 미치지 않을 것입니다. 두드러지게 눈에 보이는 광원이 없어야 합니다. 왜냐하면 이러한 광원이 있으면 간접조명의 효과가 줄어들기 때문입니다. 간접조명의 주된 목적은 관객들이 넘어지지 않고 걸어다닐 수 있게 하는 것입니다. 무대 아치 뒤쪽에 있는 천장 조명 앞의 '부메랑' 안에 적당한 설비를 하여 조명의 색 효과는 무대 위로 집중되어야 합니다. 발코니와 2층 정면 좌석 아래에 있는 사람들과 마찬가지로 발코니에 있는 사람 앞에도 조명이 드러나지 않도록 주의를 기울여야 한다. 다시 말해서 발코니를 주무대와 마찬가지로 안심하고 걸어다닐 수 있고 앉아 있을 수 있는 모든 측면에서 매력적인 장소로 만들어야 합니다."

이스트먼은 자신의 친구인 배보트에게 좀더 자세하게 설계하는 것이 어렵다는 점을 설명하였다.

"나는 어제 하루 종일 연주회장의 또 다른 도면에 대하여 켄달 씨와 화이트 씨와 논의를 하였네. 그 결과 내가 걱정하였던 대로 교착 상태에 빠져들었네. 시간이 너무 많이 걸려서 그 상황을 정확하게 설명할 수는 없지만 다음과 같이 정리할 수 있네. 우리가 갖고 있는 건축부지는 그 도시에서 사회시설을 짓기에 가장 좋은 곳이라는 사실을 모든 사람들이 알고 있는 곳인데, 부지 형태가 가지런하지 않아 우리가 원하는 연주회장 규모를 갖추려면 관객석의 축이 가장 중요한 건물 정면과 직각이 되지 않도록 만들어야 한다는 것을 알게 되었다네. 우리가 설계한 도면은 통로를 어떤 건축학적 디자인에 맞게 배치한 것을 제외하면 건물 정면의 구조와 관계없이 만들어졌네. 이 설계 도면을 맥킴과 메드, 화이트에게 보여주었고, 그들은 건축가로서 건물 외부와 내부를 설계해 달라는 부탁을 받았지. 그리고 그들은 어떤 조건도 붙이지 않고 기꺼이 그 일을 하겠다고 말했네. 계약 조건이 결정된 후에 그들은 좀더 잘 정돈된 설계도로 작업을 해 보려고 하는데 반대하느냐고 물었고, 우리는 당연히 '아니오'라고 대답했네. 그들은 그러한 연주회장의 평면도에 대해서는 아무것도 몰랐고, 그들이 처음에 제출하였던 설계도는 연주회장 설계도로는 맞지 않는 것이었지. 우리는 그 사실을 그들에게 납득시키고 나자 시간을 좀더 달라고 요청하면서 그들의 의도에 따라 도면을 만들 수 없다면 그 일을 사양하겠다고 말하더군. 나는 그들이 계속 일을 해주기를 바랐으므로 내가 없는 동안 그들이 도면 작업을 하는 것에 동의하였네. 내가 돌아오자 그들은 설계도를 준비해 놓았고, 어제 그 설계도를 가지고 상의를 하였네. 그들이 보여준 설계도는 심리학적인 관점에서 그려진 것으로 우리 계획에는 맞지 않는 것이었네. 그 설계도는 가장 좋은 좌석에 앉은 사람들을 즐겁게 해주는 것이 가장 큰 목적인 시대에 뒤떨어진 도면이었지. 물론 연주회와 오페라를 후원해 주는 것은 최상석에 앉는 사람들이지만 영화에서는 그들이 최고의 후원자도 아니며 내 계획에서 내가 추구하는 이들도 아니네. 논의 끝에 맥킴과 메드, 화이트는 그러한 문제에 맞춰 자신들이 설계한 도면을 수정하겠다고 말했지만 내 생각에는 그렇게 하는 것은 미봉책이 될 뿐이었네. 이렇게 한다고 할지라도 근본적인 차이점은 그들이 그린 도면에 맞춰 설계를 하려면 그 도시에서 가장 중요한 깁스 가에 있는 건물의 정면이 아닌 메인 가 주위에 출입구를 만들고 도면 귀퉁이에 업무용 계단과 엘리베이터를 넣어야 했다는 것이네. 그리고 자동차와 전차가 서로에게 방해가 되도록 만들면서 말이네. 그 밖의 모든 것을 제외하고도 이 말은 그 사업과 관련된 그 누구도 깨닫지 못한 무엇인가를 해야 한다는 것이네. 따라서 우리는 다른 건축가들을 찾아보아야 할 것 같네. 그것은 실용성과 편리함이라는 오래된 문제로 내가 말하려고 하였던 건물 외관에 대응하는 것인데 외관은 문제가 되지 않네. 적어도 우리 설계도상으로는 모든 이들이 공감할 정도로 건축물 외관은 나무랄 데가 없기 때문이네. 그 설계도를 대강 훑어본 사람들의 마음속에 떠오르게 되는 것은 무질서라는 느낌과 대조를 이루는 실용성이라는 것이네. 맥킴과 메드, 화이트가 반대하는 모퉁이는 그 극장에 들어서는 그 누구도 발견할 수 없을 수도 있네. 극장을 떠나면서 발견할 수 있을지도 모르지만 그렇다고 할지라도 그것은 중요한 문제가 아니라고 생각하네. 우리는 매우 즐겁게 대화를 나누었지만 켄달 씨와 화이트 씨는 나를 상당히 고집 센 사람이라고 생각할 듯하네. 그리고 내가 생각하기에 그들은 자신들이 주장하는 예술적인 측면이 실용성에 문제를 일으키도록 내버려 두고 있네. 그들이 자신들의 건축물을 통해 우리 문제를 해결할 수 없다면, 내 생각에 그것은 자신들이 강하다는 것을 보여주는 것이 아니라 약하다는 것을 고백하는 것이네. 전문적인 건축가 특히 예술적인 재능이 최고라고 하는 건축가가 실패하는 부분이 실용적인 측면일세. 맥킴과 메드, 화이트는 다루기 힘든 사람들이네. 왜냐하면 사실상 그 평면도가 완성되고 나서야 그것이 그들에게 문제가 되었기 때문이네. 이것은 내가 의도한 것으로, 왜냐하면 그들이 평면도를 작성하는 작업을 디자이너에게 맡길 것이라고 생각되었기 때문이네. 이 경우에는 화이트 씨에게 일을 맡겼을 것이네. 그는 건축학적인 측면에서만 그 문제를 다루었는데 그것은 근본적으로 잘못된 것이네. 평면도는 공학적인 문제로 상업적인 측면의 건축술에 우선해야 하는 것이네."

이스트먼이 배보트에게 다음과 같은 편지를 썼을 때 배보트에게는 외교적 수완을 발휘해야 할 어려운 역할이 맡겨졌고, 결국에는 맥킴과 메드, 화이트를 고문 건축가로 선발하게 되었다.

"우리는 아직 고문 건축가를 결정하지 못하였습니다. 맥킴과 메드, 화이트가 자신들의 결정을 바꿀 것이라는 예상 때문에 연기한 것은 아닙니다. 우리는 다양한 사람들을 찾고 있었고, 충분히 시간을 갖고 결정하기를 원했기 때문입니다. 게다가 내가 처음에 그들에 대하여 가졌던 생각과 예술적인 측면에서는 그들이 옳다는 것에 대한 생각에도 변함이 없습니다. 그리고 그들이 처음에 공학적인 측면에서 그 일에 착수하였다면 그들도 [다른 건축가들과] 같은 결론을 내렸을 것이고, 평면도에 대해서도 논쟁의 여지가 없었을 것이라는 생각을 하지 않을 수 없었습니다. 문제는 그들이 처음에 예술적인 측면에서 그 일에 접근하였고 공학적인 측면을 대수롭지 않게 봤다는 데 있었습니다.

그 문제에 관해서는 우리가 더 이상 할 수 있는 일이 없다고 생각합니다. 그렇지만 당신이 대화를 통해 그들이 생각을 바꾸었다는 느낌을 갖게 되면, 당신이 양측 모두의 친구로서 그 문제에 대하여 그들과 상의하는 것에는 반대하지 않습니다. 그들이 주 연주회장의 내부와 외부를 묘사한 스케치는 내 생각과 일치하므로 그들이 계속 의견을 일치시킨다면 나는 더 이상 아무것도 바라지 않을 것입니다. 그렇지만 나는 그들이 우리에게 크게 양보하였다고 생각하면서 다시 관계를 맺는 것은 원하지 않는다. 오히려 그들이 그 문제에 대하여 잘 생각해 보고 예술적인 측면을 통해 공학적인 측면을 해결할 수 있다는 사실에 대하여 자신들의 생각을 바꾸었다고 생각하기 바랍니다."[6]

극장 설계도를 승인한 후에 이스트먼은 프랭크 반더립 일행과 함께 처음으로 일본을 방문하였다.[7] 그리고 여행에서 돌아오자마자 라이언버거 데이비스(세인트루이스 심포니 오케스트라를 지원하는 보증자금을 모금한 세인트루이스 위원회의 위원장)로부터 음악 애호가와 사업가, '대도시 생활을 하고 있는 이들이 모두 오케스트라를 지원해야 하는' 이유에 관하여 말해 달라는 요청을 받았다. 이스트먼은 다음과 같이 대답하였다. "오케스트라는 어떠한 교육보다 중요한 역할을 하고 있습니다. 그런데도 자신들이 받은 만큼 지원하고 있는 사람은 거의 없다고 생각합니다. 일반적으로 오케스트라는 1년에 10만에서 15만 명을 상대로 연주를 합니다. 우리는 지금 실험을 하고 있는 중이고(라디오 방송), 그것을 통하여 우리 오케스트

---

6. 이스트먼이 작은 일에도 세심하게 신경을 썼다는 것을 보여주는 많은 사례 가운데 하나로 1921년 11월 3일 계약자에게 보낸 편지가 있다.
'음악학교의 기와지붕'
"나중에 수리를 해야 할 경우가 생기지 않도록 평지붕에 기와를 넉넉하게 이는 것이 좋지 않겠습니까? 나중에 기와가 깨져 몇 개만 산뜻한 새 기와로 갈아 끼우면 지붕의 미관을 해치게 될 것입니다."
7. 로체스터에 도착하여 인터뷰를 한 이스트먼은 자신을 접대하였던 사람 중의 한 명인 도쿄, 미츠이 고메이 가이 사의 교장인 댄 박사에게 인터뷰 기사를 보냈다. 1920년 8월 5일 댄 박사는 이스트먼에게 그 기사를 받았다는 답장을 보내면서 다음과 같이 덧붙였다. "선생께서 짧은 일정에도 불구하고 대가답게 이곳 상황을 그렇게 확실하게 파악한 사실이 놀라울 뿐입니다. 신문에 실려 있는 것처럼 선생께서 일본과 미국의 여러 문제에 대한 소신을 솔직하게 털어놓은 것은 미국 국민에게 감동을 주지 않을 수 없을 것이라고 확신합니다. 두 나라 사이의 관계 개선이 필요한 시점에 그 인터뷰 기사는 아주 적절한 것이었고, 그 기사로 인해 미국과 일본 모두의 국민들이 긍정적인 생각을 갖게 될 것이 분명합니다. 선생의 인터뷰 기사를 일본어로 번역하여 도쿄의 주요 신문 중 하나에 3회 연재기사로 실었습니다."

로체스터 대학

라가 그 수의 10배나 되는 청중을 상대로 연주를 할 수 있게 될 것입니다. 우리가 이 일을 할 수 있다면 확실한 것은 대중들은 좋은 음악을 요구하고 그 밖의 다른 어떤 것에도 만족할 수 없을 정도로 수준이 높아질 것이라는 사실입니다."

1922년 9월 5일, 이스트먼 극장[8]은 일반 대중에게 문을 열어 로체스터의 특별 경축행사에 개방하였다. 왜냐하면 『미국의 건축가』[9]지에 따르면 이스트먼 극장과 음악학교는 '완전한 이상주의자의 상상력이 가져온 결과'였기 때문이다. 편집자들은 이스트먼이 다음과 같은 사실을 믿었다고 썼다. "음악은 평범한 미국인이 힘들고 단조로운 일상에서 가장 큰 만족과 즐거움을 얻을 수 있는 휴식 수단이다. 따라서 그는 로체스터 대학에 완벽한 시설을 갖춘 음악학교를 만들기로 결심하였다. 그렇지만 그는 소수의 사람들만 그러한 학교에 입학할 수 있다는 것을 깨달았고, 그는 일반 대중에게도 혜택이 돌아가기를 바랐다. 타고난 재능으로 그는 로체스터 사람들에게 좋은 음악을 선사할 수 있는 가장 대중적이면서도 실용적인 수단으로

---

8. "이스트먼 씨에게도 말했지만 나는 얼마 전에 부에노스아이레스에 새로 지어진 세르반테스 극장을 방문하였습니다. 그 극장은 스페인 건축가가 설계한 것으로 스페인 건축물과 장식물이 추구하는 이상을 가장 정확하고 훌륭하게 재현하였다는 것을 보여줄 수 있도록 하나하나 세심하게 설계되었습니다. 그렇지만 몇 주 전에 본 그 극장과 오늘 아침에 본 이 극장을 놓고 볼 때 적절하고 사랑스러운 장식물이라는 측면에서는 이 두 극장을 비교할 수가 없습니다. 내 생각에 이 건물이 보여주는 이상은 세계 최고인 듯합니다."(록펠러 재단의 조지 빈센트 박사, 1923년 7월 26일.)

1921년 9월 23일쯤 이스트먼은 리스 박사에게 다음과 같은 편지를 썼다. "이 연주회장을 '뮤직 아카데미'라고 부르는 것에 대하여 당신은 어떻게 생각합니까? 그 이름을 포르티코 위쪽 프리즈에 새겨 넣는 것입니다. 영화와 관련된 이름으로는 '아카데미 극장'이 어떻겠습니까?" 이스트먼은 친구들의 제안을 받아들여 1921년 11월 3일 맥킴, 메드 앤 화이트 사의 화이트에게 다음과 같은 편지를 보냈다. "나는 이스트먼 극장이라는 이름이 이치에 맞는 이름이라는 작명위원회가 내린 결론에 동의합니다."

극장 개관식에 초대를 받은 사람 중에는 전 우편전신공사 총재인 윌 헤이(Will H. Hays)가 있었다. 이스트먼은 그가 영화 제작과 배급회사의 사장으로서 이룩한 업적을 가장 높이 평가하였다. 헤이는 개관식 행사에 참석할 수 없었기 때문에 이스트먼은 며칠 뒤에 그를 초대하여 대접하였다. 헤이는 이렇게 말했다. "정치적인 검열제도는 작은 사건입니다. 미국인들은 정치적인 검열제도에 근본적으로 반대합니다." 이 말에 이스트먼은 이렇게 덧붙였다. "몇몇 군데에서 영화 검열을 요구하는 것은 모두 잘못된 것입니다. 스튜디오에서 나온 작품을 재구성해야 할 필요가 있다면 바로 그 작품을 만든 스튜디오에서 작품을 고쳐야 합니다. 필름을 자르거나 영화산업의 흐름을 막는 제약이 동원되어서는 안 됩니다."

9. 1923년 2월 28일 발행.

조지 이스트먼

영화를 떠올렸다. 그는 영화 발전에도 큰 관심을 갖고 있었다. 따라서 음악학교 옆에 3천 석 이상의 객석을 가진 큰 극장을 만들었다.

건축 부지의 특이한 형태와 극장이라는 복잡한 성격 때문에 특별한 설계도가 필요하였다. 설계도를 작성하는 일은 로체스터에서 고든과 케버가 마지막 세세한 부분까지 맡아서 하였다. 이스트먼은 일이 진행되는 과정을 계속 관리하였다. 설계도가 결정된 후에는 뉴욕의 건축가 맥킴과 메드, 화이트가 건물 외부와 좀더 중요한 방의 실내를 디자인해 달라는 요청을 받았다.

건물 외부는 이탈리아의 르네상스 양식을 자유롭게 적용하여 석회석으로 지었다. 화려한 극장이라는 느낌보다는 공공기관으로서 가져야 할 품위를 강조하였다. 이오니아식 붙임 기둥으로 건물 정면에 통일감을 주었다. 이오니아식 붙임 기둥은 버몬트 대리석 기둥 일부가 벽 속에 파묻혀 있다가 두 출입구에서 중단된다(이를 이상하게 합치시켜 건축계에서는 '이스트먼 그린'이라 부르고 있다).

음악학교 자체만으로는 … 음악 시설에 있어 미국에서 가장 발전된 시설을 갖추고 있다고 할 수 있다. 오르간 연습실과 피아노 연습실, 교실, 학생들을 위한 휴게실, 연주자들을 위한 연습실, 정규 도서관 외에도 진귀한 사본을 많이 보존하고 있는 시블리 음악도서관[10]을 갖추고 있다.

1층에는 폭이 넓은 복도가 음악학교와 연주회장 사이에 연결고리를 만들면서 건물 끝까지 이어져 있다. 따라서 그 복도는 기념비적인 양식을 갖추고 있는데 고대 도리스 양식의 기둥이 이따금씩 빛이 들어오는 분절된 원통형 둥근 천장을 받치고 있다. 스완 가 끝에는 위층으로 이어지는 눈길을 끄는 계단이 있다. 위층은 아래층과 면적은 같지만 천장이 더 낮다. 이층은 이오니아식 기둥이 편평한 천장을 받

---

10. "음악학교의 부대시설로는 도서관이 중요하다. 이스트먼 음악학교에는 다행히도 대학 도서관에 부속되어 있는 시블리 음악도서관(Sibley Musical Library)이 있다. 이 도서관은 하이램 시블리(Hiram W. Sibley)가 대학에 기증한 것이다. 그 도서관에는 약 15,000권의 장서가 비치되어 있고, 음악학교에서 교육에 필요한 자료를 구입하여 보관한다. 이스트먼 음악학교에서는 대학의 여자대학 캠퍼스에 인접한 대학가에 여학생들을 위한 기숙사 건물을 세웠다."(하워드 핸슨 박사)

1927년 학교를 11층으로 증축하여 연습실과 강의실, 오락시설을 보완하였다. 연습실은 공학기술을 동원하여 만들었을 정도로 방음장치가 훌륭했다.

킬본 홀

치고 있다. 이층 복도도 발코니 로비 높이에서 관객석과 연결되어 있다. 벽에는 회색 천을 늘어뜨려 그림을 전시하기에 좋도록 만들어 놓았다… [로체스터 대학의 왓슨 기념 화랑에서 가져온 그림들이다].

　위층 복도와 아래층 복도를 통해 킬본 홀로 들어갈 수 있을지도 모른다. 킬본 홀은 아름다운 실내악 연주 공간으로 좌석 수가 512개이고, 이스트먼이 자신의 어머니인 마리아 킬본 이스트먼을 추도하여 지은 것이다. 이 연주회장은 웅장한 느낌은 받을 수는 없지만 친밀감을 느낄 수 있도록 만들어졌다. 따라서 청중이 지나치게 두드러진 내부 장식에도 불구하고 음악에만 집중할 수 있다. 따라서 큐피드와 화환 조각으로 장식을 한 소벽과 다색 천장의 색이 짙고 금빛이 나는 톤은 차분해 보인다. 이러한 장식은 에즈라 윈터 씨가 디자인한 것으로, 조각으로 장식한 소벽의 조각 원형은 제네웨인 씨가 만들었다. 연주회장은 휴레트 스튜디오가 금색을 스텐실 기법으로 처리한 6개의 파란색 벨벳 커튼으로 더 호화롭게 장식을 하였고, 벽의 아래쪽 부분은 호두나무 목재로 패널을 대었다. 오르간은 무대 위에 있으며 금박을 입힌 격자창을 통해 소리가 나온다.

　대연주회장으로 들어가는 출입구는 메인 가와 깁스 가의 모퉁이에 있고 그곳에서 건물 정면이 구부러진다. 이렇게 구부러진 부분은 건물 경계선 안쪽에 인도 공간을 만들어 입장권을 파는 곳으로 이용된다. 입장권 판매소의 다른 쪽 끝에서도 입장권을 구입할 수 있기는 하지만 말이다. 곡선 부분은 검은색과 금색의 대리석 기둥과 함께 보티신 대리석으로 마무리한 넓은 타원형 로비 쪽으로 향한다. 중앙에 있는 대리석 탁자 위에는 두 개의 수족관이 있다. 천장에 있는 두 개의 원형 패널화는 에즈라 윈터 씨와 배리 폴크너 씨가 그린 것이고, 벽에는 프랑스 미술가인 라피테가 나폴레옹을 위해 그렸던 유명한 〈큐피트와 프시케〉를 복제한 것이 걸렸다. 이 복제품은 목판화 원작을 손으로 직접 본뜬 것으로, 원작에는 1,500개 이상의 목판이 필요하였다.

　로비를 지나 두 번째 문을 통과하면 관객석이 3,300석 이상인 연주회장 뒤쪽으로 들어갈 수 있다. 칸막이가 있는 좌석은 없고 규모가 작은 특별석이 있다. 그 특별석은 가장 좋은 좌석으로 특별석 뒤쪽에는 넓은 휴게실이 있다. 그렇지만 위쪽에 있는 넓은 갤러리에 앉은 관객들은 그 방에서 가장 관심을 끄는 거대한 벽화를 훨씬 더 잘 볼 수 있다. 각기 다른 형태의 음악을 보여주는 군상들이 이탈리아의 경치를 배경으로 묘사되어 있다. 그 배경은 옆벽의 벌어진 틈을 통해 보인다. 무대 왼쪽에 있는 그림은 에즈라 윈터가 그린 것으로 음악 축제, 서정적인 음악, 전쟁 음악, 숲과 관련된 음악을 묘사한 것이다. 무대 오른쪽에 있는 그림은 배리 폴크너가 그린 것으로 종교음악, 수렵 음악, 전원 음악, 극형식 음악을 표현한 것이다.

두 연주회장 내부의 색을 전체적으로 구성하는 일은 에즈라 윈터 씨가 맡아서 색을 고르고 감독하였다.

벽은 황갈색으로 코린트식 붙임 기둥으로 장식이 되어 있다. 무대 가까운 곳에 있는 두 출입구 너머에는 바흐와 베토벤을 묘사한 큰 흉상이 있고, 발코니 난간의 앞면에 있는 15개의 메달에는 유명한 음악가들의 초상이 부조로 조각되어 있다. 천장은 반구형의 약간 둥근 형태로 색이 들어 있고 금빛이 나는 정간으로 장식되어 있다. 중앙에는 금색의 해 모양 장식품에 샹들리에가 걸려 있는데 그 샹들리에는 현존하는 샹들리에로는 가장 큰 것 중의 하나이다. 그 샹들리에서 천장으로 빛이 퍼져 나간다. 그렇지만 그 샹들리에는 간접조명 시설이 아니다. 샹들리에 자체의 수정을 반짝이게 해주는 직접적인 조명 시설도 충분히 갖추고 있기 때문이다. 직경 14피트인 이 샹들리에와 같은 크기로 전기공사까지 마친 모형 샹들리에를 실험용으로 제작하였었다.

넓은 갤러리 바로 밑에는 발코니 포이어(foyer, 관객 휴게실. 로비와 관객석 사이에 위치, 관객은 막간에 이를 사용한다-역주)가 있다. 발코니 포이어는 계단과 경사로를 통해 갈 수 있는 긴 곡선 모양의 로비이다. 그 로비의 한쪽 끝에는 막스필드 패리시가 그린 그림이 있고, 바로 옆에는 큐피드와 돌고래의 형상이 있는 분수가 있다. 큐피드와 돌고래는 르네상스 시대의 아름답고 우화적인 그림인 지오반니 드 볼로냐의 원작을 본 딴 것으로, 이 그림은 한때 유명한 소장품 목록에 들어 있었다."

극장과 학교가 제 기능을 하게 되자 이스트먼은 고문단을 조직하는 데 여러 가지 어려움이 있긴 했지만 고문단을 도와 부서를 만들기 시작하였다. 이스트먼은

조지 이스트먼

자신의 사촌인 알몬에게 편지를 썼다. "고문단을 조직하는 데 많은 어려움을 겪긴 했지만 아주 재미있는 일이고 걱정할 것은 전혀 없으며 웃을 일이 많구나. 나는 심리학에 대하여 많은 것을 배우고 있단다." 그리고 이스트먼은 '기질'이라는 말도 덧붙였을지 모른다. 그렇지만 이스트먼은 자신의 목적에 방해가 되거나 자신의 이상을 불확실하게 만드는 것은 용납하지 않았다.

얼마 지나지 않아 음악학교에 지원하는 학생이 너무 많아져서 학생을 선발해야 할 정도가 되었다. 이러한 방침 때문에 『로체스터 해럴드』지에는 놀라운 기사가 실리게 되었다. 이스트먼은 그 기사를 도전장이라고 생각하였다.[11]

"왜 확인도 하지 않고 그런 기사를 내보냈습니까? 음악학교는 현재 심리 테스트를 이용하여 학생들을 선발하고 있기 때문에 그 기사는 결국 음악학교에 대한 비난입니다. 리스 박사와 나는 몇 년 지나지 않아 학생들을 선별하여 입학시켜야 할 정도로 음악학교에 입학하려는 학생이 많아질 것이라는 것을 예견하고, 학생들의 음악적 재능을 테스트하는 방법을 살펴보기로 하였습니다. 그 방법은 아이오와 대학의 시쇼어 박사가 수년 동안 연구하여 실험 단계를 마친 방법입니다. 우리는 그 방법에 대하여 상세하게 조사한 후에 시쇼어 박사의 조수인 스탠튼 박사를 고용하여 그 방법을 시행해 보았습니다. 시행한 지 1년쯤 되었을 때 결과가 만족스러워 시험적으로 적용하게 되었고, 3년째가 되던 지난해에는 그 방법을 완전하게 적용하지는 않았지만 좀더 깊이 적용하였습니다. 새로운 이사로 한슨 씨가 선임되었을 때 그가 가장 먼저 한 일은 3년 동안 그 방법을 실행한 결과를 철저하게 연구하는 것이었습니다. 한슨 씨는 다음과 같은 사실을 알게 되었습니다. 테스트 결과 'D'와 'E'등급을 받아 그 방법을 완전하게 적용하였다면 학교에 입학하지 못했을 학생 149명 중에서 129명이 학교를 떠난 것입니다. 학생 스스로 학업을 포기한 경우도 있고 선생님이 불합격시킨 경우도 있었습니다. 그리고 학교에 남아 있는 학생 20명도 학교 생활에 불만족스러워하고 음악적으로 학업을 계속할 가치가 없다고 느낀다는 사실을 확인하게 되었습니다. 이 사실은 그 테스트 방법이 리스 박사와 내

---

11. 1924년 11월 17일.

이스트먼 극장

조지 이스트먼

가 예상하였던 것보다 훨씬 더 효과적이라는 것을 보여주었습니다. 음악학교 교수들에게 이러한 조사 결과를 제시하자 그들은 만장일치로 그 테스트 방법을 적용하여 'D'와 'E'등급을 받은 학생은 모두 불합격시키기로 결정하였습니다.

물론 테스트를 하는 목적은 음악학교의 수용력을 늘리고 재능도 없는 학생들에게 시간을 낭비하는 것을 막기 위한 것입니다. 따라서 그 방법을 이용하지 않았으면 입학을 허가 받지 못했을 수도 있는 장래가 촉망되는 많은 학생들에게 기회를 줄 수 있습니다. 음악학교를 설립할 때 예상한 수용 학생 수는 2,000명이었습니다. 현재 1,950명 정도가 등록을 마쳤습니다. 내년에는 입학하려는 학생이 2,000명이 넘으면서 입학을 거절하기 시작해야 할 것입니다. 대충 하는 테스트라도 테스트를 하지 않는 것보다는 나을 것이 분명합니다.

어리석은 부모들이 음악적 재능이 없는 아이들을 이스트먼 학교에서 교육을 받게 하고 싶어 할 때가 많습니다. 그리고 그런 아이들이 입학하는 것을 거절해야 할 때에는 그들을 납득시키기가 매우 어렵습니다. 이 도시의 신문들이 아무 생각 없이 당신들이 실은 것과 같은 기사를 싣는다면 사람들이 학교에 대하여 편견을 갖게 되고, 학교와 관련된 일을 가장 효과적인 방향으로 처리하기가 더 어렵게 될 것입니다.

내가 지금까지 설명한 것을 통해 당신들은 우리가 아주 신중하게 그 방식을 도입하였고, 지금까지는 그 방식에 대하여 한번도 발표하지 않았다는 사실을 알 수 있을 것입니다."

한슨 박사는 그 방법을 적용하는 것을 반대하던 교수진을 설득하여 그 테스트를 자진해서 시행하게 만들었다. 한슨 박사의 융통성과 통솔력은 이스트먼 음악학교가 가장 이상적인 음악교육을 구현할 수 있게 만들었다. 사실상 1924년 이후 지금까지 한슨 박사가 달성한 것은 리스 박사가 한슨 박사를 만나게 되면서 리스 박사가 지켜보았던 독특한 교과 과정의 정당성을 보여준 것 이상이었다.

리스 박사와 이스트먼은 새로운 이사를 선발해야 한다는 필요성과 요구에 직면하면서 각계 각층의 권위자로부터 개인적인 추천보다는 그 사람의 자질에 대하여 말해 달라고 부탁하였다. 그리고 나서 필요한 자질에 대한 목록을 만들고, 그 틀

로체스터 대학

에 맞는 사람을 찾고 있었다.

그 사이에 로체스터 필하모닉 오케스트라를 지휘하고 있던 유명한 영국인 지휘자인 앨버트 코테스가 한슨 박사를 로체스터로 데려와 리스 박사와 이스트먼에게 소개를 하였다.

한슨 박사는 캘리포니아 산호세에 있는 퍼시픽 대학 음악학교의 학장을 역임했다. 그 후 그는 샌프란시스코와 로스앤젤레스 오케스트라의 객원 지휘자이자 작곡가로 활동했고, 로마에 있는 아메리칸 아카데미에서 특별연구원으로 거의 3년 동안 작곡법을 연구하면서 1921년에는 줄리어드 재단의 이름으로 프릭스 드 로마(Prix de Rome) 상을 수상하였다.

한슨 박사는 한 가지 제외하고는 모든 자질을 갖춘 것처럼 보였다. 그리고 리스 박사가 이집트를 출발하여 로마에 잠깐 들렀을 때에는 그에게 부족하다고 생각했던 자질에 관한 불신이 모두 사라지게 되었다. 이때 리스 박사는 한슨이 아메리칸 아카데미에서 머물면서 이스트먼이 지적한 사항을 "아무도 알지 못하게 극복했다"는 사실을 알게 되었다. 한슨 박사는 셀리그먼 교수가 말한 것처럼 '횡재한 물건'이었다.

그 사이에 영화산업에서는 또다시 혁신적인 변화가 일어났다. 1921년 모리스 마테를링크가 「미국과 영화의 정신적 미래」[12]라는 글에서 예언했던 것이 2년 뒤에 현실로 나타났다. "무엇보다도 그 특징상 영화는 예술인 것이 분명하지만 막대한 자본금이 필요하기 때문에 산업이 되었다. 영화를 취급하는 사업가는 지금에 와서야 영화가 예술로서 실패한다면 사업으로서는 훨씬 더 크게 실패할 것이라는 생각을 하기 시작하였을 뿐이다. 따라서 이러한 새로운 예술을 지키려면 외부로부터 도움을 받아야 한다. 다시 말해서 위에서 조정을 해야 한다. 왜냐하면 영화는 외부의 도움 없이는 스스로를 구하기 위해 좁은 원에서 빠져 나올 수 없을 것 같기 때문이다. 영화는 곤충학자인 파브르가 말한 행진하는 비참한 애벌레들처럼 좁은 원 안에서 지쳐서 죽을 것이 분명하다. 애벌레 몇 마리를 둥글고 오목한 사발의 테두

---

12. 『포토플레이 매거진』지, 1921년 4월호.

리 위에 올려 놓으면 그 애벌레들은 사발을 타고 내려올 생각은 하지 못하고 피로와 허기에 지쳐 죽을 때까지 앞에 있는 애벌레를 좇아 계속 원을 그리면서 돈다."

상황이 이처럼 바뀌고 있다는 것을 깨달은 이스트먼은 또다시 로사펠과 상의를 하였고, '큰 관심을 갖고' 로사펠이 쓴 비평문을 읽었다. "물론 극장을 교육기관으로 운영할 수 없다는 당신의 의견이 옳을 수도 있습니다. 그렇지만 우리는 그러한 방식으로 극장을 운영하기 시작하였으며 열심히 해 볼 작정입니다. 지금까지는 결과가 그리 나쁘지는 않습니다. 실수를 한 적도 있었지만 우리는 무사히 그리고 약간의 흑자를 낸 상태에서 일 년을 넘기게 될 것 같습니다. 내년에는 오페라단에 자금을 공급할 수 있을 정도로 이익을 낼 수 있기를 바랍니다. 우리가 훌륭한 성악 그룹을 갖추려면 오페라단을 잘 육성해야 할 듯합니다. 왜냐하면 우리가 하는 일은 직업적인 탤런트를 공급하는 일과는 너무 거리가 멀기 때문에 당신이 성공을 거둔 방식으로는 그 일을 할 수 없습니다.

물론 당신은 경험이 많기 때문에 나보다는 어려운 문제를 더 많이 예견할 수 있을 것이고, 나는 당신이 말한 것처럼 당신과 이야기를 나누고 싶은 마음이 매우 큽니다. 내가 휴가를 떠나기 전에 당신을 만날 수 있을지가 불확실하지만 그 전에 만나지 못한다면 휴가에서 돌아오는 대로 뉴욕을 방문하겠습니다.

우리 오케스트라는 지금 3주간 휴가를 즐기고 있고 이번 주가 둘째 주입니다. 큰 실패를 겪고 있는 것 같지는 않다는 사실이 당신에게 위안이 될 것입니다. 예를 들어 어제는 극장이 문을 연 이래 세 번째로 큰 성공을 거둔 화요일이었습니다. 한 번은 「로빈 후드」를 상영할 때 성공을 거두었고, 또 한 번은 「세리프티 래스트」를 상영할 때였습니다."

그렇지만 얼마 있지 않아 영화예술 분야의 상황이 다시 바뀌었다. 새로운 것으로 여겨지던 체제가 몇 주만에 옛 것이 되어 버리는 날이 왔다. 극장을 관리하는 일이 몇 개 안 되는 거대한 제작사와 배급사의 손으로 넘어간 것이다. 극장에서 상영할 영화를 극장이 독자적으로 선정할 수 없게 되었다. 어떤 흥행사도 그렇게 되리라고는 생각하지 못했을 정도로 영화를 상영하기 위한 과정은 복잡해지고 비용이 많이 들게 되었다. 사운드 트랙이 있는 영화가 등장하고 있었고, 새로운 환경에

로체스터 대학

적응하는 이 기간 동안에는 모든 영화관의 관객수가 줄어들었다. 따라서 막이 다시 오르면서 토드와 이스트먼은 뉴욕에 있는 주커에게 도움을 구했다. 주커는 '가식이 없고' 완고하며 신중한 몇 안 되는 영화계의 진보인사 중의 한 명이었다. 리스 박사가 음악과 영화가 '결합'할 것이라고 예언한 것을 주커가 들은 지 거의 10년이 지난 시점이었다. 이제 음악과 영화의 결합은 현실이 되었다. 사운드 트랙이 있는 영화는 연예사업을 사로잡았다. 새로운 체제도 계속 바뀌고 있었고, 토드와 이스트먼은 파라마운트 사와 임대 계약을 맺으면 큰 수입을 올릴 수 있을 것이라는 가능성을 예견하고 작가 윌 어윈이 쓴 『그림자가 세운 집(The House That Shadows Built)』(파라마운트 영화사의 역사와 창업자 아돌프 주커의 일대기로, 1932년 파라마운트 사 창립 20주년 기념 영화로 제작되기도 했다 – 역주)의 주인공 주커와 계약을 맺었다.

이스트먼은 주커에게 다음과 같은 편지를 쓴다(1929년 2월 1일). "내가 당신에게 이스트먼 극장을 앞으로 관리해 달라고 맡긴 것은 내가 당신을 어떻게 생각하는지를 말해 줍니다. 당신은 아직은 비교적 젊은 사람입니다. 그리고 당신에게 기대하는 것이 있다면 당신이 계속해서 성공하기를 바랄 뿐입니다."

이것은 로체스터 대학과 로체스터의 음악의 미래에 큰 성과를 가져왔다. 왜냐하면 그 일은 5년 동안 극장으로부터 필요한 수입을 보충하여 '그 지역사회에 가장 높은 수준의 음악을 적당한 가격과 교육적인 방식으로 제공'할 수 있게 해주었기 때문이다. 그 일은 로체스터 대학뿐 아니라 파라마운트 사에게도 똑같이 중요한 일이었다. 그들이 극장을 통제하는 데 있어서 또 하나의 강한 연결고리를 제공하였기 때문이다.[13]

---

13. 1923년 5월 31일 이스트먼은 멀리건 부인에게 다음과 같은 편지를 보냈다. "극장 천장에 대하여 논의하던 중에 당신은 극장을 짓는 비용을 줄였다면 좋지 않았을 것이라는 말씀을 하였습니다. 그 말은 너무나도 뜻밖이었기 때문에 나는 극장을 짓는 데 비용은 들만큼 들었다고 말하면서 극장 짓는 경비를 낮추어도 천장에 든 비용이 많이 줄어들지는 않았을 것이라는 사실을 분명히 밝히지 못했다는 생각이 들었습니다. 극장 천장에 든 비용은 극장 크기와 그 극장을 운영하는 데 필요한 고용인의 수에 달려 있습니다. … 막대한 자본으로 일반 사람들이나 기부자 협회의 회원들에게 감동을 주는 방법은 그들이 아무것도 지불하지 않고 혜택을 얻을 수 있게 해주는 방법뿐입니다. 왜냐하면 그들은 그 기부금에 해당하는 만큼의 이자를 지불하지 않아도 되기 때문입니다. 내가 그만큼의 돈을 기부한

조지 이스트먼

1929년에는 오케스트라와 관련된 체제들에도 변화가 나타났다. "우리가 직면한 문제는 … 우리 오케스트라를 이 도시의 음악 발전을 보여주는 상징으로 유지하는 것입니다." 이스트먼은 기부자들의 모임에서 이렇게 말하였다.[14] "우리는 그러한 결론을 얻을 때까지 생각에 몰두하였습니다. … 제가 개인적으로 관심을 갖고 있고 처음부터 관심을 갖고 있었던 것은 로체스터를 진정한 음악 도시로 만드는 것입니다. 제가 말한 음악 도시는 그곳에 사는 사람들이 좋은 음악을 듣는 것을 좋아하는 도시란 뜻입니다. 제가 계획한 여타의 일들은 모두 음악 도시를 만드는 일에 따르는 부수적인 것입니다. 그렇지만 음악 도시를 만들기 위해서는 이곳에 음악학교를 만들어야 하고, 음악학교 다음에는 훌륭한 오케스트라입니다. …"[15]

그렇지만 이스트먼이 기부자 모임에서 지적하였듯이 "모든 오케스트라는 입장 수입금보다 훨씬 더 많은 액수를 기부금 형태로 지원받아야 합니다. 지방의 큰 오케스트라일 경우에 이러한 방법으로 보충해야 할 지원금은 1년에 평균 25만 달러 정도 되고 어떤 경우에는 더 많이 필요합니다. 뉴욕, 보스턴, 필라델피아, 클리블랜드, 디트로이트, 신시내티, 시카고, 미니애폴리스, 샌프란시스코, 로스앤젤레스도 이러한 경우에 해당됩니다. 이러한 도시에는 대부분 맥케이나 프래그러, 시버런스, 머피, 카펜터, 클라크 그리고 그 밖의 다른 몇 사람들처럼 그 지역 기부금의 대부분을 내주는 후원자가 있었습니다. … 결국 이처럼 기부금을 많이 내는 사람이 기부자 명단에서 빠지게 되면 그 오케스트라는 큰 혼란을 겪거나 곧 파산하게 됩니다."

따라서 이스트먼은 로체스터를 위해 "단원 48명으로 구성된 상근 오케스트라를 만들 계획을 세웠습니다. 그 오케스트라는 로체스터에 있는 네다섯 군데의 고

것은 개인적인 일일 뿐입니다." 이스트먼이 많은 액수를 기부함으로써 나중에 대관료를 지불하고 그 극장을 빌리는 사람들이 혜택을 얻을 수 있었다는 것은 분명한 사실이다.
14. 1929년 1월 15일. 로체스터 시립 오케스트라에 대한 계획을 새로 세우는 일은 음악학교의 사무관인 아서 시(Arthur M. See)가 주로 맡아서 하였다.
15. 로체스터 시립 오케스트라를 이끄는 뛰어난 지휘자는 유명한 영국 지휘자이자 작곡가인 유진 구센스(Eugene Goossens)이다. 구센스는 로체스터 오케스트라 지휘자로서도 인정을 받았고, 여러 유명한 미국 오케스트라의 객원지휘자로서도 인정을 받았다. 이스트먼은 언제나 구센스의 재능을 높이 평가하였다.

로체스터 대학

등학교에서 연간 60회 이상의 연주회를 갖게 될 것입니다. 30회 정도는 수요일 오후에 음악 공부를 하고 있는 어린이들을 대상으로 연주회를 갖습니다. 물론 관람료는 무료입니다. 나머지 30회 정도는 일요일 오후 특정 고등학교에서 입장료 25센트를 받고 성인들을 대상으로 연주회를 열게 됩니다. 이 외에도 현재 활동하고 있는 우리 오케스트라처럼 이 상근 오케스트라를 외부 도시의 음악가들로 보완하여 완벽한 규모의 교향악단으로 만듭니다. 완벽한 규모를 갖춘 이 교향악단은 이스트먼 극장에서 이때까지 가졌던 연주회와 같은 수의 연주회를 가집니다. … 극장 임대기간 중에는 극장에서 한 계절당 총 22일 동안은 메트로폴리탄 그랜드 오페라 컴퍼니의 공연과 더불어 교향악단 연주회와 시리즈 연주회를 열 수 있도록 규정하였다는 것을 덧붙여서 말씀드립니다. 따라서 우리가 지금 하고 있는 연주회와 더불어 적어도 연간 60회 정도 연주회를 더 열게 될 것입니다."

공개적인 기부금 모금을 통해 이 계획을 실행할 준비를 어느 정도 마치자 이스트먼은 로체스터를 위해 자신이 갖고 있는 또 다른 음악적 이상을 실현해 나간다. 그것은 공립학교에 완전한 오케스트라 음악을 제공하는 일이었다.

한편 이스트먼은 로체스터 대학의 또 다른 프로젝트인 의학과를 설립할 계획을 실행하는 데 있어서도 구심점이 되었다. 에이브러험 플렉스너 박사는 로체스터 대학에 의대를 설립하는 문제를 '1893년 존스 홉킨스 의과대학이 문을 연 것으로 시작되는 사슬에서 매우 중요한 연결고리'라고 보았다.

볼티모어 협회가 설립되기 전에는 미국의 의학교육은 학교를 설립한 지방 의사 집단의 손에 달려 있었다. 지방 의사들 중에는 명목상 대학에 속해 있는 이들도 있었고, 대학과는 아무 관계도 없는 이들도 있었다. 그 전의 반세기 동안에는 독일에 있는 의학대학과 비교할 수 있을 정도로 연구소나 병원, 의료진을 갖추고 있는 학교가 없었다.

존스 홉킨스 병원을 세우면서 그 설립자는 현명하게도 이사들에게 대학이 의학교육을 시작하려고 할 때에는 언제든지 병원이 대학에 협력해 줄 것을 간청하였다. 그 결과 존스 홉킨스 병원은 임상의학 연구소가 되었고, 처음부터 이상적인 환경이 만들어졌다. 존스 홉킨스 병원이 질병을 연구할 수 있었던 것은 교수진을 체

조지 이스트먼

계적으로 갖추고 각 부문 간의 긴밀한 협력에서 나온 것이다. 또한 이사진들이 지혜롭게도 미국과 유럽에서 진보된 의학연구 작업을 실행할 수 있는 사람들을 세계 각지에서 모았기 때문이다. 20세기 초반 록펠러 의과대학이 설립되자 의학교육은 다시 한 번 진일보하였다. 존스 홉킨스 병원과 마찬가지로 록펠러 의과대학도 즉각적으로 성공을 거두었다. 두 교육기관의 졸업생들과 의사들은 다른 학교로 서서히 흘러 들어갔지만 다른 곳에서는 그다지 인정을 받지 못하였다.

1910년과 1912년 사이에 카네기 교육진흥재단에서는 두 곳의 미국과 유럽의 의학교육 상황을 다루는 보고서 2편을 발행하였다. 첫 번째 보고서는 미국과 캐나다에서 분명하게 드러난 잘못된 현 상황을 무자비하게 폭로하는 것이었다. 두 번째 보고서는 외국에서 실시하고 있는 보다 나은 의학교육 방법의 장단점을 분석한 것이었다.

1913년 플렉스너 박사가 간사로 있던 일반교육국은 150만 달러의 예산을 책정하여 존스 홉킨스 의과대학이 중요한 임상 부문에 소위 '전임' 교수진을 확보할 수 있도록 하였다. 그들은 뛰어난 시설을 제공받았고, 그다지 높지는 않지만 적당한 급료를 받았다. 그들은 실험 과목에 널리 보급되어 있던 조류를 훨씬 더 자세하게 임상교실에 소개하였다.

그 후 얼마 있지 않아 첫 번째 카네기 보고서를 통해 재조직되고, 다시 기부금을 받았던 워싱턴 대학에서도 전임교수제를 도입하였다. 그리고 얼마 있지 않아 재조직된 예일 의과대학에서도 전임교수제를 도입하였다.

한편 다음과 같은 사실이 분명해졌다. 나쁜 학교는 나쁜 평판 때문에 없어질 수 있으며, 좋은 학교도 충분한 재정이 확보되지 않으면 좋은 학교가 될 수 없다는 것이다. 1919년에서 1921년 사이에 존 록펠러가 일반교육국에 대략 5,000만 달러를 위탁하자 교육국에서는 그 기부금의 원금과 이자를 미국의 각기 다른 지역에 있는 많은 의과대학을 재조직하고 발전시키는 데 지원했다.

교육국에서는 뉴욕 시에서도 일을 진행하려고 했지만 플렉스너 박사는 다음과 같이 말하였다. "뉴욕 시에 있는 의과대학들은 실험적인 교육을 중심으로 재조직되었음에도 불구하고 개업한 고문 의사들이 관리하는 임상교육을 계속하고 있

로체스터 대학

습니다. 그 의사들은 쉽게 몰아낼 수 없는 중요한 저명인사들입니다. 뉴욕 의과대학에 가장 빠르고 효과적으로 압력을 넣을 수 있는 방법으로 떠오른 생각은 뉴욕주의 다른 도시에 있는 일류 대학을 지원하는 것입니다.

1920년 초반 교육국의 국장인 월러스 버트릭 박사와 나는 남부 지방에 있는 대학들을 시찰하기 위하여 여행을 여러 번 갔었습니다. 뉴올리언스를 떠나는 기차 안에서 나는 월러스 버트릭 박사에게 뉴욕 시의 상황과 뉴욕 시가 아닌 다른 도시에서 일을 진행하는 수밖에 없는 이유를 설명했습니다. 나는 로체스터가 어떻겠느냐고 말했고, 버트릭 박사가 그 이유를 물었을 때에는 나는 로체스터에는 아주 유능하고 생각이 건전한 사람인 리스 박사와 이스트먼이 이끄는 로체스터 대학이라고 하는 우수한 학교가 있기 때문이라고 대답하였습니다."

버트릭 박사가 플렉스너 박사에게 왜 이스트먼을 떠올리게 되었는지를 묻자 플렉스너 박사는 다음과 같이 대답하였다. "이스트먼은 로체스터에 치과진료소를 세워 주었는데, 제가 들은 바에 의하면 그 진료소는 훌륭하고 효율적인 기관이라고 합니다. 이스트먼은 의학 분야에도 관심을 가질 것이라고 생각합니다."

그 이후 얼마 안 있어 리스 박사는 일반교육국 뉴욕 사무실을 방문하였고, 과연 이스트먼이 관심을 갖게 될 것인지에 대하여 플렉스너 박사와 이야기를 나누게 되었다. 며칠 안 있어 리스 박사는 이스트먼에게 플렉스너 박사가 제안한 것을 말하고 개인적으로 그 계획을 진행할 플렉스너 박사를 만나 볼 것인지를 물었다. 이스트먼이 이 사실을 처음으로 언급한 편지는 스트롱 대령의 딸들인 거투르드 아칠레스 부인과 헬렌 스트롱 카터 부인에게 보낸 똑같은 편지에서였다.[16]

"지난 몇 년 동안 록펠러 재단과 일반교육국에서는 전국에 걸쳐 의학교육을 이상적인 수준으로 끌어올리기 위한 계획을 세우는 일에 관심을 갖고 있었습니다. 그들은 존스 홉킨스와 같은 수준을 가진 의료기관을 다섯 군데나 여섯 군데 정도 육성하려고 합니다.

나는 그들이 최고 수준을 갖춘 학교 하나를 지을 곳으로 로체스터를 선정하였

---

16. 1920년 3월 2일.

조지 이스트먼

다는 사실을 얼마 전에 듣고는 매우 놀랐습니다. 그리고 로체스터가 자체적으로 그들이 원하는 만큼 협조만 해준다면 그들은 아주 많은 예산을 로체스터에 집행할 것이라고 합니다. 내가 알기에 지금까지 확정된 곳은 내슈빌과 시카고, 세인트루이스입니다. 이 세 곳에 로체스터와 볼티모어를 합하면 다섯 군데가 됩니다. 그리고 나머지 한 군데를 어디로 생각하고 있는지는 아직 모릅니다. 그들이 로체스터가 학교를 짓기에 적당한 곳이라고 생각한 이유는 무엇보다도 로체스터에는 그들이 원하는 형태의 학교를 만드는 것을 저해할 만한 의과대학이 없기 때문입니다. 로체스터에는 소수정예를 추구하는 수준이 아주 높은 대학이 있습니다. 그리고 로체스터의 치과진료소에는 구강외과 부문에 있어서는 세계에서 가장 좋은 임상 실습실을 갖고 있습니다. 따라서 치의학 교육과 의학 교육을 이상적으로 결합할 수 있게 될 것입니다. 그리고 한 세대 전에 존스 홉킨스가 의술을 익히기 위해 하였던 것처럼 치과 의술을 익히기 위한 새로운 기준을 세울 수 있을 것입니다. 로체스터는 도시 크기와 성격이 기준에 맞고 지리적으로 적당한 곳에 위치하고 있습니다.

그 일을 재정적으로 지원하려면 상당히 많은 돈이 필요할 것입니다. 의과대학과 치과대학을 세우는 데 800만 달러 정도가 들고, 로체스터 대학 자체에 200만 달러 정도를 지원해야 할 것입니다. 플렉스너 박사는 이곳을 두 번 다녀갔고, 나는 내가 가능한 한 많은 도움을 주려고 하고 있는 그 계획에 깊은 감명을 받았습니다. 록펠러 측에서 제공해 주는 것은 없었지만 그들이 필요한 자금의 절반은 지원해 줄 것이라고 생각됩니다. 나는 그들에게 250만 달러를 기부하겠다고 말했습니다. 그 계획에는 250개 정도의 병상을 가진 병원을 짓는다는 계획도 포함되어 있습니다. 그러한 병원을 지으려면 100만에서 150만 달러 정도의 비용이 들 것입니다.

내가 이 편지를 쓰게 된 것은 당신 아버지를 기념하여 당신이 헬렌과 함께 이 병원을 건립하는 데 참여하지 않겠느냐는 것을 물어보기 위해서입니다. 당신이 그렇게 해야 하는 데에는 몇 가지 이유가 있다고 생각됩니다. 당신의 선친께서는 이곳에 큰 이익을 가져다줄 만한 회사를 차려서 돈을 벌었습니다. 그는 자신의 아버지와 어머니의 기념관은 건립하였지만 자기 자신을 기념할 만한 건물은 남기지 않았습니다. 병원은 당신이 그를 기념하여 건립하기에 가장 적합하고 좋은 기념관일

로체스터 대학

것입니다. 그 병원은 존스 홉킨스 병원처럼 세계적으로 유명한 병원이 될 것이기 때문입니다. 다소 앞서 가는 말 같지만 전국적으로 그리고 세계적으로 유명해지게 될 훌륭한 병원을 설립할 계획입니다. 이미 말했듯이 그 병원을 통해서 코닥 사의 직원들이 혜택을 받을 수 있다는 것도 병원을 세울 만한 이유가 됩니다.

이 도시에 그러한 병원이 들어서게 되면 모든 노동자들의 건강 문제를 효과적으로 해결해 줄 것이며, 모든 이들에게 더 안전하고 살기 좋은 곳이 될 것입니다. 왜냐하면 몇 년 안에 전체적인 의료 수준이 세계 어느 도시 못지않게 올라갈 것이기 때문입니다. 오랫동안 코닥 사를 영속적인 회사로 만들겠다는 견지에서, 전문적인 서비스와 생산 활동을 위한 극심한 경쟁 환경에 대비하여 우리가 할 수 있는 최선의 방법은 로체스터를 가장 살기 좋은 곳으로 만드는 일을 도와주는 것이라는 사실을 느꼈습니다. 지금까지 내가 로체스터에 기부를 할 때마다 이러한 목적에 맞는 일인지를 생각하게 되었고, 내가 이 새로운 프로젝트를 실행시키기 위하여 기부를 이렇게 많이 하는 것도 이 프로젝트가 이러한 목적을 달성하는 데 큰 도움이 되기 때문입니다. 우리 회사보다 더 많은 재산을 갖고 있으면서 이미 우리 분야에 발을 들여놓고 숙련된 우리 직원들을 빼내 가려는 회사들도 있습니다. 그처럼 경쟁자라고 자칭하는 이들보다 우리가 유리한 점이 있다면 우리에게는 경험과 기술이 있다는 것입니다. 전문가들이 우리 회사에 많이 근무하고 있으며, 그들은 대부분 가족이 있습니다. 그들이 로체스터가 자신들과 가족이 살기에 가장 안전하고 좋은 곳이라고 생각한다면 그들을 꾀어내기가 훨씬 더 어려울 것입니다. 이 사항과 관련하여 신문기사를 스크랩한 것을 복사하여 동봉합니다. 겁에 질려 주식을 팔지 않도록 하십시오. 코닥 회사는 꽤 오랫동안 잘 굴러갈 것입니다."

이 프로젝트에 관심을 가지게 되면서 이스트먼은 한시도 허비하지 않았다. 이스트먼은 배보트에게 편지를 쓰면서 자신이 플렉스너 박사에게 제안한 것을 더 자세하게 설명하였다. "자네는 플렉스너 박사가 이곳에 다시 왔었다는 사실에 관심이 있을 것이네. 자네는 그가 예전에 이곳에 들렀을 때 내가 다음과 같은 제안을 하였었던 것을 기억할 것이네. 일반교육국에서 250만 달러를 지원하면 나도 250만 달러를 기부하겠다는 것이었고, 치과진료소의 시설과 기금이 150만 달러에 달하므로 일반교육국에서도 150만 달러를 더 지원해 주어야 한다는 것이었네. 그리고 마지막으로 필요하다면 3년이 다 되어갈 때 일반교육국과 내가 75만 달러씩 더 기부해야 한다는 것일세. 플렉스너가 말하길 일반교육국에서는 규정상 어떤 기관이 기금이나 시설을 이미 확보하고 있다면 예산을 더 이상 지원하지 않는다고 하더군. 치과진료소 시설과 기금을 새로운 기부금의 일부로 해서 이 규정을 확대해서 적용하려고 하고 있지만 건물에 대해서는 적용할 수 없기 때문에 내게 50만 달러를 더 기부해 달라고 하였네. 나는 그에게 그렇게 할 수는 없다고 말하면서 플렉스너 박사에게 다음과 같은 제안을 했지. 그가 치과진료소 건물과 기금을 로체스터 대학에 양도하겠다는 것을 보장하고, 일반교육국으로부터 500만 달러를 더 확보해 주면 나는 코닥 보통주 5,000주를 기부하겠다는 편지를 리스 박사에게 쓰겠다고 했네. 나는 플렉스너에게 내가 생각하기에 그는 자본금을 충분하게 확보하지 못한 것 같다고 말했네. 그는 그 제안에 망설였지만 그 계획서를 자신의 재정위원회로 들고 가서 그들이 코닥 주식에 대해서 말하였던 것을 확인해 보겠다고 했네. 나는 그에게 테크놀로지에서 받는 가격은 한 주당 800달러이며, 이제 곧 발행하게 될 1919년 사업보고서를 보면 주식 가격이 지난 1년 동안 올랐다는 것을 알 수 있을 것이라고 했네. 교육국에서 이 제안을 거절한다면 그 이유는 두 가지밖에 없는데 주가 때문이거나 그들이 어떤 한 사업에 그렇게 많은 예산을 쓰는 것을 원하지 않을 경우일 걸세. 주식은 시장가격으로 10퍼센트 이상의 수익률을 보여줄 것일세. 따라서 내 생각에 그들은 그 제안을 거절하지는 못할 것이네."

  이스트먼은 아칠레스 부인에게 다음과 같은 편지를 썼다.[17] "의과대학 사업은 매우 순조롭게 진행되고 있으며, 록펠러 측은 4월 말에 갖게 될 다음번 모임에서 정식으로 그 사업에 영향력을 행사할 것으로 보입니다. 그 제안이 예상했던 대로 승인된다면 그들은 그 사업에 500만 달러를 지원할 것입니다. 그리고 나는 정해진 날짜의 만찬회에서 로체스터 대학과 치과진료소, 현재 운영되고 있는 병원의 이사진에게 그 프로젝트에 대하여 발표할 것입니다. 당신과 헬렌이 그 일에 참여하기

---

17. 1920년 3월 31일.

로 결정하였다면 만찬회 자리에서 그 사실을 발표하는 것이 좋을 것입니다. 지난번에 당신에게 보내는 편지에서는 내가 250만 달러를 기부하기로 하였다고 말했는데, 그 대신 주당 800달러 짜리 코닥 주식 5,000주를 기부하기로 하였습니다. 그 프로젝트는 고문단도 훌륭한 사람들로 구성되어 있고, 재정적으로도 튼튼한 상태에서 진행되기 때문에 그 병원이 세계에서 가장 우수한 병원 중 하나가 될 것이라는 사실과 존스 홉킨스 병원을 제외하고 그 어느 병원에도 뒤지지 않을 것이라는 사실 외에는 아무런 문제도 없습니다. 리스 박사와 록펠러 측의 요청으로 존스 홉킨스 병원의 병원장인 윈포드 스미스 박사가 월요일에 이곳을 방문하여 건물을 짓게 될 부지를 살펴보고 그 사업 계획에 공감할 뿐만 아니라 큰 관심을 갖고 있다고 말하였습니다. 그 전에 웰치 박사와 존스 홉킨스 병원에서 중요한 역할을 하는 또 다른 사람들도 그렇게 말했었습니다."

플렉스너 박사와 리스 박사, 이스트먼은 여전히 배후에서 일을 추진하고 있었는데 며칠 후에 이스트먼은 리스 박사에게 다음과 같은 공약을 보냈다. "로체스터 대학에 가장 높은 수준의 내과, 외과 의과대학과 치과대학을 설립하는 것을 돕기 위하여 나는 당신에게 다음과 같은 제안을 합니다. 로체스터 치과진료소의 이사들이 자신들의 시설과 기금을 로체스터 대학에 양도할 정도로 협조해 줄 것이라는 보장을 당신이 해준다면 그리고 예전에 관심 있는 몇몇 사람들이 우리들과 함께 논의하였던 내과, 외과 의과대학과 치과대학을 로체스터 대학과 연계하여 설립하고 유지할 목적으로 당신이 500만 달러에 이르는 추가 기부금을 확보해 준다면, 나는 로체스터 대학에 똑같은 용도에 사용될 자금으로 이스트먼 코닥 사 보통주 5,000주를 양도하겠습니다.

앞에서 밝힌 사항들을 치과진료소와 관련지어 실행하는 데 있어서 그러한 협정 때문에 치과진료소가 이 지역사회에 거주하는 아이들의 치아를 계속 돌봐야 하는 주된 목표를 이행하는 데 문제가 생길 것 같지는 않습니다. 오히려 치과진료소를 이 사업에 끼워 넣음으로써 그곳을 훨씬 더 효율적으로 운영할 수 있게 될 것으로 보입니다."

일반교육국이 호의적인 반응을 보였기 때문에 공개적으로 발표할 준비를 하였다. 이 일은 리스 학장과 플렉스너 박사가 맡게 되었다.

일반교육국의 사무관[18]은 다음과 같이 말하였다. "우리가 생각하기에 리스 박사는 그리 흔하지 않은 탁월한 관리자에 속하는 것 같습니다. 로체스터 대학 당국자들은 신중하게 자신들의 목표를 정하고 교육적인 측면에서 상당한 성공을 거둠으로써 미국에서 고등교육을 받은 학생들이라면 모두 그들을 존경하고 신임하는 저명한 행정관들입니다. 자만심은 미국 교육에 있어서 계속해서 저지르고 있는 잘못 중의 하나입니다. … 로체스터 대학는 겉보기에만 건강한 것이 아니라 속까지 건강해 보입니다. 유능한 사람들이 로체스터 대학를 운영하고 있고 그들은 돌다리도 두들겨 보고 건너기 때문입니다. 이러한 이유 때문에 일반교육국에서는 그 제안을 흔쾌히 받아들였었는데 로체스터에 수준 높은 의과대학을 설립할 수 있는 기회가 온 것도 같은 이유에서입니다."

곧 이어 플렉스너 박사는 미국 의학교육의 역사를 검토하고 마지막으로 다음과 같이 덧붙였다.

"한 가지 중요한 측면에서 로체스터 대학 의과대학은 지금까지 보지 못한 새로운 방식으로 교육에 기여를 하게 될 것입니다. 우리는 지난 몇 년 동안 치의학이 소아과나 산부인과, 그 밖의 다른 전공 의학과 똑같이 중요한 의학 분야라는 것을 확인하게 되었습니다. 이스트먼 씨는 로체스터 치과진료소를 설립하고 기금을 기부함으로써 치의학의 중요성을 인정하였습니다. 로체스터 시와 많은 로체스터 시민들은 로체스터 치과진료소 지원에 큰 도움을 주고 있습니다. 그동안 미국의 치의학 교육은 내과의학이나 외과의학 교육보다는 발전이 늦었습니다. 새로운 의과대학은 치의학 교육을 내과와 외과의학 교육과 똑같이 체계적이고 과학적인 수준으로 올려놓기를 바랍니다. 그렇게 되기 위해 새로운 의과대학은 치과진료소의 이사들과 로체스터에서 치과를 개업한 의사들의 협조를 구할 것입니다. …

로체스터 대학은 이미 이 지역사회에서 훌륭한 일을 하였습니다. 그렇지만 지금은 로체스터 대학이 더 큰 목표를 가져야 할 때이고, 더 중요한 임무를 맡고 있

---

18. 플렉스너 박사, 1920년 6월 11일.

로체스터 대학

습니다. 로체스터 대학 전체가 진보하지 않으면 그 임무를 완전하게 수행할 수 없습니다. 로체스터 대학 의과대학이 완전한 의미에서 성공을 거두려면 로체스터 대학과 관련된 그 밖의 기관들과 물리학과나 화학과, 생물학과, 수학과 등 다른 학과, 대학 내 도서관과 연구소도 같은 성격과 같은 규모로 성장해야 할 것입니다. 로체스터 대학이 이러한 방향으로 발전하려면 고등교육에 관심을 갖고 있는 외부 기관과 로체스터 시민들이 계속해서 지원을 아끼지 말아야 합니다."

이스트먼은 플렉스너 박사의 연설에 깊은 감명을 받아 만찬회가 있은 뒤에 존 록펠러에게 편지를 썼다. "저는 실례를 무릅쓰고 자선사업이라는 것을 통해 제 이름을 당신 이름과 결부시킬 수 있게 된 것을 영광으로 생각합니다. 수년 동안 저는 당신을 이 시대 최고의 자선사업가로 생각하였고, 당신이 막대한 재산을 지혜롭게 분배하는 것을 보고 감탄하였습니다. 이 사회가 고맙게 생각하고 있는 기부금뿐만 아니라 당신이 관리하는 기관이 서로 협력을 하는 것에 대해서도 훌륭하다고 생각합니다. 관리기관이 서로 협조하면서 능숙하게 자선사업을 운영하지 않는다면 기부금만으로는 성공을 얻을 수 없을 것입니다."

8월 6일, 이스트먼은 아칠레스 부인으로부터 편지를 한 통 받았다. 우리는 그가 얼마나 행복해 했는지를 알지 못할 것이다. 이스트먼은 잠깐 동안이지만 '스트롱'이라는 이름 속에 깊이 새겨져 있는 삶의 기억들을 되돌아 보았다.

아칠레스 부인은 다음과 같은 편지를 보내왔다. "당신이 아버지가 태어나고 평생을 살았던 곳에 기념관을 건립해야 한다고 생각하는 것은 당연합니다. 아버지는 당신이 헬렌과 나를 이러한 일에 연결시킨 것을 매우 기쁘게 생각하실 것입니다. 왜냐하면 그는 당신에게 친아버지와 같은 애정을 갖고 있었기 때문입니다. …

후대에 우리를 제외한 다른 스트롱 자손도 이 기념관 건립에 참여하였다고 기억할 수 있게 처음에 제안한 것처럼 이 병원을 헨리 스트롱 기념병원이라고 하고 머리돌에는 다음과 같이 새겨 넣었으면 합니다.

헨리 A. 스트롱과 헬렌 G. 스트롱을 기념하여
거트루드 스트롱 아칠레스
헬렌 스트롱 카터

조지 이스트먼

조지 이스트먼[19]이
건립하다"

　1921년 1월 초반에 이스트먼은 스트롱 대령의 딸들에게 또다시 편지를 보냈다. "현재 있는 대학 교정에서 [의과]대학 건물을 지을 만한 장소를 찾는 사전 조사를 하다가 지금이 로체스터 대학 전체를 좀더 넓고 편리한 장소로 옮길 시기가 아닌가 하는 생각이 들었습니다. 의과대학을 현재 있는 대학 교정 안에 세우면 머지 않아 꼭 필요하게 될 다른 학부 건물을 증축할 공간이 없을 것으로 보입니다. 이러한 문제가 제기되자 조지 토드를 선두로 우리 사업에 적극적인 시민들은 로체스터 대학을 세울 만한 적당한 장소를 찾기 시작하였습니다.[20] 대학를 세울 만한 장소를 촬영한 항공사진을 동봉하였습니다. 당신은 그곳이 엘름우드 애버뉴 브리지 북쪽이라는 것을 기억하고 있을 것입니다. 코트 가에 이르는 강 하류가 거룻배의 운하 항구로 만들어져 그 강을 거슬러 올라가면서 몇 마일에 걸쳐 펼쳐져 있는 저수지가 생기게 되었고, 그 강은 수상 스포츠를 즐기기에 적당한 장소가 될 것입니다. 그 계획에 대하여 아는 사람들은 모두 큰 관심을 보이고 있습니다. 오크 힐 클럽의 관리들까지도 큰 관심을 보여주고 있습니다. … 그 강을 가로지르는 공원 입구의 도로에서 대학 건물이 서 있는 것을 보게 되면 매우 인상적일 것입니다. … 미국 전역에서도 이곳과 겨룰 만한 대학 부지를 찾기는 어려울 것입니다.
　프로젝트 전체가 최대한 후원을 받게 될 때까지는 당신이 기부한 사실을 발표하지 않을 생각입니다. 계획이 바뀌면 올가을에 많은 기부금을 모으기 위한 캠페인을 열어야 할 것입니다. 그리고 우리는 최대한 관심을 끌 수 있도록 일을 진행하려고 합니다."
　리스 학장은 시티 클럽[21]에서 다음과 같이 말했다. "우리가 검토하고 있는 대학은 새로운 교육기관이 아닙니다. 71년 동안 당신들이나 당신들 조상과 함께 해 왔던 교육기관입니다. 비교적 작고 상당히 보수적이면서 정직하고 양심적인 그 학

---

19. 그러나 이스트먼은 나중에 자신의 이름을 넣지 않았다.
20. 조지 토드는 오크 힐 컨트리 클럽 부지가 어떻겠느냐는 말을 처음으로 꺼낸 사람이다.
21. 1921년 3월 5일.

교는 사회 인식도 측면에 있어서도 그렇고, 숫자상으로도 최근 몇 년 동안 빠른 속도로 성장하였습니다.… 21년 전 학생 수는 160명이었고, 학부는 18개였으며, 학교 건물은 4동이었습니다. 올해 문과대학의 정규 학생 수는 691명으로 늘었고, 학부는 58개, 건물은 11동으로 늘어났습니다. 게다가 대학 공개강좌는 바쁜 시민들에게 대학교육을 제공해 주었습니다. 851명의 수강생이 이 강좌에 등록되어 있습니다.

통계 내기를 좋아하는 누군가가 이러한 성장 과정을 도표로 그리고 향후 일 이십 년 동안 어떤 식으로 전개될 것인지를 예측하여 표시한다면 앞으로의 전망은 무시무시할 정도일 것입니다. 앞으로의 성장을 제한하게 될 요인이 있더라도 로체스터가 규모가 작은 대학에서 벗어나게 될 때까지는 정규 학생들을 더 받아들여야 할 것입니다.

당신들이 잘 알고 있는 이스트먼 음악학교의 발전과 더불어 … 이 학교가 웅장한 아름다움을 가진 대학본부를 갖게 될 것이라는 사실은 우리 모두에게 큰 만족을 느낄 수 있게 해주며 모든 시민의 자랑거리입니다.

이제 곧 설립하게 될 의과대학과 치과대학은 서로 비슷한 높은 수준을 고집할 것입니다. 의과대학과 치과대학은 분명한 이유에서 음악대학이 갖추게 될 시설의 아름다움과 겨루려고 하지는 않을 것이다. 그렇지만 사용 목적에 가장 잘 맞는 기품 있는 건물을 짓기 위해 노력을 아끼지 않을 것입니다.

새로운 의과대학과 치과대학은 로체스터 대학이 미래에 겪게 될 문제들을 상기시켰습니다. 치과진료소가 치의학 교육을 위한 임상 시설이 되어 주기는 하겠지만 의과대학 병원이나 내과와 치의학 수업에 사용될 실험실과 교실은 적당한 장소를 물색해야 하고, 그 위치는 문과대학에서 가까워야 합니다.

그처럼 대학이 성장하면서 많은 시설을 더 확충해야 합니다. 헨리 스트롱 부인[22]은 남편의 기념관으로 꼭 필요한 회의장을 세워 주겠다고 약속하였습니다. 앞으로 도서관과 실험실, 강의실, 체육관 시설은 학생 수에 비하여 규모가 너무 작거

---

22. 스트롱은 첫 번째 아내가 죽은 후에 워싱턴 주, 타코마에서 해티 락우드(Hattie M. Lockwood) 부인과 재혼하였다.

나 부족하게 될 것입니다. 그러한 성장에 대비한다면 현재의 대학 교정에 새로운 의과대학을 수용할 수 있겠습니까? 지금부터 10년 동안만 생각한다면 그렇게 할 수도 있습니다. 그렇지만 10년 후 시설을 더 많이 확충해야 할 때가 오면 우리는 무엇을 할 수 있겠습니까?

그렇다면 시설을 더 확충해야 할 때가 올까요? 앞에서 말했듯이 예언이라는 것은 확실하지 않지만 경험은 고려할 만한 가치가 있습니다. 다른 의과대학들은 병원 시설을 두 배로 늘려 전문 클리닉을 확충해야 했습니다. 그리고 지역사회에 충분하게 공헌을 하려면 상업대학과 교육대학, 다양한 공과대학, 그 밖의 다른 학부가 꼭 필요하다는 것을 확인한 대학이 많습니다.

로체스터 대학이 정책을 바꾸려고 하거나 사업을 확장하려 한다고 생각하지는 말아 주십시오. 대학이 다른 기관과 경쟁해서 이겨야 한다고 생각하는 것은 어리석은 일입니다. 그 임무가 확실하여 행동방침이 제시되고 가장 높은 기준에 맞춰 그 일을 수행할 수 있는 방법을 손에 넣을 때까지는 학부를 새로 만들지 않을 것입니다.

그렇지만 지금이 그 문제를 직시해야 할 때입니다. 일을 진행해야 할 시기가 왔을 때에는 무엇을 해야 하겠습니까? 지금 계획하고 있는 대학을 새로운 곳으로 옮기는 문제가 중요한 이유가 바로 여기에 있습니다. 그곳은 로체스터 대학이 앞으로 더 성장하게 되더라도 충분히 수용할 수 있을 정도로 넓은 장소이며, 그곳에 새로 세워진 대학은 건축적으로도 아름답고 조화로우며 가치가 있는 건물을 갖게 될 것입니다.

그러나 우리 모두 그렇게 생각하고 있지만 우리는 다음과 같은 사실을 항상 염두에 두고 있어야 합니다. 대학 내 모든 학부의 힘과 자원은 궁극적으로 학문의 진보를 위해 그 안에서 연구하고 가르치는 사람들에게 있다는 것입니다. 다행히 로체스터 음악대학과 의과대학은 그러한 힘과 자원을 확보하고 있습니다. 새로운 대학 부지와 새로운 건물은 규모 면에서 장엄할 정도이고, 그 안에서 학생들은 그들의 생각을 이끌어 주고 그들의 이상을 구체화시켜 줄 만한 역량을 가진 유능한 교수진에게 배우게 됩니다. 우리가 용기에 가득 차서 들떠 있는 것도 대학 전체를 물

로체스터 대학

질적으로 확장하기 위한 준비를 충분히 하는 것은 대학의 비물질적인 힘을 지속적으로 강화하는 방법도 될 것이라는 사실을 믿기 때문입니다. 무엇보다도 우리는 인재를 확보해야 합니다." 리스 학장은 로체스터 공학협회에서 연설을 하면서 이렇게 말하였다.

최초로 그 협회 회원으로 선발된 사람은 조지 휘플이었다. 그는 캘리포니아 대학의 의과대학 학장이자 의학 연구를 위한 후퍼 재단의 사무국장으로, 미국에서 손꼽는 중요한 병리학자 중의 한 사람으로 인정받고 있었다. 존스 홉킨스 대학의 윌리엄 웰치 박사와 록펠러 의학연구협회의 국장인 사이먼 플렉스너 박사가 휘플 박사를 강력하게 추천하였다. 1921년 7월 휘플 박사는 새로운 의과대학의 학장으로 로체스터로 왔다.

의과대학이 그처럼 튼튼한 기반을 갖게 되자 그 다음 단계는 로체스터 대학을 모든 요소를 갖춘 완벽한 대학으로 만드는 일이었다. 토드는 만찬회에 시민 50명을 초대하여 그 첫걸음을 내디뎠다. 그 만찬회에서 리스 박사는 미래의 로체스터 대학을 위한 그의 계획을 구체적으로 설명해 달라는 요청을 받았다. 리스 박사가 내놓은 세 가지 계획 중에서 '일단 천만 달러를 목표로 하고 나중에 얼마나 더 확보할 수 있는지 지켜보자'는 제안을 한 것은 이스트먼이었다.

"처음에 이 액수는 엄두도 못 낼 정도로 큰돈이라고 생각되었지만 1924년 가을에 공개적인 모금운동을 시작하면서 가능한 일이 되었습니다. 그 결과 놀랄 정도로 짧은 시간 안에 그처럼 많은 기금을 모았습니다. 이 모금운동을 통해 굉장히 큰 선물을 몇 개 받았습니다. 그 중에서 대표적인 것은 조지 이스트먼 씨가 250만 달러를 기부한 것과 일반교육국에서 175만 달러를 지원한 것입니다. 동문들도 총150만 달러에 이르는 많은 금액을 기부해 주었습니다.

그리고 나서도 주목할 만한 기부 행렬이 계속되었습니다. 일반 시민들도 모금운동에 아낌없이 동참하자 1924년 12월 이스트먼 씨는 로체스터 대학에 600만 달러를 더 기부하겠다는 의사를 밝혔습니다. 600만 달러 중에서 300만 달러는 이스트먼 음악학교에, 150만 달러는 의과대학과 치과대학에 그리고 나머지 150만 달러는 여자대학에 기부하게 될 것입니다. … 그 이후에도 큰 기부금을 몇 번 더 받았습

조지 이스트먼

니다. 그 중에서 가장 주목할 만한 것은 최근에 작고한 제임스 컬터 씨의 기부금으로, 그는 자신의 전 재산이나 다름없는 250만 달러를 로체스터 대학에 유언으로 증여하였습니다."[23]

이스트먼은 열광적이었다. 로체스터 대학의 발전은 역경을 헤쳐 온 이스트먼 생애의 결실이었다. 이스트먼은 모금운동이 끝난 뒤에 리스 박사에게 다음과 같은 편지를 썼다. "나는 당신이 로체스터 시민들과 로체스터 대학의 후원자들이 기부한 500만 달러를 포함하여 1,000만 달러 모금운동을 성공적으로 마친 것에 대하여 진심으로 축하를 드립니다. 당신은 처음 내가 처분한 주식 중에서 얼마만큼을 로체스터 대학에 기부하느냐에 따라 모금운동 결과가 크게 달라질 것이라고 말씀하셨습니다. 로체스터 사람들은 큰 시민사업이 벌어질 때마다 참여할 준비가 되어 있다는 것을 되풀이하여 보여주었습니다. 그리고 그러한 사실 때문에 나는 즐겁게 그러한 사업을 진척시키면서 내가 할 수 있는 일을 실행하였습니다."

로체스터에 거주하는 12,000명의 시민들이 모금운동에 협조함으로써 록펠러 재단의 회장인 조지 빈센트 박사가 로체스터를 세계에서 가장 주목할 만한 과학과 의학, 음악, 교육의 중심지로 만들겠다고 말한 사업을 마무리지을 수 있었다.

그러나 이스트먼은 약속을 지키기 위해 자기 재산의 대부분을 기부해야 했고, 1924년 12월에는 리스 박사가 말한 것처럼 '문서에 서명을 하여' 상당액의 재산을 로체스터 대학과 매사추세츠 공과대학, 햄프턴-투스키기 표준농업학교에 나누어 양도하였다.

이스트먼은 이런 식으로 자신의 재산을 분배한다는 사실을 두 개의 보고서를 통해 구체적으로 '밝힌다'. 하나는 일반 대중들을 대상으로 한 성명서이고, 다른 하나는 자신의 '직원'들을 대상으로 한 성명서이다.

그는 일반 대중들을 대상으로 한 성명서에서 이렇게 말한다. "제가 소유한 코닥 주식을 이런 식으로 양도하는 이유 중의 하나는 그렇게 함으로써 저 자신만을 위해서 돈을 버는 일에서 저를 떼어 놓을 수 있고, 인간사에 어느 정도는 초연해질

---

23. 로체스터 대학에서 발행한 『로체스터 대학의 과거와 현재(The University of Rochester, Past and Present)』에서 발췌.

로체스터 대학

수 있기 때문입니다. 상황이 바뀌면 지금 진행되고 있는 일에 대한 제 태도가 어떻게 달라지게 될 것인지를 관심 있게 지켜보고 있습니다.

이러한 일에 대하여 잘 알고 있는 제 친구는 제게 왜 이러한 네 학교를 골라 기부를 하는지 물었습니다. 그 대답은 간단합니다. 먼저, 세상이 진보하는 것은 거의 대부분 교육에 달려 있습니다. 다행히도 인간이 운영하는 기관 중에서 가장 오래가는 기관은 교육기관입니다. 정부가 쓰러질 때조차도 교육기관은 계속 유지되는 경우가 많습니다. 그때문에 교육기관을 선택하게 된 것입니다.

수혜자로 네 학교만을 고른 이유는 그러한 종류의 교육에 돈을 기부하고 싶었고, 기부금을 분산시키는 것보다 집중시키는 것이 좀더 빠르고 직접적인 결과를 얻을 수 있을 것이라고 생각하였기 때문입니다.

상황이 가장 좋을 때에도 어떤 방침을 갖고 자금을 지혜롭게 지출할 수 있게 되려면 오랜 시간이 걸립니다. 아무리 준비가 잘되어 있는 기관이라 할지라도 길게는 몇 년이 걸릴 때도 있습니다. 저는 이제 일흔 살이 넘었고, 살아 있는 동안에 이 기부금이 가져다주는 성과를 보고 싶습니다.

제가 무엇보다도 큰 관심을 갖고 있는 도시인 로체스터에서 우리는 로체스터 대학을 최대한 폭넓게 발전시키고 주목할 만한 대학으로 만들 준비를 모두 마쳤습니다. 단지 규모가 큰 대학를 만들겠다는 것이 아닙니다. 로체스터 대학이 해당되는 모든 분야에서 가장 수준 높은 대학를 만들겠다는 것입니다."

그리고 이스트먼은 직원들을 대상으로 한 성명서에 다음과 같이 덧붙였다.

"여러분들 거의 대부분이 코닥 사의 주주이므로 제가 소유하고 있는 코닥 사 주식을 대부분 기부하게 되어 여러분들에게 다음과 같은 사실을 알리는 것이 바람직하다고 생각합니다. 이 일로 제가 지금 회사를 관리하는 일에서 물러나려고 하거나 이 일 때문에 코닥 사가 성공하는 것에 신경을 덜 쓰게 된다는 것을 의미하지는 않습니다. 지난 몇 년 동안 개인적으로 부를 축적하는 일은 제게 그다지 중요하지 않은 일이 되었습니다. 따라서 주식을 통한 수익금이 회사에 대한 저의 관심에 영향을 미치지는 않습니다.

시간이 지나면서 저는 머지않아 죽음을 맞이하게 될 것이라는 사실을 좀더 분

조지 이스트먼

명하게 깨닫게 되었습니다. 그리고 인생에 있어서 저의 주된 관심사는 코닥 사가 계속해서 성공을 거두고, 제가 직원으로 고용하였던 사람들의 행복을 지키는 일이기 때문에 저는 그에 따라 구체적인 계획을 세우게 되었습니다. 직원들에게 주식을 분배하는 것은 이러한 계획을 처음으로 실행하는 일 중의 하나였습니다. 해마다 그 주가가 올라가게 만드는 것은 숙련된 전문가로부터 직위가 낮은 노동자에 이르기까지 여러분 모두의 손에 달려 있습니다. 난관에 봉착하면 회사 주가가 일시적으로 영향을 받게 될 것입니다. 제가 죽는다거나 예기치 않은 일로 많은 양의 코닥 사 주식이 한꺼번에 주식시장에 나오게 될 경우에 말입니다. 제가 기부금을 내는 목적 중의 하나는 그러한 사태를 미연에 방지하고자 하는 것입니다. 스트롱과 워커, 그리고 오랫동안 저와 같이 일해 온 동업자들, 그 밖의 다른 대주주들의 주식은 주식시장의 동요를 가져오지 않도록 분배되었기 때문에 현재 제가 소유하고 있는 코닥 주식이 가장 많습니다.

 이 시기에 제 주식을 이런 식으로 양도하는 또 하나의 중요한 이유는 제가 살아 있는 동안에 기부금이 실제로 쓰이는 것을 보고 싶기 때문입니다. 이 자금의 60 퍼센트 정도는 로체스터에서 코닥 직원들과 그들의 자손들에게 혜택이 돌아가는 사업에 쓰여지게 될 것입니다."

 이처럼 이스트먼이 중요하게 생각한 것은 '그들의 자손(their descendants)'이라는 두 단어였다.

제13장

동양과 서양이 만나는 곳

이스트먼이 학교를 그만두고 생업에 뛰어든 것은 1868년 3월이고, 그가 교육계의 발전을 위해 모두 합치면 수백만 달러가 되는, 공개적으로 발표된 것보다도 더 많은 재산을 기부한 것은 1924년 12월의 일이다. 1868년에서 1924년에 이르는 56년 사이에 이스트먼의 인생 역정은 많은 변화를 겪어 왔다. '세월이 흐르면서 매일 무엇인가가 알지 못하는 사이에 쌓이게 된다.' 사람들은 바로 자신들이 남긴 것을 지니게 된다. 각자의 얼굴에 인생 역정이 쌓이게 되고, 기본적인 성품은 자신이 살고 있는 집(저택)을 통해 반영되거나 표현된다.

예술가는 서로 다른 두 가지 얼굴을 갖고 있다고 한다. 하나의 얼굴에서는 목적을 달성해 나아가는 공격적인 성향이 나타난다. 차가운 집중력과 인내심, 냉정한 행동과 시각을 보여준다. 또 다른 얼굴은 감수성이 풍부한 이상주의자의 얼굴, 인간의 생활을 풍부하게 해주는 색의 조화나 음악에 본능적으로 반응하는 각 개인의 정신과 영혼을 보여준다.

이스트먼의 인상 또한 그러하다. 그는 신체적으로 운동선수처럼 건장해 보이지는 않는다. 그렇지만 사무실이나 야영지에서 그의 지구력은 고갈되지 않을 것처럼 보인다. 6피트에서도 3.5인치가 모자라는 키(174cm)였지만 그는 넓은 어깨 때문에 실제보다 더 작아 보인다. 그는 소극적이고 내성적인 성격을 갖고 있었기 때문에 엄격한 자기수련을 통해 적극적이고 활동적인 모습을 보여주려 했다. 신경을 많이 썼기 때문에 그의 머리카락은 마흔이 되기도 전에 회색빛을 띠게 되었고, 지

조지 이스트먼

금은 가는 백발이다. 눈썹은 따뜻한 청회색 눈 위에 그늘을 만들면서 벗겨진 넓은 이마 아래쪽에 깊숙이 자리 잡고 있다. 그의 눈은 그의 얼굴 중에서 가장 큰 영향력을 가지고 있는 부분으로 망원경의 기능뿐만 아니라 현미경의 기능도 갖고 있는 강력한 렌즈와 같은 역할을 한다. 그의 눈은 그의 정신의 문하생으로, 탐구적이고 호기심이 강하다. 한쪽 눈은 분석하고 판단하는 것처럼 보이고, 다른 쪽 눈은 '당신은 행복합니까'라고 묻고 있는 듯하다. 그는 친구들에게 그런 질문을 많이 했다. 그의 눈은 흑백으로 관찰하도록 훈련을 받았지만 가장 미세한 명암의 변화도 놓치지 않는다. 안경은 콧마루 위에 자연스럽게 걸쳐져 있다. 화가와 조각가들은 그 콧마루를 다른 사람들에게 보이는 것보다 더 확대해 묘사한다.

이스트먼은 디즈레일리(Benjamin Disraeli, 1804-1881, 영국의 정치가·총리-역주)가 자연은 인간에게 귀는 두 개를 주었지만 입은 하나만 주었다는, 즉 두 귀를 주고 입을 하나 주었다고 말한 사실의 대표적인 실례이다. 입의 한쪽은 미심쩍어 하는 듯이 처져 있고, 다른 쪽은 온화한 미소를 띠는 듯하다. 그의 턱은 강하고 공격적이다. 사물을 정확하게 보기 위하여 머리를 뒤로 제치거나 계획을 검토하기 위해 책상 위로 몸을 숙일 때에는 특히 더 그러하다. 그리고 그의 턱은 입선을 두드러지게 만든다. 이로 인해 절친한 몇 사람을 빼고는 아무도 그의 생각을 알 수 없었다. 그럼에도 사람들은 개인적으로 그리고 대중적으로 여전히 그에게 관심이 많다. 그는 좀처럼 혼자서 식사를 하지 않기 때문에 항상 친구와 동료들, 그리고 외부 인사를 조찬이나 오찬, 음악 파티, 저녁 만찬, 환영회에 초대해 대접하고 있다. 그는 로체스터를 벗어나면 거의 모든 곳을 남의 눈에 띠지 않게 여행을 할 수 있다. 왜냐하면 그는 자신을 알리기 위하여 사진을 이용한 적이 없기 때문이다. 막대한 수익을 벌어들이는 회사로, 미국의 무역 경로를 통해 수십 억 달러를 급료와 배당금, 물품구입비로 쏟아부어도 이스트먼은 다른 사업가들에게 자신의 성공을 과시하지 않았다. 이것은 유명한 사람들에게서 흔히 나타나는 경향이다.

근엄한 외모 뒤에는 정서적이면서도 숨겨진 강인함이 있다. 이 강인함은 그의 의지력을 충실하게 섬긴다. 어떤 종교 단체에도 속해 있지 않았지만 그는 로체스터에 있는 교회의 성직자 중 몇 명을 항상 가장 가까운 친구로 손꼽았다.

조지 이스트먼의 저택, 이스트 가 900번지

조지 이스트먼

1905년 이후 이스트먼은 대부분 로체스터에 있는 자신의 저택을 중심으로 활동하였다. 노스캐롤라이나에 있는 사냥터와 농장 그리고 야영지는 휴가를 즐기거나 기분전환이 필요할 때 사용하였다. 사무실에서는 엄격하고 냉정한 경영자였는데, 그는 로체스터를 떠나 있을 때 구상한 것들을 실행에 옮겼다. 집에서는 음악과 꽃, 그림을 통해 사업의 압박감과 걱정거리에서 벗어나 휴식을 취하고 감수성을 쌓았다. 야영지에서는 물고기를 잡거나 요리를 하고, 안장을 얹은 말을 타고 산을 넘나들면서 사냥감을 추적하였다. 그러면서 그는 사업과 관련된 문제와 교육에 대한 만족할 줄 모르는 욕구를 잠시 잊을 수 있었다. 스티븐슨은 "행복해야 할 의무만큼 우리가 지나치게 낮게 평가하는 의무는 없다"라고 쓰면서 이러한 이스트먼의 성격을 은연중 묘사하였다.

이처럼 이상할 정도로 각기 다른 상황 속에서도 이스트먼 자신은 늘 편안해 하였다. 왜냐하면 여러 해 동안의 경험을 통해 이스트먼은 주위 환경에 자신을 적응시키는 방법을 터득하였기 때문이다. 의도적이거나 상황에 의해 어쩔 수 없이 그렇게 되었든 간에 환경에 자신을 적응시켰다. 이스트먼의 친구나 동료들이 이스트먼의 대표적인 성격에 대하여 그처럼 각기 다르게 말하는 것은 바로 이러한 이유 때문이다. 그가 관심을 갖고 있는 것을 모두 함께하거나 즐길 수 있는 사람은 거의 없었다. 사실 그가 확신을 갖고 있는 것에 똑같이 확신을 가졌던 사람도 거의 없었다. 그는 지금 홀로 자신의 회사와 자신의 자선사업을 갈라놓는, 그리고 회사와 자선사업을 활발한 야외 활동에서 떼어 놓는 심해에 다리를 놓고 있었다.

이스트먼이 쓴 편지를 보면 야외에서 사용하는 장비나 사냥총의 모델, 장미 재배와 조경, 비공개 콘서트를 개최하기 위한 음악 프로그램 짜기, 자신의 집에서 각기 다른 위치에 놓게 될 그림과 초상화를 고르는 일, 동양에서 만든 양탄자의 품질, 오르간 배치, 개인 온실을 만들기 위해 화초와 묘목을 고르고 재배하는 일, 저지 젖소가 생산해야 하는 버터용 지방의 양, 그의 농장 관리인이 목화를 시장에 내다 팔기에 가장 좋은 시기에 대하여 상세하게 논의하는 내용으로 가득하다. 검은 코뿔소와 흰 코뿔소의 동물학적 차이나 난초 재배, 코로(Jean Baptiste Camille Corot, 1796-1875, 프랑스의 화가, 바르비종파의 한 사람으로 인상파의 선구자-역주) 풍

동양과 서양이 만나는 곳

경화의 특성에 대한 지식도 포함하여 이스트먼은 자신이 관심을 가지게 된 모든 것을 습득하였다. 이것이 이스트먼의 저택이 가진 특성의 비밀을 푸는 열쇠이면서 그의 저택이 각기 다른 취향을 가진 남성과 여성들의 마음을 끌 수 있었던 이유이다. 이스트먼 자신의 취향과 결정에 따라 이스트 가 900번지의 세부적인 사항이 모두 정해졌다.

예를 들어 미술 작품을 선택하는 데 있어서 이스트먼은 '자신의 집에서 그 작품과 함께 지내보지' 않고는 그림을 구입하지 않았다. 그의 친구인 배보트와 미술상에게 보내는 편지를 보면 이러한 내용이 나온다.

"내 기억에 당신은 당신 직원들이 디트로이트로 갈 예정이라고 내게 말하였던 것 같습니다. 그래서 나는 그 직원들이 렘브란트와 반 다이크 그림을 로체스터로 가지고 와서 내가 우리 집에서 그 그림들을 볼 수 있도록 해주지 않겠느냐고 부탁하였습니다. 당신은 이 제안을 기꺼이 받아들이는 것처럼 보였고, 나는 보통 다른 미술상들과도 이런 식으로 일을 진행합니다. 나는 잠깐 동안이라도 우리 집에서 그림과 함께 지내보지 않고는 그림을 구입하지 않습니다. 내가 그 그림들을 보고 구입하지 않아도 당신이 불만을 갖지 않을 것이라고 확신하였습니다. 그런데 당신이 보낸 편지는 내가 렘브란트의 그림이나 반 다이크의 그림을 구입할 의향도 없으면서 그림을 이곳으로 보내달라는 것이 아닌가 의심하고 있는 것 같습니다. 그러나 당신은 이 사실을 알아야 합니다. 나는 그 그림들이 이곳에 도착하기 전에 다른 전문가에게 돈을 지불하고 그 그림들을 감정해 줄 것을 부탁하였습니다. 나는 여러 경로를 통해 그 그림들의 가치를 따져 본 후에 어느 것도 구입하지 않겠다는 결론을 내렸던 것입니다.

나는 단순히 그림만 모으는 수집가가 아닙니다. 내가 구입하는 그림 하나하나는 내가 원하는 방식대로 내가 수집한 다른 그림들과 조화를 이루어야 합니다. 나는 그 그림들이 내가 소장하고 있는 작품들과 조화를 이루지 못한다는 것을 알게 되었습니다. 사실 나는 렘브란트의 그림을 구입할 생각이었습니다만 렘브란트의 그림보다는 다른 그림을 구입하는 것이 더 낫겠다는 결론을 내렸습니다. 그러한 결정을 당신 직원에게 자세히 설명할 필요가 없다고 생각했습니다. 왜냐하면 그 결정은 당신과 관계가 있는 일이었기 때문입니다. 당신의 편지를 보면 당신이 아주 멋진 사람이 아니라는 사실을 알 수 있습니다. 당신이 그렇게 많이 낙심하게 된 것을 유감스럽게 생각합니다. 나와 거래를 통해 실망하는 일이 앞으로는 아예 없을 것이니 안심하시기 바랍니다."

이스트먼의 저택으로 들어서자마자 처음으로 접하게 되는 그림은 틴토레토(Tintoretto, 1519-1594, 16세기 중후반에 베네치아에서 활약한 화가-역주)가 그린 베니스 의원의 초상화로 톤이 풍부한 걸작이다. 그 그림은 너무나도 오랜 기간 동안 메인 홀에서 영예로운 자리를 차지하고 있었기 때문에 지금은 그 저택에서 없어서는 안 될 한 부분이 되었다. 음악실의 벽난로 위와 양옆에는 프란츠 할스, 렘브란트, 반 다이크가 그린 힘 있는 초상화 석 점이 걸려 있다. 이 방의 옆벽에는 화가들이 더 나중에 세운 음악학교를 묘사한 목가적인 풍경화가 걸려 있어 초상화 석 점이 전해 주는 기본적인 느낌을 손상시키지 않으면서 일요일 오후에 열리는 음악 파티의 평온한 배경이 된다.

식당으로 가는 넓은 흰색 복도와 그가 집에 있을 때 일요일 아침마다 방문객을 맞이하는 사이드 홀, 그리고 그가 글을 읽거나 문서를 검토할 때 사용하는 방에는 게인스보로우와 레이번, 레이놀즈, 롬니가 그린 초상화가 걸려 있다. 이 방의 벽난로 위쪽 선반 위에는 그의 어머니를 찍은 사진 일곱 장과 아버지 이스트먼 씨가 새겨져 있는 큰 메달, 스트롱 대령의 세밀 초상화, 매사추세츠 공과대학을 촬영한 항공사진, 그리고 때때로 바뀌기도 하는 사진 한두 장이 더 걸려 있다. 선반 위에 어머니 이스트먼 부인의 초상화가 걸려 있었던 적도 있었지만 생전에 어머니가 싫어해서 사진을 치웠다.

그 집 도처에는 밀레와 윈슬로우 호머, 이네스, 모브, 코로 그리고 그 밖의 다른 불멸의 화가들이 그린 그림들이 걸려 있다. 그러나 그러한 환경에 세밀하게 신경을 쓰거나 그림 자체를 자세히 살펴보지 않으면 소장품의 양과 차별성을 의식하지 못할 정도로 그림 하나하나를 드문드문 배치해 놓았다.

이스트먼은 원래 이 저택을 그의 어머니를 위한 저택으로 짓고 가구를 배치하였다. 그의 어머니는 그의 인생에서 언제나 함께한 유일한 여성이었다. 그리고 그

이스트 가 900번지 이스트먼 저택의 온실

조지 이스트먼

저택은 편안하게 살 수 있는 안식처라는 기본적인 성격을 항상 유지하였기 때문에 그녀가 세상을 떠난 지 10년이 더 지난 지금까지도 여전히 그녀의 조용한 기품이 느껴진다. 또한 킬본 현악사중주단은 모든 사회기관이 갖고 있어야 할 가장 기본적인 것에 대한 그의 생각을 상기시켜 준다.

25년간 매주 일요일 밤마다 음악 파티와 가벼운 만찬회가 열리면서 이 저택은 지역활동의 비공식적인 중심지가 되었다. 이 저택에서는 동양과 서양이 만난다. 동서양 국적뿐만 아니라 동서양의 기질과 직업도 만난다. 이 저택은 스포츠맨뿐만 아니라 예술가와 음악가들의 안식처이다. 그들은 3층 박물관에서 이스트먼이 아프리카와 알래스카, 브리티시 컬럼비아, 미국과 캐나다의 여러 도시에서 받은 기념품들을 볼 수 있다. 은행가와 사업가들은 자신들이 살아가고 있는 팽팽한 긴장감이 도는 세상과 완전히 격리되어 있다는 것을 느낀다.

저녁 만찬이 제공된 후에는 보통 100명 정도 되는 손님들이 널찍한 온실로 모인다. 끊임없이 이어지는 야자나무와 화초는 온실의 높은 흰 기둥과 계단, 2층의 발코니를 다채롭게 꾸며 준다. 테라스와 정원으로 가는 문 위에는 멋진 상아를 가진 코끼리 머리가 야자나무 위로 튀어나와 있다.

이러한 분위기에서 손님들은 오르간과 현악사중주단의 연주를 듣는다. 그리고 나서 이스트먼 자신이 그런 것처럼 그들은 다음 날 또다시 전력을 다해야 할 가혹한 현실에 맞서기 위하여 떠난다.

이스트먼은 사업에서 물러나고 싶어 했지만 일에서 벗어나려고 한 것은 아니었다. 이스트먼이 긴 사냥 여행에서 돌아오면 가까운 친구들은 그에게 이렇게 말하면서 불만을 표시하기도 했다. 친구들이 바라는 것은 그가 해마다 6개월간의 휴가를 두 번 갖는 것이라고 했다. 그렇지만 이스트먼은 에드워드 보쉬에게 쓴 편지에서처럼 다음과 같이 응수하곤 했다.

"비가 오는 두 번째 주 목요일을 일하는 날로 정하려고 했지만 너무나도 많은 일이 계속해서 생기는 바람에 지금까지 이 계획을 실행에 옮겨 보지 못했네. 희망이 끊임없이 솟아오르고 나를 계속 앞으로 나아가게 하고 있다네."

제14장

'공공기관만이 국가를 만들 수 있다'[1]

'인생에는 종점이 있을 수 없다.' 이것은 이스트먼이 정말로 믿었던 말이다.[2] "종종 세상의 모든 불행을 다 겪고 있는 것처럼 여겨질 수도 있고, 세상에서 일어날 수 있는 모든 일이 한꺼번에 자신에게 일어났다고 생각할 수도 있습니다. 반대로 완벽하게 긴 여행의 종점에 도달했다고 생각할 수도 있습니다. 그렇지만 나는 '완전히 지쳐서 더 이상 일어설 수 없다'고 말하는 사람과 자신이 '성공했다'고 말하는 사람은 똑같은 처지에서 말을 하는 것이라고 생각합니다. 그들은 서로 다른 문제에 대하여 이야기하고 있는 것처럼 보이지만 정신적인 상태는 동일합니다. 어떤 일이 일어난다고 해도 죽음이 닥쳐 온 것이 아니라면 행운이든 불행이든 간에 항상 또 다른 일이 계속됩니다. 어느 쪽의 컵도 끝까지 가득 차 있지는 않습니다.

불행만 표시가 된다면 온도계의 수은주는 계속 내려가겠지만 그와 마찬가지로 올라가기도 쉽다는 것은 은혜입니다. 성공도 마찬가지입니다. 자신이 할 수 있는 일은 모두 다 했다고 생각하는 사람은 이미 생각하기를 멈춘 사람입니다. 그는 '기운이 남아 있는데도 일을 하지 않고 있는' 것입니다. 그리고 그가 재산을 조금 더 많이 갖고 있다는 사실을 제외한다면 '완전히 좌절해 재기하지 못하고 있는' 사

---

1. 1866년, 영국 맨체스터에서 디즈레일리는 다음과 같이 연설하였다. "각 개인이 지역사회를 형성할지 모르지만 국가를 만들 수 있는 것은 오직 공공기관뿐이다."
2. 이스트먼이 허락한 몇 개 안 되는 인터뷰 중의 하나로, 『아메리칸 매거진』지 1921년 2월호에 실린 인터뷰에서.

조지 이스트먼

람과 처해 있는 상황이 별반 크게 다르지 않습니다."

1924년, 이스트먼 자신의 '길고도 재미있는 그리고 파란만장한 생애'에서 70번째 이정표를 지나가고 있을 때에도 그는 여전히 이러한 인생관을 갖고 있었다. 12월에 이스트먼이 갖고 있던 주식의 대부분을 로체스터 대학과 매사추세츠 공과대학, 햄프톤-투스키기 표준농업학교에 나누어 기부한 것을 보면, 각 학교에 그 전에 기부하였던 액수를 제외하고도 1백만 달러 이상씩 기부했다는 사실을 알 수 있다.[3]

이스트먼이 기부를 선언하고 난 후에 공동기금위원회를 대표하여 연설을 했던 스토크 박사는 다음과 같이 말하였다. "그들이 국가적으로 호소를 한 목적 두 가지는 '햄프톤-투스키기가 자립할 수 있게 만들고, 그곳을 교사 양성과 농업, 가정경제를 다루는 대학 과정으로 발전시키려고 하는 것입니다.' 4년제 학사 학위가 없으면 교사직에 합법적으로 임용될 수 없는 주가 남부에는 많습니다. 5백만 달러의 기금이 모이고 이스트먼 씨의 기부금이 확보되면 햄프톤-투스키기는 많은 흑인 젊은이들을 자신들과 같은 인종의 지도자나 교사가 될 수 있도록 양성하는 적절한 교육 프로그램을 실행할 수 있게 될 것입니다. 이는 미국 내 흑인 전체의 도덕적, 사회적, 경제적 지위를 개선하는 결과를 가져오게 될 것입니다.

이스트먼 씨는 이 프로그램을 통해서 미국 내에서 가장 심각하고 복잡한 인종 문제를 해결할 수 있는 길을 터놓았습니다. 햄프톤-투스키기에 2백만 달러를 기부할 것이라는 사실을 밝히면서 이스트먼 씨는 위원회에 다음과 같이 말하였습니다. '지금까지의 교육은 거의 백인을 위주로 프로그램이 짜여지고 진행돼 왔습니다. 그렇지만 미국 인구의 10퍼센트 이상이 흑인이며, 그들은 대부분 교육을 전혀 받지 못했습니다. 이러한 문제의 해결 방법은 흑인의 희망인 햄프톤-투스키기와 같은 형태의 적절한 교육 방식을 도입하는 것입니다. 햄프톤-투스키기는 교육을 통해 흑인들을 이 사회에 기여하는 시민으로 만드는 것을 지향하고 있습니다.'"

이스트먼이 기부금을 내겠다고 선언하자 그 기부금에 대하여 쓴 사설이 많아

---

3. 이스트먼은 여러 해 동안 햄프톤-투스키기 학교에 기부를 하였다. 그렇지만 그는 그곳을 방문해 달라는 제안은 정중하게 거절하였다.

'공공기관만이 국가를 만들 수 있다'

지고 그러한 소식이 널리 알려지게 되었다. 남부의 오래된 정기간행물인 『멤피스 커머셜 어필』지에 실린 사설을 보면 남부에서도 흑인 교육의 새날이 밝아왔다는 사실을 알 수 있다.

햄프톤-투스키기 기금집행위원회의 위원장인 클래런스 켈세이는 다음과 같은 글을 썼다. "아낌없는 재정적 지원을 통해 입증된 선생님의 폭넓은 비전이 우리 모금운동에 그처럼 큰 자극을 주지 않았다면 우리는 감히 5백만 달러를 모으겠다고 나서지도 못했을 것입니다. 선생님 덕분에 우리는 5백만 달러의 기금을 모았을 뿐만 아니라 선생님께서 적절한 시기에 기부금을 보태 주어 기금 수백만 달러를 확보할 수 있었습니다.

이 나라 국민들은 이와 같은 선생님의 기부 행위에 큰 혜택을 입었습니다. 왜냐하면 선생님께서 하신 일은 유색인종에게 큰 도움을 주는 일일 뿐만 아니라 훗날에는 결과적으로 인구가 훨씬 더 많은 백인들에게 훨씬 더 큰 도움을 주는 일이기 때문입니다. 결국 백인들의 복지 증진은 유색인종의 복지와도 깊은 큰 관계가 있습니다."

이 뉴욕의 은행가는 이스트먼이 모금운동에 앞장서 준 것에 대한 감사도 잊지 않았다. 쉽게 열리지 않던 마음과 지갑도 있었지만 이스트먼이 발벗고 나서 기부에 동참할 것을 설득하고 호소하였다.

이스트먼의 기부 행위가 소문이 나면서 자연스럽게 자선을 베풀어 달라는 수천 통의 편지가 쇄도했으나 그는 거절하여 자신의 평판이 나빠지는 것에 개의치 않았다. 그의 먼 친척뻘 되는 한 젊은이가 구원의 손길을 요청하는 편지를 보내왔다.

이스트먼은 다음과 같은 답장을 썼다. "자네가 보낸 편지는 잘 받아 보았네. 그리고 솔직하게 말하면 그 편지는 오히려 자네에 대한 인상만 나쁘게 했네. 우선 자네는 내게 돈을 빌리는 것이 자신을 돕는 일이라고 생각하는 것처럼 보이네. 아마도 자네는 계산서에 서명을 하면서 안도의 숨을 내쉬며 '고맙게도 계산을 다 치뤄 주다니'라고 말하려는 사람처럼 보였네.

자네가 대학을 마치기를 원한다면 정신무장을 하고 직접 아르바이트라도 해서 돈을 스스로 벌어야 하네. 이곳에는 회원이 100명 정도 되는 예일대학 동창회가

조지 이스트먼

있는데, 그 동창회에서는 해마다 장래가 촉망되는 고등학교 졸업생들 중에서 한두 명을 선정하여 그 학생이 대학을 마칠 때까지 매년 400달러를 지원해 주고 있네.

이 동창회의 회원인 내 친구가 요전 날 내게 한 젊은이에 대한 이야기를 해주었네. 그 젊은이는 동창회에서 400달러를 지원 받으면서 장학금으로 250달러를 받고 또 대학 신문에서 일을 하여 350달러를 받고, 학교 구내식당에서도 아르바이트를 하여 200달러를 더 번다고 하였네.

부모님이 주는 돈으로 모자란다면 자네가 직접 나서서 벌어야 하네. 나는 자네가 방학 때마다 열심히 일을 하고 있다는 사실을 알고 있네. 하지만 학기 중에도 아르바이트를 할 수 있는데 왜 손을 놓고 있는지 모르겠네.

나쁜 인상을 준 것이 또 하나 있는데, 자네는 내게 콜로니얼 클럽으로 오라고 했네. 돈을 빌리려고 하는 사람이 돈을 빌려 줄 사람을 이리 가라 저리 가라 해서는 안 되는 것이네.

자네가 이 편지에 심술궂은 구석이 있다고 생각하지 않기를 바라네. 요즘 젊은이들은 '책임'을 다른 사람에게 전가하는 경향이 뚜렷한 것 같네. 그리고 이스트먼 가문에 이런 젊은이가 있다는 것이 유감스러워서 자네의 주의를 환기시켜 주려는 것뿐일세."

자선을 요구하는 편지는 실제로 개인적인 간청으로 가득 차 있었다. 아이들의 필체로 쓴 편지도 많았다. 그러한 편지는 어른들이 구술하여 아이들에게 받아쓰게 한 것이 분명했다. 이스트먼은 개인적으로 보내온 편지도 모두 뜯어 보았기 때문에 부드러운 초록색 연필로 자선을 베풀어 달라고 쓴 글 위에 "당신 자식이 구걸하는 사람이 되도록 키우지 마십시오"라고 써서 편지를 되돌려 보낸 적도 있었다.

1924년에 이스트먼은 모세스 코츠워스가 개발한 새로운 달력을 알리기 위한 전 세계적인 운동에 관심을 갖게 되었다.

1928년 초 이스트먼은 다음과 같은 글을 썼다.[4] "내가 국제 고정 달력의 실현 가능성에 처음으로 관심을 갖게 된 것은 1924년이다. 그 달력은 1년을 13개월로 나

---

4. 1928년 3월 10일자 『새터데이 이브닝 포스트』지에 실린 이스트먼의 기고 「1년이 13달이라면」.

'공공기관만이 국가를 만들 수 있다'

누고 한 달은 4주 28일로 구성되며, 1주일은 일요일에 시작해서 토요일로 끝나게 된다. 그 이후 이 운동이 전 세계적으로 기세를 더해 가고 있는 것을 알게 되면서 나는 그 달력에 대하여 점점 더 큰 관심을 갖게 되었다. 그리고 모든 국가들이 변화를 받아들이겠다고 협의를 하게 되는 것은 내가 생각하기에 시간 문제에 불과한 것 같았다. 이 운동이 결국에는 성공하게 될 것이라는 내 생각에는 변함이 없다. 왜냐하면 세상은 결국 실용적인 것을 향하여 움직이고 있기 때문이다. 1년을 13개월로 나누면 여러 가지로 편리한 점이 많다는 것을 대중들이 알게 되고, 일반 기업체에서 지금 사용하고 있는 달력보다 더 실용적인 달력이라는 것을 깨닫게 되면 정부와 종교단체, 회사, 교육기관, 전문직업인 모두가 국제회의를 소집하는 것을 환영할 것이다. 지금의 표준시를 공식적으로 채택할 때 아서 대통령이 1884년, 워싱턴에서 국제회의를 소집하였던 것처럼 말이다.

세상이 진보하는 것은 기업이 얼마나 발전하느냐에 따라 결정되므로 국내외 기업인들이 모세스 코츠워스 씨가 제안한 달력의 우월성을 이해하는 일은 꼭 필요한 일이다. 코츠워스 씨는 달력과 인류의 평화와 번영의 연관성 그리고 달력 제작 역사에 관해서 현재 국제적으로 인정을 받고 있는 권위자이다. 20년 전 캐나다의 중요한 과학협회인 왕립협회는 영국에서 성공한 통계학자이자 회계사인 코츠워스 씨를 초청하여 그가 고안한 달력에 대해 설명해 줄 것을 요청하였다. 코츠워스 씨는 그 자리에서 다음과 같이 설명하였다. 1년을 13개월로 나누고 남는 한 달은 6월과 7월 사이에 끼워 넣어 1년 13달 모두 날짜와 요일이 정확하게 일치하도록 만드는 것이다. 매년 마지막 날은 12월 29일로, 마지막 주를 끝맺는 제8 특별안식일로 정한다. 윤년에는 6월 29일을 끼워 넣어 제8 특별안식일을 하나 더 만든다. 이 달력을 사용하면 매년 날짜와 요일이 똑같아진다.

코츠워스 씨가 제안한 달력은 그 자리에서 만장일치로 지지를 받았다.

1922년, 그는 미국으로 와서 리버티 캘린더와 다른 단체가 주최한 워싱턴 집회에서 자신의 생각을 발표하였다. 그가 제안한 달력은 다시 한 번 만장일치로 제안된 여러 달력 중에서 가장 좋은 달력으로 선정되었다. 달력을 단순하게 만들기 위한 노력을 국제적으로 펼치기 위하여 코츠워스 씨는 국제고정달력동맹을 조직하

조지 이스트먼

였다. 이 모임은 정부 각 부서와 상업, 공업, 제조업, 무역업, 노동자 회의소 그리고 전문직업인 단체나 과학협회에 대한 전문가들로 구성되었다. 왜냐하면 그는 그 전문가들의 의견이 그러한 단체를 관리하는 사람들에게 영향을 미치고, 그 결과 정부와 종교 단체도 달력을 단순화할 필요가 있다는 사실을 납득하게 될 것이라고 믿었기 때문이다.

코츠워스 씨는 1924년에 이미 자신의 전 재산을 다 써 버렸다. 그가 소중하게 소장하고 있던 가치 있고 훌륭한 그림들도 처분하였다. 그리고 뉴욕 시에 거주하면서 각종 단체에서 연설을 하고 장황하게 자신의 생각을 설명했다. 그 달력에 관심을 가지게 된 국내외 사람들에게서 받은 적은 기부금으로 팸플릿을 만들었다.

내 동료가 그를 만난 것은 그가 이처럼 해결하기 힘든 잡무에 허덕거리고 있을 때였다. 그 동료는 나에게 코츠워스 씨는 25년 동안 고군분투해 왔다고 말하였다. 나는 우리 회사의 통계부서에 그가 만든 달력을 검토해 보라고 지시하고 나 혼자서 이 달력 개선 운동에 대하여 처음부터 끝까지 상세하게 조사해 보았다. 더 많은 사실을 알게 될수록 나는 이 사람이 아무 욕심 없이 국제적인 공공 봉사활동을 하고 있다는 확신을 갖게 되었다.

내가 생각하기에 그는 어떤 한 사람이 해냈다고 보기에는 너무나 대단한 일을 혼자서 해낸 것 같았다. 그는 불리한 조건 속에서 일하는 독불장군이었다. 왜냐하면 그에게는 자신의 노력을 증대시키는 데 필요한 재정적인 지원이 부족하였기 때문이다.

성공하는 다른 모든 사람들과 마찬가지로 그는 결코 패배를 인정하지 않았다. 나는 그가 더 나은 기회를 가질 만한 가치가 있는 사람이라고 생각하고, 1년 동안 그를 도와주겠다는 전갈을 보냈다. 그 기간 동안 그는 내가 그 일에 관심을 갖고 있다는 사실을 드러내지 않은 상태로 자신의 판단에 따라 국제고정달력동맹의 활동을 늘리고 활동 범위를 확장할 수 있었다. 코츠워스 씨는 외국으로 가서 가능한 한 많은 나라에 그가 하는 일을 추진하게 될 위원회와 단체를 조직하였고, 그동안 나는 조사를 계속하면서 그가 활동하는 것을 지켜보았다.

영국과 캐나다 정부에서 코츠워스 씨가 제안한 것을 인쇄 출판하여 널리 유포

'공공기관만이 국가를 만들 수 있다'

하자 그 제안은 국제상공회의소를 통해 국제연맹에 제출되었다. 국제연맹은 로마 가톨릭교와 그리스정교, 개신교 단체와 천문학자, 전 세계의 사업 단체들을 대표하는 국제상공회의소에서 임명한 대표들로 구성된 조사위원회를 임명하였다.

그 조사위원회의 위원장은 코츠워스 씨에게 제네바로 가서 달력 단순화에 관한 제안 185건을 검토해 달라고 부탁하였다. 그 제안들은 33개국에서 보내온 것으로, 다양한 언어로 쓰여 있었다. 이 한 가지 사실만으로도 우리가 현재 사용하고 있는 달력이 현대 생활이나 사업을 하기에 적합하지 않다는 생각을 세계 각 곳에서 하고 있다는 사실을 알 수 있다. 어떤 조직으로부터도 아무런 보수도 받고 있지 않았지만 코츠워스 씨는 1927년 9월, 국제연맹이 그 보고서를 마무리짓고 채택할 때까지 조사위원회를 위해 자비를 들여가며 일하였다."

프랭크 켈로그 국무장관이 미국 내에 국가 차원의 위원회를 구성하게 해 달라는 국제연맹의 요청을 받아들이자 그는 정부의 중요한 각 부서에 여러 가지 질문 사항을 보냈다. 중심이 되는 위원회를 만들자는 생각에도 호의적인 반응을 보이고, 달력을 바꾸는 문제에 대해서도 긍정적인 반응을 보였기 때문에 미국의 여론을 광범위하게 조사할 수 있는 길이 열렸다.

켈로그 장관과 이스트먼 사이의 합의에 뒤이어 국무성에서는 1928년 1월 4일 켈로그 장관이 이스트먼에게 보낸 편지의 사본을 농무장관인 자르딘에게 발송하였다. 그 편지에는 다음과 같이 쓰여 있었다.

"… 국제연맹의 지식인협동위원회와 협력하기 위하여 1925년에 만들어진 것과 비슷한 비공식 위원회를 구성하는 데 대한 장애물은 더 이상 없을 것으로 보입니다. 정부 입장에서는 그러한 위원회를 구성하는 데 적극적으로 참여할 수 없지만 지금 계획 중인 위원회에서 일하게 될 위원들을 선정하는 데 있어서 관련 연방정부 부서에 비공식적인 협조를 구해도 좋습니다.

위원 임명에 관하여 더 많은 정보를 얻기를 바란다면 워싱턴 농무성의 기상국 국장인 찰스 마빈 박사와 연락을 취하십시오."

마빈 박사는 과학적인 견지와 실용적인 견지에서 달력을 단순화하는 일에 관심이 있었다. 그는 오래전부터 그 일에 관심을 갖고 있던 사람이었다. 왜냐하면 그는 오랫동안 변화를 옹호해 온 투사이기 때문이다. 농무성에서도 큰 관심을 가졌고, 마빈 박사는 다른 내각 각료들에게도 지원해 달라고 요청하였다. 마빈 박사가 자신의 동료들에게 보낸 편지를 보면 다음과 같이 쓰여 있다.

"이 문제에 관하여 이스트먼 씨를 돕고 싶고, 우리 부서가 달력을 단순화하는 일에 관심이 있기 때문에 국제연맹에서 요청하는 선에 맞춰 부서를 대표하여 이스트먼 씨가 구성한 위원회의 심의에 참여해 주십시오. 제게 협조해 줄 대표자 한 명을 뽑아 달라는 부탁을 하기 위해 이렇게 비공식적으로 편지를 쓰게 되었습니다."

국가위원회의 관료 집단이 구성되자 이스트먼은 사업이나 사회 생활에서 두각을 나타내는 남성이나 여성을 위원회의 비공식 회원으로 받아들였다. 이들은 제안된 달력에 대하여 아무런 선입관도 갖지 않은 상태에서 여론을 전달하려고 노력하였다.

한편 1928년 2월 18일, 하바나에서 열린 전미주 회의에서는 다음과 같은 결의안이 21개국의 대표자들에 의해 만장일치로 채택되었다. "고정 달력을 전미주 연맹의 회원국들에게 추천할 것, 회원국마다 달력을 단순화하는 문제와 관련된 제안을 검토하기 위한 국가위원회를 구성할 것, 회원국들은 가장 좋은 개혁 방법을 결정하기 위한 국제회의에 참가하기 위하여 필요한 준비를 할 것."

이미 100개 이상의 큰 법인들이 법인 내부의 회계 업무를 위하여 13개월짜리 고정 달력을 채택한 상태였고, 영향력 있는 몇몇 국가기관에서도 그 당시 공식적으로는 새로운 달력을 지지하고 있었다.[5]

이스트먼에게 있어 이 운동은 개혁운동이 아니었다. 처음부터 그는 이러한 동향을 현대 생활의 자연스러운 전개 과정으로 보았다. 1884년 표준시를 받아들였던 것처럼 이러한 변화도 당연한 것으로 생각하였다.(고정 달력을 지지하고 후원하였던 이스트먼은 자신의 사업장에 이 달력을 적용하여 생산 계획을 짜고 주급을 지급

---

5. 국립조사연구협회(National Research Council), 국립과학아카데미(National Academy of Sciences), 뉴욕 주상공회의소(New York State Chamber of Commerce), 국립소매직물류협회(National Retail Dry Goods Association), 미국 육류포장협회(Institute of American Meat Packers), 미국 종이와 펄프 협회(American Paper and Pulp Association), 국제상공회의소(International Chamber of Commerce) 등이 여기에 속한다.

'공공기관만이 국가를 만들 수 있다'

했다. 그러나 1년이 서양인들이 불길하게 생각하는 13개월로 되어 있는데다 '13일의 금요일'이 매달 한 번씩 나타나게 되어 일반인들의 반발을 불러일으켰다. 또한 1년을 4분기로 나눠 통계를 잡아 온 경제계의 외면으로 고정 달력 운동은 유야무야 되었다 - 역주)

　이 기간 동안 큰 국립기관이나 국제기관의 위원으로 이스트먼을 임명하거나 개인적인 표창을 받게 하려는 노력이 계속되었다. 대중들의 관심이 그에게 쏠리고 있었지만 그는 언제나 그러한 상황을 피했다. 한번은 로체스터 출신의 개인적인 친구들이 많은 제네시 협회로부터 표창을 하겠다는 소식을 듣고 그는 협회 이사에게 다음과 같은 내용의 전보를 쳤다.

　"더할 나위 없는 영예이지만 그 표창을 수락할 수 없게 되어 매우 유감스럽게 생각합니다. 수상 자리가 몹시 거북할 듯하며, 저는 그러한 고충을 견뎌 낼 수 없을 것 같습니다."

　개인적으로 이스트먼은 자연인으로서의 야영 생활을 좋아하였다. 야영 생활을 하면서 그는 요리와 낚시, 사격을 즐기고 말을 타고 산을 넘어 다녔다. 그러는 가운데 그는 온전히 그 자신이 될 수 있었다. 시카고만국박람회 이후 로키 산맥과 미시간, 네브래스카, 노스캐롤라이나로 혹은 알래스카와 브리티시 컬럼비아, 퀘벡, 노바스코샤로 혹은 래브라도 반도에서 파나마까지 대서양 연안을 따라 예고 없이 여행을 떠나곤 하는 습관이 생겼다.

　그는 프랑스 사람들처럼 '게으름뱅이에게는 여가를 즐길 시간이 없다'라는 말을 믿었다. 그랜드 카스카페디아 강을 따라 낚시 여행에서 돌아온 지 1년이 지났을 때 이스트먼은 친구인 조지 본브라이트로부터 퀘벡 지역에 살고 있는 친지가 사망했다는 소식을 들었다. 그 소식에 조의를 표하면서 이스트먼은 다음과 같이 썼다. "83살이 될 때까지 낚시에 흥미를 느끼다가 강으로 가는 도중에 죽는 것보다 더 행복한 일은 없을 것입니다."

　1925년에 또다시 '야영 생활'이 그리워지자 이스트먼은 이번에는 아프리카로 갔다. 이스트먼은 뉴욕에 있는 자연사박물관의 아프리카관을 담당하고 있는 친구인 다니엘 포머로이와 자신의 주치의인 오드리 스트워트와 함께 동행했다. 큰 사

조지 이스트먼

낭감이 많은 아프리카 구석구석을 천천히 둘러보고 싶은 마음이 컸지만 이스트먼에게는 또 다른 목적이 있었다. 그 해는 스튜버와 러브조이가 회사의 사장이 되는 해였다. 이스트먼은 다음과 같이 회상하였다. "그들이 사장 자리에 앉게 되면 나는 사업에서 물러나 그들이 업무에 익숙해지도록 한다는 것이 내 생각이었다."

검은 대륙을 향해 떠나기 전에 이스트먼은 또 다른 기관을 새로 만들었다. 이스트먼은 플렉스너 박사와 버크하트 박사와 함께 런던에 치과진료소를 설립할 수 있을 것인가라는 문제를 논의한 적이 있었다. 플렉스너 박사의 요청으로 월터 플레처 경은 조사 작업에 들어가 이스트먼이 아프리카로 가는 길에 런던에 잠시 들를 때에 조사한 자료를 검토할 수 있도록 일을 진행하였다. 칼 아키레이 씨와 그의 부인, 마틴 존슨 씨 부부는 아프리카에서 이스트먼을 만날 예정이었다.

왕립무료병원의 재무부장인 아서 레비 경과 병원장인 리델 경과 협의를 한 후에 이스트먼은 병원 이사들이 운영자금을 기부한다면 진료소를 세우겠다고 약속했다.

이스트먼 일행이 야생동물을 추적하고 박물관에 전시하게 될 사진과 표본을 수집하며 보낸 6개월 동안 그는 고향에 있는 친구들을 위하여 비서 휘트니(찰스 허치슨 씨 부인)에게 아프리카 야영 생활을 자세하게 설명하는 편지를 계속 써서 보냈다. 이 편지들을 나중에 『아프리카 여행 이야기』로 엮어서 출판하여 개인적으로 배포하게 된다. 그리고 그가 관심을 갖고 있던 문제들이 그가 없는 동안에 잘 처리되었다는 사실을 확인하고 이스트먼은 또다시 아프리카로 여행을 떠날 계획을 세운다.

이스트먼은 귀국하면서 다시 한 번 런던과 파리에 들러 존 버넷 경이 설계한 런던 진료소 설계도를 승인하였다.[6] 1929년 4월 30일, 이스트먼이 노스캐롤라이나

---

6. 존 버넷 경은 런던 킹스웨이에 있는 코닥 빌딩을 설계한 건축가였다. 1925년 3월 6일 이스트먼은 그에게 다음과 같은 편지를 썼다. "오늘 받은 『맨체스터 가디언』지에 선생께서 '해군 소장'으로 진급하셨다는 기사가 실린 것을 보았습니다. 뒤늦은 진급이라는 기사에 저도 전적으로 동감합니다. 축하드리며, 그러한 명예를 얻게 된 것에 대하여 진심으로 기뻐하고 있습니다. 또한 코닥 빌딩과 아데레이드 빌딩 이야기가 나오면 자부심으로 우쭐해지게 됩니다. 특히 선생께서 제게 아데레이드 빌딩의 발전에 대하여 이야기해 주고 난 후에는 더욱 그렇습니다. 이스트먼 음악학교와 극장 건물이 나와 있는

아프리카 여행 중 마틴 존스 여사가 타조 알을 불고 있는 이스트먼을 바라보고 있다.

조지 이스트먼

에 있는 자신의 농장에서 4천 마일 떨어진 곳에 있던 날, 마침내 영국 황태자가 진료소의 정초석을 놓게 되었다. 수상과 정부 관계자, 최근에 국무장관직을 사임한 프랭크 켈로그, 버크하트 박사와 후원자들이 참석한 가운데 또 하나의 이스트먼 기관이 주요 도시의 공동체 생활 속에 수용되었다.

영국 황태자는 다음과 같이 말하였다. "나는 오늘 이 기공식에 초대받게 된 것을 매우 기쁘게 생각합니다. 왜냐하면 우리가 지금 정초석을 놓으려고 하는 이 건물에서 매우 중요한 일을 하게 될 것이라고 믿기 때문입니다. 그리고 그 일은 이 지역에 사는 매우 많은 사람들의 건강과 행복에 직접적이고 실제적인 도움을 주게 될 것이라고 생각합니다.

치아의 건강을 항상 중요시하는 데에는 몇 가지 이유가 있습니다. 치과술의 발달로 요즈음에는 진짜 치아를 대신하는 의치로도 매우 만족스러운 효과를 얻을 수 있다고 생각합니다만 그보다 건강한 치아가 더 유용합니다. (웃음) 둘째, 건강한 치아는 매력 있는 용모를 유지하는 데에도 꼭 필요합니다. 매력 있는 용모는 인간이 창조된 이래 지금까지 모든 여성과 대부분의 남성에게 중요한 문제입니다. 셋째, 심신의 건강이라는 측면에서 건강한 치아가 꼭 필요하기 때문입니다. 비록 최근에 와서야 이 사실을 충분히 인식하게 되긴 하였지만 말입니다. 지금도 무지와 부주의 때문에 자신의 치아를 건강하게 지키지 못하는 사람들이 많습니다. 너무나도 많은 사람들이 치통이 올 때까지 기다리다가 두려움에 떨며 치과 의사를 찾아갑니다. 그렇지만 여러분, 매우 많은 사람들이 치과 치료를 등한시하는 데에는 본질적이면서도 분명한 이유가 또 하나 있습니다. 치아를 치료하는 데 드는 비용을 치를 여유가 없기 때문입니다. 우리 모두가 알고 있듯이 치과 의사가 청구하는 진료비는 비싼 편이고, 그 금액을 지불할 수 없는 사람이 많을 것입니다.

우리는 이곳에 이스트먼 치과진료소를 갖게 되었습니다. 이 진료소는 모든 이들에게 무료로 치아를 치료해 주게 될 것입니다. 물론 치료하기 전과 똑같을 수는

자료를 당신에게 보낸 적이 있는지가 잘 생각나지 않아서 지금까지 발행된 것 중에서 내용이 가장 좋은 『미국의 건축가』지 복사본을 보냅니다. 그 교육기관은 현재 2년 이상 성공적으로 운영되고 있으며, 지역사회에 큰 영향을 미치고 있습니다."

'공공기관만이 국가를 만들 수 있다'

없을 것이니 항상 미리 예방하는 것이 좋습니다. 그리고 어린이들을 위한 전문적인 진료를 하게 될 것입니다. 물론 어른들도 이 병원에서 치료를 받게 될 것입니다. 내가 특별히 더 강조하고 싶은 사실이 한 가지 있습니다. 치아를 치료하는 일은 임신부와 수유부에게 특히 더 중요하므로 진료소에서는 임신부와 수유부에게 맞는 전문적인 치료를 하게 될 것이라고 합니다. 내가 아는 한 런던에는 이처럼 체계적이고 조직화된 진료소가 없다고 알고 있습니다. 물론 소아전문병원은 새로운 분야가 아닙니다. 그리고 런던 주의회 관할하에 런던에 있는 초등학교에 다니는 어린이들을 위해 무료로 치과 치료를 해주는 치과병원이 몇 곳 있습니다. 그러한 기관에서도 훌륭한 일들을 많이 해 왔고 지금도 하고 있습니다만 이스트먼 진료소는 그 일을 지속적으로 확대하고 훨씬 더 큰 규모로 진행할 것입니다. 따라서 우리는 미국의 원조를 고맙게 기꺼이 받아들입니다. (환호성)

그리고 우리는 이곳에 모든 분야의 치과 진료를 취급할 수 있고, 어린이들과 어머니들을 위한 예방 차원의 진료에 힘쓰는 체계를 갖춘 의료기관을 갖게 될 것입니다. 그렇지만 이 의료기관이 궁극적으로는 훨씬 더 폭넓은 영향력을 갖고 치과 진료에 대한 여론을 형성하는 데 더 많은 자극을 주게 되기를 바랍니다. 건강하기를 원한다면 우선 치아가 건강해야 합니다. 내가 기대하고 바라던 대로 이 진료소에서 하는 일이 결국 전 국민의 행복과 건강 증진에 상당히 큰 공헌을 하게 될 것이라는 사실을 우리 국민들은 깨달아야 합니다.

이 프로젝트가 탄생하게 된 과정에 대하여 잠시 말씀드리겠습니다. 이스트먼 씨는 몇 년 전 공공심과 관용을 갖고 뉴욕 주에 있는 로체스터에 버크하트 박사의 주도하에 치과진료소를 세웠습니다. 이스트먼 씨가 런던에도 비슷한 의료기관을 세우기를 바랄 정도로 그 진료소는 매우 큰 성공을 거두었습니다.

왕립무료병원의 리델 경과 앨버트 레비 경은 이스트먼 씨가 병원을 건립할 준비를 한다는 말을 듣고 힘을 합쳐 이 병원이 세워진 뒤에 병원을 유지하는 데 필요한 운영비를 기부하였습니다.

신사 숙녀 여러분, 이제 나보다 훨씬 더 감명 깊은 연설을 할 수 있는, 이 병원이라는 매우 큰 선물에 대한 감사의 말씀을 할 수 있도록 나는 기꺼이 이 자리를 수

조지 이스트먼

상에게 넘기겠습니다. 그렇지만 한 가지만 더 말씀드리겠습니다. 런던에 있는 큰 병원 당국과 한 미국 시민이 협력한 이러한 선물은 미국과 영국 사이에 존재하는 우정의 실례를 하나 더 제공해 줍니다. (환호성) 그것은 혈연 관계뿐만 아니라 이상을 같이 하는 관계에서 나온 우정이며, 그것은 이처럼 가장 큰 최고의 선물을 통해 입증이 되었습니다."

수상 볼드윈은 다음과 같이 연설하였다. "치아의 중요성은 황태자 전하께서 속속들이 확인해 주셨으므로 저는 정치가의 견지에서 본 치아의 중요성에 대하여 말씀드리겠습니다. 소화력은 치아에 달려 있고, 사람의 기분은 소화력에 달려 있습니다. 모든 사람이 완벽한 치아를 갖고 있다면 말도 안 되는 허튼소리가 많이 줄어들 것이며, 보도기관으로 보내는 미국과 영국 그리고 그 밖의 다른 주제에 대한 그처럼 우울하고 어리석은 편지도 많이 줄어들 것입니다. (웃음소리와 환호성) 따라서 정치가는 건강한 치아를 갖는 것을 전폭적으로 지지하지 않을 수 없습니다. 담배를 물고만 있는 여성들에게는 치아가 크게 문제되지 않습니다만 담배를 피우는 남성들에게는 치아는 아주 중요합니다. (더 큰 웃음소리)

이 자리에서 이스트먼 씨에게 사의를 표할 수 있게 된 것을 매우 기쁘게 생각합니다. 부유한 미국 국민들이 베푼 관용은 이미 유명합니다. 이스트먼 씨는 지혜롭게도 교육과 건강 분야에 많은 기부를 해왔습니다. 이곳에서는 병원보다 더 환영받을 수 있는 선물은 없을 것입니다. 이 나라의 사려 깊은 국민들이 오늘날 진정으로 열망하는 것은 모자(母子)의 건강과 관련된 문제였습니다. 지금 자라나고 있는 세대의 번영과 삶이 건강에 달려 있기 때문입니다. 건강하지 못하면 교육받을 기회도 충분하게 활용할 수 없으며, 교육을 제대로 받지 못하면 국가와 인류를 위하여 아무런 기여도 못하게 됩니다."

1929년 6월에는 시카고와 뉴욕 시에도 로체스터 의료기관을 본뜬 치과진료소가 세워질 것이라는 발표가 있었다.[7]

---

[7]. 1929년 10월 7일 미국치과협회에서는 1929년 덴탈 서베이 메달(Dental Survey Medal)을 이스트먼에게 수여하였다. "예방 치의학 분야에 대한 이스트먼의 관심이 광범위하게 영향을 미쳤기 때문이다." 또한 감사장에는 다음과 같이 쓰여 있다. "우리는 지난 1년 동안의 발전으로 그의 공헌이 이 분

                    '공공기관만이 국가를 만들 수 있다'

　로젠월드는 로체스터를 다시 방문하고 나서 다음과 같이 말하였다. "8년 전 저는 로체스터를 방문하였고, 버크하트 박사는 제게 편도선과 임파선 병원에 대한 생각을 심어 주었습니다. 그리고 저는 시카고로 돌아가 그러한 병원을 세웠습니다. 이제 그는 제게 치과병원이라는 새로운 생각을 불어넣어 주었습니다. 이미 싹은 솟아오르기 시작하였고, 저는 로체스터에 설립된 것과 같은 병원을 시카고에도 곧바로 세울 것입니다. 로체스터에 있는 병원은 버크하트 박사의 관리하에 전 세계적인 주목과 칭찬을 받고 있습니다."
　며칠 뒤에 구겐하임 재단은 뉴욕 시 여러 곳에 무료 치과진료소를 세우겠다는 계획을 발표하였다. 그 프로젝트를 시작할 때에는 3백만 달러의 경비가 필요하였지만 전체적으로는 3백만 달러의 10배에 해당하는 비용이 들었다.
　이스트먼은 리델 경에게 다음과 같은 편지를 썼다. "이 프로젝트 덕분에 우리나라 지도 곳곳에 치과병원이 표시될 것입니다. 그리고 앞으로 몇 년 동안 전국적으로 이러한 시도가 줄기차게 이루어질 것으로 기대됩니다.
　로젠월드는 지난주에 나와 함께 하루를 보내고 떠나기 전에 시카고에 치과병원을 설립하는 데 적극적으로 매달려 보겠다고 하였습니다. 물론 그 일은 정부 예산으로 시행해야 하지만 부자들이 먼저 그 일을 시작해 적절한 방법을 보여주게 되었습니다. 또한 다른 데에 기부금을 쓰는 것보다는 이런 데 쓰게 되면 효과 면에서 좀더 확실하다는 것을 대중들에게 보여주었습니다."
　이러한 이상은 이스트먼이 예상한 것보다 빨리 실현되었다. 이스트먼은 로체스터에 있는 이탈리아 영사이자 그의 친구인 세자르 스콘피에티와 몇 번 대화를 나눈 뒤에 6월 4일 그에게 다음과 같은 편지를 썼다. "당신은 워싱턴에서 이탈리아 대사인 지아코모 드 마르티노 씨에게 지금 런던에서 짓고 있는 것과 같은 치과병원과 관련하여 당신과 내가 면담한 것에 대하여 자유롭게 말할 수 있는 입장에 있습니다. 대사가 관심을 가지고 로체스터로 와서 이곳에 있는 우리 치과진료소를 한 번 보고 싶어 한다면 나는 대사가 누구와 함께 오든지 간에 기꺼이 대사를 우리 집

야에서 큰 중요성을 갖게 되었다고 생각한다."

으로 초대하겠습니다."

무솔리니는 로마에서 그러한 프로젝트의 중요성을 재빨리 깨닫고 이탈리아 정부가 그러한 치과진료소를 정부기관으로 만들 것이라는 전보를 대사에게 보내왔다. 8월 22일에는 이미 대사와 아메데오 퍼나 교수, 이탈리아 정부의 특사와 이스트먼이 로체스터에서 합의를 끝내고 서명을 하였다. 이 합의서는 이탈리아 정부가 처음으로 예방치의학을 공식적으로 인정하였다는 영예로운 것으로, 그 서류 자체가 역사적인 가치를 지니고 있다.

이스트먼은 다음과 같이 썼다. "당신과 협의를 한 후에 나는 다음과 같은 제의를 하였습니다. 나는 로마 내의 적당한 부지에 치과진료소를 짓고 시설을 갖추는 데 필요한 경비로 1백만 달러에 상당하는 자금을 이탈리아에 제공할 것입니다. 그 진료소는 로체스터에 있는 진료소와 비슷한 어린이들을 위한 치과진료소로, 다음과 같은 조건에 따라 이탈리아 정부가 시설을 갖추게 될 것입니다(이 사실에 대해서는 함께 일하는 헨리 버크하트 박사와 내가 이미 승인한 바 있습니다). 이탈리아 정부는 병원 건물과 시설을 유지하고 보수하겠다는 사실에 동의하고, 언제나 최고급으로 병원을 운영할 수 있도록 자금을 제공하겠다고 하였습니다.

내가 이러한 기부를 하는 목적은 로마 시에 살고 있는 가난한 모든 어린이들의 치아를 되도록 그 아이들이 16살이 될 때까지 치료하고 돌봐 줄 수 있는 시범 시설을 세우려는 것입니다. 어른들을 위한 진료소에서 이를 뽑는 것과 같은 응급 치료 방식으로 어린이들도 충분한 치과 치료를 받게 하려는 것입니다. 비록 치과 의사의 초급 교육을 위한 기관은 아니지만 대학을 졸업하고 진료소에서 근무하게 될 젊은 치과 의사들을 위한 치과 학교의 역할을 하게 될 것입니다.

처음부터 치과 전문의로 근무할 수 있을 정도의 교육을 이미 끝마친 젊은 남녀 의사가 충분하다는 사실을 알고 있습니다. 이 전문의들로도 숫자가 부족하다면 치과 간호사들을 교육시켜 진료소에서 일할 수 있게 할 수 있을 것입니다. 이미 로체스터에 있는 진료소에서는 그렇게 하고 있습니다.

물론 정부에서 적당한 인물을 이 의료기관의 관리자로 임명할 것이라는 사실을 알고 있습니다. 그 일을 수행할 수 있는 능력만을 기준으로 선발할 것입니다. 가

'공공기관만이 국가를 만들 수 있다'

장 중요한 조건으로는 그가 어린이들을 이해하고 연민을 갖고 있느냐라는 것입니다. 학교 당국과 협력하여 취학아동의 치아를 진찰하고 청결하게 하는 일을 수행하고, 젊은 치과 의사와 전문의를 관리하고 감독할 수 있는 능력이 있어야 합니다. 자신의 이익보다는 정당한 행동 원칙에 우선하여 일을 해야 하며, 프로젝트를 완전한 성공으로 이끌 수 있도록 헌신적으로 매달려야 합니다.

의료기관의 설계도와 마찬가지로 내 승인을 받아야 할 건축가 선정은 일반적으로 로체스터 진료소의 건축 방침에 따를 것으로 알고 있습니다. 진료소 설비에 관한 문제는 헨리 버크하트 박사와 내가 정부에서 선발한 진료소 관리자와 협의를 한 후에 결정할 것으로 알고 있습니다.

2년 정도는 로체스터 진료소와 비슷한 방식으로 진료소를 운영하다가 그 이후에는 버크하트 박사나 나의 승인 없이도 운영 방침을 바꿀 수 있습니다. 또한 정부에서는 진료소 관리자나 보조자를 적어도 두 달 정도는 우리나라에 파견하여 로체스터 치과진료소의 운영 방법을 익히고 버크하트 박사가 추천하는 치과 시설들을 견학할 수 있게 할 것으로 알고 있습니다.

1백만 달러 중에서 건물과 시설을 갖추는 데 지불하고 남는 기부금도 모두 진료소에 쓰이게 될 것이고, 거기서 생기는 수익금은 치과 교정 분야에 쓰일 것입니다."

거의 1년에 걸쳐 이스트먼은 또 다른 계획을 구상하고 있었다. 플렉스너 박사는 1928년 초여름 해외서 옥스퍼드 대학의 교육에 대해 말씀드리고 싶다는 편지를 썼고, 이스트먼은 그를 초대하였다. 그 문제에 관하여 논의하면서 오찬을 함께한 후에 플렉스너 박사는 다음과 같은 서신을 보내왔다.[8]

"옥스퍼드 대학의 미국학 강좌에 관해 말씀드린 것은 다음과 같은 취지에서였습니다. 영국과 미국은 비록 그것이 평화를 위한 것이라 해도 부나 인구 등과 같은 어떤 종류의 힘으로 세계를 지배하려고 해서는 안 됩니다. 그렇지만 영국이나 미국은 세계에 본보기를 보여주거나 상호 간의 협조를 통해 전례를 만들어 다른 국가

---
8. 1928년 8월 2일.

들에게 국가 간에 대등하고 우호적인 협력 관계를 확립할 수 있다는 자극을 줄 수는 있습니다. 국제평화와 국제친선, 국제이해, 국제협력을 위해 일해 왔던 이들의 견해를 들어 보면 다른 무엇보다도 서로에 대한 정보와 이해를 통해서 가장 많은 것을 기대할 수 있다는 확신을 갖고 있습니다. 그리고 영국과 미국은 공통된 언어와 문학 등을 통해 모범을 보이기에 가장 좋은 국가인 것이 분명합니다.

지금 옥스퍼드에서는 영국의 여론을 형성하고 정책 방향을 결정하는 데 가장 두드러지면서도 큰 영향력이 있는 이들은 저널리스트와 정치가들이며, 광범위하게는 사업가들로 많이 있습니다. 캠브리지는 과학 분야에서 큰 영향력이 있으며, 옥스퍼드에서는 정치 경제 분야에서 영향력이 확대되고 있습니다. 옥스퍼드는 세계에서 그러한 특성이 가장 두드러진 교육기관입니다. 미국의 역사적인 발전 과정을 다루는 햄스워스 미국사 교수들은 미국의 이상이나 미국 정세, 미국이 갖고 있는 문제, 미국의 경험 등 미국학을 연구하고 강의하고 있습니다.

교육과 경제 그리고 다른 분야에 있어서 우리는 배워야 할 것도 있고 또 알려줘야 할 것도 많이 있습니다. 진지한 미국학 교수라면 해마다 진보적인 영국 학생 집단을 올바른 방향으로 이끌 수 있을 것입니다. 그런 학생들 가운데는 나중에 공직이나 언론계, 무역업계에 진출해 탁월한 인물이 될 인재들이 많이 있을 것입니다. 그렇게 되면 영국뿐만 아니라 미국도 이익을 얻게 될 것입니다. 왜냐하면 영국에서 학기를 마친 미국학 교수들이 귀국하여 미국의 중요한 대학에서 활동하면서 그들 자신들도 질적으로 향상될 것이기 때문입니다. 이러한 것은 제 자신과 햄스워스 미국사 교수 두 사람의 경험을 통해 확신을 갖게 되었습니다.

옥스퍼드에서는 매년 적어도 200명의 로즈 장학생(Rhodes Scholarship. 영국 태생의 남아프리카 정치가 로즈의 유언에 의해 옥스퍼드 대학에 마련된 장학금으로, 영연방과 미국, 독일에서 선발된 학생들에게 지급됨-역주)들을 무료로 교육시킵니다. 그들은 미국의 여러 주와 영국의 자치령에서 옵니다. 현재 미국 내에는 옥스퍼드를 졸업한 로즈 장학생 출신이 600명 이상 있습니다. 해가 갈수록 이 숫자는 증가하고 있습니다(이 숫자에 개인적으로 혼자서 공부하러 가는 사람들도 더해야 합니다). 우리는 그들을 통해 어느 정도 영국을 이해하게 됩니다. 문명화를 위하여

'공공기관만이 국가를 만들 수 있다'

공평하게 답례를 하려면, 영국이 우리를 이해할 수 있도록 우리도 무엇인가를 해야 합니다. 미국인과 옥스퍼드 당국자들로 구성된 위원회에서 종종 선정하는 미국학 교수들이(나는 일부러 불명확한 단어를 사용하였습니다) 영국이 미국을 이해하게 만드는 데 큰 공헌을 하게 될 것이라고 믿습니다. 스페인학 교수직은 옥스퍼드에서 이미 기금을 받았습니다. 조만간 몇몇 다른 중요 국가도 이와 비슷한 일을 하게 될 것입니다. 그리고 책임 있는 자리에서 여론을 형성할 수 있는 영국인들을 교육시키고 교화하는 실질적인 일을 수행할 것입니다. 이러한 영국인들은 미국에 대해서 충분히 알지 못합니다. 그들을 철저하게 교육시키려면 해야 할 일이 많을 것이라고 생각합니다.

20만 달러 정도의 기금이라면 목적을 달성할 수 있을 것입니다. 수익금은 봉급과 그 밖의 다른 경비로 나가게 되고, 원금은 미국로즈장학회에서 관리하게 됩니다. 미국로즈장학회의 프랭크 아이드로트 박사는 스와스모어 대학의 학장으로, 매사추세츠 공과대학의 영어 교수를 역임한 지도력이 있는 인물입니다. 제시된 금액이 확보된다면 기타 사항은 모두 자동으로 해결될 것으로 확신합니다.

영어를 사용하는 모든 사람들 사이의 협조와 이해를 증진시킨다는 눈에 보이는 목표는 너무나도 중요해서 그 일에 호의를 보여주실 것을 감히 말씀드립니다.

추신. 이 문제에 대해서 아이드로트 박사와 논의하고 싶으시면 그는 기꺼이 로체스터로 가서 당신을 만날 것입니다. 그는 판단력이 뛰어나고 매우 유능한 사람입니다."

아이드로트 박사와 로체스터에서 몇 번 상의를 한 끝에 1929년 5월, 옥스퍼드 대학에는 조지 이스트먼 객원교수직이 생기게 되었다. 특별한 목적의 이스트먼 기금은 옥스퍼드 대학의 미국신탁기금에 처음으로 기부하는 것이었다. 옥스퍼드 대학의 미국신탁기금은 미국 로즈장학회가 1928년 7월 5일에 옥스퍼드 대학을 위하여 설정한 것으로, 그날은 세실 로즈 탄생 75주년 기념일이자 미국 로즈 장학생이 처음으로 선발된 지 25주년이 되는 날이었다.

이 시기에는 또한 사업이 국제적으로 발전하면서 많은 사람의 관심을 끌었다. 이스트먼이 기반을 쌓은 사업이 국제적인 성격을 띠게 된 것은 오래전이었지만 사

조지 이스트먼

업이 확장되고 사진과 관련된 서비스가 확대되면서 프랑스와 독일에 제조 시설을 증설하여 라틴 아메리카와 유럽 대륙의 방대한 수요에 대비해야 했다. 1927년 샤를 파테가 설립한 회사를 코닥이 인수하게 되었다. 파테는 이스트먼에게 다음과 같은 전보를 쳤다. "내 이름을 당신 이름과 나란히 놓는 데 동의한다는 서명을 하게 되어 매우 자랑스럽고 기쁩니다." 이 회사를 인수하면서 현대 사진에서 가장 위대한 두 거물이 합류하게 되었다.

프랑스 기업에 이어 독일에 있는 큰 기업체도 인수하였다. 이때에도 사진업계는 자동차업계에게 해외에서 제품을 제조하고 판매하는 방법을 앞서서 보여주었다. 한편 국내에서는 과학자들이 아마추어용 컬러 영화를 완성시키고 있었다. 이스트먼의 꿈 또 하나가 실현되고 있는 중이었다.

1928년 여름에는 이러한 발전이 완전한 결실을 맺게 된다. 그때 이스트 가 900번지에 있는 이스트먼의 집에는 과학자들과 친구 한 무리가 이스트먼의 방문객으로 와 있었다. 7월 31일 아침에 그들은 새로운 영화 카메라로 촬영을 하였고, 저녁에 그 방문객들은 컬러 영상으로 스크린 위에 비춰져 있는 자신들의 모습을 발견할 수 있었다. 에디슨은 열광하며 다음과 같이 말하였다. "훌륭합니다. 이것은 완벽합니다. 나도 몇 년 전에 이 작업을 해 봤지만 실패했습니다. 이제부터는 누구든지 이것을 이용할 수 있겠군요."

마이클 푸핀 교수는 다음과 같이 덧붙였다. "그것은 우리 모두가 새로운 경험을 할 수 있게 해주고 우리를 구원해 줄 것이다." 제임스 하보드 육군 소장은 다음과 같이 말하였다. "이 새로운 기술은 영화만큼이나 중요하다." 텔레비전 발명가의 한 사람인 알렉산더슨은 "그것은 놀랄 만한 업적이다"라고 말하였고, 오웬 영은 "이처럼 발전된 방식에서 찾아볼 수 있는 가장 중요한 특징 한 가지는 그 방식이 체계화된 연구를 통해서 어떤 일을 할 수 있는지를 보여주었다는 것이다"라고 했다. 세인트 앤드류 대학의 부총장인 제임스 어빈 경은 "이 발명을 통해 얻을 수 있는 가능성은 무한하다"라는 결론을 내렸고, 에드윈 슬로슨 박사는 "흑백사진이 사람들에게 새로운 형태의 개념을 가져다준 것처럼 이 새로운 방식도 사람들이 컬러를 새로운 방식으로 이해할 수 있게 해줄 것이다"라고 말하면서 맞장구쳤다. 존 퍼

왼쪽부터 예디슨, 오지스, 퍼싱 장군, 이스트먼, 제임스 애비 정

싱 장군은 비전문가의 입장에서 깜짝 놀라면서 다음과 같이 말하였다. "이것은 마술처럼 보인다. … 이것은 사진술에서 가장 주목할 만한 발전이 아닐까."

'코닥 컬러' 방식의 비밀은 필름에 있다(미스 박사는 방문객들에게 이렇게 설명하였다). "필름 표면을 필름 베이스 물질로 이루어진 아주 작은 원주 렌즈들과 함께 강철 롤러 사이에 통과시키고 필름의 길이를 잡아 늘리면 필름 표면에 돋을새김이 생기게 된다. 필름 위의 렌즈는 신문 삽화를 구성하는 망점보다 7배 정도 폭이 좁다. 따라서 그 렌즈는 현미경을 통해서만 볼 수 있다. 그 렌즈들이 감광유제 반대쪽 필름 표면을 완전히 덮는다.

카메라의 셔터를 누르면 피사체에서 반사된 빛이 3색 필터를 선택적으로 통과한 다음에 카메라 렌즈를 통과하고 필름 위에 돋을새김된 작은 원주 렌즈들을 통과하여 반대쪽에 코팅된 감광유제에 닿게 된다. 그 유제에 영상이 기록된다. 필름 위에 돋을새김된 원주 렌즈들의 기능은 작은 렌즈 하나 하나에 닿는 광선을 세 가지 필터 영역에 맞게 나누어 감광유제로 보내는 것이다. 따라서 렌즈를 덮어씌운 세 가지 색들이 세 개의 평행한 수직 조각처럼 작은 원주 렌즈 뒤쪽에 영사된다. 왜냐하면 작은 원주 렌즈들은 필터 위의 색 줄무늬들과 평행하기 때문이다. 따라서 유제의 미세한 각 부분의 폭은 세 부분으로 다시 나누어지는데 이 세 부분은 각각 세 가지 필터 영역과 관계가 있고, 각기 다른 색을 통과할 수 있는 빛에 의해 영향을 받는다. 이처럼 눈에 보이지 않는 작은 필름 부분들이 합쳐져서 전체적인 사진 이미지를 형성한다.

예를 들어 카메라 앞에 있는 피사체에서 나온 붉은색 광선은 필터의 붉은색 부분과 관련된 지점에 있는 필름의 감광물질에 닿는다. 이처럼 영향을 받은 부분은 '리버설 프로세스'를 통해 투명하게 바뀌고 필터의 초록색과 파란색 부분과 관련이 있는 영향을 받지 않은 인접 부분은 불투명한 상태로 남아 있게 된다. 초록색이나 파란색 그리고 배합색도 똑같은 과정을 거친다. 붉은색이 들어 있는 장면에 있는 점들이 합쳐져서 붉은색 필터 부분과 관련이 있는 유제 부분 위의 붉은색광으로부터 사진을 만든다. 파란색이 합쳐져서 또 다른 사진을 만들고, 초록색도 마찬가지이다. 영상을 영사하려면 현상한 필름을 촬영 과정의 역순으로 진행되는 광학장

'공공기관만이 국가를 만들 수 있다'

치를 갖춘 영사기에 넣는다."

1928년 크리스마스 며칠 전, 이스트먼은 회사의 모든 직원들을 대상으로 휴직수당, 생명보험, 퇴직연금 정책을 승인한다. 그것은 이스트먼이 사업 초기부터 보험과 연금에 대하여 처음으로 공부한 후 계속 장려해 왔던 노사관계 정책의 결정판이었다.

이스트먼은 전 세계 여러 나라에 흩어져 있는 '모든 직원들'에게 다음과 같은 편지를 보냈다.

"그러한 정책을 세운 목적은 노년에 대비해 실질적인 연금을 지급하기 위한 것 일뿐만 아니라 휴직수당 정책에 입각하여 관대한 처우와 생명보험 형태로 실질적인 보호장치를 만들기 위한 것입니다. 퇴직연금은 재정적으로 튼튼한 보험회사에서 지급하게 됩니다.

이 정책이 즉각적인 효과를 거두려면 지금까지 자연스럽게 축적된 부채부터 갚아야 하는데, 이 부채는 직원들이 과거부터 일해 온 대가로 치뤄져야 할 액수입니다. 총 650만 달러 정도가 되는 이 부채의 절반은 회사 자금으로 갚고, 나머지 절반은 코닥고용인협회에서 책정한 기금으로 갚자는 제안이 있었습니다.

코닥고용인협회의 기금은 원래 직원들의 복지를 위하여 제 자신과 회사가 기부하였다는 사실이 생각날 것입니다. 코닥고용인협회 기금에서 나오는 수익금은 현재 퇴직한 직원들에게 특별수당을 주는 데 주로 사용되고 있습니다만 코닥고용인협회 기금만으로는 불충분합니다. 따라서 경영진에서는 퇴직연금과 생명보험, 휴직수당을 넉넉하게 지급하게 될 이 정책을 정착시켜야 할 것으로 생각하고 있습니다. 코닥고용인협회의 이사와 회원들은 이 정책에 승인을 하였습니다. 그들은 이 정책에 따르게 되면 직원들에게 지급되는 수당이 지금보다 훨씬 더 많아지고 꼭 필요한 기금은 코닥고용인협회가 관리하는 것보다는 보험회사에 위임함으로써 협회가 이루고자 하는 목표를 더 쉽게 달성할 수 있을 것이라는 결론을 내렸습니다. 따라서 회사와 코닥고용인협회에서는 초기 자금을 제공할 준비를 하였고, 나중에 보험회사에 지불해야 할 자금을 마련하려면 현재의 임금 배당률을 낮추어야 할 필요가 있다고 결정했습니다.

조지 이스트먼

　　임금배당제의 가장 큰 목적은 직원들이 투자하기에 충분한 목돈을 해마다 한 꺼번에 지급하고자 하는 것이었습니다. 따라서 근무 햇수가 어느 정도 지나면 직원들은 임금 배당금을 통해 노년에 대비할 수 있을 정도의 재산을 모을 수 있었습니다. 물론 회사의 성장에 크게 기여한 직원들에게 임금 배당금을 통해 회사가 얻은 수익을 나누어 가질 수 있게 하자는 의도도 있었습니다. 그렇지만 회사 중역들이 훨씬 더 중요하게 생각한 것은, 임금 배당금을 통해 직원들이 일을 할 수 없게 될 때나 노후의 생활을 보장해 주자는 것이었습니다.

　　채택된 대규모 정책은 우리 직원들이 노년에 안정된 수입을 얻을 수 있게 해줍니다. 임금 배당금을 통해 이루고자 했던 목적과 마찬가지로 직원들이 받게 될 임금 배당금의 일부를 자신들의 미래를 위하여 투자함으로써 수익을 보충하기를 바랍니다.

　　정책을 실행에 옮기려면 임금배당제 방식을 바꿀 필요가 있습니다. 1929년 7월 1일에 지불된 것을 시작으로 매년 경영진의 호의적인 태도를 전제로 그 방식은 다음과 같을 것입니다.

　　'주당 3.50달러(현재 규정은 주당 1.00달러이다) 외에도 회사의 보통주에 대하여 역년 동안 지급 고시된 배당금 1달러마다 임금 배당률이 역년으로 지난 5년 동안 직원들에게 지급된 임금 1,000달러당 5.00달러이다. 예를 들어 보통주 배당금이 주당 8.00달러라면 임금 배당률은 지금처럼 100달러당 35달러가 아니라 과거 5년 동안의 임금 1,000달러당 22.50달러였을 것이다. 5년 동안 회사에서 근무를 하였고, 이 기간 동안 월급이 일정하였던 직원일 경우에 이러한 방식의 임금 배당률을 따른다면 1년치 봉급의 8분의 1에 해당하는 것이다.'

　　이처럼 임금 배당금을 줄이게 되면 그 정책을 관리하는 보험회사에 앞으로 는 해마다 경비를 지급할 수 있을 정도의 충분한 자금을 확보할 수 있게 되리라고 생각합니다. 지금까지 지출한 경비는 650만 달러의 충당금을 통해 해결되었습니다.

　　경영진은 지금보다 더 넉넉하고 확실하게 노년에 대비한 연금과 일시적 노동 불능 상태에 대한 지원금, 생명보험금을 지급할 수 있는 정책을 몇 년에 걸쳐 입안해 왔습니다. 또한 경영진은 정책 전반을 철저하게 검토하였고, 나는 자연히 코닥

'공공기관만이 국가를 만들 수 있다'

노동자 수천 명의 미래에 영향을 끼치게 될 그 문제에 개인적으로 깊은 관심을 쏟아 왔습니다. 직원들 중에는 20년 이상의 기간 동안을 나와 함께 일해 온 사람들도 많습니다.

 새로운 정책은 광범위하고 여유가 있으며 곧 실행이 가능합니다. 이 정책은 미래를 위한 확실한 보험이고, 우리 직원들에게 행복하고 쾌적한 생활을 가져다줄 것이라고 생각합니다. 직원들에게 회사의 이익을 나누어 주는 임금 배당금과 병에 걸렸을 때 지급하는 의료수당, 퇴직연금, 생명보험, 휴직수당을 지급하고, 직원들의 가정에 융자를 해주기 위하여 코닥고용인협회에서 편의를 제공하며, 직원들이 저축을 할 수 있도록 이스트먼 신용조합에서 편의를 제공할 것입니다. 이제 광범위한 노사관계 프로그램이 세워졌다고 생각합니다. 이러한 정책이 완성된 것에 대하여 여러분들께 축하를 드립니다."

 이 시기에 세운 새로운 정책은 무수히 많았다. 그럼에도 불구하고 이스트먼은 75번째 생일날 다음 세대를 생각하고 있었다. 여느 때처럼 이스트먼은 자신의 행동을 과시하지 않으면서 로체스터에 있는 모든 교구의 학교와 공립학교에 라디오를 기증하였다. 이 일은 자신의 부모님을 기념하여 워터빌에 있는 새로운 공립학교에 강당을 세우는 일만큼이나 스스럼없어 보였다. 그렇지만 이러한 행동은 우연히 하게 된 일이 아니었다. 이러한 일은 많은 기관 중에서도 국가를 일으키는 일을 거들고 있는 교육기관에 도움을 주기 위해 이스트먼이 개인적으로 관심을 쏟은 꼭 필요하면서도 세부적인 일이었다.

 『뉴욕타임스』지의 사설에는 다음과 같이 쓰여 있다. "사진이나 영화 필름을 통해 즐거움을 얻은 사람이 필름을 처음 만든 사람에게 감사의 뜻을 표한다면 그 인사를 가장 많이 받게 될 사람은 75번째 생일을 맞이한 조지 이스트먼일 것이다. 그의 공장에서는 해마다 지구를 10바퀴 돌 수 있을 정도의 많은 필름을 생산하고 있고, 세계 구석구석에서 그 필름으로 촬영하고 있으며, 그 필름으로 촬영된 덧없는 이미지 혹은 기억에 남을 만한 이미지가 전해지지 않은 곳이 없을 것이다. 게다가 고희가 넘은 나이에 신이 만든 자연 속의 컬러를 사진에 담는 필름을 개발한 사실에 대해서는 스코틀랜드인들이 감사의 말을 할 때 쓰는 '비생키트(bethankit)'라는

조지 이스트먼

말을 덧붙여야 할 것이다.

셀 수 없이 수많은 사람들을 계몽하고 그들에게 즐거움을 주는 데 공헌한 사실 외에도 이스트먼은 자신이 오른손으로 모은 막대한 부를 왼손으로 자선사업에 기부하였다. 그 자선 규모뿐만 아니라 현명하고 식별력이 뛰어난 자선 방식도 주목할 만하다. 그는 오랜 기간 동안 매사추세츠 공과대학에 거의 2천만 달러에 가까운 금액을 익명으로 기부하여 과학을 발전시켰다. 햄프턴-투스키기 학교를 통해 흑인 교육을 위해서도 수백만 달러를 기부하였고, 무엇보다도 여러 가지 선행으로 자신이 살고 있는 도시에 은총을 내렸다. 이스트먼은 특히 의과대학과 치과대학의 건립을 통해 로체스터 대학에 많은 기부를 하였을 뿐만 아니라 자신의 고향을 예술의 중심도시로 만들었다. 그가 계속해서 건강하기를 바랄 뿐이다.

전 세계에 사진을 꽃피우고 1년을 13개월로 나눠 활기를 띠는 것을 그가 볼 수 있을 정도로 장수하기를 바란다. 1년을 13개월로 나누어도 현재 우리가 사용하고 있는 그레고리 책력을 사용할 때와 날짜 수는 똑같지만 1년에 1달이 더 늘어나 그가 만년에 찾은 관심사에 쓸 시간이 훨씬 더 많아질 것으로 보인다."

해가 지는 줄 모르고 활동하는 사람들은 중요한 기념일이 되면 세계 곳곳으로부터 수많은 축하 메시지를 받는다. 이스트먼의 75번째 생일날에도 전 세계로부터 축하의 메시지가 쇄도하였다. 이러한 축하 편지 중에서도 이스트먼을 가장 잘 이해하는 것처럼 보이는 훌륭한 편지는 인근 주에 있는 어느 친구가 보낸 것이었다.

> 내가 당신의 생일에 진심 어린 축하를 보내는 것은 당신이 75세가 되었기 때문이 아니라 격렬한 인생의 부침과 폭풍우와 싸워 그 모든 난관을 극복하고, 오랜 세월이 지나도 사라지지 않을 위대한 업적을 이룩하였기 때문입니다. 앞으로도 계속 넘치는 에너지와 힘으로 당신의 삶을 즐길 수 있기를 바랍니다.
>
> 토머스 에디슨

연보

1854 7월 12일 뉴욕 주 워터빌에서 출생
1868 학업을 그만두고 보험회사 사환으로 취업(14세)
1874 로체스터 저축은행 보조계원으로 근무
1878 습판 사진술에 관심을 가짐
1880 뉴욕 주 로체스터의 한 건물 다락방을 빌려 건판 상용 제작
1881 1월, 헨리 스트롱과 이스트먼 건판회사(Eastman Dry Plate Company)라는 제휴회사 설립
   9월, 사업에 전념하기 위해 은행 사직
1883 이스트먼 건판회사 현재 코닥 본사 자리인 로체스터 스테이트 가 4층 건물로 이전
1884 자본금 20만 달러에 주주 14명으로 이스트먼 건판 앤 필름 회사(The Eastman Dry Plate and Film Company)로 재창업
   동업자 윌리엄 워커와 네거티브 필름을 위한 롤 홀더 발명
1885 아메리칸 필름(American Film) 개발(최초의 투명 사진 필름)
   영국 런던에 도매점 개설
1886 유연하고 투명한 필름 베이스를 상업화하기 위한 전임연구원 고용
1888 'KODAK' 상호 탄생
   스냅사진 촬영용 코닥 카메라 출시
1889 투명 롤 필름 출시
   이스트먼 건판 앤 필름 사의 자산을 승계한 이스트먼 사(社) 설립
1891 일광에서 필름을 넣을 수 있는 최초의 카메라 출시
   필름 및 인화지 공장 로체스터 코닥 파크로 이전
   영국 런던 인근의 해로우에 최초의 해외 공장 건립

1892 회사 이름 개명(Eastman Kodak Company of New York)
1893 로체스터 스테이트 가에 카메라 공장 개설
1895 휴대용 코닥 카메라 출시
1896 영화용 특수 코팅 필름 출시
1897 프랑스에 자회사 설립
1898 휴대용 폴딩 코닥 카메라 출시
　　 사내 '제안 제도' 실시
1899 투명 필름 베이스 제조하는 원형 공정 개발
　　 캐나다 토론토에 코닥 캐나다 유한회사 설립
1900 1달러짜리 코닥 브라우니 카메라 출시, 필름 15센트
1901 현 회사의 모기업인 뉴저지 이스트먼 코닥 사(Eastman Kodak Company of New Jersey)
　　 창립, 조지 이스트먼 뉴저지 지주회사의 사장으로 선임
1902 암실 없이 필름을 현상할 수 있는 현상기 개발
1907 코닥 전 세계 직원 수 5,000명 돌파
1908 초산 섬유소 베이스를 사용하여 대량생산이 가능한 안전 필름을 세계 최초로 출시
　　 오스트레일리아에 제조공장 개설
1911 직원을 위한 복리후생, 산업재해, 연금기금 창설
1912 케네스 미스 박사, 로체스터 연구소 소장 취임
　　 첫 번째 임금배당제 실시
1913 시트 필름 출시
1917 항공 카메라 개발
1923 아마추어들을 위한 16밀리 반전 필름 출시
1925 코닥 사 회장으로 취임, 윌리엄 스튜버 사장으로 선임
1927 코닥 사 전 세계 직원 수 2만 명 돌파
1928 16밀리 코닥 컬러 필름 출시, 퇴직연금·생명보험·장애 복지 프로그램 실시
1929 유성영화를 위한 최초의 동영상 필름 발표
1930 액커먼, 조지 이스트먼 전기 출간
1931 독일 슈투트가르트의 나겔 카메라 회사 인수
1932 최초의 8밀리 아마추어용 동영상 필름, 카메라 및 프로젝트 발표
　　 3월 14일, 자택에서 권총 자살
　　 유언을 통해 전 재산 로체스터 대학에 기부, 자택은 조지 이스트먼 국제사진박물관(The International Museum of Photography at George Eastman House)으로 1949년 개관

편집자 해설

1.

장수를 기원하는 『뉴욕타임스』지의 사설과 토머스 에디슨의 편지에도 불구하고 만년에 척추협착증으로 투병 중이던 조지 이스트먼은 1932년 3월 14일 권총으로 자신의 인생을 스스로 마감한다. 이 책이 출간된 지 2년 뒤의 일이었다. 향년 77세. 나이트 테이블에서 발견된 노란 노트용지에 쓴 이스트먼이 남긴 마지막 메모에는 다음과 같이 적혀 있었다.

> 친구들에게
> 내가 할 일은 모두 끝났다.
> 무엇을 더 기다리겠는가.
> 조지 이스트먼

죽음은 그에게 낯선 것이 아니었다. 어려서 아버지를 잃고, 편모 슬하에서 성장했으며, 그가 평생 의지해 왔던 어머니마저 휠체어에 의지해 만년을 보내다 세상을 떠나는 것을 지켜보아야 했다. 어머니의 죽음은 그에게 커다란 충격이었는데 그는 친구에게 "난 하루 종일 울었네, 내 자신을 어찌할 수가 없었다네. 오래 살고 싶은 생각이 없다네"라고 자신의 심경을 고백한 적이 있다. 게다가 그의 누이 둘은 스무 살과 마흔 살에 각각 병으로 세상을 먼저 떠났다.

그의 사망 소식이 전해지자 코닥 사 주가가 잠시 내려갔으나 생전의 그의 바람

조지 이스트먼

대로 곧 정상을 되찾았다. 3월 17일, 자살자의 장례식을 금해 온 관례를 깨고 세인트 폴 성당에서 각계각층의 인사와 코닥 사의 임직원, 그리고 그가 생전에 사랑하던 로체스터 시민들의 애도 속에 이스트먼의 장례식이 엄숙히 거행되었다.

2.

조지 이스트먼의 생애는 아날로그 사진 시대에 국한되지만 그는 사진술의 '감광'이라는 기술적인 핵심을 꿰뚫고 있었다. 사진은 빛을 받아들인(감광) 필름을 인화하여 이루어지는데, 디지털 시대에는 단지 필름이라는 감광물질이 전자소자로 바뀌었을 뿐이다. 디지털 사진은 아날로그 사진과 똑같은 광학프로세스를 이용하지만 화학적인 과정을 거치는 필름 프로세스 대신에 빛을 전기 에너지로 바꿔 주는 이미지센서를 이용한다. 즉 필름 면이 CCD 소자로 대치된 것이다. 그러나 사진이 이미지를 결상하는 원리는 아날로그 시대나 디지털 시대나 큰 변화가 없다. 따라서 사진을 공부하는 이들에게 이 책은 사진의 기본원리와 사진사의 발달 과정을 이해하는 데 도움을 줄 것이다.

보험회사와 로체스터 저축은행에 근무하던 조지 이스트먼이 사진에 관심을 갖게 된 것은 1878년 습판(wet-plate) 사진술에 관심을 갖기 시작하면서부터였다. 당시 유행하던 습판 사진술은 일종의 유약인 면화약을 알콜과 에테르에 용해시켜 요오드칼륨을 첨가한 콜로디온을 사용하는 것이었다. 이 합성유제를 유리판에 칠한 뒤 은(銀)탕에 담가서 감광성을 띠게 했다. 촬영 직전에 젖은 상태의 유리판(습판) 특수 집기에 보관되었고, 촬영을 마치면 사진사는 곧장 암실로 달려가 콜로디

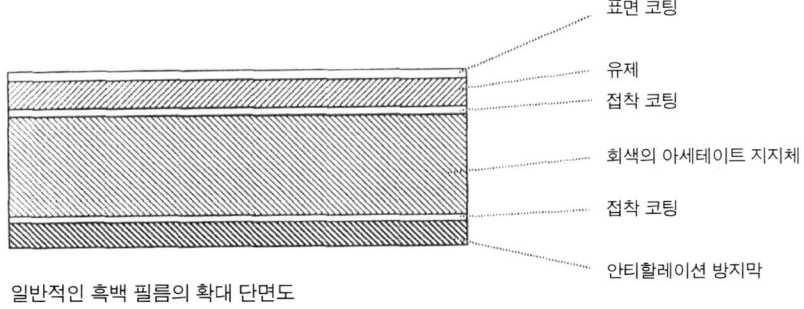

일반적인 흑백 필름의 확대 단면도

편집자 해설

온 층이 마르기 전에 현상을 해야 했다. 그러나 이 기법은 옥외에서의 사진촬영을 용이하게 하지는 못했다. 사진사는 무거운 장비들을 손수레에 싣고 다녀야 했으며, 좀더 여유가 있는 사람들은 마차형 암실을 이용했다.

이러한 습판의 단점을 개선하기 위한 연구와 실험에 매달려 온 조지 이스트먼은 드디어 1879년 건판(dry-plate)를 발명해 낸다. 1880년 4월, 이스트먼은 로체스터의 스테이트 가에 있는 건물의 3층을 임대하여 시판할 건판을 제조하기 시작했다. 이스트먼은 유리보다 더 가볍고 유연한 지지대를 사용할 수 있도록 실험을 계속해 종이에 사진유제를 코팅한 다음 그 종이를 롤 홀더에 감는 방식을 고안해 냈다. 1885년에 제작된

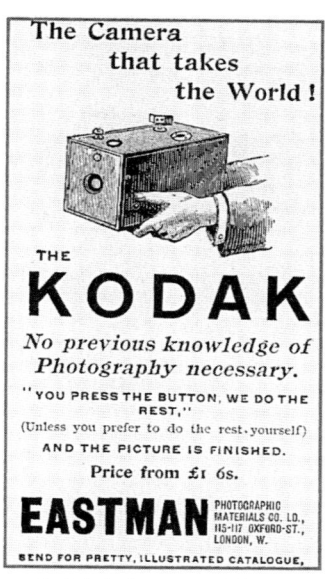

코닥 카메라 광고, 1890년대 초

첫 번째 필름 광고에서는 "실외 촬영과 스튜디오 촬영 모두에 사용할 수 있는 경제적이고 편리한, 유리건판 대용품이 될 새로운 감광성 필름의 출시"를 예고했다. 이것은 20세기에 우리가 일반적으로 사용해 온 플라스틱 롤 필름의 초기 형태로서 점차 흑백에서 컬러 필름으로 진화하게 된다.

코닥 필름은 사진뿐만 아니라 영화산업의 발전에도 크게 기여했다. 영화의 발명도 그의 필름이 있어 가능했다. 그는 토머스 에디슨을 위해 영화용 필름을 만들었다. 뤼미에르 형제, 조르주 멜리에스 등 초기 영화

조지 이스트먼이 개발하여 앤서니 사를 통해 판매하기 시작한 젤라틴 유리건판 포장 상자, 1880

조지 이스트먼

제작자들은 모두 코닥 필름을 사용했다.

조지 이스트먼은 필름뿐만 아니라 인화지, 카메라 분야에도 뛰어들어 그의 바람대로 "사진에 관한 모든 것"을 생산하게 된다. 가격이 비싸고 일반인들이 다루기 어려웠던 카메라를 "버튼만 누르세요. 나머지는 저희가 다 하겠습니다"라는 광고 문구처럼 단순화하고 소형화한 코닥 카메라로 만들어냈다. 코닥 카메라는 전 세계적으로 사진문화를 대중화하는 데 크게 기여하였다.

3.

조지 이스트먼이 창업한 코닥 사가 다국적 기업으로 성장하는 시기는 미국이 강대국으로 부상하던 시기와 일치한다. 특히 그가 본격적으로 사업에 뛰어든 1880년대는 미국식 번영이 시작된 연대였으며, 생존에 필요한 의식주를 제외한 저렴한 카메라와 같은 기호품들이 생산되는 경제 체제의 시발점이었다. 그리고 이 시기의 전기, 전화, 필름의 발명은 미국 경제의 견인차 노릇을 한다. 그러나 이러한 발명품이 등장하던 시기의 미국 경제의 전반적인 분위기는 반트러스트 법안으로 대표되듯이, 독점을 죄악시하던 시기였다. 따라서 코닥 사도 정부와의 분쟁뿐만 아니라 여러 소송건에 휘말려들어 고전했던 것으로 보인다.

코닥 사가 최초로 생산한 코닥 카메라, 1888-1889

오늘날에는 기업의 인수, 합병을 자연스러운 것으로 받아들이지만 그 당시만 하더라도 부도덕한 기업 행태로 받아들여졌다. 게다가 조지 이스트먼은 한니발 굿윈이 제기한 필름 특허권 소송에 오랫동안 시달렸다. 굿윈은 1887년 신물질인 셀룰로이드를 사용하여 유연하고 가볍고 투명한 원판용제를 개발하였으나 실용화하지 못해 그가 출원한 특허권은 기각되고, 조지 이스트먼과 라이헨바흐의 것이 채택되었다. 이를 두고 굿윈 측이 지속적으로 소송

편집자 해설

을 제기하였으나 이스트먼은 시종일관 "단 한 푼도 지급할 수 없다"며 그의 발명을 끝까지 인정하지 않았다.

미국 경제의 지속적인 발전 속에서 코닥 사도 유럽 및 호주, 아시아 등에 공장 및 지사를 둔 거대 다국적 기업으로 성장해 나간다.

이스트먼은 다음의 네 가지 원칙을 바탕으로 기업을 운영했다.

- 저가의 대량생산
- 국제 유통
- 광범위한 광고
- 고객 중심

후에 그는 이러한 기본 원칙에 다음과 같은 정책을 추가 한다.

- 지속적인 연구를 통한 성장 및 개발 촉진
- 직원들을 존중하는 마음과 공평한 대우
- 사업 확장을 위한 수익 재투자

위로부터,
No. 4 폴딩 코닥 카메라, 1893-1897
No. 1 폴딩 포켓 코닥 카메라, 1897-1915
1달러짜리 브라우니 카메라, 1900

가히 20세기 사진산업의 종가라 할 만한 기업의 성공과 더불어 이스트먼은 직원들에 대한 과감하고 파격적인 복지정책을 구상하고 실현한다. 그는 일찍이 종업원지주제, 연금 및 각종 복지정책, 제안 제도 등을 제안하고 실시해 왔으며, 이러한 그의 선구적인 복지정책은 오늘날에도 미국뿐만 아니라 전 세계 기업에서 적용하고 있다.

이와 함께, 그는 로체스터 대학과 MIT공대를 비롯한 각급 교육기관에 기부한 사회사업가로서도 활동한다. 그는 평생 1억 달러 정도를 매사추세츠 공대(MIT), 로체스터 대학 등에 기부했으며, 자신의 주식 3분의 1을 회사 직원들에게 나눠 주기도 했다. 그는 기업의 이익을 사회에 환원하는 정책을 시행한 선구자이다.

조지 이스트먼

일본의 후지, 독일의 아그파 등이 있었지만 코닥은 20세기 내내 세계 필름 시장을 주도했다. 코닥을 위협할 진정한 경쟁자는 전혀 다른 분야에서 나타났다. 1981년 일본 소니는 필름 대신 '촬상소자'로 영상을 기록하는 카메라 '마비카'를 발표했다. 디지털 카메라 시대의 개막이었다. 물론 그때만 해도 21세기에 '디카'를 넘어 '휴대전화 촬영' 시대가 열릴 것이라고는 아무도 생각하지 못했다. 전성기 때 1백 달러에 육박하던 코닥 사의 주가가 10달러 이하로 곤두박질쳤다.

코닥은 세계 최초로 디지털 카메라 기술을 개발하고도 기존 주력제품이던 필름 시장을 잠식 당할까봐 적극적인 개발과 마케팅에 소홀히했다. 고객과 시장의 변화를 읽지 못한 까닭이다. 코닥 사는 시대의 변화에 민첩하게 대응하지 못하고 방만한 경영으로 위기를 초래하였지만 최근에는 다행히 다시 사진산업으로 사업 분야를 압축하고 있다. 최근 코닥 사는 비주력 사업 매각 및 최신 프린터 제품의 출시 등을 통해 '사진'으로 대표되는 사진산업 종가의 체면을 유지하려고 애쓰고 있다. 아마도 코닥 사의 창업주가 살아 있었더라면 디지털 시대에도 그는 "사진에 관계되는 모든 것을 추구한다"는 종래의 방침을 고수하지 않았을까.

4.

이 책은 1930년 초판본 『조지 이스트먼(*George Eastman*)』(Houghton Mifflin Company)을 우리말로 옮긴 것이다. 생전에 좀처럼 자신의 전기나 자서전을 출판하려 들지 않았던 조지 이스트먼은 콜럼비아 대학 셀리그먼 교수의 권유를 받아들여, 당시 저널리스트로 명성이 높았던 이 책의 저자 액커먼에게 자신의 생애를 정리하게 한다. 조지 이스트먼의 회고와 그가 지인들과 수십 년 동안 주고받았던 10만여 통의 개인적 공적 서신, 그리고 언론의 기사를 통하여 액커먼은 조지 이스트먼의 생애를 종합 정리해 냈다. 구술과 여러 서지 자료를 통해 한 사람의 생애를 재구성해 내는 액커먼의 이러한 서술 방식은 자서전 형식의 전기와 평전 기술에 지대한 영향을 미쳤다.

1930년에 발행한 이 책은 조지 이스트먼 생전에 출간된 유일한 전기로서, 조지 이스트먼의 적극적인 협조와 재정 지원하에 이루어졌다. 출간 후 이스트먼은 이

편집자 해설

책을 자신의 자서전을 대신한 전기로 인정하여 수백 권을 출판사에서 구입해 친지들에게 나눠 줬다는 기록이 남아 있다.

    필름, 카메라, 인화지 등을 생산하는 코닥 사의 창업자이자 현대 사진산업의 선구자로 우뚝 선 조지 이스트먼의 생애는, 그의 사후 80년이 지난 오늘의 시점에서 다시 읽어 보아도 흥미진진하다. 이스트먼은 부친의 사망으로 어려워진 가정형편 때문에 학업을 그만두고 14살에 보험회사 사환으로 입사해 코닥 사라는 거대 다국적 기업을 일궈 낸 전형적인 자수성가형의 기업가이자 발명가였다. 보험사와 은행에 근무할 때 공공연한 정실 인사로 받았던 어린 영혼의 상처를 그는 코닥 사 내 유리 천장(glass ceiling, 능력에도 불구하고 고위직 승진을 가로막는 직장 내 차별)을 철폐함으로써 치유한다.

    이 책은 발명가, 사업가로서 더 나아가 기부자로서의 조지 이스트먼의 인생을 저자의 주관적 판단을 가급적 배제하고 여러 기록들을 제시함으로써 독자가 그의 인생역정을 쉽게 이해할 수 있도록 하였다. 그러나 조지 이스트먼의 생애는 기업가와 발명가로서 경제와 사진 분야에 걸쳐 있어 경제를 잘 아는 독자들은 사진의 매커니즘을 이해하는 데 어려울 것이고, 사진을 잘 아는 독자는 경제적 맥락을 짚어 나가는 데 난점이 있을 것이다. 따라서 주요 개념에 역주를 붙이고 쉽게 풀어 우리말로 옮겨 줄 것을 역자에게 부탁했고, 이스트먼의 생애를 일목요연하게 정리한 원서에 없는 연보도 추가했다. 또한 역자의 양해를 받아 역자 후기를 독자의 이해를 돕기 위해 필름 매커니즘에 대한 상세한 설명과 코닥 사 제품 사진을 추가한 '편집자 해설'로 대신하였다.

    20세기 초 미국 경제 발전의 맥락과 경제 구조와 용어의 선택에서 고심했지만 번역에 미흡한 점이 있다면 독자 여러분의 아낌없는 질정을 바란다.

2011년 3월
눈빛출판사 편집부

찾아보기

ㄱ

골러, 조지(Goler, George) 364
굿윈, 한니발(Goodwin, Rev. Hannibal) 150, 151, 182, 195, 196, 260, 265, 266, 267
그랜트, 율리시즈 S.(Grant, U. S.) 50
길드, 커티스 2세(Guild, Curtis, Jr.) 64
깁슨, 찰리 R.(Gibson, Charles R.) 35

ㄴ

나다르, M.(Nadar, M.) 102
노스클리프(Northcliffe) 285
노이즈, 아서(Noyes, Arthur) 319
니엡스, 조제프 니세포르(Niepce, Joseph N.) 33

ㄷ

다게르, 루이스 J. M.(Daguerre, Louis J. M.) 33, 227
닷지, 클리브랜드 H.(Dodge, Cleveland H.) 300
댄포스, H. G(Danforth, H. G) 238
더퓨, 숀시(Depew, Chauncey) 99
데이비스, 마이클 M.(Davis, Michael M.) 366, 367, 368
데이비스, J. 라이온버거(Davis, J. Lionberger) 366, 388
데이비슨, 조지(Davidson, George) 151, 183, 184, 185, 196, 231
데이비슨, 헨리(Davison, Henry P.) 283
두 보스 W. R.(Du boss, W. R.) 291, 292
듀코스 두 오롱(Ducos du Hauron) 226, 227, 228
듀폰, 콜먼(Du Pont, T. Coleman) 310, 322, 323
드래퍼, 존 W.(Draper, John W.) 34
드론, 토머스(Drown, Thomas M.) 101
딕맨, 조지(Dickman, George) 108, 109, 111, 112, 118, 126, 129, 130, 131, 133, 134, 137, 147, 148
딕슨, E. H. L.(Dickson, E. H. L.) 80

ㄹ

라윌, Z. M.(Larwill, Z. M.) 263
라이헨바흐, 헨리(Reichenbach, Henry N.) 71, 72, 74, 75, 76, 77, 81, 82, 83, 92, 101, 104, 105, 149
래섬-우드빌(Latham-Woodville) 121, 131
래티모어, 새뮤얼 A.(Lattimore, Samuel A.) 70
랜시, 대러 드(Lancey, Darragh de) 104, 159, 160, 162, 305

찾아보기

램세이, 테리(Ramsaye, Terry) 81, 131
러브조이, 프랭크 W.(Lovejoy Frank W.) 160, 162, 165, 225, 298, 305, 309, 318, 335, 348, 349, 434
레비, 아서 경(Levy, Sir Arthur) 434
레이놀즈, 모티머 F.(Reynolds, Mortimer F.) 71
렘센, 이라(Remsen, Ira) 101
로사펠 S. F.(Rothafel, S. F.) 383, 398
로웰, A. 로렌스(Lowell, A. Lawrence) 327
로저스, 윌리엄 바튼(Rogers, William B.) 306
로젠월드, 조지프(Rosenwald, Joseph) 366, 367, 439
로체, 토머스(Roche, Thomas C.) 88
록펠러, 존 D. 2세(Rockefeller, John D. Jr.) 294, 300
롬, 헨리(Lomb, Henry) 304, 305
뢴트겐, W. K.(Roentgen, W. K.) 121, 129
루스벨트, 시어도어(Roosevelt, Theodore) 155, 166, 169, 240, 241
루스벨트, 프랭클린 D.(Roosevelt, Franklin D.) 288
루트, 앨리후(Root, Elihu) 21
뤼미에르(Lumières) 121, 134, 135, 136, 222, 227
르 그레이(Le Gray) 36
리델(Riddell, Lord) 434, 437, 439
리스, 러시(Rhees, Rush) 194, 268, 364, 378, 381, 383, 394, 396, 397, 399, 403, 407, 408, 411, 413, 414
리틀, A. D.(Little, A. D.) 314, 315
린지, 알렉산더 M.(Lindsay, Alexander M.) 231, 232, 288
릴리엔펠드, 레온(Lilienfield, Leon) 270

ㅁ

마르티노, 지아코모 드(Martino, Giacomo de) 439

마빈, 찰스 F.(Marvin, Charles F.) 431, 432
마테를링크, 모리스(Maeterlinck, Morris) 397
매티슨, F. C.(Mattison, F. C.) 218, 219, 262, 274
맥도너, 제임스 W.(McDonough, James W.) 226, 227
맥레이놀즈, J. C.(McReynolds, J. C.) 242, 264
맥아두, 윌리엄 G.(McAdoo, W. G.) 292
맥커디, A. W.(McCurdy, A. W.) 186, 187, 332
맥커처, 클라크(McKersher, Clarke) 235
맥클러린, 리처드 C.(Maclaurin, Richard C.) 282, 305, 307, 313, 315, 316, 317, 319, 320, 323
맥킨리, 윌리엄(Mckinley, William) 122
멜런, 앤드류 W.(Mellon, Andrew W.) 52
모스, 새뮤얼 F. B.(Morse, S. F. B.) 34, 35
먼로, 조지 H.(Monroe, George H.) 30
무어, 알렉산더 T.(Moore, Alexander T.) 210, 213
미스, 케네스 E. K.(Mees, C. E. K.) 234, 235, 272, 280, 446
밀러, 윌리엄 R.(Miller, William R.) 73

ㅂ

바슈, 윌리엄(Bausch, W.) 354, 357, 360
바틀렛, 그레이 N.(Bartlett, Gray N.) 96
반 잔트, 클래런스(Van Zandt, Clarence D.) 374
반더립, 프랭크 A.(Vanderlip, Frank A.) 388
배보트, 프랭크 L.(Babbott, F. L.) 21, 325, 356, 365, 387, 405, 420
버넷, 존 J.(Burnet, Sir John J.) 234, 434
버크하트, 헨리(Burkhart, Dr. Henry) 355, 356, 357, 359, 363, 365, 384, 434, 436, 437, 439, 440, 441
버트릭, 월러스(Buttrick, Wallace) 403
버틀러, 니콜라스 머레이(Butler, Nicholas Murray) 5, 189

조지 이스트먼

번햄, S. W.(Burnham, S. W.) 96
베어, 조지 F.(Baer, George F.) 166
베이츠, 린던 W.(Bates, Lindon W.) 291
베이커, 토머스(Baker, Thomas) 208, 220, 221, 257, 259, 269, 271, 273, 276, 280, 299
벨, 알렉산더 그레이엄(Bell, Alexander Graham) 51, 56, 57, 122, 147, 332
보거트, 콜로넬(Bogert, Colonel) 296
보스워스, 웰즈(Bosworth, Welles) 324
본브라이트, 조지 D. A.(Bonbright, George D. A.) 433
볼드윈, 스탠리(Baldwin, Stanley) 438
브라우넬, F. A.(Brownell, F. A.) 73, 163, 166, 167, 168, 171, 183
브로스터, 해리(Brewster, Henry) 292
브룰래투어(Brulatour) 284, 300
비어스, N. T.(Beers, Dr. N. T.) 274
빈센트, 조지 E.(Vincent, George E.) 414

ㅅ

세이무어, 찰스(Seymour, Charles) 281
셀든, 조지 B.(Selden, George B.) 44
셀리그먼, 에드윈(Seligman, Prof) 5, 397
손, 컬리(Son, Kerly) 141
슈왑, 찰스 M.(Schwab, Charles M.) 172, 338
스미스, 알프레드 E.(Smith, Alfred E.) 328
스미스, 윈포드 H.(Smith, Winford H.) 364, 407
스콘피에티, 세자르(Sconfietti, Cesare) 439
스콧, R. F.(Scott, R. F.) 240, 242
스탠튼(Stanton, Dr.) 394
스테드맨, J. H.(Stedman, J. H.) 98
스테빙, E.(Stebbing, Prof. E.) 73
스토리, 스테픈(Story, Stephen) 369, 371
스톤, 멜빌 E.(Stone, Melville E.) 52
스톤, 찰스(Stone, Charles A.) 323
스튜버, 윌리엄 G.(Stuber, William G.) 117, 118, 129, 225, 335, 348, 349, 434
스튜어트, 캠벨(Stuart, Col. Campbell) 285
스트롱, 벤자민 2세(Strong, Benjamin, Jr) 296, 318
스트롱, 헨리 A.(Strong, Henry A.) 27, 53, 59, 60, 63, 64, 77, 88, 103, 104, 106, 108, 109, 112, 113, 118, 123, 124, 125, 130, 133, 135, 136, 140, 143, 145, 153, 156, 158, 162, 174, 183, 283, 288, 292, 304, 409, 416, 422
스트워트, 오드리 D.(Stewart, Dr. Audley D.) 434
스펜서, 허버트(Spencer, Herbert) 51
시쇼어(Seashore, Dr.) 394
싱클레어, 업튼(Sinclair, Upton) 155

ㅇ

애담스, 로저(Adams, Roger) 296, 297
아맷, 토머스(Armat, Thomas) 132
아문센, 로알드(Amundsen, Roald) 240 242
아이드로트, 프랭크(Aydelotte, Frank) 443
알렉산더, 매그너스 W.(Alexander, Magnus W.) 335
알렉산더슨, E. F. W.(Alexanderson, E. F. W.) 444
애덤스, W. 어빙(Adams, W. Irving) 65
애보트, 찰스 S.(Abbott, Charles S.) 104, 105, 114, 125, 127, 150, 151, 180, 189, 196, 206, 210, 213, 215, 218, 223, 245, 260, 265
애보트, 필립(Abbot, Philips) 181
앤드루스, 조지 W.(Andrews, George W.) 63
앤서니(Anthony, E. and H. T.) 54, 69, 87, 88, 177,
앤서니, E.(Anthony, E.) 46, 47, 58, 59,
앤서니, F. A.(Anthony, F. A.) 180
앤티스데일, L. M.(Antisdale, L. M.) 264
어빈, 제임스(Irvine, James) 444
에디슨, 토머스(Edison, Thomas A.) 46, 53,

찾아보기

54, 56, 57, 77, 78, 80, 81, 82, 98, 121, 131, 133, 135, 143, 192, 209, 210, 212, 213, 215, 219, 235, 271, 308, 312, 345, 444, 450
에이브람스, 히람(Abrams, Hiram) 365
영, 오웬 D.(Young, Owen D.) 444
오헌, 존 프랜시스(O'Hern, Rev. John F.) 233
와그너, 로버트(Wagner, Robert) 239
우드, 밴 D.(Wood, Ben D.) 343
워너마커, 존(Wanamaker, John) 105
워드, 몽고메리(Ward, Montgomery) 96
워커, 앨런(Walker, Allen) 335
워커, 윌리엄 홀(Walker, William H.) 305
월러스, 토머스(Wallace, Thomas) 254
웨어하임, 해리(Wareheim, Harry P.) 295
웰맨, 월터(Wellman, Walter) 99
위커스햄, 조지 W.(Wickersham, George W.)
윈터, 에즈라(Winter, Ezra) 392, 393
워커, 윌리엄(Walker, William) 62, 63, 64, 69, 71, 72, 76, 77, 82, 87, 88, 91, 92, 93, 95, 100, 103, 108, 109, 124, 128, 140, 148, 182, 283, 304, 416
위스터, 오웬(Wister, Owen) 274
윌슨, 우드로(Wilson, Woodrow) 242, 263, 268, 278, 337
웰시, 버논(Welsh, Vernon) 67
이스트먼, 로저(Eastman, Roger) 17, 18
이스트먼, 마리아(킬본)(Eastman, Maria(Kilbourn)) 20, 21, 392
이스트먼, 앨몬(Eastman, Almon) 295
이스트먼, 조지 워싱턴(Eastman, George W.) 18, 21, 22
이스트먼, 호레이스(Eastman, Horace) 25, 42
이스트우드, 앨버트 B.(Eastwood, Alburt B.) 301

ㅈ

제라드, 제임스 W.(Gerard, James W.) 275

록펠러, 존(Rockefeller, John D.) 56, 172, 256, 257, 402, 409
존스, 루이스 B.(Jones, Lewis B.) 106 291
존슨, 마틴(Johnson, Martin) 434
존슨, 조지 H.(Johnson, George H.) 46
졸리, 존(Joly, John) 336
주드, 찰스 H.(Judd, Charles H.) 342
주커, 아돌프(Zukor, Adolph) 384
지먼스, 윌리엄(Siemens, Sir W.) 190, 192
지포드, W. S.(Gifford, W. S.) 220, 222, 230, 245, 262, 277, 283

ㅊ

챈들러, 찰스 F.(Chandler, Charles F.) 102
처치, 프레드(Church, Fred) 75, 76, 87

ㅋ

카네기, 앤드류(Carnegie, Andrew) 56, 121, 172
카네기, 토머스(Carnegie, Thomas) 52
커스틴, 루이스(Kirstein, Louis) 252
커티스, 넬슨(Curtis, Nelson) 354
컬터, 제임스 G.(Culter, James G.) 414
케네디(Kennedy, Mr.) 262
켈로그, 프랭크 B.(Kellogg, Frank B.) 431, 436
켈빈(Kelvin, Lord) 51, 147, 150, 189, 190, 192, 194
코디, 프랭크(Cody, Frank) 342
코츠워스, 모세스 B.(Cotsworth, Moses B.) 428, 429, 430, 431
코테스, 앨버트(Coates, Albert) 397
코핀(Coffin, Mr.) 58
콜팩스, 슈일러(Colfax, Schuyler) 291
쿠퍼, 조지 M.(Cooper, George M.) 354
클라크, 브래킷 H.(Clark, Brackett H.) 94
클라크, 조지프 대처(Clarke, Joseph Thacher) 71, 206, 222, 228, 236, 270, 297
클라크, 한스(Clark, Hans) 270

463

조지 이스트먼

키체너, H. H.(Kitchener, H. H.) 274
키플링, 러디어드(Kipling, Rudyard) 97
킬본, 토머스(Kilborne, Thomas) 17, 18

ㅌ

타듀, 앙드레(Tardieu, André) 281
탈보트, 로메인(Talbot, Romain) 47
탈보트, W. H. 폭스 (Talbot, W. H. F.) 35
태프렐, W. A.(Taprell, W. A.) 207
태프트, 윌리엄 H.(Taft, William H.) 239
터너, S. N.(Turner, S. N.) 125
테일러, 트레일(Taylor, J. Traill) 65
토드, 조지 W.(Todd, George W.) 381, 382, 399, 410, 413

ㅍ

파인갠, 토머스(Finegan, Thomas E.) 342, 344
파제, 레오나르드(Paget, Dr. Leonard) 102
파테, 샤를(Pathé, Charles) 133, 209, 210, 220, 221, 444
팔머, A. 미첼(Palmer, A. Mitchell) 337
퍼싱, 존 J.(Pershing, John J.) 298
퍼킨스, 조지 W.(Perkins, George W.) 230, 257, 300
페니먼, 러셀 S.(Penniman, Russell S.) 137
페이지, 월터 하인즈(Page, Walter Hines) 273
페인, 세레노(Peyne, Sereno) 207
페크, 마이런 G.(Peck, Myron G.) 115, 116
펜, 앨버트 G.(Fenn, Alburt G.) 143
펜더, 제임스 M. P.(Pender, Sir James. M. P.) 150
펠처, 윌리엄 (Pelzer, William) 210
포머로이, 다니엘 E.(Pomeroy, Daniel E.) 434
포시스, 토머스(Forsyth, Thomas B.) 354, 356
폰팅, H. G.(Ponting, H. G.) 240, 241
폴, 로버트 W.(Paul, Robert W.) 132
폴머, 윌리엄(Folmer, William) 280
폴크너, 배리(Faulkner, Barry) 392, 393

푸엥카레, 레몽(Poincaré, Raymond) 217, 218
푸핀, 마이클(Pupin, Michael) 444
퓰리처, 조지프(Pulizer, Joseph) 52
프라이, 새뮤얼(Fry, Samuel) 46
프리먼, 프랭크(Freeman, Frank N.) 343
플레처, 월터 경(Fletcher, Sir Walter) 43, 47
플렉스너, 사이먼(Flexner, Simon) 413
플렉스너, 에이브라함(Flexner, Abraham) 365, 366, 401, 402, 403, 404, 405, 407, 408, 409, 434, 441

ㅎ

하딩, 워렌 G.(Harding, Warren G.) 342
하보드, 제임스 G.(Harbord, James G.) 444
한슨(Hanson, Dr.) 394, 396, 397
허벨(Hubbell, Mrs.) 207, 208, 245, 261, 284
허벨, 월터 S.(Hubbell, W. S.) 104, 146
허셜, 존(Herschel, Sir John) 33
헤이든, 해리스(Hayden, Harris H.) 158, 159, 160
헤이븐스, 제임스 S.(Havens, James S.) 335, 337
헤이스, 러더퍼드(Hayes, Rutherford) 70
헤이스, 윌 H.(Hays, Will H.) 343
헤이스트, 제임스 H.(Haste, J. H.) 204, 229, 305
헤이젤, 존 R.(Hazel, John R.) 260, 262, 271, 277
혼, 필립(Hone, Philip) 33
홈즈, 버튼 E.(Holmes, Burton E.) 96
후버, 허버트(Hoover, Herbert) 284, 377
휘트니, 앨리스 R.(Whitney, Alice R.) 93, 301, 318, 434
휘트니, 윌리스 R.(Whitney, Willis R.) 324
휘트먼, 찰스 S.(Whitman, Charles S.) 294
휘플, 조지 H.(Whipple, George H.) 413
휴스턴, 데이비드 H.(Houston, David H.) 72